JN186088

家事事件手続法

第3版

梶村太市　徳田和幸　編著

山田文　大橋眞弓　稲田龍樹　若林昌子　髙田昌宏　本間靖規　松倉耕作　著

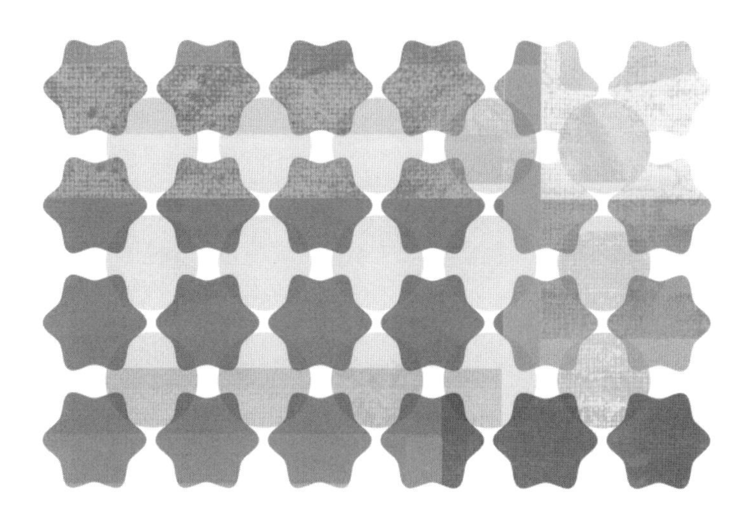

有斐閣

第3版　はしがき

本書の第2版以降，家事審判法に代えて，新たに家事事件手続法（平成23年法律第52号）が制定され，平成25年1月1日から施行された。また，国際的な子の奪取の民事上の側面に関する条約（ハーグ条約）の実施に関する法律（平成25年法律第48号）も制定され，わが国におけるハーグ条約の発効日（平成26年4月1日）から施行されている。そこで，こうした立法の動向に応じて，本書第2版を改訂のうえ第3版を刊行する次第である。家事事件手続法という制定法が定められた以上，本書名を家事事件手続法・人事訴訟法というように改めて新たな書物とすべきとも考えたが，本書名の家事事件手続法はもともと家事審判法および人事訴訟法を含めて用いたものであり，現在の法制度のもとでも，このような用語法も許されると思われる。人事訴訟法を対象としていないとの誤解を生ずるとすれば問題であるが，本書の内容の継続性を重視して，改訂版の形をとった次第である。

なお，第2版まで第9章家事審判各論をご執筆いただいた岡部喜代子先生が，最高裁判事への就任に伴い，第3版への執筆を辞退されたこと等もあり，第3版からは，新たに稲田龍樹先生（学習院大学法科大学院教授・弁護士），山田文先生（京都大学大学院法学研究科教授）に加わっていただいた。

今回の改訂にあたっても，校正から索引作成にいたるまで有斐閣の藤本依子さんと奥山裕美さんに種々のご助力をいただいた。衷心よりお礼申し上げる。

2016年10月

梶村太市
徳田和幸

初版　はしがき

民事紛争事件の主なものとしては，民事訴訟法の対象となる一般の民事事件や行政事件訴訟法の対象となる行政事件などのほか，家事審判法や人事訴訟法の対象となる家事事件がある。家事事件には，家事調停の対象となる事件と後見開始審判や相続放棄の受理などのいわゆる甲類審判事件とがある。家事調停の対象となる事件は三種に分類でき，第1に離婚や認知請求などの人事訴訟事件，第2に離婚に伴う親権者指定・財産分与や遺産分割などのいわゆる乙類審判事件，第3に親族間の貸借関係事件や遺留分減殺請求などの民事訴訟事件がこれに含まれる。

このような家事事件に関する紛争が最近多発しており，各種の法律相談等においてその全体に占める割合は，時によっては半数近くを占めるなど，かなり高いのが実情である。それにもかかわらず，これまでこのような家事事件を処理する手続の全体をくまなく解説した文献は皆無に近く，このような実務的観点からも本書のような概説書の刊行が強く望まれていた。ことに2004（平成16）年4月に人事訴訟が地方裁判所から家庭裁判所に移管されたこともあって，家事事件手続法の最新の概説書が切望されているところであった。

加えて，2004年4月から発足した法科大学院のカリキュラムの一貫として，家事事件手続法の科目を加える例が多くなり，法科大学院生の教科書用としても本書のような概説書の刊行が望まれるに至った。2001（平成13）年6月に提出された司法制度改革審議会の意見書には，21世紀の司法改革の一貫として法科大学院の創設などとともに，家庭裁判所の機能の充実の必要性が指摘されていたこともあり，財産法の紛争解決手続の分野と比較して，家族法の分野の紛争解決手続の全般にわたる解説書・体系書の不足が痛感されていたのである。

そこで，私ども編者は，家事事件手続法の理論と実務に詳しいその分野の第一人者の先生方にお願いして，家事調停・人事訴訟・家事審判の全体にわたる家事事件手続法の概説書の刊行を企画した。幸い，各執筆者の先生方の全面的なご協力を得て，ほぼ当初の予定通りの時期に出版の運びとなった。

本書が，法科大学院生や法学部生はもとより，家事事件の紛争解決に直接関与されておられる家庭裁判所の裁判官（家事審判官）・家事調停官・裁判所書記官・家庭裁判所調査官・家事調停委員・（家事審判および人事訴訟における）参与員の皆さん，そして家事事件の紛争解決手続の利用者である弁護士・司法書士・行政書士・社会保険労務士あるいは利用者ご本人の皆さん，さらには，法律相談・人権相談・戸籍相談・登記相談・保険相談・市民相談・人生相談等の各種相談に携わっておられる皆さんなど，多くの方々に利用され，もって家事事件手続法の適正・妥当な運用にいささかでも寄与することができれば，これに優る喜びはない。

最後になったが，本書の企画に賛同され執筆の労を惜しまれなかった各先生方，ならびに最後まで粘り強く編集に当たられた有斐閣書籍編集第一部の伊丹亜紀，香西大孝のご両名に対し，この欄をかりて深甚の謝意を表する。

2005年4月

梶村太市
徳田和幸

凡　例

1　法令名略語

家事事件手続法（平成 23 年法律第 52 号）については，本文においては正式名称で，または「家事法」と略して表記した。なお，（　）内で引用する場合は，「家事」とした。

家事審判法（昭和 22 年法律第 152 号，平成 25 年 1 月 1 日廃止）についても同様に本文では正式名称を用い，（　）内で引用する際には「家審」とした。

その他の法令についても，（　）内では有斐閣『六法全書』巻末の「法令略語」によった。

＊別表の扱い

家事事件手続法別表第一・第二について，本文中では原則として「第一類審判事件」「第二類審判事件」とし，（　）内で引用する場合は，「別表第一 1 項」とした。

家事審判法 9 条 1 項甲類・乙類は，それぞれ，「甲類」「乙類」とした。

2　裁判例

最判昭 62・7・17 民集 42・5・1381，裁判例集序-1

＝最高裁判所昭和 62 年 7 月 17 日判決，最高裁判所民事判例集 42 巻 5 号 1381 頁掲載，梶村太市＝徳田和幸編『家事事件裁判例集』（有斐閣・2011）判例番号 序-1。

大　判	大審院判決（決定）
最（大）判（決）	最高裁判所（大法廷）判決（決定）
高判（決）	高等裁判所判決（決定）
地判（決）	地方裁判所判決（決定）
家　判	家庭裁判所判決
家　審	家庭裁判所審判

3　主要文献略語

秋　武	秋武憲一編著『概説家事事件手続法』（青林書院・2012）
石　田	石田敏明編著『新人事訴訟法――要点解説と Q&A』（新日本法規・2004）
市川・家審概説	市川四郎『家事審判法概説〔増訂版〕』（有斐閣・1956）

一問一答・家事	金子修編著『一問一答 家事事件手続法』（商事法務・2012）
一問一答・人訴	小野瀬厚＝岡健太郎編著『一問一答 新しい人事訴訟制度――新法・新規則の解説』（商事法務・2004）
一問一答・ハーグ条約関連法	金子修編集代表『一問一答 国際的な子の連れ去りへの制度的対応――ハーグ条約及び関連法規の解説』（商事法務・2015）
一問一答・非訟	金子修編著『一問一答 非訟事件手続法』（商事法務・2012）
一問一答・民法等改正	飛澤知行編著『一問一答 平成23年民法等改正――児童虐待防止に向けた親権制度の見直し』（商事法務・2011）
一問一答・民訴法等改正	佐藤達文＝小林康彦編著『一問一答 平成23年民事訴訟法等改正――国際裁判管轄法制の整備』（商事法務・2012）
内　田	内田貴『民法Ⅳ親族・相続〔補訂版〕』（東京大学出版会・2004）
大　村	大村敦志『家族法〔第3版〕』（有斐閣・2010）
岡垣・研究	岡垣学『人事訴訟の研究』（第一法規出版・1980）
岡垣・人訴	岡垣学『人事訴訟手続法』（第一法規出版・1981）
梶村・ガイド	梶村太市『離婚調停ガイドブック――当事者のニーズに応える〔第4版〕』（日本加除出版・2013）
梶村・家族法学	梶村太市『家族法学と家庭裁判所』（日本加除出版・2008）
梶村・家事事件法	梶村太市『実務講座 家事事件法――家事調停・家事審判・人事訴訟・民事訴訟・強制執行・渉外事件〔新版〕』（日本加除出版・2013）
梶村・新家事調停	梶村太市『新家事調停の技法――家族法改正論議と家事事件手続法制定を踏まえて』（日本加除出版・2012）
梶村ほか	梶村太市ほか『家族法実務講義』（有斐閣・2013）
家審研究Ⅰ・Ⅱ	沼邊愛一ほか編『家事審判事件の研究(1)(2)』（一粒社・1988）
家審講座Ⅰ～Ⅳ	加藤令造編『家事審判法講座(1)～(4)』（判例タイムズ社・1975）
家審実務講義	裁判所書記官研修所監修『家事審判法実務講義案〔6訂再訂版〕』（司法協会・2009）
家審総論	家庭裁判所調査官研修所編『家事審判法総論〔改訂版〕』（法曹会・1984）

兼子・研究Ⅰ・Ⅱ	兼子一『民事法研究Ⅰ〔第11版〕』(酒井書店・1958)・『同Ⅱ〔第3版〕』(酒井書店・1956)
兼子・体系	兼子一『新修民事訴訟法体系〔増訂版〕』(酒井書店・1969)
木内＝片山＝増田	木内道祥＝片山登志子＝増田勝久編著『Q&A新人事訴訟法解説』(日本加除出版・2004)
窪　田	窪田充見『家族法――民法を学ぶ〔第2版〕』(有斐閣・2013)
現代裁判法大系	『現代裁判法大系⑩～⑫』(新日本法規出版・1998－1999)
現代大系Ⅰ～Ⅴ	現代家族法大系編集委員会編(中川善之助先生追悼)『現代家族法大系(1)～(5)』(有斐閣・1979－1980)
講座実務家審Ⅰ～Ⅴ	岡垣学＝野田愛子編『講座・実務家事審判法(1)～(5)』(日本評論社・1988－1990)
佐　上	佐上善和『家事審判法』(信山社出版・2007)
佐上Ⅱ	佐上善和『家事事件手続法Ⅱ』(信山社出版・2014)
四宮＝能見	四宮和夫＝能見善久『民法総則〔第8版〕』(弘文堂・2010)
新基本コン	松川正毅＝本間靖規＝西岡清一郎編『新基本法コンメンタール人事訴訟法・家事事件手続法』(日本評論社・2013)
人訴実務	村重慶一＝梶村太市編著『人事訴訟の実務〔3訂版〕』(新日本法規出版・1998)
新　堂	新堂幸司『新民事訴訟法〔第5版〕』(弘文堂・2011)
実務民訴	鈴木忠一＝三ケ月章監修『実務民事訴訟講座Ⅶ』(日本評論社・1969)
新・実務民訴Ⅲ，Ⅷ	鈴木忠一＝三ケ月章監修『新・実務民事訴訟法講座Ⅲ，Ⅷ』(日本評論社・1982)
新実務大系①～④	野田愛子＝梶村太市総編集『新家族法実務大系①～④』(新日本法規・2008)
鈴木・既判力	鈴木忠一『非訟事件の裁判の既判力――非訟事件の基礎的諸問題』(弘文堂・1961)
鈴木・親族	鈴木禄弥『親族法講義』(創文社・1988)
鈴木・非訟家事	鈴木忠一『非訟・家事事件の研究』(有斐閣・1971)
大系Ⅰ～Ⅶ	家族法大系刊行委員会編(中川善之助教授還暦記念)『家族法大系Ⅰ～Ⅶ』(有斐閣・1959－1960)
高　田	高田裕成編著『家事事件手続法――理論・解釈・運用』

	(有斐閣・2014)
高橋・重点民訴(上)	高橋宏志『重点講義民事訴訟法(上)〔第2版補訂版〕』(有斐閣・2013)
逐条解説	金子修編著『逐条解説家事事件手続法』(商事法務・2013)
注解家審	斎藤秀夫＝菊池信男編『注解家事審判法〔改訂版〕』(青林書院・1992)
注解家審規	斎藤秀夫＝菊池信男編『注解家事審判規則――特別家事審判規則〔改訂版〕』(青林書院・1992)
注解人訴	吉村徳重＝牧山市治編『注解人事訴訟手続法〔改訂版〕』(青林書院・1993)
注解非訟	伊東乾＝三井哲夫編『注解非訟事件手続法〔改訂版〕』(青林書院・1995)
中間試案の補足説明	NBL編集部編『非訟事件手続法・家事審判法の見直しに関する中間試案と解説』別冊NBL134号(2010)
中野＝松浦＝鈴木	中野貞一郎＝松浦馨＝鈴木正裕編『新民事訴訟法講義〔第2版補訂2版〕』(有斐閣・2008)
二　宮	二宮周平『家族法〔第4版〕』(新世社・2013)
野田＝安倍	野田愛子＝安倍嘉人監修『人事訴訟法概説――制度の趣旨と運用の実情〔改訂版〕』(日本加除出版・2007)
松本・人訴	松本博之『人事訴訟法〔第3版〕』(弘文堂・2012)
マニュアル	沼邊愛一ほか編『現代家事調停マニュアル』(判例タイムズ社・2002)
民事要件事実講座(2)	伊藤滋夫編『民事要件事実講座(2)総論Ⅱ多様な事実と要件事実』(青林書院・2005)
山木戸・家審	山木戸克己『家事審判法』(有斐閣・1958)
山木戸・人訴	山木戸克己『人事訴訟手続法』(有斐閣・1958)
吉岡＝長谷部	吉岡睦子＝長谷部由起子編『Q&A人事訴訟法解説』(三省堂・2004)
我妻・親族	我妻栄『親族法』(有斐閣・1961)
我妻・総則	我妻栄『新訂民法総則』(岩波書店・1965)
注民(1),(21),(22),(23),(24),(25),(26),(27),(28)	谷口知平ほか編集代表『新版注釈民法(1)改訂版,(21),(22),(23),(24),(25)改訂版,(26),(27)補訂版,(28)補訂版』(有斐閣・1988－2013)
245題	野田愛子＝若林昌子＝梶村太市＝松原正明編『家事関係

	裁判例と実務245題』判例タイムズ1100号（2002）
ジュリ人訴	高橋宏志＝高田裕成編『新しい人事訴訟法と家庭裁判所実務』ジュリスト1259号（2003）
最判解民	最高裁判所判例解説民事篇（法曹会）
家族百選〔第7版〕	水野紀子＝大村敦志＝窪田充見編『家族法判例百選〔第7版〕』（有斐閣・2008）
民法百選Ⅲ	水野紀子＝大村敦志編『民法判例百選Ⅲ 親族・相続』（有斐閣・2015）
民訴争点〔第3版〕	青山善充＝伊藤眞編『民事訴訟法の争点〔第3版〕』（有斐閣・1998）
民訴争点	伊藤眞＝山本和彦編『民事訴訟法の争点』（有斐閣・2009）
民訴百選〔第5版〕	高橋宏志＝高田裕成＝畑瑞穂編『民事訴訟法判例百選〔第5版〕』（有斐閣・2015）

4　判例集・雑誌名略語

民　録：大審院民事判決録
刑　録：大審院刑事判決録
民　集：〔大審院または最高裁判所〕民事判例集
刑　集：〔大審院または最高裁判所〕刑事判例集
高　民：高等裁判所民事判例集
高　刑：高等裁判所刑事判例集
家　月：家庭裁判月報
下　民：下級裁判所民事裁判例集
東高時報：東京高等裁判所判決時報
訟　月：訟務月報
新　聞：法律新聞
評論全集：法律学説判例評論全集
判決全集：判決全集
法　学：法学（東北大学法学会誌）
判　時：判例時報
判　タ：判例タイムズ
判　評：判例評論（判例時報付録）
家　族：家族〈社会と法〉
ケ　研：ケース研究
自　正：自由と正義
重　判：重要判例解説
主判解：主要民事判例解説
ジュリ：ジュリスト
曹　時：法曹時報
ひろば：法律のひろば
法　協：法学協会雑誌
法　教：法学教室
法　時：法律時報
民　商：民商法雑誌

執筆者紹介〔執筆順〕

＊＝編者

＊徳 田 和 幸（とくだ・かずゆき）　【*序，第Ⅰ編第1部・第3部第6章*5，*第Ⅱ編第7章*】
同志社大学法科大学院教授

＊梶 村 太 市（かじむら・たいち）　【*第Ⅰ編第2部第2章・第3章*】
常葉大学法学部教授・弁護士

山 田　 文（やまだ・あや）　【*第Ⅰ編第2部第1章*】
京都大学大学院法学研究科教授

大 橋 眞 弓（おおはし・まゆみ）　【*第Ⅰ編第3部第4章・第5章*】
明治大学法科大学院教授

稲 田 龍 樹（いなだ・たつき）　【*第Ⅰ編第3部第6章*1・2・6〜10】
学習院大学法科大学院教授・弁護士

若 林 昌 子（わかばやし・まさこ）　【*第Ⅰ編第3部第6章*3，*第Ⅱ編第9章*1・2】
学習院大学東洋文化研究所客員研究員

髙 田 昌 宏（たかだ・まさひろ）　【*第Ⅰ編第3部第6章*4，*第Ⅱ編第8章*7〜9】
大阪市立大学大学院法学研究科教授

本 間 靖 規（ほんま・やすのり）　【*第Ⅰ編第3部第6章*11，*第Ⅱ編第8章*1〜6】
早稲田大学法学学術院教授

松 倉 耕 作（まつくら・こうさく）　【*第Ⅱ編第9章*3】
前名城大学法務研究科教授

略目次

序　家事事件の全体像

第Ⅰ編　家事事件手続

第1部　家事事件手続総則

第2部　家事調停

第3部　家事審判

第Ⅱ編　人事訴訟手続

目　次

序　家事事件の全体像

第Ⅰ編　家事事件手続

第1部　家事事件手続総則

第2部　家 事 調 停

第3部　家事審判

第6章　家事審判各論　273

第Ⅱ編　人事訴訟手続

序　家事事件の全体像

1 家事事件の定義

裁判所における手続の対象となる事件は，従来一般に，民事事件・刑事事件・家事事件・少年事件に分けられているが，このうち家事事件は，広くは，家族生活に関する，すなわち「家庭の平和と健全な親族共同生活の維持」（家審1条参照）に影響のある身分上および財産上のすべての事件を意味していると解される（山木戸・家審83頁参照）。すなわち，家事事件には，①離婚訴訟等の人事訴訟事件（人訴2条），家事審判の対象となる，②後見開始の審判等の家事事件手続法別表第一（以下「一類」と略称）審判事件と，③夫婦間の協力扶助に関する処分等の別表第二（以下「二類」と略称）審判事件，および，④相続回復請求（民884条）や遺留分減殺請求（民1031条以下）等の家庭に関する通常の民事訴訟事件が含まれていると解されるのである。このうち，一類審判事件を除く，人事訴訟事件・二類審判事件・家庭に関する通常の民事訴訟事件は，家事調停の対象としての「家庭に関する事件」[1)]に当たり（家事244条。ただし，家事調停の対象には，訴訟や審判の対象にならない親子間・親族間の円満調整を求める事件も含まれる。後述⇨第Ⅰ編第2部第2章1），特に人事訴訟事件等の訴訟事件については，調停前置主義が採られている（家事257条）。

ところで，人事訴訟事件は，従来，地方裁判所の管轄とされてきたが，人事訴訟法（平成15法109）の制定に伴い，家庭裁判所の管轄に属することとされた（裁31条の3第1項2号，人訴4条）。平成16（2004）年4月1日からは，家庭裁判所においては，家事調停および家事審判だけでなく，基本的な身分関係（婚姻関係，親子関係その他の親族関係）の発生・消滅・変更に関係する人事訴訟手続も行われているのである。その点では，形式的には，家庭裁判所で扱われ

1） 家事調停の対象となる「家庭に関する事件」については，①親族またはこれに準ずる者の間という身分関係の存在，②紛争の存在，③紛争の内容に人間関係調整の余地がある，という三つの要件を備える必要があるというのが通説である。髙野耕一「家事調停の対象となる事件の限界」ジュリ292号（1964）69頁（同『民事調停論〔増補版〕』〔信山社・2012〕48頁以下所収），注解家審700頁以下〔石田敏明〕，石田敏明「家事調停の対象と調停前置主義」245題540頁など。

る事件を家事事件ということができよう。もっとも，家庭に関する通常の民事訴訟事件（前記④）は，家事調停が前置されるとはいえ，調停が不調になれば，従来どおり，家庭裁判所ではなく，訴訟裁判所に訴えを提起しなければならない。また，そこで行われるのは，処分権主義・弁論主義に基づく通常の民事訴訟手続である。

このように，家事事件には，内容的には，家事調停の対象としての「家庭に関する事件」と一類審判事件とが含まれており，その事件の種類に応じた裁判上の処理手続がそれぞれに定められている。手続の側からみれば，家事調停との関係では，一類審判事件を除く「家庭に関する事件」が，狭義の家事審判との関係では，人事訴訟事件・訴訟事件を除く一類・二類審判事件が，人事訴訟との関係では，人事訴訟事件と併合可能な訴訟事件および付帯的な事件が，それぞれに手続対象とされているのである。ただし，家事調停の対象となる家庭に関する事件とその他の民事調停の対象となる事件との境界は必ずしも明確ではないようである（両手続間の移送につき，民調4条1項，家事246条参照）。

なお，新たに制定された家事事件手続法（平成23法52）においては，「家事審判および家事調停に関する事件」を「家事事件」という，とされている（家事1条）。その定義は，内容的には従来のものと異なるところはないが，同法でいう家事事件の「手続」は，家事審判に関する事件および家事調停に関する事件の手続（すなわち，家庭裁判所で行われる家事審判の手続，高等裁判所で行われる家事審判の抗告事件の手続，最高裁判所で行われる特別抗告事件・許可抗告事件の手続，高等裁判所が第1審として審判に代わる裁判をする手続，家事調停の手続やこれらの付随的または派生的な事項についての決定についての手続，再審事件ならびに履行勧告事件等の手続など）を意味するとされ（一問一答・家事1頁，逐条解説2頁），人事訴訟手続は対象とされていない（本書の「家事事件手続法」は，人事訴訟手続を含めて，手続法を対象としている）。

2 家事事件の種類

(1) 家事事件の種類

家事事件は，内容的には，次の三つの種類に分けることができる。

(a) 人事訴訟事件

人事訴訟とは，身分関係の形成または存否の確認を目的とする訴え（人事に関する訴え）に係る訴訟であり，次の三つの類型がある（人訴2条。詳細は，後述⇨第Ⅱ編第8章1(1))。

① **婚姻関係訴訟**　婚姻の無効および取消しの訴え，離婚の訴え，協議上の離婚の無効および取消しの訴えならびに婚姻関係の存否の確認の訴えである。

② **実親子関係訴訟**　嫡出否認の訴え，認知の訴え，認知の無効および取消しの訴え，民法773条の規定により父を定めることを目的とする訴えならびに実親子関係の存否の確認の訴えである。

③ **養子縁組関係訴訟**　養子縁組の無効および取消しの訴え，離縁の訴え，協議上の離縁の無効および取消しの訴えならびに養親子関係の存否の確認の訴えである。

なお，人事訴訟手続法（以下，旧人訴という）の下では，離婚無効の訴えや離縁無効の訴え，親子関係・養親子関係の確認の訴えなどは，準人事訴訟事件として人事訴訟事件に準ずる扱いをすべきであると解されていたが，現行の人事訴訟法では，これらも人事訴訟事件であることが明らかにされている。

(b) 家事審判事件（家事39条）

個人の尊厳と両性の本質的平等を基本とし，家庭の平和と健全な親族共同生活の維持を図ることを目的として（家審1条参照），国家が後見的に関与する（狭義の）家事審判で処理される事件である。紛争性（争訟性）のない一類と紛争性を有する二類に分けて規定されている（詳細には，後述⇨第Ⅰ編第3部第5章1)。

① **一類審判事件**　例えば，後見開始の審判およびその取消し（民7条・10

条），保佐開始の審判，その取消しその他保佐に関する処分（民11条・13条2項3項・14条・876条の4第1項3項），補助開始の審判，その取消しその他の補助に関する処分（民15条1項・17条1項3項・18条・876条の9第1項2項・876条の4第3項），相続の限定承認の申述（民924条），相続の放棄の申述（民938条），遺言書の検認（民1004条1項）などである（全体としては，134項目ある）。

② **二類審判事件**　例えば，夫婦間の協力扶助に関する処分（民752条），婚姻から生ずる費用の分担に関する処分（民760条），子の監護に関する処分（民766条2項3項），財産の分与に関する処分（民768条2項），親権者の指定または変更（民819条5項6項），扶養に関する処分（民878条～880条），寄与分を定める処分（民904条の2第2項），遺産の分割に関する処分（民907条2項3項）などである（全体としては16項目ある）。

なお，従来，任意後見契約に関する法律に規定する事件，戸籍法に規定する事件，児童福祉法に規定する事件，生活保護法に規定する事件（被保護者の保護施設収容，扶養義務者の負担費用額確定），精神保健及び精神障害者福祉に関する法律に規定する事件，破産法（61条）に規定する事件（夫婦の財産管理者の変更等，親権者の管理権喪失宣告等）などは，特別家事審判事項として，家審法とは別に規定されていたが，家事事件手続法では，これらの手続についても一括して規定している。

(c)　その他の家庭に関する事件

例えば，相続回復請求事件，遺留分減殺請求事件，内縁の夫婦間の事件，婚約に関する事件，親族間の金銭や土地建物の賃貸借に関する事件などは，通常の民事訴訟事件であるが，家庭に関する事件（家事244条）として調停前置に服する（家事257条）。

(2)　家事事件と実体法

家事事件の範囲は，原則として，民法その他の実体法の規定により定められる。特に家事審判事件は，家庭に関する事件であって，しかも家事審判事項と定められている事項に限られる（山木戸・家審23頁など）。民法上個別に家庭裁判所による処分がなされる旨が規定されており，家事事件手続法はそれを審判事項として別表第一類・別表第二類に分けて列挙しているのである。平成23

年には，「民法等の一部を改正する法律」（平成23法61）により，児童虐待防止に向けた親権制度の見直しが行われているが，家事事件手続法では，その改正を前提とした審判事項の見直しがされている（別表第一67項〜69項）。

また，離婚訴訟等の人事訴訟事件についても，訴えの類型（多くは形成訴訟），請求適格，訴えの利益，当事者適格などは民法の規定との関連で検討されなければならない。

なお，戸籍法は戸籍の訂正について一般的な不適法な記載等の訂正（戸113条）・無効な行為の記載の訂正（戸114条）・判決による戸籍の訂正（戸116条）を規定しているが，その適用範囲には必ずしも明らかでないところがあり，また，特に判決による戸籍の訂正に関しては，戸籍訂正のためにどのような訴え・判決を要するのか，戸籍訂正の必要があれば訴えの利益が認められるのか等，親子関係不存在確認の訴えなどに関連する問題点が残されている[2]。

(3)　家事事件と手続法

家事事件を処理する各手続は，それぞれの手続法により規律されている。家事事件に適用される手続法は，次のとおりである。

(a)　民事訴訟法

家庭に関する通常の民事訴訟事件には，当然のことながら，民事訴訟法（平成8法109）（および民事訴訟規則（平成8最高裁規5））が適用される。人事訴訟事件にも，人事訴訟法（平成15法109）に定められた特則がない限り，民事訴訟法が適用される（人訴29条参照）。人事訴訟事件も訴訟事件であることには変

2)　もっとも，判例には，原告の有する日本国籍が国籍回復請求によってではなく，出生によって取得したものであることの確認を求める，いわゆる国籍訴訟について，確認の利益を認めたものであるが，戸籍法116条については，「同条は確定判決の効力として戸籍の訂正を認めるものではなく，訂正事項を明確ならしめる証拠方法として，確定判決を要するものとする趣旨であるから，判決の主文と理由とを綜合して訂正事項が明確にされている以上，必ずしも，主文に訂正事項そのものが表現されていることを必要としない」と説くものがある（最大判昭32・7・20民集11・7・1314，裁判例集序-1）。また，離縁無効確認の訴えにつき，戸籍法116条による戸籍訂正を重視して，確認の利益を認めているとみられる判例もある（最判昭62・7・17民集41・5・1381，裁判例集序-2）。戸籍訂正の諸手続と問題点については，注解家審規551頁以下〔梶村太市〕など参照。

わりがないからである。

(b) 人事訴訟法

人事訴訟事件には，まず，人事訴訟に関する手続について，民事訴訟法の特例等を定める（人訴1条）人事訴訟法（および人事訴訟規則（平成15最高裁規24））が適用される。民事訴訟法の特例としては，裁判上の自白に関する規定の適用除外（人訴19条），職権探知主義の採用（人訴20条），確定判決の対世的効力（人訴24条）などが定められている。また，現行法では，一定の場合には，当事者尋問等の公開停止をすることができるとされている（人訴22条）。

(c) 家事事件手続法

家事審判事件・家事調停事件には，従来，個人の尊厳と両性の本質的平等を基本として，家庭の平和と健全な親族共同生活の維持を図ることを目的として（家審1条）制定された家事審判法（昭和22法152）（以下，家審法という）および家事審判規則（昭和22最高裁規15）・特別家事審判規則（昭和22最高裁規16）が適用されてきたが，新たに家事事件手続法（平成23法52）（および家事事件手続規則（平成24最高裁規8））が制定され，これが平成25（2013）年1月1日から施行された。この新法は，家事事件の手続を国民にとって利用しやすく，現代社会に適合した内容のものとするため，家事事件の手続に関する法制について，手続の基本的事項に関する規定を整備し，手続保障に資する規定をより充実したものに改めるとともに，電話会議システム等による手続および高等裁判所における調停等，その利便性の向上を図るための諸制度の新設等を行う必要がある，との理由で制定されたものである（第177回国会提案理由参照）。

なお，家事審判法の下では，家事審判・家事調停に関しては，特別の定めがある場合を除き，その性質に反しない限り，旧非訟事件手続法第1編（総則）の規定が準用される旨が定められていたが（家審7条），家事事件手続法においては，家事審判・家事調停に特別の規定が自己完結的に設けられているので，新たな非訟事件手続法（平成23法51）の規定の準用はされていない。

以上のように，家事事件に適用される手続法は，その種類に応じて異なっている。それは，家事事件を処理する各手続における当事者権・手続権の保障のあり方の違いを示しているとも解されよう。なお，家事事件の処理手続において調停調書・審判・判決などの執行の基本となる債務名義（民執22条参照）が作成され，強制執行が行われる場合には，民事執行法（昭和54法4）が適用される。

(4) 家事事件の紛争解決手段

(a) 家事審判・家事調停

家事審判事件のうち，別表第一類事件は，紛争性（争訟性）がないものとして，家事審判のみで処理されるが（家事244条カッコ書参照），二類事件は，紛争性があり，申立人・相手方の二当事者対立構造がとられることから，家事審判のほか，家事調停によって解決することもできる（家事244条参照。従来の乙類調停と同様，二類調停と呼ぶことができよう）。また，人事訴訟事件や家庭に関する通常の民事訴訟事件については，前述のように，調停前置主義が採られているから（家事257条），訴訟を提起する前に，まず家庭裁判所に家事調停の申立てをしなければならない。なお，調停手続においては，離婚・離縁を除く人事訴訟事件については，家庭裁判所は合意に相当する審判をすることができ（家事277条），離婚・離縁について合意が成立しない場合には，調停に代わる審判をすることができる（家事284条）。

以上のうち，家事審判は裁判上の手続として行われるが（後述⇨第Ⅰ編第3部・家事審判），家事調停は（後述⇨第Ⅰ編第2部・家事調停），家庭裁判所内で行われるとはいえ，裁判手続ではなく，裁判外紛争処理（いわゆるADR（Alternative Dispute Resolution））の一つである[3]。その点では，家事事件に内在する人間関係調整の要請が重視されているともいえよう。

(b) 訴　　訟

訴訟事件について家事調停が不調になれば，人事訴訟事件は人事訴訟により（後述⇨第Ⅱ編・人事訴訟手続），その他の家庭に関する事件は通常の民事訴訟により解決されることになる。離婚による慰謝料請求など人事訴訟に係る請求の

---

3) ADRとしての家事調停の位置付けについては，小島武司＝伊藤眞編『裁判外紛争処理法』（有斐閣・1998）34頁以下〔萩原金美〕・69頁以下〔横山匡輝〕，山本和彦＝山田文『ADR仲裁法〔第2版〕』（日本評論社・2015）18頁以下など参照。

家事事件手続の流れ

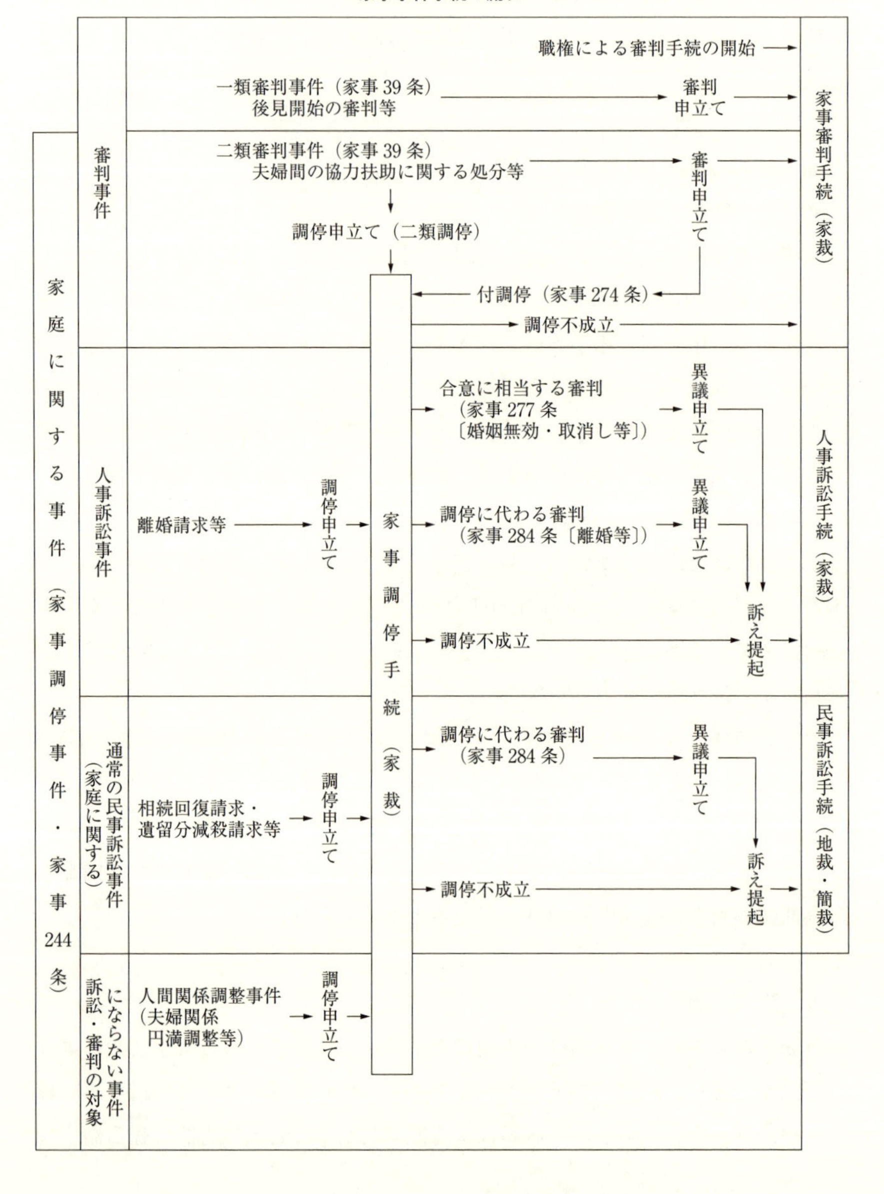
家庭に関する事件（家事調停事件・家事244条）
審判事件
職権による審判手続の開始
一類審判事件（家事39条）
後見開始の審判等
審判申立て
家事審判手続（家裁）
二類審判事件（家事39条）
夫婦間の協力扶助に関する処分等
審判申立て
調停申立て（二類調停）
付調停（家事274条）
調停不成立
人事訴訟事件
離婚請求等
調停申立て
家事調停手続（家裁）
合意に相当する審判
（家事277条
〔婚姻無効・取消し等〕）
異議申立て
調停に代わる審判
（家事284条〔離婚等〕）
異議申立て
調停不成立
訴え提起
人事訴訟手続（家裁）
通常の民事訴訟事件（家庭に関する）
相続回復請求・
遺留分減殺請求等
調停申立て
調停に代わる審判
（家事284条）
異議申立て
調停不成立
訴え提起
民事訴訟手続（地裁・簡裁）
訴訟・審判の対象にならない事件
人間関係調整事件
（夫婦関係
円満調整等）
調停申立て

原因である事実によって生じた損害賠償請求事件は，通常の民事訴訟事件であるが，人事訴訟事件と併合される場合には，家庭裁判所にも管轄権が認められる（人訴8条・17条参照）。

なお，家事事件の紛争解決手段の手続の流れは，おおむね〈別図〉（前頁）のようである。

(c) その他

以上のように，家事事件の処理には，裁判所における手続が用意されているが，各弁護士会においては，民事上のトラブルを簡単な手続で，早く，安く，しかも公正に解決することを目的として，紛争解決センター（仲裁センター，あっせん・仲裁センター，民事紛争処理センターと称されているものもある）が設置されており（平成28（2016）年9月現在，全国で36か所），家事事件のうち相続・離婚事件など合意によって処理できるものが取り扱われている（⇨日本弁護士連合会ホームページ・法律相談のご案内）。これは，裁判外紛争処理（ADR）の一つであり，家事事件については，具体的には，（民法上の）和解による解決が図られているといえよう[4]。

また，平成19（2007）年4月には，いわゆるADR法（「裁判外紛争解決手続の利用の促進に関する法律」平成16法151）が施行され，現在では，夫婦関係等に関する紛争や相続に関する紛争についても，法務大臣より認証を受けた民間の認証紛争解決事業者（「かいけつサポート」。平成28（2016）年7月現在，146事業者）が，当事者双方からの依頼を受け，当該紛争の当事者との間の契約に基づき，和解の仲介を行うという業務を行っている（⇨法務省ホームページ・かいけつサポート）。

4） 小島武司「裁判外紛争処理機関について——最近の展開を中心として」判タ932号（1997）54頁，萩澤達彦「裁判外紛争処理の現状と将来」民訴争点〔第3版〕38頁など参照。

3 家庭裁判所の課題（任務・役割）

(1) 家庭裁判所の創設

家庭裁判所は，昭和 23（1948）年の裁判所法の一部改正（昭和 23 法 260）により，昭和 24（1949）年 1 月 1 日に創設された。昭和 22（1947）年の裁判所法の制定当初は，家庭事件の審判・調停を行う機関として家事審判所が地方裁判所の特別支部として設けられたが，少年法の全面的改正（昭和23法168）に伴って少年保護処分を行う機関が行政機関である少年審判所に代えて司法上の裁判所に改められることとなり，家庭事件と少年事件との密接な関連性から，両事件について権限を有する独立の裁判所として家庭裁判所が設けられたのである[5)]。民事に関しては，家庭裁判所は，個人の尊厳と両性の本質的平等を基本として，家庭の平和と健全な親族共同生活の維持を図ることを目的として（家審 1 条），家事審判法（現在の家事事件手続法）で定める家庭に関する事件の審判および調停を行う権限を有するのであり（裁 31 条の 3 第 1 項 1 号），人事訴訟などの訴訟事件を処理する権限は有しないものとされたのである。

ところで，家事審判所の設置当時，人事訴訟手続法（明治 31 法 13）も民法（親族法・相続法）の改正および家審法の制定に伴って大幅に改正され，従前人事訴訟手続により処理されていた親権もしくは財産管理権の喪失または失権取消事件・禁治産準禁治産事件・失踪宣告事件などは，家事審判手続に移されており，人事訴訟手続法にはいわゆる人事訴訟事件のみが残されていた。人事訴訟事件は，基本的な身分関係（婚姻関係，親子関係，その他の親族関係）の発生・消滅・変更に係る重要事項であり，通常の訴訟手続により慎重に処理することを要する等の理由で，審判事項として家事審判所の管轄とすることは妥当ではないと考えられたようである[6)]。また，人事訴訟事件が地方裁判所の管轄に残されたことについては，家事審判法の制定前には，人事訴訟事件を審判事項化し

5）　家庭裁判所の沿革については，山木戸・家審 1 頁以下，注解家審 3 頁以下〔斎藤秀夫〕，兼子一＝竹下守夫『裁判法〔第 4 版〕』（有斐閣・1999）204 頁以下など参照。

6）　岡垣・研究 11 頁以下，454 頁以下参照。

て家事審判所に管轄させるとの構想があったが，人事訴訟事件の審判事項化（非訟化）は憲法（憲32条・82条1項）との関係で疑問の余地があること，人事訴訟事件を訴訟事件のまま家事審判所の管轄に移すことも，家事審判所が地方裁判所の特設支部とされたので，さほどの必要性が考えられず，また，この点について十分に吟味し検討する時間的余裕がなかったこと，などが指摘されている[7]。その後，家事審判所は家庭裁判所と改められるが，人事訴訟事件は従前どおり地方裁判所の管轄に属するとされ，平成15（2003）年の裁判所法の改正までそれが維持されていたのである。

(2) 訴訟裁判所との役割分担

以上のように，平成15（2003）年の人事訴訟法の制定・裁判所法の改正前には，家庭裁判所は，民事に関しては家事調停・家事審判のみを処理し，訴訟事件については，例外的に昭和54（1979）年制定の民事執行法（昭和54法4）により請求異議訴訟などの執行関係訴訟につき管轄が認められたものの（民執33条2項・34条3項・35条3項，裁31条の3第2項），原則的にはたとえ人事訴訟事件であっても管轄を有していなかった。しかし，人事訴訟事件についても，調停は家事調停として家庭裁判所で行われ，しかも調停前置主義が採られているから，訴えを提起しようとする者はまず家庭裁判所に調停の申立てをしなければならなかった（家審17条・18条）。また，調停手続においては，離婚・離縁を除く人事訴訟事件について，合意に相当する審判をすることができるものとされていた（家審23条）。

他方，家事審判法9条1項に列挙された審判事項は，本来，家庭裁判所の管轄に属し，訴訟事件とすることはできないが，人事訴訟手続法によれば，婚姻取消しまたは離婚の訴えにおいては，地方裁判所は父母の一方を子の親権者と定める（民819条2項，旧人訴15条5項。なお，乙類7号参照）ほか，当事者の申立てにより，子の監護者の指定その他子の監護に関する処分（乙類4号参照）および財産分与に関する処分（乙類5号参照）をすることができるものとされ

7） 東京家庭裁判所編『家庭裁判所の制度と展望——家事部』（東京家庭裁判所・1970）231頁，岡垣・研究29頁，沼邊愛一「人事訴訟の家庭裁判所への移管」家族〈社会と法〉8号（1992）4頁など参照。

ていた（旧人訴15条1項）。また，遺産分割に関する処分（乙類10号）などの審判事項の前提として，相続人の範囲や相続財産（遺産）の範囲などの訴訟事項が問題となる場合には，後日訴訟裁判所で争われることがあるとしても，家庭裁判所はその訴訟事項についても判断することができると解されている[8)]。

このように，家庭に関する事件の処理についての家庭裁判所と訴訟裁判所，特に地方裁判所との役割分担（管轄）は，一見明確なようであっても，部分的には交錯しており，複雑なものとなっていた。平成13（2001）年6月12日に公表された『司法制度改革審議会意見書』（24頁）においては，①一つの家庭関係事件の解決が，家庭裁判所の調停手続と地方裁判所の人事訴訟手続とに分断され，手続間の連携も図られていないこと，②家庭関係事件の中には家庭裁判所と地方裁判所の管轄の配分が著しく煩雑で，利用者たる国民にとって分かりにくいものがあること，③地方裁判所には家庭裁判所調査官のような人事訴訟の審理・裁判に利用できる専門機関が配置されていないこと，が問題点として指摘されていたところである。

⑶　家庭裁判所への人事訴訟事件・手続の移管

人事訴訟事件を地方裁判所から家庭裁判所に移管すべきであるとする立法論は，従来から有力に主張されており，その中には人事訴訟事件を審判事項化（非訟化）して移管すべきであるとの見解もみられたところである[9)]。また，家庭裁判所は，従来，家事調停・家事審判を処理する特別の機関とされており，訴訟事件については請求異議訴訟等に関して例外的に管轄が認められているだけである。そこで，人事訴訟事件を家庭裁判所の管轄とする場合，その手続をどのようにすべきかが一応問題となる。

しかしながら，この点については，平成15（2003）年の人事訴訟法の制定作業の比較的早い段階から，人事訴訟事件を訴訟事件のままで移管することに共通の理解が得られていたように思われる。また，人事訴訟事件は，前述のように，婚姻関係や親子関係という基本的な身分関係の発生・消滅・変更に係る重

8)　最大決昭41・3・2民集20・3・360，裁判例集Ⅲ-5など参照。
9)　この点に関する議論の最近の状況については，梶村太市「人訴家裁移管積極論と消極論の比較検討」石川明古稀(上)（商事法務・2002）26頁以下など参照。

要事項として審判事項化されなかったものであり，現行の民法の規定を前提とする限り，その本来的な訴訟事件性に変わりはないと考えられよう。

ところで，人事訴訟事件は，人事訴訟手続法が適用されていたことからも明らかなように，通常の民事訴訟事件（財産関係事件）とは別の手続的規律に服しているのであり，これを地方裁判所の管轄から切り離して家庭裁判所の管轄とすることも，合理的な理由があれば許されるであろう。また，人事訴訟手続法の下では，前述のように，離婚訴訟等において，地方裁判所は子の親権者の指定や子の監護に関する処分および財産分与に関する処分をすることができるものとされており（旧人訴15条1項），実際にはこれらの付帯的な申立事項が訴訟の主要な争点になっている事案が多いことが指摘されていた[10]。この付帯的申立事項は，本質的には，家事審判事項であって，特に子の福祉にも配慮する必要があることからすると，家庭裁判所調査官等の専門的補助機構を有する家庭裁判所においてその審理・判断をすることができるような体制を整備することが望ましいと考えられよう。さらに，家庭裁判所は，人事訴訟事件について必要的に前置されている家事調停を処理してきているのであり，家事調停手続と人事訴訟手続との関係を具体的にどのようにするかはともかく，利用者たる国民にわかりやすい民事司法制度という観点からすれば，訴訟事件を家庭裁判所に移管することが望まれるところであった[11]。

そこで，次に問題となるのは，家庭裁判所にどの範囲の訴訟事件を移管すべきか，特に人事訴訟事件に限らず遺産分割の前提となる訴訟事件（相続回復請求，遺留分減殺請求，遺産確認請求等の訴訟事件）なども家庭裁判所に移管すべきかであるが，平成15（2003）年の改正においては，いわゆる準人事訴訟事件を含めた意味での人事訴訟事件のみが移管の対象とされた（裁31条の3第1項2号）[12]。

10） 西岡清一郎「最近の地方裁判所における離婚訴訟の実情と家庭裁判所への移管について」判タ1031号（2000）5頁参照。

11） 徳田和幸「民事手続法の改正と司法制度改革」ジュリ1170号（2000）39頁以下参照。

12） その経緯については，ジュリ人訴8頁以下，岡部喜代子「人事訴訟事件等の家庭裁判所への移管について」判タ1095号（2002）69頁以下，坂田宏「家庭裁判所への管轄移管」法時74巻11号（2002）40頁以下，徳田和幸「人事訴訟手続法改正の意味と目的」ジュリ1230号（2002）30頁以下など参照。

(4) 家庭裁判所の課題

家庭裁判所は，民事に関しては，従来，家事調停・家事審判を処理する特別の機関として家事事件の解決に重要な役割を果たしているが，現在は，人事訴訟事件も処理している。この家庭裁判所への人事訴訟事件の移管は，民事司法制度改革の一環としての家庭裁判所の機能の充実という目的を実現するための重要な課題の一つとして行われたものである。家庭裁判所は，訴訟事件を扱わないという原則論はなくなるが，家庭事件・家事事件を専門とする国民に身近な裁判所という意味での家庭裁判所の機能，とりわけ司法的機能の充実拡充が重視されているといえよう。

ところで，家庭裁判所においては，従来から，日常事務の一つとして「家事手続案内」(平成20(2008)年「家事相談」から改称）が行われている。この家事手続案内は，離婚による財産分与の内容や養育費の額というような事件・紛争の具体的な内容に関する相談ではなく，家事調停事件・家事審判事件の手続に関する相談に応じるものであるが，相談者のとるべき手続が示され，家庭裁判所における申立手続が円滑になされるという点では，きわめて有意義なものとして実務に定着しているとみられる[13)]。人事訴訟事件は，家事調停事件の一つとしてこれまでも家事手続案内に含まれているが，その家庭裁判所への移管に伴って家事手続案内も一層充実することが期待されよう。

他方，家庭裁判所には，心理学・教育学・社会学等の専門的知識を用いて(家事規44条参照)，家事調停・家事審判に必要な調査その他法律に定める事務を行う専門的補助機関として，家庭裁判所調査官が置かれており（裁61条の2参照)，事件処理にきわめて重要な役割を果たしている。従来，地方裁判所に提起された離婚訴訟において，裁判所が親権者の指定，子の監護者の指定その他子の監護に関する処分，財産分与に関する処分をする場合（旧人訴15条）には，こうした専門的補助機関を活用することができないという難点が指摘されていたところである。離婚訴訟等の家庭裁判所への移管に伴って，裁判所が親権者の指定や子の監護に関する処分・財産分与に関する処分（これらの処分は附

13）　山木戸・家審18頁以下，仁平正夫「家事相談」講座実務家審Ⅰ265頁以下，大門匡「家事事件五〇年の移り変わり」判タ996号（1999）14頁，梶村太市＝棚村政行編『夫婦の法律相談〔第2版〕』(有斐閣・2010）9頁〔梶村太市〕など参照。

帯処分と総称される）をする場合（人訴32条）には，裁判所は事実の調査をすることができるし（人訴33条），その事実の調査を家庭裁判所調査官にさせることができるものとされている（人訴34条）。この附帯処分等についての事実の調査は，訴訟手続における審理の経過，証拠調べの結果その他の事情を考慮して必要があると認められるとき（人訴規20条1項）に限って，家庭裁判所調査官に調査をさせる場合には，事実の調査を要する事項を特定するものとされている（人訴規20条2項）から，かなり限定的なものとなっているが，地方裁判所においてなされていた審理の難点はある程度解消されているといえよう[14]。

さらに，新たな家事事件手続法により，家庭裁判所における家事調停・家事審判に関する手続規定は全面的に改正されている。そこでは，家庭裁判所の司法的機能のより一層の充実強化が図られているようである。

4 履行確保

(1) 概　　説

家事調停や家事審判で当事者の一方が一定の給付をすべき旨が定められ，執行が許されるものであれば，相手方は，調停調書や審判に基づいて強制執行を申し立てることができる（家事75条・268条1項・281条・287条，民執22条3号7号）。しかし，家事調停や家事審判で定められた債務ないし義務すなわち家事債務には，強制執行を利用しないで実現することが適切で望ましいものがあることから，一般の強制執行とは別に，家庭裁判所がその調停や審判で定められた義務の実現を図る履行確保の制度が設けられている（家事289条・290条）。また，離婚訴訟等でなされる附帯処分（人訴32条1項2項）の裁判で定められた義務についても，同様の制度が設けられている（人訴38条・39条）。さらに，民事執行法の改正においては，特に養育費等扶養義務に係る金銭債権の多くが，

14) 附帯処分と家庭裁判所調査官の調査については，岡健太郎＝上拂大作「人事訴訟規則の概要及び附帯処分等の裁判についての審理」ジュリ人訴131頁以下，石井葉子「家事事件及び人事訴訟事件における家庭裁判所調査官の調査」ジュリ人訴135頁以下など参照。

少額ずつの定期金債権であることに鑑み，その強制執行について特別の措置が講じられている。

(2) 家事債務の履行確保

家事債務の履行確保制度は，義務の履行状況の調査および履行の勧告（家事289条，人訴38条）と履行命令（家事290条，人訴39条）を内容とする（具体的には，後述⇨第Ⅰ編第3部第6章4「親子」など）。家事審判法下では，家庭裁判所が権利者のために金銭の寄託を受けるという制度も設けられていたが，調停等では金融機関を通じての権利者の口座への振込みが定められることが一般化していたことなどから，家事事件手続法の制定に際して，金銭の寄託の制度は廃止された。

(3) 扶養等の義務に係る債権の履行確保

家事債務については，以上のような特別の履行確保制度が設けられているが，強制執行の許される家事債務については，権利者はこれとは別に強制執行によってその権利の実現を図ることもできる。この執行は，一般の強制執行であるが，特に養育費等の扶養義務に係る金銭債権は，少額の定期金であることが多く，その性質に応じた履行確保が要請されるところである。そこで，民事執行法の一部改正（「担保物権及び民事執行制度の改善のための民法等の一部を改正する法律」平成15法134）により，この種の少額定期金債権の執行についての特例が設けられた。

すなわち，(i)民法752条による夫婦間の協力扶助義務（別表第二1項参照），(ii)民法760条による婚姻から生ずる費用の分担の義務（別表第二2項参照），(iii)民法766条（民749条・771条・788条で準用する場合を含む）による子の監護に関する義務（別表第二3項，人訴32条2項参照），(iv)民法877条～880条までの規定による扶養の義務（別表第一84項・第二9項10項参照）について，債権者が確定期限の定めのある定期金債権を有する場合において，その一部に不履行があるときは，当該定期金債権のうち確定期限が到来していないものについても，債権執行を開始することができ（民執151条の2第1項），その債権執行においては，各定期金債権について，その確定期限の到来後に弁済期が到来する給料その他の継続的給付に係る債権のみを差し押さえることができる，とされたのである（民執151条の2第2項）。通常の強制執行については，債務名義における請求が確定期限の到来に係る場合においては，強制執行は，その期限の到来後に限り，開始することができるとされているので（民執30条1項），扶養義務等に係る定期金債権についても，その原則どおりであれば，各定期金債権の確定期限が到来するたびにその都度執行を申し立てる必要があり，債権者にとっては手続的負担が重いことになる。他方，この種の定期金債権は，債権者の生活維持に不可欠のものであるから，すぐに権利が実現できるようにすることが要請される。そこで，民事執行法の改正により，扶養義務等に係る定期金債権に基づく強制執行においては，その一部に不履行があるときは，弁済期の到来していない将来分の定期金についても一括して，債務者の将来の給料債権等に対する差押えをすることができるとされたのである。

また，この民事執行法の改正においては，扶養義務等（前記(i)～(iv)）に係る金銭債権に基づく債権執行においては，給料債権等について法律上一律に差押禁止とされる範囲は，通常の「四分の三」（民執152条1項2項）ではなく，「二分の一」に相当する部分になるとされた（民執152条3項）。差押禁止債権の範囲変更の申立て（民執153条1項）と立証に要する債権者の手続上の負担を軽減するためである[15]。

(4) 扶養義務等に係る金銭債権についての間接強制

さらに，その後の民事執行法の一部改正（「民事関係手続の改善のための民事訴訟法等の一部を改正する法律」平成16法152）において，扶養義務等（前記(3)(i)～(iv)，民執151条の2第1項）に係る金銭債権についての強制執行は，従来認められている直接強制のほか，債権者の申立てがあるときは，間接強制の方法によることもできるようにすることとされた。

この間接強制が認められると，執行は，執行裁判所が，債務者に対し，遅延の期間に応じ，または相当と認める一定の期間内に履行しないときは直ちに，債務の履行を確保するために相当と認める一定の額の金銭を債権者に支払うべき旨を命ずる方法（民執172条1項）によっても行われる（民執167条の15第1

15) この改正については，谷口園恵ほか「担保物権及び民事執行制度の改善のための民法等の一部を改正する法律」ジュリ1254号（2003）142頁など参照。

項本文)。債務者が債権者に支払うべき金銭の額（間接強制金）は，執行裁判所が債務不履行により債権者が受けるべき不利益ならびに債務者の資力および従前の債務の履行の態様を特に考慮して定めることになる（民執167条の15第2項)[16)]。ただし，債務者が，支払能力を欠くためにその金銭債権に係る債務を弁済することができないとき，または，その債務を弁済することによってその生活が著しく窮迫するときは，間接強制により債務の履行を強制することは適切ではないので，間接強制の方法によることはできない（民執167条の15第1項ただし書)。また，間接強制の決定後，事情の変更があったときは，債務者の申立てにより，その申立てがあった時（その申立てがあった後に事情の変更があったときは，その事情の変更があった時）までさかのぼって，間接強制の決定を取り消すことができ（民執167条の15第3項)，この取消しの申立てがあったときは，執行裁判所は，その裁判が効力を生ずるまでの間，担保を立てさせ，または立てさせないで，間接強制の決定の執行停止を命ずることができる（民執167条の15第4項。これに対する不服申立てはできない。民執167条の15第5項)，とされている。

また，この間接強制は，扶養義務等に係る金銭債権が確定期限の定めのある定期金債権であって，その一部に不履行がある場合に，当該定期金債権のうち6月以内に確定期限が到来するものについても，申し立てることができることになる（民執167条の16)。

このような間接強制制度の導入は，家事債務の履行確保のためにすでに前述の履行命令制度が設けられていることなどからすれば，その必要性には疑問の余地もあるが，扶養義務等に係る金銭債権の債権者にとっては権利実現のための選択肢が増えるという点，債務者にとっても給料等の差押えを避けることができるという点では，意義があるであろう。

なお，平成17（2005）年1月1日から施行された新破産法（平成16法75）においては，扶養義務等（前記(3)(i)〜(iv)のほか，契約に基づくものも含む）に係る請求権は，その保護の必要性が特に高いと考えられることから，新たに非免責債権とされている（破253条1項4号)。

16)　広島家決平19・11・22家月60・4・92，裁判例集序-3参照。

第Ⅰ編　家事事件手続

第1部　家事事件手続総則

1　家事事件手続の意義

家事事件手続法は，家事審判および家事調停に関する事件を家事事件というとして，その手続については，他の法令に定めるもののほか，この法律の定めるところによる，とする（家事１条）。すなわち，同法にいう家事事件手続には，家事審判に関する事件の手続と家事調停に関する事件の手続とが含まれている。

そして，同法は家事審判・家事調停に共通する定めを総則として規定している。その主なものは，次のようである。

2　裁判所と当事者の責務

家事事件手続法によれば，裁判所は，家事事件の手続が公正かつ迅速に行われるように努め，当事者は，信義に従い誠実に家事事件の手続を追行しなければならない（家事２条）。家事事件が適正に解決されるように，家事事件手続に一般的な事項として，裁判所の公正・迅速進行の責務と，当事者の信義・誠実義務とが定められているのである。これらの裁判所と当事者の責務は，民事訴訟（民訴２条）や非訟事件手続（非訟４条）についても認められているものであり，家事事件の手続についても同様に妥当すると考えられているわけである[1)]。ただし，裁判所の公平・迅速進行の責務が家事審判手続と家事調停手続とで同様な内容を有しているかについては，なお検討の必要があるように思われる。また，当事者の信義・誠実義務は，例えば，濫用的な申立てに対する簡易却下（家事12条５項・13条１項・47条９項），裁判長が命じた補正に従わない場合の申立書却下の制度（家事49条５項・255条４項），事実の調査および証拠調べへの

1)　非訟事件手続との対比につき，梶村太市「家事審判・家事調停の改革についての評価と課題――実務家の視点から」法時83巻11号（2011）37頁，梶村・新家事調停111頁参照。

協力（家事56条2項・258条1項），当事者が出頭命令や文書提出命令に従わない場合の過料の制裁（家事51条3項・64条3項4項6項・258条1項），家事審判の申立ての取下げの擬制の制度（家事83条）などに表れているとされ，さらに，具体的な事案によっては，当事者の信義・誠実義務を根拠として，例えば，①家事事件の手続上の禁反言，②家事事件の手続上の権能の失効および③家事事件の手続上の権能の濫用の禁止などが導かれるとの指摘がされているところであるが[2]，これらの点に関しても，家事審判手続と家事調停手続とでは違いがあるのではないかと思われる。

3 管轄・移送

(1) 管轄が住所により定まる場合の管轄権を有する家庭裁判所

家事審判事件の管轄については，例えば，後見開始の審判事件は，成年被後見人となるべき者の住所地を管轄する家庭裁判所の管轄に属する（家事117条1項）というような規定が個別に置かれており（詳細には，後述⇨第3部第5章2参照），また，家事調停事件については，相手方の住所地を管轄する家庭裁判所または当事者が合意で定める家庭裁判所の管轄に属する（家事245条1項）と規定されているように，家庭裁判所の管轄が人の住所地により定まる場合がある。家事事件手続法の総則では，そのような場合において，日本国内に住所がないときまたは住所が知れないときはその居所地を管轄する家庭裁判所の管轄に属し，日本国内に居所がないときまたは居所が知れないときはその最後の住所地を管轄する家庭裁判所の管轄に属する（家事4条），とする。

また，二つ以上の家庭裁判所が管轄権を有するときは，家事事件は，先に申立てを受け，または職権で手続を開始した家庭裁判所が管轄する（家事5条。優先管轄）。

なお，家事審判事件の国際裁判管轄については，人事訴訟法等の一部を改正する法律（案）により，家事事件手続法に新たな規定（法案3条の2以下）が設

2）　一問一答・家事60頁以下，逐条解説5頁。

けられる予定である。

(2) 管轄裁判所の指定

管轄裁判所が法律上または事実上裁判権を行うことができないときは，その裁判所の直近の上級裁判所が，申立てによりまたは職権で，管轄裁判所を定め，また，裁判所の管轄区域が明確でないため管轄裁判所が定まらないときは，関係のある裁判所に共通する直近上級の裁判所が，申立てによりまたは職権で管轄裁判所を定める（家事6条）。

家事事件手続法の規定により家事事件の管轄が定まらないときは，その家事事件は，審判または調停を求める事項に係る財産の所在地または最高裁判所規則で定める地（東京都千代田区（家事規6条））を管轄する家庭裁判所の管轄に属する（家事7条）。

(3) 管轄の標準時

裁判所の管轄は，家事審判もしくは家事調停の申立てがあった時または裁判所が職権で家事事件の手続を開始した時を標準として定める（家事8条）。

(4) 移 送 等

管轄違いの家事事件の申立ては，申立てにより（原則としては，書面で，理由を明らかにしなければならない。家事規7条）または職権で，管轄裁判所に移送されるのが原則である（家事9条1項本文）。ただし，家庭裁判所は，事件を処理するために特に必要があると認めるときは，職権で，管轄権を有しない家庭裁判所に移送したり，当事者および利害関係参加人の意見を聴いた上で（家事規8条1項），自ら処理（いわゆる自庁処理）することができる（家事9条1項ただし書）。また，管轄違いがない場合であっても，手続が遅滞することを避けるため必要がある等と認めるときは，優先管轄（家事5条）を有しないこととされた家庭裁判所に，事件を処理するために特に必要があると認めるときは，その他の家庭裁判所に，職権で移送することができる（家事9条2項。なお，職権による移送の場合には，当事者・利害関係参加人の意見を聴くことができるとされている。家事規8条2項）。

移送の裁判および管轄違いによる移送申立てを却下する裁判に対しては，即時抗告をすることができ，移送の裁判に対する即時抗告は執行停止の効力を有する（家事9条3項4項）。

移送の裁判は，移送を受けた家庭裁判所を拘束し，確定したときは，事件は初めから移送を受けた家庭裁判所に係属していたものとみなされる（家事9条5項による民訴22条の準用。事件記録は移送裁判所の裁判所書記官から受移送裁判所の裁判所書記官に送付される。家事規9条（民訴規9条の準用））。

4 裁判所職員の除斥・忌避

(1) 裁判官の除斥・忌避

(a) 裁判官の除斥

裁判官は，自身またはその配偶者もしくは配偶者であった者が，事件の当事者もしくはその他の審判を受ける者となるべき者である，というような法定の原因（家事10条1項）がある場合には，その職務執行から除斥される。除斥原因は，民事訴訟法の定めるもの（民訴23条1項）とほぼ同様であるが，裁判官もしくはその配偶者等が事件の当事者になる場合のほか，「審判を受ける者となるべき者」（申立てを却下する審判を除き，審判がされた場合において，その審判を受ける者となる者）となる場合を含めた規制がされている点は異なっている。また，裁判官が事件について証人もしくは鑑定人となったとき（民訴23条1項4号参照）のほか，審問を受けることとなったとき（家事10条1項4号）も，除斥原因とされている。除斥の裁判は，申立てによりまたは職権でなされるが（家事10条2項），この裁判は確認的であって，除斥の効果は，裁判をまたずとも，除斥原因の存在によって当然に生じると解される。

(b) 裁判官の忌避

裁判官について「裁判又は調停の公正を妨げる事情」があるときは，当事者は，その裁判官を忌避することができ（家事11条1項），忌避申立てについて理由があるとする裁判がされれば，その裁判官は職務執行から排除される。

除斥・忌避の申立てがあったときは（申立ての方式については，家事規10条参照），その申立てについての裁判が確定するまで，原則として家事事件の手続は停止される（家事12条4項）。除斥・忌避を申し立てられた裁判官は，その裁判に関与することができないのが原則であるが（家事12条3項），家事事件手続法においては，忌避の申立てが，家事事件の手続を遅滞させる目的でのみされたことが明らかなとき等には，忌避を申し立てられた裁判官が申立てを却下することができるとする「簡易却下」が認められている（家事12条5項～7項）。

(2) 裁判所書記官等の除斥・忌避

裁判所書記官（家事13条），参与員（家事14条），家事調停官（家事15条）については，除斥および忌避の制度が，家庭裁判所調査官・家事調停委員（家事16条）については除斥制度が認められている。家庭裁判所調査官および家事調停委員については，家事審判法下では，除斥は認められてなかったが，家事事件手続法では，より公正な審判・調停の保障という観点から，これらの者についても，新たに除斥制度が設けられたのである。ただし，忌避の制度は，家庭裁判所調査官については，その職務を行うについては裁判官の命令に従うこととされていること（裁61条の2第4項），家庭裁判所調査官の調査は事実の調査の一環として行われる資料収集の一つであること，仮に当事者が家庭裁判所調査官の調査に不満を感じた場合には，その調査結果を記録の閲覧謄写により了知した上で自らの主張等を述べることによって対応すべきであることと等が考慮され，また，家事調停委員については，家事調停の手続は，当事者間の円満な協議により合意することを目指す自主的紛争解決方法であり，当事者が家事調停委員を信任しないときは，家事調停の手続において合意しないこともできること等が考慮され，その導入はされていない[3]。

なお，裁判官の回避（家事規12条），裁判所書記官・参与員・家事調停官の回避（家事規13条），家庭裁判所調査官・家事調停委員の回避（家事規14条）は，規則事項として別に定められている。

3）一問一答・家事66頁以下，逐条解説48頁・50頁参照。

5 当事者能力・手続行為能力

(1) 当事者能力

家事事件手続における当事者能力については，民訴法の規定が準用されている（家事17条1項）。すなわち，民事訴訟において当事者能力を有する民法上の権利能力者（民訴28条）および法人でない社団または財団で代表者または管理人の定めがあるもの（民訴29条）は，家事事件手続においても当事者能力を有する。

(2) 手続行為能力

家事事件手続法は，家事事件の手続における手続上の行為（手続行為）をすることができる能力を「手続行為能力」として定義し，これに民事訴訟における訴訟能力に関する規定を準用している（家事17条1項）。すなわち，民事訴訟において訴訟能力を有する民法上の行為能力者は，家事事件手続においても手続行為能力を有する（民訴28条準用）。また，外国人は，本国法によれば訴訟能力を有しない場合であっても日本法によれば訴訟能力を有する場合には，家事事件手続においても，手続行為能力を有するとみなされる（民訴33条準用。なお法適用4条参照）。

(a) 未成年者・成年被後見人

他方，民事訴訟において訴訟能力を有しない未成年者および成年被後見人は，家事事件手続においても，手続行為能力を有せず，必ず法定代理人が代わって手続行為をしなければならないのが原則である（民訴31条準用）。未成年者または成年被後見人について，法定代理人がない場合または法定代理人が代理権を行うことができない場合において，家事事件の手続が遅滞することにより損害が生ずるおそれがあるときは，裁判長は，利害関係人の申立てによりまたは職権で，特別代理人を選任することができる（家事19条1項）。

ただし，家事事件手続においては，できるだけ本人の意思を尊重すべきであり，意思能力があれば手続行為能力を認めるのが相当である類型の事件があり，その種の事件の手続（後見開始の審判事件等，夫婦間の協力扶助に関する調停事件等）については，個別に，法定代理人によらずに自ら手続行為をすることができる旨の特別の定めが置かれている（家事審判事件につき，家事118条および同条を準用する各規定，家事調停事件につき，家事252条）。その一方で，そのような場合であっても，親権を行う者または後見人が，未成年者または成年被後見人を代理して手続行為をすることができることも認められている（家事18条）。

なお，法定代理人（例えば後見人）が手続行為をするには後見監督人の同意を要する場合があるが（民864条参照），他の者がした家事審判・家事調停の申立てまたは抗告について手続行為をする場合，および職権により手続が開始された場合には，後見監督人の同意その他の授権を得ずに，手続行為をすることができるとされている（家事17条2項）。ただし，法定代理人が家事審判・家事調停の申立ての取下げ等の手続を終了させることになる重要な手続行為については，特別の授権を要する（家事17条3項）。

(b)　被保佐人・被補助人

被保佐人は，訴訟行為は自ら行うが，それをするについて原則として保佐人の同意が必要であり（民13条1項4号），また，補助開始の審判を受けた被補助人は，訴訟行為をすることにつき補助人の同意を得なければならないとされた場合には，同様に補助人の同意を要する（民17条）。このような訴訟行為に関する規制は，家事事件における手続行為についても準用される（民訴28条準用）。被保佐人・被補助人の手続行為についての保佐人（もしくは保佐監督人）・補助人（もしくは補助監督人）の同意その他の授権についても，前述の法定代理の場合の後見監督人の同意と同様の取扱いがなされる（家事17条2項3項）。

6　手続代理人・補佐人

(1)　手続代理人

(a)　弁護士代理の原則

家事事件においても，民事訴訟におけるのと同様に（民訴54条），法令により裁判上の行為をすることができる代理人のほか，弁護士でなければ手続代理人となることができないのが原則である（家事22条1項本文）。ただし，家庭裁判所においては，その許可を得れば，弁護士でない者を手続代理人とすることができる（同項ただし書）。

(b) 手続代理人の代理権の範囲

手続代理人は，委任を受けた事件について，参加，強制執行および保全処分に関する行為をし，かつ，弁済を受領することができるが（家事24条1項），家事審判または家事調停の申立ての取下げ等の一定の重要な行為については特別の委任を受けなければならない，とされている（同条2項）。手続代理人の代理権は，弁護士でない手続代理人の代理権以外は制限することができない（同条3項。民訴55条3項参照）。

(c) 裁判長による手続代理人の選任

手続行為につき行為能力の制限を受けた者（未成年者や成年被後見人）が，手続行為能力を認められて（家事118条・252条1項）手続行為をしようとする場合において，必要があると認めるときは，裁判長は，申立てにより，弁護士を選任することができるし（家事23条1項），その旨の申立てがない場合においても，裁判長は，弁護士を手続代理人に選任すべき旨を命じ，または職権で弁護士を手続代理人に選任することができる（同条2項）。これらの場合の弁護士報酬は，裁判所が相当と認める額とされる（同条3項。なお，人訴13条2項～4項参照）。

(d) 手続代理人の代理権の消滅の通知

手続代理人の代理権の消滅は，家事審判事件（家事別表二類事件に限る）および家事調停事件においては，本人または代理人から他方の当事者に，その他の家事事件においては，本人または代理人から裁判所に通知しなければ，その効力を生じない（家事25条）。

なお，手続代理人およびその代理権については，民訴法34条（3項を除く）（訴訟能力等を欠く場合の措置等）・56条（個別代理）・57条（当事者による更正）・58条（3項を除く）（訴訟代理権の不消滅）の規定が準用されている（家事26条）。

⑵ 補佐人

家事事件の手続においては，民事訴訟におけると同様，当事者または手続代理人は，裁判所の許可を得て，補佐人ともに出頭することができる（家事27条による民訴60条準用）。

7 手続費用

⑴ 手続費用の負担

家事事件の手続費用，すなわち家事審判に関する手続の費用（＝審判費用）および家事調停に関する手続の費用（＝調停費用）は，各自の負担とするものとされている（家事28条1項）。家事審判法下では，申立人の負担とするとされていたのが（家審7条による旧非訟26条準用），変更されているのである。もっとも，裁判所は，事情により，各自の負担によれば当事者および利害関係参加人がそれぞれ負担すべき手続費用の全部または一部を，その負担すべき者以外の，当事者，利害関係参加人，審判を受ける者となるべき者，その裁判により直接に利益を受ける者等に負担させることができる，とされている（家事28条2項。検察官が負担すべき手続費用は国庫の負担とされる。家事28条3項）。

手続費用の負担の裁判は，裁判所が，事件を完結する裁判において，職権で，その審級における審判費用（調停手続を経ている場合には，調停費用を含む）の全部について，しなければならないのが原則である（家事29条1項）。家事調停の手続と家事審判の手続の両方を経ている場合には，両方の手続において生じた費用について一括した処理がされ（家事29条1項～3項参照），訴訟事件が家事調停に付され，調停が成立し，訴訟費用の負担について特別の定めをしなかったときは，その費用は各自が負担する，とされる（家事29条4項）。

なお，事実の調査，証拠調べ，呼出し，告知その他の家事事件の手続に必要な行為に要する費用については，原則として当事者等にその費用の概算額を予納させることとして（民訴費12条），場合により，国庫において立て替えることができるとされている（家事30条）。

その他，手続費用の負担に関しては，訴訟費用額の確定手続等に関する民訴法の規定（民訴69条～74条）が準用されている（家事31条）。

(2) 手続上の救助

家事事件の手続の準備および追行に必要な費用について，支払う資力がない者またはその支払により生活に著しい支障を生ずる者に対しては，裁判所は，申立てにより，「手続上の救助」の裁判をすることができる（家事32条1項本文）。ただし，救助を求める者が不当な目的で家事審判または家事調停の申立てその他の手続行為をしていることが明らかなときは，この限りでない，とされている（同条1項ただし書）。この救助の申立ては，書面で，救助の事由を疎明して，しなければならない（家事規21条）。

手続上の救助の裁判は，審級ごとになされ（民訴82条2項準用），救助が認められると裁判費用の支払の猶予がされることになる（家事32条2項による民訴83条の準用。このほか，訴訟上の救助に関する民訴84条（救助の決定の取消し）・85条（猶予された費用等の取立方法）・86条（即時抗告）も準用されている）。

8 家事事件の審理等

(1) 手続の非公開

家事審判法下（家審規6条）と同様，裁判所は，相当と認める者の傍聴を許すことができるが，家事事件の手続は，公開しない，とされている（家事33条）。

(2) 期日・期間

家事事件の手続の期日は，職権で，裁判長が指定する（家事34条1項。当事者等の期日指定の申立権は認められていない）。この手続の期日は，やむを得ない場合に限り，日曜日その他一般の休日に指定することができる，とされている（同条2項）。

期日の変更は，顕著な事由がある場合に限り，することができる（同条3項）。なお，家事事件の手続の期日の変更は，①当事者または利害関係参加人の1人につき手続代理人が数人ある場合において，その一部の代理人について変更の事由が生じたこと，②期日指定後にその期日と同じ日時が他の事件の期日に指定されたこと，の事由に基づいては，してはならない旨が明らかにされている（家事規23条）。

その他，家事事件の手続の期日・期間については，民訴法94条から97条までの規定が準用される（家事34条4項）。

(3) 手続の併合等

裁判所は，手続を迅速かつ円滑に進めるために[4]，家事事件の手続を併合し，または分離することができる（家事35条1項。その裁判を取り消すこともできる。同条2項）。裁判所は，当事者を異にする家事事件について手続の併合を命じた場合において，その前に尋問した証人について，尋問の機会がなかった当事者が尋問の申出をしたときは，その尋問をしなければならない（同条3項）。当事者に再尋問の機会を保障するためである（民訴152条2項参照）。

(4) 送達および手続の中止

送達および家事事件の手続の中止については，民訴法第1編第5章第4節（送達。98条以下）および130条から132条（同条1項を除く）までの規定（裁判所の職務執行不能による中止・当事者の故障による中止など）が準用される（家事36条。家事規25条により民訴規の送達に関する規定を準用）。

(5) 裁判所書記官の処分に対する異議

裁判所書記官の処分に対する異議の申立てについては，その裁判所書記官の所属する裁判所が裁判をする（家事37条1項）。この裁判に対しては即時抗告をすることができる（同条2項）。

4）　中間試案の補足説明134頁・168頁など参照。

9 電子情報処理組織による申立て等

家事事件の手続における申立てその他の申述（「申立て等」）については，民訴法132条の10第1項から第5項までの規定（支払督促に関する部分を除く）が準用される（家事38条）。民訴法132条の10は，平成16年の民訴法の一部改正（「民事関係手続の改善のための民事訴訟法等の一部を改正する法律」平成16法152）により新設されたものであり，民事訴訟手続等の申立て等のオンライン化として，一定の範囲で，インターネットを利用した申立て等を認めようとするものである。家事事件の手続についても，そのための通則規定が設けられたのである（非訟事件の手続につき，新非訟42条参照）。

第2部　家事調停

第1章　家事調停序論

1　家事調停の意義と目的

(1)　家事調停の意義

家事調停は，家事事件手続法第3編および家事事件手続規則の定めるところに従って，家庭裁判所において行われる調停である（家事244条）。同じく裁判所が行う調停として民事調停があり，民事調停法および民事調停規則等により，簡易裁判所または地方裁判所において行われている（民調3条1項）。いずれも，裁判所が運営するいわゆる司法型ADRであり，調停委員と裁判官で構成される調停委員会が手続を実施し（家事247条・248条，民調5条・6条），民事調停委員と家事調停委員の資格も共通である（調委規1条）。しかし，両者は，上記のとおり管轄裁判所を異にするほか，対象となる紛争類型（家事244条），調停前置主義の適用対象（家事257条1項。民調24条の2等参照），審判前の保全処分の可否（家事105条1項。ただし民事調停手続係属中に民事保全法上の保全処分を利用することは可能である），調停調書の記載の意義（家事268条1項3項4項），不調に終わった場合の裁断型手続（審判手続，訴訟手続）との関係（家事272条3項4項）等の点で相違する。

家事調停の対象は，人事に関する訴訟事件その他家庭に関する事件（別表第一に掲げる事項についての事件を除く）である（家事244条）。すなわち，離婚・離縁などの人事に関する訴訟事件（人訴2条。なお，そのうち婚姻無効・取消し，嫡出否認等は合意に相当する審判（家事277条）の対象となる），および別表第二類事件であるが，そのほか，「その他家庭に関する事件」として，離婚・離縁に伴う損害賠償請求や遺留分減殺請求などが含まれる。

(2) 家事調停の目的

家事審判法は，同法の目的を「個人の尊厳と両性の本質的平等を基本として，家庭の平和と健全な親族共同生活の維持を図ること」（家審1条）としていたため，家事調停の目的も当然にこれに準ずるとする考え方があった[1)]。しかし，現行法はこのような目的規定を置いていない。背景事情としては，「個人の尊厳と両性の本質的平等を基本」とすべきとの規定は，家事審判法制定時には，旧制度（例えば同法制定に伴い昭和22年に廃止された，人事調停法による人事調停制度）との峻別を図るために，その必要が認められたにすぎず，本来は憲法24条の下で当然の前提であること，また，「家庭の平和と親族共同生活の維持」という実体的な目的を掲げる必要性にも乏しいこと（これが審判・調停の方向性を規定する印象を与えることも避けるべきであること）等が考えられよう。

他方，家審法下においても，家事調停の目的規定が存在しないことを前提に，司法型ADRとしての民事調停に準じて，「家事に関する紛争につき，当事者の互譲により，条理にかない実情に即した解決を図ること」（民調1条参照）にあるとする考え方も主張されていた。現行法下においても，この考え方に立ちつつ，家事調停手続の実施において個別に条理の内容を模索すべきと考えられる[2)]。なお，家事調停において公益性の考慮が強調されることがあるが，そもそも調停事項（家事244条）は当事者がその意思により和解できる（または合意による解決が望ましい）事項であり，また，公益として問題となる第三者の利益に関しても，現行法は，子の意思の把握，各種の利害関係人の手続参加，関係人の呼出し等の規定を整備し（家事258条による65条・41条～44条・51条等の準用），第三者の利益の考慮につき手続的な対応ができる構造となっている。ここで「条理」の内容や判断者については様々な議論があるが，実定法には限定されないものの現行法体系の根幹をなす価値・規範体系であるとする考え方をとる

1) 本書第2版25頁〔梶村太市〕。ただし，現代の価値観に適合するよう，ジェンダー・バイアスの排除等の実体的目的も付加すべきとしている。

2) 山本和彦＝山田文『ADR仲裁法〔第2版〕』（日本評論社・2015）212頁（初版は家事審判法を前提にしつつ同様の目的論を述べている），佐上310頁。

ならば，この目的論でいう条理や実情即応性の内容として，憲法をはじめとする実定法体系およびその根幹をなす価値・規範体系が含まれることになる。家審法１条の内容も前半は憲法上の理念として，後半は現在の条理解釈で斟酌される限りで，意義を有することになろう。

また，条理は，社会における価値観や社会経済上の変化に応じて変動する性質を有し，場合によっては現時点では裁判規範が採り入れていない価値や利益であっても憲法上の理念に即して相当と考えられる場合にはそれらを採り入れ，いわば裁判規範の先駆的な内容となることもあり得る（調停等を通じて規範の生成がなされる「規範の汲み上げ機能」につき，後掲49頁参照）。そのような価値観等の変化は当事者が主張するであろうが，条理の内容に関する当事者間の調整や条理としての相当性に関する情報提供は，家事調停委員会がイニシアティブをとるべきことになろう。

⑶　家事調停の理念

家事調停手続の理念としては，まず，①当事者（必要に応じて関係人）が事案の性質に応じた手続上の地位を保障され，そのうえで，②熟慮による自己決定に基づいて合意の成否等の判断をすることができるよう，環境を整備することが挙げられる。調停においても，裁判手続における手続保障とは異なるが，例えば，自己の言い分（紛争認識，解決の方向性等）を十分に述べる機会，相手方の言い分の内容の把握，調停委員会が前提とする事実関係や条理の把握，相手方および調停委員会に対する反論ないし反対証拠の提出（そのための事実の調査等の申出），調停案の合理性について話し合う機会の確保等の手続的な環境を整備したうえで，すなわち十分な発言の機会を経て，十分な情報に基づいた判断をすることが望ましいと考えられる（インフォームド・デシジョン）。発言の機会にも言及したのは，調停による解決の意義を豊穣化するためには，当事者が紛争の見方・解釈を柔軟化させ，互譲による紛争解決について（積極的ではないにせよ）一定の理解をし，さらに将来生じ得る事情の変更にもある程度は対応できるよう，合意における自己決定の内容に厚みを持たせることが必要となるからである。そのためには，当事者は事実を陳述する（調停案の材料を提供する）にとどまらず，より主体的に自己の声を発し聴いてもらうことが必要であり，その意味でも自己決定を形成する過程（調停手続）における当事者の地位のあり方が重要となる。

このような理念は，現行法にも現れており（例えば，申立書の送付につき家事256条1項，家事審判手続の準用につき258条1項（ただし63条等が準用除外とされていることにも注意）等参照），実務上も，事案解明の必要性およびその基礎となった資料の当事者への開示[3)]，期日の終了時に当事者双方同席とし，同期日の交互面接の結果や次回期日までの検討事項を同時に伝える期日運営[4)]などの工夫が試みられている。同席で和解仲介が行われる「同席調停」とは異なるものの，当事者の手続的地位の強化として注目すべき実務であり，さらなる進展が期待されよう。

他の理念としては，副次的な位置付けとなるが，③紛争の性質や当事者のニーズに即応した柔軟な解決を図るべきこと，④当事者間（相当な場合は関係人を含む）の関係性や当事者の関係的ニーズに留意すべきこと，および⑤紛争の性質に応じて迅速性を考慮すべきこと（調停前置主義の運用として，裁判によって解決を図る権利の制約とのバランスを考慮すべきこと）等が挙げられる。

なお，調停のスタイルとして，評価型（evaluative），交渉促進型（facilitative），および紛争認識変容型（transformative）調停の分類が用いられることがある[5)]。評価型は裁判予測を前提とするのに対して，交渉促進型は直接的には裁判予測による説得ではなく当事者のニーズを引き出し，紛争認識変容型は関係性を重視するスタイルであり，各スタイルを徹底するならば調停の理念はスタイルごとに異なることになりそうである。しかし実際には，消極的にせよ法を全く参照しない家事調停がなされるとすれば，当事者双方の選択可能性が極めて低いことに加えて，本章では条理の範囲をかなり広く想定しているが，それをも超えるような調停が理論的にはあり得ることを意味する。それは，家事事件手続法のみならずADRの基本理念たる「法による紛争の解決」（ADR法3条1項）

3）松原正明「我が国の家事調停制度の基本構造」法政研究79巻3号（2012）757頁は，審判手続と調停における事実調査の意義の相違を指摘し，合意形成の努力を先行した上で合意が困難な場合の事実調査の有用性を論ずる。また，その際に事実調査の基礎となった資料を当事者に開示し意見を述べる機会を与えるべきとする。

4）小田正二＝磯尾俊明「家事事件手続法の下で充実した調停運営を実現するために——当事者に対する手続説明の在り方について」ケ研314号（2013）181頁，秋吉仁美「家事調停事件の現状と課題」仲裁とADR9号（2014）19頁等参照。

5）詳細につき，山本＝山田・前掲注2）162頁以下参照。

との関係にも影響することになろう。したがって，調停の各スタイルはそれぞれ有益な類型であるが，調停の目的・理念に即して調整したうえで，多くの場合は複数のスタイルを参照しつつ実施されるべきことになろう。

2　家事調停の特質

家事調停手続は，第3編「家事調停に関する手続」に規定されている。その対象は，①人事に関する訴訟事件（人訴2条参照），②別表第二類に掲げる事項についての事件，および③その他家庭に関する事件であり[6]，相手方があり，かつ紛争性のある事項を対象とする点で，原則として家審法と変わりはない（ただし，家審法で9条の乙類審判事項とされていた事件類型の一部が，現行法では別表第一類に掲げられている）。

(1)　手続の開始・終了における強制性の契機

家事調停も調整型ADRの一類型であって，当事者間の紛争解決の合意（以下，調停合意という）の成立を目指す手続であるが，手続の開始および終了について強制性の契機を指摘することができる。

まず，手続開始については，人事訴訟を提起しようとする者は，家事調停の申立てをしなければならない（調停前置主義。家事257条1項）。また，訴訟ないし審判事件が係属した後であっても，裁判所は，いつでも，職権で事件を調停に付することができる[7]（付調停決定。家事274条1項）。現行法では付調停決定の

---

6)　①親族またはこれに準ずる者の間という一定の身分関係の存在，②その間における紛争の存在，および③人間関係調整の余地の存在の三要素を備えた事件（逐条解説737頁）であって，二類事件以外のものを指す。詳細は，第2章①を参照。

7)　法律上は，調停不調後に係属した訴訟・審判事件においても，調停に付する決定をすることができる。また，現行法は，高等裁判所が自ら家事調停を行う権限を認めた（家事274条1項3項）。この場合の調停機関は，当該高等裁判所の裁判官から指名された裁判官1人および家事調停委員2人以上により構成される家事調停委員会（同条4項），または，当該高等裁判所が合議体として，あるいは指定された受命裁判官である（同条5項による247条1項ただし書の準用，258条1項による52条・53条の準用）。

前提として裁判所は両当事者の意見聴取義務を負うことになったので，事実上は，当事者双方が積極的な拒絶をしない場合に限られると考えられるが，法律上は，当事者双方の合意なく調停手続を開始できることになる。

また，手続終了の態様としては，調停合意が成立する場合のほか，合意に相当する審判および調停に代わる審判が確定する場合にも，調停合意が成立した場合の調停調書の記載と同一の効力，すなわち，確定判決または家事事件手続法39条の規定による確定審判の効力が生ずる（家事281条・287条・268条1項）。

合意に相当する審判は，対世的効力を有する身分関係の変動を対象とし，したがってそもそも当事者の自由な処分を許さない事項について，当事者の実質的な合意に基づきつつ，その内容が客観的真実に合致することを確認した上で合意に沿った審判をする制度であり，合意を前提とする調整を経て当事者の実質的な納得を調達しつつ，裁判所が事実の調査等により内容的な正しさを確認し審判するという形で判断性・強制性が現われることになる。この審判に対して当事者は異議を申し立てることができるが，異議の申立てに理由がなければ却下されることから，（合意の擬制というよりも）裁判としての性質の強い手続であるということができよう（家事280条1項）。他方，調停に代わる審判は，当事者間に実質的な調停合意が成立しそうであるが明示的な合意に達しない場合に，その合意内容を斟酌した審判をして，当事者から異議がなければ黙示的な合意をしたものとして調停合意を擬制する制度である。当事者の異議により当然に失効する点で，合意に基礎を置く手続であるといえる（家事286条5項）。

さらに，家事調停が不調に終わった場合（調停をしない場合（家事271条），調停合意成立の見込みがない場合，成立した合意が相当でないと認める場合（家事272条1項本文），調停に代わる審判をしない場合（同項ただし書））には，別表第二類事件に関しては，家事審判の申立てを要さずに，当然に家事審判手続が開始される（家事272条4項）。審判機関は，家事調停を行った裁判所である。したがって，家事調停は調停手続ではあるが，不調後の家事審判手続と連動するということができる。もっとも，家審法と異なり，現行法は両手続を別の手続として扱うため，調停資料は当然には審判資料とならないとされ，調停手続の独立性（⇨5頁）につき一定の配慮がなされている。なお，人事訴訟事件に関しては，不調後に改めて訴えを提起する必要があり，その場合には，調停申立ての時に訴えが提起されたものとみなされる（家事272条4項）。

(2) 事実の調査，証拠調べ

家事調停の特質として，裁判所による事実の調査や証拠調べによる事実の解明への期待が強いことが挙げられる。民事調停においても職権による事実調査・証拠調べは可能である（民調12条の7条参照）が，家事調停では未成年子等の第三者に直接的な影響を及ぼすこと，事実関係の解明のために専門的知見による調査を要する場合も多いこと等を理由として，職権探知により事実を明らかにして調停を行う要請が強い[8)]。

家事調停に用いられる資料収集の方法として特徴的なものは，調停委員会を組織する裁判官の命により，家庭裁判所調査官が行う事実の調査や医師である裁判所技官が関係人の心身の状況について行う診断である（家事261条2項）。

特に家裁調査官制度は日本に固有の制度であり，その専門性を活かして関係人の人間関係や生活状況等について調査・報告し，期日において裁判所の求めに応じて意見を示す役割を担い，さらに調停期日への立会いや調整（後述⇨3）をも行って円滑な調停手続運営にも携わる（家事258条1項による58条・59条の準用）ことから，家事調停の特質をなしているといえよう。とりわけ，現行法は，児童の権利に関する条約12条を受けて，子の意思を適切に把握し手続上考慮する義務を課しており（家事65条参照），調査官による子の意思の把握の重要性は，一層強まっている。さらに，DV事案などでは顕著であるが，関係する社会福祉機関との連携が必要となるため，調査官に社会福祉機関との連絡等の措置をさせることもできる（家事258条1項による59条3項の準用，261条5項）。

事実の調査は，例えば当事者の財産状況の確認のために銀行に対して預金残高の調査を行うなど，調査対象を手続外の第三者に拡げる場合もある。調査に応じない場合には証拠調べの方法によることになるから，一般的には情報開示に応ずるものと考えられ，資料収集の充実を期することができる。

---

8) このように職権探知を前提とする調停手続においては，当事者の十分な反論・反証の機会が保障されるべきことになろう。その点で，家事258条が56条（証拠調べ申立権を含む）を調停手続に準用していることは相当と考えられるが，63条の準用除外については将来の再検討の余地もあろう。

(3) 民間型 ADR との比較

家庭に関する事件のうち，当事者が和解をすることができる事項については，民間型 ADR もこれを扱うことができる。民間型 ADR のうち法務大臣の認証を受けた紛争解決手続が合意不成立で終了した場合には，家事調停の申立てをしたものとみなされ，調停前置の要請は満たされたことになる（ADR 法 27 条，家事 257 条 1 項）[9]。

両者の比較において家事調停手続の特質を検討すると，まず，家庭裁判所は民間型 ADR に付する決定をする権限をもたないので，手続の開始における強制性の契機の点で相違する（なお，当事者間に認証紛争解決手続を利用する旨の合意があり，共同の申立てがある場合には，裁判所は手続を中止することができる（ADR 法 26 条 1 項 2 号））。また，調停に代わる審判のような手続は，特段の合意がない限り，民間型 ADR では予定されていない。さらに，家事調停では家裁調査官による専門的な事実の調査の制度化がなされている点も，家事調停に固有のものである（もっとも，民間型 ADR においても，調査官と同様の専門性を有する者が手続実施者の補助者として実施に携わるような制度設計は十分に考えられる）。このほか，家事調停では調停前の処分として財産処分の禁止等の暫定的な処分を命ずることができるようになった（家事 266 条 1 項 4 項）が，民間型 ADR ではこのような措置はとることができない。

他方，民間型 ADR の特質としては，手続実施者の属性やスキルは認証基準の範囲内で広く求めることができ，手続も，裁判への影響を意識せずにより柔軟に行うことが可能となる。和解内容も，調停調書との対比ではより柔軟な実情即応的なものとなる可能性がある。手続運営面では，後述のように，両当事者同席の手続とするか同席をさせない別席の手続とするかによって手続の実際の意義・機能に違いが生ずるが，家事調停が和解の話し合いに関してはなお別席の手続を主流とするのに対して，民間型 ADR ではより自由度が高いということもいえよう。また，家事紛争では合意内容の履行確保が深刻な問題となるので，家事調停では履行調査・履行勧告，義務履行の命令の制度を置いている

9) 非認証の和解仲介手続が終了した場合にも，受訴裁判所が改めて家事調停に付することが相当でないと判断する場合には，付調停決定をすることなく訴訟手続を進めることも可能である（家事 257 条 2 項ただし書）。

(家事289条・290条)。民間型ADRでは強制力をもってこれを行うことはできないが，任意履行状況をモニタリングするほか，例えば子との面接交流が安全・確実に履行されるよう調整・実施援助をする等の手当をすることが可能である[10]。さらに，近時増加している渉外要素を含む家事紛争への対応も，家事調停と並び，民間型ADRによる柔軟な手続が期待される（国際的な子の奪取の民事上の側面に関する条約に係る調停については，後述⇨6）。

3　家事調停の性質論と機能論

(1)　家事調停の性質論

調停手続の性質については，かねてより議論がある。一つの考え方として，調停手続は当事者間の合意に基礎を置く手続であるが，少なくとも裁判所が行う調停は国家の紛争解決制度の一環として裁判と異なるものではなく，また，それが国民の期待を反映するものでもあるとする調停裁判（判断）説が提唱された。家事事件においては，その公益性を重視して，調停による解決と裁判における実体的判断の同一性を保障すべき必要性が一層強く論じられた。例えば，調停も法的三段論法による調停委員会の判断ないし意思表示の表れであるから非訟の裁判であるとする考え方[11]や，「……当事者の合意に基礎を置くことが権利の性質上望まれ，あるべき合意ができないときはその内容が審判になる。だから，調停という手続にはするけれども家事調停の方は民事調停と違って裁判と同じなんだと考える[12]」考え方は，ともに調停裁判説と呼ばれている。その実質的考慮としては，戦後，社会に現行家族法が浸透していない時期に調停を通じてこれを実現するためには，裁判所が後見的に介入し判断を示して説得する必要があったという実践的な理由があり，また，実際にも当事者・国民の期待はそのような点にあったことが挙げられよう。

10)　小田八重子「離婚協議等ADRの実践と課題」自正65巻2号（2014）28頁等参照。
11)　村崎満「家事調停における法的解決と人間関係調整」現代大系Ⅰ 323頁以下。
12)　野田愛子『家庭裁判所制度抄論』（西神田編集室・1985）195頁。

これに対して，調停合意説と呼ばれる考え方は，調停は「当事者間に相当な合意が成立するように公権的に援助する過程であって，調停における紛争解決の主体は当事者であり，当事者による自由で主体的な決断すなわち合意にこそ調停の本質がある。……当事者の意向如何にかかわらず裁判所が強権的に事実を認定し，法規範だけに則って判決を下すことによって解決を図る裁判とは，その本質を異にする」（本書第2版29頁〔梶村太市〕）とされる。上記のとおり，家事調停もADRの一種であり，当事者が権利利益や法的地位の処分権限を有する場合に，調停による解決に拘束されることの正当化根拠は当事者の合意にあるといわざるを得ないから，理論的には，調停合意説をとるべきことになろう。

もっとも，調停合意説も「相当な合意」を前提としていることからわかるように，当事者間で合意さえ成立すれば内容は問わないという放任的な立場をとるわけではない。まず，強行規定に反する合意は無効であるし，個人の尊重，男女平等や弱者保護といった法の根底的価値に反するような合意，未成年子等の第三者の利益を害するような合意は，条理にかなうとはいえないから，調停委員会は，そのようなリスクのない合意が成立するように交渉の援助をすべきことになる。これは，調停委員会の行為規範を構成するということができよう。その上で，具体的な調停案を提示すべきか，それに基づいて積極的な説得をすべきか等は，個別事案に即して，また当事者の紛争解決能力や代理状況等に即して，運用の問題として検討すべきことであろう。

第二に，実体家族法自体が概括的・抽象的条項を多く含み，本来的に裁判所の裁量的な判断を要する仕組みとなっていることから，やはり合意よりも判断的要素の優位性が肯定されるとの調停判断説の指摘をどのように受けとめるかという問題がある[13)]。前段は正当な指摘であり，当事者が交渉をするにも規範的な基準がないので，裁判所に手掛かりを提示してほしいと要請することも，また合理的であろうと考えられる。求められた場合に裁判所は規範に係る情報を提示してよいと考えるが，それは合意形成のための重要な手掛かりに過ぎず，合意よりも優位に立つという論理にはならないと思われる。そもそもこのような情報の個別事件の判断としての相当性は，評価的な規範の解釈・適用の問題

13）　高野耕一「家事調停論」同『家事調停論』（信山社・2002）176頁。高野説は，合意と判断の二元論に立って，調停判断説を提唱する。

であるから，審判においても当事者からの十分な反論に開かれた議論をすべきところ，調停においては法が当事者の自由な処分を前提としており，実情即応性を最もよく判断できるのは当事者である。また，条理はいわば外枠を決めるものであって，処分内容が条理に反しない限りは裁判所の判断と合致しなくとも，調停による解決としては十分に足りると考えられるからである。[14)]

第三に，「合意」が完全な自由意思に基づくことはあり得ず，何かしら強制や妥協によっているものであるから神聖化すべきでないとの指摘もある。[15)] これも正当な指摘であり，一般的な ADR 理論においても妥当しよう。もっとも，問題は，強制の契機があることを前提として，それを手続上どのようにコントロールすることがより良い合意形成に資するかであろう。ア・プリオリに強制の契機の存在を受け入れることは，当事者の自己決定に基づく合意に根拠を有する調停の性質上，不可能といわざるを得ない。また，調停判断説を正当化するならば，当事者に相当な手続を保障することが必要となるはずである。確かに，現行法は調停申立書の相手方への送付（家事 256 条 1 項）の方法で最初期の情報共有を図るなど手続保障を行っているが，調停判断説の立場からは，さらに進んで，審問請求権等を認めて判断の内容的・手続的適正性を保障すべきことにもなろう。しかしこのような裁断型手続としての手続保障を要するとすれば，調停の柔軟性や迅速性が失われ，実務的にも耐えられないであろう。より根本的には，調停における当事者の合意（コミットメント）形成過程は，確かに互譲ないし妥協であるが，当事者自身が自己の紛争観を調整し受入れ可能な解決策を自ら摸索する過程であり，そうであるからこそ合意の任意履行も期待できると考えられる。このような自己決定の機会を調停に固有の意義とするならば，調停合意の拘束力の根拠としては，判断性とは異なる価値を求めざるを得ないであろう。

14）　さらに，裁判予測や法的評価を提示するためには，原則として，調停委員会を構成する裁判官が期日に実際に立ち会うことを前提とすべきであろう。確かに，期日に立ち会わなくとも十分な評議によってまかなうことができるとも考えられる（民事調停についてであるが，司法研修所編『簡易裁判所における民事調停事件の運営方法に関する研究』（法曹会・2013）47 頁以下参照）。しかし，裁判ではなく調停のための評価は，より一層事案や当事者の個別性を前提とすべきであり，調停委員による間接的な情報や書面の閲読により得られる資料を基礎にすることで常に足りるかは，議論の余地もあろう。

15）　高野・前掲注 13）178 頁以下。

また，現代の（ADR論・研究を経た）調停合意説は，合意形成の過程において当事者が自ら解決に向けた判断をし，当事者間で最小限の信頼関係を築くことにより，手続終了後にも紛争解決を維持し，例えば履行において問題が生ずる等した場合にも対応可能となるという社会的意味での紛争解決を念頭において，上記のように，合意形成過程の重視を主張していることを指摘しておきたい。特に家事調停のように人間関係の変容・調整による継続が必要となる類型では，重要性が増す。伝統的な調停合意説においては，必ずしも明示されていなかった視点ということができよう。

(2) 家事調停の機能論

家事調停の機能としては，一般的には，調停機関の援助を受けつつ当事者の合意に基づいて紛争を合理的に解決すること，その際に当事者の事情や意見を可及的に反映して実情に即した解決案を模索すること，それによって当事者の納得を得て任意履行率を高め，結果として安定的な家族関係・生活を維持すること（紛争解決の実効化機能）が挙げられる。日本では，協議離婚制度にみられるように裁判外で処分できる事項も比較的多いが，調停だからこそ期待できる合意形成の合理化の現れとして，当事者間の対話・情報交換の再生機能も指摘できる。

社会的な機能としては，家族法のように価値観の根本的な変更をもたらす法改正を社会に浸透させる場合に，裁判よりも調停を利用して，既存の社会通念との調整を図りつつソフトな形で法の実現を図るといった法政策もよく用いられる（ソフトランディング機能）。また，家事調停手続を通じて，社会規範や倫理観，価値観の変容を法的規範に取り込んでいく機能も重要である（規範の汲み上げ機能[16]）。上述のように，家族法（実体法）は評価的・抽象的規範を多く有しており，これが裁判規範を不明確にする一面もあるが，時代ごとの価値観の変遷に開かれた応答的な規範とするとともに，人々の価値観の多様性を尊重しうる柔軟性をもつことも指摘できる。調停を通じての応答性の発現は，司法に

16） 小島武司「紛争処理制度の全体構造」新堂幸司編集代表『講座民事訴訟①民事紛争と訴訟』（弘文堂・1984）360頁。石川明＝梶村太市編『注解民事調停法〔改訂版〕』（青林書院・1993）53頁〔萩原金美〕も民事調停についてであるが，一般調停委員による民主化機能を指摘する。

対する社会的信頼をも助長することになろう。

さらに，家事調停の機能として，司法的機能と人間関係調整機能が指摘され，さらにそれらを峻別すべきとの主張の適否も議論されてきた。両機能の内容は上記の性質論とも重複するが，次のように整理されている。[17)]

まず，司法的機能は，①規範性の保障（合意内容が強行規定に反したり調停規範からはずれないように援助すること），②公平性の保障（判決・審判の予測に係る法的情報を両当事者に提供すること），③任意性の保障（合意の真意性を保障すべく援助すること）を内容とする。次に，人間関係調整機能も多義的であるが，次の内容を含むとされる。すなわち，①心理的調整（当事者の心理的混乱を解いて理性的に自己決定できるように専門的援助（カウンセリング）を行うこと。狭義の人間関係調整を指す），②社会的調整（当事者が社会福祉機関等の援助を受けて安定した社会生活を送れるよう専門的援助をすること），③経験的調整（当事者の生活経験の不足等を常識（コモンセンス）的な観点から補い，経験適応的な状態で自己決定ができるように援助すること），④法的利害調整（法的専門家が法律的な観点から正確な情報を提供し，利害調整に努めるなどして，当事者が規範適合的な状態で自己決定ができるように援助すること）である。

これらの機能はいずれも家事調停手続の適切な運営のために有用であるが，特にこれを論ずる意義は，両機能において当事者の情報開示のあり方が異なるから，手続として峻別すべきであるとの主張にある。[18)] すなわち，例えば家裁調査官によるカウンセリング的援助において当事者から聴取した情報を，当然に司法的機能の資料として用いることは不適当とする主張である。確かに，一般論として，合意形成のために胸襟を開いた話し合いをした後に，その内容が当然に，あるいは裁量により調停案や調停に代わる審判の基礎となるようなシステムは，当事者に不合意の権利が留保されているとはいえ，不調後の審判移行をも念頭におくなら一層，手続的にも問題があるといわざるを得ない。所論のように，調整のためのカウンセリングにおいて後に発言が自己に不利に働くおそれがあると知っていれば，自由な発話は困難となり，カウンセリングの実効

17)　本書第2版33頁以下〔梶村〕。

18)　磯野富士子「家事事件の法的側面と人間関係調整の側面――イギリスの『峻別の原理』と日本の『融合の原理』」法時30巻3号（1958）13頁，磯野誠一「家事調停についての一試論」同『家事調停制度の研究』（神奈川大学法学研究所・1985）10頁。

性も期待できないであろう。他方，職権探知主義の下では調査官調査の結果も事実の調査の対象であるから，理論的には，これを調停資料とすることをおよそ拒絶できないとする規律も可能である。

もっとも，職権探知主義が適用されるのは第三者の利益保護や弱者保護といった公益的要請を理由としているから，その要請が弱い事項については，家事調停の本来的性質に立ち戻って，当事者の調停資料の取捨の権限を一定程度認めることも検討してよいように思われる。

実務的には，手続に上記のような複数の機能があることを前提に，現に行われている手続の機能ないし目的について当事者に説明することが適当と考えられる[19)]。人間関係調整のために聴取した事実を断りなく相手方に伝えることになれば，当事者の制度的信頼を失うばかりか，合意の対象を当事者が判断できないおそれもあろう。現行法は家事調停においても手続の透明化を目指しており，手続の目的・機能に応じた仕分けをすることで，上記峻別論の趣旨を実現することが望ましいであろう。

4 家事調停における当事者権の保障

裁判手続における当事者権は，裁判の基礎となる事実や証拠方法を提出する権利（攻撃防御方法提出の機会の保障）として観念され，その実現のために，期日に関する送達や裁判記録へのアクセス権等さまざまな手続法上の地位が保障されるべきことになる。近時は，この権利は，弁論主義の手続に限らず職権探知主義の手続においても妥当すると考えられている[20)]が，職権探知主義の手続においては，原則として，当事者の裁判資料制限の権限は認められないから，職

19)　場面は異なるが，旧民事訴訟法下で行われていた弁論兼和解の実務において，手続の目的が異なるならば別の期日として扱うべきことが論じられた。調停においても，手続目的の混淆こそが手続の柔軟性・効率性の源泉となる面は否めないが，当事者の視線に立って手続の透明化を図るならば，可能な限り目的・機能によって手続を仕分けする実務上の工夫が望まれよう。なお，両当事者立会いの下で同期日での手続の進捗と次回期日の課題を示し，進行について共通理解を図ろうとする実務について，前掲注4) 参照。

権による事実の調査や証拠調べの結果も裁判の基礎となるため，当事者権の内容もこれに応じて，これらの内容を知る機会の保障（家事69条・70条）等を含むことになる。

このような権利を家事調停にも観念することは相当であろうか。

まず，当事者権の意義を，裁判に影響を与える攻撃防御方法を提出する十分な機会が保障されることに重点をおいてとらえ理解し，そのアナロジーを家事調停に適用すると，調停委員会が示す調停案の内容への影響を前提として当事者権を解釈することになろう。その場合には，裁判におけると同様，争点を認識し効果的な攻撃防御方法を提出するために，相手方提出の主張や証拠，および調停委員会の評価を知り，それらに対する主張や反対証拠を提出する権利が中心となりそうである。不成立の場合に，裁判所が調停に代わる審判（家事284条1項）をする裁量権を有することからも，このような権利の重要性を確認することができよう。

他方，（家事）調停という手続の特徴に鑑みれば，当事者権の意義について，調停案等への法的影響に限定せず，自己の法的地位の変動に係る情報を得ることが自己決定を十全ならしめるための権利として認められるとの考え方もあり得よう。この場合，調停手続における情報は（DVや虐待等の当事者・第三者の心身への直接的な危険を招くおそれのある事項・事案等，私的自治の基礎を欠く場合を除いて）原則として当事者に開示されるべきことになろう。特に，家事調停では人的関係性が重要な論点となるが，関係性にかかる情報を交互面接方式のみを通じて調停委員会が伝えることは困難であり，同席方式の期日における情報は質量ともに異なると考えられる。もっとも，当事者が権利を放棄することは可能であり，また，当事者が一時的に冷静さを欠いているような場合に心理的調整を行う等の運用は必要となろう。

このような整理をするならば，現行法は，前者の意義での当事者権を前提として，調停手続の透明化・明確化を図っており，当事者の予測可能性を向上さ

---

20)　山木戸克己「弁論主義の法構造」同『民事訴訟法論集』（有斐閣・1990）4頁以下を嚆矢とする。学説・実務の分析につき，笠井正俊「当事者主義と職権主義」門口正人編集代表『民事証拠法大系第1巻』（青林書院・2007）3頁以下，家事審判手続について高田裕成「家事審判手続における手続保障論の輪郭」松原正明＝道垣内弘人編『家事事件の理論と実務第1巻』（勁草書房・2016）67頁以下等を参照。

せ，主張や証拠を提出する機会の保障につき一定の成果をみている。まず，原則として，調停申立書の写しを相手方に送付することとした（家事256条）。従来，申立書の記載が感情的な対立を激化させるおそれがあるとして送付しない扱いだったが，相手方が調停内容を知り準備をするための最低限の情報であって，アクセスを認めるべきであるし，これにより第1回期日の充実化も期待できることから，送付を原則化したのである。また，調停手続においても，当事者には証拠調べの申立権が認められた（家事258条による56条の準用）。さらに，調停手続と審判手続を峻別し，調停資料は当然には審判手続に引き継がれず，審判手続で改めて事実の調査によって必要な資料を収集するものとした（後述）。

また，申立ては書面性を要し（家事255条1項），「申立ての趣旨及び理由」（家事255条2項2号）の記載を要することとなった。例えば調停事項の追加も，客観的併合の形式をとることになり（家事255条4項による49条3項の準用），法化・形式化が進んだということもできるが，申立内容が明確化され，予測可能性が拡大したともいえるかもしれない。逆に，申立書作成の際には，従来のような感情的・攻撃的な記載は避けた方が調停の成功につながることから，冷静かつ非対抗主義的な申立書とするよう実務を変えることが必要となる。

他方，当事者の手続上の権能は，上記を除けば家審法下と変わらない。すなわち，手続の記録へのアクセス制限（調書作成義務の緩和（253条），閲覧謄写請求権の不存在（裁判所の裁量に係る。家事254条[21]），事実の調査の通知義務の不存在（家事258条1項による70条の不準用）等の点では審判手続と異なる扱いとなっている。したがって，上記の意味で当事者権を考えるならば，実体的判断の基礎となるべき情報へのアクセスも充実させる必要がある。

これに対して，調停手続自体は交互面接方式のみで期日を行う実務がなお大方を占めていると思われるが，期日終了時に同期日の内容や手続の進捗や次回

21）ただし，合意に相当する審判（家事277条1項）に関する調停記録の閲覧等の申立ては，例外的に，原則として許可される（家事254条6項による47条3項4項の準用）。また，東京家裁では，申立書や非開示希望の付されていない資料については，原則として閲覧等を許可する扱いであることにつき，本多智子「家事調停の一般的な審理」東京家事事件研究会編『家事事件・人事訴訟事件の実務』（法曹会・2015）29頁，38頁以下参照。

期日までの宿題を当事者双方立会いの下で行う実務が試みられている[22]。これは，少なくとも前者の当事者権を実現する試みであるが，その実践を通じて，後者の意義での当事者権のあり方を再検討する手掛かりとなり得よう[23]。

5　家事調停と訴訟・審判の関係

現行法は，調停が合意不成立で終了し訴えを提起する場合，終了通知から2週間以内に訴えを提起したときには，家事調停の申立時に訴え提起があったものとみなす（家事272条3項）として，両手続の独立性を維持している。これに対し，家事審判の開始に関しては，審判申立てなしに当然に審判手続へ移行する（同条4項）としつつ，調停資料をそのまま引き継ぐのではなく，調停資料のうち審判に必要なものを事実の調査を通じて改めて資料とする扱いとした[24]（したがって，当事者には通知がなされる（家事70条））。家事審判を行う裁判官が家事調停委員会を構成する裁判官と同一である点は家審法下と変わりがないが，従来は，調停・審判の一元的処理によって調停手続での心証や資料が引き継がれることで適正な心証が形成され，また，当事者にとっても効率的であるとする考え方もあった。これに対して，調停手続は独立の手続であって，率直で自由闊達な話し合いがなされることがその固有の意義であるから，調停手続で和解のためにした発言や資料等を審判手続では斟酌できないという情報遮断をすべきであり，審判手続での評価を気にせざるを得ない一元的処理には問題があるとの批判もなされていた。調停では一般に交互面接方式により手続が進められるので，そこで得られた情報が相手方当事者に開示されることなく審判の基礎となり得ることも批判の対象であった[25]。

22）　前掲注4）のほか，本多・前掲注21）41頁以下。

23）　家事紛争の同席方式による調停の実践については，小田・前掲注10）のほか，和田仁孝＝大塚正之編著『家事紛争解決プログラムの概要』（司法協会・2014）105頁以下等参照。

24）　逐条解説818頁以下。審判裁判所の職権探知事実摘示義務（手続外で知り得た事実（私知）との峻別）につき，山田文「職権探知主義における手続規律・序論」論叢157巻3号（2005）1頁以下参照。

現行法は，後者の批判を取り入れたものと考えられるが，家事審判手続の職権探知主義の下では，原則として資料の限定について当事者の権限がないので，結局，審判手続を予測しつつ調停が行われるという意味での影響は排除できないことになる。当事者は審判手続の記録につき原則として閲覧謄写権を有し，事実の調査によって審判資料とされた調停資料は閲覧できる（家事47条1項～3項）から，両手続を完全に遮断することは困難である。しかし，調停の独自性の担保および審判における当事者の主体としての地位を保障するためには，なお議論を重ねる必要がある。[26)]

6 今後の課題

(1) 調停委員の能力等について

家事調停は，前記のとおり，民事調停等に比して調停委員会の後見的・積極的介入が必要とされる手続であるから，調停委員の資質・能力が一層重要視されることになる。かつてはジェンダー・バイアスのかかった発言をして批判された委員もいたようであるが，[27)] 近時はそのような批判を聞くことは少なくなった。もっとも，価値観の多様化を反映して調停委員の多様性を確保するためには，より広く人材を求める工夫をする等，選任方法にはなお改善する余地があるように思われる。

また，調停進行や交渉促進のためのスキルは，一定の研修・訓練により修得し，その質を維持・向上させることが必要である。[28)] 日本では実体規範の修得に時間をかけているといわれているが，当事者が話し合いを通じて合意をするのが本来であるから，その原点に立ち戻り，手続的なスキルにも固有の意義を認

25) 問題の所在に関して，垣内秀介「家事調停と家事審判との関係」ジュリ1407号（2010）56頁以下参照。なお，本文後者と同系の問題は，訴訟上の和解の期日で得られた情報が判決の基礎となるおそれについて指摘されてきた。

26) 上記情報遮断の問題につき，高田351頁以下〔畑瑞穂，増田勝久，山本克己各発言〕。

27) 第二東京弁護士会両性の平等に関する委員会「司法におけるジェンダーバイアス」（https://niben.jp/or/ryosei/gender/sassi/sassi.html）。

めて取り組むことも，当事者の自律的紛争解決のために非常に重要である。国際家事調停においては当事者が同席を望むことが多い（注29）参照）といった新たな状況への対応も必要になろう。

⑵ 代理人の職務倫理

弁護士・認定司法書士が代理人となる場合，調停での代理行為が訴訟と同様にアドヴァサリなものとなることが多いが，調停を硬直化させるとともに，真に実情即応的な解決が成立しないおそれもあり，結局当事者本人の利益とならない場合がある。代理人の職務倫理として「調停に勝つ」「取れるだけ取る」のではなく，将来にわたる本人の最大の利益を考え，訴訟とは異なる倫理を検討すべき時期であろう。

⑶ 民間型ADRとの連携・協力

ADR法は，司法型・民間型を問わずADR機関間の連携・協力義務を規定しているが（ADR法3条2項），現状では具体的な動きにはまだなっていない。しかし，例えば家事調停では制度上まかなえない長期にわたる履行の援助であるとか，フレキシブルな手続の進行，他の民間型ADRとの連携を要する場合など，相補的に連携し，より総合的で相当な解決を提供できるよう，検討すべきと考えられる。

また，例えば国際的な子の奪取に関する条約に係る国際家事紛争については，民間型ADRも外務省の指定を受けて手続を提供しているから，その経験を家事調停手続にも活かす等の相互補完・連携関係を模索することも考えられよう。[29)]

28）調停前置主義をとることとのバランス上，国が調停サービスの質を保障する必要があろう。なお，近時のEU指令により加盟国はADRに関する法整備を行ったが，特にドイツでは手続主宰者（調停人）のスキルは法律家のそれとは異なることを前提に，具体的な研修内容等について法制化を検討中である。アメリカでも裁判所の調停人に任命されるためには一定の研修を受ける義務がある州もある。

29）ハーグ条約事案を対象とする民間型ADRに関しては，渡辺惺之＝長田真里「ハーグ子奪取条約の実施に伴う国際家事メディエーションの現状と課題」仲裁とADR11号（2016）12頁，黒田愛「ハーグ子奪取条約事案における和解あっせん手続」仲裁とADR12号（2017掲載予定）等を参照。

第2章　家事調停総論

1　家事調停の対象（家事調停事項）

(1)　家事調停事項（後掲図表(1)①ないし④事件）

家事調停の対象となる紛争事項は，「人事に関する訴訟事件その他家庭に関する事件」のうち別表第一に掲げる事項についての事件を除いたもの（家事244条）である。

まず「人事に関する事件」とは，人事訴訟（人訴2条本文）の対象となる事件のことであり，これには第一に婚姻無効確認・婚姻取消し・離婚・協議離婚無効・協議離婚取消し・婚姻関係存否確認の各事件（人訴2条1号），第二に嫡出否認・認知・認知無効・認知取消し・嫡出推定重複の場合の父の確定・実親子関係存否確認の各事件（人訴2条2号），第三に養子縁組無効・養子縁組取消し・離縁・協議離縁無効・協議離縁取消し・養親子関係存否確認の各事件（人訴2条3号），第四にその他の身分関係の形成または存否に関する事件（例えば姻族関係存否確認）等がある。

問題は，「その他家庭に関する事件」の範囲であるが，まず別表第二に掲げる事項（以下，「別表第二事件」という）が含まれる。その他として，いかなる事項が，「家庭に関する事件」に含まれるか否かについては，一般には以下の三要件を基準にして判定すべきものと解されている[1)]。第一に人的範囲として，親族またはこれに準ずる者の間という一定の身分関係を持つ者の間の紛争であること。この身分関係は過去のものであってもよく，離婚後の元夫婦間の紛争でもこれに含まれる。親族に準ずる者の間の紛争とは，内縁の夫婦間や婚約（婚姻予約）者間の紛争，不貞の相手方に対する家庭破壊に基づく慰謝料請求，あるいは相続人と同一の権利義務がある包括受遺者（民990条）と相続人間の遺産に関する紛争等をいう。第二に，その間における紛争の存在である。紛争は，身分関係の発生・変更・消滅など身分関係に関するものばかりではなく，親族間の金銭・不動産等の貸借など財産関係に関する紛争も含む。また，必ずしも直接的な法的紛争の形態をとっていなくとも，いずれは法的紛争になる可能性があるか，あるいは相手方の任意履行に意味があるような場合であれば，紛争があると考えてよい。例えば，夫婦の同居自体ではなく円満調整を求める事件や，婚約の履行請求などの事件である。第三に人間関係調整の余地の存在である。家事調停の中心的機能は司法的機能よりもむしろ人間関係調整にあると解されるが，この余地があれば法的解決を求めるものではなくとも家事調停の対象にしてよく，例えば，親子間や親族間の円満調整（仲直り）を求める事件も範囲に含まれることになる。

そこで，家事調停事項は，**図表⑴**「家事事件類型別処理系統図」のとおり，手続の違いに着目して分類すれば，①の別表第二事件，②の本来的人訴事件，③の一般調停事件，④の審判・訴訟の対象とならない事件の4種類に分けられるが，事件類型としては④は③の一般調停事件に含めて考えてよい。人事に関する訴訟事件は，③に属する離婚・離縁事件と②に属するその他の事件に分けられることになる。**図表⑵**は家事調停事件の手続の流れを，事件類型別に図示したものである[2)]。

このような家事調停事項の分類は，調停規範と審判規範・判決規範等とは自ずから異なることを前提としている[3)]。

1）　髙野耕一「家事調停の対象となる事件の限界」ジュリ292号（1964）68頁（同『家事調停論〔増補版〕』（信山社・2012）45頁以下に所収）などを参照。

2）　梶村・新家事調停4頁以下参照。

3）　詳しくは面会交流調停に即して考察した梶村太市「面会交流の協議規範・調停規範・審判規範・間接強制規範――面会交流原則実施論の問題点と実務的危険性を考える」田山輝明古稀（成文堂・2014）365頁以下参照。

図表(1)　家事事件類型別処理系統図

家事事件					
家事審判事件	家事調停事件				
別表第一事件	①別表第二事件	人事訴訟事件		民事訴訟事件	④審判・訴訟の対象とならない事件
		②本来的人訴事件	③一般調停事件		
後見開始、失踪宣告、子の氏変更、養子縁組許可、特別養子縁組の成立、子の特別代理人選任、親権喪失、未成年後見人選任、三親等間の扶養、推定相続人の廃除、相続放棄の申述の受理、相続人不存在、遺言書の検認、遺言執行者選任、遺留分放棄許可等	夫婦同居協力扶助、婚費分担、財産分与、親権者指定変更、子の監護に関する処分（監護者指定変更、子の引渡、面会交流、養育費）、直系血族間等の扶養、離縁後の親権者指定、離縁等の際の祭具等承継者指定、遺産分割、遺産分割禁止、寄与分、相続の際の祭具等承継者指定、年金分割、扶養義務者負担額確定	婚姻無効、婚姻取消、離婚無効、離婚取消、婚姻関係存否確認、縁組無効、縁組取消、離縁無効、離縁取消、養親子関係存否確認、嫡出否認、認知、認知無効、認知取消、実親子関係存否確認	夫婦関係調整（離婚）、離縁	離婚による慰謝料請求、婚約内縁不当破棄による慰謝料請求、不倫に基づく慰謝料請求、離婚後の紛争調整、親子間親族間紛争調整、共有物分割、胎児認知、相続回復請求、遺産に関する紛争調整、遺産範囲確認、分割後の紛争調整、被認知者の価額請求、遺産分割無効確認、遺言無効確認、遺留分減殺請求	夫婦関係調整（円満調整）、親子親族間円満調整、婚約履行請求等、具体的権利義務の形成を目的とせず、当事者の任意履行に期待せざるを得ない事項

審判	審判取下等	調停成立	調停取下	調停不成立	調停に代わる審判	調停拒否	調停取下	合意に相当する審判	調停不成立	調停に代わる審判	調停成立	調停取下	調停拒否	調停成立	調停取下	調停拒否	調停不成立

当然移行　（異議）当然移行　審議申立て　訴え提起　訴え提起　訴え提起　訴え提起　（異議）訴え提起　訴え提起

家事審判手続	家裁人事訴訟手続	地裁簡裁民事訴訟手続	
審判（認容・却下）	判決（認容・棄却）	訴訟上の和解等	取下等

付調停　付調停

即時抗告　控訴

高等裁判所

特別抗告
許可抗告　上告・上告受理申立て・特別上告

最高裁判所

図表(2)　家事調停事件手続の流れ

（□は調停終了原因を示す）

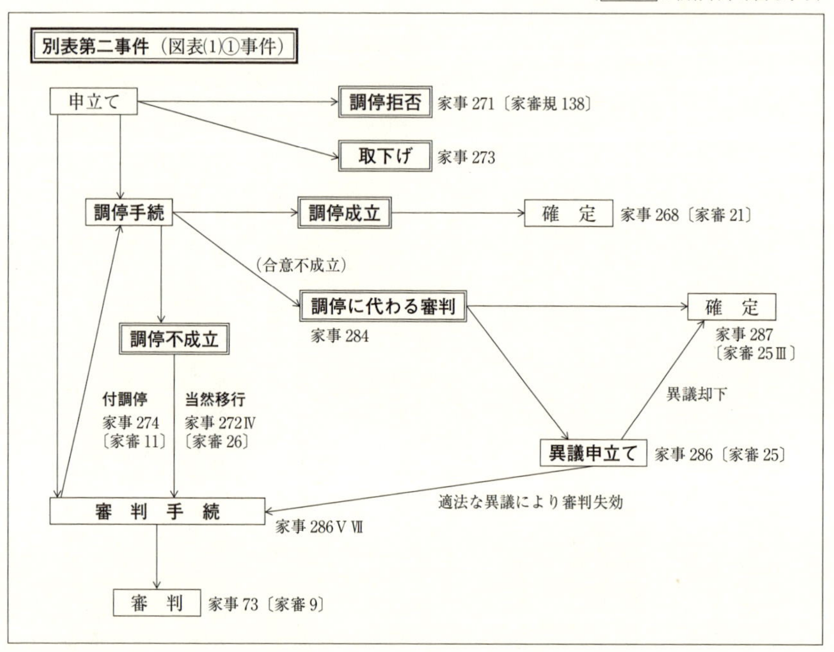

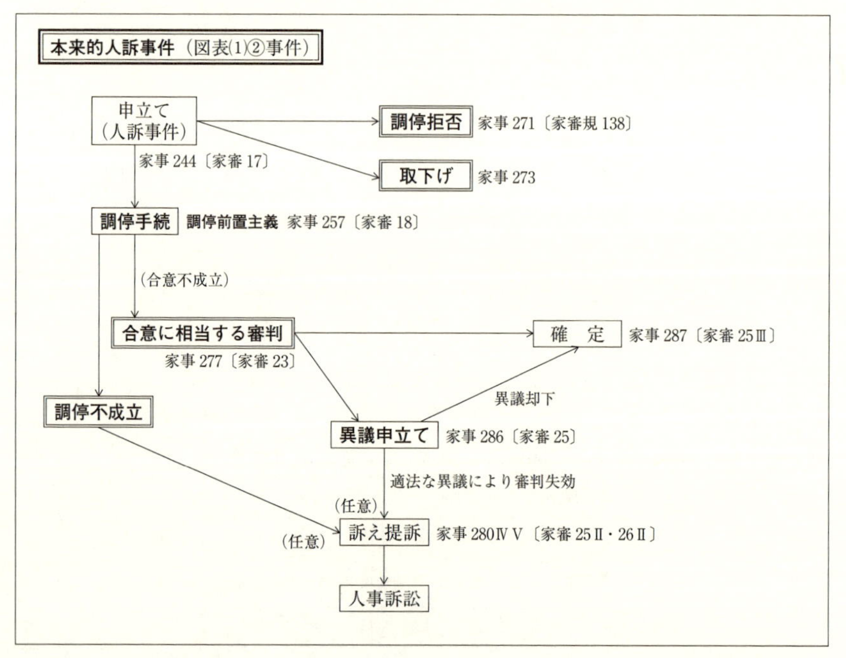

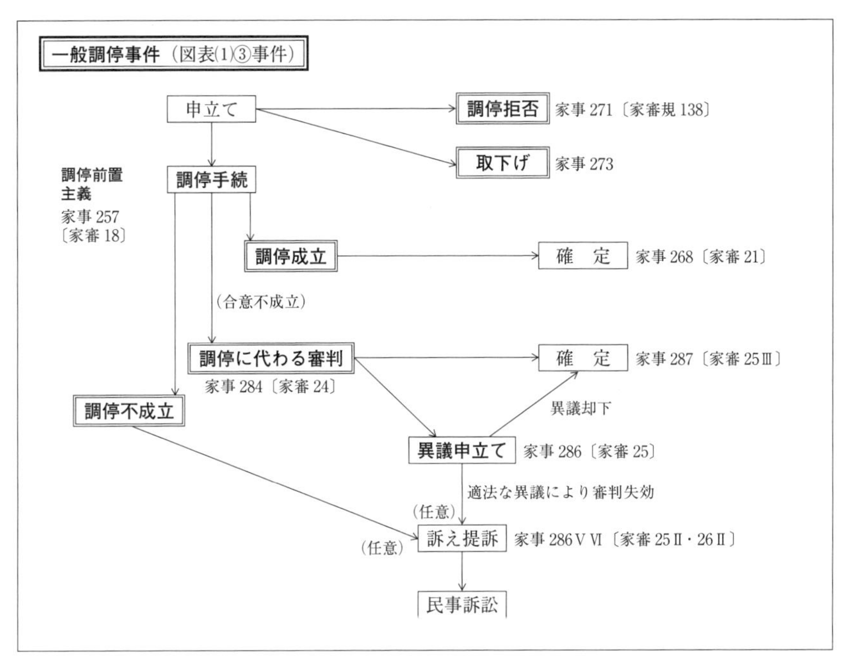

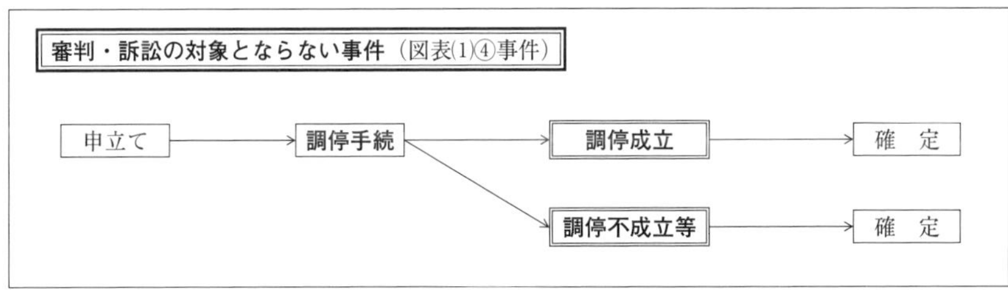

(2) 調停前置主義（図表(1)②③事件）

訴訟との関係を規律する調停前置主義は家事事件手続法 257 条 1 項に定めるところであるが，それは訴訟要件とはなっておらず，したがってそれを遵守せずいきなり訴訟を提起しても，不適法却下となるのではなく，訴訟裁判所は原則として職権で家事調停に付さなければならないにとどまる（家事 257 条 2 項本文）。

例外として，訴訟「裁判所が事件を調停に付することが相当でないと認めるとき」は，調停前置主義の適用はなく，訴訟裁判所は付調停にすることなく，そのまま審理・判断することができる（家事 257 条 2 項ただし書）。この例外に該当する場合としては，第一に当事者が調停で解決する能力を欠き，調停を進めること自体ができない場合があり，例えば合意によって解決する資格のない検察官が当事者となっている人事訴訟事件，相手方が行方不明の事件，相手方が精神障害等により調停行為能力を欠く事件等がある。第二に，当初の段階から調停で解決する見込みがほとんどなく，調停を実施して徒労に終わる危険性が極めて高い場合，例えば相手が調停で解決することを頑強に拒否しており，容易に軟化する気配はなく，しかも訴訟や審判で解決することが容易な場合や，不貞の存在など当事者間にその存否等について深刻な意見の対立があって，その存否について正規の証拠調べをして事実を確定しなければ合意の成立は到底見込めないような場合である。

裁判所は，家事事件手続法257条2項の規定により事件を調停に付する場合においては，事件を管轄権を有する家庭裁判所に処理させなければならないのが原則であるが，例外的に，家事調停事件を処理するため特に必要があると認めるときは，事件を管轄権を有する家庭裁判所以外の家庭裁判所に処理させることができる（家事257条3項）。

平成19年4月施行の裁判外紛争解決手続の利用の促進に関する法律に定める認証紛争解決手続によってADRを経由した場合には，調停前置主義の規定は適用されない（同法27条）。当事者双方が選択しないのに調停を強制することになる調停前置主義はいま曲がり角に来ているように思われる。

2　家事調停の機関（調停機関）

(1)　調停機関

家事調停は，裁判所法上の裁判所すなわち官署としての家庭裁判所の権限とされるが（裁31条の3第1項1号），調停ができる訴訟または審判が係属している高等裁判所も，自ら調停を行うことができる（家事274条1項3項，裁17条）。調停機関は，後述するとおり，原則的には調停委員会であり，例外的に裁判官だけが調停機関となる（家事247条1項）。家事調停官は，家事調停事件の処理については裁判官と同一の権限を有する（家事251条）。合議体としての調停委員会が行う調停を「委員会調停」といい，単独体としての裁判官または家事調停官だけで行う調停を「単独調停」という。本書では，以下，委員会調停と単独調停を行う機関をあわせたものを単に「調停機関」と略称する。

家事調停申立事件が官署としての家庭裁判所に受理されると，予め裁判官会議で定められた事務分配規定によって機械的に配てんされ，手続法上の家庭裁判所（受調停裁判所）が定まる。手続法上の家庭裁判所は，裁判官（または家事調停官）の単独制である。手続法上の家庭裁判所は，調停手続における審判および一定の準備的調停行為（第1回調停期日や調停委員の指定等）や事後的調停行為（調停調書に対する認印や履行勧告）を行うが，本質的調停行為は，原則として合議機関としての調停委員会が行い，例外的に単独機関としての裁判官が行うのである。

家事法では高等裁判所で家事調停を行うことができることになったが（家事274条1項3項），その場合は，①原則として当該高等裁判所の裁判官の中から指定された裁判官1人および家事調停委員2人以上で組織する調停委員会が行う（家事274条4項)。②相当と認めるときは，調停委員会を組織せず，合議体である当該高等裁判所が自ら家事調停を行うが，当事者の申立てがある場合には①の方法によらなければならない（家事274条5項・247条1項ただし書および2項)。③合議体である高等裁判所が自ら家事調停を行う場合には，当該高等裁判所はその裁判官の中から指定した受命裁判官に行わせることができる（家事274条5項・258条1項・53条)。

(2) 調停委員会

調停委員会は，1人の裁判官または家事調停官，2人以上の家事調停委員をもって組織する（家事248条1項・251条)。調停委員会は，原則的な調停機関であり，調停委員会による調停を実務では「委員会調停」と呼んでいることは前述した。家庭裁判所は，裁判官または家事調停官だけで調停を行うのが相当と認めるとき以外の場合（家事247条1項)，および当事者の申立てがあるとき（同条2項）は，必ず2人以上，適当と認める員数の家事調停委員を指定し，調停委員会を構成して調停を行わなければならない。非常勤裁判官たる家事調停官の調停に関する権限は，裁判官または裁判長が行うものと同一である[4]（家事規125条)。

調停委員会を構成する家事調停委員は，家庭裁判所が各事件について指定する（家事248条2項)。家事調停委員は，非常勤であり，弁護士となる資格を有する者，民事もしくは家事の紛争解決に有用な専門的知識経験を有する者，または社会生活上で豊富な知識経験を有する者で，人格識見の高い，原則として年齢40歳以上70歳未満の者の中から，最高裁判所が任命し，その任期は2年である（家事249条1項，民事調停委員及び家事調停委員規則1条・3条)。

家事調停委員には，調停委員会の構成員としての職務と構成員外における職務とがある。前者の中心は，調停委員会の構成員として本質的調停に関与することであるが，そのほか調停委員会の命により当該調停事件について調停官調査相当事案を除き事実の調査を行うことができる（家事262条)。後者の例としては，調停委員会の命により当該調停委員会を組織していない家事調停委員会の専門的な知識経験に基づく意見を述べることができる（家事264条1項)。例えば，財産分与事件や遺産分割事件等において，不動産鑑定の専門家である調停委員が簡易鑑定的に意見を述べる場合である。そのほか，他の家庭裁判所からの嘱託を受けて，嘱託に係る紛争の解決に関する事件の関係人の意見を聴取することもできる（家事263条1項2項)。

調停委員会が本質的調停行為を行うためにすることができる権限としては，事実の調査および証拠調べ（家事260条1項6号)，調停をしない措置（家事271条)，調停前の処分（家事266条1項)，手続代理人・補佐人の出頭許可とその取消し（家事260条1項1号2号)，傍聴の許可（家事260条1項3号)，家庭裁判所調査官や医務室技官の期日出席・意見陳述許可（家事260条6号)，官庁等への調査の嘱託（家事260条6号）等がある。また調停委員会は決議により，裁判官に事実の調査および証拠調べをさせ，あるいは裁判官をして，家庭裁判所調査官による家庭環境等の調整的措置や裁判所書記官による事実の調査等を執らせることができる（家事261条)。

調停委員会は，合議制の調停機関であり，調停委員会における調停手続は，裁判官の指揮の下に進められるが（家事259条)，調停委員会の意思決定はその構成員の決議によることが必要であり，その決議は構成員の過半数の意見によ

---

4)　家事調停官に関しては，石井誠一郎「家事調停官を経験して」判タ1185号（2005）80頁以下参照。

り，可否同数のときは裁判官の決するところによる（家事248条3項）。調停委員会の評議は秘密とされ（家事248条4項），家事調停委員または家事調停委員であった者が正当な理由がなく評議の経過または家事審判官，家事調停官もしくは家事調停委員の意見やその多少の数を漏らしたときは，秘密漏洩罪として30万円以下の罰金に処せられる（家事293条）。

(3) いわゆる単独調停

当事者から調停委員会による調停の申立て（家事247条2項）がなく，かつ家庭裁判所が相当と認める場合に限って，裁判官または家事調停官だけで調停を行うことができる（家事247条1項ただし書・251条）。高等裁判所の調停で前述の(1)③の方法がとられたときも同様である。これを実務上「単独調停」といっていることは前述した。事実関係が複雑でなく主として法の解釈が問題となる事件，迅速な解決が必要で調停委員会を構成する時間的余裕がない場合，当事者が秘密の確保等の特別の理由から裁判官だけの調停を特に希望する場合，など例外的な場合に限られる。

3 家事調停の当事者等

(1) 当事者

一般に非訟事件手続においては，民事訴訟におけるような訴訟の主体としての当事者概念は否定されている。家事事件手続法でも，当事者とは下記のとおり申立人および相手方を指し，いわば形式的な当事者概念を採用している。同じ非訟手続でも調停の場合は紛争性が高く二当事者対立の構造をとっており，相当程度調停の主体として地位を認めるべきであり，当事者権の保障が相当程度必要であるから，調停独自の実質的な当事者概念を認めるべきであると思われる。[5)]

5) 佐上69頁以下では，申立人や相手方のほかに審判の結果によって影響を受ける者のうち「関係人」と総称して，実質的当事者概念を提唱している。

現行の家事審判法規も，その名において手続に関与する者を「当事者」と称している（家事245条・247条2項・254条1項～4項6項・255条2項1号・266条4項・268条1項2項・270条1項・272条1項～3項・274条1項・277条1項・279条1項3項・280条1項3項～5項・282条1項2項・284条1項3項・286条1項5項6項8項10項，家事規128条2項・130条1項2項1号・132条1項・134条・135条2項・136条）。当事者には，その名において調停の申立てをしている「申立人」（家事274条1項）と，その者に対する関係で調停の申立てを受けている「相手方」（家事245条1項）とがいる。

⑵ 当事者能力

調停手続において当事者となり得る一般的能力である「調停当事者能力」に関しては，民事訴訟法の当事者能力に関する規定を準用して，自然人・法人のほか，権利能力のない社団または財団で，代表者・管理人の定めがあるもの（民訴29条）にも認められる。

⑶ 当事者適格

具体的な当該調停事件において当事者となり得る資格・権能である「当事者適格」は，一般に以下のように考えられている。すなわち，別表第二審判事項に関する調停事件においては，同審判事件について当事者適格を有する者であり，人事訴訟事項に関する調停事件においては，検察官を除き，人事訴訟法上当事者適格を有する者であり，その他の事項に関する調停事件においては，一般に当該紛争の解決を求める利益を有する者である。

⑷ 手続行為能力と代理

調停手続に関与して有効に法律行為を行い得る能力である「調停行為能力」すなわち「手続行為能力」に関しては，まず財産関係の行為に関する調停行為能力は，民事訴訟法28条の規定を準用して，訴訟能力の有無によって判定すべきものと解されている。すなわち，民事訴訟において訴訟能力を有する行為能力者は，家事事件においても手続行為能力を有する（民訴28条）。訴訟行為について代理権を付与された保佐人および補助人も同様である（民876条の4・876条の9）。被保佐人や被補助人（訴訟行為をすることについてその補助人の同意を得ることを要するものに限る）など，民事訴訟に訴訟行為をするのに同意その他の授権が必要な者は，家事事件においても手続行為をするのに授権が必要になる（民13条1項4号・17条1項・864条）。その授権を欠く場合の規律は民訴法34条1項2項参照。また，他の者がした申立て等に対する手続行為の規律は家事事件手続法17条2項，法定代理人の特別の授権に関しては同条3項参照。民事訴訟において訴訟能力を有しない未成年者および成年被後見人は，家事事件においても手続行為能力を有しない（民訴31条）。財産関係の行為に関しては法定代理人が代理権を有することは問題ない（民824条・859条1項）。

これに対し，身分関係の行為については，本人の意思尊重の原則から，一定の類型の事件に関しては，本人に意思能力がある限り調停行為能力を認めるべきである。そのような類型の事件においては，事件類型ごとに個別的にその旨を規定している（家事118条および同条を準用する各規定，252条1項）。

もっとも，意思能力の有無の判定は困難な場合が多いし，また意思能力を有していても自ら現実に手続行為をする場合には困難を伴うことが多いので，未成年者または成年被後見人が法定代理人によらずに自ら有効に手続行為をすることができる場合でも，親権者または後見人は未成年者を代理して手続行為をすることができるものとされている（家事18条）。

意思能力の有無は個別事案ごとに判定せざるを得ないが，一般的・類型的，実務的には未成年者の場合は15歳以上であればこの能力があると解されている。

家事事件手続法制定以前にもその場合の特別の規定として，人事訴訟手続法4条は離婚訴訟につき，人事訴訟法14条は人事訴訟一般につき，成年後見人・成年後見監督人が成年被後見人のために当事者適格を有することを認めている。判例は，この場合の後見人等の地位は法定代理人ではなく，職務上の地位に基づき当事者として訴訟を追行できることを認めたものと解している（最判昭33・7・25民集12・12・1823，裁判例集Ⅰ-7，Ⅱ-9）。

(5) 手続代理人および補佐人

法令により裁判上の行為をすることができる代理人（法定代理人）のほか任意代理人としては，弁護士でなければ手続代理人となることができないが，家庭裁判所においては，その許可を得て弁護士でない者を手続代理人とすることができ（家事22条1項），その許可はいつでも取り消すことができる（同条2項）。ただし，身分行為の任意代理に関しては，法定代理と同様の問題がある。ここでも，離婚や離縁等の身分行為に関しては代理に親しまない，と解されている。したがって，本人が出頭していなければ離婚等の調停を成立させることができないのが原則である。もっとも，実務上は本人が出頭していなくとも，協議離婚の届出をする旨の調停を成立させることができると解するのが一般的である。

代理が可能な場合でも，事件の関係人は自身出頭するのが原則であるが，やむを得ない事由があるときは，弁護士等を代理人として出頭させることができる（家事51条2項）。

手続行為につき能力の制限を受けた者（未成年者・成年被後見人・被保佐人および一定の被補助人）は，家事事件手続法118条の規定（成年後見の場合）および252条1項（別表第二事件の場合）の規定により手続行為をするに際しては，通常の手続行為能力を有する者に比べて困難を生ずる場合が多いこと等から，当該行為者の利益を保護するため，人事訴訟法13条2項から4項までの規定を参考に，裁判長が申立てまたは職権で弁護士を手続代理人に選任することができるものとされた（家事23条）。これは行為者に意思能力があり自ら手続行為能力を有することを前提とするから，意思能力を有しないために手続行為能力を有しない乳幼児等のための「子の代弁人（代理人）制度」を認めたものではない（一問一答・家事76頁）。そのため，わが国の家事調停においては，いわゆる子の代理人制度に大きな期待を寄せることはできないであろう。

当事者または手続代理人（法定代理人および任意代理人）は，裁判所の許可を得て，補佐人とともに出願することができ，この許可はいつでも取り消せる（家事27条，民訴60条1項2項）。補佐人の陳述は，当事者または手続代理人が直ちに取り消し，または更正しないときは，当事者または手続代理人が自らしたものとみなされる（民訴60条3項）。

⑹　参加と排除

家事事件手続法は，当事者となる資格を有する者が当事者として参加することができる当事者参加の制度（家事41条・258条1項）と，裁判の結果により影響を受ける者等が参加することができる利害関係参加の制度（家事42条・258条1項）を区別して設け，それぞれ参加することができる者の範囲や参加した者の権限を明確にした。それぞれ，任意参加と強制参加（引込み）とがある。

当事者参加は，申立権者が複数ある場合，当事者の法的地位を第三者に移転した場合，当事者の一部が欠けていた場合などに利用され，新たな別申立てと異なりすでに係属している手続を利用することができるメリットがある。当事者参加人は既存の当事者と同一の権限を有する。当事者となる資格を有しない者，または当事者である資格を喪失した者は手続から排除される（家事43条・258条1項）。

利害関係参加は，「審判を受ける者となるべき者」は当然に，「審判の結果により直接の影響を受けるもの（者）」等は裁判所の許可を得て，それぞれ参加するものである。利害関係参加人は，当事者がすることができる手続行為をすることができるが，性質上当事者しかすることができない手続行為はすることができない（家事42条7項）。

4　土地管轄と移送

(1)　土 地 管 轄

第一に，家事調停事件の原則的管轄は，相手方の住所地を管轄する家庭裁判所にある（家事245条1項前段）。住所とは各人の実際上の生活の本拠地であり，原則として住民票により認定してよいが，住所を移転させる目的で転出届がされたとしても，実際に生活の本拠を移転していなかったときは，住所を移転したものとして扱うことはできない（最判平9・8・25判時1616・52）とされる。

第二に，当事者の処分が可能な事項を目的とする家事調停事件では，当事者が合意で管轄家庭裁判所を定めることができる（家事245条1項後段）。いわゆる合意管轄である。合意は，専属的にも競合的にも選択的にも行うことができ，いずれの場合も最初に受理した裁判所に管轄権が確定する。民事訴訟法11条2項3項の規定が上記合意に準用される（家事245条2項）。

第三に，以上の特則として，遺産分割調停事件が係属する場合の寄与分を定める調停事件の土地管轄は，その係属裁判所とされる（家事245条3項・191条2項・192条）。

家事審判事件の土地管轄は家事事件手続法第三編第二章の個別事件ごとに定められており，その公益的性格等から専属管轄とされるが，調停対象である別表第二事件については合意管轄も認められる（家事66条）。

⑵ 移　送

家庭裁判所は，その土地管轄に属しない事件について調停申立てを受けた場合には，これを管轄家庭裁判所に移送しなければならないのが原則であるが，事件を処理するために特に必要があると認めるときは，職権で，事件の全部または一部を他の家庭裁判所に移送し，または自ら処理することができる（家事9条1項）。後者の場合を実務上「自庁処理」と呼んでいる。

家庭裁判所は，その管轄に属する事件について調停申立てを受けた場合においても，①手続遅滞を避けるため必要があると認めるときその他相当と認めるときは，管轄権を有しない家庭裁判所に，②事件を処理するため特に必要があると認めるときは，これを他の家庭裁判所に，職権で，事件の全部または一部をそれぞれ移送することができる（家事9条2項）。

以上，二つの場合の移送の裁判および1項の申立却下の裁判に対しては，即時抗告をすることができ（家事9条3項），移送の裁判に対する即時抗告は執行停止の効力を有する（家事9条4項）。

家事調停は家庭に関する事件を対象とするのに対し，民事調停は民事に関する紛争一般を対象としている（民調2条）。しかし必ずしも両者の境界が明確であるとはいえないので，管轄違いが起こり得る。そこで，管轄上両者を調整するため移送の規定を置いている。

第一に，家事調停を行うことができる家庭に関する事件以外の事件（民事調停事件）について家事調停の申立てを受けた場合には，家庭裁判所は，職権で，これを管轄権のある地方裁判所または簡易裁判所に移送する（家事246条1項）。

第二に，これとは逆に，家庭に関する事件の範囲に属し，地方裁判所または簡易裁判所の管轄に属しない事件について民事調停の申立てを受けた場合には，その地方裁判所または簡易裁判所は，これを管轄権のある家庭裁判所に移送するのが原則であるが，事件を処理するため特に必要があると認めるときは，土地管轄の規定にかかわらず事件の全部または一部を他の家庭裁判所に移送することができる（民調4条2項）。

第三に，家庭裁判所は，その管轄に属する事件について調停の申立てを受けた場合においても，事件を処理するために必要があると認めるときは，職権で事件の全部または一部を管轄権のある地方裁判所または簡易裁判所に移送することができる（家事246条2項）。家事調停の対象となる事件であっても，親族間の土地等財産紛争で民事調停の対象ともなる事件については，民事調停で特別の手続が設けられている宅地建物調停・農事調停・商事調停・鉱害調停・交通調停・公害等調停などの専門的調停に委ねた方がよい解決が得られる場合に活用される。特に農地に関しては，農事調停で成立した調書は，財産分与・遺産分割・相続人不存在の場合の特別縁故者への相続財産分与等の家事調停が成立した場合と同様に，農地の所有権の移転や賃貸借等の権利移転について，農業委員会等の許可を不要とする効力がある（農地3条1項10号12号）ので，活用のメリットがある。

第四に，家庭裁判所は，事件を処理するために特に必要があると認めるときは，前述の第一および第三にかかわらず，その事件を管轄権を有する地方裁判所または簡易裁判所以外の地方裁判所または簡易裁判所（事物管轄権を有するものに限る）に移送することができる（家事246条3項）。

5 調停の開始

家事調停事件は，当事者の申立て（申立調停）と裁判所の職権による審判事件・訴訟事件の付調停（職権調停）および他の裁判所からの移送（受移送調停）のいずれかによって開始する。

(1) 当事者の申立て

家事調停の申立ては，家審法では口頭（口頭申立て）で行うことができたが（家審規3条1項），家事法では書面によらなければならないこととされた。すなわち，家事調停の申立書を提出してしなければならず（家事255条1項），それには「当事者」および「法定代理人」ならびに「申立ての趣旨」および「申立ての理由」を記載しなければならない（家事255条2項）。

家審法では「申立人の氏名，住所」のみの記載とされていたが（家審7条による旧非訟法9条1項1号の準用），家事法では相手方を含め「当事者」とした。自然人の当事者を表示するには，住所・氏名・本籍（身分関係事件のみ），当事者が未成年者・成年被後見人の場合の法定代理人である親権者・後見人の住所・資格・氏名を記載する。任意代理人についても同様である。

調停申立書では，「申立ての趣旨」として，紛争の対象となっている事項につきどのような調停の結果を求めるのかを明らかにする。例えば，離婚と親権者指定・養育費・財産分与・慰謝料等を求めるのであればその旨を明らかにする。求める金額の特定までは必要がないが，財産分与で不動産の譲渡等を求める場合には，その物件の特定（土地であれば所在地・地番・地目・地籍，建物であれば地番・家屋番号・構造・床面積等）が必要である。

家審法では「申立ての実情」を記載すべきものとされていたが，家事法においては，「申立ての理由」を記載しなければならないとした。家事法では，家事調停の申立書の必要的記載事項について不備があり，不備の補正を命じられながらこれに従わない場合には申立書を却下することとする制度を導入した関係上（家事255条4項），申立書を却下するためには必ずしもその内容が明確でない「申立ての実情」よりも「申立ての理由」とする方が相当であると考えられたためであるとされる（一問一答・家事231頁以下）。

「申立ての理由」としては，申立ての趣旨として求めた調停の結果を導くために必要となる事実関係を簡潔に記載する。民事訴訟や人事訴訟における要件事実等よりも広く，それらの事実にとらわれることなく，どのような事項が紛争の対象となっており，それをどのように解決したいのかなどを，申立ての動機や紛争の経過も含めて，簡潔に記載する。

申立ての年月日・裁判所の表示のほか，申立人または代理人の記名・押印が必要である（家事規1条）。

(2) 申立書の写しの送付

家事調停の申立てがあった場合には，家庭裁判所は，申立てが不適法であるとき，または家事調停の手続の期日を経ないで調停をしない措置（家事271条）により調停事件を終了させるときを除き，家事調停の申立書の写しを相手方に送付しなければならない。ただし，相手方に対する過激な非難・攻撃など調停手続の円滑な進行を妨げるおそれがあると認められるときは，家事調停の申立てがあったことを通知することをもって，これに代えることができる（家事256条1項）。

家事審判の申立ての場合（家事67条1項）と同様の規定であり，ただし書の例外規定も同様であるが，当事者の合意の成立を目指す調停の場合は，当事者間の感情的対立の解消が必要であること等からすれば，裁判所の判断を求める審判の場合と比較すると，例外規定の適用をより広く認める余地があろう[6)]。

(3) 別表第二事件（図表(1)①事件）の付調停

家審法では，家庭裁判所は，いつでも職権で，乙類審判事件（新法における別表第二事件）を調停に付することができる（家審11条）とされていたが，家事法では，別表第二調停事件について，その前に当事者の意見を聴かなければならないものとした（家事274条1項）。別表第二事件は，要件事実が抽象的で白紙委任的であり，紛争性は高いが可能な限り双方の合意により解決するのが相当な紛争類型であるからである。この審判事件の職権付調停の回数に制限はなく，まず調停の申立てがあり，その調停が不成立となり審判手続に移行した場合であっても，家庭裁判所が相当と認める限り，再び調停に付することができる。実際上，再度の付調停は，審判手続中に調整活動が行われて調停成立の見込みがついてから行われることが多い。

調停事件と審判事件とではその管轄が，例えば遺産分割では審判が被相続人の住所地または相続開始地の家庭裁判所（家事191条1項）であるのに対し，調停が相手方の住所地等（家事245条1項）というように，別々であるというような場合，付調停を受ける家庭裁判所は，審判事件が係属している家庭裁判所なのか，それとも調停事件の管轄裁判所なのかは，一つの問題である。実務上は，審判と調停の一貫性のある処理の必要性から考えて，審判事件の係属裁判所の自庁調停に付するのが相当であろうが，場合によっては本来の管轄裁判所の調停に付することもできるというべきであろう。

家事法によって，別表第二事件が即時抗告により高等裁判所に係属中に，当該事件について高等裁判所は自庁調停をすることができることになったが（家

6) 梶村・新家事調停133頁以下参照。

事274条3項），もとより高等裁判所は家庭裁判所の調停に付することができ，これによるのが原則的な方法である（家事274条1項）。高等裁判所の自庁調停を実施する調停機関等は，①当該高等裁判所の裁判官の中から指定された裁判官および家事調停委員2人以上で組織する調停委員会を組織して行うか（家事274条4項），②または相当であると認めるときに，合議体である当該高等裁判所が自ら調停機関として家事調停を行うことになるが，当事者の申立てがある場合には，①の方法によらなければならない（家事274条5項・247条1項ただし書および2項）。

家庭裁判所への付調停によって，同一の家庭裁判所に同一事件が審判手続と調停手続の両手続として同時に係属することになり，この場合でも審判手続を進行させることは不可能ではないが，多くの場合無益であり，かえって調停手続の妨げにもなりかねない。そこで，このような場合，家庭裁判所は，審判事件について調停が終了するまで審判手続を中止することができる（家事275条2項）。

付調停事件の調停が成立した場合は，審判事件も実質的解決によって完結するので，当該家事審判事件は当然に終了する（家事276条2項）。調停が不成立となって終了したときは，中止の審判を取り消すまでもなく，当然に再開されると解される。

審判事件の付調停の後に審判事件の取下げがあった場合は，調停事件はその存立の基礎を失いこれによって終了する。付調停事件は職権で開始されたもので，申立行為がないから，調停を取り下げることはできないが，調停の申立てがあったときは，多くの場合当事者の意思は審判事件を含めて取り下げるという趣旨であって，調停は取り下げるが審判は取り下げないという場合は稀有のことであろうから，釈明の上その意思が確認されれば審判の取下げとして扱うべきであろう。

(4)　訴訟事件（図表(1)②③事件）の付調停

人事訴訟事件や民事訴訟事件の付調停には，当事者が調停前置主義に違反した場合の必要的付調停（家事257条1項2項）と，受訴裁判所の裁量による任意的付調停（家事274条1項）とがある。前者についてはすでに触れたので（1(2)），ここでは後者について検討する。

家事調停事項を対象とする人事訴訟または民事訴訟が係属している受訴裁判所は，当該者の意見を聴いて，いつでも，職権で，その事件を家庭裁判所の調停に付することができる（家事274条1項）。

これは，第一に，家事事件手続法257条1項2項本文に規定する調停前置主義によって家庭に関する事件の家事調停が申立てまたは職権によって係属していたところ，一旦は不成立に終わったが，訴えが提起され受訴裁判所で審理が係属している間に，調停での解決の機運が生じてきたような場合，第二に，家事事件手続法257条1項2項ただし書の規定によって，訴訟事件を調停に付さないで審理している間に，受訴裁判所で同じように調停での解決の機運が生じてきたような場合に活用される。

受訴裁判所で付調停ができる時期や回数に制限はなく，事実審である限り控訴審でも家庭裁判所の調停に付することができること，受訴裁判所は付調停の決定をしたときは調停が終了するまで訴訟手続を中止できること等は，必要的付調停の場合と同様である。

付調停事件について調停が成立し，または家事事件手続法277条に規定する合意に相当する審判，同法284条に規定する調停に代わる審判が確定したときは，訴えの取下げがあったものとみなされ（家事276条1項），当該訴訟の係属は当然に終了し，付調停事件について調停が不成立や審判に対する異議申立てによって終了したときは，訴訟手続は当然に再開される。

6　調停前の処分

調停事件の係属する家庭裁判所の調停機関は，家事調停事件が係属している間，調停のために必要であると認める処分を命ずることができる（家事266条1項・267条2項）。これを調停前の処分（ないし調停前の措置）と呼んでいる。調停の成立を容易にし，かつ成立した調停の内容実現を容易にさせるために，調停成立の妨害となったり，成立を目指す調停内容の効果を減殺したりするような行為を予め阻止し，あるいは当事者の一方に生じた現在の危険を防止する措置を講ずることなどができることになる[7)]。

「調停のために必要であると認める処分」とは，例えば，夫婦関係調整事件の調停において，子の監護紛争を一時沈静化させるために，奪合いを禁止したり，暫定的な監護者を定めたり，あるいは当面の生活費の仮払いを命じたりすること，遺産分割事件の調停において遺産管理者を選任することが事例として存在する。

仮の処分も当事者や参加人への告知を要し，それによって効力を生ずる。仮の処分に対し，当事者または参加人が正当な事由なく従わないときは，家庭裁判所によって10万円以下の過料に処せられる（家事266条4項・267条2項）。

仮の処分は執行力を有しない（家事266条3項・267条2項）。債務名義としての効力ばかりでなく，形成力も否定される趣旨と解されている。仮の処分は，もともと当事者の協力と自発的な抑制に期待して設けられたものだからであるが，上記のとおり違反者に対しては金銭的な制裁が課せられるので，その限度では間接的な強制力がある。

仮の処分に対しては，即時抗告など不服申立ては認められていない（東京高決昭33・6・21家月10・6・26，札幌高決昭37・7・17家月14・11・127）。仮の処分は調停機関の自由裁量によるものであるから，事情の変更等によって当然に変更・取消しができる。

7　調停の実施

(1)　期日の開始

調停機関が調停を行うために，調停期日を指定し，その期日に当事者およびその他の関係人を呼び出す。調停期日は，指定された日時に調停機関および当事者等が出席して，原則として裁判所庁舎内で開かれる。例外的に，紛争対象物の所在地等，裁判所外の適当な場所で調停をすることができる（家事265条・267条2項）。これを実務上，「現地調停」と呼んでいる。

調停期日には，調停事件の関係人は原則として自身で出頭しなければならな

7）　注解家審398頁以下〔向井千杉〕，家審実務講義209頁以下などを参照。

い（家事258条・51条2項本文）。調停機関から呼出しを受けた事件の当事者等が正当な事由がなく出頭しないときは，家庭裁判所はこれを5万円以下の過料（家事258条・51条3項）に処する（3万円の過料に処した例として，札幌家審平3・2・4家月44・2・137）。これを「本人出頭主義」といい，当事者の意思を尊重する調停にとって重要な原則であるが，例外的に事件の関係人にやむを得ない事由があるときは，代理人の出頭または補佐人とともに出頭することが認められているので（家事258条・51条2項ただし書・27条，民訴60条1項2項），酷だとはいえないだろう。

(2) 同席調停と別席調停

期日における調停の実施の方法として，当事者双方を調停室に招いて同席の上で行う同席調停の方法と，別々に調停室に招いて個別に行う別席調停の方法とがあるが，事案の解明や調停案の作成の観点からも，説得等の観点からも，あるいは公平の見地からも同席調停が優れているので，面会交流など将来とも継続的に関わることになる未来志向の事件では可能な限りその方法が採られるべきである[8)]。

(3) 本質的調停行為

調停機関は，当事者双方から事案の内容や解決方法に対する意見等を聴取し，当事者の紛争解決意欲を高め，調停案を提示するなどして解決内容の合意に向けて説得し，調停の成立を目指す。これが本質的調停行為の概要であるが，可能な限り同席調停の方法がとられるべきであることは前述したとおりである。

本質的調停行為において，調停機関が積極的にイニシアティブをとって，事案の解明に努め，調停規範からみて妥当と認める調停解決案を提示して成立を目指すというような調停運営方法をとる場合，その解決案を一般に「調停判断」というが，調停本質論における調停判断説はこの点を強調する。

8) 井垣康弘「夫婦同席調停の活用について」ケ研236号（1993）70頁以下，同「同席調停」『現代裁判法大系(10)親族』（新日本法規出版・1998）77頁以下，同「同席調停の狙いと成功の条件」『現代調停の技法』（判例タイムズ社・1998）172頁以下，梶村・新家事調停136頁以下，和田仁孝＝大塚正之編著『家事紛争解決プログラムの概要――家事調停の理論と技法』（司法協会・2014）等を参照。

これに対し，調停における当事者側の役割を重視し，調停機関の役割は，当事者による紛争解決能力を強化し，これを促進させることによって，当事者が自主的に紛争を解決することを援助するシステムであるとするのが，前述の調停合意説の立場である。

調停委員会における調停手続は，裁判官や家事調停官が指揮するが，実際上，裁判官や家事調停官は同時に多数の調停事件を担当していて，調停の席に立ち会えず，家事調停委員2人で実施することが常態的となってしまっているため，裁判官不在の調停など批判されることもある。しかし，裁判官や家事調停官は，常時調停委員との評議等を通じて手続の進行を把握し，必要に応じて手続の透明性と当事者権の保障に努め，これによる弊害は最小限に食い止めなければならない[9)]。

(4) 調停における事実の調査

調停における事実の調査は，証拠調べとともに，調停機関が事実関係を解明するのに必要な資料収集方法であるが，証拠調べと異なり，方式に制限があるわけではなく，強制力を用いて行うこともできない。当事者双方から，同時または個別的に事情を聴いたり，関係人を呼んで事情を聴いたり，現場に赴いて事物の現状を見分したり，当事者提出の資料を精査したりするなど，その方法に制約はない。調停手続における事実の調査には，その主体の違いに応じて各種ある[10)]。

手続法上の家庭裁判所（受調停裁判所である裁判官または家事調停官）の権限としては，調停手続の中の特殊な審判手続である，合意に相当する審判（家事277条以下）をする前提としての合意成立後の事実の調査，調停事件の移送の審判（家事246条1項）をするに当たっての事実の調査，過料の審判（家事51条3項・64条1項・266条4項・290条5項）をするに当たっての事実の調査等がある。

調停機関が行う事実の調査としては，前述のすべての方法をとることができる（家事258条1項・56条～60条）。また，調停機関は，他の家庭裁判所または

9)　梶村・新家事調停400頁参照。

10)　調停における事実の調査に関しては髙野耕一「家庭裁判所の事実調査」実務民訴235頁以下（前掲注1)『家事調停論〔増補版〕』59頁以下に所収）が参考になる。

簡易裁判所に事実の調査を嘱託することができ，受託裁判官は相当であると認めるときは，他の家庭裁判所または簡易裁判所に更に嘱託することができる（家事258条1項・61条）。さらに，調停機関は，必要な調査を官庁・公署その他適当であると認める者に嘱託し，または銀行・信託会社・関係人の使用者（62条）その他の者に対し関係人の預金・信託財産・収入その他の事項に関して必要な報告を求めることができる（家事258条1項・62条）。

調停委員会を組織する裁判官または家事調停官は，調停委員会の決議により，事実の調査をすることができる（家事261条1項・251条）。これによって，裁判官等が単独で係争の現地に赴いて機動的に事実の調査をすることができるし，また家庭裁判所調査官・裁判所書記官・医務室技官に対し事実の調査を命ずる必要が生じたり，医師である裁判所技官に関係人の診断をさせる必要が生じたりしたときは，後述するとおり，まず同条の規定を活用して調停委員会の決議により当該調停委員会の構成員である裁判官等に事実の調査の権限を付与し，権限を付与された裁判官等がそれらの者に対し事実の調査や診断を命ずるという方法をとればよいことになる（同条2項～4項）。

調停委員会は，家庭裁判所調査官による事実の調査を相当とする場合を除き，相当であると認めるときは，当該調停委員会を組織する家事調停委員に事実の調査をさせることができる（家事262条）。事実の調査事項のうち，家事審判官を含む合議体で調査するほどのものでなく，かつ家庭裁判所調査官の調査を命ずるのを相当とするほどの専門性の高い事項でない場合には，1人または2人による調停委員の機動力ある調査に期待することができる。

裁判官等が事実の調査をする場合には，家庭裁判所調査官に事実の調査を命ずることができる（家事261条2項・251条）。家庭裁判所調査官による事実の調査は，必要に応じ，事件の関係人の性格，経歴，生活状況，財産状態および家庭その他の環境等について，医学，心理学，社会学，経済学その他の専門的知識を活用して行うように努めなければならない（家事規44条）。また，裁判官等は，事件の処理に関し，事件の関係人の家庭その他の環境を調整するため必要があると認めるときは，家庭裁判所調査官に社会福祉機関との連絡その他の措置をとらせることができる（家事258条1項・59条3項・251条）。家庭裁判所調査官の人間関係調整機能に期待するわけであり，「その他の措置」の中には，カウンセリングないしケースワークを含む。家庭裁判所調査官は，調査の結果を口頭または書面でもって報告するものとし，報告には意見を付することができる（家事258条1項・58条3項4項）。なお，家庭裁判所調査官は，調停期日に出席して意見を述べることもできる（家事258条1項・59条1項2項）。

裁判官等が事実の調査をする場合，必要があると認めるときは，医師である裁判所技官に事件の関係人の心身の状況について診断をさせることができる（家事258条1項・60条）。

⑸　調停における証拠調べ

調停手続において，調停成立のため必要があるときは，調停委員会の決議により調停委員会を構成する裁判官や家事調停官に証拠調べをさせることができるところ，証拠調べは民事訴訟の例による（家事260条1項6号・56条1項・64条1項・251条）。証拠調べの方法としては，証人・鑑定人の尋問，当事者尋問，鑑定，書証，検証等がある（民訴第2編第4章第1節から第6節までのうち家事64条1項により除外されているものを除く）。

調停手続で証拠調べが行われるのは，実親子関係の調停（合意に相当する審判）におけるDNA鑑定（後述⇨第3章③⑸）や，遺産関係調停における不動産鑑定等が主なもので，ほかはほとんど行われない。

⑹　受　　継

家事調停手続において，申立人が死亡，資格の喪失その他の事由によって手続を続行することができない場合には，法令によりその申立てをする資格のある者は，手続の受継をしなければならず（家事258条1項・44条1項），受継の申立却下の裁判に対しては即時抗告ができ（家事258条1項・44条2項），家庭裁判所は，上記の場合において必要があると認めるときは，その申立有資格者に手続を受継させることができる（家事258条1項・44条3項）。

もっとも，離婚事件・離縁事件等や，親権者指定変更事件・子の監護事件（養育費・面接交渉）等の一身専属権が調停の対象となっている場合は，当事者や事件本人の死亡によって調停手続は当然終了し，受継の対象にはならない。

8 調停手続の終了

(1) 調停成立（図表(1)①③④事件）

(a) 意義と性質

家事調停において，当事者間に合意が成立し，調停機関がその合意を相当と認めてこれを調停調書に記載したときは，合意に相当する審判をすべき事件を除いて，調停が成立したものとし，その記載は，訴訟事項（59頁図表(1)①③事件）については確定判決と同一の効力を有し，また別表第二審判事項（同図表(1)①事件）については確定審判と同一の効力を有する（家事268条1項）。1個の家事調停事件の一部について合意が成立したとき，併合事件の一部について合意が成立したときも同様である（家事268条2項）。

そうすると，調停成立の要件は第一に当事者間に合意が成立することであり，第二に調停機関がその合意を相当と認めて調書に記載することである。

調停の成立と合意の成立は別概念である。合意は，当事者双方の意思表示の合致によって成立するが，調停はそれだけでは成立しない。後述するように，調停は，当事者間に成立した合意を調停機関が相当と認めてこれを調書に記載したときにはじめて成立する。法定上は，家事事件手続法272条1項が成立した合意を相当でないと認める場合は，調停不成立とすることができる旨を規定して，このことを明らかにしている。合意相当性の認定と調書の記載が調停成立の要件となっているわけである。

調停の法的性質に関しては，訴訟上の和解の性質論と関連させて論じられ，大別して私法行為（実体行為）説・訴訟行為（手続行為）説・両行為併存説に分かれているが，判例学説は両行為併存説に立脚している。この説に従えば，離婚や財産分与あるいは遺産分割など調停における合意には，親族法上相続法上の契約といった私法行為の性質を持つと同時に，それによって調停を成立させて終了させるという訴訟行為の性質をも併せ持っていることになる。

私法行為の側面では，合意の内容が身分関係に関するものである場合には，本人の意思尊重の見地から代理は許されないとされ，法定代理人・任意代理人（許可代理人）を問わず，代理人による合意は許されない。これらの代理人も，本人の使者として本人の身分行為の意思を伝えることは許されるであろう。

訴訟行為の側面では，原則として調停期日外の合意または不出頭の当事者の書面による合意は，家事事件手続法 268 条にいう合意ではなく，当事者双方が調停期日に出頭して調停機関の面前で合意することが必要であると解されるが，調停機関が前の期日に本人の意思を確認しており，次の期日に代理人が使者としてその意思は不変である旨を述べた場合など，例外的に代理人による合意の成立を認めてしかるべきであろう。

未成年者も，意思能力がある限り身分行為を単独で行うことができる筋合いではあるが，意思能力の有無に関する認定は微妙であるから，手続法的には調停においても，満 15 歳に達してからのみ行為能力を認めるのが相当である。

(b)　相当性の認定

前述したように，当事者間で成立した合意は，調停機関により相当性の審査を受けてはじめて調停を成立させることができる。相当であるかどうかは，適法・違法，有効・無効といった法的観点からだけでなく，調停規範からみて妥当であるかどうかの見地からも審査しなければならない。

両当事者が錯誤等に陥ることなく合意に達したときは，調停機関による相当性の審査は慎重に行うべきであるが，それが法的にみて明らかに違法・無効でない限り，相当性がないと判断すべき事案は多くはないと思われる。法的にみて見解の相違があって違法とも合法とも，有効とも無効とも判断できるものであれば，そのような問題点があることを指摘した上でもなお当事者は合意を成立させたいと主張するときは，原則的にいえば調停機関は自己の見解を押し付けるべきではあるまい。まして，当事者と調停委員が苦労して作り上げた調停条項について，裁判官や家事調停官の個人的な法律見解にこだわってそれを押し付け，調停不成立としてしまうような運用は避けるべきである。

(c)　調停成立調書

前述したように，調停において合意が成立し，その合意が相当なものであるとして，その合意が調書に記載されたときは，調停は成立したものとして，その調停条項は後述するように確定判決または確定審判と同一の効力を有するに至るのであって，このような意味において，成立した合意の調書への記載は，調停の成立要件であり，かつその効力発生要件でもあるということになる。

(d) 調停調書の更正決定

調停調書の更正は，その記載に計算違い・誤記その他これに類する明白な誤りがある場合に限って行うことができる（家事269条）。この場合，家庭裁判所は申立てにより，または職権により，「更正決定」を行い，裁判書の作成が必要であって，更正決定や不適法却下決定に対しては即時抗告をすることができる（家事269条1項～4項）。

この場合の「明白な誤り」とは，格別の事実の調査や証拠調べをしなくても，調停調書自体の記載内容や文言の前後の文脈等から，あるいは調停調書自体からでなくとも調停事件記録にある資料から判断することによって，調停調書の記載に誤りのあることが容易に認められる場合である。ただ，必ずしも手続過程の双方の主張や提出書類の有無等が明確になっていない調停記録の場合には，訴訟記録と異なり，明白な誤りを認定する証拠が少なく，当事者間にその点について見解の相違があるようなときは，その認定に困難を伴うことがあり得よう。

家庭裁判所が更正決定をするに当たって当事者の意見等を聴くことは要件とされていないが，微妙なケースになればなるほど，後の紛争を防止するためにも，可能な限り両当事者の意見が反映されるように努めるべきである。場合によっては，更正決定が無理であるとして，再調停の方法で処理すべき事案もあると思われる。

(e) 調停の効力

(ア) 確定判決・審判と同一の効力

調停において当事者間に合意が成立し，これを調書に記載したときは，調停が成立したものとし，それが訴訟事項であれば確定判決と同一の効力を有し，それが別表第二審判事項であるときは確定審判と同一の効力を有する（家事268条1項）。もっとも，後述する合意に相当する審判事項は，公益性が強く任意処分のできない事項であるから，当事者間に当該身分関係の存否等に関する合意が成立しても，それだけでは調停を成立させることができない（同条4項）ことは，後述するとおりである。[11]

(イ)　訴訟事項の形成力（対世効）

訴訟事項に関する調停は，確定判決と同一の効力を有するから，それが一般の民事訴訟事項であれば既判力（民訴114条・115条）を有する。それが当事者間の身分関係等の変動を目的とする人事訴訟事項であれば形成力（対世的効力）を有する（人訴24条1項）。例えば，離婚や離縁について調停が成立したときは直ちに，確定判決の場合と同様に第三者効を伴う形成力を有し，離婚や離縁の効果が発生するから，この場合に調停申立人が行う戸籍の届出は，創設的届出ではなく報告的届出ということになる（戸77条・73条・63条）。そこで，離婚・離縁について調停が成立したときは，裁判所書記官は，遅滞なく本籍地の戸籍事務管掌者にその旨を通知しなければならない（家事規130条2項）とされる。

(ウ)　訴訟事項の執行力

訴訟事項に関する調停は，確定判決と同一の効力を有するから，それが当事者間の具体的給付義務を定めた給付条項があれば債務名義となり（民執22条1号），執行力があり，直ちに強制執行が可能となる。執行するには執行文の付与を要するが（民執25条），執行文は調停が成立した家庭裁判所の裁判所書記官が申立てによって付与する（民執26条1項）。執行開始の要件として，債務名義となる調停調書の送達を要するが（民執29条），家事事件手続法規には民事訴訟法255条のような債務名義の職権送達の規定がないので，強制執行に当たっては，当事者からの申立てにより調停調書の正本を送達すべきものとされる。なお，執行文付与の訴え（民執33条）・執行文付与に対する異議の訴え（民執34条）・請求異議の訴え（民執35条）の管轄裁判所は，当該調停が成立した家庭裁判所（民執33条2項の準用）であり，第三者異議の訴えの管轄裁判所は執行裁判所である（民執38条3項）。

(エ)　訴訟事項の既判力

訴訟事項に関する調停に既判力を認めるべきかどうかについては，判例学説上争いがあり，いまだ定説をみない。訴訟上の和解と同様，既判力肯定説・制限的既判力説・既判力否定説などが対立している。裁判上の和解について既判

11）　家事調停の効力に関しては，本田晃「調停成立の効力」245題542頁以下および同書引用の文献参照。

力を認めたとされる最高裁判例があるが（最大判昭33・3・5民集12・3・381），いまだ確定判例とはいえない。判例は，和解や調停の錯誤無効の主張を認めているので（最判昭33・6・14民集12・9・1492，裁判例集Ⅰ-2），制限的既判力説に従っていると解する傾向にある。既判力否定説に立っても，調停の性質について前述の両性説に従う限り，調停における合意の成立によって，私法上の契約である和解契約（民695条）が締結されていると解することができ，そうだとするとその和解契約の効力（民696条）によって実質的には既判力を肯定したことと同じ結果が得られることになる。

㈭ 審判事項の形成力

別表第二審判事項に関する調停は，確定審判と同一の効力を生ずるので，まずその権利義務関係が発生・変更・消滅したときは，調停成立と同時に形成力を生ずる。離婚に伴う親権者・監護者の指定・変更，面会交流，子の引渡し等の審判事項は，調停条項どおりの内容の権利義務関係が生ずる。もっとも，婚姻取消しの審判の確定を停止条件として親権者指定の調停を成立させたときは，親権者指定の効力も停止条件の成就を待つことになるのはいうまでもない。

㈮ 審判事項の執行力

離婚に伴う財産分与や養育費支払等で，金銭の支払・物の引渡し・登記義務の履行などの給付条項を定めたときは，調停成立によって，それらの給付を命じた確定審判と同様に執行力ある債務名義と同一の効力を有する（家事75条）。したがって，執行が条件に係るときまたは当事者の承継があったときを除き（民執27条），執行文の付与を要しないで，直ちに強制執行をすることができると解されている。

なお，審判事項に関しては既判力がないと解するのが一般である[12)]。

(2) 調停条項案の書面による受諾（図表⑴①③事件）

(a) 意　義

遺産分割や遺言無効確認あるいは遺留分減殺請求などの調停事件においては，多数の当事者が関与することが多く，しばしば一部の当事者が遠隔地居住等の理由により出頭をしぶる事例が存在する。そのような調停事件において，遠隔

12) 鈴木・既判力1頁以下。

地に居住する等の理由により出頭することが困難であると認められる当事者が，予め調停機関から提示された調停条項案を受諾する旨の書面を提出し，他の当事者が期日に出頭して当該調停条項案を受諾したときは，当事者間に合意が成立したものとみなして調停を成立させることができることとしたのがこの制度である（家事270条1項）。申立人および相手方のみの2名の当事者間においても適用されるが，離婚・離縁の調停事件にだけは適用されない（同条2項）。また合意に相当する審判の前提となる合意には適用されない（家事277条2項）。

この制度はまず，昭和49（1974）年の家事審判法改正（昭和49法55）の際，遺産分割事件についてのみ新設され，家事事件手続法の制定によって適用範囲が拡大されたものである[13)]。

(b) 出頭困難の認定基準

要件の一つである「出頭することが困難であると認められる」場合というのは，遠隔の地に居住しているとか，あるいはこれに準ずる場合で，当事者に調停期日に出頭することが困難であると認められる客観的事情がある場合をいう。「遠隔の地に居住している」とあるのは例示であり，時間的にあるいは費用的に見て出頭するのに困難であると認められる場合であるから，外国など距離的にみて遠隔地か，距離的には近くても離島や僻地で，出頭するのに多大の時間と費用を要するような場合をいうものと解される。

上記に準ずる場合としては，長期の入院・移動困難な病気・身体障害・老齢等が考えられる。当事者同士の感情的対立・調停機関への感情的反発・調停への無理解や熱意不足などのため出頭しない当事者の場合は，これに含まれないと指摘されることが多いが，このようないわば心理的遠隔地居住の場合も，その者を含む全当事者がこの制度の利用による解決を望むなど特別の事情がある場合には，上記の場合に準じて取り扱ってよいと思われる。

(c) 調停条項案の提示

出頭困難な当事者に対し，予め調停機関から調停条項案を提示することが必要であるが，この調停条項案の提示は，書面に記載してしなければならず，出

13）　注解家審748頁以下〔上村多平〕，家審実務講義255頁以下などを参照。

頭困難者がその提示された調停条項案を受諾する旨の書面を提出し，他の当事者が期日に出頭して当該調停条項案を受諾したときは，出頭困難者が期日に出頭しなくても当事者間に合意が成立したものとみなされることを附記することを要する（家事規131条1項）。

提示の方法としては，まずその出頭困難当事者に直接送付することができる。また，調停案の提示の嘱託の制度はないが，出頭困難当事者に対する意見聴取を行う際，その機会を利用して提示してもらうことができる。その他，家庭裁判所調査官あるいは裁判所書記官による当事者の意向調査を利用することも考えられる。

(d) 受諾書面の提出と意思確認

出頭困難当事者が提示された調停条項案を受諾するには，受諾する旨の書面を提出しなければならない。当事者が非識字者その他の事由により書面を提出することができないときは，原則にかえって，本人自身の出頭を求めるか，代理人により出頭するかしなければならないとされる。

提出された受諾書面に条件ないし希望が付されていた場合，その意思表示全体の解釈の問題であるが，それらの条件ないし希望が容れられず，受諾しない趣旨であれば受諾書面とはいえないので，このような場合は改めて再度修正した内容の調停条項案の提示からやり直す必要がある。事件の早期解決を図るために受諾書面の提出期限を付することができるが，注意の喚起にとどまり，その期限を徒過したからといって特に不利益に扱うという性質のものではない。

受諾書面の提出後も，その当事者は合意成立が擬制されるまでは自由に撤回することができると解される。調停機関も事情が変更すれば，その擬制成立までは最初の調停条項案を撤回することができ，また新たな調停条項案を提示する手続を踏んでこれを変更することもできると解される。

受諾書面が提出されたときは，調停機関はその当事者の真意を確認しなければならない（家事規131条2項）。その方法に制限はなく，最寄りの裁判所への調査嘱託・調査官調査のほか，受諾書面に印鑑登録証明書を添付させる方法や，受諾書面に提示した調停条項案を添付させることで足りる場合もあり，また本人確認さえとれれば電話による意思確認でもよい場合もあると解される。

(e)　合意の擬制と調停成立の通知

当事者間に合意が成立したと擬制するためには，他の当事者が期日に出頭して当該調停条項を受諾しなければならない。全員不出頭の場合は手続が進められないが，最小限当事者の１人でも出頭していれば，他の者は受諾書面の提出でも足りると解される。

以上の手続を経て合意の擬制手続が終わり，調停が成立した場合には，例えば，期日に出頭しなかった当事者の表示の後に「(受諾書面提出)」と記載する。また，裁判所書記官は，受諾書面を提出した当事者および利害関係人に対し，遅滞なく，その旨を通知しなければならない（家事規130条１項)。

(3)　調停をしない措置（調停拒否）（図表⑴①ないし④事件）

調停機関は，事件が性質上調停をするのに適当でないと認めるとき（調停不適），または当事者が不当な目的でみだりに調停の申立てをしたと認めるときは，調停をしないものとして，家事調停事件を終了させることができる（家事271条)。調停不適や濫用的申立てを排除するのが目的である。

「事件が性質上調停をするのに適当でない」場合というのは，例えば配偶者のある者が異性に同居を求める調停の申立てとか，相手方が精神障害者で調停行為能力を欠くことが明らかに認められる場合などが例として挙げられている。

「当事者が不当な目的でみだりに調停の申立てをした」場合というのは，例えば訴訟や調停引き延ばし，あるいは執行妨害のための時間稼ぎとか，申立人が調停期日に欠席を繰り返して調停を進行させる熱意や意欲を喪失している場合，等が挙げられている。

調停をしない措置は，調停機関による調停終了のための措置に過ぎず，裁判所あるいは裁判官等の裁判ではないから，当事者はこの措置に対して即時抗告など不服申立てをすることはできないと解されている（東京高決昭53・12・21家月31・7・58，裁判例集Ⅰ-1)。

調停をしない措置により家事調停事件が終了したときは，裁判所書記官は，当事者および利害関係参加人に対し，遅滞なくその旨を通知する（家事規132条１項)。

(4) 調停の不成立（図表(1)①ないし④事件）

調停機関は，当事者間に合意（家事277条1項1号の合意を含む）が成立する見込みがない場合，または成立した合意が相当でないと認める場合において，家庭裁判所が調停に代わる審判をしないときは，調停は成立しないものとして事件を終了させることができる（家事272条1項）。この場合，家庭裁判所は当事者に対し，その旨を通知する（家事272条2項）。また裁判所書記官は，利害関係参加人に対し，遅滞なくその旨を通知する（家事規132条2項）。調停不成立の措置に対しては，調停をしない措置と同様に不服申立てをすることができない（東京高決昭39・10・28家月16・11・154，裁判例集Ⅰ-6）。

成立した合意が相当でないとして不成立とすることができるのは，合意内容が調停規範に照らし相当でないと判断される場合であるが，もともと調停規範は弾力的なものであるから，よほど正義と衡平に照らし，問題であると判断されるときでなければならない，というべきであろう。親権者さえ指定してくれれば当面養育費はいらないといっている場合や，離婚給付はいらないから早く離婚したいといっているような場合でも，成立させることがベターであるケースもあり得よう。当事者への後見的配慮やパターナリズムがおためごかしになってはならず，ぎりぎりの調整をした後は，当事者の自己決定の自由や自己責任の原則に道を譲ってもよい場合もあると思われる。

別表第二審判事項以外の調停事件は，調停機関が不成立の措置をとることによって当然に調停事件の係属は終了し，家庭裁判所の手から離れるが，別表第二審判事項に関する調停事件は，調停不成立によって，調停申立ての時に審判の申立てがあったものとみなされ（家事272条4項），当然に審判手続に移行する。もっとも，離婚の申立てと同時にする親権者指定・養育費・財産分与等の申立ては，離婚の成立を条件とする付随的・付帯的申立てであるから，離婚事件と運命をともにし，それだけが審判手続に移行することはない。ただ，離婚についてのみ合意が成立し，別表第二審判事項に関する部分については別途調停・審判で解決してもらいたいと当事者が希望するときは，離婚と親権者指定・養育費等子の監護に関する処分・財産分与について分離的解決の方法をとることもある。[14)]

14) 梶村太市「離婚紛争の段階的解決をめぐる諸問題」同・家族法学79頁以下参照。

家審法時代の乙類事件の裁判例に関しては，調停の不成立によって当然に審判手続に移行し，調停手続と審判手続とは連続的なものとして取り扱われ，調停手続での主張や資料・調査結果等は，記録自体を含めすべて当然に審判手続に引き継がれるとするものがあったが（東京高決昭31・9・21家月8・11・37，裁判例集Ⅰ-5），家事法の下では再検討を要しよう。

審判手続に当然移行を受けるのは，当該事件の本来的管轄裁判所ではなく，当該調停事件を取り扱った家庭裁判所であると解されている。

人事訴訟事項および民事訴訟事項に関する調停事件ついて，調停が成立せず，277条審判・284条審判をせず，審判をしても異議申立てによって失効した場合において，当事者がその旨の通知を受けた日から2週間以内に訴えを提起したときは，調停の申立ての時にその訴えの提起があったものとみなされる（家事272条3項・286条6項）。調停申立てをした者が出訴期間（民768条2項・777条等）を徒過し，または出訴に伴う時効中断等の不利益を受けることを防止するために設けられた制度である。また，上記期間内に訴えを提起したときは，調停申立書に貼用した手数料は訴状に貼用すべき印紙額に通算される（民訴費5条）。

⑸　取 下 げ（図表⑴①ないし④事件）

申立人は調停申立ての維持を望まないときは，家事調停事件が終了するまでいつでもその申立ての全部または一部を取り下げて調停手続を終了させることができる（家事273条1項）。

調停の取下げに相手方の同意は必要でないが，取下げは書面でしなければならず（家事273条2項・民訴261条2項），取下書を提出して行うのが通常である。

取下げによって，調停申立ての効果が遡及的に消滅し，したがって調停手続中に行われた主張や請求はすべてなかったことになる（家事273条2項・民訴262条1項）。取下げに民事訴訟のような再訴禁止の効力（民訴262条2項）はなく，一旦取り下げた後，同一事件について再度の申立てができるが，特別の理由もなく，近接した時期に再度の申立てをしたときは，場合によっては，前述した「調停をしない措置」をとられることがあり得よう（⇨⑶）。

調停成立の一方法として，本来の調停の目的が達せられたわけではなく，したがって調停は取下げとして終了させるのが通常のパターンではあるのだが，調停を終了させるに当たって，関連事項について調停条項に記載して債務名義を作成しておきたい場合に，取下条項を活用する場合がある。例えば，夫婦関係調整事件において，離婚の合意も別居の合意もできなかったが，当面の生活費の仮払いは合意ができてこれを調書に記載しておきたいような場合に，「相手方は申立人に対し，当面の生活費として，某年某月某日から毎月15万円ずつ毎月末日限り持参または送金して支払う。申立人は本件夫婦関係調整事件の申立てを取り下げる。本件の調停の実施によって調停前置主義の要件を具備させたものとし，当事者双方は今後は訴訟をいきなり提起することができるものとする。」等とする調停を成立させることもできる。もっとも，この場合調停の終了原因は調停成立であって，この場合取下条項は不要であるとも解されよう。

調停の取下げがあった場合は，裁判所書記官は，当事者および利害関係人に遅滞なくその旨を通知する（家事規132条3項）。

(6) 合意に相当する審判（277条審判）（図表(1)②事件）

(a) 意義と性質

人事訴訟法2条に定める人事訴訟の対象のうち，任意処分が可能な離婚・離縁事件を除くその余の全事件（図表(1)②事件）が合意に相当する審判の対象となる。そのような調停事件の調停において，以下の①②のいずれの要件にも該当する場合には，家庭裁判所は必要な事実を調査した上，①の合意を正当と認めるときは，当事者の一方が死亡した後を除き，当該合意に相当する審判をすることができる（家事277条1項）。すなわち，①の要件は，当事者間に申立ての趣旨のとおりの審判を受けることについて合意が成立していることであり，②の要件は，当事者の申立てに係る無効・取消しの原因，または身分関係の形成・存否の原因について争わないことである。これを「合意に相当する審判」といい，また条文を使って「277条審判」と呼ばれることがある[15]（なお，新法制定前の家審法の下では「23条審判」ともいわれていた）。

277条審判の性質は，家事法39条に定める本来の審判ではなく，調停手続

15） 277条審判（旧23条審判）に関しては，注解家審772頁以下〔窪田もとむ〕，家審実務講義319頁以下および同書引用の文献等参照。

の中の特殊な審判であって，人事訴訟の代用手続ないし簡易手続であるとすることに異論はない。そして，その手続構造に関しては学説が錯綜し，大雑把に分類すれば，審判主調停従説・審判調停同等説・調停主審判従説に分かれる。沿革的にはその順序で主張され，最後の調停主審判従説が優れていると思われるが，そのいずれを支持するかによって特に解釈論に影響があるわけではない。

また，ここでいう合意の法的性質に関しては，実体法説・手続法説・両性説に分かれる。実体法説は，単なる合意のみによる身分権の処分は無効であるが，この審判の手続を経たものは有効となると解し，したがってここでいう合意とは身分権の処分に関する合意，すなわち身分行為を無効にしたり取り消したりあるいは身分関係の存否を決したりする実体法上の合意であると解する[16)]。この立場では例えば，「相手方は申立人を認知する旨の合意をした」と調書に記載することになる。手続法説は，ここでいう合意は人事訴訟手続によらないで申立ての趣旨の審判を受けることについての合意，すなわち人訴権の放棄を内容とする手続法上の合意であると解している[17)]。この立場では後記両性説と同様，「相手方は申立人を認知する旨の審判を受けることについて合意した」と調書に記載することになる。両性説は，文字どおり両方の性質を兼ね備えていると解する。すなわち，両性説は，この合意は申立ての趣旨のような審判を受けるという人訴権の放棄を内容とする手続法上の合意と身分関係の実体部分についての身分法上の法律効果を伴わない事実上の合意を兼有すると解する[18)]。当初は手続法説が有力であったが，最判昭37・7・13（民集16・8・1501，裁判例集Ⅰ-3）が出てから実体法説や両性説が有力となった。両性説を支持する。

16）山木戸・家審106頁，安藤覚『家事審判法の実務的研究』（司法研究所・1952），宮崎俊行「家事調停における特別の審判」大系Ⅰ 165頁，最判昭37・7・13民集16・8・1501，裁判例集Ⅰ-3，田中永司・曹時14巻9号（1963）118頁以下など。

17）村崎満「家事審判法第23条審判の当面の問題点」ジュリ296号（1964）63頁，岡垣学「家事審判法第23条の対象となる事件と同法第24条第1項の審判」ジュリ288号（1963）141頁，加藤令造「家事審判法第23条および第24条の審判に対する一実務家の見解」曹時14巻10号（1962）4頁，糟谷忠男「家事審判法第23条の合意について」判タ150号（1963）38頁など。

18）中島一郎「家事審判法23条の審判」実務民訴263頁，梶村太市「親子の一方死亡後他方生存者を相手方として第三者の提起する親子関係存否確認の訴と家事審判法23条審判の適否(下)」ジュリ587号（1957）117頁など。

(b) 審判の対象

277条審判の対象とされる事件は，人事訴訟の対象事件（人訴2条）のうち離婚および離縁の事件を除いた全事件であり，次の14種である。すなわち，婚姻無効（民742条），婚姻取消し（民743条〜747条），縁組無効（民802条），縁組取消し（民803条〜808条），協議離婚無効，協議離婚取消し（民764条），協議離縁無効，協議離縁取消し（民812条），認知の訴え（民787条），認知無効（民786条），認知取消し，父の確定（民773条），嫡出否認（民774条〜778条），身分関係（実親子・養親子・夫婦関係）存否確認の各事件である。

277条審判の対象事項とこれに付随する他の別表第二審判事項が1通の申立書で申し立てられる場合がある。例えば，認知の申立てとともに親権者・監護者指定申立てあるいは扶養料・養育費の請求をする場合，婚姻取消しの申立てとともに親権者・監護者指定の申立てあるいは財産分与の申立てをする場合である。このような場合，合意に相当する審判と同時に同一審判書で一括して審判できるかどうかについては，消極説[19)]・折衷説[20)]・積極説[21)]と説が分かれている。このうち折衷説は，後者の婚姻取消しとその付随事項についてのみ一括審判を肯定するもので，その理由として，婚姻の取消しは遡及効を持たず将来に向かって婚姻の効果を消滅させるに過ぎないところ，人事訴訟手続法15条5項（人訴32条3項）が婚姻の取消しについても離婚の場合と同様に親権者が指定されるべきことを前提として規定しており，しかも婚姻取消しと親権者指定は実体法上不可分の関係にあり，同時に解決されるべきことを挙げている。この婚姻取消しの場合を除き，合意に相当する審判の対象事項は制限列挙的で，しかもこの審判と別表第二審判は異種の手続であるから，一括審判はできないというほかはなく，折衷説が妥当である。

そこで，一括審判はできないとすると，前記認知の申立てのような場合どのような方法で解決すべきかが問題となる。認知申立て以外の付随部分は取り下げてもらった上で，合意に相当する審判の確定を待って付随部分について調

---

19) 山木戸・家審105頁，宮崎・前掲注16）163頁，前田四郎「家事審判における実務上の問題と判例」家月8巻12号（1956）40頁など。

20) 安藤・前掲注16）214頁以下，家審講座Ⅲ 312頁〔加藤令造〕など。

21) 田中加藤男「家事審判法第23条審判の対象について」判タ156号（1963）50頁以下，仙台家審昭32・4・17家月9・4・66など。

停・審判で解決する方法，審判の確定を条件として同様の解決を図る方法をとることは可能であろう。認知部分と付随処分部分を無関係に解決することも不可能でないが，その場合には認知の審判が異議の申立てによって失効した場合には付随処分も失効する（あるいは効力を生じない）旨を調書に明確にしておくべきであるとされる。

(c)　当事者適格

277条審判の当事者適格については，明文の規定で，死亡した当事者を含めないこととしたことは前述したが，そのほか合意の性質に関する前記実体法説・手続法説・両性説のいずれの立場に立つかによって異なる場合がある。

277条審判の当事者となり得る者は，実体法説によれば，当該身分行為の当事者または身分関係の主体者に限るということになり，手続法説および両性説によれば，人事訴訟法上当事者適格を有する者はすべて含むと解することもできれば，検察官の地位の特殊性を考慮してこれを除外すべきだと解することもできる。人事訴訟法上，検察官に当事者適格が認められているのは，公益の代表者としての立場ないし職務上形式的な当事者としてであり，この立場での検察官が調停の当事者として合意することは適当でないと解する通説の見解が妥当である[22)]。

戸籍上の両親の一方と15歳未満の未成年者との間の親子関係不存在確認の調停申立てをする場合，子のため誰が当事者となるべきかに関しては，他方の親権者単独親権行使説，特別代理人専行説，親権者と特別代理人との共同行使説とがある。最後の共同行使説をとる判例もあるが（最判昭35・2・25民集14・2・279，裁判例集Ⅰ-4），民法818条3項ただし書を適用して親権者単独行使説を採用すべきものと考える。

22）　糟谷・前掲注17）39頁以下，田中加藤男＝真田順司「家事審判法第23条事件において検察官に当事者適格を認めうるか」判タ144号（1963）35頁以下，鍛冶良堅「検察官は家事審判法23条の審判の当事者となれるか」ジュリ521号（1972）124頁，盛岡家審昭39・12・1家月17・2・47，大阪家審昭45・12・10家月23・7・70，大阪家審昭45・12・24家月23・7・72など。

(d) 審判の要件

277条審判をするには，まず当該申立てにかかる審判を受けることについて当事者間に合意が成立することが必要である。この合意の性質に関しては実体法説・手続法説・両性説の対立があることは前述したが，実体法説によればこの合意を代理人によることはできないことになり，手続法説および両性説によれば代理人による合意も可能ということになる。遠隔地の当事者の場合，事実関係に全く争いのないような場合，代理人による合意に実益があり，後説によるべきである。

次に，原因の有無について争いがないことが必要である。身分関係の無効・取消しの事由となる事実関係や身分関係の存否の原因となる事実関係について，双方に認識の違いがなく争いがないことをいう。

また，裁判所が必要な事実を調査することが必要である。必要な事実の調査とは，家事調停手続における事実の調査と証拠調べ（家事258条1項・56条以下）の双方を含む。この審判は人事訴訟と同様，確定審判には対世的効力と失権的効果を有するのであるから，その事実認定のためには人訴手続と同じ程度の確信に至る心証が得られる程度の事実の調査が必要である。

277条審判をするには，単独調停ではなく，委員会調停で行われている場合には当該調停委員会を構成する家事調停委員の意見を聴くことが必要である。意見聴取の対象に制限はないが，主として当該合意の正当性・相当性についての意見聴取が重要である。

(e) 合意不成立と合意不相当の場合

調停機関は，当事者間に合意が成立する見込みがない場合，または当事者間に合意が成立し，その原因の有無について争いがない場合でも，事実の調査の結果，当該原因，事実が認定できなかったり，合意内容が法律上相当でなかったりして，合意に相当する審判をすることが相当でないと判断したときは，調停が成立しないもの（調停不成立）として，家事調停事件を終了させることができる（家事277条4項・272条1項）。

その場合には，家庭裁判所は当事者に対しその旨を通知する（家事277条4項・272条2項）。当事者がその通知を受けた日から2週間以内に当該事件について訴えを提起したときは，家事調停の申立ての時にその訴えの提起があったものとみなされる（家事277条4項・272条3項）。

(f)　審判とその告知

家庭裁判所は，事実を調査し，委員会調停の場合は家事調停委員の意見を聴いた上で，当事者間に成立した合意を正当と認めるときは，277条審判をする。審判は告知によって成立し，その時から異議申立期間が進行する。

277条審判は人訴の代用・簡易手続であって，非訟手続ではないから，処分権主義（民訴246条）の適用を受け，合意内容である当事者の申立ての趣旨に係る審判をすることができないときは，再度調停を開いて申立ての趣旨を変更しない限り，調停不成立とするほかはない。

(g)　審判に対する異議申立て

当事者および利害関係人は，277条審判に対しては，合意に相当する審判に対し，家庭裁判所に異議の申立てをすることができるが，当事者は277条1項各号に掲げる要件に該当しないことを理由とする場合に限られる（家事279条1項）。この異議申立ては書面でしなければならず（家事規135条1項），当事者の場合は異議の理由を記載し，かつ異議理由を明らかにする資料を（同条2項），利害関係人の場合は利害関係の内容を記載し，かつその利害関係を明らかにする資料を（同条3項），それぞれ添付しなければならない。

なお，異議申立権は放棄できる（家事279条4項）。

異議の申立てとは，即時抗告とは異なって審判を失効させることを目的とし，再審理ないし審判の取消し・変更を求めるものではない。いわば，この手続による解決を拒否する申立てであり，理由は不要である[23)]。

異議の申立ては，2週間の不変期間内にしなければならない（家事279条2項）。その期間は，異議の申立てをすることができる者が，審判の告知を受ける者である場合にあってはその者が審判の告知を受けた日から，審判の告知を受ける者でない場合にあっては当事者が審判の告知を受けた日（2以上あるときは，当該日のうち最も遅い日）からそれぞれ進行する（家事279条3項）。当事者がした

---

23)　異議申立てに関しては，梶村太市「23条・24条審判の異議申立」現代大系Ⅰ 449頁以下を参照。

異議申立てが期間経過や申立権の不存在等により不適法の場合，または異議の申立てに理由がない場合，あるいは利害関係人がした異議の申立てが不適法であるときは，いずれも異議申立ては却下される（家事280条1項）。この却下審判に対して異議申立人は即時抗告をすることができる（家事280条2項）。

家庭裁判所は，当事者から適法な異議の申立てがあった場合において，異議の申立てを理由があると認めるときは，合意に相当する審判を取り消さなければならない（家事280条3項）。利害関係人から適法な異議申立てがあれば審判は当然にその効力を失い，この場合，家庭裁判所は当事者に対しその旨を通知する（家事280条4項）。

(h) 審判の効力

適法な異議の申立てがないとき，または異議の申立てを却下する審判が確定したときは，その合意に相当する審判は確定判決と同一の効力を有する（家事281条）。人事訴訟と同じように既判力・形成力さらには対世的効力（人訴24条）を有し，しかも失権的効果（人訴25条）を伴う。

合意に相当する審判が確定したときは，裁判所書記官は遅滞なく当事者の本籍地の戸籍事務管掌者に対し，その旨を通知しなければならない（家事規134条）。

(i) 合意に相当する審判の特則

婚姻の取消しについての家事調停の手続において，婚姻の取消しについての合意に相当する審判をするときは，この合意に相当する審判において，当事者の合意に基づき子の親権者を指定しなければならない（家事282条1項）。この合意に相当する審判は，子の親権者指定につき当事者間で合意が成立しないとき，または成立した合意が相当でないと認めるときは，することができない（家事282条2項）。この場合は人事訴訟で解決を図るしかない。

夫が嫡出否認についての調停の申立てをした後に死亡した場合において，当該申立てに係る子のために相続権を害される者その他夫の三親等内の血族が夫の死亡の日から1年以内に嫡出否認の訴えを提起したときは，夫がした調停の申立ての時に，その訴えの提起があったものとみなされる（家事283条）。

⑺ 調停に代わる審判（284条審判）（図表⑴①③事件）

⒜ 意義と性質

家庭裁判所は，調停委員会の調停が成立しない場合において相当と認めるときは，当事者双方のため衡平に考慮し，一切の事情を考慮して，職権で，事件の解決のため必要な審判をすることができる。ただし，家事事件手続法277条1項に規定する合意に相当する審判事件は例外とされる（家事284条）。これが「調停に代わる審判」であって，本書では該当条文を利用して「284条審判」ともいう（なお，新法制定前の家審法の下では「24条審判」ともいわれていた）。277条審判と同様，調停手続を利用した特殊の審判である[24)]。

284条審判は，調停において合意が成立する可能性がない場合に，調停を不成立として終了させないで，調停係属のままこの審判をすることによって調停を終了させるものであるから，正確にいえば調停に代わる審判ではなく合意に代わる審判というべきであるが，ここではこれまでの法文上の用語例に従っておく。

284条審判は，「当事者双方のため衡平に考慮し，一切の事情を考慮して」という制限が付されている以外，その判断基準については規定がない。本審判は調停手続の延長線上にあり，その判断基準（審判規範）について調停規範と異別に解すべき根拠はなく，調停規範は即284条審判規範であると解すべきである。そして，調停の本質について前述の調停合意説に従えば，調停解決案の最終的な提示という側面を重視することになるし，調停判断説に従えば条理裁判という判断面に重きを置くことになるが，理論的にも実際上・運用上も，そのいずれかにシフトしてしまう必要はなく，両方の側面があるのであって，ケースによっては調停解決案の提示という運用をし，ケースによっては調停裁判説的な運用をすることが可能であると思われる。裁判制度しかない外国人を当事者とする渉外離婚事件において，準拠法たる外国法の離婚原因事実を認定判断して離婚判決をするような場合は，まさに後者の条理裁判に近い運用ということになろう。

この審判は伝家の宝刀だとして使わないことに意義があるような考え方もあ

24） 284条審判（旧24条審判）に関しては，注解家審850頁以下〔島田花子〕，家審実務講義374頁以下を参照。

るが，そうではなく使ってこそ意味があるというべきであるから，異議の申立てを恐れず積極的に活用すべきである（その活用例として，仙台家気仙沼支審平5・10・14判タ832・163）[25]。

(b) 審判の主体と対象

家審法24条1項は，調停委員会における調停の手続においてのみ調停に代わる審判を可能としていたが，家事法では裁判官または家事調停官のみで行ういわゆる単独調停においてもこれを行うことができるものとした（家事284条）。

284条審判の対象は，277条審判事件を除くすべての家事調停事件である。家審法24条2項は乙類審判事件を調停に代わる審判の対象から除外していたが，家事法は別表第二事件も284条審判の対象に加えることとした。

これによって，遺産分割・財産分与・婚姻費用分担・養育費や親権者指定変更あるいは面会交流など家事法別表第二事件についても積極的活用が可能となり，この制度の機能が一段と強化されることが期待される[26]。

(c) 調停申立て取下げの制限

284条審判がされた後は，家事調停の申立ての取下げは一切認められない（家事285条1項）。申立人が内容に不服であれば異議の申立てにより失効させればよい（家事286条1項5項）。調停における合意が不成立となった後に284条審判がされなければ調停不成立により家事調停事件が終了し，もはや調停申立てを取り下げることができなくなることと平仄をあわせたものとされる（一問一答・家事245頁）。

(d) 要　件

第一に，調停が成立しない場合であることが必要である。当事者間に合意が成立しない場合だけでなく，形式的には合意が成立しても調停委員会がそれを相当と認めず，結局正当な合意が成立しないと判断される場合を含む。調停が

25）284条審判（旧24条審判）の積極的活用に関しては，梶村太市「24条審判の性質と基準——その積極的活用をめざして」『家族法の理論と実務』（判例タイムズ社・1980）127頁以下を参照。

26）梶村・新家事調停140頁以下を参照。

成立しない場合といっても，家事事件手続法272条1項の規定により「調停不成立」としてしまったのでは，それによって調停事件が終了してしまい284条審判をする余地がなくなってしまうから，正確には「合意が成立しない場合」と呼ぶのがふさわしいであろう。

第二に，家庭裁判所が審判をするのを相当と認めることが必要である。この審判を相当とすべき場合としては，紛争の態様からみれば，①当事者が審判を望んでいる場合，②黙示的にせよ審判が出れば尊重することが見込まれる場合，③大筋の合意があるが細部が詰めきれない場合などあり，調停の経過からみれば，④当事者の証拠収集活動や調停機関の調査活動が活発に行われ，それによる成果を審判という形で残しておいた方がよい場合，⑤当事者の遠隔地居住・勤務上の都合・病気・感情的反発・無関心・怠惰等により，当事者の一方が欠席のため調停は進展しないが，実質的な紛争性はなく審判すれば解決する可能性が高い場合等がある[27]。

第三に，当該調停委員会を組織して調停が行われていた場合には，当該家事調停委員の意見を聴くことが必要である。調停の最初から関与して経過を熟知している調停委員に民間人の立場から意見を述べてもらい，審判の要否や審判内容等についての判断の参考とするためである。

第四に，当事者双方のために衡平に考慮し，一切の事情を考慮して判断することが必要である。家事調停は，紛争の実情に即し，調停規範からみても適切妥当な解決を目指すものであるから，一方の利益のみに偏らず，双方のために衡平に考慮することがとりわけ肝心である。

第五に，当事者双方の申立ての趣旨に反しないことが必要である。家審法24条1項にあったこの規定は家事法では削除されたが，当事者双方が求めてもいない内容のものであってはならず，当事者一方の申立ての趣旨に沿う以上，他方の申立ての趣旨に反する審判をしても差し支えないという趣旨であると解すべき以上，家事法でも同様の趣旨と解すべきある。双方とも離婚を望んでいないのに離婚の審判をすることはできないが，どちらか一方が望めば離婚の審判をすることができるということである。

27）　梶村・新家事調停347頁以下など参照。

(e) 審判とその告知

家庭裁判所は，調停に代わる審判において，当事者に対し，子の引渡しまたは金銭の支払その他の財産上の給付その他の給付を命ずることができる（家事284条3項）。家審法24条1項後段にも同趣旨の規定があったが，家事法では別表第二事件も審判の対象になったので，「調停に代わる審判に服する旨の共同の申出」（家事286条8項～10項）の制度とともに，この部分が積極的に活用されることになろう[28]。

284条審判は，家庭裁判所が必ずしも法規のみに拘束されないで審判規範（調停規範）に基づいて裁量により紛争の具体的解決を図る制度であるから，当該調停委員会を構成する裁判官が手続法上の家庭裁判所の立場で，調停における当事者の合意に代わる審判として当事者の権利義務を形成することを認めたものである。

また，非訟事件手続としての284条審判は，本来，当事者間に具体的権利義務を形成することを直接の目的とするものであるが，制度の実効性を確保し当事者の便宜をも考慮し，家庭裁判所の裁量権の範囲内に属するものとして，形成的内容の審判とともに財産的給付を命ずることができることを明らかにしたものである。この給付文言が債務名義となり，強制執行が可能となる。

284条審判は，当事者が審判の告知を受けたときから効力が生じ，2週間の異議申立期間が進行するが，異議申立権を実質的に保障するため，その告知は公示送達の方法によってすることができないとされ（家事285条2項），そのためこの審判を告知することができないときはこれを取り消さなければならない（家事285条3項）。

(f) 審判に対する異議申立て

284条審判に対しては，当事者が審判の告知を受けた日から2週間以内に異議の申立てをすることができる（家事286条1項2項・279条2項3項）。この異議申立権は放棄できる（家事286条2項・279条4項）。

28） 調停に代わる審判の別表第二事件への拡張と，「調停に代わる審判に服する旨の共同の申出」の制度の概要とその運用（参考起案）については，梶村・ガイド403頁以下・411頁以下に詳しく解説したので参照されたい。

審判に対し適法な異議申立てがあれば，審判は当然にその効力を失い，この場合においては，家庭裁判所は当事者に対し，その旨を通知する（家事286条5項）。当事者がこの通知を受けた日から2週間以内に家事調停申立事件について訴え（人事訴訟または民事訴訟）を提起したときは，家事調停申立ての時にその訴えを提起したものとみなす（家事286条6項）。また，別表第二事項について調停に代わる審判が効力を失った場合には，家事調停申立ての時に，当該事項について家事審判の申立てがあったものとみなされる（家事286条7項）。これらの制度は前述した調停不成立の場合と同様の趣旨である。異議の申立ては審判に不同意であることが示されていると認められれば足りる。理由を付する必要はない（異議申立てに関しては，梶村・前掲注23）参照）。

家庭裁判所は，異議の当否を判断することはできないが，異議の申立てが，申立期間経過後であるとか，異議申立権のない者の申立てであるなど，不適法であると認めるときは，これを却下する（家事286条3項）。異議申立人は，異議申立てを却下した審判に対しては即時抗告をすることができる（家事286条4項）。即時抗告期間は，却下審判の告知を受けた日から2週間である（家事86条）。

(g)　審判の効力

284条審判に対して2週間以内に異議の申立てがないとき，または異議の申立てがあっても異議申立てを却下する審判が確定したときは，この審判は確定し，それが別表第二事件の審判事項であるときは，家事事件手続法39条の規定による審判と同一の効力を有する（家事287条前段）。その結果，形成力を有し，給付文言があるときは執行力を有する。既判力は一般に消極に解されている。

確定した審判は，それが訴訟事項であるときは確定判決と同一の効力を有する（家事287条後段）。その結果，形成力・既判力・執行力を有することとなり，離婚および離縁の審判では，当然に離婚および離縁の効果が形成され，しかもその効果は第三者に対しても主張することができ（人訴24条1項），慰謝料などの給付を命じた判決は，債務名義となり強制執行が可能となる（民執22条7号）。もっとも，この訴訟事項に関する部分は，家事法75条にいう執行力ある債務名義と同一の効力を有するものではないから，強制執行をするには執行文の付与が必要である（民執25条本文）。

⑨ 調停記録の閲覧等

これまでの家審法時代には，調停記録・審判記録を問わず，家庭裁判所は，事件の関係人の申立てにより，これを相当と認めるときは，記録の閲覧・謄写を許可し，または裁判所書記官に命じて記録の正本・謄本・抄本もしくは事件に関する証明書を交付させることができるとして，その閲覧等は，専ら裁判所の相当性の判断に委ねていた[29)]。

これに対し，家事法においては，家事審判事件・家事調停事件・履行確保事件と事件類型ごとに規制の方法を異にし，かつ家事審判事件では当事者からの請求と利害関係を疎明した第三者からの請求とを区別するなど，きめの細かい規律をしている（家事47条，家事規34条・35条，家事254条，家事規126条1項，家事289条6項7項，家事規139条2項）。

家事調停事件の場合は，一方では，判断手続である本案の審判手続とは異なり，当事者間の円満な話合いによって合意を獲得していく手法であるから，当事者であっても記録閲覧謄写等の必要性はそれほど高くはなく，他方では，家事調停事件の記録には，家庭内や当事者・関係人のプライバシーに関わる事項を記録化したものや，他方当事者の感情的な一方的非難の書面等が含まれることが少なくない。このような記録を当事者であるからといって，原則的に閲覧等ができるとすると，当事者のプライバシーを侵害し，いたずらに感情的対立を惹起して，かえって調停の円滑な運営に支障を来すことになりかねない懸念が生じるとされる[30)]。

家事調停事件には，夫婦関係・親子関係事件のほか遺産関係・遺言関係事件など多種多様な類型があり，一般的な要件設定に親しまないこともあり，裁判

29）注解家審規124頁以下〔中島常好〕，山名学「記録の開示」講座実務家審Ⅰ 157頁以下などを参照。

30）一問一答・家事103頁以下参照。

所が当該事件の個別性に応じて柔軟に対応できるのが望ましい。すなわち，「家事調停の手続を円滑に運用し，話合いによる妥当な解決を導くためには，裁判所にある程度広い裁量を認め，事案に応じて他方当事者の手続保障や家事調停の手続の公正の確保を図ることができるようにしておくことが相当である」（一問一答・家事 104 頁）ということになる。

そこで，家事調停事件記録の閲覧許可等に関しては，原則として，利害関係を疎明した第三者のみならず，当事者についても，当然には閲覧等の権利はなく，裁判所が「相当と認めるとき」に限り許可することができ，許可したときに限り閲覧謄写ができることとした（家事 254 条 1 項～ 3 項）。もっとも，①審判書その他の裁判書の正本・謄本・抄本，②調停成立調書・調停不成立調書の正本等，③家事調停事件に関する事項の証明書は，家庭裁判所の許可を受けずに，裁判所書記官に交付請求ができる（家事 254 条 4 項）。ここで「事件に関する証明書」とは，事件受理または係属証明書・事件申立取下証明・相続放棄申述受理証明・遺言書検認証明・審判確定証明・審判や調停成立調書の正・謄本送達証明等をいい，手数料が必要である（民訴費 7 条別表第二）。これに対し，相続放棄の申述がないことの証明は行政証明に過ぎず手数料を要しない。

第3章　家事調停各論

1　婚姻関係事件

(1) 諸類型

婚姻関係事件には，**図表(1)③**（59頁）に属する一般調停事件として夫婦関係調整（離婚）事件のほか，民事訴訟事件として，離婚による慰謝料請求事件がある。[1]また，同①の別表第二類事件として，婚姻中のもので，協力扶助（事項）・婚姻費用分担の各事件，離婚の際あるいは離婚後のもので，親権者の指定，子の監護に関する処分（監護者の指定・養育費・面会交流・子の引渡し），財産分与の各事件がある。さらに，同②の本来的人事訴訟事件として，離婚無効・離婚取消し・婚姻無効・婚姻取消し・婚姻関係存否確認事件等がある（人訴2条1号）。

(2) 夫婦関係調整（離婚）事件（図表(1)③事件）

(a) 意　義

家事調停事件の代表的なものが夫婦関係調整（離婚）事件である。これは，離婚するかどうかについて意見の違いが出て別居するなど，夫婦関係が危機に瀕して紛争状態となり，当事者間では話合いができず，親兄弟など親族や職場

1)　梶村太市＝棚村政行『夫婦の法律相談〔第2版〕』（有斐閣・2010）2頁，梶村・ガイド1頁以下，梶村・新家事調停143頁以下などを参照。

あるいは時には地域社会等の関与によっても解決に至らない場合に，このような離婚紛争を家庭裁判所の調停による解決を求めて申し立てられる事件である。

離婚を求める側が申し立てる場合が多いが，離婚に反対する側が夫婦の円満和合を求めて調停を求める場合もある。前者の場合は，端的に「離婚」事件として立件されることもあるが，多くの家庭裁判所では，当事者が離婚を求めている場合でも夫婦の円満和合の可能性を探る努力をすることから，前者の申立てであると後者の申立てであるとを問わず，「夫婦関係調整」事件として立件している。家事調停における人間関係調整を重視していることの現れである。

この類型の事件は，離婚をめぐる紛争について，例えば単に同居だけでなく（それだけならば別表第二事項としての同居申立事件である），あるいは単に当面の生活費の支払だけを求めるだけでなく（それだけならば別表第二事項としての婚姻費用分担申立事件である），それらをも含めて離婚の方向や円満和合の方向など離婚紛争の全体的な解決を求めて申し立てるもので，特定の夫婦間の事件である限りそれらのすべての対象事項を含め1件として立件される。円満調整か離婚の方向かで異なる事件となるものではなく，あるいはまた主張する離婚原因ごとに事件を異にするものでもない。

同居や婚姻費用の分担を求める場合でも，それらは一般調停事件としての夫婦関係調整事件の中に埋没しており，独立の調停事件となることはない。したがって，夫婦関係調整事件が不成立に終わればそれで1件の事件としては完結し，審判手続には移行しない。それらの事項について審判を求めたい場合には，新たに別表第二事件として申立てをすることが必要である。

(b)　離婚原因法上の諸問題

(ア)　離婚原因法と調停規範の独自性

夫婦関係調整事件において，離婚を認める方向にせよ，円満和合の方向にせよ，調停を進めるに当たって，当事者の一方または双方に離婚請求権があるかどうかに関する情報の取得は欠かせない。離婚原因に関する民法770条の規定がそのまま調停規範になるわけではないにせよ，それに関する法規範を無視することは許されない。

民法770条1項は，具体的離婚原因として，不貞行為（1号）・悪意の遺棄（2号）・3年以上の生死不明（3号）・不治の精神病（4号）を挙げ，抽象的離婚原因として，「婚姻を継続し難い重大な事由」(5号）を挙げ，同条2項は，いわゆる裁判所による裁量棄却の制度を認めている。このうち，調停との関係で特に検討を要するのは，4号の精神病離婚と5号の抽象的離婚原因とりわけ破綻の認定と有責配偶者の離婚請求の問題であろう。

以下に検討する判例の傾向を直視した上で，しかも調停規範独自の立場で当該ケースにふさわしい解決方法をみつけていく必要がある。

(イ) 精神病離婚における具体的方途論

判例は精神病離婚において具体的方途論を打ち出しているので，家事調停への影響は必至である。具体的方途論とは，最判昭33・7・25（民集12・12・1823，裁判例集Ⅰ-7，Ⅱ-9）が，「民法770条は，あらたに『配偶者が強度の精神病にかかり回復の見込がないとき』を裁判上離婚請求の一事由としたけれども，同条2項は，……一切の事情を考慮して婚姻の継続を相当と認めるときは離婚の請求を棄却することができる旨を規定しているのであって，民法は単に夫婦の一方が不治の精神病にかかった一事をもって直ちに離婚の訴訟を理由ありとするものと解すべきでなく，たとえかかる場合においても，諸般の事情を考慮し，病者の今後の療養，生活等についてできるかぎりの具体的方途を講じ，ある程度において，前途に，方途の見込のついた上でなければ，ただちに婚姻関係を廃絶することは不相当と認めて，離婚の請求は許さない法意であると解すべきである」と判示したものを指し，基本的にはこの考え方は今日でも維持されているものである（もっとも，これらの判断は同条5号の「婚姻を継続し難い重大な事由」の中に含めて処理できるとして，1996年民法改正要綱第七では同条4号を削除すべきものとしている)。

そこで，このような具体的方途を講ずることは，訴訟の審理過程ではよくなし得ないところであり，和解手続か調停手続で検討せざるを得ないのである。その場合には医師である裁判所技官（精神科医）や家庭裁判所調査官の関与が必要となる場合が多いであろう。

(ウ) 婚姻破綻の認定

婚姻破綻の認定に関しては，一般に，離婚を請求する側の立場に置かれた場合に，通常人であれば誰でも離婚を求めることになるであろうと考えられる事情にあることが必要であり，その当事者の個別的事情ばかりでなく，広く第三者の立場からみて客観的に離婚の請求が正当化されるような場合でなければならないと解されているが，そのとおりであるとしても結局は判例の積み重ねを待つしかないものである。実際上，このような破綻の認定・判断は困難を伴うことは避け難く，その時代その社会その地域の一般的な社会通念や常識にマッチしたものであることを要しよう。

ただ，離婚訴訟まで発展した事例の場合には，ほとんどの場合，すでに長期の別居が先行しており，それだけで婚姻の破綻を認定できる場合もあるものと思われる。平成8年の民法改正要綱における離婚原因の一つとしてあげられる「夫婦が5年以上継続して婚姻の本旨に反する別居をしているとき」の規定を待つまでもなく，現行法の規定を前提としても，後述する有責配偶者の離婚請求の問題を別とすれば，一般的に特別の事情がない限り5年の別居の継続によって破綻を認定できる場合が多いと思われる。

㈐　有責配偶者の離婚請求

周知のように，有責配偶者の離婚請求に関しては，判例はかつて消極的破綻主義を採用していたが，最高裁の昭和62年の大法廷判決（最大判昭62・9・2民集41・6・1423，裁判例集Ⅱ-28）が判例変更をして，積極的破綻主義に進み始めた。すなわち，同判決は，要旨「有責配偶者からされた離婚請求であっても，夫婦の別居が両当事者の年齢及び同居期間との対比において相当の長期間に及び，その間に未成熟の子が存在しない場合には，相手方配偶者が離婚により精神的・社会的・経済的に極めて苛酷な状態におかれる等離婚請求を認容することが著しく社会正義に反するといえるような特段の事情の認められない限り，当該請求は，有責配偶者からの請求であるとの一事をもって許されないとすることはできない」と判示するに至った。

その後判例は，主として認容が可能な別居期間をめぐって展開され，前述したように通常の離婚事件では5年程度の別居で認容される傾向があるのに対し，有責配偶者の離婚請求の場合その倍の10年近くの別居期間を要するとしているのが判例の傾向である。もとより，離婚調停においては，この判例の傾向に拘束されることなく，具体的妥当性の追求があってしかるべきであるが，訴訟になった場合のこのような判例の傾向を参考にしながら，調停を運用していくべきであろう。離婚原因の破綻主義化は，有責者が無責者に対して確実な離婚給付（財産分与・慰謝料）の履行が前提となることを忘れてはならない。

(c) 離婚に伴う親権者の指定・変更（図表(1)①事件）

父母が婚姻中であるときは，子の親権は父母（養父母）に帰属し，これを共同で行使するのが原則であるが（民818条），婚姻が離婚により解消するときは共同親権を行使することが不適当であるため，そのうち一方を親権者と定めなければならないとし（民819条1項2項），離婚後は単独親権行使の制度を採用している。下記の親権者の変更とともに，別表第二8項の審判事項である。

そこで，協議離婚の場合は未成年者の親権者を指定しなければ離婚届は受理されず（民765条1項），離婚の裁判離婚（判決離婚）をする場合にも，未成年の子がいる場合には必ず親権者の指定をしなければならず，判決において親権者の指定を脱漏した場合は，裁判所は追加判決（民訴258条・243条）をしなければならない。これらはいずれも，離婚と親権者指定の同時解決の原則を採用したもので，合理的理由のある制度である。

ただ，家事調停においては，親権者指定の点だけが争点でそれ以外は争いがないようなケースにおいて，当事者によっては種々の理由で早期の離婚成立を望む場合があり，そのような場合で調停機関が相当と認めたときは，離婚と親権者指定の分離解決をすることがある。例えば，調停離婚において，「長女の親権者指定に関しては，後日長女の意向を尊重しつつ双方が調停か審判を申し立てて解決を図るものとする」旨の調停条項で成立させることができる。もとより，このような調停も有効である（昭34・10・31民甲2426号民事局長回答）。この場合は，速やかに双方が（少なくとも一方が）親権者指定の審判（民819条5項）を申し立てるべきであり，親権者指定が定まるまでは共同親権の状態が続く。これは当事者のニーズを考慮した例外的な事件処理の仕方であって，その必要性と妥当性は，人訴が家庭裁判所に移管された後も変わりはない[2]。

子の利益のために必要があると認めるときは，家庭裁判所は，子の親族の請求によって，親権者を他の一方に変更することができる（民819条6項[3]）。

---

2) 離婚と親権者指定の分離方式につき，梶村・ガイド422頁，梶村・家族法学81頁以下。

3) 親権者指定・変更事件については，梶村・新家事調停195頁以下参照。

(d) 子の監護に関する処分（養育費，面会交流）（図表⑴①事件）

親権者の制度と監護者の制度との関係は，民法上必ずしも明確でなく，監護者の制度を定める民法766条4項は，監護の範囲外では父母の権利義務に変更を生ずることがないと定めるにとどまる。民法上親権者の権利義務（権限）として民法が規定するものとしては，身上監護権（民820条の監護教育権・821条の居所指定権・822条の懲戒権・823条の職業許可権），財産管理権および代理（代表）権（民824条），法定代理権および各種同意権（民5条・787条・791条3項）の三種がある。民法上監護者の権限として規定するのは，15歳未満の代諾縁組の同意権（民797条2項）のみであるが，親権者の前記権限のうち身上監護権は監護者の権限に属するという見解が有力であり，基本的には実務もその見解に従って動いていると思われる。

いずれにせよ，養育費の支払に関しては迅速性・簡易性が要請されるので，最近では簡易算定表を活用するなどして一定の成果を挙げている。また，監護者指定・面会交流・子の引渡し等に関しては，その判断基準は「子の利益」であるが（民766条1項・820条），何が子の利益であるかを判断するには独り法学の立場からだけでなしうるものではなく，心理学・社会学・教育学・精神医学等の人間諸科学の知見が必要であり，その意味で家庭裁判所調査官や医務室技官の関与は不可欠である。

子の監護に関する処分は純粋に非訟事件の性質を有するものであって，当事者はそれらの事項について適切な協議に代わる調停・審判を求める権利があるにとどまり，決して監護者指定請求権・面会交流請求権・子の引渡請求権などの請求権の実現を目指す手続ではないことに注意する必要がある[4)]。

親権者の指定変更や子の監護に関する事件は，別表第二事件の中でも最も事件数が多く，「子の利益」をめぐって激しく争われる。後記の財産分与を含め，これらの別表第二事件の類型は「当事者の協議に代わる処分」の意義を有し，その意義は，当事者が合理的に判断したならば得られたはずの協議の結果に照

4）梶村・ガイド185頁以下，梶村・新家事調停186頁以下，面会交流調停の最近の一般的傾向である原則的実施政策の危険性に関しては，梶村太市『裁判例からみた面会交流調停・審判の実務』（日本加除出版・2013），梶村太市＝長谷川京子『子ども中心の面会交流――こころの発達臨床・裁判実務・法学研究・面会支援の領域から考える』（日本加除出版・2015）参照。

応するような内容のものであるべきだと解すべきことになる[5)]。

(e) 離婚給付（財産分与・慰謝料）（図表(1)①③事件）

離婚に伴う財産的給付（離婚給付）には，夫婦の実質共有財産の清算（清算的要素），離婚後の扶養（扶養的要素），不法行為に基づく損害賠償請求（慰謝料的要素）の三要素がある。財産分与にはこのうち全部が含まれるという説を包括説，財産分与には清算的要素と扶養的要素が含まれるが慰謝料は含まれず，慰謝料は別個の制度であるという説を限定説（制限説）といっている。包括説が通説・判例であるが，限定説も有力であり，限定説に従って請求する場合も少なくない[6)]。

手続的には財産分与は離婚の時から2年以内であれば申立てが可能で，離婚後であれば別表第二事件（図表(1)①）の審判事項である。離婚調停の申立てとともに，その附帯処分として申し立てることができる（家事257条1項，人訴32条1項）。また慰謝料の請求は民事訴訟事項であるが，離婚調停の関連事件として併合して申し立てることができる（家事257条1項，人訴8条）。

財産分与と慰謝料の関係については，以下のような判例理論が確立されており，実務はそれに従って動いている。すなわち，第一に裁判所は財産分与の判断に際して「一切の事情」を考慮するので，相手方の有責行為により請求者の被った精神的損害の賠償のための給付を含めて財産分与の額および方法を定めることができる，第二にすでに財産分与がなされた後も，不法行為を理由として別途慰謝料の請求をすることは妨げられない，第三に財産分与に損害賠償の要素を含めて給付がなされた場合において，離婚慰謝料の支払を請求するときには，その額を定めるにつき，損害賠償の要素を含めて財産分与がなされた趣旨を斟酌しなければならず，この財産分与によって請求者の苦痛が慰謝されたと認められるときは，重ねて慰謝料請求は許されないが，財産分与に損害賠償

5) 梶村・新家事調停14頁以下参照。梶村太市「家事事件手続法別表第二（旧乙類）審判における実体法的側面と手続法的側面の密接不可分性――実体的権利前提性の有無と『協議に代わる審判』の意義」常葉大学法学部紀要2巻1号1頁以下参照。

6) 財産分与など，離婚給付に関しては，鈴木眞次『離婚給付の決定基準』（弘文堂・1992），本澤巳代子『離婚給付の研究』（一粒社・1998），橋本和夫「財産分与をめぐる諸問題」ケ研271号（2003）3頁，梶村・ガイド199頁以下，梶村・家事事件法274頁以下，梶村・新家事調停167頁以下などを参照。

の要素を含めたとは解されないとき，または含めたとしても請求者の苦痛の慰謝に足りないと認められるときは，別途に不法行為による離婚慰謝料の請求を妨げられない，というものである（最判昭46・7・23民集25・5・805，裁判例集Ⅱ-40ほか）。

離婚調停の申立てに当たっては，申立書の書式には財産分与と慰謝料とは別々に記載するようになっており，当事者としても別だという認識である場合が多いが，その場合でも財産分与の認識にはかなりのバラツキがみられ，財産がないから分与を求めようがないと思っている当事者もいるので，注意を要しよう。

実務的には，訴訟提起の場合，訴状に添付すべき手数料が財産分与の場合は金額の多寡にかかわらず1,200円であるのに対し，慰謝料の場合はその金額の多寡に応じて上下するということを認識しておく必要があろう。包括説だと，どんぶり勘定となって全体的に金額が少なくなるという心配もあるようだが，包括説に立つ場合でも金額の計算は離婚給付の前記三要素を個別的に計算してそれを合算するのが通常なので，包括説に立ってもそのような心配は不要であろう。

(3) 別表第二類事件（図表(1)①事件）

(a) 同居（夫婦同居協力扶助）申立事件

(ア) 同居審判の意義・性質

民法752条は，「夫婦は同居し，互いに協力し扶助しなければならない。」と規定し，家事事件手続法別表第二1項は，この規定による「夫婦間の協力扶助に関する処分」を審判事項と定めている。実際には同居事件がほとんどである。このように民法は，夫婦間の同居義務を一般的抽象的に規定するのみで，同居義務の具体的な内容の形成は当事者間の協議に委ね，夫婦間の協議が成立しない場合に，家庭裁判所に同居の調停または審判を申し立てることができ，その調停手続における合意か，もしくは協議（合意）に代わる家庭裁判所の処分（審判）によって定める，というシステムをとっている。

この同居審判は，家庭裁判所が後見的立場から，合目的的見地に立って裁量権を行使し，同居義務の具体的内容を形成するものであり，まさに本質的非訟事件の性質を有するので，審理の非公開や非対審構造をとっていても憲法32

条や82条の規定に違反するものではない（最大決昭40・6・30民集19・4・1089，裁判例集Ⅲ-1）。

同居義務は，夫婦の共同生活関係における本質的義務であり，一般的には夫婦である限り相互に負う義務であって，一方が同居に応じない場合には，他方の配偶者は同居を請求することができることになるが，夫婦間の具体的な同居義務は，その性質上夫婦間が正常な状態にあり，相互の信頼関係の維持ないし回復を期待することができることを前提とするものであるといわざるを得ず，したがって婚姻が破綻している場合など一定の同居拒否事由がある場合には，同居義務を負わないこともあり得ることになる。

(イ)　同居義務の存否に関する審判例

そこで，同居義務は強制執行に馴染まないなどの同居申立事件の性質上，家事調停の人間関係調整機能に期待せざるを得ないわけであるが，調停の運用に役立つと思われる判例を以下に掲げることとする。

第一に，夫から妻に対する同居申立てを婚姻破綻を理由に却下した原審判に対する抗告審において，夫と妻の父との不和など別居に至った事情に鑑みれば，婚姻関係が全く破綻しているとまではいえず，妻に同居拒否の正当事由が認められないとして，原審判を取り消した上，いかなる形態における同居が民法の規定する同居の趣旨に適合するかを合目的的に判断し，同居を命ずる審判によって当事者間に当該態様における具体的同居請求権ないし同居義務を形成して，具体的婚姻生活の調整を図るため，職権でさらに事実調査，証拠調べをしなければならないとして，事件を原審に差し戻した事例（大阪高決昭62・11・19家月40・4・115）。

第二に，不倫関係が発覚したため，自宅を飛び出して別居した妻に対する夫からの同居申立ての事案につき，原審が妻側の心理的拒否感情が著しくて，当事者の共同生活，殊に円満な共同生活は期待し難く，仮に妻側のそのような心理が賢明さを欠く浅薄なものであったとしても，夫婦間における同居義務が，夫婦それぞれの心理を基礎とするものであることに鑑みると，これを強いることは相当でないとして，同居申立てを却下したのに対して，夫はいまだ妻との関係修復を願っており，妻が冷静に自己の立場をみつめてこれに対応すれば，夫婦共同生活体が今後も維持される可能性は否定できないとして，妻の同居義務を肯定し，原審判を取り消して同居申立てを認容した事例（東京高決平9・

9・29判時1633・90)。

第三に，夫が妻を相手方として夫婦同居の審判を求めた事案において，同居を命ずる審判は，夫婦を同居させて円満な夫婦関係を再構築させることを究極の目的とする家庭裁判所の後見的処分の一環であり，夫婦の同居義務は，その性質上任意に履行されなければならず，履行の強制は許されないから，同居を命ずる審判が相当といえるためには，同居を命じることにより同居を拒んでいる者が翻意して同居に応じる可能性が僅かでもあると認められることが必要であるとした上で，相手方の離婚の意思および同居を拒否する意思はきわめて強固なものであり，翻意して申立人との同居に応じる可能性はないとして，申立てを却下した事例（札幌家審平10・11・18家月51・5・57)。

第四に，別居中の夫婦について，同居による夫婦の共同生活体を維持することが困難であるなどとして夫の妻に対する同居申立てを却下した原審判に対する即時抗告審において，民法752条は，夫婦の同居は夫婦共同生活における本質的な義務であり，夫婦関係の実を挙げるために欠くことのできないものであるから，同居を拒否する正当な事由がない限り，夫婦の一方は他方に対し同居を求めることができると解すべきところ，本件においては，別居期間も長期に及んでおらず，双方の婚姻関係は回復できない程度に破綻しているともいえないことなどから，妻において夫の肩書住所で夫と同居することを拒否する正当な事由があるとは認められないとして，原審判を取り消し自判により同居することを命じた事例（東京高決平12・5・22家月52・12・67，裁判例集Ⅰ-12)。

(ウ)　別居調停との関係

一般調停事件としての夫婦関係調整（離婚）事件や家事法別表第二（旧乙類）審判事件としての同居申立事件において，離婚とも同居ともならず，「当分の間別居する」などとするいわゆる別居調停の成立することが少なくない[7]。どのような場合に別居調停となるかというと，第一に婚姻の継続をあきらめながら離婚に踏み切れない事情，例えば子の養育費の支払，財産分与の履行について不安があるために，その履行について確実な期待が持てるまで離婚を留保し，その間の別居状態を承認する場合，第二に同居を困難にさせる事情の解消する

7)　別居調停の問題点については，佐藤隆夫「円満調整と別居の調停」マニュアル150頁以下，梶村・ガイド298頁以下などを参照。

まで，一方または双方が反省する機会を与え，その間の別居状態を承認し，あるいはこれを不問に付する場合，第三に現状において別居状態はやむを得ないものとしてこれを不問に付し，生活費を相手方から送らせることをもって次善の策とする場合，第四に別居の原因となっている事由を解消させ，あるいはこれを解消させるための積極的ないし消極的行為の履行を確約させて同居の時期等を定める場合等が挙げられる。

夫婦には同居義務があるので，調停において別居の合意をしても，原則として当事者の一方から他方に対し，別居を廃して同居生活に入るべきことを請求するに妨げとなるものではないが，それまでの同居義務の内容を変更するためには，さらに協議または調停・審判を要するというべきであろう。すなわち，別居の合意は新たに協議・調停・審判によって変更されるまでは当事者を拘束すると解すべきである。この点において，「当分の間別居する」旨の調停が成立している事案において，調停成立後に2年以上経過し，相手方夫は別居後ほとんど間を置かないで他女を引き入れ夫婦同様の生活を営み，しかも調停条項に違背する等の事情の下においては，調停による別居の合意の変更に代わる審判をすべき事情の変更があったものと認められるとして，相手方に申立人妻との同居を命ずる審判をした事例（東京家審昭48・8・23家月26・3・47，裁判例集Ⅰ-13）が参考となる。もとより，別居調停が当事者間の守操義務を免除したものでないのは当然である。

そもそも，翻って考えてみれば，同居義務は夫婦としての本質的義務であるから，夫婦が同居しないというような合意は本来許されるべきものではなく，その意味からすれば，別居の合意に法的拘束力は認められないと解すべきなのであろう。しかし，それにもかかわらず家事調停において長年別居調停が繰り返し行われており，それが裁判所にも当事者にも当然視されるに至っている。別居期間が長期に及び夫婦の同居義務の本質に反するような態様のものでない限り，調停において紛争解決のために必要なものとして成立した別居の合意は，それも一つの同居義務の態様を定めるものとして有効と考えることもできると思われる。そうだとすれば，調停機関によって相当性の審査を受けた別居調停において定めたことは，それ自体に法的拘束力を認めざるを得ないであろう。

やはり，離婚調停等における別居の合意は，実際上，円満な婚姻関係回復のための冷却期間設定として，あるいは婚姻継続の可能性確認ないし婚姻破綻確認のための熟慮期間設定として行われるものであり，いずれにしてもすべて夫婦関係調整事件等の調停目的達成のために必要なものであるから，法的に有効なものとして法的拘束力を認めるべきである。この点において，「夫婦は当分の間別居する」旨の調停条項について，本件においてその調停が成立した当時の双方の不和は，必ずしも離婚しなければならないほどのものではなく，互いに反省することにより不和を克服し，再び円満な夫婦生活に復帰しうる可能性が絶無とはいえない状態にあったところから，双方はさらにお互いに反省熟慮の上，和合か離婚かを協議決定すべく，もし不幸にして協議が調わない場合は，調停または審判によりそのいずれかに確定するまで別居することとして，上記のような合意が成立したことが推認できるから，当該条項の別居の合意は，以上のいずれかの事由により失効し，しからざる限りその効力を保有するものと解するのが相当であるとしつつ，本件においては上記事由の発生を認めることができないので，上記別居は今なお有効に存続するものというべきである（横浜家判昭35・2・29家月12・7・129，裁判例集Ⅰ-14）とした判決が参考となる。

(b)　婚姻費用分担申立事件（図表(1)①事件）

(ア)　婚姻費用分担審判の意義・性質

民法760条は，「夫婦は，その資産，収入その他一切の事情を考慮して，婚姻から生ずる費用を分担する」と規定し，家事法別表第二2項は，その規定における「婚姻費用の分担に関する処分」を審判事項と定めている。

具体的な婚姻費用分担義務は，当事者間の協議またはこれに代わる家庭裁判所の調停・審判によって形成され，その婚姻費用分担審判は，夫婦の一方が婚姻から生ずる費用を負担すべき義務があることを前提として，その分担額を合目的裁量的判断により形成決定する本質的非訟事件であるから，非公開・非対審の手続であっても憲法32条・82条に違反しない（最大決昭40・6・30民集19・4・1114，裁判例集Ⅲ-3）。

(イ)　調停前の措置・審判前の保全処分

別居して生活費に困った妻が夫に対し，婚姻費用分担の調停を申し立てた場合，当面の生活費にも事欠く有様である場合には，妻は調停を申し立てた家庭裁判所に対し，生活費の仮払い等を求める調停前の処分を求めることができる（家事266条1項）。家庭裁判所が調停のため必要であると認めたときは，暫定的に生活費の支払（仮払い）を命ずることになる。いわゆる執行力はないが（家事266条3項），もしこの命令に従わなかったときは10万円以下の過料の制裁がある（家事266条4項）ので，間接的な強制となる。

これに対し，審判前の保全処分は，執行力があり強力である。すなわち，婚姻費用分担の調停を申し立てたが，調停が不成立に終わった場合，あるいは調停を申し立てることなく，いきなり婚姻費用分担の審判を申し立てた場合には，生活費の仮払い等を命ずる審判前の保全処分を申し立てることができる（家事105条・106条）。この審判前の保全処分は，民事保全法上の保全処分と同様の効力を有し（家事109条3項），執行力がある。そこで，生活費の仮払い等を命ずる仮処分（仮の地位を定める仮処分・断行の仮処分）は，即時に執行力を有し，直ちに相手の給与債権等の差押えや取立て等が可能となる。

(ウ) 婚姻費用の算定基準

夫婦は，その資産・収入その他一切の事情を考慮して，婚姻から生ずる費用を分担するが，その婚姻費用分担額の算定方法について，従来から採用されてきたものとしては，実費方式・労研最低生活費方式・生活保護基準額方式・標準生計費方式・生活保護基準修正方式・労研消費単位方式・総理府消費単位方式・生活保護基準比率方式等があった。

これらのうちで実際多く使われたのは，労研の最低生活費や消費単位あるいは生活保護基準をそのまま，あるいは修正して用いた算定方法で，例えば，婚姻費用分担義務がいわゆる生活保持義務に基づく分担額であることを前提として，婚姻費用は夫婦双方がその基礎収入に応じて分担すべきもので，義務者である夫のみならず権利者である妻の収入も考慮し，双方の実際の収入金額を基礎として行っていた。

ここでは，実際の生活形態とは異なり，権利者である親はもちろん，高収入の親（義務者）と子も同居している状態を仮定し，双方の基礎収入の合計額を世帯収入とし，その世帯収入を権利者グループの最低生活費と義務者グループの最低生活費で按分し，義務者が権利者に支払う婚姻費用の額を定めていた。すなわち，ここでは婚姻費用の分担額とは，基礎収入の多い義務者配偶者から基礎収入の少ない権利者配偶者に支払われる金員である，ということになる。

こうして，従来の婚姻費用分担額の算定方法においては，まず双方の基礎収入の認定あるいは最低生活費・職業費・特別経費等の認定や算定の作業を欠かすことができなかったため，家庭裁判所の実務においては実際上，特に特別経費の認定・算定をめぐって様々な経費の主張と書証の提出等が繰り返され，審理が複雑化し錯綜することが多く，そのため瑣末的な事項の主張・立証のために審理が長期化するという事態が生じて，審理方法の改善が求められていた。

そのような経過の中で，東京・大阪養育費等研究会では，簡易迅速な算定が可能になるような新たな養育費および婚姻費用分担額の各算定方式と，これに基づいて算定した金額を一覧表にした算定表を提案するに至った。「簡易迅速な養育費等の算定を目指して――養育費・婚姻費用の算定方式と算定表の提案」（判タ1111号（2003）285頁以下）がそれである。[8]

それによれば，婚姻費用分担額の算定方法については，例えば，義務者・権利者が別居し，権利者が2人の子（いずれも15歳未満）と同居し，義務者が単身で生活しており，義務者の基礎収入（X）の方が権利者の基礎収入（Y）よりも大きいという場合，義務者が権利者に支払うべき婚姻費用の分担額は，一定の計算式によって求めることができるとする。

また，婚姻費用算定表は，簡易な算定式に基づいて算定される婚姻費用の分担額を2万円の幅を持たせて整理し，子の人数（0～3人）と年齢（0～14歳と15～19歳の2区分）に応じて，表10～19（前掲判タ1111号306～315頁）に細分化して作成・公表したもので，一覧性のあるわかりやすいものとなっている。

今後は，婚姻費用分担申立事件や夫婦関係調整（離婚）申立事件の調停に当たっては，これらの算定表が大いに活用されることが期待されている。

㈤　過当に負担した婚姻費用の清算

過去において過当に負担した婚姻費用分担金を，離婚時あるいは離婚後財産分与の中で清算してもらえるか，という問題がある。この点に関しては，判例が積極に解しており，まず婚姻費用の分担額を決定するに当たり過去に遡ってその額を形成決定することができ，過去の婚姻費用の分担支払を求めることができ（最大決昭40・6・30民集19・4・1114，裁判例集Ⅲ-3），また当事者の一方が過当に負担した婚姻費用の清算のための給付を求めて財産分与の額および方

8）　算定表の発表後3年間の運用の中で新たに検討を要する問題点を論じたものとして，岡健太郎「養育費・婚姻費用算定表の運用上の諸問題」判タ1209号（2006）4頁以下を参照。

法を定めることができる（最判昭 53・11・14 民集 32・8・1529，裁判例集Ⅱ-42）としているので，積極に解すべきこととなる。

(4) 本来的人訴事件（図表(1)②事件）

(a) 離婚無効事件・離婚取消事件

離婚無効事件とは，形式上適式な協議離婚の届出がされているが，当事者双方または一方に離婚意思がない場合にその無効であることを確認するために申し立てる調停事件である。人事訴訟事件に属し（人訴2条1号），277 条審判事件である。

離婚意思があるかどうかで争われた事件類型として，いわゆる方便としての離婚がある。すなわち，判例によれば，事実上，夫婦関係を継続する意思を有しながら，夫婦合意の上，協議離婚届出をした場合は，その届出後は内縁関係にとどまり，法律上の夫婦関係は一応解消する意思であり，離婚は有効に成立し無効ではないとするもの（大判昭 16・2・3 民集 20・70），事実上は婚姻を解消する意思がなく，戸主権を妻から夫に移す方便として離婚届出をした場合でも，両者が法律上の婚姻関係を解消する意思の合致に基づいたものであるときは，離婚は有効に成立しており無効ではないとしたもの（最判昭 38・11・28 民集 17・11・1469），不正受給した生活保護金の返済を免れ，引き続き従前と同額の生活保護金の支給を受けるための方便として，法律上の婚姻関係を解消する意思の合致に基づいて協議離婚の届出をした場合には，その離婚を無効とすることはできないとするもの（最判昭 57・3・26 判時 1041・66，裁判例集Ⅱ-45）などがある。

離婚意思の合致を欠く無効な離婚届が受理された後，離婚意思を欠いた夫婦の一方がこれを有効なものとして追認することができるとするのが判例である（最判昭 42・12・8 家月 20・3・55，裁判例集Ⅰ-8）。実務でも，追認によって協議離婚を有効であると確認する調停調書を作成して調停成立で終了させることがある。その場合には，同時に離婚の合意ができることも多く，その場合には離婚成立調書と同じ内容のものとなる。ただし，一方的な離婚届出による既成事実化をねらった悪質な事案の場合には，被害者が特に宥恕して追認を希望しない限り，追認の方向での調停運営には慎重な配慮を要する場合もないではなく，場合によっては離婚せざるを得ないようなケースにおいても，一旦は協議離婚を無効として戸籍を元に戻すという処置をとることが妥当なこともあろう。特に加害者が離婚給付等の付随処分の分野で協力的でない場合には，そのことが妥当となろう。安易に追認を認めると悪質な加害者の思う壺となりかねないので，注意を要する。

離婚取消事件は，婚姻取消しと同様，詐欺・強迫による場合に認められるが（民764条・747条，人訴2条1号），実際上のケースは稀である。

(b)　婚姻無効事件・婚姻取消事件

婚姻無効事件とは，形式上適式の婚姻届がされているが，「人違いその他の事由によって当事者間に婚姻をする意思がないとき」（民742条1号）に該当するとして無効確認を求める事件である。人事訴訟事件に属し（人訴2条1号），277条審判事件である。

無効原因については，判例は当事者間に真に社会通念上夫婦であると認められる関係の設定を欲する効果意思を有しない場合を指すという実質的意思説を採用しており，したがって単に子どもに当事者間の嫡出子としての地位を得させるための便法として仮託されたに過ぎず，真に夫婦関係の設定を欲する効果意思を有しないときはその婚姻は無効であるとする（最判昭44・10・31民集23・10・1894，裁判例集Ⅰ-9，Ⅱ-26）。そのほか婚姻意思を欠き無効とされたものとして，相手方は一方の求めによって婚約の証しとして婚姻届を作成して同人に交付し，その届書を提出する際は改めて当事者間で話合いをすることになっていたが，一方に対し婚約の解消を申し入れ，その後婚約の解消の申出を承諾せず，一方からの再三の申入れに応ぜず婚姻意思を失っていた等の事情の下では，その婚姻は無効であるとしたもの（最判昭43・5・24判時523・42），婚約期間中に婚姻後の宿舎への入居申込みのために予め婚姻届がなされ，その後婚姻意思が具備されないまま婚約解消に至った場合には婚姻意思がなく婚姻は無効であるとされたもの（東京家八王子支審昭54・4・19家月31・10・74），いわゆる統一教会の儀式に従って行われた婚姻の届出に当たって，実質的夫婦関係を設定するものではなく確定的な実質的婚姻意思を欠き婚姻が無効であるとされたもの（福岡地判平5・10・7判時1483・102）等がある。

婚姻の場合も離婚の場合と同様である。無効な婚姻であっても，双方の合意で追認して有効とすることは可能であり，その場合はその旨の確認条項を作成して調停を成立させる。判例も，事実上の夫婦の一方が他方の意思に基づかないで婚姻届を作成・提出した場合において，当事者両名に夫婦としての実質的生活関係が存在しており，かつ後に他方の配偶者が届出の事実を知ってこれを追認したときは，その婚姻は追認によりその届出の当初に遡って有効となるとする（最判昭47・7・25民集26・6・1263，裁判例集Ⅰ-10）。無効な婚姻の追認は，離婚の追認と違って，夫婦関係を円満に維持する方向への追認であるから，無断届出による既成事実化の方法が特に悪質でない限り，一般的には望ましい方向と考えて調停に臨んでもよいと思われる。

婚姻取消事件は，民法731条以下の規定によって認められる種々の婚姻取消原因がある場合に認められる人事訴訟事件であり（人訴2条1号），277条審判事件である。

調停の実務上現れるのは，前の離婚が無断届出により無効とされたために，それに伴い後婚が重婚となってしまったというケースであり，前婚の離婚が当然に無効である以上，後婚が取消原因となることは避け難く，その場合前婚の離婚無効確認と後婚の取消しとを同時に申し立てることができると解されている（最判昭53・3・9判時887・72，裁判例集Ⅰ-11）。なお，重婚において，後婚が離婚によって解消された場合には，特段の事情がない限り，後婚の取消しを請求することは許されない（最判昭57・9・28民集36・8・1642）。

2 養子縁組関係事件

(1) 諸類型

養子縁組関係の調停事件には，一般調停事件として離縁（縁組関係調整）事件のほか，本来的人訴事件として協議離縁無効・協議離縁取消し・養子縁組無効・養子縁組取消し・養親子関係存否確認の各事件がある（人訴2条3号）[9]。

9) 梶村太市編著『養子事件の法律実務』（新日本法規出版・2002）などを参照。

(2) 離縁事件（図表(1)③事件）

(a) 意　義

離縁調停事件にも，夫婦関係調整（離婚）調停事件と同様に，縁組関係の円満調整を求める場合と離縁を求める場合とがあり得るが，実務上は，前者に関しては実親子関係・養親子関係の双方も含めて「親子関係円満調整」として立件している場合が多いようであり，単に「離縁事件」という場合には離縁を申し立てている場合のみを指すことが通常である。離縁事件は一般調停事件に属し，284条審判が可能である。

離縁調停事件も離婚調停事件と同様，民法814条1項に規定する離縁原因ごとに事件が異なるのではなく，主張される離縁原因のすべてを含めて特定の当事者間の離縁申立事件を1件として立件する。双方がそれぞれ申し立てた場合は各1件となるが，併合して処理されることになろう。

(b) 当事者適格

離縁調停事件の当事者適格を有する者は，合意能力を有しない検察官を除き人事訴訟の場合と同様であり，また協議離縁の当事者（民811条1項）と同じであって，縁組当事者である養親・養子の一方が申立人となり，他方が相手方となる。未成年者であっても，養子が15歳以上であるときは当事者適格があるが，15歳未満であるときは，他方当事者である養親と，養子の離縁後にその法定代理人となるべき者とが当事者適格者となる（民811条2項・815条）。

(c) 離縁原因上の諸問題

民法814条1項に規定する離縁原因は，「他の一方から悪意で遺棄されたとき」（1号），「他の一方の生死が3年以上明らかでないとき」（2号），「その他縁組を継続し難い重大な事由があるとき」（3号）の3種類である。

2号の養子または養親の3年以上の生死不明の場合，失踪宣告の制度（民30条以下）を活用することも考えられる。また，場合によっては，失踪宣告を受けた後，死後離縁（民811条6項）の手続をとる選択肢もあり得よう。

3号の抽象的離縁原因との関係で，有責当事者の離縁請求の問題があるが，原則的には有責配偶者からの離婚請求の問題と同様に解してよく，判例の傾向も消極的破綻主義から積極的破綻主義に移行しつつあるとされる。離縁訴訟においては，養親が養子の扶養を不当に免れるために離縁請求を行う場合には，有責当事者からの離縁請求を認めるべきではないが，扶養の問題がなく離縁されることにより養子としての立場が不安定になるようなことがない場合，責任の所在よりも親子関係の破綻の有無が重視されることになろう。この点で，破綻による縁組の形骸化の程度が著しいとして，有責養親からの離縁請求を認容した判例が注目される（東京高判平5・8・25家月48・6・51）。

抽象的離縁原因と推定相続人廃除原因（民892条の規定による「被相続人に対して虐待をし，若しくはこれに重大な侮辱を加えたとき，又は推定相続人にその他の著しい非行があったとき」）とは同じ側面を有するが，この点に関して，養親が離縁訴訟半ばで死亡し相続が開始されたが，養親が養子を推定相続人から廃除する内容の遺言をしていたため，離縁訴訟終了後推定相続人廃除の申立てがされ認容された事例（名古屋高金沢支決昭60・7・22家月37・12・31，裁判例集Ⓘ-15）が参考となる。

(3)　本来的人訴事件（図表(1)②事件）

(a)　離縁無効事件・離縁取消事件

離縁無効事件とは，形式上適式な協議離縁届がされているが，当事者の一方または双方に離縁意思を欠くためにその離縁無効の確認を求める事件である。離縁無効の訴えは，確認訴訟の性質を有すると解するのが判例である。

離縁意思に関しては，縁組意思と同様，判例は，社会一般の習俗的標準（習俗的通念）に照らし親子であると認められるような関係を解消する意思であると解する実質的意思説を採用しており，他の目的遂行のための仮装離縁は無効だとされる。

判例は，無効な養子縁組も追認により有効となると解しているので（最判昭27・10・3民集6・9・753，裁判例集Ⓘ-16），無効な協議離縁も追認により有効となると解される。

離縁取消事件は，詐欺または強迫によって離縁したとしてその取消しを求める事件である。形成の訴えの性質を有する。

(b)　縁組無効・縁組取消事件

縁組無効事件とは，形式上適式な養子縁組届出がされているが，当事者の一方または双方に縁組意思を欠くためにその縁組無効の確認を求める事件である。縁組無効の訴えは確認訴訟の性質を有すると解するのが判例である。

養子が15歳未満の場合の縁組無効事件の当事者適格に関しては，民法815条を類推適用して縁組が無効となれば法定代理人となるべき者が担当すると解するのが一般であるが，その法的地位に関しては訴訟代理人説と法定代理人説に分かれている。

縁組意思に関しては，仮装・方便のための縁組の効力が問題となるが，判例によれば，兵役免脱目的（大判明39・11・27刑録12・26・1288），芸妓稼業目的（大判大11・9・2民集1・448），婚姻のための家格吊上目的（大判昭15・12・6民集19・2182），家格調整のための仮親縁組（東京高判昭55・5・8判時967・69），学区制免脱・越境入学目的（岡山地判昭35・3・7判時223・24），相続分・遺留分加害目的（東京高判昭57・2・22家月35・5・98），親権者変更審判事件の係属終了目的（名古屋地判昭60・8・26判時1181・117，裁判例集Ⅰ-17）等はいずれも縁組意思を欠き無効となる。

民法797条1項は，養子となる者が15歳未満であるときは，その法定代理人がこれに代わって縁組の承諾（代諾）をすることができると規定するが，このような代諾縁組をしたようにはなっているものの，代諾権者に代諾権がなかった場合の養子縁組は無効であると解されている。例えば，戸籍上では養子となるべき者の実親として記載されているが，実際上は藁の上からの養子すなわち貰い子で，両名間に法律上の親子関係がない場合，その者が実親として代諾し，養子縁組の届出がされ，養親子関係がある旨の戸籍記載があっても，代諾権者による代諾が欠如しており，縁組は無効となる。

縁組取消事件とは，民法が803条以下に規定する各種の縁組取消事由の存在を主張して養子縁組の取消しを求める事件である。形成の訴えの性質を有する。

(c)　養親子関係存否確認事件

人事訴訟の一類型として認められるに至ったもので（人訴2条3号），養子縁組無効あるいは協議離縁無効の事由以外の事由に基づいて，特定人間に養親と養子という法律上の身分関係そのものの存在または不存在の確定を求めるものである。形成訴訟ではなく，確認訴訟の性質を有すると解するのが一般である。

最近の判例では，戸籍上養父との養子縁組の記載しかないが，亡養父母との養子縁組の届出もあり受理されたとして，養親子関係存在確認請求が認容された事例（福岡高判平7・3・29判タ892・233），死亡した父が子だとしてした認知が無効である場合，長年両者間に養育の事実があったとしても，養子縁組が有効に成立したとはいえないとして，養親子関係存在確認請求が排斥された事例（東京高判平14・12・25判時1817・81，裁判例集Ⅰ-18）等がある。

3 実親子関係事件

⑴ 諸類型（図表⑴②事件）

実親子関係事件は，いずれも図表⑴②の本来的人訴事件であるが，その類型としては，嫡出子に関する嫡出否認・父の確定，非嫡出子に関する認知・認知無効・認知取消し，身分関係存否確認事件に関する親子関係存否確認などがある。

⑵ 嫡出子関係事件（嫡出否認・父の確定）

嫡出否認の訴えは，民法772条の嫡出推定を受ける子について，戸籍上の父が自己の嫡出であることを否認することを目的とする訴えであって（民774条），形成訴訟の性質を有すると解されている。審理の中心は，父子間の血縁関係の存否である。

この訴えの被告は「子又は親権を行う母」（民775条）である。その母の地位に関しては，法定代理説（子が被告で母は代理人）と訴訟代位説（母自身が被告）の対立があるが，後述の認知訴訟の場合と同様，法定代理説が正当である。法定代理説に立脚して母を子の法定代理人として訴えを提起することができるにしても，それは子が意思能力を有しない場合に限るのであって，定型的にみて意思能力があると認められる15歳以上の未成年者については，原則として（成年被後見人でない限り）未成年者本人のみに当事者適格が認められると解すべきである。親権を行う母がないときは，（後見人が選任されているときでも）家庭裁判所は特別代理人を選任しなければならない（民775条後段）。

父を定める（父確定の）訴えとは，母が再婚禁止期間に違反して婚姻したために，民法772条に定める嫡出推定を重複して受ける子について，その子の父を前夫か後夫のいずれかに確定することを目的とする訴えであって（民773条），形式的形成訴訟の性質を有する。

⑶ 非嫡出子関係事件（認知・認知無効・認知取消し）

認知の訴えは，婚外子である非嫡出子とその血縁上の父との間に法律上の父子関係を創設することを目的とする形成訴訟であって（最判昭29・4・30民集8・4・861，裁判例集Ⅱ-64），子・その直系卑属またはこれらの者の法定代理人は，父または母の死後3年を経過するまでは，認知の訴えを提起することができる（民787条）。

上記の法定代理人の地位に関しては法定代理説と訴訟代位との対立があり，また代理・代位が許されるのは子に意思能力がない場合に限られるかの問題がある。これらの点について，判例（最判昭43・8・27民集22・8・1733，裁判例集Ⅰ-19）は，法定代理説に立ち，かつ子の意思能力の有無についての紛争防止を理由に子が意思能力を有する場合にも母の代理権を認めたが，上記の嫡出否認の場合と同様に，15歳以上の未成年者については原則として専ら子本人のみに当事者適格を認めるべきであると思う。

認知無効の訴えは，任意認知が無効であることを主張してそれによって生じた法律上の父子関係を遡及的に消滅させることを目的とする形成訴訟である（大判大11・3・27民集1・137，裁判例集Ⅱ-73）。認知者自らが認知無効の原告適格を有するかに関しては，かつては消極説もあったが，最近の学説・判例は積極説に立脚するものが多くなっている。被認知者の母の被告適格に関しては，非嫡出子の認知の場合は消極に，婚姻準正または認知準正後の場合は積極に解する傾向にある。

認知取消しの訴えは，任意認知に取消原因があるとしてこれを取り消し，法律上の父子関係を遡及的に消滅させることを目的とする形成訴訟である。認知取消原因に関しては議論があり，最近の通説は，たとえ認知の際詐欺・強迫があっても真実の血縁関係がある場合は取り消せないと解する傾向にある。

⑷ 親子関係存否確認事件

親子関係存否確認の訴えとは，嫡出否認・父の確定・認知・認知無効・認知取消し等の人事訴訟の原因たる事由以外の事由により，特定人間の法律上の親子関係の存在・不存在の確定を目的とする確認訴訟である。

実親子関係には父子関係と母子関係に分けられるが，嫡出親子関係不存在確認を求める訴えの場合の当事者適格に関しては議論があった。すなわち，かつては戸籍上の父母双方との間の不存在確認を求める場合も，父母の一方と子との間の不存在確認を求める場合も，常に父母および子の三者につき合一にのみ確定すべき必要的共同訴訟の関係にあり，嫡出親子関係を嫡出父子関係と嫡出母子関係を包含する1個の法律関係である（合一説）から，常に三者全員が当事者になっていなければならないと解していた。しかし，その後判例が明確に，親子関係は嫡出であると否とにかかわらず父子関係と母子関係は個別的な別個の法律関係（訴訟物）であるから（個別説），父母の一方と子との間に親子関係がない場合は，当該親子関係の不存在のみを確定すれば足り，父母双方と子との間に親子関係がない場合についても，父子関係・母子関係の各不存在が確定されるのであって，これを合一にのみ確定する必要はないと判示するに至った（最判昭56・6・16民集35・4・791，裁判例集Ⅱ-19）。したがって，嫡出親子関係の場合でさえ，血縁関係のない父または母と子とが申立人・相手方となればよく，第三者が申立人になる場合は血縁のない父または母と子のみを共同相手方にすればよいことになる。平成15（2003）年に制定された人事訴訟法の12条1項・2項はそのことを明らかにした。そして，死者との間の親子関係不存在確認の訴えの確認の利益を肯定した最大判昭45・7・15（民集24・7・861，裁判例集Ⅱ-6）は，父母の両者または子のいずれかの一方が死亡した後でも，検察官を被告として訴えを提起できるとした。現行人事訴訟法12条1項ないし3項はそれらのことを明文化している。

この事件においても，審理の中心は親子としての血縁関係の存否であるが，民法772条の嫡出推定否認制度の解釈をめぐって，嫡出否認の訴えとの関係，推定されない嫡出子の範囲についての外観説や新家庭形成説，いわゆる300日問題など課題は多い[10]。

10） 詳しくは梶村・新家事調停250頁以下参照。

(5) DNA鑑定

実親子関係事件の審理の中心は，親子間の血縁関係の存否に関するものであるが，そこで利用されるDNA鑑定の最近の技術の進歩は著しく，家庭裁判所の調停実務でも活用されている[11]。もっとも，その濫用を戒める見解も有力である[12]。

4　遺産相続関係事件

(1) 諸類型

遺産相続関係の調停事件としては，別表第二事件として，遺産分割・寄与分，祭具等承継者の指定などがあり，一般調停（民事訴訟）事件として，遺産に関する紛争調整（遺産範囲確認請求など）・遺産分割後の紛争調整・遺産分割後の被認知者の価額請求・遺産分割協議無効確認・相続回復請求・相続放棄無効確認・遺言無効確認・遺留分減殺請求などがある[13]。

以下においては，これらのうち主要なものだけをとり上げることとする。

(2) 遺産分割事件（図表(1)①事件）

遺産分割事件は，共同相続が開始した場合に，一応各相続人に共有（遺産共有）となった遺産（相続財産）を各相続分（具体的相続分）に応じて分割・分配し，各共同相続人の単独財産として帰属させる別表第二事件である（民907条2項3項，別表第二12項13項）。

紛争は，当事者の資格や範囲，遺産の範囲や帰属，具体的相続分に影響する特別受益や寄与分の有無・額，遺産の管理や評価に関する紛争，遺言の有無や

11）梶村太市「家裁実務におけるDNA鑑定」ジュリ1099号（1996）84頁以下参照。

12）水野紀子「実親子関係と血縁主義に関する一考察」星野英一古稀(下)(有斐閣・1996）1144頁など。

13）野田愛子＝松原正明『相続の法律相談〔第5版〕』（有斐閣・2000），東京家庭裁判所家事第5部編著『遺産分割事件処理の実情と課題』判タ1137号（2004），若林昌子「遺産分割事件の調停の進め方」マニュアル142頁以下，小圷眞夫「遺産分割調停事件の運営について」ケ研272号（2002）3頁以下。

内容をめぐる紛争など，多岐にわたる。被相続人との長年に及ぶ確執を含む様々な感情的対立が災いして，話合いは難航することが多い。当事者が多数にのぼる上，遺産も不動産，各種債権・債券，知的財産権，動産等と多様であるため，家事事件のうちでも最も困難な事件として長期未済となりやすく，その迅速・適正処理が課題となっている。

遺産分割は，遺産に属する物または権利の種類および性質，各相続人の年齢・職業・心身の状態および生活の状況その他一切の事情を考慮してこれをする（民906条）。分割方法には，土地や借地権あるいは株式などの現物分割，特別の事由がある場合に特定の者が多くの遺産を取得して，もらいすぎ分を代償金として不足する共同相続人に支払う代償分割（債務負担の方法による分割），遺産を換価して取得金を分配する換価分割，グループごとに一定の割合で共有取得とする共有分割等があり，これらを適宜組み合わせて分割することになる。

遺産分割は，残された配偶者の扶養や子の養育費等で緊急性を要する事件もあり，早期処理が期待される。審判前の保全処分として，仮分割仮処分や遺産管理者の選任が申し立てられることもある。それとともに，特に農家や商家などの自営業者の相続の場合，家業の存続と諸子均分相続との相克に直面することもあり，被相続人の職業いかんを問わず，残された配偶者相続人の扶養問題と不可分の事例も多くなっている。遺産分割は決して単なる財産問題ではなく家族問題なのであって，財産法だけでは割り切れない難問を抱えている。家事調停での適切妥当な解決が期待されるゆえんである[14)]。

(3) 寄与分申立事件（図表(1)①事件）

共同相続人中に，被相続人の事業に関する労務の提供または財産上の給付，被相続人の療養看護その他の方法により被相続人の財産の維持または増加につき特別の寄与をした者があるときは，被相続人が相続開始の時において有した財産の価額から共同相続人の協議で定めたその者の寄与分を控除したものを相続財産とみなし，法定相続分や指定相続分の規定によって算定した相続分に寄与分を加えた額をもってその者の相続分（具体的相続分）とし（民904条の2第1項），共同相続人間で上記の協議が調わないとき等の場合には，家庭裁判所が

14）　遺産分割調停に関しては，梶村・新家事調停270頁以下参照。

その寄与者の請求により，寄与の時期，方法および程度，相続財産の額その他一切の事情を考慮して，寄与分を定める（同条２項）。

この寄与分の申立ては，遺産分割の申立てとは独立した別表第二事件であるが（別表第二 14 項），両事件の密接な関連性を重視して，調停・審判の申立ての双方について特別な規定を設けている（家事 191 条ないし 193 条）。

寄与分が認められるためには，特別の寄与を要するわけであるが，最近ではその客観的な算定基準の策定努力が続けられており，家業従事型・金銭等出資型・療養看護型・扶養型等ごとに一定の計算式が提案されるに至っている。実際の調停の運用においては，これらを参考にしながら，しかもこれに拘るのではなく当事者の納得性の高い解決方法を，当事者と調停機関が協力してみつけ出していく地道な努力が必要である[15)]。

⑷　遺言無効確認事件（図表⑴③事件）

遺言はその遺言者の死亡によって効力を生ずる相手方のない単独行為であって，遺言者の財産上・身分上の最終意思を遺言書という書面で表現したものである。その性質上遺言能力は財産法上の行為能力までは必要なく，満 15 歳に達したものは誰でも遺言することができ（民 961 条），制限行為能力者も法定代理人の同意を要しない（民 962 条による５条・９条・13 条・17 条の不適用）。

すなわち，制限能力者のうち 15 歳未満の未成年者は一律に遺言能力がないが，その他の者は意思能力がある限り遺言能力があり，成年被後見人でも事理弁識能力が回復している限り医師２人以上の立会いの下に遺言をすることができる（民 973 条１項）。そうすると，当該遺言内容を理解し，かつその遺言をすることに意欲を示している限り遺言能力があるということになるが，もとよりそのような遺言能力もないのにした遺言は無効である。

よく世間では，遺言はするものではなく，させるものであるといわれることがあるように，本人よりも共同相続人や受遺者等の積極的働きかけで遺言が行われることも少なくない。そこで遺言者はしぶしぶ遺言するということがあるにしても，問題は本人に遺言能力（遺言意思）があったかどうかである。公正証書遺言で無効とされる判例が少なくないことに疑問を持つ見解もあるが，逆

---

15)　寄与分調停に関しては，梶村・新家事調停 290 頁以下参照。

にいえば被相続人の判断能力にかげりがみえ始めたぎりぎりの段階で公証役場に持ち込まれるため限界事例がどうしても多くなる。公証人の段階で遺言能力なしと判断（判決）してしまえば，当該被相続人の最終意思を遺すチャンスを奪ってしまうことになるが，それよりも意思能力ありとして遺言の有効性が認められる可能性がある以上，その可能性に期待して公正証書遺言の手続を進めることが妥当な場合もあるだろう。

遺言無効確認の調停は一般調停事件の類型に属し，調停が不成立となれば284条審判をしない限り，後は民事訴訟で解決する外はないが，遺言の有効・無効の問題は，遺産分割あるいは遺留分減殺請求の事件の前提問題となるので，これらの問題とあわせて全体的・根本的な解決を図るため調停で解決するのが望ましい[16)]。

(5) 遺留分減殺請求事件（図表(1)③事件）

兄弟姉妹以外の相続人は，直系尊属のみが相続人であるときは被相続人の財産の３分の１の額を，その他の場合はいずれも２分の１の額を，それぞれ遺留分として受けるので（民1028条），それらの遺留分を侵害する生前贈与や遺贈をした場合には，遺留分権利者およびその承継人は，遺留分を保全するに必要な限度で，遺贈および一定限度の生前贈与の減殺を請求することができる（民1031条）。

これが遺留分減殺請求事件であって，「遺留分減殺請求」事件として立件されることが多く，遺贈等が既履行の場合には遺留分権利者たる共同相続人から受遺者等に対する登記請求等の形をとるが，未履行の場合には共同相続人からの登記請求等に対する抗弁として遺留分減殺請求をする形となる。いずれにせよ一般調停事件の類型に属し，調停が不成立となれば284条審判をしない限り，後は民事訴訟で解決するほかはないが，遺贈がある場合には遺言の有効・無効の問題と関連し，また生前贈与がある場合には特別受益の持ち戻しの問題とも関連するので，これらの問題とあわせて全体的・根本的な解決を図るため調停で解決するのが望ましい。

調停で解決を図るにしても，一方では被相続人とは生前疎遠な生活を続けな

---

16) 遺言無効確認調停に関しては，梶村・新家事調停299頁以下参照。

がらいざ相続となったら欲を出すのは不労所得だと怒り，他方では取り巻きが被相続人に自分の都合のよいように遺言させたのは怪しからんと文句をいう。遺留分制度に対する理解がこのように衝突すると，合意に辿り着くのは容易なことではないが，それでも何とか合意の糸口をつかむ努力と実力が調停機関には必要となる。[17)]

5　その他の事件

図表⑴③記載のとおり，民事訴訟事項に属するものとしては，婚約・内縁の不当破棄に関する事件，夫婦の不倫関係事件（家庭破壊に基づく慰謝料請求事件）等がある。これらは民事調停の対象にもなり得るから，管轄は競合することにならざるを得ない。家庭裁判所の支部も出張所もなく簡易裁判所があるだけという地域では，民事調停を活用することも一つの知恵であろう。

また同④記載のとおり，民事訴訟事項にも家事審判事項にも属さないものとして，夫婦・親子・親族間の円満調整のみを求め，直接的には具体的権利義務の形成変更等を目的としない事件等がある。家事調停の人間関係調整機能が働く分野であり，これらの事件も調整が図られなければ夫婦・親子・親族の何らかの法的地位に影響せざるを得ないことになるので，③の一般調停事件と同様に家事調停の対象になるといわなければならない。もっとも，法的効力がないので調停に代わる審判をしてもほとんど意味はないであろう。

17)　遺留分関係調停に関しては，梶村・新家事調停302頁以下参照。なお，遺留分減殺請求調停事件に関する論文として，孕石孟則「遺留分減殺請求の調停事件において生じる諸問題」右近健男＝小田八重子＝辻朗編『家事事件の現況と課題』（判例タイムズ社・2006）が参考になる。

⑥ 渉外関係調停事件

(1) 問題の所在

以上で検討した事件中，調停事件の当事者のうち少なくとも1人が外国人である場合には，渉外事件として事件処理上，国際裁判管轄権の所在と準拠法の決定・適用等の問題がクリアーされなければならない。わが国の急激な国際化の流れの中で渉外事件が増えており，国際私法に関する知見が不可欠となった。[18)]

国際裁判管轄権の所在に関しては，わが国の「法の適用に関する通則法」（平成18法78。以下，通則法という）その他の法律に明文規定を欠くため解釈で補うほかないが，事件類型ごとにかなりの判例の集積がある。

準拠法の決定と適用の問題に関しては，当該事件で問題となっている渉外的法律関係が国際私法上どのような法律関係としての性質を有しているかを決定（法律関係性質決定）した上，わが国の通則法の規定上の準拠法指定の区分に従い，単位法律関係ごとの準拠法指定の基準となっている国籍や常居所といった連結点の所在を認定判断して，準拠法の内容を決定することになる。

家事調停手続に関しては，「裁判手続は法廷地法による」という国際私法上の一般原則に従うが，準拠法たる外国法が全く日本の調停手続を認めていない場合に調停が可能かどうか問題となる。日本の調停成立調書が有効として外国で承認されるかどうかは，当該外国の外国裁判承認制度の中身いかんによる。日本の家事調停も離婚等の成立調書は，「確定判決と同一の効力を有する」（家事268条）ことから，ほとんどの外国で承認されているようである。なお，外国でされた判決等が日本で承認されるかどうかは，外国判決の国内的効力について定めた民事訴訟法118条の規定を適用または準用して決すべきものと解さ

18） 渉外家事事件関係については，最高裁判所事務総局編『渉外家事事件執務提要（上）』（法曹会・1991），同編『同（下）』（法曹会・1992），鳥居淳子＝島野穹子＝梶村太市『国際結婚の法律Q&A』（有斐閣・1998），炑場準一「渉外家事調停事件の進め方」マニュアル412頁以下，梶村・家事事件法389頁以下，渡辺惺之監修，大谷美紀子＝榊原富士子＝中村多美子『渉外離婚の実務――離婚事件の基礎からハーグ条約まで』（日本加除出版・2012），大塚正之『判例先例渉外家族法』（日本加除出版・2014）。

れている。

(2) 国際裁判管轄権

以下の各事件とも国際裁判管轄権に関する規定はなく，したがっていずれの場合も条理に基づいて解釈するほかはないが，離婚・離婚無効・離婚取消し・婚姻無効・婚姻取消し・夫婦関係存否確認等の渉外婚姻関係事件の国際裁判管轄権は，離婚事件に関しての最高裁大法廷判決（最大判昭39・3・25民集18・3・486，裁判例集Ⅱ-1）[19]の示した基準，すなわち原則として被告の住所地国とし，例外的に原告が遺棄された場合，被告が行方不明である場合その他これに準ずる場合には原告の住所地国にも管轄権を認めるという管轄原則に従って決めるべきものと解されている。

嫡出否認・父の確定・認知・認知無効・認知取消し・親子関係存否確認等の渉外実親子関係事件についても，離婚に関する判例の前記管轄原則に準じて，被告の住所地国を原則とし，例外的に被告が行方不明その他これに準ずる場合，被告が応訴した場合に，原告の住所地国にも管轄を認めるものとしている。渉外養子縁組関係の事件もこれに準じて考えられている。

遺産分割など渉外相続事件の国際裁判管轄権は，家事事件手続法191条の規定に照らし，被相続人の最後の常居所地国に原則的管轄権があり，遺産の所在地国にも当該遺産に関する事件について例外的管轄権を認める傾向にある。英米等の国際私法では，遺産が不動産の場合その所在地国が専属的管轄を持つとされるので，注意を要する。

なお，渉外事件の中心を占める離婚事件に関していえば，法例16条・14条（通則法27条・25条）の改正（平成元法27）により，夫婦の一方が日本に常居所を有する日本人なるときは，離婚は日本の法律によるといういわゆる日本人条項が追加されたので，大多数の事件が日本法のみを考えればよいことになり，実務的には審理促進に貢献している。

19）関連判例として，最判昭39・4・9家月16・8・78（裁判例集Ⅱ-2），最判平8・6・24民集50・7・1451（裁判例集Ⅱ-3），大阪地判昭39・10・9下民15・10・2419（裁判例集Ⅱ-4）参照。

(3) 準拠法の決定と適用

離婚（夫婦関係調整）事件の準拠法は，第一に夫婦の共通本国法，第二に夫婦の常居所法，第三に夫婦の密接関係地法（通則法27条本文・25条）であるが，前述の日本人条項がある。

子の親権者指定変更，養育費や子の引渡し等の子の監護に関する処分事件の準拠法は，子の福祉に直結する問題として「親子間の法律関係」（通則法32条）の問題と性質決定して，子の本国法が父または母の本国法と同一である場合，一方の親を欠くときは他方の親の本国法と同一である場合には，子の本国法により，その他の場合には子の常居所地法によることになる。

離婚に伴う財産分与の準拠法は，通則法27条の離婚準拠法により，離婚自体による離婚慰謝料も同様であるが，離婚に至るまでの暴力等の行為の慰謝料は一般の不法行為の問題として通則法17条・22条の規定によるとする見解が有力である。

嫡出否認事件および父の確定事件は，通則法28条の規定により，認知・認知無効・認知取消し事件は通則法29条の規定により，親子関係存否確認事件はケースにより通則法28条・29条を適用して，それぞれ準拠法を決定する。

相続に関しては，法定相続・遺言相続を問わず，通則法36条の規定により，被相続人の本国法によって準拠法を決定する。遺言無効確認事件に関しては，遺言能力など遺言の実質的内容に関する問題は相続・認知など問題となる法律関係の準拠法に従い，遺言の方式に関する有効性は「遺言の方式の準拠法に関する法律」によって指定されている準拠法による。

第3部　家事審判

第4章　家事審判序論

1　家事事件手続法の制定・成立――新法の概要（家事審判の領域について）

(1) 家事事件手続法――新法制定の必要性とその経緯

家事事件手続法（以下，「家事法」という）は，昭和22（1947）年に制定された家事審判法（以下，「旧法」という。第5章においても同様である）を全面的に改めたものである。家事法は，基本的には，その規律対象の範囲を旧法から変更していない。以下では，家事法制定が必要とされた理由・背景，制定の経緯をみることとしたい。

家事法は，新非訟事件手続法とともに「非訟事件手続法及び家事審判法の現代化を図る」という目的の下に，法制審議会非訟事件手続法・家事審判法部会で検討され[1]，その結果を受けて制定されたものである[2]。「現代化」の用語で含意される基本方針は「国民にとって利用しやすく，現代社会に適合した内容とする」ことである。その具体的内容を家事審判手続の領域に限定して簡単に整理する[3]。

第一に，検討課題の中心は，裁判の効力が及ぶ者に対する手続保障の規定を

---

1) 平成21（2009）年2月の法務大臣からの諮問87号に基づくものである。

2) 法制審部会第1回会議（2009年3月13日開催）配付資料1。

3) 三木浩一「非訟事件手続法・家事審判法改正の課題」ジュリ1407号（2010）8頁以下。また，旧法の問題点については，竹下守夫「家事審判法改正の課題」家月61巻1号（2009）43頁参照。

整備することにあった。後述のように，伝統的理解を単純化して述べるならば，「訴訟手続—当事者権の保障」「非訟手続—職権主義」の図式で理解されてきたのであり，訴訟手続において当事者に保障されている手続が非訟手続においては妥当しないものとされてきた。このような訴訟・非訟二分論に対しては，学説からも疑問が出され，また実務上も，非訟手続に当事者主義的運用を取り入れるなどの工夫がなされてきたところである。家事法は当事者に「手続を保障する」という考え方を積極的に導入した。

第二に，旧法では，他の法令を包括的に準用する規定が多いため，準用の範囲・内容が不明確となり，また利用者にとってわかりにくい条文構造となっていた（例えば，旧法7条は，「その性質に反しない限り」旧非訟法を準用し，旧非訟法10条は一定の範囲で民事訴訟法の規定を準用している）。法制審部会第1回会議では，この点の整備をする必要が指摘され，家事法では，自己完結的でわかりやすい条文となった。

第三に，旧法では格別の規定がなく，解釈・運用に委ねられていた部分について，規定の新設により明確化の作業が求められた。一例を挙げれば，訴訟手続で認められている裁判の取消し・変更制度，再審制度について，旧法下では非訟手続にも認めるかどうか明文規定は存在せず，不明確であった[4]。家事法では，更正決定制度，審判の取消し・変更制度と再審制度は，77条・78条・103条に規定が置かれた。

第四に，最高裁判所規則で規定されてきた一定の事項を法律事項として整備する必要があった。例えば，旧法下では，家事審判規則において，手続の非公開（6条），職権探知（7条），裁判所の管轄（22条・38条等）を定めていたが，これらは本来，法律で定めるべき事項である[5]。家事法においては，これらは，いずれも法律のなかに条文が置かれた[6]。

4） 例えば，遺産分割審判に対する即時抗告の申立てがなされた後，家庭裁判所は，再度の考案に基づいて更正審判を行い，審判の主文を変更した。これに対して，東京高決平成元・12・22家月42・5・82（裁判例集Ⅲ-27）は，「再度の考案により更正した更正審判は不適法である」として，更正審判を取り消した。

5） 竹下・前掲注3）48頁。

6） 管轄につき，家事法4条以下，手続の非公開につき，家事法33条，職権探知につき，家事法56条。

(2) 家事事件手続法以前の経緯

(a) 家事審判制度をめぐる取組み

家事審判法は，昭和22年法律152号によって成立し，昭和23（1948）年1月1日より施行されたものである。この旧法は戦後制定された日本国憲法24条を直接の契機として制定された。しかし，家庭裁判所制度に関しては，かなり以前から研究が積み重ねられてきたところである。家事審判を理解する上でこうした沿革の持つ重要性を踏まえることが大切であるという見地から，以下ではポイントを絞りながら説明を加えることとしたい[7]。

(b) 臨時法制審議会の答申と家事審判法案

大正8（1919）年7月9日に，内閣は臨時法制審議会を設けた[8]。そこでは，諮問第1号主査委員会において，民法（親族相続）の規定に係る改正が審議されたのである。同委員会が第1回会合において，民法調査要目第6として「家庭裁判所」の要目を定めていた点が重要である。これを受けて，家庭に関する事件を特別の裁判所の権限へと移すか否かという点に関して，独立の議題として議論に付されることとなった。その論議の結果，大正10（1921）年7月には，同委員会委員長から臨時法制審議会総裁あてに「本委員会ハ家庭ニ関スル事件ニ付家事審判所ヲ設ケ，専ラ訴訟ノ形式ニ依ラズ温情ヲ本トシ道義ノ観念ニ基キテ争議ノ調停及ビ審判ヲ為サシムルヲ以テ我邦ノ淳風美俗ニ合スルモノト認メ，審判所ノ組織，権限並ビニ調停，審判ノ手続及ビ効力等ニ付別冊ノ如ク其ノ綱領ヲ定ムベキモノト議決セル」という報告がなされた。

この報告を受けて，臨時法制審議会総裁は，大正11（1922）年6月に，内閣総理大臣に対して「古来ノ美風ヲ維持スル」ためには「道義ニ本ヅキ温情ヲ以テ家庭ニ関スル事項ヲ解決スル為特別ノ制度ヲ設」ける必要がある旨の中間的答申を提出したのである。政府は大正13（1924）年11月に，上記中間答申に

7）日本の家庭裁判所および家事審判の成立史については，野田愛子「家庭裁判所制度論序説」同『家庭裁判所制度抄論』（西神田編集室・1985）1頁以下，大橋眞弓「家庭裁判所制度の運用と課題――遺産分割手続を中心として」山口経済学雑誌43巻6号（1995）137頁以下。

8）同審議会の報告を受けて家事審判法案が作成されるに至る経緯については，家審総論2～6頁を参照。

従い「家庭審判所ニ関スル法律調査委員会」を設置し[9]，昭和2（1927）年10月に至り，家事審判法案が仮決定されたのである。

この法案の起草委員会のメンバー（3名）であった池田寅二郎・穂積重遠の両博士は，わが国においてもアメリカの家庭裁判所のような裁判所が必要であると考えていたところである[10]。このように，家事審判法案は，アメリカの家庭裁判所制度の影響をも受けたものであった[11]。しかし，その実現は民法の改正作業を待つこととされたため，未確定のままに残されることとなった[12]。

(c) 人事調停法の制定

昭和14（1939）年に至ると，人事調停法（昭和14法11）が制定された。これに伴い，家事審判制度調査委員会が設置され，家事審判制度についても検討がなされた。しかし，これも太平洋戦争により進展をみなかったのである。

(d) 戦後の家事審判法制定

太平洋戦争の終結後，日本国憲法が制定された。日本国憲法24条は，家族生活における個人の尊厳と両性の平等を謳うものである。これを実現するために，民法の親族法・相続法を全面的に改正することが必要とされた。そこで，内閣に設置された臨時法制調査会および司法省に設置された司法法制審議会がともに，民法の改正を審議し，昭和21（1946）年9月には民法改正要綱が議決された。この要綱の中には，家事審判制度を設置する旨の記載がみられ（要綱第42），(c)で述べた家事審判制度調査委員会が改組の上，再開された。同調査委員会は，同年11月に家事審判法要綱を答申し，これに基づいて家事審判法案が作成され，昭和22（1947）年の国会でようやく成立したのである。

---

9) この沿革は，最高裁判所事務総局家庭局編『家事審判制度ニ関スル調査ノ沿革』家庭裁判資料13号17頁，37～41頁，53頁に詳しい。

10) 池田寅二郎「米国ノ家庭裁判所（1・2完）」法協39巻10号（1921）1頁，12号（1921）95頁，特に12号121頁以下，穂積重遠「裁判所の簡易化（3）」法協38巻6号（1920）77頁。

11) こうした影響は，後の民法学者にも顕著である。参照，川島武宜「穂積重遠博士の家族制度観——日本の法律思想史の一断面」穂積重遠追悼（有斐閣・1952）401頁以下。

12) この間の事情は，山木戸・家審1～2頁参照。

⑶ 家事審判法の制度趣旨

日本国憲法24条は，家族生活における個人の尊厳と両性の平等を謳い，これを実現するために，昭和22（1947）年5月に開催された第1回国会において「民法の一部を改正する法律」（昭和22法222）が制定された。これは，民法典第4編親族・第5編相続を全部改正するものであり，これによって家父長制に基づく家制度が払拭されたのである。この新民法の理念を実現するために，それに適合的な手続法の制定が必要とされ，家事審判法が成立した。このように，旧法は，日本国憲法，新民法とその基本思想を共有するものとして制定された。

旧法は，「個人の尊厳と両性の本質的平等を基本として，家庭の平和と健全な親族共同生活の維持を図ることを目的とする」と定めていた（家審1条）。この目的は，家事審判と家事調停の双方について妥当するものであった。

家事審判の対象たる事件（親族法・相続法に関する事件）は，民事訴訟事件と比べた場合，合理性で割り切れないことが多いものである[13)]。換言すれば，家事審判の対象事件では感情・情緒の作用する場面が大きいために，それだけ事件が複雑な様相を呈することとなる。こうした事情もあって，手続法に関して，家事審判では民事訴訟法とは別異の規律が不可欠となったのである。この基本的な考え方は，家事法にも引き継がれているといえよう。

2 家事審判の意義

家事法1条は，同法の趣旨を「家事審判及び家事調停に関する事件（以下「家事事件」という。）の手続については，他の法令に定めるもののほか，この法律の定めるところによる」と定める。ここでは，「家事審判」とは何か，その意義を示すこととする。

家事審判とは，家庭裁判所がする本案について終局的な判断をする裁判をいう[14)]。民事訴訟手続の終局判決に相当するものである。審判以外にも，付随的事

13） 我妻栄「家事調停序論」前掲注11）穂積重遠追悼560～564頁。

14） 一問一答・家事16頁，123頁。

項等に関し裁判がなされるが，審判は本案についての判断であるので，より慎重で，かつ当事者の手続保障もより厚くする必要がある。

具体的には，第5章で後述する。

なお，旧法では前述のとおり，1条で家事審判法の目的を「この法律は，個人の尊厳と両性の本質的平等を基本として，家庭の平和と健全な親族共同生活の維持を図ることを目的とする」と定めていた。家事法ではこのような目的規定は定められていない。これは，家事法では，「家事事件の処理においてこのような趣旨を尊重すべきことは目的規定を置くまでもなく明らかで」あり，「目的規定を置く必要がない」とされたためである[15]。

3 家事審判手続の特質

(1) 法的性質（概論）

家事審判手続の特質はどのようなものであるか。以下では，民事訴訟手続と比較することを通じて，家事審判の特質を明確にすることとしたい[16]。

なお，記述上の便宜として，以下では，次のように表記する。家事法別表第一に掲げられた事件を「第一類事件」，別表第二に掲げられた事件を「第二類事件」という。また，第一類事件の第△項，第二類事件の第□項については，それぞれ「第一類事件△項」「第二類事件□項」と表す。さらに，第一類事件の審判を「第一類審判」，第二類事件の審判を「第二類審判」と示す（以上の点については，第5章においても同様である）。

(a) 後見的性格・非訟性

民事訴訟手続では，周知のように，対象たる事件は権利義務の存否や法律関係の有無である。そこでは，処分権主義・弁論主義という当事者主義が妥当し，

15) 一問一答・家事58頁。

16) この問題については，家審総論15頁，新堂幸司「訴訟と非訟」民訴争点〔3版〕12頁，高田裕成「訴訟と非訟」民訴争点12頁に詳しい。

かつ公開法廷での対審構造のもと厳格な手続により，裁判所が公正・中立の第三者として判断を下すものである。これに対して，家事審判手続では，対象事件（親族法・相続法に関する事件）の特殊性を加味することが必要となる。一般に，家事審判手続は非対審構造をとり，非訟性・職権主義・非公開主義・裁量性を特色としている[17)]。

こうした差異を以下では敷衍することとしたい。民事訴訟手続（本案審理手続）では，実体法に定められている要件（主要事実）の存在を当事者が主張し，その有無について当事者の陳述が一致しない場合には，裁判所が審理のうえ判断を下すというのが，基本である。これに対し，家事審判手続では，裁判所は要件の存否に関する審理・判断にとどまらず，一層，後見的立場に立つことが必要とされる。例えば，不在者の財産管理（家事第一類事件55項，家審９条１項甲類３号），誰を後見人に選任するか（家事第一類事件３項，家審９条１項甲類14号），親族間の扶養義務者が具体的にいかなる内容の扶養義務を負担するか（家事第二類事件10項，家審９条１項乙類８号），相続財産を具体的にどのように相続人に分割するか（家事第二類事件12項，家審９条１項乙類10号）等をとってみても，裁判所が後見的立場から状況に応じて適切な判断を下すことが期待されている（非訟性）。その意味では，民事訴訟における一刀両断的な判断とは性質を異にする。換言すれば，民事訴訟のような要件存否の判断に加え，家事審判はいかなる方法で行うかという判断まで含むものである。この点で，坂梨喬氏が「民事訴訟と家事事件の『解決』について，民事訴訟の原初形態は確認訴訟であり，家事事件の原初形態は形成訴訟であるとして，その相違を説明する」と述べているのは，二つの手続の差異を的確に表したものである[18)]。

なお，家事審判は非訟手続であるといわれるが，事項ごとに非訟性の程度は一様ではない点には注意が必要である。一般的にいえば，第二類事件（家審法下の乙類審判事件にほぼ相当する）は第一類事件（家審法下の甲類審判事件にほぼ相当する）に比して，争訟性が強いといわれている。さらに，第二類事件のなかにあっても，争訟性には強弱が認められる（この点に関しては，第５章でより詳しく検討する）。

17)　山木戸・家審15頁，家審実務講義２頁。

18)　坂梨喬「家庭裁判所の仕事論（試論）」ケ研263号（2000）17頁。

(b) 広範な裁量判断

上で述べたような家事審判手続の持つ非訟性は，家事審判手続の基本的特質を形作るものである。そこでは，当事者の主張に拘束されず裁判所が適切な判断をすることが求められており，その意味で家事審判は裁判所の裁量の余地が広い点に特色を持つ（職権主義，裁量性）。

(c) 職権に基づく科学的調査

家事審判の審理判断の際には，裁判所が職権により調査を行う〔職権調査主義〕。調査の際には，必ずしも方式にとらわれず（この意味で民事訴訟手続における「厳格な証明」とは一線を画する），社会学・心理学・精神医学等の専門科学を活用し（科学的調査），事件の関係人や社会福祉機関などとの連携を図ることが期待されている。こうした調査の態様についても，民事訴訟手続との差異が認められる。

(d) 非公開主義

家族法は，個人の尊厳やプライバシーに深くかかわるものであるだけに，家事審判手続においては，プライバシーの保護や子の福祉に対する配慮が不可欠のものとなる。したがって，審理・調査の手続が公開されないのはもとより，場合によっては調査結果を当事者に対しても明らかにせず判断のための資料とすることがあり得る。これに対し，現行民事訴訟手続では，訴訟資料を当事者に秘匿したまま判決を下すことは許されないのである（家事審判の非公開性に関する憲法上の議論に関しては，次の(2)で扱う）。

(2) 家事審判手続の合憲性

(a) 最高裁の定式

家事審判手続は，非公開であり，必ずしも対審構造がとられない。このような手続が憲法の保障する「裁判を受ける権利」（憲法32条），「裁判の公開原則」（憲法82条）に反しないのであろうか。

この点に関する判断は，すでに最高裁判所によって繰り返し示されている。同居審判に関する昭40・6・30の大法廷決定（民集19・4・1089，裁判例集Ⅲ-1[19]），婚姻費用分担審判に関する昭40・6・30の大法廷決定（民集19・4・

1114，裁判例集Ⅲ-3)[20]，遺産分割審判に関する昭41・3・2の大法廷決定（民集20・3・360，裁判例集Ⅲ-5）が代表例である。[21)22)]

最高裁の判断は一貫しており，家事審判の非公開を合憲とする。その理由は，訴訟のように「権利義務自体を終局的に確定するには公開の法廷における対審及び判決によつて為すべき」であるのに対し，実体的権利義務の存することを前提とする非訟は公開法廷による対審および判決を要しないという点にある。この論理を，同居審判に関する昭40・6・30の大法廷決定でみることとしよう。

「審判は夫婦同居の義務等の実体的権利義務自体を確定する趣旨のものではなく，これら実体的権利義務の存することを前提として，例えば夫婦の同居についていえば，その同居の時期，場所，態様等について具体的内容を定める処分であり，また必要に応じてこれに基づき給付を命ずる処分であると解するのが相当である。けだし，民法は同居の時期，場所，態様について一定の基準を規定していないのであるから，家庭裁判所が後見的立場から，合目的の見地に立つて，裁量権を行使してその具体的内容を形成することが必要であり，かかる裁判こそは，本質的に非訟事件の裁判であつて，公開の法廷における対審及び判決によつて為すことを要しないものである」。

この最高裁判所の見解は近年でも維持されており，最決平20・5・8（家月60・8・51，裁判例集Ⅲ-4)[23]は，「憲法32条所定の裁判を受ける権利が性質上固

---

19) 評釈として，宮田信夫・曹時17巻8号（1965）110頁，我妻栄・法協83巻2号（1966）303頁，谷口知平・民商54巻2号（1966）72頁，小山昇・判評84号（1965）3頁（判時491号61頁），佐々木吉男・家族百選〔新版〕46頁，山木戸克己・家族百選〔第3版〕38頁，林屋礼二・憲法百選Ⅱ210頁・憲法百選Ⅱ〔第2版〕266頁・憲法百選Ⅱ〔第3版〕270頁・憲法百選Ⅱ〔第4版〕282頁，鈴木正裕・民訴百選〔第2版〕12頁，高橋宏志・家族百選〔第4版〕12頁・家族百選〔第5版〕10頁・家族百選〔第6版〕10頁，青山善充・民訴百選Ⅰ10頁・民訴百選Ⅰ〔新法対応補正版〕10頁がある。

20) 評釈として，高津環・曹時17巻8号（1965）115頁，宮川種一郎・民商54巻2号（1966）84頁がある。

21) 評釈として，高津環・曹時18巻5号（1966）95頁，谷口知平・民商55巻4号（1967）76頁，高梨公之・判評92号（1966）37頁（判時447号135頁），山木戸克己・家族百選〔新版・増補〕236頁，佐々木吉男・家族百選〔第3版〕208頁，橘勝治・家族百選〔第4版〕186頁・家族百選〔第5版〕186頁がある。

22) このほかの裁判例として，最決昭55・7・10家月33・1・66（相続人廃除），最決昭59・3・22家月36・10・79（相続人廃除），最決昭60・7・4家月38・3・65（寄与分），最決昭46・7・8家月24・2・105（親権者変更）がある。

有の司法作用の対象となるべき純然たる訴訟事件につき裁判所の判断を求めることができる権利をいうものであることは，当裁判所の判例の趣旨とするところである。……本質的に非訟事件である婚姻費用の分担に関する処分の審判に対する抗告審において手続にかかわる機会を失う不利益は，同条所定の『裁判を受ける権利』とは直接の関係がないというべきである」としている。

また，最高裁判所は訴訟事件と非訟事件を上記のように峻別する考え方に立

23）　最決平20・5・8家月60・8・51（裁判例集Ⅲ-4）。

同事件の事実の概要は次のとおりである。

家事審判手続において，Xがその夫Yに対して婚姻費用の分担金の支払を求めた事案である。原々審は，Yの負担すべき分担金として，Yに対して過去の未払い分95万円と1か月12万円の割合による金員の支払を命ずる審判を行った。Xより即時抗告がなされ，原決定は，Yの負担すべき分担金として，過去の未払い分167万円と1か月16万円の割合による金員の支払を命じた。しかし，本件に記録によれば，Yに対しては，Xより即時抗告があったことを知らせる措置が何らとられていないことがうかがわれる。Yより，特別抗告がなされたが，最高裁は次のように説示して抗告を棄却した。

「憲法32条所定の裁判を受ける権利が性質上固有の司法作用の対象となるべき純然たる訴訟事件につき裁判所の判断を求めることができる権利をいうものであることは，当裁判所の判例の趣旨とするところである……。したがって，上記判例の趣旨に照らせば，本質的に非訟事件である婚姻費用の分担に関する処分の審判に対する抗告審において手続にかかわる機会を失う不利益は，同条所定の『裁判を受ける権利』とは直接の関係がないというべきであるから，原審が，Yに対し抗告状及び抗告理由書の副本を送達せず，反論の機会を与えることなく不利益な判断をしたことが同条所定の『裁判を受ける権利』を侵害したものであるということはでき」ない。

「本件抗告理由において，Yは，原決定までの間に更に仮払金を支払ったと主張している。……本来，仮払金支払の事実の有無については，原審において審理されるべきものである。ところが，本件記録によれば，原審においては，Yに対してXから即時抗告があったことを知らせる措置が何ら執られていないことがうかがわれ，Yは原審において上記主張をする機会を逸していたものと考えられる。そうであるとすると，原審においては十分な審理が尽くされていない疑いが強いし，そもそも本件において原々審の審判を即時抗告の相手方であるYに不利益なものに変更するのであれば，家事審判手続の特質を損なわない範囲でできる限りYにも攻撃防御の機会を与えるべきであり，少なくとも実務上一般に行われているように即時抗告の抗告状及び抗告理由書の写しをYに送付するという配慮が必要であったというべきである。以上のとおり，原審の手続には問題があるといわざるを得ないが，この点は特別抗告の理由には当たらないところである。」

なお，本決定には多くの評釈があるが，さしあたり次のものを挙げておく。塩崎勤・民事法情報267号（2008）81頁，園田賢治・法政研究〔九州大学〕75巻3号（2008）115頁，本間靖規・私法判例リマークス38号〈2009〔上〕〔平成20年度判例評論〕〉126頁2009年2月，垣内秀介・平成20年度重判（2009）155頁，三木浩一・法学研究〔慶應義塾大学〕83巻10号（2010）84頁。

ちつつ，家事審判手続において前提事項である実体法上の法律関係を審理判断することはできるとしている[24]。すなわち，遺産分割審判手続において，相続欠格者か否かは相続権の有無に関するものであり，その存否を終局的に確定するには判決手続によらなければならない。しかし，遺産分割の前提問題として相続欠格者であるか否かを判断して分割の処分（非公開の家事審判手続）を行うことは可能であり，家事審判で遺産の分割方法についての審判が出されても，当事者は民事訴訟を提起してその前提となる相続権の有無を争うことは可能である。

以上をまとめると，最高裁の採用する二分論は，次の3点に整理することができる。第一に，訴訟事件は，実体的権利義務自体に争いがある場合に，これを終局的に確定するものであるのに対し，非訟事件は，実体的権利義務があることを前提として裁判所が後見的見地から裁量権を行使して，その具体的内容を形成するものである。第二に，憲法32条および82条に基づき，裁判の公開・対審・判決による保障を受けるのは，訴訟事件のみであり，非訟事件は憲法32条および82条の対象外である。第三に，非訟事件の裁判が確定しても，実体的権利義務の存否について，別に訴訟で争うことができる。

なお，第一の訴訟事件・非訟事件の区分に関しては，新非訟法・新家事事件手続法の制定によっても，変更がないであろう。家事法はこの点を明らかにした条文を置いておらず，旧法と同様，解釈に委ねられている[25]。最高裁判所の示した区分は家事法下においても引き継がれるものと思われる。

(b)　学説の対応

最高裁判所の採る訴訟・非訟二分論に対し，以下のような疑問・批判が出されている。

①訴訟と非訟がそもそも峻別できるのかという疑問である。例えば，遺産分割事件（第二類事件12項）は，相続人がより多くの経済的価値を得ようとして争う「財産をめぐる紛争」としての側面を有し，それゆえに，訴訟事件に近接した性質をも持つ。実際，遺産分割事件は家事審判法制定前には通常民事訴訟

---

24)　最大決昭41・3・2民集20・3・360，裁判例集Ⅲ-5。

25)　中間試案の補足説明・第1部117頁参照。

手続によって審理判断されることとなっていた。[26] このことは，訴訟事件と非訟事件を画然と区別できないのではないか，との疑問を裏付けるものである。同様の問題は，親族に対する扶養請求事件（第二類事件10項）についても生じる。

②非訟手続には憲法32条および82条の保障が一切及ばないとする最高裁判所の立場に対する批判である。憲法32条の「裁判」は訴訟事件の裁判だけではなく，「国民が紛争の解決のために裁判所で当該事件にふさわしい適正な手続の保障の下で受ける非訟事件に関する裁判をも含む」（点は引用元）と批判論は主張する。[27] 民事訴訟法の学説でも，同様の視点から，争訟的非訟事件に関して，「係争利益にかかわる利害関係人が対立するわけであり，裁判所が判断を下す前提として，利害関係人に対して主張・立証の機会を与える必要は，訴訟事件と同じく存在する」という見解が提示されている。[28]

つまり，裁判の公開の問題と当事者の手続保障の問題とを分けて検討し，非公開で審理される非訟事件であっても憲法32条の保障が及び，当事者に対して「審尋請求権」を認める主張である。ここでいう審尋請求権は，「裁判所はその判断に際し，少なくとも不利な判断を受ける当事者・関係人に対して，事前（または合理的な理由がある場合には事後）にその判断の基礎となった資料について主張立証，さらには見解の表明をする機会を保障することが必要であるとする議論である。法技術的には，こうした防御の機会が保障されなかった資料を裁判の基礎とすることはできない」との内容を持つものである。

③最高裁判所の見解は「権利義務の存否については，訴訟手続で争うことができるのであるから，その具体的態様について非訟手続で判断しても当事者の手続保障に大きな問題は生じない」との判断に裏付けられている。しかしなが

26）家審総論20頁。

27）例えば，代表的な憲法の概説書（芦部信喜〔高橋和之補訂〕『憲法〔第6版〕』（岩波書店・2015）258頁参照）は，上記最高裁のとる，裁判と非訟手続による審判との峻別に関し，「この峻別論は硬直に失し，訴訟の非訟化という現代的要請に応えつつ32条の精神を生かすことは困難である」と指摘している。佐藤幸治教授は，最高裁のいう訴訟事項と非訟事項との間の境界に関する不明確性を指摘するほか，審判で権利義務の具体的内容を定めながら，訴訟で権利義務自体を争い得るという解釈が家庭裁判所の存在意義を見失わせることになると指摘する（佐藤幸治『日本国憲法論』（成文堂・2011）608頁）。訴訟か非訟かという判断から離れて，事件類型・性質・内容に応じて審理方式，手続態様を考える視点が提示されているのである（佐藤・前掲書608頁）。

28）伊藤眞『民事訴訟法〔第4版補訂版〕』（有斐閣・2014）10頁。

ら，例えば，夫婦の同居の審判，婚姻費用分担請求については，「夫婦であること」が直ちに同居義務（民752条）や婚姻費用分担義務（民760条）と結びつけて考えられており，訴訟手続で権利義務の存否を争うことは想定されていない。さらに，遺産分割事件を例に挙げるならば，相続権の有無等は訴訟手続で争うことができる（実親子存否確認の訴え，遺産確認の訴え，遺言無効確認の訴え等）が，寄与分の有無（民904条の2第2項，家事第二類事件14項）を訴訟事件で争う途は閉ざされている。そうだとすると，争訟的性格を有する非訟事件のすべてにおいて，訴訟手続で争う方法が用意されているわけではなく，非訟手続自体についても「手続保障」を図ることが重要な意味を有することとなる。

(c)　二分論の克服

最高裁判所は，上述のように訴訟・非訟の二分論を維持しているが，他方で，実務においても，学説においても，二分論では位置付けることのできない手続が探求されてきた[29)]。これは，前述の「非訟事件についても事件類型に適した手続保障が必要である」との考え方を具体化したものである。つまり，争訟性の強い非訟事件（第二類事件，旧法下の乙類審判事件など）について，当事者の手続を保障しようとするものである。争訟性の強い非訟事件における当事者の手続保障は，民事訴訟手続における手続保障の考え方を（事件の性質に適合的でないものを除いて，）「準用」する手法を通じて検討されてきた（ただし，第二類事件も，争訟性の程度，裁判所の裁量について一様ではなく，その手続も一律に扱うべきでない）。この点については，多くの文献がある[30)]。また，実務においても，旧法下の乙類審判事件の手続については当事者主義的な運用が工夫されてきたの

29)　この点については，山木戸克己「訴訟における当事者権――訴訟と非訟の手続構造の差異に関する一考察」『民事訴訟理論の基礎的研究』（有斐閣・1961）59頁，鈴木忠一「非訟事件に於ける正当な手続の保障」曹時21巻2号（1969）1頁，鈴木・非訟家事173頁，佐上善和「訴訟と非訟」講座実務家審Ⅰ 25頁をはじめとして，長年にわたって，多くの文献・提言がある。

30)　さしあたり，井上哲夫「乙類審判事件における職権探知と適正手続の具体的運用」講座実務家審Ⅰ 141頁，佐上善和「利益調整紛争における手続権保障とその限界」法時52巻7号（1980）27頁，小田正二「乙類審判における当事者主義的運用」245題564頁，本間靖規「家事審判と手続保障」吉村徳重古稀（法律文化社・2002）110頁，佐上善和「家事審判手続における手続保障」法時81巻3号（2009）34頁。

である。[31)32)33)]

今般の新非訟事件手続法および新家事事件手続法は，こういった問題意識から詳細に検討を重ね，新たな手続を立法したものである。家事法の具体的内容については，第5章で個別に紹介することとしたい。

31）平田厚「乙類審判事件に関する当事者主義的運用の意義と問題点」判タ1237号（2007）7頁以下，竹下・前掲注3）73頁以下を参照されたい。

32）乙類審判事件の当事者主義的運用については，とりわけ遺産分割事件について詳細に検討されてきた。例えば，田中壮太ほか『遺産分割事件の処理をめぐる諸問題』（法曹会・1994），大橋・前掲注7）133頁など。

33）家事審判事件以外の争訟的非訟事件の手続をみると，一部の法律では，当事者主義的な規定が採用されるに至った（借地借家法51条2項，労働審判法14条は当事者の審問期日への立会権を規定した）。また，訴訟事件の手続において，非訟＝非公開，訴訟＝公開という図式は修正されている（人事訴訟に関し公開停止が規定された例がある（人訴22条））。

第5章　家事審判総論

1　審判事項

(1)　はじめに――「家事審判」の意義と類型

家事審判とは，家庭裁判所がする本案について終局的な判断をする裁判をいう[1]。

民事訴訟手続の終局判決に相当するものである。審判以外にも付随的事項等に関し裁判がなされるが，審判は本案についての判断であるので，より慎重で，かつ当事者の手続保障もより厚くする必要がある[2]。

家事審判には，審判手続における審判のほか，調停手続における審判，履行確保の手続における審判があり，家庭裁判所が行う裁判には審判以外のものもある。このうち，調停手続における審判は**第1編**の記述に譲り，履行確保の手続における審判については**序**4を参照されたい。また，審判以外の裁判については，本章7(2)で述べる。本項では，審判手続における審判を検討する。

1)　一問一答・家事16頁。

2)　一問一答・家事123頁。

家庭裁判所における裁判

- **○審判**
  - ・審判手続における審判
  - ・調停手続における審判
  - ・履行の確保の手続における審判
- **○審判以外の裁判**
  - ・家事事件の手続における派生的または付随的な事項に関するもの
  - ・本案に関する判断ではあるが，本案についての終局的判断を示すものではないもの

審判手続における審判の対象は，家事事件手続法の別表第一および第二に定める事項（第一類事件および第二類事件），ならびに家事法第2編に定める事項であり（家事39条），(2)で示すこととしたい。

家事審判事件は第4章3で述べたように非訟事件であり，司法権の対象たる「法律上の争訟」には含まれない（憲76条，裁3条参照）。したがって，家庭裁判所が家事審判手続を行うのは，司法権以外の「その他法律において特に定める権限」（裁3条1項）に属するものであり，その根拠規定は裁判所法31条の3第1項1号および家事事件手続法である。

家事法は39条において「家庭裁判所は，この編（家事第2編）に定めるところにより，別表第一及び別表第二に掲げる事項並びに同編に定める事項について審判する」と定める。家事審判が司法権の枠外にあること，および家事法39条の規定からみて，審判事項が限定列挙であることは問題がない。ただし，このことは類推適用の可能性を否定するものではない[3)4)]。旧法下の実務においても，例えば，内縁解消による財産分与や内縁夫婦関係における婚姻費用分担につき類推を通じて審判事項であることが承認されていた。裁判例をみると，前者につき，広島高決昭38・6・19（家月15・10・130，裁判例集III-6）（家審9条1項乙類5号の類推）があり，後者については，大阪高決昭40・7・6（家月17・

3) 旧法につき家審総論18頁参照。

4) また，日本に国際裁判管轄があり，準拠すべき実体法が外国法である渉外事件についても，明示的な規定がなくとも日本の家庭裁判所の審判事項となり得る。一問一答・家事86頁注。

12・128，裁判例集Ⅲ-7）（家審9条1項乙類3号の類推）がある。家事法下においても，それぞれ第二類事件4項，第二類事件2項を類推適用することができるものと考える。

(2) 審判事項

(a) 総　　論

審判手続における審判の対象を具体的に示すと次のとおりである。[5]

- 家庭裁判所で行われる家事審判手続（家事39条，別表第一および別表第二に掲げる事項についての審判手続）
- 遺産の分割の禁止の審判の取消しまたは変更（家事197条）
- 各種審判前の保全処分（保全処分により選任した職務代行者の改任および事情変更による審判前の保全処分の取消し〔家事112条〕を含む）（家事126条・127条・134条・135条・143条・144条・157条・158条・166条・174条・175条・181条・187条・200条・215条・225条・239条・242条3項）
- 各種管理者の改任（家事125条1項——134条6項・143条6項・158条3項・173条・180条・189条2項・194条8項・200条3項・201条10項・202条3項・208条により本条を準用，および146条1項）
- 財産の管理者の選任その他の財産の管理に関する処分の取消し（家事125条7項——173条・180条・194条8項・201条10項・202条3項・208条により本条を準用，147条・189条3項）
- 審判に対する即時抗告が不適法でその不備を補正することができないことが明らかであるときに原裁判所がする却下の審判（家事87条3項）
- 審判の取消しまたは変更の審判（家事78条1項）
- 審判に対する再審開始後（家事103条）の本案についての裁判

なお，高等裁判所がなす裁判であるが「審判に代わる裁判」として，「審判」に含まれるものがある。[6] これは，家庭裁判所が行うものではないが，審判事項についての終局的判断であり性質上，「審判」と異なるものではない（用語上は，「審判」は家庭裁判所がする裁判にのみ用いる）。

5）一問一答・家事86頁，128頁。
6）一問一答・家事17頁。

例えば，次のようなものがある。

- 審判に対して即時抗告がなされた場合において，即時抗告に理由があるときに高等裁判所がする抗告審としての裁判（家事91条2項）
- 高等裁判所が第1審として行う裁判（本案事件が高等裁判所に係属している場合における家事105条2項に基づく保全処分の裁判，推定相続人の廃除の審判またはその取消しの審判が高等裁判所に係属している場合における家事189条1項に基づく審判確定前の遺産の管理に関する裁判等）
- 高等裁判所がした審判に代わる裁判の取消し・変更（家事93条1項・78条）

以下では，家庭裁判所で行われる家事審判手続（第一類審判手続と第二類審判手続）を中心にして検討する。

第一類審判手続・第二類審判手続においては，審判事項（審判の対象）は「審判物」として把握することができる。「審判物」概念については，旧法下でも家事法下でも，明文の規定はない。しかし，筆者は旧法下において，当事者の申立てに一定の拘束力を認める趣旨で，「審判物」概念の導入を提案した[7]。その後，家事法の立法過程や解説書等においても「審判物」概念が用いられ，具体的事例において審判物をどのように把握すべきかが議論される状況となった[8]。

審判物は，原則として，家事法39条に基づく別表の条項ごとに把握するのが原則であると考える[9]が，原則に対する例外としてどのようなものがあるか，民事訴訟手続における訴訟物概念とどのような差異があるか等については，本章7(7)で後述する。「審判物」概念は，主として，審判の範囲を画するための概念だからである。

家事法39条に基づく別表は第一と第二に分類されている。以下では，その概要を列挙することとしよう（個別事件類型に関する詳細は，本書第6章を参照頂きたい）。

---

7)　本書第2版414頁〔大橋眞弓〕，大橋眞弓「家事審判手続と『審判物』概念について」青山善充古稀（有斐閣・2009）21頁。

8)　法制審議会非訟事件手続法・家事審判法部会第3回会議議事録〔金子幹事発言〕，第32回会議議事録11頁〔川尻関係官発言〕など。また，高田159頁〔金子発言〕，逐条解説173頁等。

9)　高田159頁〔金子発言〕。

(h) 別表第一に掲げる事項――第一類事件

別表第一

項	事項	根拠となる法律の規定
成年後見		
1	後見開始	民法第7条
2	後見開始の審判の取消し	民法第10条及び同法第19条第2項において準用する同条第1項
3	成年後見人の選任	民法第843条第1項から第3項まで
4	成年後見人の辞任についての許可	民法第844条
5	成年後見人の解任	民法第846条
6	成年後見監督人の選任	民法第849条
7	成年後見監督人の辞任についての許可	民法第852条において準用する同法第844条
8	成年後見監督人の解任	民法第852条において準用する同法第846条
9	成年後見に関する財産の目録の作成の期間の伸長	民法第853条第1項ただし書（同法第856条において準用する場合を含む。）
10	成年後見人又は成年後見監督人の権限の行使についての定め及びその取消し	民法第859条の2第1項及び第2項（これらの規定を同法第852条において準用する場合を含む。）
11	成年被後見人の居住用不動産の処分についての許可	民法第859条の3（同法第852条において準用する場合を含む。）
12	成年被後見人に関する特別代理人の選任	民法第860条において準用する同法第826条
13	成年後見人又は成年後見監督人に対する報酬の付与	民法第862条（同法第852条において準用する場合を含む。）
14	成年後見の事務の監督	民法第863条
15	第三者が成年被後見人に与えた財産の管理に関する処分	民法第869条において準用する同法第830条第2項から第4項まで
16	成年後見に関する管理の計算の期間の伸長	民法第870条ただし書
保　佐		
17	保佐開始	民法第11条
18	保佐人の同意を得なければならない行為の定め	民法第13条第2項

19	保佐人の同意に代わる許可	民法第13条第3項
20	保佐開始の審判の取消し	民法第14条第1項及び第19条第1項（同条第2項において準用する場合を含む。）
21	保佐人の同意を得なければならない行為の定めの審判の取消し	民法第14条第2項
22	保佐人の選任	民法第876条の2第1項並びに同条第2項において準用する同法第843条第2項及び第3項
23	保佐人の辞任についての許可	民法第876条の2第2項において準用する同法第844条
24	保佐人の解任	民法第876条の2第2項において準用する同法第846条
25	臨時保佐人の選任	民法第876条の2第3項
26	保佐監督人の選任	民法第876条の3第1項
27	保佐監督人の辞任についての許可	民法第876条の3第2項において準用する同法第844条
28	保佐監督人の解任	民法第876条の3第2項において準用する同法第846条
29	保佐人又は保佐監督人の権限の行使についての定め及びその取消し	民法第876条の3第2項及び第876条の5第2項において準用する同法第859条の2第1項及び第2項
30	被保佐人の居住用不動産の処分についての許可	民法第876条の3第2項及び第876条の5第2項において準用する同法第859条の3
31	保佐人又は保佐監督人に対する報酬の付与	民法第876条の3第2項及び第876条の5第2項において準用する同法第862条
32	保佐人に対する代理権の付与	民法第876条の4第1項
33	保佐人に対する代理権の付与の審判の取消し	民法第876条の4第3項
34	保佐の事務の監督	民法第876条の5第2項において準用する同法第863条
35	保佐に関する管理の計算の期間の伸長	民法第876条の5第3項において準用する同法第870条ただし書
補　助		
36	補助開始	民法第15条第1項
37	補助人の同意を得なければならない行為の定め	民法第17条第1項
38	補助人の同意に代わる許可	民法第17条第3項
39	補助開始の審判の取消し	民法第18条第1項及び第3項並びに第19条第1項（同条第2項において準用する場合を含む。）

40	補助人の同意を得なければならない行為の定めの審判の取消し	民法第 18 条第 2 項
41	補助人の選任	民法第 876 条の 7 第 1 項並びに同条第 2 項において準用する同法第 843 条第 2 項及び第 3 項
42	補助人の辞任についての許可	民法第 876 条の 7 第 2 項において準用する同法第 844 条
43	補助人の解任	民法第 876 条の 7 第 2 項において準用する同法第 846 条
44	臨時補助人の選任	民法第 876 条の 7 第 3 項
45	補助監督人の選任	民法第 876 条の 8 第 1 項
46	補助監督人の辞任についての許可	民法第 876 条の 8 第 2 項において準用する同法第 844 条
47	補助監督人の解任	民法第 876 条の 8 第 2 項において準用する同法第 846 条
48	補助人又は補助監督人の権限の行使についての定め及びその取消し	民法第 876 条の 8 第 2 項及び第 876 条の 10 第 1 項において準用する同法第 859 条の 2 第 1 項及び第 2 項
49	被補助人の居住用不動産の処分についての許可	民法第 876 条の 8 第 2 項及び第 876 条の 10 第 1 項において準用する同法第 859 条の 3
50	補助人又は補助監督人に対する報酬の付与	民法第 876 条の 8 第 2 項及び第 876 条の 10 第 1 項において準用する同法第 862 条
51	補助人に対する代理権の付与	民法第 876 条の 9 第 1 項
52	補助人に対する代理権の付与の審判の取消し	民法第 876 条の 9 第 2 項において準用する同法第 876 条の 4 第 3 項
53	補助の事務の監督	民法第 876 条の 10 第 1 項において準用する同法第 863 条
54	補助に関する管理の計算の期間の伸長	民法第 876 条の 10 第 2 項において準用する同法第 87 条ただし書
不在者の財産の管理		
55	不在者の財産の管理に関する処分	民法第 25 条から第 29 条まで
失踪の宣告		
56	失踪の宣告	民法第 30 条
57	失踪の宣告の取消し	民法第 32 条第 1 項
婚姻等		
58	夫婦財産契約による財産の管理者の変更等	民法第 758 条第 2 項及び第 3 項
親　子		
59	嫡出否認の訴えの特別代理人の選任	民法第 775 条

60	子の氏の変更についての許可	民法第791条第1項及び第3項
61	養子縁組をするについての許可	民法第794条及び第798条
62	死後離縁をするについての許可	民法第811条第6項
63	特別養子縁組の成立	民法第817条の2
64	特別養子縁組の離縁	民法第817条の10第1項
親　権		
65	子に関する特別代理人の選任	民法第826条
66	第三者が子に与えた財産の管理に関する処分	民法第830条第2項から第4項まで
67	親権喪失，親権停止又は管理権喪失	民法第834条から第835条まで
68	親権喪失，親権停止又は管理権喪失の審判の取消し	民法第836条
69	親権又は管理権を辞し，又は回復するについての許可	民法第837条
未成年後見		
70	養子の離縁後に未成年後見人となるべき者の選任	民法第811条第5項
71	未成年後見人の選任	民法第840条第1項及び第2項
72	未成年後見人の辞任についての許可	民法第844条
73	未成年後見人の解任	民法第846条
74	未成年後見監督人の選任	民法第849条
75	未成年後見監督人の辞任についての許可	民法第852条において準用する同法第844条
76	未成年後見監督人の解任	民法第852条において準用する同法第846条
77	未成年後見に関する財産目録の作成の期間の伸長	民法第853条第1項ただし書（同法第856条及び第867条第2項において準用する場合を含む。）
78	未成年後見人又は未成年後見監督人の権限の行使についての定め及びその取消し	民法第857条の2第2項から第4項まで（これらの規定を同法第852条において準用する場合を含む。）

79	未成年被後見人に関する特別代理人の選任	民法第860条において準用する同法第826条
80	未成年後見人又は未成年後見監督人に対する報酬の付与	民法第862条（同法第852条及び第867条第2項において準用する場合を含む。）
81	未成年後見の事務の監督	民法第863条（同法第867条第2項において準用する場合を含む。）
82	第三者が未成年被後見人に与えた財産の管理に関する処分	民法第869条において準用する同法第830条第2項から第4項まで
83	未成年後見に関する管理の計算の期間の伸長	民法第870条ただし書
扶　養		
84	扶養義務の設定	民法第877条第2項
85	扶養義務の設定の取消し	民法第877条第3項
推定相続人の廃除		
86	推定相続人の廃除	民法第892条及び第893条
87	推定相続人の廃除の審判の取消し	民法第894条
88	推定相続人の廃除の審判又はその取消しの審判の確定前の遺産の管理に関する処分	民法第895条
相続の承認及び放棄		
89	相続の承認又は放棄をすべき期間の伸長	民法第915条第1項ただし書
90	相続財産の保存又は管理に関する処分	民法第918条第2項及び第3項（これらの規定を同法第926条第2項（同法第936条第3項において準用する場合を含む。）及び第940条第2項において準用する場合を含む。）
91	限定承認又は相続の放棄の取消しの申述の受理	民法第919条第4項
92	限定承認の申述の受理	民法第924条
93	限定承認の場合における鑑定人の選任	民法第930条第2項及び第932条ただし書
94	限定承認を受理した場合における相続財産の管理人の選任	民法第936条第1項
95	相続の放棄の申述の受理	民法第938条

財産分離		
96	財産分離	民法第941条第1項及び第950条第1項
97	財産分離の請求後の相続財産の管理に関する処分	民法第943条（同法第950条第2項において準用する場合を含む。）
98	財産分離の場合における鑑定人の選任	民法第947条第3項及び第950条第2項において準用する同法第930条第2項及び第932条ただし書
相続人の不存在		
99	相続人の不存在の場合における相続財産の管理に関する処分	民法第952条，第953条及び第958条
100	相続人の不存在の場合における鑑定人の選任	民法第957条第2項において準用する同法第930条第2項
101	特別縁故者に対する相続財産の分与	民法第958条の3第1項
遺　言		
102	遺言の確認	民法第976条第4項及び第979条第3項
103	遺言書の検認	民法第1004条第1項
104	遺言執行者の選任	民法第1010条
105	遺言執行者に対する報酬の付与	民法第1018条第1項
106	遺言執行者の解任	民法第1019条第1項
107	遺言執行者の辞任についての許可	民法第1019条第2項
108	負担付遺贈に係る遺言の取消し	民法第1027条
遺留分		
109	遺留分を算定する場合における鑑定人の選任	民法第1029条第2項
110	遺留分の放棄についての許可	民法第1043条第1項
任意後見契約法		
111	任意後見契約の効力を発生させるための任意後見監督人の選任	任意後見契約法第4条第1項
112	任意後見監督人が欠けた場合における任意後見監督人の選任	任意後見契約法第4条第4項
113	任意後見監督人を更に選任する場合における任意後見監督人の選任	任意後見契約法第4条第5項

114	後見開始の審判等の取消し	任意後見契約法第4条第2項
115	任意後見監督人の職務に関する処分	任意後見契約法第7条第3項
116	任意後見監督人の辞任についての許可	任意後見契約法第7条第4項において準用する民法第844条
117	任意後見監督人の解任	任意後見契約法第7条第4項において準用する民法第846条
118	任意後見監督人の権限の行使についての定め及びその取消し	任意後見契約法第7条第4項において準用する民法第859条の2第1項及び第2項
119	任意後見監督人に対する報酬の付与	任意後見契約法第7条第4項において準用する民法第862条
120	任意後見人の解任	任意後見契約法第8条
121	任意後見契約の解除についての許可	任意後見契約法第9条第2項
戸籍法		
122	氏又は名の変更についての許可	戸籍法第107条第1項（同条第4項において準用する場合を含む。）及び第107条の2
123	就籍許可	戸籍法第110条第1項
124	戸籍の訂正についての許可	戸籍法第113条及び第4条
125	戸籍事件についての市町村長の処分に対する不服	戸籍法第121条（同法第4条において準用する場合を含む。）
性同一性障害者の性別の取扱いの特例に関する法律		
126	性別の取扱いの変更	性同一性障害者の性別の取扱いの特例に関する法律（平成15年法律第111号）第3条第1項
児童福祉法		
127	都道府県の措置についての承認	児童福祉法第28条第1項第1号及び第2号ただし書
128	都道府県の措置の期間の更新についての承認	児童福祉法第28条第2項ただし書
生活保護法等		
129	施設への入所等についての許可	生活保護法（昭和25年法律第144号）第30条第3項
心神喪失等の状態で重大な他害行為を行った者の医療及び観察等に関する法律		
130	保護者の順位の変更及び保護者の選任	心神喪失等の状態で重大な他害行為を行った者の医療及び観察等に関する法律第23条の2第2項ただし書及び同項第4号
破産法		

131	破産手続が開始された場合における夫婦財産契約による財産の管理者の変更等	破産法（平成16年法律第75号）第61条第1項において準用する民法第758条第2項及び第3項
132	親権を行う者につき破産手続が開始された場合における管理権喪失	破産法第61条第1項において準用する民法第835条
133	破産手続における相続の放棄の承認についての申述の受理	破産法第238条第2項（同法第243条において準用する場合を含む。）
中小企業における経営の承継の円滑化に関する法律		
134	遺留分の算定に係る合意についての許可	中小企業における経営の承継の円滑化に関する法律第8条第1項

(c) 別表第二に掲げる事項――第二類事件

別表第二

項	事項	根拠となる法律の規定
婚姻等		
1	夫婦間の協力扶助に関する処分	民法第752条
2	婚姻費用の分担に関する処分	民法第760条
3	子の監護に関する処分	民法第766条第2項及び第3項（これらの規定を同法第749条，第771条及び第788条において準用する場合を含む。）
4	財産の分与に関する処分	民法第768条第2項（同法第749条及び第771条において準用する場合を含む。）
5	離婚等の場合における祭具等の所有権の承継者の指定	民法第769条第2項（同法第749条，第751条第2項及び第771条において準用する場合を含む。）
親　子		
6	離縁等の場合における祭具等の所有権の承継者の指定	民法第808条第2項及び第817条において準用する同法第769条第2項
親　権		
7	養子の離縁後に親権者となるべき者の指定	民法第811条第4項
8	親権者の指定又は変更	民法第819条第5項及び第6項（これらの規定を同法第749条において準用する場合を含む。）
扶　養		

9	扶養の順位の決定及びその決定の変更又は取消し	民法第878条及び第880条
10	扶養の程度又は方法についての決定及びその決定の変更又は取消し	民法第879条及び第880条
相　続		
11	相続の場合における祭具等の所有権の承継者の指定	民法第897条第2項
遺産の分割		
12	遺産の分割	民法第907条第2項
13	遺産の分割の禁止	民法第907条第3項
14	寄与分を定める処分	民法第904条の2第2項
厚生年金保険法等		
15	請求すべき按分割合に関する処分	厚生年金保険法（昭和29年法律第115号）第78条の2第2項
生活保護法等		
16	扶養義務者の負担すべき費用額の確定	生活保護法第77条第2項（ハンセン病問題の解決の促進に関する法律（平成20年法律第82号）第21条第2項において準用する場合を含む。）

(d)　第一類事件と第二類事件の区分

上記(b)と(c)で家事法の第一類審判事件と第二類審判事件を挙げたが，両者の区分基準はいかなるものであろうか。[10]

第一類事件は，家事調停をすることができない事件類型であり，第二類事件は，家事調停をすることができる事件類型である。家事法は，まず両者に共通して適用される手続規律を規定し，続いて第二類審判事件のみに適用される手続を定めている（家事39条以下・66条以下）。この分類は，旧法が9条1項で採用していた甲類審判事項・乙類審判事項という基本的な枠組みと，大要において同じものである。

甲類・乙類の区分については，一般に，甲類は，争訟性がなく，二当事者対立の構造をとらない事件類型であるとされてきた。内容面に即してみると，家

10)　旧法下の文献であるが，家審総論18頁，野田愛子「家事審判制度の総則的課題」講座実務家審Ⅰ 10頁参照。

庭に対する国家の後見的作用として，重要な身分行為等の許可や認証，または権利義務の付与・剥奪に関する手続を定めたものであると説かれてきた。実際の甲類事件においては，関係人の利害対立や経済的利害がかかわる場合が少なくない（例えば，①後見人を誰にするかについて親族間で思惑の違いがある場合，あるいは②相続放棄の申述が受理されるかどうかで，被相続人の債権者と相続人の間で経済的利害が対立する場合がこれに当たる）。しかしながら，①の場合でも，家庭裁判所は被後見人の保護の観点から最も適切な後見人を選任すべきであり，また，②のケースでも，相続放棄に関する民法規定に反しないかどうかが問題となる。その意味で，関係者の利害の対立は事件の背景に過ぎないのであって，必然的に事件類型に伴う特質ではない。このように，甲類審判事件には争訟性がなく，裁判所の公益に鑑みた判断が求められることから，関係人間の交渉の余地はなく，ゆえに，家事調停の対象とはならなかった（家審 17 条ただし書）。

これに対し，乙類審判事項は，争訟性があり，複数関係人の利害が対立し得る事件類型であると説かれていた。関係人（親族）間の紛争であるので，関係人間での合意による解決が可能であるし，また，関係人間での話合いによる円満な解決が期待される事件類型でもある（例えば，養育・扶養に関する事件についてみると，話合いにより円滑な履行の可能性が増大する）。このように，乙類審判事項は，「家事調停に適する事件類型」であったともいえよう[11)]。

家事法における第一類事件，第二類事件の区分は，基本的には，旧法の甲類審判，乙類審判の区分を引き継いでいる。ただし，旧法と異なる点として，旧法の乙類審判事項のうち次の三つのものが，家事法では別表第一（家事法 39 条関係）に記載されている。具体的には，①夫婦財産契約が存する場合の財産管理者の変更等（民 758 条 2 項 3 項）事件（第一類事件 58 項），②扶養義務の設定とその取消し（民 877 条 2 項 3 項）事件（第一類事件 84 項・85 項），③推定相続人の廃除とその審判の取消し（民 892 条・894 条・第一類事件 86 項・87 項）の三つの事件である[12)]。①〜③は，当事者が任意に処分することを許さない事件であるため，第一類事件に分類された。もっとも，③に適用される手続については，第二類審判手続の規定が準用される（家事 188 条 4 項）。しかし，③は推定相続人の相続権を奪うべき要件があるか否かを判断する事件であり，本来，訴訟で争

11)　稲田龍樹「調停前置主義と乙類審判事件（上）」家月 52 巻 9 号（2000）1 頁。

われるべき事件である[13]。

もっとも，第二類事件（乙類審判事項）について認められる「争訟性」は決して一律ではない。例えば，第二類事件の中でも遺産分割事件（第二類事件12項）については，財産権をめぐる紛争であり当事者の自由な処分に任せるべきである面が強い。これは，民事訴訟事件にかなり近い特質を持つといえる。これに対して，例えば協議離婚の際の親権者の指定または変更（第二類事件８項）は，子の父と母が離婚の際に「子を引っ張り合う」との実態を有する紛争であるが，家庭裁判所は「子の福祉」の観点から判断を下すべきである。その意味では，裁判所の後見的判断が期待されているわけであり，遺産分割事件や民事訴訟事件とは異なった性質を有する。このように，第二類事件の中でも「争訟性」には段階的差異があり，そのことが審理手続のあり方の違いに影響を与えるのである。

(5) 終局処理の形式による分類

審判事項は，終局処理の形式に着目して，家庭裁判所の判断による場合と，事実行為である場合に区分できる。その上で，家庭裁判所の判断であるもののうち，内容に基づく効力を基準として，形成的審判，確認的審判，給付的審判の区分がみられる[14]（本章⑦(3)で後述する）。

12）①〜③事件は，家事法・家審法でそれぞれ次のように定められている。

	家審法９条１項	家事法別表第一
①夫婦財産契約が存する場合の財産管理者の変更等	乙類２号	58項
②扶養義務の設定とその取消し	乙類８号（一部）	84項・85項
③推定相続人の廃除とその審判の取消し	乙類９号	86項・87項

13）最決昭55・7・10家月33・1・66は，民法892条の推定相続人の廃除につき，「被相続人の請求に基づき，家庭裁判所をして，親族共同体内における相続関係上の適正な秩序の維持をはかるという後見的立場から，具体的に右の廃除を相当とすべき事由が存するかどうかを審査，判断せしめ，これによって廃除の実現を可能とする方法によることとしたもの」であり，「訴訟事件ではなく非訟事件たる性質を有する」としているが，疑問である。

14）家審総論20頁。

2 審判手続の機関

(1) はじめに

家事審判を行う権限は，原則として，裁判所法上の裁判所としての家庭裁判所が有している（裁31条の3第1項1号，家事73条など）。

家庭裁判所は，原則として，参与員の意見を聴いて審判する（家事40条1項）。家庭裁判所は参与員を期日に立ち会わせることもできる（家事40条2項）。また，(4)で述べるように，家庭裁判所調査官・裁判所技官が専門的知識をもって審判機関を補助する（家事58条・59条・60条等）。

以下，家庭裁判所，参与員，家庭裁判所調査官・裁判所技官の順で述べる。

(2) 家庭裁判所

(a) 審判機関の構成

審判機関たる家庭裁判所は，原則として単独の裁判官が担当する（裁31条の4第1項）[15]。3人の合議体して構成されるのは，裁定合議事件（合議体で審判または審理および裁判する旨の決定を合議体でした事件，裁31条の4第2項1号），および，他の法律において合議体で審判・審理・裁判すべきものと定められた場合等である（裁31条の4第2項2号）[16]。

家事事件手続法は，「家庭裁判所は，参与員の意見を聴いて，審判をする」と定める（家事40条1項）が，参与員は，審判機関ではない（参与員制度趣旨は，民間人である参与員の常識を反映させる点にある[17]。この点は(3)で後述する）。

なお，家事調停官（家事250条により，裁判官と同等の権限をもって調停手続を主宰する者であり，5年以上の職務経験を有する弁護士の中から最高裁判所が任命する）は，調停手続における審判（すなわち，家事277条に基づく合意に相当する審判，および284条に基づく調停に代わる審判）を除き家事審判手続を行う権限を持たな

15) 家審法下では，「家事審判官」と呼ばれていたが，家事事件手続法では，「裁判官」の語を用いている。

16) 法律の規定の例として，家事12条2項など。

17) 一問一答・家事87頁。

い（家事調停官の権限が家事調停手続に限られることにつき，家事251条参照）。

(b)　職分管轄

家事審判事件の職分管轄は，家庭裁判所が有する（裁31条の3第1項1号）。

高等裁判所・最高裁判所も，家事審判に関して裁判を行うことがある。[18)] ただし，「審判」の語は，家庭裁判所が行う場合にのみ用いられる。

この職分管轄に反して，当事者が家事審判事項について家庭裁判所以外の裁判所に訴訟を提起し，または審判を申し立てた場合には，不適法である。この点に関連して，訴訟を提起されまたは審判を申し立てられた裁判所は，事件を管轄家庭裁判所に移送できるか，という問題が生ずる。旧法下では考え方が分かれていたところである。この問題に関し，最高裁判所は，一貫して移送を否定する立場をとってきた（最判昭38・11・15民集17・11・1364，裁判例集Ⅲ-8など。これに対し，移送を肯定する下級審裁判例として，大阪高判昭34・12・18下民10・12・2651，裁判例集Ⅲ-9がある）。家事事件手続法では，9条1項により，移送がなされることとなった（(d)で後述する）。

平成28（2016）年2月，第190回国会（通常国会）に提出された「人事訴訟法等の一部を改正する法律案」には，家事事件手続法に関する規定もあり，国際的な要素を有する家事審判事件について日本の家庭裁判所が管轄権を有するのはどのような場合であるかについても規定が置かれた（法案が成立した場合には，家事法3条の2から3条の15がこれらを規律する規定となる）。例えば，不在者の財産管理に関する処分の審判事件（第一類事件55項）については，不在者の

---

18)　高等裁判所・最高裁判所は，次の場合に，家事審判に関して裁判を行う。
①審判に対して即時抗告がなされた場合には，高等裁判所が抗告審として裁判を行う（裁16条2号，家事91条）。
②高等裁判所が第1審として裁判を行うことがある（本案事件が高等裁判所に係属している場合における家事105条2項に基づく保全処分の裁判，推定相続人の廃除の審判またはその取消しの審判が高等裁判所に係属している場合における家事189条1項に基づく審判確定前の遺産の管理に関する裁判等）。
③高等裁判所が審判に代わる裁判をした場合において，その裁判を不当と認めるときには，78条が準用され，高等裁判所が取消し・変更の裁判がなす（家事93条1項・78条）。
④特別抗告・許可抗告をすることができる裁判等については，最高裁判所が裁判を行う（家事94条・97条）。

財産が日本国内にあるときは，日本の家庭裁判所が管轄権を有する（法案が成立した場合には，家事法3条の2）としている。

(c) 土地管轄

家事審判事件の土地管轄は，各事件ごとに家事事件手続法で定められている。例えば，①成年後見に関する審判事件については，成年被後見人となるべき者の住所地を管轄する家庭裁判所（家事117条），②夫婦間の協力扶助に関する処分の審判事件については，夫または妻の住所地を管轄する家庭裁判所（家事150条），③遺産分割に関する審判事件については，相続が開始した地を管轄する家庭裁判所（家事191条）である。[19)]

家事事件は，管轄が住所地によって定まる場合に（例えば，家事117条・150条等），日本国内に住所地がないときまたは住所が知れないときは，居所地・最後の住所地により管轄を定める（家事4条，住所地・居所地・最後の住所地の順序で定める）。2以上の家庭裁判所が管轄権を有するときは，先に申立てを受け，または職権で手続を開始した家庭裁判所が管轄を有する（優先管轄，家事5条）。旧非訟事件手続法3条本文の優先管轄の規定と同旨の規定が置かれたものである。[20)]

土地管轄については，審判申立ての時を基準とする。事件開始時に管轄が肯定されれば，その後に住所地等が変更しても，土地管轄には影響が及ばない（家事8条）。

第二類事件については，当事者の合意による管轄も認められる（家事66条）。合意管轄の規定は，家事事件手続法により新設された。

管轄裁判所が法律上または事実上裁判権を行うことができないときは，その

---

19) 旧法下においては，土地管轄は，各事件ごとに家事審判規則と特別家事審判規則によって定められていた。例えば，後見・保佐・補助開始の審判事件について家審規22条・29条・30条の7，遺言に関する審判事件につき，家審規120条等。家事事件手続法では，規則ではなく法律に規定を置いた。

20) 旧法下ではこの旧非訟法3条が家事審判手続に準用されるか否かについては，見解が分かれていたところ，明確に規定を置いたものである。旧法下の肯定説の文献として，市川・家審概説21頁，22頁，黒根宗樹『書記官事務を中心とした家事（甲類）審判手続の研究（書記官事務研究報告書2巻4号）』（裁判所書記官研修所・1973）36頁，注解家審規25頁〔篠清〕がある。また，否定説をとるものとして，家審講座I 40頁〔綿引末男〕，東京高判昭29・5・26東高時報5・5・118，裁判例集Ⅲ-10などがある。

裁判所の直近上級裁判所が申立てによりまたは職権で管轄裁判所を定める（家事6条1項）。また，裁判所の管轄区域が明確でないため管轄裁判所が定まらないときは，関係のある裁判所に共通する直近上級裁判所が，申立てまたは職権により管轄裁判所を定める（家事6条2項）。これらの管轄裁判所の指定については不服申立てができない（家事6条3項）。民事訴訟法10条と同旨の規定を設けたものである。

(d)　移送——原則と例外的取扱い

裁判所は，家事事件の全部または一部がその管轄に属しないと認めるときは，申立てによりまたは職権で，管轄裁判所に移送する（家事9条）。これが原則であるが，次の場合に例外的取扱いがなされる。

「事件を処理するために特に必要があると認めるとき」は，みずから処理することができ（これを「自庁処理」と呼ぶ），または他の管轄権を有する家庭裁判所以外の家庭裁判所に移送することができる（家事9条1項ただし書）。旧法下の家事審判規則4条にも同旨の規定があった。こうした例外を認めるためには，一般的にいえば，本来の土地管轄に従うよりも申立人に便宜であったり，負担が軽減されたり，事件処理の迅速がはかれるなどの事由が必要であり，これが上記ただし書が要求する「特に必要がある」という要件である。この点に関しては，①地理的条件・交通機関との関係で移送先の方が時間的・経済的に便利な場合，②調査や審問等に必要な参考人などが移送先の家庭裁判所の近くに多数居住している場合，③申立人が身体的障害から相手方住所地の裁判所に出頭し難いのに対し相手方にはそうした事情が存在しない場合，④以前に関連事件を処理しており移送先の家庭裁判所が事情をよくわかっている場合，⑤第一類事件で，かつ書面審理で足りる簡易な事件であり，代理人が移送先家庭裁判所の区域内に住所を有する場合などが，例として挙げられている[21]。

(e)　裁判官の除斥・忌避・回避

裁判官の除斥・忌避に関する規定は，家事事件手続法10条から12条に定められている。民事訴訟法23条・24条と同旨の規定である。裁判官が除斥され

21）旧法下の文献であるが，注解家審規27頁，29頁〔篠清〕。

るのは，以下の①〜⑥の原因がある場合である（家事10条）。除斥の原因があるときは，申立てによりまたは職権で，除斥の裁判が行われる。

① 裁判官又はその配偶者若しくは配偶者であった者が，事件の当事者若しくはその他の審判を受ける者となるべき者であるとき（ここでは，申立却下以外の審判がされた場合において，その審判を受ける者となる者をいう。「審判を受ける者となるべき者」については，本章3(1)で後述する），又は，事件について，これらの者と共同権利者，共同義務者，若しくは償還義務者の関係にあるとき。

② 裁判官が当事者又はその他の審判を受ける者となるべき者の4親等内の血族，3親等内の姻族，若しくは同居の親族であるとき，又はあったとき。

③ 裁判官が当事者又はその他の審判を受ける者となるべき者の後見人，後見監督人，保佐人，保佐監督人，補助人または補助監督人であるとき。

④ 裁判官が事件について証人若しくは鑑定人となったとき，又は審問を受けることとなったとき。

⑤ 裁判官が事件について当事者若しくはその他の審判を受ける者となるべき者の代理人若しくは補佐人であるとき，又はあったとき。

⑥ 裁判官が事件について仲裁判断に関与し，又は不服を申し立てられた前審の裁判に関与したとき。

裁判官の忌避については，民事訴訟法24条1項・2項と同様の規定が置かれている。すなわち，裁判官について裁判の公正を妨げる事情があるときは，当事者はその裁判官を忌避することができる（家事11条1項）。また，当事者は，その裁判官の面前において事件について陳述したときは，その裁判官を忌避することができない。ただし，忌避の原因があることを知らなかったとき，又は忌避の原因がその後に生じたときは，忌避が認められ得る（同条2項）。

除斥または忌避の裁判については，次のように定められている。すなわち，①合議体の構成員である裁判官および家庭裁判所の1人の裁判官の除斥・忌避については，その裁判官の所属する裁判所が裁判を行い，②受託裁判官として職務を行う簡易裁判所の裁判官の除斥・忌避については，その裁判所の所在地を管轄する地方裁判所が裁判を行う（家事12条1項。なお，除斥忌避の裁判は，合議体でなされる。同条2項）。除斥・忌避の申立てがあったときは，その申立てについての裁判が確定するまで家事事件の手続を停止しなければならない。ただし，急速を要する行為については，例外が定められている（同条4項）。除斥・忌避が問題となっている当該裁判官は，除斥・忌避の裁判に関与することができないが（同条3項），濫用的申立て等に対しては例外が定められている（同条5項）。

除斥・忌避の規定は，裁判所書記官・参与員に準用されている（家事13条・14条）。

また，裁判官の回避についても，家事事件手続規則12条に規定がある（同条も裁判所書記官・参与員に準用されている，家事規13条）。

(3) 参 与 員

前述のとおり，家事事件手続法は「家庭裁判所は，参与員の意見を聴いて，審判をする。ただし，家庭裁判所が相当と認めるときは，その意見を聴かないで，審判をすることができる」と定める（家事40条1項）。すなわち，法文上は，参与員の関与が原則となっているとともに，例外的取扱いも認められている。

(a) 参与員の基本的性格と審判への関与

参与員は，家庭裁判所の諮問機関である[22)]。参与員は候補者の中から個別事件ごとに家庭裁判所により指定される。家庭裁判所は，参与員を家事審判手続の期日に立ち会わせることもでき（家事40条2項），参与員は審判に対して意見を陳述する。もっとも，諮問機関であるため，家庭裁判所は参与員の意見に拘束されることはない。審判が，あくまで家庭裁判所の権限と責任に服することの帰結である[23)]。参与員の関与は，広義の司法に対する国民参加であり，民間有識者の関与を通じて社会常識などを取り込む点にある[24)]。

なお，参与員は，職務上知り得た秘密について秘密遵守義務を負い（家事292条），また，除斥・忌避の規定が準用される（家事14条・10条・11条）。

以上の基本的な性格は，旧法から変更がないものと考える。

家事事件手続法では，参与員による申立人からの説明聴取の規定が新設された（家事40条3項）。すなわち，参与員は，家庭裁判所の許可を得て，申立人

---

22) 参与員制度の沿革等に関しては，次のものが詳細である。林道晴「参与員の活用について」家月42巻8号（1990）1頁。

23) 旧法下の文献として，家審実務講義25頁。

24) 旧法下の文献として，注解家審79頁，66頁〔岩井俊〕。

の提出した資料の内容について，申立人から直接説明を受けることができる。参与員が裁判官に的確な意見を述べるためには，裁判資料の閲読等に加えて，資料内容に不明な部分があれば，その趣旨確認等のために資料の提出者から直接説明を受けることが必要となる場合がある。この点を考慮した規定である。[25)]ただし，この規定は第二類事件には適用されない（家事40条3項ただし書）。第二類審判手続は紛争性が高く，双方の言い分を比較検討する必要があるため，資料提出者からの説明を聴取することも事実の調査として行うべきであり，裁判官が関与しない形で参与員が直接当事者から説明を聴取することは相当ではないと判断されたためである。[26)]

(b) 参与員の関与――原則と例外

家事事件手続法40条は，参与員の関与を原則とし，例外的に，「相当と認めるとき」には，参与員の関与なしで審判することが認めている。この点は旧法（家審3条）と同様の規定である。裁判官のみでの処理が相当と認められる具体的事例について，旧法下では次のように説かれていた。[27)28)]すなわち，

①事件の内容が極めて簡単であるとか，その解決が主に法律上の解釈如何にかかわり，特に参与員が関与するまでもないような場合

②極めて緊急迅速な処理を要し，合議の時間的余裕のない場合

---

25) 一問一答・家事87頁。

26) 一問一答・家事87頁。

27) 若林昌子「家庭裁判所と家事審判および家事調停の機関」講座実務家審Ⅰ 67頁参照。また，『昭和23年2，3月各高等裁判所管内家事審判官会同協議要録（民裁資料12号）』12頁（注解家審65頁(3)(c)）。

28) 旧法下においても，法文上は参与員の関与は原則的なものとされていた（家審3条）。運用をみると，家事審判法施行後から関与率は極めて低い状態であったが，近年では，関与率が増加してきていた。旧法下で，関与員が活用されたのは主として次の3類型であったようである（林・前掲注22）26頁参照)。

すなわち，

①比較的簡単な甲類審判事件について，参与員が申立人等から予め一定の事項を聴取し，その結果と参与員の意見とを家事審判官が参考にして判断するもの，

②家事調停委員として関与した乙類事件の審判に再び参与員として関与することを求め，調停の成果を審判の中に取り込むことを意図するもの，

③参与員に専門的知見（例えば，国際私法に関するもの）の提供を求めるもの，である。

③当事者双方が家事審判官（裁判官）のみの処理を希望し，関与が適当でない場合

である。

例外についての基本的な考え方は，家事事件手続法下においても妥当するものと考える。

(c)　参与員の具体的資格要件および選任手続

参与員の員数は各事件について1人以上と定められ，家庭裁判所が毎年前もって選任する者の中から，各事件ごとに家庭裁判所が指名する（家事40条4項5項）。ここで選任される者は，徳望良識があり，かつ，不適格事由（禁錮以上の刑に処せられた者，公務員として免職の懲戒処分を受け当該処分の日から2年を経過しない者など，参与規1条・2条）に該当しない者であり，選任されるべき者の員数は各家庭裁判所ごとに20人以上である（参与規3条）。なお，参与員を選任する上で人事訴訟手続における参与員（人訴9条）との間に区別は設けられていない。

(4)　裁判官以外の裁判所職員――家庭裁判所調査官と裁判所技官

第4章で述べたように，家事審判手続の特質の一つとして，「科学的調査に基づく判断」を挙げることができる。そのため，家事審判手続には，事実調査に要求される専門性と学際性という要請に応えるために，裁判所職員（家庭裁判所調査官と裁判所技官）が置かれている。

(a)　家庭裁判所調査官

家庭裁判所調査官は，家事審判手続において，裁判官の命令により事実の調査を行う（家事58条，裁61条の2第4項）。家庭裁判所調査官は，家事審判，家事調停，および人事訴訟における附帯処分等に必要な調査を行うことを職務としており（裁61条の2第2項），調査官の行った調査の結果は，書面または口頭で家庭裁判所に報告される（家事58条3項）。この報告には，意見を付することも可能である（家事58条4項）。家庭裁判所調査官の行う事実の調査の主なものは，当事者の意向調査，未成年子の生活状況調査，親権者の指定・変更事件や面接交渉事件等における子の意向確認調査，面接交渉試行の援助，親権

者・監護者の適格性についての調査である[29]。このほかにも，①審判期日に立ち会う（家事59条1項），②事件関係人，その他の環境を調整するために社会福祉機関との連絡その他の措置（助言援助活動や心理的調整）を担当する（家事59条3項，これらを調整活動という[30]），③履行確保に関する事務（家事289条）や成年後見に関する報告（家事規79条）を行うなどの職務を担当する。

家庭裁判所調査官の専門性を確立する視点から，その選抜，研修方法にも工夫がみられる。具体的に述べると，調査官は，心理学・社会学・教育学・社会福祉学等の専門知識を有することが要請されるため，まず，そうした科目の試験を経て任用される。試験合格後には，家庭裁判所調査官補（裁61条の3）として勤務し，その後，裁判所職員総合研修所における研修と修了認定を経て，家庭裁判所調査官として活躍することが制度的に保障されている（裁14条の2）。なお，上で述べた，家庭裁判所調査官補の職務は，主に，調査官の補助に当たるものである（裁61条の3[31]）。

(b) 裁判所技官

家庭裁判所の特色の一つとして，医師である裁判所技官の配置を挙げることができる。家事事件手続法60条1項は，「家庭裁判所は，必要があると認めるときは，医師である裁判所技官に事件の関係人の心身の状況について診断をさせることができる」と定める。裁判所技官の診断，期日の立会，意見陳述については，家庭裁判所調査官の規定が準用される（家事60条2項）。

3 当事者・関係人

(1) はじめに――概念の整理

家事審判手続では，次に述べる理由により，民事訴訟手続の場合と同じ意味

29) 野田＝安倍262頁〔石井葉子〕。
30) 野田＝安倍261頁〔石井〕。
31) 以上の点については，旧法下の文献であるが，西岡清一郎＝篠田悦和「科学的調査」講座実務家審Ⅰ146頁以下に詳しい。

で「当事者」を観念することができない。第一に，家事審判事件では，必ずしも二当事者対立構造が存在しない。例えば，相続放棄の申述の受理（民938条，第一類事件95項）など第一類審判事項では「対立する二当事者」を観念できない。第二に，家事審判手続では，手続に主体的に関与する者と審理の名宛人が異なる場合がある（例えば，利害関係人が失踪宣告を申し立てた場合，手続関与者は当該利害関係人であるが，審判の名宛人は失踪宣告を受ける本人である。民30条，第一類事件56項）。第三に，職権で開始し得る審判（例えば，未成年後見の事務の監督，民863条2項，第一類事件81項）があるため「当事者」概念になじまないものがある。こうした事情があるため，家事事件では，従来から，手続主体として想定すべき者は誰か，手続を保障すべき者は誰かをめぐり，議論があった。[32] このことは，民事訴訟手続では，訴訟当事者（原告・被告）が例外的事例を除いて明確であり，原則として，判決の効力が及ぶ当事者に手続を保障すれば足りるのと異なる。

家事事件手続法では，当事者等について次のような①～⑤の語を用いて規定している。

①「当事者」
②「当事者となる資格を有する者」
③「審判を受ける者」
④「審判を受ける者となるべき者」
⑤「④以外であって審判の結果により直接の影響を受ける者」
⑥「事件の関係人」

以下，①～⑥のそれぞれについて，その用語の内容について簡単な説明を加えることとしよう。

①「当事者」（家事49条2項・74条1項など）は，手続の申立人または相手方である。

②「当事者となる資格を有する者」（家事41条・42条2項など）は，例えば，申立権者が複数いる場合の申立人以外の者である。この者は，当事者参加（家事41条），または裁判所の許可を得て利害関係参加をなすことができる

32）　例えば，山木戸・家審28頁。

（家事42条2項）。詳細は参加の項（(4)・(5)）で述べる。

③「審判を受ける者」（家事47条6項・74条1項など）は，審判の名宛人になる者である[33]。申立てを却下する審判においては，申立人がこれに該当する。また，積極的内容の審判にあっては，これにより自己の法律関係が形成される者がこれに該当する。例えば，後見開始の審判であれば成年被後見人とされる者であり，特別養子縁組の成立の審判であれば，養親とされる者，養子とされる者およびその実父母がこれに該当する。

④「審判を受ける者となるべき者」（家事10条1項1号～3号・28条2項2号など）は，積極的内容の審判がされた場合において，その審判を受ける者（自己の法律関係が形成される者，すなわち上記③の者）となる者である[34]。積極的内容の審判がなされるか否かは審判を待たなければならない。しかし，これらの者は手続進行中にも利害関係を有しており，手続保障の観点から，予め手続追行の機会を与えることが必要である。例えば，裁判所の許可を得ることなく，利害関係参加をすることができる（家事42条1項）。

⑤「④以外であって裁判・審判の結果により直接の影響を受ける者」としては，例えば，推定相続人廃除の審判事件における排除を求められていない推定相続人（排除の審判により法定相続人が変動する者），破産管財人が当事者となる場合の破産者が該当する。これらの者は，裁判所の許可により利害関係参加をすることができる（家事42条2項[35]）。

⑥その他，「事件の関係人」（家事47条4項・51条）という語も用いられている。

これら，①～⑥の誰にどのような手続を保障すべきかは，手続主体の問題と切り離し，個別に検討されるべき問題である[36]。また，係属中の審判手続への参加・強制参加については，参加制度の項（(4)および(5)）で後述する。

33） ③については，一問一答・家事18頁による。

34） 一問一答・家事18頁。

35） 具体例につき，中間試案の補足説明126頁，164頁。

36） 徳田和幸「非訟事件手続・家事事件手続における当事者等の手続保障」法時83巻11号（2011）12頁。

⑵　当事者能力・手続行為能力

旧法では，当事者能力・手続行為能力について規定がなかったが，家事事件手続法では，民事訴訟法の規定を準用する旨を明確に定めた（家事17条1項）。すなわち，当事者能力・手続行為能力については，民事訴訟法の当事者能力の規定（民訴28条・29条），および訴訟能力の規定（民訴28条・31条・33条・34条1項2項）が準用される。ただし，家事法118条等に例外規定が置かれている。詳しくは，本書序章に記載のあるとおりである。

⑶　代理・補佐

代理については，訴訟手続におけると同じように，法定代理と任意代理に分けることができ，法定代理は，さらに実体法上の法定代理と手続上の特別代理に分けることができる。以下，順にみることとしたい。

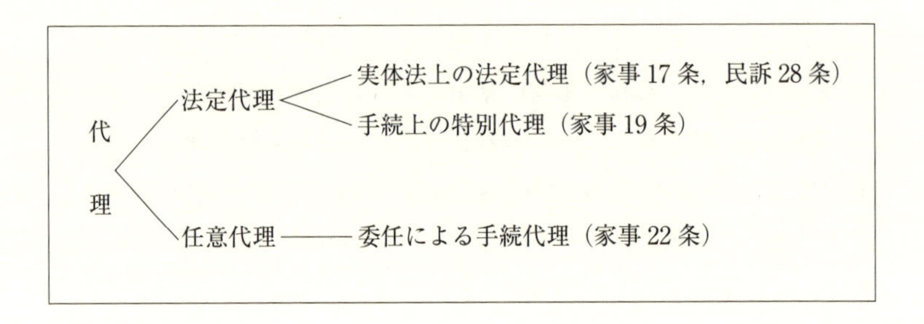

⒜　法定代理

㋐　はじめに

家事審判手続においては，前述のとおり，民事訴訟法の訴訟能力の規定が準用される（家事17条，民訴28条・31条・33条・34条1項2項）。したがって，原則として，未成年者・成年被後見人は手続行為能力がなく，法定代理人によらなければ，手続行為をすることができない（ただし，家事118条等に例外規定が置かれているのは前述のとおりである）。法定代理人は，実体法上の法定代理人と家事審判手続上の特別代理人（家事19条）に分けることができる。実体法上の法定代理人は，親権を行う者と後見人のほか（家事17条，民訴28条），保佐人・補助人も訴訟行為について代理権を付与されている場合には，法定代理人となる（民訴28条，民876条の4・876条の9）。以上の点は，民事訴訟手続と同様である。人事訴訟手続では，意思能力がある限り訴訟能力も肯定される（人訴13条1項）[37]が，家事審判手続ではこれと異なる規定が置かれている。

未成年者・成年被後見人が法定代理人によらずに自ら手続行為をすることができる場合（家事118条による場合および118条を準用する場合）であっても，親権を行う者（民法上の特別代理人（民826条）を含む）または後見人（民法860条による同法826条準用の場合を含む）は，未成年者・成年被後見人を代理して手続行為をすることができる（家事18条本文）。ただし，家事審判の申立てについては，民法その他の法令により親権を行う者・後見人等が申立てをすることができる場合に限られる（同条ただし書）。この規定の趣旨は，他の法令により法定代理人が申し立てることができないときにまで審判手続を開始させるのは，未成年者・成年被後見人の意思を尊重する観点から適切ではないからである[38]。

(イ)　手続上の特別代理

家事審判の当事者に手続行為能力が欠缺しているが，法定代理人がいない場合等においては，特別代理人が選任され得る（家事19条）。選任の要件は，「法定代理人がない場合又は法定代理人が代理権を行うことができない場合」であること，および「家事事件の手続が遅滞することにより損害が生ずるおそれがある」ことであり，この点の疎明が必要である（同条2項）[39]。利害関係人の申立てにより，または職権で選任されるが（家事19条1項），特別代理人が手続代行するには，後見人と同一の授権がなければならない（同条4項）。

(ウ)　代理権が消滅した場合の取扱い

代理権が消滅した場合，民事訴訟法手続においては，本人または代理人から相手方に通知しなければ代理権消滅の効力は生じない（民訴36条1項）。家事審判手続においても，第二類審判手続については，民事訴訟法と同様の規定が新設された（家事20条）。これに対して，第一類審判手続については，法定代理権の消滅事由（例えば，後見人の辞任・解任など，民844条・846条）が発生した

37)　野田＝安倍113頁〔石黒清子〕。

38)　秋武65頁〔高橋信幸〕。

39)　民事訴訟法上の特別代理人の選任は，法文上は，訴訟能力がない者に対して訴訟行為をしようとする者からの申立てによる（民訴35条1項）。家事事件手続法では，手続行為能力が申立人・相手方のいずれについて欠缺している場合でも適用されることが，法文上明らかである。

場合には，手続上の代理権も直ちに消滅する。第一類審判手続についてこのような取扱いがなされるのは，①第一類審判手続については相手方の信頼保護という問題は生じないこと，②公益的要素が強く裁判所の後見的役割が期待されること，③本人保護の要請から実体法上の法定代理人が手続を追行するのが望ましいこと，④申立人本人が利益を受けない事件類型も多く，直ちに手続上の代理権も消滅させないと審判による影響を受ける第三者の利益を害する懸念があることを理由とするものである[40]。

実体法上の法定代理権が消滅した場合，第一類審判手続については，本人または代理人がその旨を書面で裁判所に届けなければならず（家事規16条2項），第二類審判手続については相手方への通知（家事20条）とともに，同様の届け出をしなければならない（家事規16条1項）。

(b)　任意代理

(ア)　はじめに

民事訴訟手続におけるのと同様に，家事審判手続においても，当事者が，特定の事件について手続を追行する権限を包括的に委任することがある。受任者は，「手続代理人」と呼ばれ，民事訴訟手続の「訴訟代理人」に当たるものである。民事訴訟手続と同様，手続代理人は原則として，弁護士でなければならない（家事22条，民訴54条）。例外的に，家庭裁判所は弁護士ではない者を手続代理人とする許可を与えることができるが，その許可はいつでも取り消すことができる（家事22条1項2項）。

(イ)　代理権の範囲

手続代理人の代理権の範囲について，旧法では明文の規定が置かれていなかったが，家事事件手続法は民事訴訟法55条と同様の規定を置いた（家事24条）。すなわち，「手続代理人は，委任を受けた事件について，参加，強制執行及び保全処分に関する行為をし，かつ，弁済を受領することができる」とされ，またこれらの手続代理人の代理権は，原則として制限されない（同条1項3項）。これらの規定は，手続代理人の代理権を画一的・包括的に定めたものであるが，あわせて家事審判の申立ての取下げ等，特別に授権が必要な手続行為の範囲を

40）　秋武68頁〔高橋〕。

定めている（同条2項）。

(ウ) 裁判長による手続代理人の選任

家事事件手続法は，裁判長による手続代理人選任の規定を新設した（家事23条1項2項）。すなわち，手続行為につき行為能力の制限を受けた者が，家事事件手続法118条（本条が準用される場合も含む）により手続行為をしようとする場合において，必要があると認めるときは，裁判長は，申立てによりまたは職権で，弁護士を手続代理人に選任することができる。例えば，①親権喪失や親権者変更の事件において，意思能力を有する子が自ら利害関係参加をする場合に，家事事件手続法23条が適用される[41]。また，②成年被後見人が成年後見監督人の解任を自ら求める場合（民852条・846条）等も同様である。この場合には，成年被後見人は，意思能力がある限り完全な手続行為能力を有する。しかしながら，成年被後見人が自らそのような手続行為を行うのは容易ではない。また，成年後見人による法定代理（家事18条）も考えられるが，成年後見人と成年被後見人の意向と一致しない場合もあり得る。さらに，成年被後見人が自ら委任契約を締結して手続代理人を選任することもできない[42]。家事事件手続法23条は，①や②のような場合に対応するための規定である。なお，本条が適用されるのは，意思能力がある場合に限られる。意思能力がない場合には，本人の真意の把握が困難となるからである[43]。

(エ) 代理権が消滅した場合の取扱い

法定代理権が消滅した場合と同様，第二類事件については，他方当事者に通知をしなければ手続上の代理権消滅の効果は生じない（家事25条）。第一類事件については，代理権消滅と同時に手続上の代理権も消滅する。裁判所に書面により通知をすることも法定代理の場合と同様である（家事規18条3項4項）。

(c) 補　佐

家事審判手続においても，民事訴訟手続の補佐人の規定（民訴60条）の規定が準用される（家事27条）。すなわち，補佐人は，裁判所の許可を得て，当事

41) 一問一答・家事76頁。
42) 秋武71頁〔高橋〕。
43) 一問一答・家事76頁。

者・法定代理人・手続代理人とともに出頭し，これらの者の陳述を補足することができる。

(4) 当事者参加

家事事件手続法における参加制度として，当事者参加と利害関係参加（(5)で後述）がある。家事事件手続法により，参加することができる者の範囲，および参加人の権限が明確になった。

(a) 参加できる者の範囲

当事者参加とは，「当事者となる資格を有する者」が係属中の家事審判手続に，当事者として参加する制度である（家事41条1項）。当事者参加ができる場合として，次の事例が想定されている[44]。

①申立権者が複数ある場合（後見開始・保佐開始の審判など，民7条・11条）において，そのうちの1人が家事事件の申立てをしたとき，または職権で手続が開始したときに，他の申立権者が係属中の手続に参加する。

②申立人または相手方の地位を基礎付ける法的地位が他の第三者に移転した場合に，その第三者が手続に参加する。例えば，遺産分割の事件において，申立人，または相手方たる相続人が，相続人の地位を第三者に譲渡した場合がこれに相当する。

③申立人が，本来相手方とすべき者が複数いる場合に，その一部を相手方とせずに審判を申し立てたとき，対象とされなかった者が当該手続に参加する。例えば，遺産分割事件において，申立人にも相手方にもならなかった相続人が，係属中の手続に参加する場合がこれに相当する。

(b) 第三者の手続への引込み（強制参加）

裁判所は，相当と認めるときは，当事者の申立てによりまたは職権で，(a)の当事者参加できる者のうち，「審判を受ける者となるべき者」を当事者として手続に参加させることができる（家事41条2項）。この制度は，当事者となる資格を有する者が参加する意思を有していない場合であっても参加を強制する

44)　以下の具体例①～③は，一問一答・家事89頁による。

ものであり，「裁判所の後見性」を優先するものである。[45] 本条項の適用により第三者を強制的に参加させる例として，次の①・②が挙げられている。[46]

①当事者として参加させない限り審判をすることができない場合
例えば，遺産分割事件において，相続人の一部が当事者となっていない（すなわち脱漏がある）場合に，当事者となっていない相続人を参加させる必要がある。

②当事者として参加させなくとも審判をすることができるが，より根本的な解決のために当事者として参加させる必要がある場合
例えば，親族間の扶養の程度・方法についての決定の審判事件において，他の扶養義務者を参加させることが考えられる。

(c) 当事者参加の手続

(a)の参加の申出，および(b)の強制参加の申立ては，参加の趣旨および理由を記載した書面でしなければならない（家事 41 条 3 項）。(a)の参加の申出を却下する裁判に対しては，即時抗告をすることができる（同条 4 項）。

(d) 当事者参加人の権能

第三者自らが審判手続に参加を申し立て，または第三者が審判手続に引き込まれた場合，参加人となった者は，既存の当事者と同じ権能を有する（当事者権についての詳細は，本章4(3)で後述する）。ただし，進行中の手続の係属を消滅させることは認めるべきではないので，当初の申立てを取り下げることはできない。[47]

(5) 利害関係参加

利害関係参加とは，「審判を受ける者となるべき者」等が係属中の家事審判手続に，当事者以外の者として参加する制度である（家事 42 条 1 項 2 項）。

---

45) 一問一答・家事 90 頁。
46) 一問一答・家事 90 頁注 2。
47) 一問一答・家事 91 頁。

(a)　参加できる者の範囲

参加できる者の範囲は，次の①～③である。すなわち，

①審判を受ける者となるべき者，

② ①以外であって，かつ，審判の結果により直接の影響を受ける者

③ ①以外であって，かつ，当事者となる資格を有する者　である。

このうち，①については裁判所の許可が不要であるが，②・③については，裁判所の許可を得て参加する必要がある。

次に，より具体的な範囲を検討する。

①「審判を受ける者となるべき者」は，(1)で述べたように，積極的内容の審判が出された場合において，その裁判を受ける者になるものである。例えば，後見開始・保佐開始・補助開始の審判事件について成年被後見人となるべき者・被保佐人となるべき者・被補助人となるべき者がこれに該当し，利害関係参加をすることができる。特別養子縁組の成立の審判事件における養子となるべき者の実父母も同様である。

②「①以外であって，かつ，審判の結果により直接の影響を受ける者」については，次のような例を挙げることができる[48]。例えば，㋐親権者の指定・変更の審判，または親権喪失の審判における未成年子（問題となっている親権の対象となっている子），㋑成年後見人の解任の審判における成年被後見人，㋒推定相続人廃除の審判事件における排除を求められていない推定相続人（排除の審判により法定相続人が変動する者）を挙げることができる。

③「①以外であって，かつ当事者となる資格を有する者」が利害関係参加をする事例として，次のような例が想定されている[49]。成年後見人の解任を後見監督人が申し立てた場合において（民 846 条），被後見人の親族の中には解任に賛成の者も反対の者も存在し得る。賛成の者は，当事者参加をすることができる。これに対して，反対の親族は，申立人となるのは適当ではなく，かつ必ずしも当然に参加を認める必要がない。そこで，裁判所の許可を得て，利害関係参加をすることを認めたものである。

48)　一問一答・家事 19 頁。

49)　一問一答・家事 93 頁。

(b) 第三者の手続への引込み（強制参加）

家庭裁判所は，相当と認めるときは，職権で，(a)の①～③の利害関係参加をすることができる者を家事審判の手続に参加させることができる（家事42条3項）。利害関係参加についても，強制参加の途を開いたものである。

(c) 利害関係参加の手続

(a)の参加の申出，および(b)の強制参加の申立ては，参加の趣旨および理由を記載した書面でしなければならない（家事42条4項・41条3項）。

(a)および(b)により，家事審判の手続に参加しようとする者が未成年者である場合において，参加することが当該未成年者の利益を害すると認めるときは，家庭裁判所は，(a)の参加の申出，および(b)の強制参加の申立てを却下しなければならない（家事42条5項）。この判断は，当該未成年者の年齢・発達の程度等一切の事情を考慮して，参加がその者の利益を害するかどうかにより判断される。

参加の申出を却下する裁判に対しては，即時抗告をすることができる（同条6項）。

(d) 利害関係参加人の権能

上記の(a)・(b)により参加した者（利害関係参加人）は，当事者がすることができる手続行為をすることができる（家事42条7項本文）。ただし，次の行為についてはこの限りではない。

①家事審判の申立ての取下げおよび変更，裁判に対する不服申立ての取下げ，裁判所書記官の処分に対する異議の取下げはすることができない。これらは，性質上，当事者のみに認められる手続行為だからである[50)]。

②裁判に対する不服申立て，および裁判所書記官の処分に対する異議をなし得るかどうかは，家事事件手続法の他の規定の定めるところによる（家事42条7項ただし書）。

---

50) 一問一答・家事94頁。

(6) 手続からの排除

家庭裁判所は，当事者となる資格を有しない者，および当事者である資格を喪失した者を家事審判の手続から排除することができる（家事43条1項）。例えば，遺産分割事件において，相手方が相続人ではなかった事例，または相続人の地位を譲渡した事例等を想定することができる[51)52)]。排除の裁判により，家事審判手続の「当事者」としての地位を喪失し，当事者に認められている権限を行使することができなくなる。

排除の裁判に対しては，即時抗告をすることができる（家事43条2項）。

(7) 受　継

(a) 当事者の死亡等の場合の取扱い――受継

審判手続中に，当事者が死亡したり資格を喪失したりした場合には，どのように扱われるのか。民事訴訟手続においては，訴訟手続が中断し，相続人・新資格者等によって受継される（民訴124条）。家事事件手続法においては，手続は中断せず，法令により手続を続行する資格を有する者が受継する（家事44条）[53)]。民事訴訟手続と異なる取扱いがなされる理由は，次のように説明されている[54)]。すなわち，①家事審判事件は，職権探知主義がとられ，関係人からの事情聴取等により裁判資料の収集が可能であること，②仮に，手続が中断するという立法をすると，当事者が関与しない手続も進行しないこととなり，家事事件の簡易迅速の要請に反すること，③当事者が関与しなければ進行しない手続については，新当事者が受継しなければ進行せず，当事者の手続関与の機会を不当に奪うことにならないことが理由とされている。

以上のように，当事者の死亡・資格喪失等によっても，当事者が関与しない

51）一問一答・家事91頁。

52）本規定は，排除の裁判があっても，そのまま手続が続行される事案に適用されるものである。申立人が当事者となる資格を有していないため，申立てが却下されるべき場合には排除は問題とならない。一問一答・家事92頁。

53）なお，事件の性質上，当事者等の死亡により当然に手続が終了する場合があるのは，民事訴訟手続と同様である（民事訴訟手続については，相続・会社の合併等により二当事者対立構造が消滅した場合等を例に挙げることができる）。審判手続における当然終了の具体例については，本章6(2)(a)を参照されたい。

54）一問一答・家事95頁。

手続は進行する。当事者の関与が必要な手続（当事者が立会権を有する証人尋問，第二類審判手続における当事者からの陳述聴取，審理の終結決定の告知等，家事64条・68条・71条）については，当事者が存在しない状態となり，受継がなされるまで進行できない。家事事件手続法44条・45条の受継により，形式的に「当事者」となる者を確認し，後者についても手続を進行することとなる[55)]。受継には，法令により手続を続行すべき者による受継と（家事44条），他の申立権者による受継（家事45条）がある。

(b) 法令により手続を続行すべき者による受継

家事審判手続の係属中に，当事者の死亡，資格の喪失等の事由が発生し，手続が進行できない場合には，法令により手続を続行する資格のある者はその手続を受け継がなければならない（家事44条1項）。その者が受継の申立てをしない場合には，裁判所は他の当事者の申立て，または職権により受継させることができる（同条3項）。「法令により手続を続行する資格のある者」の具体例として，①当事者が死亡した場合の相続人または相続財産管理人，②破産管財人たる資格に基づき当事者となっている者が破産管財人たる地位を解任された場合（破75条）の新たな破産管財人，を挙げることができる。

(c) 他の申立権者による受継[56)]

家事審判事件の中には，申立人が死亡したり資格を喪失するなどの事由があっても，(b)の「法令により手続を続行する資格のある者」が想定されない事件類型がある（例えば，後見開始・保佐開始・補助開始の審判など）。これらの事件類型では，申立人の死亡により事件は当然終了となるはずである。しかしながら，家事事件手続法は，他の申立権者が係属中の手続を受継することを肯定している（家事45条1項）。係属中の手続の資料をそのまま利用して審理を続行することを認めたものである。

また，家庭裁判所は，「必要があると認めるときは」，他の申立権者に職権で係属中の手続を受継させることができる（家事45条2項）。これは，他の申立

---

55) 一問一答・家事96頁。

56) 本項については，一問一答・家事96頁に負う。

権者が受継申立てをしない場合であっても，事件の公益的性格を考慮し，後見的立場から家事審判手続の続行をさせるものである。例えば，後見開始の審判事件において申立人が死亡し，他の申立権者が受継申立てをしない場合に，成年被後見人の保護の観点から手続を受継させる場合等が想定される。

以上のような，家事事件手続法45条1項2項に基づき受継がなされなかった場合には，事件は終了する。本条項は，旧法下の家事審判規則15条1項2項をそのまま引き継いだものである。なお，これらの受継申立てまたは受継の裁判は，申立人の死亡・資格喪失などの事由が生じてから1月以内にしなければならない（家事45条3項）。

4　審理手続

(1)　審判手続の開始

家事審判手続は，当事者の申立て，家庭裁判所の職権，調停手続からの移行，移送によって開始する。以下，順次検討する。

(a)　申立てによる開始

家事審判手続の多くは，当事者の申立てによって開始する。ここでは，申立てをすることができるのは誰か，および，申立ての時期等が問題となる。

(ア)　申 立 権 者

(i)　法の規定に従った制限的解釈

第一類事件については，申立権者は審判事項ごとに民法等によって定められている。一般に，申立権者はかなり広範囲に及ぶが，その具体的な範囲は，比較的明確に規定されている[57]。また「公益性」の要請により，申立てを義務付けられる場合がある（民841条・845条・876条の2第2項・876条の7第2項・1004条）。

57)　例えば，後見開始の審判（第一類事件1項）については，本人，配偶者，四親等内の親族，未成年後見人，未成年後見監督人，保佐人，保佐監督人，補助人，補助監督人，検察官に，法律で申立てが認められている（民7条）。

これに対して第二類事件（争訟的審判事項）については，特に「申立権者」の範囲に関する規定がない場合もある。もっとも，これらは申立権者が明確な場合であって，明文の規定の有無にかかわらず，紛争の直接的な関係人だけが申立てをなし得ると解される[58]。

以上の趣旨に鑑み，申立権者については，拡張的に解釈する必要性は認められないことから，法文を制限的に解するのが原則である。なお，申立権者として，法文が「利害関係人」を定める場合もある（民25条・30条・840条・918条2項・1010条など）。いかなる者を利害関係者と認め得るかは，事件の性質に応じて，個別の事件ごとに判断される[59]。

(ii)「申立権者」の範囲に関する解釈

申立権者を制限的に解するとして，その具体的な解釈例を旧法下の裁判例等の中からみることとしよう[60]。

・禁治産宣告事件（現在の第一類事件1項に相当）の利害関係人には申立権がない[61]（民7条参照）。

・不在者の財産管理人の権限外行為について許可の申立権者は，財産管理人に限られる[62]（民28条参照）。

・養子縁組許可事件について，申立権を持つのは，実親[63]，養子となるべき者の後見人である[64]（民798条参照）。

・特別代理人選任は，親権者のほか，利害関係人も申立権を持つ（民826条参照）。

・後見監督人解任事件（民852条・846条）については，後見人も申立権を持つ[65]。ただし，後見人の申立権を否定した裁判例もある[66]。

58）例えば，夫婦の協力扶助義務（第二類事件1項），婚姻費用分担（第二類事件2項）に関する処分については，一方配偶者が他方配偶者を相手方として申し立てることになる。

59）旧法下の文献であるが，鈴木・既判力204頁，家審講座Ⅰ 43頁，注解家審規7頁〔山口〕。

60）注解家審規8頁〔山口〕参照。

61）「大阪高等裁判所管内家事審判官有志協議会議事録六」家月15巻11号（1963）190頁。

62）「昭和52年4月13日身分法調査委員会決議」曹時29巻4号（1977）159頁。

63）京都家峰山支審昭32・4・3家月9・4・57。

64）神戸家審昭36・5・1家月13・9・101。

・親権者変更事件について，現に親権に服する未成年者には申立権がない（民819条6項参照）。

・子の父に対する扶養料請求について，母には申立権がない[67]。

(イ)　申立ての時期

申立ての時期については，特に法律に規定のない限り[68]，制限はない。

なお，第二類事件について，調停係属中の事件について審判を申し立てることができるか。旧法下の乙類審判事項に関し疑義が出されていたが[69]，不適法とする理由がなく，認められるべきである。

(ウ)　申 立 書

家事審判の申立ては，申立書を家庭裁判所に提出して行う（家事49条1項）。旧法下では，申立ては書面・口頭ですることができた（旧家審規3条1項）[70]。家事事件手続法では，申立ての内容を明確にし，円滑な手続運営を可能にするため，書面での申立てに限定している[71]。

申立書には，当事者および法定代理人，ならびに，申立ての趣旨および理由を記載する（家事49条2項）。申立ての趣旨および理由は，民事訴訟における「請求の趣旨及び原因」（民訴133条2項）に相当し，申立人がいかなる対象についていかなる内容の審判を求めるものであるかを明らかにする。例えば，精神的に何らかの障害を負った者について，単にその者を「制限能力者とする」審判の開始を申し立てるだけでは不十分である。成年被後見人・被保佐人・被

65）那覇家審昭55・8・14家月33・7・64（結論は却下）。

66）広島高岡山支決昭36・7・14家月13・11・89。

67）大阪高決昭33・7・28家月10・9・71は，このことを前提としている。

68）民768条2項ただし書・915条・924条・958条の3第2項・976条4項等に定める期間を徒過した場合には，審判の申立てをすることができない。寄与分を定める審判の申立てについては特則があり，遺産分割審判事件と切り離してすることができず（民904条の2第4項），また家庭裁判所によって申立期間の指定がなされる場合がある（家事193条1項）。

69）山木戸・家審25頁，33頁，および家審講座Ⅰ 45頁〔綿引〕はいずれも積極に解する。

70）旧法下では，誰もが家庭裁判所を利用できるようにするため，口頭の申立てが認められていた。

71）一問一答・家事106頁。なお，身体障害者である等の理由で，書面を作成することが困難な申立人については，裁判所の事件係等が代筆し，申立人の署名押印を求める方法をとることにより，申立てをすることが可能である。

補助人のいずれの審判開始を申し立てるかを特定するべきである。また，金員の支払を求める場合には，扶養料・財産分与等の法的性質を明確にすべきである。[72] しかしながら家事審判事件の申立ての際には，民事訴訟で要求される「請求の特定」と同程度の特定が要求されるわけではない。

例えば，後見人や特別代理人として誰が適任であるか（第一類事件1項65項等），扶養料としていくら請求するか（第二類事件10項）等については，申立ての中で明らかにする必要はない。家庭裁判所の適切な「後見的判断」が期待される領域だからである。この点については，「『審判物』概念」の項（本章7(7)）で再度言及したい。

(エ) 申立手数料

手数料は，民事訴訟費用等に関する法律別表第一によって，第一類事件につき800円（民訴費別表第一15項），第二類事件につき1200円（民訴費別表第一15項の2）と定められている。

(オ) 申立ての却下

申立書の記載が家事事件手続法49条2項の規定に違反するとき，または申立手数料が納付されていない場合，裁判長は補正命令を発する（家事49条4項）。不備が補正されない場合には，裁判長は，命令で申立書を却下する（家事49条5項）。この規定は，民事訴訟法137条1項2項と同様の規定であり，家事事件手続法により創設されたものである。

(b) 職権による開始

第一類審判事項の中には，家庭裁判所の職権をもって手続が開始し得るものがある。[73] 具体例をいくつか挙げることとしよう。[74]

・成年後見・未成年後見の事務の監督（民863条，第一類事件14項81項）

・保佐・補助の事務の監督（民876条の5第2項・876条の10第1項，第一類

72) 旧法下の文献であるが，注解家審規10頁〔山口〕。

73) 旧法下において，第二類審判事項のうち監護者変更処分（乙類4号）等について，職権による開始を主張する学説があった（鈴木・既判力217頁注(20)）。しかし，申立てがなくても手続を開始し得るのは例外的な場合であって，法律に明示的または黙示的な定めがある場合に限られるものと考える。

74) 旧法下の文献であるが，家審実務講義54頁以下参照。

事件34項53項）

・限定承認の際の相続財産管理人の選任（民936条，第一類事件94項）

・成年後見人または成年後見監督人に対する報酬の付与（民862条，第一類事件13項）

・遺言執行者に対する報酬の付与（民1018条，第一類事件105項）

(c)　家事調停手続からの移行

家事事件手続法272条4項によれば，第二類審判事項について調停が不成立の場合に，事件は当然に審判手続に移行し，審判の申立ては調停申立ての時に成されたものとみなされる。家事審判法26条1項の規定を引き継いだものである。ただし，調停係属中の事件を審判手続に付することはできない。第二類審判事項は調停に適する事件類型であり，家事事件手続法272条4項の趣旨は調停不成立の際の移行を定めたものだと考えるからである。[75]

移行後の審判手続は，調停手続と別個の手続である。したがって，家事調停事件が係属していた家庭裁判所が当該家事審判事件の管轄権を有していない場合，移行により当然に管轄権が生じるものではない。この場合，調停事件が係属していた家庭裁判所がその審判事件を審理・裁判するためには，まず，自庁処理の決定（家事9条1項）を下す必要がある。[76]また，家事調停手続における資料は，当然に家事審判手続における判断資料となるものではなく，審判手続における事実の調査等の手続を経る必要がある。[77]

(d)　移　　送

家事審判事件の移送については，すでに述べたとおり，家事事件手続法9条の規定による（本章[2](2)参照）。

(2)　申立ての併合・申立ての変更

家事事件手続法では，申立ての併合・変更について，明文の規定が置かれた。

75)　旧法下の文献であるが，山木戸・家審25頁。
76)　一問一答・家事237頁。
77)　一問一答・家事237頁。

(a) 申立ての併合

審判を求める事項が複数ある場合に，一つの申立てでなすことができるのはいかなる場合であるか。旧法下の実務でも申立ての併合は認められていたが，家事事件手続では明文の規定が置かれた。申立ての併合ができる要件は，複数の審判事項について，①家事審判手続が同種であること，②同一の事実上および法律上の原因に基づくこと（家事49条3項），ならびに③その家庭裁判所が管轄権を有すること，である。

①「家事審判手続が同種であ」るとは，家事審判についての手続が同じであり，同一の手続で審理しても問題がない場合である（民訴136条の「同種の訴訟手続」と同様の趣旨である[78]）。例えば，第二類事件は，争訟的性格があり，「利害関係が対立する二当事者」を観念できることから，審尋請求権を保障するための規定が多く置かれている（後述，本章4(5)参照）。そのため，第一類事件とは審理手続が異なり，第一類事件と第二類事件を一つの手続で審理することはできない。

②「同一の事実上及び法律上の原因に基づくとき」は，民事訴訟法の共同訴訟の要件である「同一の事実上及び法律上の原因に基づくとき」（民訴38条前段）と同趣旨の要件であり，そこでの議論が参考になろう[79]。申立ての併合により，審理の重複を避けることができ，また手続を効率的に運営することができるとの趣旨から考えると，この要件は，審判を求める事由を理由付ける原因事実がその主要部分において同一である場合を意味する。例えば，後見開始の申立てと成年後見監督人選任の申立て，子の親権者変更の申立てと子の引渡しの審判の申立ては，理由付ける原因事実がその主要部分において同一であり，併合して申し立てることができる。これに対して，数人の成年被後見人となるべきものの後見開始の審判の申立ては，「事実上及び法律上同種の原因に基づく」場合に過ぎず（民訴38条後段参照），一つの申立てによることはできない。なお，併合の要件を定めた本条の特則として，家事事件手続法183条（扶養義務の設定の申立てに関する特則）がある。

---

78) 一問一答・家事107頁。

79) この要件の検討については，一問一答・家事107頁に負う。なお，民事訴訟法38条後段に相当するような場合には，家事事件手続法49条3項の適用がなく，申立ての併合は認められない。

③併合して申し立てられた複数の審判事項について，その家庭裁判所が管轄権を有することが必要である。民事訴訟手続においては，併合請求における関連裁判籍の規定があるが（民訴7条），家事審判手続においては，このような規定はない。併合により，管轄権のない裁判所に管轄が生ずることはないからである。

なお，家事事件手続法35条1項は，「裁判所は，家事事件の手続を併合し，又は分離することができる」と規定している。同条の定める手続の併合が家事事件手続法49条3項の併合要件を前提としているかどうか，法文上明らかではない。民事訴訟手続においては，弁論の併合（民訴152条）が認められるのは請求の併合要件（民訴136条「同種の訴訟手続による場合」）を充たしている場合に限定される。これと同様に考えると，手続の併合が認められるのは家事事件手続法49条3項の併合要件を充たしている場合に限られることになる。

(b)　申立ての変更

家事審判手続の途中で，申立人が求めるべき審判事項を変更できるかについて，家事事件手続法は，明文の規定を新設した（家事50条）。すなわち，申立人は，審理の終結に至るまで，「申立ての基礎に変更がない限り」，申立ての趣旨または理由を変更することができる（家事50条1項）。本項は，民事訴訟手続における訴えの変更の要件「請求の基礎に変更がない限り」（民訴143条1項）と同様の文言であり，民事訴訟法での解釈を手がかりに考えることができよう。以上述べたところからすると，家事審判手続における申立ての変更は，「審判を求める事項にかかる権利関係の基礎となる事実が共通し，変更後もそれまでの資料を審理判断に利用することができる場合」に認められる[80]。

しかし，家事審判手続においては，民事訴訟手続における訴訟物と同じに把握することはできない。民事訴訟手続においては，裁判所は，原告の設定した訴訟物を質的にも量的にも超えることはできない（民訴246条）。このことは民事訴訟制度の本質に由来する処分権主義の現れであり，厳密に遵守すべき原則である。これに対し，家事審判事件の申立ての際には，前述のとおり，民事訴訟で要求される「請求の特定」と同程度の特定が要求されるわけではない（本

80）　一問一答・家事108頁。

章4(1)(a)(ウ)参照)。申立事項の拘束力が強くないのであるから，その帰結として，例えば，扶養料として請求する額を増額した場合であっても，申立ての変更に該当しない。どの範囲で「申立ての変更」になるかは，「審判物」概念に関連する問題であり，後述する（本章7(7))。

申立ての趣旨または理由の変更により家事審判の手続が著しく遅滞することとなるときは，家庭裁判所はその変更を許さない旨の裁判をすることができる(家事50条4項)。

(3) 審理原則

家事審判手続における審理原則は，民事訴訟手続と種々の点で異なる。民事訴訟手続においては，その最終的な目的は経済的利益の追求が主要なものであるといえるが，家事審判手続においては，家庭裁判所が，家族・親族等の事件を広範な裁量をもって後見的立場から扱う（第4章)。したがって，そこでの審理原則は，以下のような特色を有している。

(a) 非公開主義

家事事件手続法33条は，「家事事件の手続は，公開しない」と定める。家事審判規則6条を引き継いだ規定であり，一般公開を禁止したものである。民事訴訟手続における公開主義（憲82条1項）と対極的であり，家庭に関する非訟事件を非公開で処理することが，家事審判制度を採用した重要な理由であるという点にその根拠が求められる[81)]。非公開主義により，プライバシーに深くかかわる家族・親族に関する問題について秘密が保持されることとなる。その結果，関係人の審尋などがより自由に行われ，判断資料を収集する上での障害を低くする利点が生まれる。審理の非公開とあわせて，記録の閲覧謄写についても，プライバシーに配慮して民事訴訟手続とは異なる規律がなされている。(この点については，後掲注88）で言及する)。また，国家公務員の守秘義務および同義務違反の場合の罰則規定（国公100条1項・109条12号）が適用される[82)]。

81）旧法下の文献であるが，山木戸・家審29頁，39頁。

82）なお，非公開主義については，野田愛子「家事審判における秘密性」兼子一還暦(中)（有斐閣・1969）563頁参照。

なお，家事事件手続法33条ただし書は，「裁判所は，相当と認める者の傍聴を許すことができる」としているが，「相当と認める者」とは，例えば，事件の利害関係人，司法修習生，裁判所職員総合研修所研修生，新たに選任された参与員等である[83]。

(b)　本人出頭主義

家事事件手続法51条2項は，「呼出しを受けた事件の関係人は」原則として本人自身が「出頭しなければならない」と定める。この規定は，旧家事審判規則5条1項を引き継いだものであり，本人自身から実情を聴取することにより，事実調査ができ真実探求に資することに基づいている。家庭裁判所から呼び出しを受けても正当な事由なく出頭しないときには，過料に処せられ得る（家事51条3項）。旧法下においても，同様の規定があったが（家審27条），実務上の適用例は稀であり，調査官による出頭勧告[84]等により対応していた。なお，やむを得ない事由があるときは，代理人による出頭が認められている（家事51条2項ただし書）。

(c)　職権探知主義

家事事件手続法56条1項は，「家庭裁判所は，職権で事実の調査をし，かつ，申立てにより又は職権で，必要と認める証拠調べをしなければならない」として，職権探知主義を定める[85]。裁判所の職権による審理は，強制力のない「事実の調査」が中心となる（後述，本章④(4)(c)参照）。裁判所がすべての事実を職権で収集することは不可能であり，かつ事件に関する事実を最もよく知る者は，申立人等の事件に関係する者である。したがって，当事者の収入や資産状況等はもとより，事件の状況全般に関する資料について，当事者の積極的な協力が不可欠なものとなる。そのような趣旨で，本条2項は，当事者の手続協力責務

---

83)　旧法下の文献であるが，家審実務講義86頁。

84)　家審規7条の5による調整活動の一種として行っていた。なお，家事59条3項参照。

85)　一般に，職権探知とは，裁判資料の収集の権能・責任を当事者に限定しない審理原則を指し（中野＝松浦＝鈴木209頁），裁判所だけが裁判資料の収集の権能と責任を負うわけではない。本条が「しなければならない」と定めるのは，裁判所による真実発見の高度の必要性があるとの趣旨である。

を規定している。当事者の協力が不可欠な状況は旧法下と変わりがないが，当事者が裁判所の職権調査に過度に依存することを戒め，自らも協力することを促すため，家事事件手続法において本条項が新設されたものである。

(d) 当事者権の保障

旧法の下でも，学説上，非訟手続である家事審判手続において当事者の審尋請求権を保障することの重要性が指摘され，また実務上も種々の工夫が重ねられてきた。具体的には，当事者の審問請求権，審理（審問または証拠調べ）への立会権，尋問権，記録の閲覧謄写権について，実質的配慮――当事者主義的運用――が行われるようになっていた。[86)]

家事事件手続法により，当事者権や手続の透明性を高める規定が整備された（当事者権についての検討は，家事事件手続法制定の際の主要課題であった）。当事者権に関する個別の規定については，手続のそれぞれの箇所での記述に譲るが，以下ではどのような整備がなされたか，概観することとしたい。

家事事件手続法において当事者権に関する規定は，第一類事件・第二類事件に共通して適用される規定，および第二類事件のみに適用される規定がある。これらを鳥瞰することとする。

(ア) 第一類事件・第二類事件に共通して適用される規定

① **当事者参加・利害関係参加**　当事者参加および利害関係参加の規定が整備され，「当事者となる資格を有する者」「審判を受ける者となるべき者」等が手続に参加する要件・効果を明らかにした（当事者参加につき家事41条，利害関係参加につき家事42条。本章3(4)および(5)参照。）。

② **調書の作成**　家事審判手続の期日についても，調書の作成が必要である旨が規定された（家事46条本文）。ただし，証拠調べ期日以外の期日については，経過の要領を記録上明らかにすることをもって調書の作成に代

---

86) 旧法下における家事審判手続の当事者的運用については，例えば，次のような文献がある。「家事事件の現状と問題点〔第1回〕――家事調停制度研究会について」法の支配84号（1991）94頁〔山崎恒発言〕，渡瀬勲「乙類審判手続の模索」家月28巻5号（1976）11頁，井上哲夫「乙類審判事件における職権探知と適正手続の具体的運用」講座実務家審Ⅰ127頁，佐上善和「家事審判における当事者権」新・実務民訴Ⅷ73頁。

えることができる（家事46条ただし書[87]）。

③ **記録の閲覧謄写**　当事者または利害関係を疎明した第三者は，裁判所の許可を得て，裁判所書記官に対し，事件の記録の閲覧・謄写，正本・謄本・抄本の交付，事件に関する事項の証明書の交付を請求することができる（家事47条1項）。事件の記録の閲覧・謄写，複製の請求は，事件の記録の保存または裁判所の執務に支障があるときは認められない（家事47条7項）。

当事者から閲覧謄写等の請求があったときは，許可をするのが原則であり（家事47条3項），不許可となし得る例外的な場合を詳細に定めている（家事47条4項[88]）。

④ **証拠調べの申立権**　家事事件手続法は当事者に証拠調べの申立権を認め（家事56条1項），当事者に手続主体性を認めている。

⑤ **事実の調査の通知**　裁判所が事実の調査をした場合に，その結果が当事者による家事審判手続の追行に重要な変更を生じ得るものと認めるとき

87）家審規10条は，原則として調書作成を必要的なものであるとしつつ，ただし書において「裁判長（調停事件においては家事審判官）においてその必要がないと認めるときは，この限りでない」旨を定めていた。家事法では，調書を作成しないときでも経過の要領を記録上明らかにすることが求められる。

88）当事者から閲覧謄写等の請求があったときは，許可をするのが原則である（家事47条3項）。家事法では，当事者からの閲覧謄写等の請求を不許可となし得る場合を，詳細に定めている。その理由は，次の事情に基づく。旧法（家審規12条）においては，裁判所が「相当と認めるとき」に閲覧・謄写等を許可する旨が定められていた。しかしながら，裁判所の判断の基礎資料たる記録にアクセスできることは，当事者の手続保障にとって重要な意味を有するものであるので，裁判所が「相当と認めるとき」にアクセスを認める旧法下の規定では不十分であり拡張が望まれたのである。他方で，家事審判事件について，事件の記録の閲覧謄与等は，当事者等に重大なプライバシー侵害が生じるおそれがあり，とりわけ未成年者にとって悪影響を及ぼす場合があり得るので，非公開とすべき場合もある。家事事件手続法は，こうした対立利害を考慮して，当事者等の手続保障と非公開とすべき利益とのバランスをとって，例外となる場合をより明確に定めた。すなわち，a）事件の関係人である未成年者の利益を害するおそれがあるとき，b）当事者もしくは第三者の私生活もしくは業務の平穏を害するおそれがあるとき，c）当事者もしくは第三者の私生活についての重大な秘密が明らかにされることにより，その者が社会生活を営むのに著しい支障を生じ，もしくはその者の名誉を著しく害するおそれがあると認められるとき，またはd）事件の性質，審理の状況，記録の内容等に照らして申立てを許可することを不適当とする特別の事情があると認められるときである（家事47条4項）。

には，当事者・利害関係人に通知をしなければならない（家事63条）。これも，手続の透明性を高めるための規定である。さらに，第二類審判手続において事実の調査を行った場合には，原則としてすべて当事者・利害関係人に通知され，例外は「特に必要がないと認める場合」に限定される（家事70条）。

⑥ **審判・終局決定の告知**　裁判をするのに熟したときは，審判・終局決定がなされる（家事73条1項）。審判・終局決定は，当事者・利害関係参加人，これらの者以外の審判・裁判を受ける者に対し，相当と認める方法で告知しなければならない（家事74条1項）。告知すべき者の範囲については，各審判類型において個別に規定している[89]。

⑦ **不服申立てに際しての手続保障**　家事審判手続においては，特別の定めがある場合に限り，即時抗告ができる（家事85条）。この点については，旧法14条から変更はない。即時抗告権者は，審判類型ごとに個別に規定されている（例えば，家事123条・132条・141条・148条5項・149条4項・156条・162条4項・163条3項等）。

即時抗告は，抗告状を原裁判所に提出してなす（家事87条1項）。抗告裁判所は，原則として，抗告状の写しを原審の当事者および利害関係参加人（抗告人を除く）に送付しなければならない（家事88条）。また，第二類審判事件においては，抗告裁判所は，原審判を変更するかどうかにかかわらず，原則として，原審における当事者（抗告人を除く）の陳述を聴かなければならない（家事89条2項，即時抗告が不適法であるときまたは即時抗告に理由がないことが明らかなときを除く）。これらの規定により，当事者が抗告審で手続に関する機会を保障する。

⑧ **再審を認める規定の整備**　旧法では，家事審判手続において，再審が認められるか否かについて，法文上明らかではなかった。家事事件手続法は，再審を認める明文の規定を置いた（家事103条1項）。

89）例えば，後見開始の審判（家事122条），保佐開始の審判（家事131条），補助開始の審判（家事143条），親権喪失・親権停止等の審判（家事170条），遺言に関する審判（家事213条）。

(イ)　第二類事件にのみ適用される規定

第二類事件は，争訟性があり当事者間の法的紛争としての性格を有する。そのため，第一類審判手続に比べて，当事者等により手厚い手続を保障する必要がある。

① **相手方に対する事件係属の通知等**　第二類事件が申し立てられた場合には，原則として，家事審判の申立書の写しを相手方に送付する（家事67条）。これは，民事訴訟が提起された場合に被告に訴状を送達する（民訴138条）のと同様の規定である。ただし，家事審判の手続の円滑な進行を妨げるおそれがあると認められるときは，申立書の送付ではなく家事審判の申立てがあったことを通知すれば足りる（家事67条但書）。

② **当事者の陳述の聴取**　当事者の申立てが不適法であるときまたは申立てに理由がないことが明らかなときを除き，家庭裁判所は，当事者の陳述を聴かなければならないものと定められた（家事68条）。当事者の申出があるときは，審問期日において陳述の聴取をしなければならない。また，個別の事件類型において，申立人以外で陳述・意見を聴取すべき者を規定している（家事130条・139条・152条・169条・205条・220条・229条など）。

③ **審問期日における相手方の立会権**　家庭裁判所が審問期日を開いて当事者の陳述を聴取することにより事実の調査を行うときには，他の当事者は，原則として，期日に立ち会うことができる（家事69条）。審問は，当事者が直接裁判官に主張や意見を述べる場であるから，心証への影響も直接的である。したがって，他の当事者もそのときの表情身振りを観察しつつ，直ちに反論をすることができる機会を保障する必要があるからである[90]。ただし，当該当事者の立会により事実の調査に支障が生ずるおそれがあると認められるときには，例外が認められる（家事69条ただし書）。

④ **審理の終結**　家庭裁判所は，申立てが不適法であるときまたは申立てに理由がないことが明らかなときを除き，相当の猶予期間をおいて，審理を終結する日を定めなければならない（家事71条）。本規定の趣旨は，当事者に裁判資料の提出期限および審判の基礎となる裁判資料の範囲を明らかにし，十分に攻撃防御を尽くさせることができるようにしたものである[91]。

90）中間試案の補足説明174頁。

ただし，当事者双方が立ち会うことができる家事審判期日においては，直ちに審理を終結する旨を宣言することができる（家事71条ただし書）。当事者がその場で意見を述べることができるからである[92]。

(4) 第一類事件・第二類事件に共通の審理手続

(a) 概　　説

家事審判手続においては，審判をするために必要な資料の収集は，事実の調査および証拠調べ手続による（(c)および(d)で後述する）。事実の調査については，期日を開いて当事者等の審問を行うほか，家庭裁判所調査官に調査を命ずる（家事58条），医師である裁判所技官に関係人の心身の状況について診断をさせる（家事60条），官庁・公署等に調査を嘱託する，関係人の勤務先・銀行等に収入その他について報告を求める（家事62条）等々，多様な方法により行われる。

前述のように，家事審判手続における審理については，職権探知主義がとられている（家事56条1項）[93]。民事訴訟手続においては，弁論主義がとられているが，請求を理由あらしめるための要件事実が明確であることが前提となっている。すなわち，民事訴訟においては，民法等の実体法の要件に基づく請求がなされ，請求が放棄または認諾される，もしくは訴訟上の和解が成立する等の事情がない限り，法律効果を発生させる要件の有無が問題となる。要件事実は訴訟当事者が主張しない限り，裁判所は判決の基礎とすることができない。これに対して，家事審判手続においては，当事者の主張を待って要件事実の有無を審理し，要件事実の有無で裁判内容を決するという審理がなされるわけではない。いかなる審理がなされるかは，事件の種類や具体的状況によって異なる。例えば，後見開始・保佐開始の審判（第一類事件1項17項）は，民法7条・11条に定める要件があれば，後見開始・保佐開始の審判がなされる。その意味で，実体法に定める要件の有無を審理判断することになるが，公益的な見地から，要件の有無については弁論主義が適用されない。また，老親が子らに対して扶

91） 中間試案の補足説明174頁。

92） 中間試案の補足説明175頁。

93） 職権探知主義の意義については，必ずしも明確でない。高田193頁以下〔高田発言〕参照。

養の順位についての審判を申し立てる場合（民878条・880条，第二類事件9項），また遺産分割の審判（民907条2項，第二類事件12項）を申し立てる等の場合には，実体法に「要件となる事実」が定められていない。遺産分割の場合には，「一切の事情を考慮して」具体的な分割の方法が定められるが（民906条），裁判所の後見的立場からの裁量によるところが大である。

以上述べたように，家事審判手続は多様な経過を辿るが，関係人の審問と事実調査が中心的な役割を担う。

(b)　期日における手続

期日は，前述のとおり非公開で行われ（家事33条），裁判長が手続を指揮する（家事52条）。家庭裁判所は，期日に事件の関係人を呼び出し，事件に関する事情等の陳述を求めることができる（家事51条1項）。呼び出された関係人は，原則として自ら出頭しなければならない（家事51条2項）。また，期日において，鑑定等の証拠調べがなされることがある（家事64条，(d)で後述）。期日については，調書を作成するのが原則である（家事46条）。

(c)　事実の調査

家事審判手続においては，職権で事実の調査をし，かつ必要と認める証拠調べがなされる（家事56条）[94]。民事訴訟手続においては，当事者が事実の有無を主張するほか，原則として民事訴訟法の定める法定の手続による（「厳格な証明」）。これに対して，家事審判手続における事実の調査は，このような厳格な方式を必要とせず，裁判所が自由な方式で，強制力によらないで裁判の資料を収集することが可能である[95]。当事者・関係人を当事者尋問・証人尋問の方式によらずに審問するほか，官公署や私人に照会をし，または事物の形状を検証手続によらずに見分けるなどを例に挙げることができる。以下に，事実の調査のなかでいくつかのものを取り上げて，敷衍する。

① **陳述の聴取**　陳述の聴取とは，言語的表現による認識，意向，意見等の表明を受ける事実の調査の一つであり，その方法に限定はない（書面照

94）　証拠調べは，事実の調査に対して補充的役割を果たす。高田235頁〔金子発言〕。

95）　旧法下の文献であるが，山木戸・家審40頁。

会，②の家庭裁判所調査官による事実の調査，裁判官が自ら行う聴取などがある）。陳述の聴取の一つとして，審問があり，審問は，裁判官が期日において口頭で直接陳述を聴取するものである[96]。陳述の聴取と審問については，第二類審判手続に関し，特則が定められている（(5)(c)で後述）。

② **家庭裁判所調査官による事実の調査**　家庭裁判所調査官は，家事審判手続において，裁判官の命令により事実の調査を行う（家事58条，裁61条の2第4項）。この家庭裁判所調査官による事実の調査（家事58条）は，民事訴訟手続にはみられない家事審判手続の特色の一つである（家庭裁判所調査官の詳細については，本章2(4)(a)）。

③ **裁判所の医務室技官による診断**　家庭裁判所調査官のほかに，家事審判官を補助する科学的調査機構として，裁判所技官（医務室技官）が置かれている（裁61条）。その職務として，家庭裁判所の命令により「事件の関係人の心身の状況について診断」する（家事60条）。この医務室技官の役割は治療行為ではなく，事件処理のための医学的診断にある[97]。

④ **裁判所書記官による調査**　裁判所書記官は，その職務の一環として「裁判所の事件に関し，……裁判官の命を受けて，裁判官の行なう法令及び判例の調査その他必要な事項の調査を補助する」（裁60条3項）。この書記官による調査は，家庭裁判所調査官による調査とは異なり，科学的調査に従事するものではない。したがって，厳密な意味で「事実の調査」を行うわけではない。しかし，一定の法令や判例を一定の事実に適用した結果については調査の範囲内と解される（例えば，相続分，遺留分額の算出等）。また，当事者に照会書を送付して紛争の実情を把握したり，当事者に必要な資料の提出を促すなど，事件の進行管理事務の職務に従事する。

⑤ **調査の嘱託**　家庭裁判所は，必要な調査を官庁，公署その他適当と認

---

96) 高田211頁〔金子発言〕。審問は，裁判官が家事事件の手続の期日において，審問を受ける者の陳述（口頭でその者の認識等を陳述する）を直接聴取するものである（審問を定めるものとして，家事10条1項4号・68条2項・164条3項などがある）。これに対して，陳述の聴取は，その方法に特に制限がない。陳述の聴取には，裁判官の審問のほか，家庭裁判所調査官による調査，書面照会等の方法がある（裁判官の審問は，陳述の聴取の一つである。陳述の聴取を定めるものとして，家事68条・169条などがある）。一問一答・家事19頁。

97) 旧法下の文献であるが，注解家審規94頁〔山田博〕。

める者に嘱託し，または銀行，信託会社，関係人の使用者その他の者に対し関係人の預金，信託財産，収入その他の事項に関して必要な報告を求めることができる（家事62条[98]）。

(d)　証拠調べ手続

家事審判手続における証拠調べについては，民事訴訟法の規定が準用される（家事64条1項）。その結果，証人尋問，当事者尋問，鑑定，書証，検証，証拠保全の規定が準用される。ただし，次の条文は準用が除外される。すなわち，民事訴訟法179条（証明を要しない事実[99]），182条（集中証拠調べ[100]），187条（参考人等の審尋[101]），188条（疎明），189条（過料の裁判の執行），207条2項（当事者尋問の補充性[102]），208条（当事者尋問の際の不出頭等の効果），224条（当事者が文書提出命令に従わない場合等の効果，民訴229条2項および232条1項において準用する場合を含む），229条4項（筆跡の対照の用に供すべき文字を筆記すべしとする命令に当事者が従わないときの効果[103]）は，準用されない。

(5)　第二類事件の審理手続の特則[104]

第二類事件の審理の際には，第一類事件と異なった規律が適用される。なぜ

98）本条前半部分は，民訴186条と同様の規定である。なお，銀行が民訴186条に基づき，口座開設者の氏名住所等の回答を求められた場合，銀行に回答義務があることを前提にした裁判例がある（大阪高判平19・1・30判時1962・78）。家事62条の後半部分は，扶養料・養育料等を考慮して，民事訴訟手続より広範な権能を認めたものである。

99）家事審判手続においては，当事者の証明責任や自白の概念がないため，本条は問題とならない。一問一答・家事117頁。

100）家事審判手続においては，争点および証拠の整理手続に関する規律はなく，裁判所は必要に応じて適宜証拠調べをすることができるものとした方が適切であると考えられるので，本条の規定は準用されない。一問一答・家事117頁。

101）家事審判手続においては，裁判所が職権により事実の調査ができるので，本条は必要とならない。一問一答・家事117頁。

102）家事審判手続においては，当事者本人の尋問が最良の証拠方法である場合が多く，補充性の規定は準用されない。一問一答・家事117頁。

103）家事審判手続においては，公益性が考慮され，裁判所が公権的立場から実体的真実に基づいた裁判をすべき要請が強い。したがって，民訴208条・224条・229条4項の真実擬制の規定は適用されず，制裁（過料。不出頭の場合には勾引もあり得る）で対応する（家事64条3項4項6項）。一問一答・家事118頁。

104）本項については，一問一答・家事119頁に負う。

ならば，①第二類事件は，基本的に当事者が任意に処分できる権利または利益に関する事件であり，公益性がさほど高くない事件であるので，裁判の基礎となる資料の収集等について，当事者のより主体的な手続追行に委ねるのが合理的であり，また，②申立人と相手方の間に利害対立があるのが通常であり，当事者それぞれが自らの主張を述べ，その主張を裏付ける裁判資料を提出する機会を保障することが重要だからである。したがって，第二類事件についての手続に以下のような特則が設けられている。

(a)　合意管轄

第二類事件については，当事者が合意により管轄を定めることができる（家事66条）。

(b)　申立書の写しの送付

第二類事件の申立てがなされた場合には，原則として，申立書の写しを相手方に送付する（家事67条1項）。写しの送付をしない例外は，①申立てが不適法である場合，②申立てに理由がないことが明らかなとき，③家事審判の手続の円滑な進行を妨げるおそれがあると認められるとき，である。③の場合とは，例えば，申立ての記載内容によって，相手方に送付することにより無用の混乱を招いたり，紛争を激化させることが予想される場合である。③の場合には，家事審判の申立てがあったことの通知をもって写しの送付に代える。

申立書の写しの送付を原則とする本条は，民事訴訟法138条と同趣旨の規定であって，相手方の適切な手続追行に必要であり，早期の紛争解決に資するものである。ただし，民事訴訟法とは異なり，上記の①〜③の例外が定められている点が特徴的である。[105]

105)　①については，民事訴訟手続でも，不適法な訴えで不備を補正することができない場合には，訴状を被告に送達する必要がない（民訴140条。最判平8・5・28判時1569・48）。②については，処分権主義・弁論主義がとられている民事訴訟手続とは異なり，申立てに理由がないことが明らかな場合には，後見的立場から裁判所が申立てを却ける（却下）。

(c)　陳述の聴取と審問

事実の調査の一方法である陳述の聴取，審問についても，特則が定められている。家事事件手続法は，68条において「家庭裁判所は，別表第二に掲げる事項についての家事審判の手続においては，申立てが不適法であるとき又は申立てに理由がないことが明らかなときを除き，当事者の陳述を聴かなければならない」(1項)，「前項の規定による陳述の聴取は，当事者の申出があるときは，審問の期日においてしなければならない」(2項) と定める。これは，何を意味するのであろうか。本条1項は，対立当事者が互いに主張と資料を提出し合う第二類事件の性質に鑑み，双方の当事者からそれぞれの言い分を聴取することの重要性を明文化したものである（①申立てが不適法であるとき，または②申立てに理由がないことが明らかなときには，必要的な陳述聴取の例外を認めている)。陳述の聴取は，その方法に制限がなく，書面による照会や家庭裁判所調査官による調査等の方法でもよい。本条2項は，当事者の陳述を聴取することの重要性に鑑み，裁判所で自らの認識等を一度直接に陳述したいという希望が当事者にあれば，これを尊重するとの趣旨である[106]。

続いて，家事事件手続法69条は，第二類事件についての審問期日における他の当事者の立会権を定める。本条は，審問の結果を調書等の閲覧謄写等（家事46条・47条参照）によって知るのでは不十分であり，他の当事者が反論等を行うためには，陳述の聴取を受ける当事者の陳述の態度・表情等を把握し得ることも重要である点を顧慮した規定である[107]。この規定の趣旨から考えると，裁判官が直接に当事者の陳述を聴取する場合に，審問以外の方法によることは，本条に定める他の当事者の「立会権」を損なうことになり，認められない[108]。ただし，本条自体も，当該他の当事者の立会により「事実の調査に支障を生ずるおそれがあると認められるとき」は，立会を認めないとの例外的取扱いを認めている[109]。

---

106)　高田223頁〔金子発言〕。また，この趣旨に照らして考えると，当事者の一方が相手方当事者の審問の申出をすることは，本条の対象外である。

107)　逐条解説233頁。

108)　一問一答・家事120頁。

109)　例えば，ドメスティック・バイオレンスが背景にある事案において，相手方の立会を認めると，畏怖して十分な陳述ができない場合等がこれに該当しよう。

(d) 事実の調査の通知

家庭裁判所は，第二類事件についての審判手続において，事実の調査をしたときは，特に必要がないと認める場合を除き，当事者および利害関係参加人に通知しなければならない（家事70条)。本条は，事実の調査に結果について記録の閲覧謄写等をする機会を保障し，当事者等の反論権を保障するための規定である。事実の調査をするたびに直ちに通知する必要はなく，当事者・利害関係人の反論の機会を奪わない限度で，まとめて通知することも許容される。

(e) 審理の終結

家庭裁判所は，第二類事件の審判手続においては，相当の猶予期間を置いて審理を終結する日を定めなければならない（家事71条)。本条は，争訟性のある第二類審判手続において，当事者が十分な攻撃防御を尽くすことができるように，資料の提出期限を明らかにする必要があるとの趣旨に基づくものである[110)]。この趣旨に鑑みると，①申立てが不適法であるとき，②申立てに理由がないことが明らかなときは，猶予期間をおく必要はない。また，「当事者双方が立ち会うことができる家事審判の手続の期日においては，直ちに審理を終結する旨を宣言することができる」（本条ただし書)。当事者が立ち会うことができた期日においては，当事者は，終結に反対する意見を述べる機会（例えば，爾後の資料の提出予定などを述べる等）が与えられているからである[111)]。

審理を終結する日を定める裁判，および審理を終結する旨の宣言は，審判以外の裁判（家事81条）であり，いつでも取消し（同条2項）の上，変更することができる。

(f) 審判日

家庭裁判所は，上記(e)により審理を終結したときは，審判をする日を定めなければならない（家事72条)。審判をする日（家庭裁判所が相当と認める方法で当事者等に審判の告知をすることができる日）がいつになるかは，当事者にとって最大の関心事項の一つだからである。

---

110)　逐条解説235頁。
111)　逐条解説236頁。

審判日の指定は，審判以外の裁判（家事81条）であり，いつでも取消し（同条2項）の上，変更することができる。

(g) 調停手続と家事審判手続との関係[112]

家事審判手続の前に，またはその途中で調停手続が行われた場合（①調停が申し立てられ，家事調停手続が行われたが，調停が不成立となり，家事審判手続が開始した場合〔家事272条4項〕，および②第二類事件の係属中に事件が家事調停に付されたが〔家事274条2項〕，調停が成立しなかった場合），両手続の関係をどのように考えるべきであろうか。すなわち，調停手続において提出または収集された資料は，家事審判手続においても当然に家事審判の資料となるのであろうか。

家事調停手続と家事審判手続は，家事事件手続法272条4項，274条2項からもわかるように，密接な関係を有しているが，制度上は別の手続として位置付けられている。ゆえに，家事調停手続における資料が，当然に，家事審判手続の判断資料となるわけではない。家事審判の資料とするためには，家事調停の手続における資料を家事審判の資料とするための手続が必要である（例えば，事実の調査など[113]）。その際，家事調停手続で当事者が提出した資料について，家事審判手続の資料とするために，当該当事者の同意を要するわけではない[114]。

(h) その他の特則

第二類審判手続については，上記のほか，次に掲げるような特則が定められ

112）本項については，一問一答・家事49頁に負う。

113）家庭裁判所が事実の調査として，家事調停における資料を審判の判断資料に加えるほか，当事者自身が，家事調停の資料を家事審判手続において提出することも考えられる。家事47条参照。

114）当事者間の自主的解決手続において当事者が提出した資料をその当事者の同意を得ずに審判の基礎資料とすると，当事者の意思に反し，ひいては，調停手続が萎縮するとも考えられる。しかし，家事事件手続法は，以下の理由により，資料を提出した当事者の同意を必要なものとしていない。①職権探知主義を採用し，裁判所が事実の調査により適宜の方法で裁判資料を収集することができることを前提とする家事審判の手続においては，事実の調査の対象や方法を制限することは理論的に困難である，②審判の基礎となる資料の収集を当事者の同意にかからしめると，裁判所が真実に合致した判断をしようとする際に制約となり，公益的または後見的な見地から判断をすることが困難となるおそれがあるからである。一問一答・家事50頁。

ている。

①法定代理権，手続代理人の代理権の消滅は，本人または代理人から他方当事者に通知しなければ，効力を生じない（家事20条・25条）。民事訴訟法36条・59条と同旨の規定である。

②すでに述べたとおり（本章2(3)），審判手続においては（第一類事件・第二類事件を問わず），参与員の関与が原則的である（家事40条）。第一類事件においては，参与員は家庭裁判所の許可を得て，申立人が提出した資料の内容について申立人から説明を聴くことができるが，第二類審判事件では認められていない（家事40条3項）。争訟性の強い第二類審判手続においては，双方の言い分を比較検討する必要があり，裁判官が関与しない形で参与員が説明を聴取し，その意見を形成することは適切ではないからである[115)]。

③第二類事件の抗告審手続においては，抗告裁判所は，原則として原審における当事者（抗告人以外）の陳述を聴かなければならない（家事89条2項）。即時抗告の相手方となる当事者に反論の機会を保障する必要があるからである。

④第一類事件について即時抗告がなされたとき，原裁判所は「再度の考案に基づく更正」をすることができるが，第二類事件においては認められない（家事90条ただし書）。第二類事件では，双方当事者が主張および資料を提出し，十分に審理を尽くした上で裁判所の判断が示されており，再度の考案を認めたのでは手続保障を充実させている意義を失わせるおそれがあること，とりわけ，審理の終結の制度が設けられている趣旨を損なうこと等が考慮されたためである[116)]。

⑤第二類事件が抗告裁判所に係属しているケースにおいて，抗告裁判所が事件の全部または一部が原裁判所の管轄に属しないと認める場合にも，原審判の取消しは必要ではない（家事92条1項）。第二類事件では，合意管轄が認められているからである（家事66条1項）。

---

115)　逐条解説126頁。

116)　逐条解説292頁。

⑹ 手続費用

⒜ 手続費用の負担

家事審判手続においては，手続費用は原則として，各自が負担する（家事28条1項）。改正前は，原則として，申立人が負担するものとされていたが（家審7条による旧非訟26条の準用），この点が変更された。家事審判手続においても，民事訴訟費用等に関する法律12条が適用され，原則として，裁判所は当事者等に費用の概算額を予納させなければならない（ただし，予納がなくても国庫から立て替えることができる。家事30条）。

裁判所は，各自負担の例外として，裁量により，次に示す者にも手続費用を負担させることができる。

①当事者または利害関係参加人――家事法42条7項に基づき参加した者（家事28条2項1号）。

同条1項の規定によると，負担をしないこととなるはずの費用の全部または一部について，当事者・利害関係参加人の負担とすることができる。

② ①以外の「審判を受ける者となるべき者」（家事28条2項2号）。

③ ②に準ずる者であって，その裁判により直接に利益を受けるもの（家事28条2項3号）。

ここでいう「利益を受ける」とは，経済的利益を念頭に置いたものではなく，例えば，成年後見人選任の審判事件における成年被後見人のように，審判によって裨益を受ける者という趣旨である。[117)]

裁判所は，事件を完結する裁判において，手続費用の全部について，負担の裁判をしなければならない（家事29条）。民事訴訟法67条1項と同旨の規定である。手続費用額の確定手続については，民事訴訟法の規定が準用される（家事31条1項による民訴法71条の準用）。

⒝ 手続上の救助の制度

家事事件の手続の準備および追行に必要な費用を支払う資力がない者またはその支払により生活に著しい支障を生ずる者に対しては，裁判所は，申立てにより，手続上の救助の裁判をすることができる（家事32条1項）。民事訴訟法

117）一問一答・家事78頁。

82条1項本文と同旨の規定である。

(7) 未成年者の利益保護

人事訴訟法（平成15年法109）を制定するに当たって，人事訴訟手続法（明治31年法13）からの改正の眼目は，「子の福祉」を重視した点にもあった。「子の福祉」を重視する指針は，家事事件手続法にも受け継がれた。

家事審判手続においては，「子の福祉」に配慮し，どのような制度が設けられているか，本項で概観したい[118]。

(a) 手続行為能力

子の身分関係に影響が及ぶような家事事件（子の監護に関する処分の審判事件，親権喪失・親権停止または管理権喪失の審判事件，親権者の指定または変更の審判事件等）においては，未成年者に意思能力があれば，自ら手続行為をすることができ，子の意思を審判に反映させることができる（家事151条2号・および168条3号7号等が準用する118条）。詳細は，本書序章に譲る。

(b) 未成年者の手続への参加

未成年者についても，家事法42条の利害関係参加の規定は適用され得る。すなわち，未成年者に意思能力があり，手続行為能力が肯定される場合において，「審判を受ける者となるべき者」「審判を受ける者となるべき者以外の者であって，審判の結果により直接の影響を受けるもの又は当事者となる資格を有するもの」に該当するときには，家事法42条1項2項の規定により，利害関係をなし得る。ただし，未成年者の場合には，成年の場合と異なり，利害関係参加が当該未成年者の利益を害すると認められるときには，家庭裁判所は利害関係参加の申出または参加許可の申立てを却下する（家事42条5項）。

(c) 未成年者の手続追行の代理

未成年者が自ら手続行為をすることができる場合であっても，法定代理人も未成年者を代理して手続行為をすることができる（家事18条）。また，裁判長

118）本項については，一問一答・家事32頁以下に依拠し，特に具体的事例を参照した。

は，「必要があると認めるときは」，申立てによりまたは職権で，弁護士を代理人に選任することができる（家事23条1項2項）。（詳細は，本書序章参照）。

(d)　子の意思の把握等

家事事件手続法は，未成年者である子（未成年被後見人を含む）がその結果により重大な影響を受ける家事審判手続（例えば，親子，親権，未成年後見に関する家事審判など）において，子の意思を把握するように努め，審判をするに当たり，子の年齢および発達の程度に応じて，その意思を尊重しなければならない旨を定める（家事65条）。子の意思を把握する手段としては，①子の陳述の聴取，②家庭裁判所調査官による調査，③その他の適切な方法がある。①の例としては，裁判官による審問や書面照会，家庭裁判所調査官が子から言語的表現による認識等の表明を受ける等を挙げることができる。②の例としては，子の非言語的な表現等を家庭裁判所調査官がその専門的知見を活用して評価する等が考えられ，③の例としては，親の陳述の聴取等を挙げることができる。

さらに，15歳以上の子の陳述を聴取しなければならない旨が規定されている場合がある。すなわち，(ア)親権喪失，親権停止または管理権喪失の審判（家事169条1項1号），(イ)親権喪失，親権停止，または管理権喪失の審判の取消しの審判（同項2号），(ウ)親権または管理権を辞するについての許可の審判（同項3号）(エ)親権または管理権を回復するについての許可の審判（同項4号），(オ)未成年後見人または未成年後見監督人の選任の審判（家事178条1項1号）には，陳述の聴取が定められている。[119)]

なお，子の年齢が15歳未満であっても，子の意思の把握が必要である。子の年齢や発達の程度等を考慮した上で，15歳未満の子の陳述を聴取するのが相当である事案も考えられる。[120)]

---

119)　家事165条3項1号は，特別養子縁組の離縁の審判事件について，15歳以上の養子の陳述の聴取を定めるが，これも同趣旨であると思われる。また，家事229条1項・236条1項等も15歳以上の者の陳述の聴取を定める。

120)　一問一答・家事35頁。

5 審判前の保全処分

(1) 沿革と保全処分制度の必要性[121]

旧法（家事審判法）制定当時は，仮の処分に関する一般的規定は置かれず[122]，「審判前の措置」として家事審判規則により個別に規定されているに過ぎなかった。また，その審理も本案（家事審判）とは独立していなかった。さらに，形成力・執行力についての規定もなく，認められるか否か疑義が生じていた。しかし，家事事件の中には手続が長期化するものがあり，1980年の家事審判法改正の際に，審判前の保全処分の制度が設けられた（家審15条の3）。本条の目的は，一般の民事訴訟事件における仮差押え・仮処分制度と異なることなく，①審判の目的である財産が隠匿・処分され，後日の権利の実現が困難になるのを防止する点，および②関係人に生じた生活上の危険状態を排除する点にあった。執行力・形成力についても明文の規定が置かれた（家審15条の3第6項）。

家事事件手続法においても，「審判前の保全処分」の制度は設けられ（家事105条以下），その制度趣旨は，旧法下のものと基本的に同じである。

(2) 保全処分の具体的態様

家事事件手続法105条1項は，家庭裁判所が「仮差押え，仮処分，財産の管理者の選任その他の必要な保全処分を命ずる審判をすることができる」旨を定める（家審15条の3第1項と同趣旨の規定である）。具体的な審判事件においてどのような保全処分が認められるかについては，家事事件手続法第2編第2章以下に定められている（旧法下においては，家事審判規則に委ねられていた）。種々の保全処分は，通常，四つの類型に分類されることが多い[123]ので，本書もそれに従う。

① **第1類型（財産の管理者の選任等の処分）**　この類型の保全処分は，家事

121）本項については，注解家審642頁に負う。
122）山木戸・家審34頁。
123）旧法下の文献であるが，注解家審644頁〔安倍嘉人〕。

事件手続法126条1項が典型例である。同項は，家庭裁判所は，「後見開始の審判の申立てがあった場合において，成年被後見人となるべき者の生活，療養看護又は財産の管理のため必要があるときは，申立てにより又は職権で，担保を立てさせないで，後見開始の申立てについての審判が効力を生ずるまでの間，財産の管理者を選任し，又は事件の関係人に対し，成年被後見人となるべき者の生活，療養看護若しくは財産の管理に関する事項を指示することができる」旨を定める。この保全処分が出されても，成年被後見人となるべき者は財産の処分権を失わないと解されている[124)]。本項は，旧法下の家事審判規則23条1項を引き継いだものである。

以下の場合にも，家事事件手続法126条1項と同様の定めがある。

・保佐開始の審判の申立ての際の保全処分（家事134条1項）
・補助開始の審判の申立ての際の保全処分（家事143条1項）
・夫婦財産契約による管理者の変更等の審判の申立ての際の保全処分（家事158条1項）
・遺産分割の審判の申立ての際の保全処分（家事200条1項）

② **第2類型（後見命令等の処分）**　この類型の保全処分は，家事事件手続法126条2項が典型例である。同条項によると，家庭裁判所は，後見開始の審判の申立てがあった場合，成年被後見人となるべき者の財産の保全のために特に必要があるときは，成年被後見人となるべき者の財産上の行為（ただし，民9条ただし書に規定する行為を除く）について，①の財産管理者の後見を受けることを命ずることができる。これは第1類型に加えて，必要に応じて後見人を立てさせるものである。この保全処分は，後見開始の審判の申立てをした者の申立てによる。本条も旧法下の家事審判規則23条2項を引き継いだものである。

保佐開始，補助開始の審判の申立てについても，これに類する規定がある（家事134条2項・143条2項）。

③ **第3類型（職務執行停止等の処分）**　この類型の保全処分は，家事事件手続法174条1項に例をみることができる。本条項によれば，親権喪失，親権停止，または管理権喪失の申立てがあった場合において，子の利益のた

124)　旧法下の文献であるが，注解家審644頁〔安部〕。

め必要があるときは，家庭裁判所は，審判の効力が生ずるまでの間，親権者の職務の執行を停止し，またはその職務代行者を選任することができる。本条項は，旧法下の家事審判規則74条1項を引き継いだものである。

この第3類型の保全処分に類する規定として，以下のようなものがある。

・特別養子縁組成立の審判の申立てがあった場合に，申立人を養子となるべき者の監護者に選任し，または親権者・未成年後見人の職務の執行を停止し，もしくはその職務代行者を選任する処分（家事166条1項）

・特別養子縁組離縁の審判の申立ての際に，家事事件手続法166条1項を準用する処分（家事166条5項）

・親権者指定・変更の審判の申立ての際に，親権者の職務の執行を停止し，またはその職務代行者を選任する処分（家事175条3項）

・後見人・後見監督人・保佐人・保佐監督人・補助人・補助監督人の解任の審判の申立ての際に，その職務を停止し，または職務代行者を選任する処分（家事127条1項・181条・127条5項・135条・144条）

・遺言執行者解任の審判の申立ての際に，遺言執行者の職務の執行を停止し，またはその職務代行者を選任する処分（家事215条1項）

④ **第4類型（仮差押え・仮処分その他の保全処分）**　この類型の保全処分の具体例として，例えば，子の監護に関する審判の申立てがあった場合において，家庭裁判所は，「強制執行を保全し，又は子その他の利害関係人の急迫の危険を防止するため必要があるときは」，仮差押え・仮処分その他の必要な保全処分を命ずることができる（家事157条1項）。旧法下の家事審判規則52条の2を引き継いだものである。「その他の保全処分」としては，子の連れ去りの禁止，子の就学手続をとるべきことの命令，親子の面接交渉の処分等がある。[125)]

第4類型の保全処分に類する規定として，以下のものを挙げることができる。

・子の監護に関する審判以外の婚姻等に関する審判の申立て（夫婦間の協力扶助に関する審判の申立て，婚姻費用分担に関する審判の申立て，財産分与に関する審判の申立て）があった場合の仮押え・仮処分等（家事157条1項）。

125）旧法下の文献であるが，家審実務講義69頁。

・扶養に関する審判の申立てがあった場合の仮差押え・仮処分等（家事187条）

・遺産分割審判の申立てがあった場合の仮差押え・仮処分等（家事200条2項）

⑶ 手　続

⒜ 申立てをなし得る時期

家事審判手続上の「審判前の保全処分」は，本案の家事審判事件の係属を前提としている（家事105条）。すなわち，家事審判の申立てがあった後に，審判前の保全処分が可能となる。「審判前」とは，具体的には，審判事件の係属後，審判手続終了前の期間を指す。民事訴訟手続と比較してみると，民事訴訟手続では訴え提起前に保全処分を申し立てることが可能である（人事訴訟手続においても同様である）が，家事事件手続法上の保全処分は，この点が異なる。

家事事件手続法では，「本案たる審判事件の係属後」の要件が緩和された。家事事件手続法105条は，家事審判事項について家事調停事件の係属がある場合にも，審判前の保全処分の申立てを認めている[126)127)]。家事事件手続法下において，家事調停の申立てがあったときに，審判前の保全処分の申立てをすることができるのは，以下の八つの事項である[128)]。

・夫婦間の協力扶助に関する処分（家事157条1項1号）

・婚姻費用の分担に関する処分（同項2号）

・子の監護に関する処分（同項3号）

・財産の分与に関する処分（同項4号）

・親権者の指定または変更（家事175条1項）

・扶養の順位の決定およびその決定の変更または取消し（家事187条1号）

・扶養の程度または方法についての決定およびその決定の変更または取消

---

126)　旧法下においては，家事調停の申立てをしただけでは，「審判前の保全処分」を利用することができなかった。審判前の保全処分が必要となった場合には，別途，家事審判事件を申し立てるか，または調停を不成立にして家事審判手続に移行させる必要があった。

127)　この場合にも，本案は，家事調停事件ではなく，当該調停事件が家事審判手続に移行した後の家事審判事件である。一問一答・家事172頁。

128)　一問一答・家事172頁。

し（同条2号）

・遺産の分割（家事200条1項）

(b) 保全処分の管轄

保全処分について管轄を有するのは，本案の審判事件（または調停事件）の係属している家庭裁判所（家事105条1項）である。本案の家事審判事件が高等裁判所に係属する場合には，その高等裁判所が，保全処分の裁判を行う（同条2項）。

(c) 手続の開始

保全処分の開始については，家事事件手続法第2編第2章（117条以下）に個別に定められている。ここでも，前述の第1類型～第4類型ごとに，分類することができる。

第1類型の保全処分は，「申立てにより又は職権で」開始する。申立権者は，利害関係人であることを要するが，その範囲は必ずしも明確ではない。[129)]

第2類型の保全処分は，本案の審判事件の申立人の申立てにより開始する。

第3類型の保全処分の多くは，本案の審判事件の申立人の申立てにより開始する。ただし，後見人・後見監督人・保佐人・保佐監督人・補助人・補助監督人の解任の審判事件については，職権によっても，これらの者の職務を執行停止し，またはその職務代行者を選任する保全処分をなし得る（家事127条等）。

第4類型の保全処分は，本案たる審判事件の申立人の申立てにより開始する。ただし，第4類型のうち，遺産分割に関する審判事件については，申立人と並んで相手方も保全処分を申し立てることができる（家事200条2項）。

(d) 保全処分の申立て――申立ての趣旨と保全処分を求める事由

審判前の保全処分の申立ては，「その趣旨及び保全処分を求める事由を明らかにしてしなければならない」（家事106条1項）。本条の「趣旨」として，求めている保全処分の内容を具体的に特定する。「保全処分を求める事由」は申立ての理由に相当し，①本案たる審判において一定の具体的な法律関係が形成

129）旧法下の文献であるが，家審実務講義72頁。

される蓋然性と，②保全の必要性から成る。[130)131)] 保全処分の申立人は，①と②を疎明しなければならない（家事106条2項）。

(e)　保全処分の審理・裁判[132)]

審判前の保全処分を命ずる裁判は，申立てまたは職権により開始した審判前の保全処分の事件について裁判所が終局的な判断を示すものであり，「審判」である（家事105条，また本章1参照）。家事事件手続法第2編の適用を受ける（家事39条参照）ほか，以下のような特色を有している。

①(d)で述べたように，申立人は「保全処分を求める事由」について疎明しなければならず（家事106条2項），保全処分の裁判は疎明に基づいてなされる（家事109条1項）。申立人に疎明義務を負わせているが，同時に，裁判所は必要があると認めるときは，職権で，事実の調査および証拠調べを行うことができる（家事106条3項）。

②審判前の保全処分のうち仮の地位を定める仮処分を命ずるものは，「審判を受ける者となるべき者」（本章3(1)参照）の陳述を聞かなければならない（家事107条本文）。旧法下では，民事保全法23条4項が準用され（家審15条の3第7項），「債務者が立ち会うことができる審尋の期日」を経ることが必要であった。しかし，家事事件手続法下では，聴取の方法に限定を付さず（「審問の期日」に聴取しなくともよく），かつ事情によっては書面等によることも可能となった（家事107条ただし書）。

③家事審判手続の期日については，調書を作成するのが原則であり，調書を作成しない場合でも「経過の要領を記録上明らかにすること」が必要である（家事46条）。審判前の保全処分については，同条の規定は適用されず（家事114条2項），調書作成を原則としつつ，裁判長が必要ないと認めるときには，記録の省略も認められている（家事114条）。

---

130)　一問一答・家事170頁，なお，旧法下の文献であるが，家審実務講義74頁参照。

131)　民事保全法下の保全処分では，申立ての趣旨，被保全権利，権利関係と保全の必要性について明らかにする必要がある（民保13条）。これに対し，家事審判手続においては，一定の請求権の客観的存否が判断の対象となるのではなく，審判により具体的法律関係が形成される（例えば，どのように扶養義務を負担するか等）。それゆえに，本文(d)中の①のように考えることとなる。

132)　本項については，一問一答・家事173頁による。

(4) 保全処分の効力

(a) 効力の発生

審判前の保全処分についても，前述のとおり，家事事件手続法第2編（家事39条以下）の規定が適用されるので，保全処分の審判は「審判を受ける者」に告知することによって効力が発生する（家事74条2項）。保全処分の審判に対しては，即時抗告をすることができるが（後述，本章5(5)），確定を待たずに効力が発生する（家事109条2項による74条2項ただし書の適用除外）。旧法下におけると同様，保全処分は迅速な対応が必要とされるからである（旧法15条の3第4項参照）。

告知を受ける者の範囲は，「審判を受ける者」であり，審判により自己の法律関係が形成される者である（本章3(1)参照）。より具体的には，前述（本章5(2)）の四つの類型ごとに示すことができよう[133]。

① **第一類型（財産の管理者の選任等の処分）**　財産の管理者の選任は管理者に選任される者に告知し，事件の関係人に対する指示は指示を受ける者に告知する。

② **第二類型（後見命令等の処分）**　後見命令については，財産の管理者に告知することによって効力が生ずる（家事126条4項）。成年被後見人となるべき者に対しては，通知を行う（同条5項）。なお，保佐命令・補助命令については，被保佐人・被補助人となるべき者および財産の管理者に告知する（家事134条3項・143条3項・74条1項）。

③ **第三類型（職務執行停止等の処分）**　職務執行停止等の保全処分を告知すべき者については，家事事件手続法に個別に規定がある（家事127条2項5項・181条・135条・144条・174条2項・166条2項5項・215条2項など）。一例として，成年後見人の職務の執行を停止し，職務代行者を選任する保全処分（家事127条1項）をみると，その告知は，職務の執行を停止される成年後見人，他の成年後見人，および選任された職務代行者に対して行う（同条2項）。

④ **第四類型（仮差押え・仮処分その他の保全処分）**　これにより財産権の処分に制限を受ける場合は，その制限を受ける者に告知する。その他の場合

133）旧法下の文献であるが，注解家審650頁〔安倍〕。

には，直接に義務を負う者に告知する。

(b) 保全処分の効力の内容

審判前の保全処分の効力について，家事事件手続法は，「民事保全法（平成元年法律第91号）その他の仮差押え及び仮処分の執行及び効力に関する法令の規定に従う」と定める（家事109条3項）。保全処分の裁判は，一般的に，執行力・形成力を有する。[134] 前述の第1類型～第4類型の分類に従って考えると，以下のように区別することができる。第1類型ないし第3類型については，保全処分は形成力を有し，第三者との関係においても効力が認められる（対世効）。例えば，財産の管理者を選任する保全処分について考えると，当該保全処分により，（暫定的なものであるにせよ）管理者は実体法上の管理権を有するに至る。その結果，その者は財産の帰属者のみならず第三者に対しても権限を有する者として認められるのである。第4類型については，処分内容が強制執行できるものである場合には，執行力を有し，民事保全法等の規定により強制執行できる。不動産に対する仮差押えもしくは処分禁止の仮処分，金銭（養育料等）の仮払いを命ずる保全処分等がこれに相当する。

(5) 不服申立て

保全処分を命ずる裁判，および保全処分の申立てを却下する裁判に対しては，次の場合に，即時抗告により不服申立てをすることができる（これらの裁判は，いずれも審判の一種であり，家事85条1項「特別の定めがある場合に限り，即時抗告をすることができる」との適用を受ける。家事事件手続法110項1項2項は，この「特別の定め」に相当するものである）。ただし，高等裁判所が「審判に代わる裁判」を行った場合には，即時抗告はできない。

(a) 審判前の保全処分の申立てを却下する審判

申立てを却下する審判に対しては，申立人が即時抗告をすることができる（家事110条1項）。ただし，以下の場合には除外規定があり，例外的に即時抗告は認められない。

134）瀬木比呂志『民事保全法〔新訂版〕』（日本評論社・2014）259頁。

・家事事件手続法110条1項1号による除外　第1類型の保全処分に関し，財産の管理者の選任または財産の管理等に関する指示の保全処分の申立てが却下された場合には，即時抗告は認められない。
・家事事件手続法110条1項2号による除外　第3類型の保全処分に関し，職務代行者の選任の保全処分の申立てが却下された場合には，即時抗告は認められない。

(b) 保全処分を命ずる審判

保全処分を命ずる審判に対して，即時抗告をすることができる者の範囲は，本案の家事審判の申立てが認容された場合に即時抗告が認められる者の範囲（本章8(2)(a)参照）と一致する（家事110条2項）。ただし，(a)で例外として挙げた保全処分に対しては，即時抗告は認められない。

(c) 即時抗告に伴う執行停止

上記(4)(a)で述べたように，保全処分の審判は「審判を受ける者」に告知することによって効力が発生する（家事74条2項）。したがって，上記(b)によって即時抗告を行っても，保全命令の効力発生は妨げられない。保全命令の執行を停止するためには，別に執行停止の命令を申し立てる必要がある（家事111条）。執行停止の命令が出されるためには，保全処分の取消しの原因となることが明らかな事情，および保全処分の執行により償うことができない損害が生ずるおそれがあることについて疎明があることが必要である。

(6) 事情変更による取消し

審判前の保全処分の審判が確定した後に，その理由が消滅し，その他事情が変更したときは，家庭裁判所は当該審判を取り消すことができる（家事112条）。具体的には，本案審判認容の蓋然性がないことが明らかになってきた場合，保全の必要性が消滅した場合等がその例である[135]。これらの場合には，事情の変化を反映させ，保全処分を失効させるのが適切であるからである。したがって，取消しの効果に遡及効はなく，取消審判の告知のときから将来に向かって効力

135）旧法下の文献であるが，注解家審652頁。

が生ずる。

6　審判手続の中止・終了

(1)　審判手続の中止

審判手続の進行をさせることができない場合，または手続の進行が不適切な場合に，法律上当然にまたは裁判所の裁量的判断により，手続が停止することがある[136)]。民事訴訟法上の中止事由——①天災その他の事由により裁判所の職務執行が不能な場合の中止（民訴130条），②当事者の不定期間の故障による中止（民訴131条）——は，家事審判手続においても適用されると考える。

また，家事事件手続法は，裁量中止について，「家事調停の申立てがあった事件について家事審判事件が係属しているとき，又は家事審判事件が係属している裁判所が前条1項の規定により事件を調停に付したときは，家事審判事件が係属している裁判所は，家事調停事件が終了するまで，家事審判の手続を中止することができる」と定める（家事275条2項）。こうした規定の基礎には，「合意に基づく紛争解決が試みられているのであるから，それを支援する」との趣旨がある[137)]。この調整により，当事者は審判と調停という二つの手続に服する負担から，実質的に解放される。

(2)　審判手続の終了

(a)　審判手続の終了事由

審判手続の終了事由は，①審判の確定，②第二類事件を調停に付した後の調停の成立，③家事審判の申立ての取下げ，④当事者等の死亡による当然終了である[138)]。

①に関し，審判，および審判の確定については本章7で後述する。

---

136)　民事訴訟手続における中止について，梅本吉彦『民事訴訟法〔第4版〕』（信山社・2009）612頁参照。

137)　旧法下の文献であるが，注解家審197頁〔石田敏明〕。

138)　一問一答・家事139頁。

②に関し，第二類事件については，家庭裁判所は，家事事件手続法274条により，事件を家事調停に付することができ，調停が成立すれば事件は終了する（家事268条）。

③については，当事者は申立ての取下げもなすことができるのが原則である。取下げに関する原則，および例外については，(b)以下で述べる。

また，④との関連で，当事者等が死亡した場合，事件の性質上，審判手続は当然に終了するものがある（なお，死亡による受継については，本章3(7)参照）。当事者等の死亡により手続が当然終了するのは，例えば，ⅰ）子の氏の変更の審判事件において子が死亡した場合，ⅱ）後見開始の審判事件において成年被後見人となるべき者が死亡した場合，ⅲ）婚姻費用分担の審判事件において当事者が死亡した場合，ⅳ）失踪宣告の審判事件において申立人が死亡し，他の申立権者による受継がなされない場合等である[139)]。

(b) 申立ての取下げ——原則

民事訴訟の場合には，判決確定前であれば原告は訴えを取り下げることができるが，一定の場合（被告が本案について準備書面を提出し，弁論準備手続で申述をした等の場合）には被告の同意が必要となる（民訴261条1項2項）。家事審判手続においても，当事者に家事審判を申し立てるか否かを決定する権限があるのであれば，取下げについても，当事者の自由な処分に委ねるのが原則であろう。家事事件手続法は「家事審判の申立ては，特別の定めがある場合を除き，審判があるまで，その全部又は一部を取り下げることができる。」と定める（家事82条1項）。次項(c)で述べるように，第二類審判手続では，審判が確定するまで取り下げることができるが，第一類審判手続では，終局的裁判＝審判が出された後は，取り下げることができない。ⅰ）第一類事件は，争訟性がなく，裁判所が公益的・後見的立場から判断を下すものである，ⅱ）審判の効力は，申立人・相手方以外の者（審判を受ける者等）にも及び得る，ⅲ）それゆえ，審判の判断内容が示された後で取り下げることにより，従前の手続を無駄にすることは公益的見地から相当ではないからである[140)]。

---

139)　一問一答・家事139頁。
140)　一問一答・家事140頁。

家事審判事件においては，取下げについても一律に取り扱うことは適切ではなく，(c)に示すような例外が定められている。

(c)　取下げの例外――家事事件手続法によるもの[141)]

(ア)　審判前の保全処分の申立て

審判前の保全処分の申立ては，審判前の保全処分があった後であっても，その全部または一部を取り下げることができる（家事106条4項）。審判前の保全処分は暫定的な処分であり，保全の必要性が失われた場合には，取下げにより原状に復することを制限する理由に乏しい。それゆえに，審判後でも取下げを認めたものである。

(イ)　後見開始等の申立て

以下の事件については，審判がなされる前でも，申立てを取り下げるには家庭裁判所の許可が必要である。すなわち，後見開始の申立ておよび成年後見人の選任の申立て（家事121条），保佐開始の申立ておよび保佐人選任の申立て（家事133条），補助開始の申立ておよび補助人選任の申立て（家事142条），未成年後見人の選任申立て（家事180条），任意後見監督人の選任申立て（家事221条）について，家庭裁判所の許可を必要とするとされている。

これらの申立ては，被後見人・被保佐人・被補助人（たるべき者）の保護という公的利益にかかわる申立てであり，審判がなされる前であっても，申立人の個人的な考えにより事件を終了させるのは，適切ではない。したがって，家事事件手続法82条1項の特則を定めたものである。

(ウ)　遺言の確認の申立て，および遺言書の検認の申立て

遺言の確認の申立て，および遺言書の検認の申立てについては，「審判がされる前であっても，裁判所の許可を得なければ，取り下げることができない」（家事212条）。遺言の確認は，民法976条4項，979条3項に基づくものであり，家庭裁判所が確認をしなければ遺言の効力が生じないのであるから，申立人の自由な取下げを認めるのは適切ではない。また，遺言書，その遺言書の保管者・発見者に検認の請求を義務付けており（民1004条），申立人の任意な処分を認めるべきではなく，取下げについての制限規定が置かれた。

---

141)　本項については，一問一答・家事140頁に負う。

(エ) 第二類事件についての特則

第二類事件の申立てについては，「審判が確定するまで」，その全部または一部を取り下げることができる（家事82条1項）。ただし，審判がされた後にあっては，相手方の同意が必要である（同条2項）。第二類事件は，当事者の任意処分が可能な権利・利益に関する審判事件であり，取下げについても当事者の自由な処分に委ねられる。ただし，相手方の利益を考慮し，審判が出された後には相手方の同意が，取下げの効力発生要件となっている。また，仮に同意が不要であるとすると，申立人は審判内容が明らかになってから（自己に有利かどうかを判断してから）取下げを判断し，再度，同一内容の申立てをすることが可能となり，不合理な結果となる。

旧法下においては，実務・多数説は，取下げを制限する規定もなく相手方の同意を要しないと解していたが[142]，家事事件手続法では，第二類事件の争訟性に鑑みて，同意が要件とされた。

(オ) 財産分与に関する処分の申立て，および遺産分割の申立て

第二類事件の中でも，財産分与に関する処分の申立て，および遺産分割の申立てについては，上述(ア)の特則が定められている。すなわち，「相手方が本案について書面を提出し，又は家事審判の手続の期日において陳述をした後にあっては，相手方の同意を得なければ」取下げの効力が生じない（家事153条・199条）。これらの事件は争訟性が強いため，民事訴訟手続における規律（民訴261条2項）と同様に，審判がなされる前であっても相手方の「裁判により紛争を解決する期待」を保護するものである。

(d) 取下げの例外――家事事件手続法によらないもの

上記(c)以外に，申立ての取下げに関し，例外的取扱いをなすべき事例はないであろうか。旧法と異なり，家事事件手続法には取下げに関するより詳細な各

142) 家審実務講義120頁，家審講座Ⅰ 68頁〔綿引〕，高松高決昭45・9・21家月23・7・51（申立人が1人の事例）。これに対し，大阪高決昭49・11・6家月27・7・49（裁判例集Ⅲ-22）は，遺産分割審判の申立ての取下げについて，相手方および他の共同申立人の同意を要するとしている（相手方の同意について，民事訴訟法236条（2項）（現行法261条2項）を準用し，他の共同申立人の同意については，必要的共同訴訟における訴えの取下げに準じて考えるものとしている）。大阪高決昭49・11・6は，(d)(イ)で述べる「固有必要的共同訴訟」に準じた考え方をとっているものである。

論的規定を置いているので，明文の規定のない例外的取扱いは慎重に考えるべきである。旧法下で議論されていた申立てのうち，(c)には含まれていないものについて，考察してみたい。

(ア)　申立権者に検察官が含まれている事件

家事審判事件の中には，申立権者に検察官が含まれているものがある。これらのうち，例えば，後見開始の審判の取消し（民10条，第一類事件2項），不在者の財産管理に関する処分（民25条，第一類事件55項），後見人の解任（民846条，第一類事件5項），相続の承認・放棄をすべき期間の伸長（民915条1項ただし書，第一類事件89項）を求める審判事件については，審判がなされる前の申立ての取下げを制限する規定がない。

旧法下において，申立権者に検察官が含まれている事件は取下げが認められないとする見解があった[143]。

申立権者に検察官が含まれている事件のうち，後見開始の審判（民7条，別表第一1項）等については，(c)(ウ)で示したとおり，家庭裁判所の許可が必要である旨の規定がある。また，申立権者に検察官が含まれている事件類型であっても，例えば，民法915条の期間の伸長を求める申立ては，公益性が強いとはいえない。家事事件手続法の解釈としては，明文の規定がなければ，82条1項の原則に戻り，審判があるまで取り下げることができるものと考える。

(イ)　必要的共同当事者の関係にある場合

当事者が必要的共同当事者の関係にある場合，家事審判手続の取下げはどのように考えるべきであろうか。この問題については，民事訴訟手続における必要的共同訴訟の取下げに関する考察が手がかりになる。民事訴訟手続の「類似必要的共同訴訟」に相当する場合（例えば，複数の申立人が後見開始の審判を申し立てたケース，民7条参照）には，1人の申立人が単独で取り下げることが認められる（他の申立人による手続は影響を受けず続行する）ものと考える[144]。

143)　取下げ不可とする見解として，検察官の申立てを公益上の理由と解する，山木戸・家審44頁，家審講座Ⅰ 67頁〔綿引〕がある。これに対して，村崎満［取下］判タ250号（1970）131頁は検察官に申立権がある場合でも一律に取下げ不可とすることは疑問であるとする（検察官の申立権は，近親者が適当な保護に当たらない場合，あるいは近親者不存在の場合を予定したものであり，近親者が種々の事由から申立てを取り下げることは，その裁量に委ねられるとしている）。

これに対して，民事訴訟手続における「固有必要的共同訴訟」に該当する場合，すなわち家事審判手続において，当事者が全員揃わないと手続が適法にならない場合（例えば，遺産分割事件）はどうであろうか。まず，民事訴訟手続を考えると，固有必要的共同訴訟の取下げについては，全員により，または全員に対して取り下げなければならない（民訴40条1項）[145]。家事審判手続についても，一部の者による，または一部の者に対する取下げは，原則としてできないと考える[146]。ただし，相手方の一部が相続分を譲渡し，この点に争いがないような事例では取下げを認める必要があろう[147]。

7 審判等の裁判

(1) はじめに

本章1で述べたとおり，家事審判とは，家庭裁判所がする本案について終局的な判断をする裁判をいい，民事訴訟手続の終局判決に相当するものである。家庭裁判所の審判手続においてなされる審判にはどのようなものがあるかについては，本章1(2)で示した。

家庭裁判所で行う裁判には，審判以外のものもある。まず，次項(2)で「審判以外の裁判」につき概観をし，(3)以降で審判について検討する。

(2) 審判以外の裁判

審判以外の裁判には，審判手続における派生的・付随的な事項に関する手続的判断，および本案の関する終局的ではない判断がある[148]。それらの裁判に具体的にどのようなものがあり，どのような手続規律が適用されるかを概観する。

---

144) 民事訴訟手続につき，伊藤眞『民事訴訟法〔第4版補訂版〕』（有斐閣・2014）631頁。

145) 参照，最判昭46・10・7民集25・7・885。

146) 前掲注142）大阪高決昭49・11・6。

147) 旧法下において，遺産分割審判前に相続分の譲渡がなされたケースでは一部の者による取下げを認めた。大阪高決昭54・7・6家月32・3・96，裁判例集Ⅲ-14参照。

148) 一問一答・家事17頁。

(a) 裁判の内容[149]

家事事件の手続における派生的または付随的事項に関するものとして，以下のものがある。例えば，審判手続における移送決定（家事9条），裁判官等の除斥・忌避についての裁判（家事10条・11条・13条），特別代理人選任についての裁判（家事19条），手続上の救助についての裁判（家事32条1項），裁判長による期日の指定の裁判（家事34条），家事審判事件の手続の併合・分離等の裁判（家事35条1項2項），当事者参加に関する裁判（家事41条2項4項），利害関係参加の許可に関する裁判（家事42条），記録閲覧等の許可に関する裁判（家事47条）などである。

次に，本案に関する判断であるが，終局的判断ではないものとして，計算違い等による審判の更正決定（家事77条），中間決定（家事80条）がある。中間決定については，(c)で，更正決定については，本章7(8)で検討することとしたい。

(b) 手続規律[150]

ここでは，審判以外の裁判のうち，手続の派生的・付随的事項に関する裁判について手続規律を示すこととしたい。審判についての手続規律については，本章4で既述した。手続の派生的・付随的事項に関する裁判の手続規律は，審判の手続規律と比べて，以下の点で異なる。

(ア) 裁判書の作成

審判手続においては，原則として裁判書（審判書）の作成が必要である（家事76条1項）。他方，派生的・付随的事項に関する手続的判断については，裁判書の作成が必要的なものとはされていない[151]（家事81条1項による76条1項の適用除外）。

(イ) 判事補の権限

審判以外の裁判については，審判と異なり，判事補が単独ですることができる（家事81条3項）。ただし，判事補は単独で家事事件が係属する裁判所を構

149) 本項については，一問一答・家事129頁に負う。
150) 本項については，一問一答・家事123頁に負う。
151) ただし，本案に関する終局的ではない判断については，裁判書の作成が必要である。家事77条2項・80条2項。

成することができないので，家事事件が係属する裁判所が行う裁判（例えば，移送の裁判や参加許否の裁判など）については，審判以外の裁判であってもすることができない。

(ウ) 裁判の取消し・変更の際の陳述聴取

審判については，その取消し・変更をする際に，当事者およびその他の審判を受ける者の陳述を聴かなければならない（家事78条3項）。これに対し，審判以外の裁判については，このような規律はない。また，家事審判の手続の指揮に関する裁判は，いつでも取り消すことができる（家事81条2項）。

(エ) 効力発生時期

審判については，i）即時抗告をすることができないものについては，審判を受ける者に告知することにより効力が生じ（家事74条2項本文），ii）即時抗告をすることができるものについては，確定しなければ効力が生じない（家事74条2項ただし書）。これに対して，審判以外の裁判については，即時抗告が認められているか否かにかかわらず，審判を受ける者に告知することによって効力が生ずる（家事81条による74条2項ただし書の適用除外）。

(オ) 即時抗告期間

審判に対する即時抗告については，2週間である（家事86条1項）が，審判以外の裁判については，1週間である（家事101条1項）。

(カ) 即時抗告審等の審理

抗告審の手続については，基本的に，審判についての抗告審手続の規定（本章8で後述）が準用される（家事102条）。審判手続と異なる点は，①抗告状の写しを当事者・利害関係参加人に対して送付することが，必要的なものとされていない点（家事102条による88条の適用除外），および，②抗告審において原審を取り消す際に，当事者・審判を受ける者の聴取が必要的なものとされていない点（家事102条による89条の適用除外）である。

(c) 中間決定

以下では，審判以外の裁判のうち中間決定を取り上げる。

「審判の前提となる法律関係の争いその他中間の争いについて」中間決定がなされ得る（家事80条）。民事訴訟手続にも中間判決制度があり（民訴245条），これと対比することができる。中間決定は，審判の前提として当事者間で争点となっている事項について予め判断を与えることが相当である場合に下され[152]，この点は中間判決と同様の制度趣旨である。具体例として，①遺産分割事件における遺産の範囲の争いなど，審判の前提となる法律関係に争いがある場合，②国際裁判管轄等の申立ての適法要件について争いがある場合を挙げることができる[153]。

しかし，中間決定はそれ自体，取消し・変更の対象となり[154]，また，審判をする裁判所も中間決定に拘束されない。この点に中間判決との違いがある。しかしながら，中間決定は，取消し・変更がなされるまでは有効な決定として存続し，中間決定で示された判断に従って審判がなされるのが通常である。ゆえに，審判の前提となる争いを事前に整理する目的で活用され得る[155]。

中間決定については，裁判書の作成が必要的なものとされている（家事80条2項）。

(3)　審判の性質

ここでは，審判の性質を検討する。

審判は，「家庭裁判所の裁判」であるものがほとんどである。しかし，審判事項の中には裁判たる行為が存在するかどうか疑問が生ずるものもある。問題となるのは，相続の限定承認の申述の受理（第一類事件92項），相続放棄の申述の受理（第一類事件95項），相続の限定承認または放棄を取り消す旨の申述の受理（第一類事件91項），相続人捜索の公告（民958条，第一類事件99項），危急時遺言の確認（第一類事件102項），遺言書の検認（第一類事件103項）などである。このうち，相続の限定承認の申述の受理（第一類事件92項），相続放棄の申述の受理（第一類事件95項），これらを取り消す旨の申述の受理（第一類事件91項）の性質については，非裁判説（申述という要式の意思表示を裁判所が受け付け，事実行為を公証すると考える），裁判説，準裁判説（広義の裁判であると考える[156]）に考

152)　高田263頁〔金子発言〕。

153)　具体例は，一問一答・家事138頁による。

154)　中間決定に対しては即時抗告ができないので，家事事件手続法78条1項により，取消し・変更の対象となる。

155)　高田264頁〔金子発言〕。

156)　旧法下の文献であるが，山木戸・家審46頁は，「家庭裁判所が申述の適否ないし効力を調査判断してなす一種の受理行為」であるとし，広い意味での裁判と説明する。

え方が分かれている。相続人捜索の公告（民958条，第一類事件99項）は，相続人に権利主張すべき旨を公告するものであり，「裁判」ではない。また，遺言書の検認（第一類事件103項）も，遺言書の偽造・変造を防ぐための一種の検証行為であり，遺言の効力を判定するものではなく，「裁判」には当たらない[157]。

これらの審判事項につき，裁判か非裁判かを区別する実益は，家事事件手続法74条の適用があるか否かにある[158]。換言すれば，裁判でないとすれば同条の適用はなく，告知がなくとも効力は生ずる。ただし，これらの区別は主として理論的なものであり，実務上の意義は極めて小さい。

上に述べたように，審判事項の中には，家庭裁判所の裁判（判断）行為のほかに，事実行為も含まれるのである。そして，裁判（判断）としての審判はさらに，形成的審判（例えば，後見・保佐・補助開始の審判，後見人等の選任，推定相続人の廃除の審判）・確認的審判（危急時遺言の確認審判）・給付的審判（離婚時の財産分与，扶養料の支払等）に分けることができる。民事訴訟における形成判決・確認判決・給付判決に対応するものであるが，後述のように，給付的審判は同時に形成的効力を有する点が異なる（後述，本章7(6)参照）。次のように図示することができる。

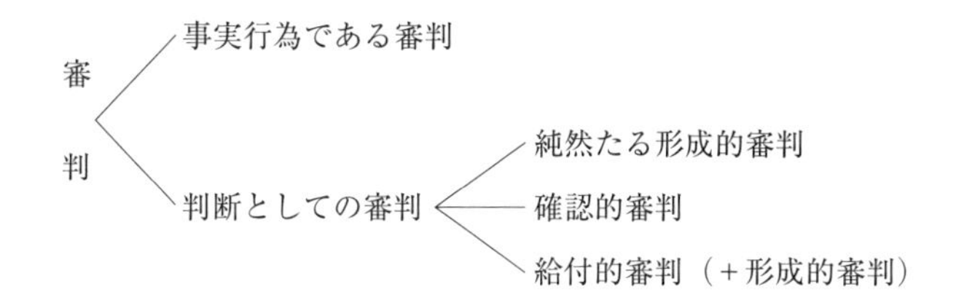

(4) 審 判 書

家事事件手続法76条1項は，「審判は，審判書を作成してしなければならない」と定めている。ただし，即時抗告をすることができない審判については，

157) 旧法下の文献であるが，注解家審591頁〔飯島悟〕。なお，危急時遺言の確認については，家庭裁判所の判断行為（＝裁判）――遺言者の真意に基づくことを判断して遺言の効力を確保する――であると考えられる（注解家審310頁〔松原正明〕）。

158) 旧法下の文献であるが，注解家審592頁〔飯島〕は，家事審判法13条の適用の有無に区別の実益を認める。

申立書または調書に主文を記載して審判書の作成に代えることができる（同項ただし書）。審判書の記載事項は，主文，理由の要旨，当事者および法定代理人，裁判所（家事76条2項）である。主文においては，申立てを認容するときには，審判によって形成される法律関係や命じられる給付の内容等が示される。申立てが不適法であるとき，および申立てに理由がないときには，「申立てを却下する」と記載される（民事訴訟手続と異なり，「申立てを棄却する」との表現は用いられない）。

即時抗告のできない審判については，主文のみが申立書・調書に記載され得るが，これに対して，即時抗告をすることができる審判については，理由の要旨の記載が必須である。即時抗告をすることができる審判に関しては，理由の要旨は，①当事者にとっては不服申立てをするか否かの判断資料となり，②上級審にとっては，原審の審判の理由を了知する資料となるからである[159)]。なお，民事訴訟における判決書と異なり，「理由」ではなく「理由の要旨」とされているのは，家事事件の迅速処理の要請に基づくものである（民訴253条1項3号参照[160)]）。

(5)　審判の告知

審判は，当事者・利害関係参加人・審判を受ける者に対し，「相当と認める方法で告知しなければならない」（家事74条1項）。

(a)　告知の方法

告知の方法は，「相当と認める方法」である。具体的には，①言渡し，②書記官による交付送達，③執行官・郵便業務従事者・廷吏による交付送達，④書留郵便に付する送達，⑤公示送達，⑥普通郵便に付する送付，⑦請け書による直接交付の中から，個別の事情に従って決めることになる。実務においては，一般的に次のような使い分けをしているとのことである[161)]。

---

159)　高田265頁〔金子発言〕。

160)　高田266頁〔古谷発言〕。

161)　旧法下の文献であるが，家審実務講義129頁。

ⅰ）即時抗告の許されている事件，および戸籍の届出を要しかつ届出期間の定めがある事件（例えば，未成年後見人選任事件）については，②，③，または⑦による。[162)]

ⅱ）即時抗告の許されない事件，戸籍届出期間の定めのない事件，または戸籍届出が創設的性質を有する事件（例えば，子の氏の変更事件，養子縁組事件）については，⑥による。

審判の告知がなされた場合には，その旨，および告知の方法を家事審判事件の記録上明らかにする（家事規 50 条 3 項）。

(b) 審判の告知と効力の発生

審判の告知と効力の発生との関係は次のとおりである。①申立てを却下する審判は，申立人への告知によって効力が発生する（家事 74 条 3 項）。②積極的内容の審判は，審判を受ける者への告知によって，効力を生ずる。審判を受ける者が複数いるときは，そのうちの 1 人に告知することによって効力が生ずる。ただし，即時抗告をすることができる審判は，確定しなければ効力が生じない（同条 2 項）。

「審判の確定」という概念は，家事審判法にはなく，家事事件手続法において導入された概念である。「確定」とは，通常の不服申立ての手段が尽きた状態であり，この点は民事訴訟手続における「判決の確定」と同じように理解することができる。[163)] この「確定概念」は家事事件手続法 78 条 2 項・82 条 2 項・103 条 1 項等の条文で用いられている。[164)] 確定の時期は，即時抗告ができる審判か否かによって異なる。即時抗告のできない審判は，告知によって，審判の効力発生と同時に確定することとなる。[165)] 即時抗告ができる審判については，即時抗告期間の満了によって確定する。

---

162) 即時抗告をすることができる審判については，即時抗告期間の起算点を明確にするため，送達がなされる例が多いようである。高田 268 頁〔古谷発言〕。

163) 一問一答・家事 133 頁，高田 274 頁〔畑発言〕。このように解する結果，即時抗告をすることができない審判については，確定後であっても，確定した日から 5 年を経過するまでは審判が取り消され，または変更されることが生じ得る（家事 78 条 2 項）。高田 275 頁〔畑発言〕。

(6) 審判の効力

裁判としての審判がいかなる効力を有するかは，審判の内容に応じて様々である。詳細は個別の審判事項（本書第6章）に譲るが，以下で概観する。[166)]

(a) 形式的確定力

民事訴訟においては，終局判決が上訴によって取り消される余地がなくなると，判決は確定し，訴訟は終了する（形式的確定力）。[167)]

「審判の確定」という概念は，(5)(b)で述べたように，家事事件手続法において導入された概念である。「審判の確定」は，民事訴訟手続における「判決の確定」概念と同様に，通常の不服申立てが尽きた状態であると理解することができる。審判が確定する時期は，①即時抗告のできない審判については，告知によって，審判の効力発生と同時に確定し，②即時抗告ができる審判については，即時抗告期間の満了によって確定する。

(b) 形 成 力

裁判によって，権利・義務や法律関係に変動を生じさせる場合に，「形成力」があるという。[168)] 家事審判の多くは，形成力を有する審判である。例えば，①後見開始の審判（第一類事件1項），②不在者の財産管理人の選任（第一類事件55

---

164)　確定概念が問題となるのは次の場合である。①裁判官・家事調停官について除斥・忌避の申立てがあった場合に，その申立てについての裁判が確定するまで，原則として，その家事事件手続を停止する旨の規定（家事12条4項・15条1項），および裁判所書記官・参与員についての除斥・忌避の申立てがあった場合の規定（家事13条2項・14条2項），②審判が確定した日から5年を経過したときは，家庭裁判所は家事事件手続法78条1項による審判の取消し・変更ができないとする旨の規定（家事78条2項，ただし，事情の変更がある場合はこの限りではない。同項は審判以外の裁判についても準用されている。家事81条1項），③第二類事件の申立ての全部または一部の取下げは，審判が確定するまで可能であるとする旨の規定（家事82条2項，ただし，相手方の同意を要する場合がある），④確定した審判等に対して再審の申立てができるとする旨の規定（家事103条）。一問一答・家事133頁。

165)　高田274頁〔金子発言〕。

166)　旧法下の文献であるが，日野忠和「審判の効力」講座実務家審Ⅰ157頁，家審講座Ⅰ74頁〔綿引〕，注解家審626頁〔飯島〕参照。

167)　伊藤・前掲注144）500頁。

168)　伊藤・前掲注144）160頁。

項)，③失踪宣告（第一類事件56項)，④遺言執行者の選任（第一類事件104項）などは，いずれも審判により，①事理弁識能力を欠く常況にある者について後見が開始し民法9条の効果が生じる，②選任された財産管理人が民法27条・28条等によって権限を有し職責を担う，③民法31条の失踪宣告の効力が生じる，④遺言執行者が民法1011条以下の任務を行う等の効果が生じる。また，養子縁組の許可（第一類事件61項）についても，許可の審判によってはじめて縁組みの届出が受理されるのであり（民800条)，形成力があるといえる。給付的審判（例えば，離婚の際の財産分与〔第二類事件4項，扶養〕第二類事件9項等）についても，「一切の事情を考慮して」家庭裁判所が定めた内容によって金額等が具体化するのであり（民768条3項・879条)，審判がなされる前には請求できる内容が具体的に明らかでない（この点において，民事訴訟の給付判決とは異なる)。その意味で，給付的審判にも形成力が認められる。

なお，形成力を有する裁判には，一般的に対世効（第三者効）が認められる。しかし，形成力を有する審判すべてに対世効を認めることには，疑義が唱えられている[169]。形成的審判を一律に考察するのではなく，その審判の内容に応じた検討がなされている。不在者の財産管理人の選任（第一類事件55項)，親権者指定または変更（第二類事件8項）等について対世効があるのは問題がない。これに対して，財産分与（第二類事件4項)，相続の場合における祭具等の所有権の承継者の指定（第二類事件11項)，遺産分割（第二類事件12項）については，形成力による第三者効は不要であり，財産法一般と同様の対抗要件を必要と解するべきであろう[170]。

(c) 執 行 力

執行力とは，債務名義に基づき，その内容を強制執行によって実現し得る効力をいう。家事事件手続法75条は，「金銭の支払，物の引渡し，登記義務の履行その他の給付を命ずる審判は，執行力のある債務名義と同一の効力を有す

169) 旧法下の文献であるが，家審講座Ⅰ 75頁〔綿引〕，山木戸・家審54頁。

170) 旧法下の文献であるが，家審実務講義138頁参照。家審講座Ⅰ 75頁〔綿引〕は乙類審判事件（第二類事件）にあっては対世効を必要としないものが多いとする。また，山木戸・家審54頁は，遺産の分割禁止の審判（家事法では第二類事件13項に該当）について第三者保護のため対抗要件を必要と解する。

る」と定め，給付を命ずる審判について執行力を肯定している。旧法15条と同様の規定であり，強制執行のための単純執行文は不要である（民執25条・26条参照)。

給付を命ずることができる審判の例は，次のとおりである。[171)]

・夫婦財産契約による財産の管理者の変更および共有財産分割（第一類事件58項)
・夫婦間の協力扶助に関する処分（第二類事件1項)
・婚姻費用分担に関する処分（第二類事件2項)
・子の監護費用分担に関する処分（第二類事件3項)
・財産分与に関する処分（第二類事件4項)
・系譜，祭具，墳墓の権利の承継者指定（第二類事件5項6項11項)
・親族間の扶養（第二類事件9項)
・遺産分割（第二類事件12項）など

これに対して，夫婦の同居を命ずる審判は強制執行が認められない。[172)]

子の引渡しを命ずる審判については，見解が分かれている。実務は，意思能力のない幼児については直接強制（民執169条）を認める余地があるが，一般的には間接強制（民執172条）の方法によるものとしている。[173)] 面会交流を命ずる審判については，給付が特定されていれば間接強制を認めるのが判例である。[174)]

(d)　既 判 力

(ア)　問題の所在

民事訴訟において，終局判決が確定すると「既判力」を有する。既判力は，

---

171)　旧法下の文献であるが，注解家審631頁。

172)　旧法下の文献であるが，山木戸・家審55頁，家審講座Ⅰ 75頁〔綿引〕。

173)　「昭和45年3月開催 家事審判官会同概要」家月22巻9号（1970）79頁。

174)　最決平25・3・28民集67・3・864は，「監護親に対し非監護親が子と面会交流をすることを許さなければならないと命ずる審判において，面会交流の日時又は頻度，各回の面会交流時間の長さ，子の引渡しの方法等が具体的に定められているなど監護親がすべき給付の特定に欠けるところがないといえる場合は，上記審判に基づき監護親に対し間接強制決定をすることができる」として，間接強制を認めた原審の判断を維持した。これに対し，最決平25・3・28集民243・261，および，最決平25・3・28集民243・271は，監護親がすべき給付が特定されていないとして，間接強制を否定した原審を維持した。

原則として判決主文の判断（訴訟物）に対して生じ（民訴114条1項），機能としては，後訴が提起されたときに作用する。当事者は既判力の生じた判断に反する主張や証拠の申出をすることができず，裁判所は既判力の生じた判断を前提として判決しなければならない[175)]。

これに対して，審判は，非訟事件に対する判断であり，裁判所が後見的立場から，合目的的に裁量をもって判断するものである。したがって，後に同様の事件が問題になったときに，前裁判の判断が後の裁判所・当事者に対して拘束力を及ぼすと考えることは，非訟事件の性質と相容れないと考えられる（この考え方に立ち，旧法下の通説は，審判の既判力を否定してきた[176)]）。他方で，すでに裁判所の判断が示された事件について，後に蒸し返しを認めるのも，事件・紛争の解決にとって支障となると考えられる。それゆえに，旧法の下でも家事審判に既判力を認めるか否かについて見解に相違があり，この見解の対立は家事事件手続法の下でも引き継がれた。

暫定的な整理として，以下，第一類事件と第二類事件に分けて検討することとする[177)]。

(イ)　第一類審判の既判力

申立てを却下する審判については，既判力を認めるのは適切ではないと考える。第一類事件の中には申立権者が複数規定されているものも相当数ある。ある者のなした申立てが却下された場合に，他の申立権者が申立てをなし得るのは当然であるが，却下された申立てをなした者も再度の申立ては原則として妨げられないと考える。なぜならば，第一類事件は，争訟性がなく，裁判所が後見的立場から公益に鑑みた判断が示すものであり，それゆえに，後の申立ての際にも，前裁判の拘束力に基づく裁判ではなく，改めて後見的な立場から公益

175)　伊藤・前掲注144）507頁。

176)　山木戸・家審56頁，家審講座Ⅰ77頁〔綿引〕，島岡大雄「乙類審判における先行審判のむし返しの可否」判タ1155号（2004）81頁。なお，飯倉一郎「非訟事件の裁判の既判力について」民訴雑誌18号（1972）13頁。

177)　「審判の確定」概念は，(a)で述べたように，家事事件手続法において導入された。審判の取消し・変更制度をも考慮に入れて判断すると，審判が確定した後であっても，取消し・変更の対象となり得る（後述(9)）。しかし，取消し・変更の可能性と既判力の有無は，概念上は，分けて考えることができる。なぜならば，取消し・変更の可能性がある審判でも，取消し・変更がなされるまでは，当該審判を前提として拘束力を及ぼす可能性を考え得るからである。

に鑑みた裁判を下すべきであると考えるからである。

積極的内容の審判が下された場合にも，既判力を肯定するべきではないと考える。旧法下で示された見解の中には，例えば，後見開始の審判（第一類事件1項，家審9条1項甲類1号）や失踪を宣告する審判（第一類事件56項，家審9条1項甲類4号）が出され確定すると，審判が取り消されるまで何人もこれを争うことができない（対世的効力）ので，この意味で，「既判力あり」とするものがあった[178]。しかし，これは既判力としての作用ではなく，裁判所が重要な身分行為の許可・認証をし，または権利義務関係の「基盤」を整備するという国家の後見的な役割を担った形成的審判に伴う効果であると考えるべきである。

㈦　第二類審判の既判力

申立てを却下する審判について，既判力を認める必要はないと考える。後述のように，積極的内容の審判について既判力を否定すべきであると考える。これを前提とすると，第二類審判の申立てを却下した場合に限定して，既判力を肯定する必要もなく，理論的な整合性の観点からも賛成し難い[179][180]。

積極的内容の第二類審判についても，既判力を認める必要はないと考える。第二類事件については，遺産分割事件（第二類事件12項）を例にとって考えることとしたい。遺産分割の審判については，結論として，次のように考えることになろう。①遺産分割の審判が確定した後になって，審判の当事者（申立人または相手方）が具体的分割方法をめぐって不満を申し立て，紛争を蒸し返すことはできない（このように解さないと事件の解決ができない[181]）。②遺産分割の審判確定後，知られざる相続人が出現し（被相続人の死後，被相続人を父とする認知請求訴訟が認容されたケースなど），または相続財産の範囲が変更する（例えば，相続財産の一部であるとされた物につき，第三者から自己の所有に属するものであると

178)　市川四郎「家事審判における実務上の問題と判例」家月8巻12号（1956）28頁。

179)　旧法下において，山木戸・家審57頁，佐上265頁等，多数説は既判力を否定していた。

180)　反対説は，裁判所の負担軽減，および相手方の利益を保護する観点から既判力を肯定している。鈴木正裕「非訟事件の裁判の既判力」実務民訴109頁。

181)　養育料支払の審判（第二類事件9項）等については，後述のように，事情変更による審判の取消し・変更の規定が置かれている（第二類事件10項）。これらは，審判後の事情変更により，新たな申立てに基づいて取消し・変更を行うものであり，紛争の蒸し返しとは区別される。

の訴訟が提起され，請求が認容された場合）など前提事項に変更が生じた場合には，少なくともその限りで，審判の効力は失われる。[182)]

この①だけに着目すると，訴訟による紛争解決と類似性があり，既判力を肯定し得るようにもみえる。しかし，②の側面を考慮に容れると，後に効力を失い得る審判が「既判力」を有するとは言い難い。①の「蒸し返し禁止」の効果は，一般的には形成力の効果として説明できる。すなわち，確定した遺産分割審判により，「相続開始の時にさかのぼって」権利義務を承継する（民909条）ので，相続人らは蒸し返すことができないのである。[183)]

(e) 保存的効力

遺言書検認の審判（第一類事件103項）は，「裁判」としての性質を有しないが，偽造・変造を防止するという保存的効力を有するということができよう。[184)]

(7) 「審判物」概念

(a) 問題の所在

(7)では，既判力との関連で，「審判物」概念に言及する。筆者は，旧法下において「審判物」概念という考え方の導入を提案した。[185)]民事訴訟においては，

---

182) 最決昭41・3・2民集20・3・360，裁判例集Ⅲ-5は，訴訟で遺産分割の前提事項たる権利関係が否定された場合には，「分割の審判もその限度において効力を失う」ことを説いている。なお，失効の意義については，徳田和幸「家事審判の効力と関連紛争」法学論叢148巻3・4号（2001）156頁が詳細である。

183) 「蒸し返し禁止」の効果の根拠を形成力以外に求める見解も少なくない。申立ての利益がないと構成する見解（鈴木・既判力49頁），および家庭裁判所の職分管轄に根拠を求める見解等がある。後者につき，名古屋地判昭45・2・7判タ244・199を参照されたい。本裁判例は，不在者の財産管理人選任の審判について，「固有の職分管轄にもとづき家庭裁判所によってなされたもので，かつ，性質上いわゆる形成の裁判に属することからして，これについては，固有の職分管轄を有する家庭裁判所による家事審判関係法令所定の手続にもとづく適法な取消・変更がなされない限り，利害関係者は勿論，たとえ一般民事裁判所といえども，右AをBの財産管理人に選任した裁判に拘束され，その効力を否定し，あるいは，右Bを不在者であるとした判断に抵触・相反する主張ないし判断をなし得ない，ものと解するのを相当とする」と判示している。

なお，形成判決の後訴における通用力について，本間靖規「形成訴訟の判決効」新堂幸司編集代表，吉村徳重＝井上正三『講座民事訴訟（6）』（弘文堂・1984）294頁は，「形成力の訴訟的効果」と説明している。

184) 旧法下の文献であるが，山木戸・家審58頁。

裁判所の審理判断の対象は「訴訟物」として把握され，伝統的には，当事者の申し立てた範囲（「請求の趣旨及び原因」による特定）と裁判所の審理の範囲，判決主文で示されるべき範囲が訴訟物によって画される，と理解されている。これに対して，従来，非訟手続では，「申立てによる審判の特定」という考え方をとってこなかった。非訟手続では，手続の特質として職権主義，裁判所の裁量，ないし裁判所の後見性が強調され，当事者の申立てに拘束力を認める「当事者主義」による手続は採用されない，と考えられたのである[186)]。しかし，家事審判手続でも，①一定の範囲で，申立てに審理判断の内容を特定させる機能を肯定することが適切ではないか，②仮に，申立てに一定の拘束力を肯定するのであれば，「審判物」概念を用いることが有用ではないか，というのが問題の出発点であった。

家事事件手続法においては，本章4(1)(a)(ウ)で記したとおり，家事審判の申立ての際には，申立ての趣旨および理由を申立書に記載しなければならない（家事49条2項）。すなわち，家事事件手続法下においては，特定されていない審判の申立ては違法なものとなり，裁判長による補正命令や申立書却下命令の対象となる（家事49条4項5項）。また，申立ての趣旨または理由の変更には一定の制限があり（家事50条），さらに，審判書には主文・理由の要旨を記載しなければならない（家事76条2項）がこれは申立書の申立ての趣旨および理由に対応したものである。このように新たに設けられた規定により，家事事件手続法では旧法のときよりも一層「申立てによる審判の特定」が求められていると考える[187)]。

家事事件手続法下における「審判物」概念の詳細は別稿に譲り，ここでは，現時点での私見の概要を示すにとどめる。

「審判物」概念の検討に際しては，以下の点を前提とする。第一に，「申立てによる審判の特定」といった点に焦点を絞る。民事訴訟手続における訴訟物概

185）本書第2版414頁〔大橋〕，大橋・前掲注7）21頁。

186）旧法下において，申立ての拘束力を否定する見解として，佐上151頁以下。

187）「審判物」という語は，家事事件手続法の立法過程やその後の解説においても特段の注釈なく使用されるに至っている。法制審議会非訟事件手続法・家事審判法部会第3回会議議事録5頁〔金子幹事発言〕，同第32回会議議事録11頁〔川尻関係官発言〕など。また，高田159頁〔金子発言〕，逐条解説173頁等。

念の機能は，多様であるが[188]，「審判物」概念に関しては，当事者が審判申立ての際に審判対象をどの程度特定すべきか，および裁判所は当事者の申立てに拘束されるかについて検討することとしたい。第二に，第一の前提との関連で，職権による審判手続の開始については，検討対象から除外する[189]。第三に，「審判物」概念を用いたとしても，審判申立ての際に，訴訟手続と同程度の「特定」を必要と解するわけではない。すなわち，訴訟手続における「請求」と異なり，請求金額や遺産分割の具体的方法を申立人が特定する必要はない。第四に，「審判物」概念は，家事審判に既判力を肯定する見解に結びつくものではない。家事審判の確定後に，同じ紛争を蒸し返すことができないのは，(6)(d)で述べたように既判力の効力ではないと考えるべきであろう。第五に，裁判所の釈明の結果，申立てを変更した方が望ましいことが判明した場合には，申立ての変更で対処し得るものと考える（民事訴訟手続における訴えの変更と同様の取扱いをすれば足り，また変更をしていない以上，裁判所の判断で変更をすることは許されない）。

(b) 第一類事件における「審判物」

基本的には，家事事件手続法 39 条に基づく別表第一の各項の事項が基準になるものと考える[190]。例えば，養子縁組の許可（第一類事件 61 項）を考えてみることとしよう。この判断は，民法 794 条または 798 条に規定された要件に従って許可が出される。したがって，申立てにおける枠組みであるとか，申立ての審判段階での変更などは，考察するまでもない。同様のことは，失踪宣告（第

188) 民事訴訟手続における「訴訟物」概念は，重複起訴禁止（民訴 142 条），訴えの取下げに伴う再訴禁止（民訴 262 条 2 項）等の規定との関係でも，重要な役割を果たしており，申立ての判決への拘束力にとどまるものではない。

189) 第一類事件の中には，家庭裁判所の職権をもって手続が開始するものがある。例えば，後見・保佐・補助の事務に関する処分（民 863 条・876 条の 5 第 2 項・876 条の 10 第 1 項，第一類事件 14 項・34 項・53 項・81 項），限定承認の際の相続財産管理人の選任（民 936 条 1 項，第一類事件 94 項），後見人・保佐人等に対する報酬の付与（民 862 条・876 条の 3 第 2 項・876 条の 5 第 2 項，第一類事件 13 項 31 項），遺言執行者に対する報酬の付与（民 1018 条，第一類事件 105 項）である。これらの職権により開始する第一類事件については，事件の枠組みが問題になるようなケースは想定する必要がないであろう。

190) 逐条解説 173 頁。

一類事件56項）についても妥当する。申し立てられた場合，民法30条の要件に従って失踪宣告が出されるか否かが決まり，申立てにおける枠組みや審判での変更を問題にする余地はない。ゆえに，「審判物」は別表第一の各項の事項であるとの原則が妥当する。以下では，(ア)～(ウ)について，例外に該当するか否かを検討する。

(ア)　制限能力者の審判について

旧法下においては，多数説は，3種類の審判類型（後見開始の審判，保佐開始の審判，補助開始の審判）は程度の差に過ぎず，したがって，申立人の主張に審判の内容が拘束されないとしていた[191]。また，旧法下の実務は，「大は小を兼ねる」という考え方を採用していたとも説明されている[192]。すなわち，例えば，後見開始審判のような能力制限の大きいものから，保佐開始の審判のように小さいものへの変更は認めるが，その逆は許さないというものである。しかし，制限能力者の三制度は，制限能力者本人に対する効果が全く異なり（民8条・13条・17条参照），申立ての転用は認めるべきではない。後見開始審判の申立て，保佐開始の申立て，補助開始の申立てはそれぞれ異なる申立てであり，申立てがあった範囲内でのみ制限能力者制度の適用の有無を考える（その意味で，当事者の申立てに拘束力があると考える）べきである。そうでなければ，後見，保佐，補助の制度をそれぞれ別の類型にし，異なった法律効果を与えた趣旨が損なわれると考える。ただし，申立ての際に，誰を後見人・保佐人・補助人に選任するかについて特定することは必要ではない。また，申立てにおいて特定の人名が挙げられていても，人選に関して家庭裁判所が拘束されることはない。まさに，裁判所の適切な裁量により，後見的に判断されるべき事項であると考えるからである。

なお，複数人（例えば，夫婦両名）について後見開始の審判が申し立てられた場合，審判物はそれぞれの者ごとに異なる。これに対して，1人の未成年者について複数の未成年後見人を選任する場合には，審判物は一つである[193]。裁判所は，被後見人となるべき者ごとに，審理判断を行うからである。

191）　我妻栄『民法講義Ⅰ』（岩波書店・1965）78頁。

192）　家審実務講義84頁。

193）　逐条解説173頁。

(イ)　別表の項の中に，複数の審判物が規定されている場合

別表の項の中に，複数の審判物が規定されている場合がある[194)]。例えば，第一類事件13項は，「成年後見人又は成年後見監督人に対する報酬の付与」と，第一類事件67項は，「親権喪失，親権停止又は管理権喪失」と規定されている。これらは，実定法上の根拠が異なり（13項については，民862条，および852条による同条の準用が根拠となっている。67項についても，実定法上の根拠条文はそれぞれ，民834条・834条の2・835条で異なる），同一の項に定められていても，審理内容が異なり，別の審判物を構成する[195)]。

(ウ)　複数の形成原因がある場合

申立人が法律状態の変更を求める審判を申し立てた場合に，複数の事実関係がその形成原因となり得る場合がある。例えば，後見人解任の申立て（民846条，第一類事件5項），推定相続人廃除の申立て（民892条，第一類事件86項）においては，複数の具体的事情が形成原因となり得る。この場合に，仮に，具体的事実関係ごとに審判物が異なるとすると，当事者の主張したもの以外の事実関係を認定して解任・排除ができなくなり，審理に柔軟性を欠き，公益性の見地からも妥当ではない[196)]。審判物は，原則どおり，「後見人の解任」，「推定相続人の廃除」とすべきであり，形成原因となる具体的事実は，その法律効果をもたらす要件たる事実の主張であると位置付けるべきであろう。

(c)　第二類事件における「審判物」

第二類事件は，争訟性があり，訴訟に類似した側面があるので，事件の申立人・相手方双方にとって「不意打ち防止」を考慮すべき重要性は第一類事件におけるよりも大きいといえよう。

第二類事件についても，「審判物」は別表第二の各項の事項が基準となる[197)]。ここでも，(ア)〜(ウ)について，例外に該当するか否かを検討する。

---

194)　逐条解説174頁。

195)　筆者は，旧法下における「審判物」概念について，「基本的には，家事審判法9条1項甲類の各号を支える実体法の枠組みの中で審判物を考える」とした（大橋・前掲注7）33頁）。その視点は，家事事件手続法下の「審判物」概念についても，維持できるものと考える。

196)　逐条解説175頁。

197)　逐条解説173頁。

(ア)　子の監護に関する処分について

第二類事件3項として，「子の監護に関する処分」が挙げられている。同項は，民法766条2項3項に基づき，協議離婚の際に子の監護に必要な事項を定めるものであるが（同項は，民749条・771条・788条で，裁判上の離婚・婚姻取消し等の際にも準用される），その中には①監護者の指定，②子の引渡し，③養育料の支払い，④面会交流といった内容が含まれている[198]。これらは，同じ第二類事件3項に規定され，かつ，実定法上の根拠条文も同じであるが，性質は全く異なる。審判物は上記の①～④でそれぞれ異なるものと考える[199]。なお，家事事件手続法154条3項は，「子の監護に関する処分の審判において，子の監護をすべき者の指定又は変更，父又は母と子との面会及びその他の交流，子の監護に関する費用の分担その他の子の監護についての必要な事項の定めをする場合には，当事者に対し，子の引渡し又は金銭の支払その他の財産上の給付その他の給付を命ずることができる」と定める。すなわち，同項所定の要件の下で，子の引渡し，養育料の支払については，申立てがなくても，審理・判断ができる旨を定める。家事事件手続法が第二類事件3項の審判物をどのように把握しているか問題が生じるが，本項は，監護者指定等の審判と，子の引渡し・養育料の支払を命ずる審判が異なることを前提にした上で，前者の審判を実効あらしめるために，別のものを一緒に判断できる旨の特別規定を置いたものと考えることができよう。

(イ)　婚姻継続中の子の養育料について

父母の婚姻関係が継続している間に，父または母に対して子の養育料を請求するには，3つの方法（すなわち，①夫婦間の扶助義務として請求する方法〔民752条，第二類事件1項〕，②婚姻費用の分担請求として請求する方法〔民760条，第二類事件2項〕，③子から監護していない親に対する扶養請求〔民877条・880条，第二類事件9項〕）のいずれも可能である[200]（ただし，①・②は一方配偶者から他方配偶者に対する請求となり，③は子からの請求である）。このことを前提とすると，例えば婚

198)　本書第2版493頁〔岡部喜代子〕。

199)　筆者は，旧法下において，①～④について，審判物が異なるとの見解を示した（大橋・前掲注7）38頁）。家事事件手続法においても，審判の対象は別個であるとするものとして，逐条解説174頁。

200)　田中昌利・最判解民〔平9〕591頁。

姻費用の分担請求事件（第二類事件2項）が申し立てられた場合，申立ての中に子の養育料も含まれているのか，あるいは子から別途扶養請求の申立てがなされるのか等を釈明権の行使によって明らかにし，当事者の意思の枠組みの中で判断するべきである（第二類事件1項の申立てがなされた場合も同様である）。すなわち，第二類事件1項または2項の申立てがなされた場合に，子の養育料の支払請求が含まれるケースと含まれないケースがあり，それぞれで審判物が異なることになる。以上の帰結は，養育料が①～③の異なる法律構成により認められ得るという特殊性に基づくものであると考える。

(ウ) 財産分与について

離婚・婚姻取消しの際に，財産分与の請求をするケースについて検討する（第二類事件4項，民768条2項・749条・771条）。財産分与に，①夫婦の実質共有財産の精算，②離婚後の扶養，③不法行為に基づく損害賠償（慰謝料的要素）のいずれのものが含まれるかについて，実体法で考え方が分かれる。判例は，①～③のいずれもが含まれるという見解をとりつつ，③については①・②とは別途請求することも認めている[201)]。この最高裁判決を前提にすると，申立ての際に，③の慰謝料を含める趣旨かどうかを明らかにし，当事者の意思の枠組みの中で判断するべきである。すなわち，第二類事件3項の申立てがなされた場合に，③慰謝料の請求が含まれるケースと含まれないケースがあり，それぞれで審判物が異なることになる（当事者が①と②のみ申し立てている場合には，裁判所は③を含めて審判の対象とすることができない）と考える。

(d) 小　括

上述のとおり，「審判物」については明文の規定はないが，申立ての拘束力という形で機能し，その範囲は，原則として家事事件手続法39条に基づく別表の各項の範囲と一致する。「審判物」概念は，このほか，①審判に対して抗告がなされた場合に抗告審に移審する範囲，②同法272条4項に基づき調停手続から審判手続へと移行した場合の取扱い，および③調停手続において，同法284条1項に基づく審判（調停に代わる審判）がなされた場合の取扱い等について問題となるが，別稿に譲る。

201） 最判昭46・7・23民集25・5・805，裁判例集Ⅱ-40。

(8) 更正決定

審判に計算違い，誤記等の明白な誤りがある場合，更正が可能であるかどうかについて，旧法には明文の規定がなかった。しかし実務上は，民事訴訟法257条の類推適用により更正審判がなされてきた。家事事件手続法においては，明白な誤りを正す更正決定について明文で定められた（家事77条）。

更正決定は，申立てまたは職権により，また，期間の制限なく可能である（家事77条1項）。更正決定は，裁判書を作成してしなければならない（同条2項）。更正決定に対しては，更正後の審判が原審判であるとした場合に即時抗告をすることができる者に限って，即時抗告をすることができる（同条3項）。また，更正決定の申立てを却下する裁判に対しては，即時抗告をすることができる（同条4項）。ただし，審判に対し適法な即時抗告がなされた場合には，抗告審での審理に委ねるべきであり，3項・4項の即時抗告は適用されない（同条5項）。

(9) 審判の取消し・変更

家事事件手続法78条1項は，「家庭裁判所は，審判をした後，その審判を不当と認めるときは，次に掲げる審判を除き，職権で，これを取り消し，又は変更することができる」旨を定める。この規定は，基本的に旧法の考え方[202]を踏襲するとともに，審判以外の裁判についても準用されている（家事81条）。

(a) 取消し・変更の対象となる審判

取消し・変更の規定は，①申立てによってのみ審判をすべき場合において申立てを却下した審判，②即時抗告をすることができる審判については，適用されない（家事78条1項1号2号）。これらが，取消し・変更の対象とならない実質的理由は，次に記すとおりである[203]。①については，仮に，職権による変更を認めるとすると，申立てによらない審判を認めるのと同じ結果となり，申立てによってのみ審判をなすべきであるとする趣旨が損なわれることになる。また，②については，即時抗告によって是正を図るべきであり，仮に，職権による取

202）本書第2版424頁〔大橋〕参照。
203）一問一答・家事136頁。

消し・変更を認めるとすると，不服申立ての方法を即時抗告に限定して法律関係の早期安定を図った趣旨が失われることになる[204)]。

なお，家事事件手続法は，いくつかの家事審判事件について，即時抗告を認める一方で，事情変更による取消し・変更の規定を置いている。例えば，後見開始の審判の取消し（第一類事件 2 項），失踪宣告の取消し（第一類事件 57 項），親権停止・管理権喪失の審判の取消し（第一類事件 68 項），扶養の順位の決定の変更・取消し（第二類事件 9 項），扶養の程度・方法についての決定の変更・取消し（第二類事件 10 項）などである。これらは，家事事件手続法 78 条に基づく審判の取消し・変更ではなく，一旦審判を下した後に事情変更が生じた場合に，実体法上の根拠に基づき，新たな申立てにより取消し・変更を行うものであり，別の事件である[205)]。

---

204) この問題に関連する裁判例として，最決平 16・12・16 集民 215・965 がある。本裁判例は，旧非訟事件手続法（以下「旧非訟」という）下のものであり，その概要は以下のとおりである。

原々審（広島地方裁判所）は，A を過料に処する略式裁判を旧非訟 19 条 1 項により取り消した。これに対して，検察官が抗告を申し立てたが，原審（広島高等裁判所）は，即時抗告期間経過後の抗告であることを理由として，抗告を却下した。検察官が抗告の許可を申し立て，原審により許可された。最高裁判所は，次の㋐〜㋒のように判示して，原々審の判断を維持した。㋐旧非訟 19 条 1 項に基づく取消しの裁判に対しては，通常抗告をすることができる（原審の判断には裁判に影響を及ぼすことが明らかな法令の違反がある）。㋑非訟事件の裁判が確定したときに（すなわち，形式的確定力を有している非訟事件の裁判は），旧非訟 19 条 1 項による取消し・変更をすることができないのが原則である。㋒しかしながら，「裁判の当時存在し，これが裁判所に認識されていたならば当該裁判がされなかったであろうと認められる事情の存在が，裁判の確定後に判明し，かつ，当該裁判が不当であってこれを維持することが著しく正義に反することが明らかな場合には，当該裁判を行った裁判所は，職権により同裁判を取り消し又は変更することができるものと解すべきである。」

本裁判例は，法文上は，取消し・変更の対象とならない裁判についても，職権により取消し・変更を認める余地を認めるものである。しかし，この裁判例は，特殊な事案（すでに同一事由により A を過料に処す旨の裁判〔第 1 裁判〕が存在し，異議申立期間も経過しているが，その第 1 裁判の存在が看過され，同一事由により再び A を過料に処する裁判〔第 2 裁判〕がなされた事例）について救済したものである。本文中に示した①・②に該当する場合には，取消し・変更を認めないのが原則であり，例外を安易に認めるべきではない。

205) これらの位置付け・具体例は，一問一答・家事 136 頁による。

(b)　取消し・変更事由

家事事件手続法78条に基づく取消し・変更の事由としては，①審判後に，当該審判がもともと不当であったこと明らかになった場合でも，②当該審判はもともと不当なものではなかったが，審判後の事情変更により不当となるに至った場合でも，いずれも認められ得る。

なお，旧法下において，審判が元来不当であった場合でも，法的安定性，取引の安全，公の信頼保護から，取消し・変更が制限されるケースがあるとされてきた。例えば，ⅰ）未成年者に関する審判につき，未成年者が成年に達した場合，ⅱ）未成年者の養子縁組の許可審判に基づいて，縁組みの届出が受理された場合，ⅲ）未成年後見人選任の審判について戸籍の記載が完了した場合などである。[206)207)] 家事事件手続法下においては，次項で述べるように，取消し・変更は職権によるので，これらのケースにおける取扱いは，そのまま引き継ぐ（取消し・変更を制限する）ことができるものと考える。

(c)　取消し・変更の手続

取消し・変更の手続は，職権により，当事者等の申立権を認めていない。この点については，旧法下で不明確であった点が明確化された。取消し・変更が認められ得る期間については，取消し・変更事由によって区別される。上記(b)の①（審判がもともと不当であった場合）には，審判確定の日から5年以内との期間制限が新設された（家事78条2項）が，②（事情変更により不当となった場合）にはこのような規定がない（同項ただし書）。

---

206)　具体例につき，家審実務講義151頁。

207)　また，東京高決昭29・5・7家月6・7・78は，相続放棄申述の取消し・変更について，「取消変更の審判はいかなる時いかなる場合にもこれをなしうるものではなく，そこにはおのずから限度制限があることを理解しなければならぬ。すなわち相続放棄の申述は，……家庭裁判所の受理によつて効力を生ずるものであつて，一度受理せられた以上，後にこれを取り消し又は変更することはいたずらに相続関係に無用の混乱を生ずるばかりでなく，審判は判決のように既判力をもつていないのであるから，相続放棄の申述受理後でもこれによる放棄の効力を争うものは訴訟手続においてこれを争うことをうべく，従つて職権によりさきになした受理の審判を取消変更することは，恰も執行を要する裁判の執行終了後はこれが取消変更を許さないのと同様，許されないものといわなければならぬ。」としている。

(d) 当事者等の手続保障

家事事件手続法においては，取消し・変更の手続においても，当事者等の手続保障を重要視した規定が置かれた。①まず，審判を取り消し，または変更する際には，当事者および審判を受ける者の陳述を聴取しなければならない（家事78条3項）。②また，取消し・変更の審判に対する不服申立ての規定が整備された（家事78条4項）。すなわち，取消し・変更後の審判が原審判であるとした場合に，即時抗告をすることができる者に限り，不服申立てが認められる。

(e) 取消し・変更の効力

取消し・変更の審判がなされた場合に，その効力は遡及するのであろうか。前記(b)の②による場合（事情変更により不当となった場合）に遡及しないのは当然であろう。①の事由の場合（審判がもともと不当であった場合）には，規定がなく，見解が分かれ得る。審判当時から不当である場合には，取消し・変更の効果は遡及するのが原則であるが，第三者の権利や取引の安全を考慮するべき事情がある場合には，不遡及とすべきである[208)]。例えば，成年被後見人の居住用不動産を譲渡することを許可する審判（民859条の3，第一類事件11項）が出された後に，この審判が不当であったと判断するに至ったときは，取消し・変更の審判が出され，効果は遡及する。しかしながら，許可の審判に基づいて現に処分がなされた場合には，もはや取消し・変更は認められない[209)]。

8 不服申立て

(1) 総　説

8では，主として，審判に対する不服申立手続を扱う。審判以外の裁判に対する不服申立てについては，7(2)で触れたが，本項でも必要に応じて言及する

---

208) 高田279頁〔高田発言〕。なお，旧法下の文献として，林順碧「非訟事件の裁判の取消・変更」実務民訴89頁，市川・家審概説28頁，家審講座Ⅰ 83頁〔綿引〕参照。
209) 高田279頁〔畑発言〕。

こととする。また，通常の不服申立て以外の特別抗告・許可抗告についても，触れる。

家事審判手続では，不服申立制度として，抗告の利益の認められる限り期間の制限なく認められる通常抗告は許されず（民訴328条・332条参照），即時抗告のみが許容される（家事85条1項・99条）。これは，法律関係を早期に安定させ，かつ，家事審判の簡易迅速な紛争解決の要請に応えたものである[210]。

以下では，(2)において即時抗告の概要を示し，(3)において特別抗告・許可抗告に言及する。

(2) 即時抗告

即時抗告，および即時抗告審の手続については，家事事件手続法93条3項により，その性質に反しない範囲で民事訴訟法の控訴の規定が準用されている[211]ほか，家事事件手続法独自の規定も置かれている。

(a) 即時抗告の対象となる裁判，および即時抗告をすることができる者

旧法下においては，即時抗告の対象となる裁判，および即時抗告をすることができる者（以下，「即時抗告権者」という。また，即時抗告をすることができることを同様に，「即時抗告権を有する」と記する。家事事件手続法下においても同様の用語を用いる）については，家事審判規則で定められていた[212]。しかし，家事事件手続法においては，いずれも，家事事件手続法の各則の中に定められることとなった。即時抗告の対象となる裁判，および即時抗告権者を定めるものとして，例えば，家事事件手続法123条（後見開始の審判等），132条（保佐開始の審判等），141条（補助開始の審判等），148条5項（失踪宣告等），156条（夫婦の協力扶助，婚姻費用分担，財産分与に関する処分の審判等），161条4項（養子縁組許可の申立却下），172条（親権喪失の審判等），186条（扶養義務設定の審判等），198条（遺産分割の審判等）を挙げることができる[213]。

なお，即時抗告権の放棄，即時抗告権の濫用に対する制裁については，民事

210）　一問一答・家事144頁。

211）　逐条解説301頁。

212）　例えば，家審規27条・28条・30条の4・42条・50条・55条・59条・77条・87条・97条・103条の5・111条等に定められていた。

訴訟法の規定が準用されている（家事93条3項による民訴法284条・303条の準用）。

(b) 即時抗告期間

民事訴訟法においては，即時抗告が認められる期間は，裁判の告知を受けた日から1週間である（民訴332条）が，家事事件手続法においては，審判に対する即時抗告期間は2週間である（家事86条1項）。この2週間の起算点は，特別の定めがある場合を除いて，①即時抗告をする者が審判の告知を受ける者である場合には，告知を受けた日が起算日となり，②審判の告知を受ける者でない場合には，申立人が告知を受けた日（申立人が複数いる場合には，その中で最も遅い日）が起算日となる（家事86条2項）。即時抗告期間が民事訴訟手続より長い理由は，家事審判は家族法に関する実体法上の重要な事項が多く，実質的には判決事項にも比肩することができることから，不服申立てをするかどうかをより慎重に検討することができるようにしたものである[214]。

審判以外の裁判に対するに対する即時抗告期間は，民事訴訟法332条と同様，1週間である（家事101条1項）。

(c) 即時抗告の申立て

(ア) 抗告状の提出

即時抗告は，抗告状を原裁判を下した家庭裁判所に提出して行う（家事87条1項）。抗告状には，当事者および法定代理人，ならびに，原審判の表示およびその審判に対して即時抗告をする旨を記載しなければならない（同条2項）。原裁判所の裁判長は，抗告状の方式を審査する。抗告状の方式違反，または申立手数料の不納付の場合には，原裁判所の裁判長は補正を命じ，補正命令に従わない場合には抗告状を却下する（家事87条6項・49条4項5項）。抗告が不適法でその不備を補正することができないことが明らかな場合（例えば，即時抗告期

213）いかなる者が即時抗告権者となるかについての一般法理に関し，非訟事件手続法66条1項が参考になる。同条は，「終局決定により権利又は法律上保護される利益を害された者」が即時抗告権者となると規定している。家事事件手続法においては，非訟66条1項を各則において一般化したものと理解することができる（高田292頁〔高田発言〕）。

214）一問一答・家事145頁。

間の徒過等）には，原裁判所が抗告を却下する（87条3項）[215]。この却下の裁判に対しては，即時抗告をすることができる（同条4項）。

審判に対して即時抗告がなされた場合において，抗告状に原審判の取消し・変更を求める事由の具体的な記載がないときは，抗告人は，即時抗告の提起後14日以内にこれらを記載した書面を原裁判所に提出しなければならない（家事規55条）[216]。

なお，家事事件手続法においては，附帯控訴の規定（民訴293条）は準用されておらず，「附帯抗告」制度はとられていない。この点については，(g)即時抗告審の裁判の項で後述する。

(イ)　即時抗告に基づく原裁判所の再度の考案

第一類審判に対して即時抗告が提起された場合に，原裁判所がその即時抗告に理由があると認めたときには，原裁判所は審判を更正しなければならない（再度の考案による更正，家事90条）。第二類審判については，このような再度の考案による更正は認められない（同条ただし書）。なぜならば，第二類事件においては，申立人と相手方双方が主張・資料を提出し，十分な審理に基づいて審判をしているところ，仮に再度の考案を認めると双方当事者に対する手続保障を損なうおそれがあるからである[217]。

(ウ)　即時抗告の取下げ

審判に対する即時抗告の提起後，抗告審の審判がなされるまでの間，即時抗告を取り下げることができる（家事93条3項による民訴292条の準用）。取下げの方式・効果については，民事訴訟法261条3項，262条1項の規定が準用され（家事93条3項による民訴292条2項の準用），取下げは，家事審判の期日においてする場合以外は書面で行い，取り下げられた部分については，はじめから抗告がなかったものとみなされる。

また，呼び出された期日に2回連続して欠席した場合の取下げの擬制についても，民事訴訟法263条の規定が準用される（家事93条3項による民訴292条2

215)　これらは，民事訴訟法287条・288条と同様の規定である。

216)　民事訴訟法334条1項は，即時抗告に執行停止の効力を定める。しかし，即時抗告をすることができる家事審判は，確定するまで効力を生じないので（家事74条2項ただし書），執行停止は問題とならない。

217)　逐条解説292頁。

項の準用)。

(エ) 抗告状の写しの送付

審判に対する即時抗告があった場合には，抗告裁判所は，原則として，抗告状の写しを当事者および利害関係参加人（抗告人を除く）に送付しなければならない（家事88条1項本文）[218]。送付が不要な場合は，即時抗告が不適法であるとき，および抗告状，抗告理由書の記載等から即時抗告に理由がないことが明らかなときである。これらの場合には，当事者・利害関係参加人に防御のための準備をさせる必要がないからである。また，抗告審における手続の円滑な進行を妨げるおそれがあると認められる場合には，即時抗告があったことを通知することをもって，抗告状の写しの送付に代えることができる（同項ただし書）。

抗告理由書が，抗告状とは別に提出された場合には，抗告理由書についても，原則として，その写しを当事者・利害関係参加人（抗告人を除く）に送付する（家事規58条）。

(d) 即時抗告審の当事者

即時抗告審の当事者が誰であるかは，手続保障を与えるべき者を考える上で重要な意味を有する。即時抗告をなした者が，即時抗告審において当事者となることは当然である。それ以外の者について，若干の考察をしたい。

(i)第一類事件において，申立人が即時抗告をした場合（例えば，Aが，Aの配偶者Bについて後見開始の審判を申し立てた〔第一類事件1項〕が，却下された場合において，Aが即時抗告をしたケース）には，即時抗告人以外には，当事者がいない。申立人以外の者が即時抗告をした場合（前の例において，後見開始の審判が出されたところ，B自身が即時抗告をしたケース）には，第1審の申立人（A）は，家事事件手続法89条1項の「原審における当事者」に該当する[219]。

(ii)第二類事件において，第1審の一方当事者が即時抗告をした場合，第1審の他方当事者も当事者となる（例えば，Aがその配偶者Bに対して婚姻費用の分担

218) 本条により，抗告審において相手方当事者に反論の機会が与えられることが明定された。旧法下の裁判例であるが，最決平20・5・8家月60・8・51（裁判例集Ⅲ-4）参照。

219) したがって，Aの陳述を聴かなければ原審判を取り消すことができない（家事89条1項）。

を求める審判を申し立て，積極的内容の審判が出されたところ，AまたはBが即時抗告したケース)。当事者以外の者が即時抗告をした場合には，第1審の当事者双方は，即時抗告審でも当事者となる（第二類事件において，当事者以外の者が即時抗告権を有する例は多くないが，次のような事案が考えられる。ABが離婚し，AB間の未成年子CについてDが監護権を有するケースにおいて，AB間でCの監護に関して審判が出された場合，Dも即時抗告権を有する。家事156条4号)。

(iii)第1審において，利害関係参加をした者がある場合に，その利害関係参加人が（即時抗告権を有し）即時抗告をした場合には，抗告人となる[220]。利害関係参加人以外の者が即時抗告をした場合には，抗告審においても利害関係参加人の地位を有する。なお，利害関係参加をなし得る者であっても，第1審で参加をしていない場合には，利害関係参加と同時に即時抗告をすることは認められない[221]。

(iv)即時抗告審と受継

受継の規定は，即時抗告審においても準用されている。したがって，当事者が抗告審において，死亡，資格の喪失その他の事由によって手続を続行することができない場合には，法令により手続を続行する資格のあるものは，当該手続を受継しなければならない（家事93条1項による44条1項3項の準用)。また，法令により手続を続行する資格のあるものがいないときは，他の申立権者が受継することができる（家事93条1項による45条の準用[222])。

220)　前述のとおり，即時抗告権者は，各則で個別に定められており，利害関係参加人が常に即時抗告権を有するわけではない。

221)　高田294頁〔金子発言〕。

222)　本条に関連して，例えば，即時抗告をした者が即時抗告期間後に死亡した場合，即時抗告審において他の即時抗告権者が受継できるか，問題となる。どのように考えるべきか，法文上は明らかではない。①他の即時抗告権者は，即時抗告期間内に即時抗告をしなかったのであり，即時抗告審の当事者となる資格を失ったと考えると，受継を認めるべきではないとの帰結となる。これに対して，②即時抗告審において受継を認めた趣旨，および即時抗告権者の責めに帰すべからざる事由により生じた事態であることを重視すると，原裁判を確定させずに受継を認めるとの帰結になろう。高田296頁〔金子発言，高田発言，畑発言，増田発言〕参照。

(e) 即時抗告審の審理

(ア) 抗告裁判所への事件送付

抗告状が原裁判所に出された場合，原裁判所は抗告却下の審判をしたときを除き，事件を抗告裁判所に送付する（家事規 56 条）。このとき，第一類事件については，抗告事件について原裁判所の意見が付される（家事規 57 条）[223]。

(イ) 審理手続

(i) 続審制

原審においてした審判行為は，抗告審においても効力を有する（家事 93 条 3 項による民訴 298 条 1 項の準用）。第 1 審において提出されていない攻撃防御方法を抗告審で提出することも可能である[224]。また，職権探知主義がとられている関係上，裁判所は，必要に応じて抗告審でも職権探知を行うこととなる。

(ii) 当事者の陳述聴取

抗告審については，当事者の陳述聴取について，家事事件手続法 68 条 1 項 2 項の適用はなく，89 条に規定が置かれている。すなわち，抗告審で原審判を取り消す場合には，（第二類事件のみならず第一類事件であっても）原審における当事者およびその他の審判を受ける者（抗告人を除く）の陳述を聴かなければならない（家事 89 条 1 項）。第二類事件については，原審判を維持する場合でも，原審における当事者（抗告人を除く）の陳述を聴取しなければならない。ただし，即時抗告が不適法であるとき，または即時抗告に理由がないことが明らかであるときは聴取は不要である（家事 89 条 2 項）。当事者の申出があった場合でも「審問の期日」における聴取は必要的なものとはされていないが，「審問の期日」が開かれる場合には，相手方に立会権が認められる（家事 93 条 1 項による 69 条の準用）。

(iii) 利害関係人の手続保障

抗告審においても，事件の利害関係人の手続保障に配慮した規定を置いてい

---

223) 第二類事件についても，原裁判所の意見を付すことは可能である。しかし，第二類事件については，抗告に基づく再度の考案が認められていないので（家事 90 条ただし書），抗告理由について検討する契機がなく，原裁判所の意見が必要的なものされていない。最高裁判所事務総局家庭局監修『条解家事事件手続規則』（法曹会・2013）141 頁。

224) 高田 303 頁〔金子発言，高田発言〕。

る[225]。第一に，個別に定められた即時抗告権者に利害関係人が含まれることがある（例えば，家事132条1項，156条4号など）。第二に，利害関係人が原審の手続に利害関係参加をしていない場合でも，家事事件手続法42条に従い，抗告審で利害関係参加をなし得る。第三に，利害関係人が「審判を受ける者」である場合には，抗告審が原審判を取り消すにはその者の陳述を聴取しなければならない（家事89条1項[226]）。第四に，利害関係人が「審判を受ける者」でない場合でも，陳述を聴かなければならない旨を定める個別の規定が置かれている（例えば，家事120条・130条・169条など）。

(f)　即時抗告の効果

(ア)　確定遮断効と移審効

即時抗告がなされた場合，事件が抗告審に移審し確定が遮断されることは，民事訴訟手続における上訴の効果と同様である[227]。移審した審判物のすべてが審理判断の対象となるかについては，(g)(ア)で検討する。

(イ)　上訴不可分の原則の適用

民事訴訟手続においては，一つの訴訟で複数の訴訟物に対する判断がなされ，不服申立てがそのうちの一部にのみかかる場合であっても，上訴の効果（確定遮断効と移審効）はその裁判全体に及ぶことが原則である（上訴不可分の原則[228]）。家事審判手続においても，第1審で複数の「審判物」について一つの審判で判断が示されることがある（申立ての併合や手続の併合による。本章4(2)(a)参照）。そのうちの一部についてのみ不服が申し立てられた場合に，他の審判物に対する審判も確定が遮断され，抗告審に移審するかどうかについては，明確ではない。

---

225)　本項については，一問一答・家事150頁に負う。

226)　第1審の審判が却下である場合には，「審判を受ける者」は申立人であり，申立人以外の「審判を受ける者」はいない。家事89条1項が必要的陳述聴取の対象としている「その他の審判を受ける者」は，第1審の審判が積極的内容の審判であり，抗告審においてその判断が変更されるケースを想定している。

227)　民事訴訟手続における確定遮断効と移審効が及ぶ範囲については，区別しない見解が一般的である。ただし，異なる考え方もある。参照，「上訴の理論的再検討【討論】」民訴雑誌53号（2007）156頁〔松本発言〕。

228)　民事訴訟手続における上訴不可分の原則については，徳田和幸「上訴の理論的再検討【報告】Ⅰ総論――上訴（控訴）不可分の原則の根拠・妥当範囲」民訴雑誌53号（2007）114頁を参照されたい。

ここでは，まず主観的併合のケースから検討し，次に客観的併合について分析することとしたい[229)]。

(i) 主観的併合のケース

ここでは，手続の主体が複数の場合を考える。ただし，民事訴訟手続と異なり，手続の申立人・相手方以外に「審判を受ける者」が存在しうる（本章3(1)参照）。したがって，ここでは「審判を受ける者」をも含めて「手続主体」として検討する。また，便宜上，当事者は複数であるが審判物は一つであるケース（①および②）も考察の対象とする。

① **全員の手続関与を必要とする事案**　例えば，遺産分割事件（第二類事件12項）については，相続人全員が当事者として手続に関与する必要がある（ただし，相続人のうち自己の相続分を譲渡した者がある場合には，譲受人が当事者となる）。このような事案では，1人の当事者のみが即時抗告をした場合でも，全員に関する事件全体の確定が遮断され，移審する（上訴不可分の原則が適用される）。

② **複数の申立権者が同一の申立てをなした場合**　単独でも手続を申し立てることができるが，複数の申立人がいる場合において（例えば，後見開始の審判事件〔第一類事件1項〕については，民法7条に申し立てることができる者が複数規定されている），第1審において申立てが却下され，申立人のうちの一部の者のみが即時抗告をした事案を考える。このとき，抗告審が問題の者を成年被後見人とすべきかどうかを審理すべきことは当然であるが，即時抗告をしなかった申立人を当事者として扱う必要はない[230)]。

③ **①・②以外の主観的併合の事例**　ここでは，第一類事件と第二類事件を分けて検討することとしたい。

(a) 第一類事件について，複数の申立人が共同してそれぞれの申立てをなすとき

229) 家事審判手続における上訴不可分の原則の適用については，大橋眞弓「家事審判に対する不服申立て制度――上訴不可分の原則を中心として」民訴雑誌61号（2015）26頁を参照されたい。

230) 民事訴訟においては，「類似必要的共同訴訟において，1人の共同訴訟人のみが上訴した場合，他の共同訴訟人まで上訴人とする必要はない」との考え方が示された（最判平12・7・7民集54・6・1767）。審判手続においても，同様に考えることができる。

例えば，父または母を同じくする未成年子A・B（いずれも15歳以上）が氏の変更の許可を共同して申し立てたところ（家事160条，第一類事件60項），家庭裁判所が申立てをともに却下した事例を考える。Aのみが即時抗告をした場合（家事160条3項），Bに関する却下の審判は即時抗告期間の経過とともに確定するであろうか。この場合には，AとBの氏の変更については，裁判所の判断は別個になされ得るものであり，その意味で別個の事件が併合されているに過ぎない。したがって，上訴不可分の原則は妥当せず，Aの審判のみについて確定遮断効と移審効が生ずる（Bに関する審判は即時抗告期間の経過とともに確定する）ものと考える。

(β)　第一類事件において，申立人は1人であるが審判を受ける者が複数あるとき

第一類事件において，申立人は1人であるが審判を受ける者が複数あるとき，例えば，Cが推定相続人たるD・Eの虐待を理由として廃除の審判（第一類事件86項）を申し立てた事例を想定する。裁判所が廃除を認める審判をなした場合，即時抗告権者はD・Eである（家事188条5項1号）。仮に，Dのみが即時抗告をした場合には，即時抗告期間の経過とともにEの廃除に関する審判は確定し，Dに関する審判のみが移審すると考える。DおよびEに対する廃除は，それぞれ別個の判断であると考えるからである。

(γ)　第二類事件における主観的併合

第二類事件における主観的併合の事例，例えば，FがFの子G・Hを相手方として，扶養を求めて審判（第二類事件9項）を申し立て積極的内容の審判がなされた事案を考える。Gのみが即時抗告をした場合（家事186条1号），抗告審に移審する範囲は，Gを相手方とする審判のみであり，Hを相手方とする審判は即時抗告期間の経過とともに確定する。GとHの事情は別個のものであり，扶養請求についての判断も個別になされるからである。

(δ)　主観的併合についての小括

以上により，手続主体が複数である場合には，以下のようにまとめることができよう。①の当事者全員の手続関与が必要的である場合には，上訴不可分の原則が妥当する。②の場合には，即時抗告権者のうちの一部の者のみが上訴したときには，他の即時抗告権者を当事者とする必要はない

（抗告審では，事件全体を一体として審理判断する）。③の場合には，即時抗告権者のうちの一部の者のみが即時抗告をしたときには，他の者との関係では原審判が確定する。このような考え方に立つと，民事訴訟手続の共同訴訟における規律と同様の結論を家事審判においても得ることができる。

(ii)　客観的併合のケース

第一類事件において1人の申立人が複数の審判物を申し立て，または第二類事件において1人の申立人が1人の相手方に対して複数の審判物を申し立て，これら複数の審判物が一つの手続内で審理判断される場合がある。第一類審判事項と第二類審判事項は，それぞれ審理手続が異なるため併合することはできないが，複数の第一類審判事項，複数の第二類審判事項は一つの手続内で審理判断され得る。これらの場合に，上訴不可分の原則は妥当するのであろうか。以下，具体的に検討を加えることとしたい。

(α)　一つの審判物の判断が他の審判物の判断の前提となっている場合——先決関係にある場合

一つの審判物の判断が他の審判物の判断の前提となっている場合，すなわち，「先決関係」がある場合[231]には，上訴不可分の原則が適用される（確定遮断効・移審効ともに生ずる）と考える。切り離して審理判断することは適切ではないと考えるからである。

(β)　ある審判の申立てが，他の審判申立てが認容されることを解除条件としている場合——予備的併合の場合

ある審判の申立てが，他の審判申立てが認容されることを解除条件としている場合（予備的併合の場合）には，切り離して審理判断することは適切ではなく，仮に一方についてのみ上訴した場合でも，上訴不可分の原則が適用される（確定遮断効・移審効ともに生ずる）と考える。

例えば，AがAの妻Bに関して，後見開始，および保佐開始を一つの申立てでした場合（第一類事件1項17項）がこれに該当する。

(γ)　(α)・(β)以外の場合——複数の審判物が並列している場合

複数の審判物が並列している具体例として，㋐成年後見人に対し財産目

231）　例えば，一つの申立てで，後見開始の審判と成年後見監督人選任の審判（第一類事件1項および6項）を申し立てた場合がこれに該当する。

録の提出を求めるとともに，成年被後見人の不動産の処分について許否の審判を行った場合（第一類事件14項と11項），㋑一つの申立てで，子の親権者変更の審判と子の引渡しの審判を申し立てた場合（第二類事件8項および3項），㋒申立人AがBを相手方として，AとB間の未成年子 C_1 と C_2 について，親権者をBからAへと変更するよう審判を申し立てた場合の審判（第二類事件8項）を挙げることができる。

これらの場合には，上訴不可分の原則が適用され，一つの「審判物」に対する上訴により，すべての審判物に確定遮断効・移審効が生ずると考える。例えば，上記㋒の事例において，家庭裁判所の審判で，C_1 の親権者はAに変更され，C_2 の親権者はBのままであったとする。AまたはBのどちらか一方のみが即時抗告をした場合であっても，抗告審では C_1 と C_2 について一体として判断するのが望ましいであろう。

(γ)の場合に，上訴不可分の原則を適用すべきであると考える理由は以下の点にある。第一に，家事審判手続において併合が認められるのは，「同一の事実上及び法律上の原因に基づく」場合であり（家事49条3項），仮に上訴不可分の原則を適用しないとすると，「同一人に関する同一の原因」（第一類事件），または「同一人間の同一の原因」（第二類事件）についての判断が区々となるおそれが生じる。家事審判が職権探知主義（家事56条1項）によって審理される後見的判断であることに鑑みると，判断が区々になることは適切ではない。第二に，右のα）とγ）は，それほど明確に区別することができない（例えば，前記㋑の事例において，親権者変更の審判は，事実上，子の引渡しを求める審判の前提となっているとみることもできる）。移審するか否かについては，明確に判断できることが必要であり，(α)と(γ)とで取扱いを異にするのは適切ではない。第三に，家事審判手続では附帯抗告が認められていないことと関連する。民事訴訟手続では，審理判断の対象となっていない請求についての審理を附帯控訴によって控訴審で拡張することができるが，家事審判手続では，このような方途がない。換言すれば，客観的併合の場合にすべての審判物を移審させ，上訴審の審判の対象としなければ，後発的に審判の対象とするいわば「受け皿」がないといえる。上訴審で，すべての審判物を対象とすることを不適切と判断した場合には，家事事件手続法35条により分離の上別々に審理判断すればよい（一つの審判物に対する即時抗告を棄却すればよい）。

(δ)　客観的併合についての小括

以上により，客観的併合である場合には，(α)の必要的併合，(β)の予備的併合の場合に限定されず，(γ)の並列的な併合の場合にも，一つの審判物に対する上訴により，他の審判物についても確定が遮断され，上訴審で審判の対象になるものと考える。[232)]

(ε)　客観的併合の場合に，上訴不可分の原則を適用することの問題点

私見のように，客観的併合の場合に上訴不可分の原則を適用すると，上訴権の問題が生じる。すなわち，二つの審判物について即時抗告権者が異なるときには，上訴不可分の原則を適用することができないのではないか，との問題が提起される。この問題は，「同一の原因」を区々に判断しないことを重視するか，あるいは，即時抗告権を有する者の法定範囲を厳格に考えるかという立場に応じて解答が異なり得るが，筆者は前者を後者より重要なものと考える。

(g)　即時抗告審の裁判

(ア)　抗告審での判断の対象

民事訴訟手続においては，上訴審の審理判断の対象範囲は，上訴審に移審した範囲すべてに及ぶわけではなく，「不服申立て」のあった範囲に限定される（民訴296条・304条）。

家事審判手続においては，抗告審での判断の対象をどのように考えるべきであろうか。結論から先に述べれば，確定遮断効・移審効の範囲と上訴審での審理判断の範囲は，一致するものと考える。以下に，理由を述べることとしたい。第一に，家事審判手続においては，裁判所が後見的立場から裁量的に審理判断するので，裁量的判断を充分に行うという視点からも移審したすべての範囲のものを対象とするのが適切である。第二に，審判手続においては，(イ)で後述するように，不利益変更禁止の原則，利益変更禁止の原則がともに適用されないことから，移審したすべての範囲のものを対象とすることに支障はない。第三

232)　これに対し，原則として上訴不可分の原則は適用されないとするものとして，高田309頁〔金子発言〕。

に，審判手続では附帯抗告が認められていないことに関連する（家事93条3項では民訴293条が準用されていない）。民事訴訟手続において，附帯控訴（民訴293条）は不利益変更禁止の原則を打破するために認められ，次のような機能を有する。すなわち，第1審で複数の訴訟物について判決が下された場合において，控訴人が一つの訴訟物についてのみ不服を申し立てたときに，被控訴人は，附帯控訴をすることにより，他の訴訟物についても控訴審の審理判断の対象とすることができる。家事審判手続では，移審したすべての範囲を上訴審で審理判断するため，附帯控訴制度を準用する必要性（附帯抗告制度を設ける必要性）がなかったものと考えられる。

(イ)　不利益変更禁止原則の適用除外

民事訴訟法304条は，「第1審判決の取消し及び変更は，不服申立ての限度においてのみ，これをすることができる」と定めており，これにより，控訴人には（附帯控訴がなされない限り）第1審判決よりも不利益な判決がなされないとの保障が与えられ（不利益変更禁止の原則），また，不服申立ての範囲を超えて控訴人に有利に変更されることもない（利益変更禁止の原則）。これらの原則は，私的自治の原則に基づくものである。これに対し，家事審判手続においては民事訴訟法304条が準用されていない（家事93条3項参照）。その理由は，第一に，家事審判手続においては，裁判所が公益的・後見的見地から適切な裁量権を行使し，法律関係を形成することが求められていること，第二に，第一類事件はもちろんのこと，第二類事件についても，当事者にとっての有利・不利が必ずしも明らかではないこと（例えば，財産権に関する争いだといい得る遺産分割事件についても，特定の相続人にとって，第1審と抗告審の判断のどちらが有利かは明確ではない。抗告裁判所としては，民906条に従って分割の判断を示すほかない）に求められる[233)]。家事審判手続においては，不利益変更禁止・利益変更禁止の原則が妥当しないことから，次のような帰結が導かれる[234)]。すなわち，養育費を求める審判（第二類事件3項）の申立ての結果，一定額の支払が相手方に命じられた事案において，申立人が金額に不満があるとして即時抗告した場合に，抗告審では原審判より減額することも可能である。また，AよりBに対して財産分

233)　一問一答・家事148頁。

234)　以下の具体例については，高田305頁〔金子発言〕による。

与の申立てがなされ（第二類事件4項），第1審ではBからAへの給付を命ずる審判が出され，Bが即時抗告を行った結果，抗告審ではAからBへの給付を命ずることも可能である（財産分与の審判においては，あるべき分与のあり方が審理判断されるのであり，申立人から相手方に分与を命じることもあり得る）。しかしながら，不利益変更禁止・利益変更禁止の原則は適用されないとしても，当事者の手続保障の観点から，当事者にとって不意打ちにならないよう十分留意すべきであることは当然である。

(ウ) 裁判内容

審判に対して即時抗告がなされた場合，抗告裁判所は，決定で裁判をする（家事91条1項）。①即時抗告が不適法であるときは，抗告を却下する。②抗告審が原審判を相当だと判断する場合には抗告を棄却する（家事93条3項による民訴302条1項の準用）。③原審判がその理由によれば不当である場合であっても，他の理由により正当であるときは，抗告を棄却する（家事93条3項による民訴302条2項の準用）。③原審判の手続が法律に違反したときは，抗告裁判所は原審判を取り消さなければならない（家事93条3項による民訴306条の準用）④抗告裁判所が原審判を不当であると認める場合には，原審判を取り消さなければならない（家事93条3項による民訴305条の準用）。このとき，原審判を破棄し自判をするのが原則である（家事91条2項）[235]。第1審への差戻しについては，民事訴訟法307条・308条1項が準用される（家事91条2項ただし書・93条3項）。すなわち，原審判が申立てを不適法として却下したが，それを抗告審において取り消すときには，審級の利益を確保するため，事件についてさらに審理をする必要がないときを除いて，事件を原裁判所に差し戻さなければならない（必要的差戻し）[236]。また，必要的差戻し以外の場合において，抗告裁判所が事件につ

235) 旧法下では，即時抗告に理由があるものと認めるときには，事件を家庭裁判所に差し戻すのが原則とされた（家審規19条1項）。家事事件における家庭裁判所の高い専門性を考慮したためである。しかし，ⓐ高等裁判所にも家庭裁判所調査官が配置されていること（裁61条の2），ⓑ旧法下でも高等裁判所が自ら判断していることが多かったこと，ⓒ家事事件手続法では，第1審の審理が充実し，判断に必要な資料は第1審段階で収集され抗告裁判所は原審判の当否を検討することが中心となること等の理由から，新法では自判が原則なものと定められた。一問一答・家事155頁。

236) 民事訴訟手続とは異なり，第1審の審判においては，「却下」と「棄却」は文言上区別されない。したがって，民事訴訟法307条を準用する際には，「却下」の理由を検討する必要が生じよう。

いてさらに審理する必要があると判断するときは，原裁判所に差し戻すことができる（任意的差戻し）。

(3) 特別抗告・許可抗告

最高裁判所に対する不服申立てとして，一定の要件の下に特別抗告・許可抗告が認められる。以下，その概要を示すこととしたい。

(a) 特 別 抗 告

(ア) 総　　説

審判および審判以外の裁判について憲法問題が生じた場合，最高裁判所が終審として判断をする機会が認められなければならない（憲法81条）。そこで，家庭裁判所の審判で不服を申し立てることができないもの，および高等裁判所の家事審判事件についての決定に対して，その裁判に憲法違反があるときは最高裁判所に特別抗告をすることができるものと定められた（家事94条1項）。本条は，審判以外の裁判についても準用されている（102条）。

(イ) 特別抗告の対象となる裁判

特別抗告の対象となる裁判は，①家庭裁判所の裁判（審判および審判以外の裁判）で不服を申し立てることができないもの，②高等裁判所の家事審判事件についての決定である。①の「不服を申し立てることができない」裁判であるかについては，特別抗告をしようとする者を基準として，判断する。すなわち，他の者が即時抗告権者として定められていても，その者が即時抗告をすることができなければ，①の要件を充足する。[237] ①・②の裁判に「憲法の解釈の誤りがあることその他憲法の違反がある」場合に，即時抗告が認められる。

(ウ) 特別抗告の申立て

特別抗告をする場合には，抗告状を原裁判所に提出する（家事96条1項による87条1項の準用）。抗告状に記載すべき事項等は即時抗告の場合と同様である（当事者及び法定代理人，並びに原裁判の表示及びその裁判に対して特別抗告を申し立てる旨を記載しなければならない。家事96条1項による87条2項の準用）。特別抗告期間は，①特別抗告をする者が裁判の告知を受ける者である場合には，裁判の

237） 一問一答・家事156頁。

告知を受けた日から5日の不変期間内であり（家事96条2項による民訴336条2項の準用），②裁判の告知を受ける者でない場合には，原審の申立人が裁判の告知を受けた日（2以上あるときは，当該日のうち最も遅い日）から5日の不変期間内である（家事96条1項による86条2項の準用）。

原裁判所の裁判長は，抗告状の方式を審査する（家事96条2項による民訴314条2項の準用）。抗告状の方式違反，または申立手数料の不納付の場合には，原裁判所の裁判長は補正を命じ，補正命令に従わない場合には抗告状を却下する（家事96条1項・87条6項・49条4項5項）。抗告が不適法でその不備を補正することができないことが明らかな場合（例えば，抗告期間の徒過等）には，原裁判所が抗告を却下する（家事96条1項による87条3項の準用）。なお，特別抗告の場合には，原裁判所による「再度の考案」は認められない（家事96条1項による90条の適用除外）。

抗告状に抗告理由の記載がないとき，抗告人は，抗告理由書を家事事件手続規則63条で定められた期間内に原裁判所に提出しなければならない（家事96条2項による民訴315条の準用）。期間内に提出されない場合には，原裁判所は特別抗告を却下する（家事96条2項による民訴316条1項2号の準用）。

特別抗告がなされた場合でも，原裁判の確定は遮断されず，この点については，即時抗告の場合と異なる（家事74条5項参照）。

㈣　特別抗告審の審理・裁判

特別抗告がなされた場合，原裁判所は，抗告状の却下または抗告却下の決定があったときを除き，事件を抗告裁判所に送付する（家事規65条1項）。抗告裁判所は，特別抗告が不適法なとき，特別抗告に理由がないことが明らかなときを除き，抗告状の写しを原審の当事者・利害関係参加人（抗告人を除く）に送付する（家事96条1項による88条1項の準用）。ただし，審判以外の裁判であるときは，抗告状の写しの送付は不要である（家事102条）。

特別抗告審における審理のうち，手続的な問題の審理については，制約がない（家事96条2項による民訴322条の準用）が，実体的問題については，抗告状および抗告理由書に記載された点についてのみ審理の対象となる（家事94条2項）。また，原審の当事者・裁判を受ける者の陳述聴取に関する規律は，即時抗告審における場合と同様である（家事96条1項による89条1項2項の準用）。

特別抗告審の決定については，裁判書を作成する（家事96条1項・93条1項による76条1項本文の準用)。

(オ) 利害関係人の手続関与

特別抗告の手続に利害関係を有する者は，以下のように手続に関与することができる。[238)]

(i) 特別抗告の申立て

利害関係人は，家事事件手続法94条1項の要件を充足する限りにおいて，特別抗告の申立てをなすことがあり得る。

(ii) 特別抗告審での参加

利害関係人が，従前の手続に利害関係参加をしていない場合，次の区分に従って参加し得る。すなわち，当該利害関係人が「審判を受ける者となるべき者」である場合には，当然に特別抗告の手続に参加することができる(家事96条1項・93条1項・42条1項)。「審判を受ける者となるべき者」ではない場合には，裁判所の許可を得て，特別抗告の手続に参加することができる(家事96条1項・93条1項・42条2項)。

(iii) 従前の手続において，利害関係参加人であった場合

審判に対する特別抗告がなされた場合，従前の手続において利害関係参加人であった者は，特別抗告審においても，利害関係参加人となり，原則として，抗告状の写しが送付される(家事96条1項による88条1項の準用)。

(iv) 陳述の聴取

利害関係を有する者が「審判を受ける者」である場合に，特別抗告審において原決定を取り消すときは，その者の陳述を聴取しなければならない(家事96条1項による89条1項の準用)。

(b) 許可抗告

(ア) 総　　説

民事訴訟手続においては，特別抗告のほかに許可抗告の制度(民訴337条)が導入され，最高裁判所によって，決定命令等に関する法令解釈の統一を図る機会が設けられた。家事事件手続法においても，民事訴訟法に倣い，許可抗告について明文の規定が置かれた。

238) 本項については，一問一答・家事156頁に依拠する。

(イ) 許可抗告の対象となる裁判と申立権者

家事事件手続法97条1項は，高等裁判所の決定について，当該高等裁判所の許可がある場合に限り，最高裁判所に抗告することができる旨を定める。許可抗告の対象となるのは，①高等裁判所の家事審判事件についての決定であること，②同条2項の許可抗告の申立ての許否決定ではないこと，③その決定が家庭裁判所の審判であるとした場合に即時抗告をすることができるものであることのすべての要件を充足するものである。高等裁判所は，最高裁の判例に反する場合等法令の解釈に関する重要な事項を含むと認められたときに，抗告を許可する（家事97条2項）。上の③については，家庭裁判所の審判に対して不服申立てができる場合に，さらに理由を限定して最高裁判所への不服申立てを許容するとの許可抗告の制度趣旨に鑑み，家庭裁判所の審判であるとした場合の即時抗告権者に限定される。[239)240)]

(ウ) 許可抗告の申立て

許可抗告の申立ては，原裁判所に申立書を提出して行う（家事98条1項による87条1項の準用）。申立書は即時抗告の場合に準じる（当事者及び法定代理人，並びに原裁判の表示及びその裁判に対して許可抗告を申し立てる旨を記載しなければならない。家事98条1項による87条2項の準用）。申立期間は，申立人が裁判の告知を受ける者である場合には，告知を受けたから5日の不変期間内であり，申立人が裁判の告知を受ける者でない場合には，原審の申立人が裁判の告知を受けた日から5日の不変期間内である（家事98条2項による民訴336条2項の準用，家事98条1項による86条2項の準用）。許可抗告の提起により，原決定の確定が遮断されるか否か条文上は明らかではなく，見解が分かれている。[241)]

高等裁判所の裁判長による申立書の審査，申立ての方式違反や手数料不納付の場合の補正命令，および補正命令に従わない場合の申立書の却下については，特別抗告の申立てと同様である（家事98条1項・87条6項・49条4項5項）。また，

---

239)　逐条解説319頁。

240)　③により許可抗告の対象とならないものとして，次の事例を挙げることができる。推定相続人の廃除の審判の取消しを申し立てたところ，家庭裁判所により却下された。家事188条5項2号により申立人が即時抗告したところ，高等裁判所は原審を取り消し，排除の審判を取り消す裁判を行った。仮に，家庭裁判所が排除の審判を取り消す審判を行った場合，これに対しては不服申立てができないため，第1審の申立人は，この高裁決定に対して許可抗告の申立てをすることができない。逐条解説319頁。

申立てが不適法でその不備を補正することができないことが明らかであるとき，原裁判所である高等裁判所が却下する点も同様である（家事98条1項による87条3項の準用）。許可抗告の申立てがなされた場合に，原裁判所による「再度の考案」は認められない（特別抗告の場合と変わりがない。家事98条1項による90条の適用除外）。

申立書に理由の記載がないとき，抗告人は，理由書を家事事件手続規則63条の期間内に提出しなければならない（家事規69条による63条の準用）。提出期間内に理由書が提出されないとき，原裁判所は抗告不許可決定を行う。提出期間内に提出されたときには，申立書却下または申立却下の事案を除いて，原裁判所は抗告を許可するか否かを審査する。

㈣　許可抗告審の審理・裁判

高等裁判所が抗告を許可した場合には，事件記録は最高裁判所に送付される。最高裁判所は，抗告が不適法なとき，および理由がないことが明らかなときを除いて，抗告許可の申立書等の写しを当事者・利害関係参加人に送付する（家事98条1項による88条1項の準用。ただし，審判以外の裁判であるときには送付は必要的ではない。家事102条）。許可抗告審における審理のうち，手続的な問題の審理については，制約がない（家事98条2項による民訴法322条の準用）が，実体的問題については，許可抗告の申立書および理由書に記載された点についてのみ審理の対象となる（家事97条5項）。原審の当事者・裁判を受ける者の陳述聴取に関する規律は，即時抗告審・特別抗告審におけると同様である（家事98条1項による89条1項2項の準用）。

許可抗告審の決定については，裁判書を作成する（家事98条1項・93条1項・76条1項本文）。

㈤　利害関係人の手続関与

許可抗告の手続に利害関係を有する者は，以下のように手続に関与することができる[242)]。

241）許可抗告は，非常の不服申立手段であり，原決定の確定は遮断されないとするものとして，一問一答・家事158頁。これに対し，高田313頁〔山本克己発言〕は，確定遮断効を認めている。後者は，許可抗告は再抗告に代わるものであり，再抗告に要件を加重したものに過ぎないので通常の不服申立てであること（家事97条1項ただし書は再抗告性を想定している）を理由としている。

(i) 許可抗告の申立て

従前の手続の利害関係参加人は，法令の解釈に関する重要な事項を含むことを主張して抗告許可の申立てをすることができる。また，利害関係参加をしていない利害関係人であっても，高等裁判所の決定が家庭裁判所の審判・決定であるとした場合に，法律上，即時抗告権者として列挙されているのであれば，同様に，許可抗告の申立てをすることができる。

(ii) 許可抗告審での参加

利害関係人が，従前の手続に利害関係参加をしていない場合，次の区分に従って参加し得る。すなわち，当該利害関係人が「審判を受ける者となるべき者」である場合には，当然に許可抗告の手続に参加することができる（家事98条1項・93条1項・42条1項)。「審判を受ける者となるべき者」ではない場合には，裁判所の許可を得て，許可抗告の手続に参加することができる（98条1項・93条1項・42条2項)。

(iii) 従前の手続において利害関係参加人であった場合

従前の手続において利害関係参加人であった者は，許可抗告審においても，利害関係参加人の地位となり，原則として，許可抗告の申立書の写しが送付される（98条1項による88条1項の準用)。

(iv) 陳述の聴取

利害関係を有する者が「審判を受ける者」である場合に，許可抗告審において原決定を取り消すときは，その者の陳述を聴取しなければならない（家事98条1項による89条1項の準用)。

9 再　審

(1) 再審制度の必要性

旧家事審判法の下では，再審については規定がなく，再審の申立てができるか否かについて，見解が分かれていた。通説は，再審の申立てができると解し

242) 本項については，一問一答・家事161頁に依拠する。

ていたが[243]，再審申立てを否定する見解も有力に主張されていた[244]。裁判例をみると，最判平7・7・14民集49・7・2674（裁判例集Ⅲ-57）は，「上告人が主張する権利の実現のみちを閉ざすことは，著しく手続的正義に反する」ことを理由として，「本件審判には，家事審判法7条，非訟事件手続法25条，民訴法429条，420条1項3号の準再審の事由があるものと解するのが相当であ」ると判示した[245]。

家事事件手続法においては，明文の規定をもって再審の申立てができることを明らかにした（家事103条）。

(2)　再審の対象となる裁判と申立権者[246]

家事事件手続法103条1項は，「確定した審判その他の裁判（事件を完結するものに限る。）……に対しては，再審の申立てをすることができる」旨を定める。再審の対象となるのは，①確定した裁判であり，かつ②事件を完結するものである。ここで，①の「確定した裁判」とは，当事者による通常の不服申立手段（即時抗告または異議）が尽きたことを意味する。家事事件手続法78条・81条に基づく裁判の取消し・変更は，当事者に申立権を認めておらず，職権で行うものであるので，職権により裁判が取り消され，または変更される余地があっても，①の要件を充足し得る。②の「事件を完結する」裁判とは，手続上の裁判その他審判の前提となる裁判（例えば，移送の決定，除斥・忌避についての裁判，家事9条1項2項・12条1項等）は，再審の対象とならないことを明確にしたものである。したがって，再審の対象となり得るのは，審判（本案について終局的な判断をする裁判），およびその裁判が審判の前提とならない自己完結的なものであるもの（例えば，事件が裁判および調停の成立によらないで完結した場合の手続費用負担の裁判，家事31条による民訴73条1項の準用）に限られる。

再審の申立権者は，再審の対象たる事件において，当事者であった者，「裁

---

243)　例えば，佐上305頁は，「家事審判について再審制度を否定することは不正義を存続させることになって，とうてい容認できることではない」とし，民事訴訟法349条の準再審申立てを肯定する。

244)　例えば，鈴木・既判力98頁以下。

245)　このほか，最判平10・7・14集民189・141も準再審が認められることを前提としている。

246)　本項においては，一問一答・家事166頁に負う。

判を受ける者」，およびこれに準ずる者である（本章3参照）。

(3) 手続の概要

再審の手続には，「その性質に反しない限り，各審級における手続に関する規定」が準用され（家事103条2項），また，民事訴訟法の再審の規定（第4編）が準用される（家事103条3項，ただし民訴341条・349条は除外される）。

(a) 再審事由

いかなる場合に，再審の申立てができるかについては，民事訴訟法338条1項が準用される。すなわち，再審が認められ得る事由は，民事訴訟法338条1項各号に定められており，同項4号から7号については，「罰すべき行為について，有罪の判決若しくは過料の裁判が確定したとき，又は証拠がないという理由以外の理由により有罪の確定判決若しくは過料の確定裁判を得ることができないときに限り」，再審の申立てが認められる（民訴338条2項）。

(b) 管轄裁判所

再審の裁判は，不服の申立てに係る裁判をした裁判所の管轄に専属する（民訴340条）。

(c) 再審期間

再審の申立ては，原則として，申立人が再審事由を知った日から30日の不変期間内にしなければならず（民訴342条1項），かつ裁判の確定した日（再審事由が裁判確定後に生じた場合には，その事由発生日）から5年を経過したときは，再審の申立てをすることができない（同条2項）。ただし，期間制限についての例外規定（同条3項）も同様に準用される。

(d) 審理・裁判

再審開始の裁判が確定した場合には，本案の審理・裁判がなされる（家事103条3項による民訴348条1項の準用）。審理・裁判は，再審の対象となる裁判がなされた審級の性質に従う（家事103条2項）。すなわち，対象となる裁判が，家庭裁判所における第一類審判もしくは第二類審判であるのか，または高等裁判所における抗告審であるのか等の性質に従って，審理・裁判がなされる。

(e) 不服申立て

再審の申立てを却下する裁判，および再審開始を決定する裁判に対しては即時抗告をすることができる（民訴347条）。再審開始の決定に対して即時抗告がなされた場合には，執行停止の効力が認められ（家事103条4項），再審の手続が進行しない。

再審による裁判に対し，不服申立てが認められるか否かは，再審の対象となった裁判が不服申立てを認めているか否かによる。このことは，再審開始の裁判が確定した場合には，本案の審理・裁判がなされることから導かれる（再審による審理の結果，原裁判が正当であるときには，再審の申立てが棄却される〔民訴348条2項〕。棄却決定は原裁判を維持するものであるから，原裁判に対して即時抗告をすることができる者に限り，即時抗告をすることができる〔家事103条5項〕[247]）。

(f) 再審申立てに伴う執行停止等

再審の対象となる裁判が，金銭の給付等を命じている場合には，その裁判は執行力を有する（本章⑦(6)(c)）。執行力を有する裁判，またはすでに強制執行した裁判に対して，再審の申立てがなされた場合には，以下に示す要件の下に，執行の停止，または執行処分の取消しの裁判がなされる（家事104条）。執行停止の裁判，または執行処分の取消しの裁判の要件は，①再審の申立ての際に，不服の理由として主張した事情が法律上理由があると判断されること，②不服の理由として主張した事実上の点につき疎明があること，③執行により償うことができない損害が生ずるおそれがあることについて疎明があることである。執行停止の裁判については，担保を立てさせてまたは立てさせないで命じ，執行処分の取消しの裁判については，担保を立てさせて命じる。

247）一問一答・家事168頁。

第6章　家事審判各論

1　成年後見・保佐・補助

(1)　は じ め に

平成11（1999）年，民法の行為能力制度に重要な改正がなされ，平成12（2000）年4月1日から施行された。改正前の禁治産・準禁治産制度は今日の高齢社会の需要に合致しなくなったので，ノーマライゼーション，残存能力の活用，自己決定の尊重の理念に沿って家族が社会と連携しながら支えあう新しい成年後見制度が創設された。新制度施行から約15年を経たが，平成27（2015）年までの間の統計[1]によれば，次のとおりである。任意後見関係事件を除いた成年後見関係事件のうち基本事件である後見・保佐・補助開始の申立件数は平成13（2001）年のそれの約3倍に当たる3万4782件を数え（同27（2015）年の上記基本事件に関係する家事審判事件申立件数は30万件を超え[2]，1基本事件当たりの事件数が急増している），順調に定着している[3]。ただ，平成24（2012）年を境に後見開始事件は微減傾向，保佐開始事件は増加傾向，補助開始事件は微増傾向にあり，申立ての動機をみると，「財産管理のため」が過半を占めたが減少

1）　最高裁判所事務総局家庭局・平成13（2001）年から平成27（2015）年までの成年後見関係事件の概況（最高裁判所ウェブサイト参照）。

2）　最高裁判所事務総局編「司法統計年報3家事編　平成27年」（法曹会・2016）10頁。

3）　なお，上山泰＝菅富美枝「成年後見制度の理念的再検討」筑波ロー・ジャーナル8号（2010）1頁は，類型論に対する新たな提言を含む。

傾向にあり，当初第2順位にあった「身上監護のため」は「介護保険契約締結のため」にその順位を奪われた。

家事事件手続法（平成23法52），家事事件手続規則（平成24〔2012〕年7月17日公布，最高裁規則第8号）が平成25（2013）年1月1日に施行され，成年後見制度も一部その規律が変更された[4)]。また，この制度をめぐる社会的要請の変容には目覚ましいものがあり，平成25（2013）年7月1日には成年被後見人の選挙権剝奪を定めた公職選挙法11条1項1号は削除された[5)]。さらに，平成26（2014）年2月19日から障害者の権利に関する条約が国内でも効力を生じ，成年後見制度は同条約との関係においても検討されている[6)]。

また，新制度には，法定後見制度のみならず，後記⑩(2)で説明する任意後見という全く新しい制度も設けられたので，これら全体の概要を述べる（なお，未成年後見は⑤で取り上げる）。

成年後見は事理を弁識する能力を欠く常況にある者，保佐はこれが著しく不十分である者，補助はこれが不十分である者が対象である。成年被後見人は，日常生活に関する行為以外の行為については能力がないので，成年後見人が法定代理人として代わりに行う。成年被後見人のした行為は，成年後見人が取り消すことができる。被保佐人は重要な財産上の行為を単独で行うことができず，保佐人の同意を得ないでした行為は保佐人も取り消すことができることとなった。原則として保佐人に代理権はないが，特定行為について審判により代理権が与えられる。被補助人は特定の行為について補助人の同意を要することとすることができ，あるいは特定行為について補助人に代理権を付与するか，その両者か，審判で定められる。補助を開始するには本人の同意が必要である。補助人の同意を要する行為を単独で行った場合は補助人も取り消すことができる。

---

4)　金子修「家事事件手続法の制定と成年後見制度」実践成年後見39号（2011）4頁，一問一答・家事，逐条解説，最高裁事務総局家庭局監修『条解家事事件手続規則』（法曹会・2013）（以下「条解家事規則」），浅香竜太＝内田哲也「成年後見関係事件に関連する家事事件手続規則の概説」〔以下「成年後見関連規則の概説」〕実践成年後見44号（2013）79頁など参照。

5)　田山輝明編著『成年後見制度と障害者権利条約』（三省堂・2012）167頁〔田山輝明〕参照。なお，同書179頁以下は成年被後見人の選挙権に関する立法例を概観する。東京地判平25・3・14判時2178・3参照。

6)　田山編著・前掲注5）のほか，久保野恵美子「精神障害者と家族」水野紀子編『社会法制・家族法制における国家の介入』（有斐閣・2013）135頁なども参照。

成年後見開始と保佐開始のためには原則として鑑定が必要であるが，補助は意見の聴取でよい。

任意後見は，契約によって，本人が精神上の障害によって判断能力の不十分な状況になった場合の後見事務の全部または一部について任意後見受任者に対して代理権を付与するもので，任意後見監督人の選任により効果が発生する制度である。

いずれの制度についても後見登記等がなされ（後見登記4条），戸籍には記載されない。

任意後見契約が締結されている場合には，本人の利益のため特に必要があるときに限り，後見・保佐・補助の審判をなし得る。

成年後見制度は，民法859条1項などにより財産管理のための役割を果たしているが，同法858条，876条の5第1項，876条の10第1項，任意後見契約に関する法律6条に鑑み，次第に福祉的な役割も果たしつつある[7]。

(2) 成 年 後 見

成年後見に関する審判事件とは，別表第一1項から16の2項の審判事件を総称する。

(a) 成年後見開始の審判

(ア) 成年後見開始の要件

成年後見は，「精神上の障害により事理を弁識する能力を欠く常況にある」場合に開始される（民7条，別表第一1項〔家審9条甲類1号〕）。平成11（1999）年民法改正前の「心神喪失ノ常況ニ在ル」と同義である[8]。「精神上の障害」は，身体上の障害を除くすべての精神障害を含む概念であり，痴呆，知的障害，精神障害，自閉症，脳の損傷・疾患による精神的障害も含まれる。「事理を弁識する能力」とは，法律行為の結果の利益得失を判断する能力であり，「常況」

7） 平成22（2010）年7月に発表された成年後見制度研究会「成年後見制度の現状の分析と課題の検討」家月62巻10号（2010）114頁。なお，稲田龍樹「成年後見制度の現状と課題」成年後見法研究5号（2008）3頁。

8） 小林昭彦＝原司著『平成11年民法一部改正法等の解説』（法曹会・2002）60頁〔以下，解説〕。

とは通常は事理を弁識する能力がない常況にあること，したがって，通常は意思無能力の状態にあることを指す。本条は，「事理を弁識する能力」はいわゆる判断能力を指し，「法律行為を行った結果（法律行為に基づく権利義務の変動）を理解するに足る精神能力」である意思能力とは同義ではないとする立場で立案されていると解説されているが，事理を弁識する能力が欠如した状態を「意思無能力」であると解すべきであるともいう（解説 64 頁）。意思能力を，「自分の行為の結果を判断することのできる精神的能力[9)]」，「自己の行為の法的な結果を認識・判断することができる能力[10)]」と解するのであれば，「事理を弁識する能力」と意思能力は同義であると考える。

具体例としては，①通常は，日常の買い物も自分ではできず，誰かに代わってやってもらう必要がある者，②ごく日常的な事柄（家族の名前，自分の居場所等）がわからなくなっている者，③いわゆる完全な植物状態にある者，が挙げられている。

未成年者が上記状況にある場合には，親権者・未成年後見人があっても成年後見を開始することができる[11)]と解されている。

　⑷　請 求 権 者

本人（成年被後見人になるべき者），配偶者，四親等内の親族，未成年後見人，未成年後見監督人，保佐人，保佐監督人，補助人，補助監督人，検察官，市町村長である（民 7 条，老福 32 条，知的障害 28 条，精神 51 条の 11 の 2）。

「本人」（成年被後見人になるべき者）は，意思能力がない常況下でも，意思能力を回復したような場合に申立てが可能である。この点，家事法においては，成年被後見人になるべき者は行為能力の制限を受けていても自ら有効に手続行為をできると確認的に定めた（家事 118 条）。親族もなく（あっても協力を得られず），検察官や市町村長の協力を求める余裕のないときなど本人の申立てとせざるを得ない場合がある。意思能力の有無に疑問がないよう，医師の診断書などを添付することが望ましい。

「未成年後見人・未成年後見監督人」は，後見が開始した未成年者について，

---

9)　我妻・総則 60 頁，76 頁。

10)　四宮＝能見 30 頁。

11)　小林昭彦＝大門匡編著『新成年後見制度の解説』（金融財政事情研究会・2000）〔以下，小林＝大門〕96 頁。

精神上の障害により判断能力が欠ける常況にある場合には後見開始審判を申し立てることができる（解説66頁）。

「市町村長」は，老人福祉法32条，知的障害者福祉法28条，精神保健及び精神障害者福祉に関する法律51条の11の2により申立権が認められた。身寄りのない判断能力の不十分な者を保護するためである。「その福祉を図るため特に必要があると認めるとき」とは，本人に配偶者または四親等内の親族がいなかったり，いても音信不通の常況にあるなどの事情により，申立てを行うことを期待できず，市町村長が本人保護のために申立てを行うことが必要な常況にあるときをいう（解説70頁）。後見および扶養（ならびに相続）の各制度の境界領域にあって身寄りがないことが推測される独居超高齢者などの場合は早急に四親等内の親族を探索し，市町村長の申立ての要否を決することになる[12]。市区町村長の申立件数は着実に増加しており[13]，この支援体制の整備等も進んでいる（老福32条の2）。

(ウ)　管　　轄

成年被後見人となるべき者（本人）の住所地の家庭裁判所である（家事117条1項）。

住所地の最も有力な資料は住民票である。しかし，住民票の住所には一度も居住したことがないなど住所について争いがある場合には，裁判所において調査などをして確定する必要がある。

(エ)　精神状況の鑑定

原則として成年被後見人となるべき者の精神の状況につき医師その他の者による鑑定を必要とするが，明らかにその必要がないと認めるときは要しない（家事119条1項）。明らかにその必要がないというのは，いわゆる植物状態あるいはこれに準じた状態である場合その他鑑定を要しない明白な合理性が認められる場合である。

12）「成年後見制度の施行に伴う市町村長の審判の請求における留意事項及び地域福祉権利擁護事業の実施上の留意点について」家月52巻8号（2000）141頁。

13）　平成27（2015）年の全国における市区町村長申立て総件数は5993件である（最高裁判所事務総局家庭局「平成27年成年後見関係事件の概況」4頁最高裁判所ウェブサイト参照）。

(オ)　本人の陳述

後見開始の審判のためには成年被後見人となるべき者の陳述を聴取しなければならないが，同人の心身の障害によりその陳述を聴取できないときは要しない（家事120条1項）。

(カ)　審　　判

家庭裁判所は，本人の判断能力が欠如している常況にあると認めたときは後見開始の審判をしなければならない[14)]。

申立てを認容する審判は，申立人（家事74条1項），成年後見人に選任される者，任意後見人，任意後見監督人（家事122条3項）に告知され，さらに，成年被後見人となるべき者に通知しなければならない（同条1項1号）。却下する審判は，申立人に告知しなければならない（家事74条3項）。

後見開始の審判（基本事件）に対しては，後見開始審判の請求権者（民7条）および任意後見受任者，任意後見人または任意後見監督人（任意後見10条2項）であって，審判の告知を受ける者は告知を受けた日から，審判の告知を受ける者ではない場合には申立人が告知を受けた日から，それぞれ2週間以内に即時抗告できる（家事86条1項2項・123条2項）。ただし，家事法は，家審法と異なり，申立人を即時抗告権者から除いた（家事123条1項本文・同項1号）。却下審判に対しては，申立人が告知を受けた日から2週間以内に即時抗告できる（家事123条1項2号・86条1項2項）。

後見開始の原因が失われたときは請求により後見開始の審判の取消しの審判をしなければならない（民10条・19条2項1項，別表第一2項〔甲類1号〕）。

(キ)　登　　記

審判が確定すると，後見登記法による登記が行われる。裁判所書記官の嘱託により登記官が行う（家事116条1号，家事規77条）。

(ク)　取 下 げ

取下げは家庭裁判所の許可を要する（家事121条）。民法は判断能力のない者すべてについて後見開始すべきとしているわけではないから，理論的には取下

14)　広島高決平10・5・26家月50・11・92（裁判例集Ⅲ-29），ただし，心神耗弱者について裁量により準禁治産宣告しないことができるとするものに東京高決平3・5・31家月44・9・69。

げは認められる[15]が，成年被後見人となるべき者の利益に明らかに反する取下げが少なくなかった。家事法は82条1項に「特別の定め」を設け[16]，家庭裁判所の許可を得なければ取り下げることができない規律に改めて（家事121条，家事規78条），自らが成年後見人に選任されないならば取り下げることなどを抑止することにした[17]。

(ケ) 費用負担

後見開始審判手続においては鑑定が必要であるため，その費用が嵩むことが制度利用の妨げの一つとされていた。新制度施行後，医師団体等と裁判所の連携・協力により鑑定料の低廉を実現した。

市町村長申立ての場合には，旧非訟事件手続法28条を準用して家庭裁判所が本人に費用負担を命ずることができるとされ，市町村長は，申立人自身の利益ではなく，専ら成年被後見人となるべき者（本人）の利益のために行うものであるから，同条の「特別の事情」に当たるとされていた。審判例は手続費用を本人負担としたもの（東京家審平14・5・14家月55・1・108，裁判例集Ⅲ-30）と申立人負担としたもの（大阪家審平14・5・8家月55・1・106）に分かれた。家事法28条2項は「特別の事情」ではなく単なる「事情」に改めて緩和した。そこで，同条1項は，手続費用の負担を各自と定め，事情により，後見開始の審判事件の手続費用は同条2項2号の「審判を受ける者となるべき者」（本人）に負担させることができることになり，実務は統一された（なお，成年後見人の選任の審判事件の手続費用は同項3号の「準ずる者であって，その裁判により直接に利益を受けるもの」に本人が当たると解される[18]）。

事情に応じ，音信不通であった親族などが申立てに協力した場合には，本人に費用負担をさせてもよいと考えられる。

(コ) 保全処分

後見開始の申立てがあった場合において，後見開始の審判の効力が生ずるま

15) 東京高決昭57・11・30家月36・4・69，東京高決昭56・12・3家月35・4・86，東京高決平16・3・30判時1861・43。

16) 逐条解説385頁。

17) 金子・前掲注4) 実践成年後見39号11頁。

18) 金子・前掲注4) 実践成年後見39号8頁は「裁判により直接に利益を受ける者」とは「経済的な利益というよりは，その手続によって裨益するという趣旨である」という。逐条解説90頁も参照。

での間，①関係人（成年被後見人となるべき者の同居者）に対する指示[19]，財産管理者の選任（家事126条1項）や，②後見命令（同条2項）という保全処分を命じることができる。①は申立てまたは職権により，その要件は，「成年被後見人となるべき者の生活，療養看護又は財産の管理のため必要があるとき」である。②は申立てを要し，その要件は，「財産の保全のため特に必要があるとき」「財産上の行為……につき」である。保全されるべき具体的権利が本案の審判において形成される蓋然性（本案認容の蓋然性）と保全の必要性を要する[20]。成年被後見人となるべき者（本人）の判断能力が欠けていると一応認められ，何らかの処分をしなければ本人の生活，療養看護または財産の管理に支障を来すおそれがある場合に認められる。現実に財産を管理する者の管理が不適切であるとして申し立てられた事件において仮処分の申立てがあり，財産管理者の選任などがされている（大阪高決昭60・5・20家月37・10・97，裁判例集Ⅲ-31）。後見命令がなされると，本人がした財産上の行為を本人または財産管理者が取り消すことができるようになり，その効力はかなり強力なものである。そこで，後見命令の審判をするについては，成年被後見人となるべき者の陳述の聴取を要するが（家事107条），その例外もある（家事126条3項）。後見命令の例としては，前掲大阪高決昭60・5・20の原審，福島家郡山支審昭49・1・12（家月26・9・103）などがある。この効力は，成年被後見人となるべき者の能力が制限される前に取消しを認めるのであるから，家審規則23条および家審法15条の3によって特別に認められたものであり，家事法126条および109条は，この規律を維持した。しかし，後見開始の申立てが却下された場合，却下審判は告知で効力を生じる（家事74条3項）ので財産管理人選任または後見命令の保全処分も失効するからこの保全処分の効力の終期については変更があることになる[21]。

後見命令の審判は，財産管理者への告知により効力が生じ（家事126条4項），成年被後見人となるべき者に通知しなければならない（同条5項）。

後見命令（家事126条2項）の却下審判に対しては申立人が，その認容審判に対しては後見開始審判に対する抗告権者が，即時抗告できる（家事110条）。

19）逐条解説408頁は財産の管理方法や入院治療等の勧告的な事項の指示をいう。

20）最高裁判所事務総局「改正民法及び家事審判法規に関する執務資料」（1981）75頁。

21）逐条解説406頁，411頁（なお，明文はないが，取下げなどにより後見開始審判の手続が終了した場合には，保全処分も失効すると解されている）。

審判の告知を「受ける者でない者」による後見命令の審判に対する即時抗告の期間は，原則どおり，審判の告知を受けた日から進行する（家事126条6項）。

選任された財産管理者は，本人の法定代理人である（家事126条8項，民27条1項3項・28条・29条）。現に管理している者が本人の委託を受けていない場合は，財産管理者は本人の代理人として現に管理している者に対して占有物の引渡しを求め得る。現に管理している者が本人の委任を受けた者であるときは，裁判所の許可を得て本人の代理人として委託契約を解除して，占有物の引渡しを求め得ると解する。

(b) 成年後見人の選任の審判

(ア) 選 任 手 続

後見開始の審判があると，後見が開始され，家庭裁判所は職権で成年後見人を選任する（民8条・838条2号・843条1項～3項，別表第一3項〔甲類14号〕）。成年後見人が欠けたときも成年被後見人，その親族その他の利害関係人の請求，または職権により，選任しなければならず，さらには，必要があるときはすでに成年後見人がある場合にも追加して選任することができる。

後見人の辞任が認められたとき（民844条，別表第一4項〔甲類15号〕），新たに後見人を選任する必要がある場合には，辞任した後見人は後見人選任請求をしなければならない（民845条）。

選任に際して考慮すべき事情は「成年被後見人の心身の状態並びに生活及び財産の状況，成年後見人となる者の職業及び経歴並びに成年被後見人との利害関係の有無（成年後見人となる者が法人であるときは，その事業の種類及び内容並びにその法人及びその代表者と成年被後見人との利害関係の有無），成年被後見人の意見その他一切の事情」である（民843条4項）。配偶者が当然に後見人となる制度が廃止され，複数成年後見人，法人後見人が許されることになって，後見人となるべき者の範囲が広がったためで，利益相反のおそれのある者を適切に排除できるような制度的な担保が必要とされたことが理由である。本人の利益のため最も適切な者を選任することが求められている。実務上成年後見人の選任については，第三者後見人について専門職後見人の需要が増え続けているが，その給源には限りがある。後見事務の客観化，その監督の仕組みを整えながら，市民後見人[22]や法人後見人の活用が期待される。また，親族後見人が参画しやすくするための工夫もみられるが，親族と後見人の立場の違いについて社会的な理解が必ずしも十分とはいえない現状にある。後見人に重い責任を課していた保護者制度は，平成26（2014）年4月1日，精神保健及び精神障害者福祉に関する法律の一部改正（平成25法47）により廃止された（ただし，心神喪失等の状態で重大な他害行為を行った者の医療及び観察等に関する法律23条の2第2項ただし書および同項4号に基づく審判事件（別表第一130項）はある）。なお，本人の財産がなく報酬を支払う資源がないために後見人のなり手がいないなど，難問も少なくない。こうした状況のなかで，専門職後見人から市民後見人へとつなぐいわゆるリレー方式，後見人等と官署等との連携という工夫もみられる。

管轄は，後見開始の審判をした家庭裁判所である（家事117条2項)。成年後見（保佐，補助）に関する審判事件の管轄は，開始審判事件（基本事件）を除き，一元的に基本事件記録を保管する家庭裁判所にすべて集中させることが合理的だからである。選任審判をするには，後見人となるべき者および成年被後見人となるべき者の陳述を聴かなければならない（家事120条1項2項)。家事法は，心身の障害により成年被後見人となるべき者の陳述を聴くことができないときには，陳述聴取を要しないことを明らかにした（同条1項ただし書)。成年後見人選任の審判に対して即時抗告はできない。

(イ)　成年後見人となり得る者

欠格事由は，①未成年者，②家庭裁判所で免ぜられた法定代理人，保佐人または補助人，③破産者，④被後見人に対して訴訟をし，またはした者ならびにその配偶者および直系血族，⑤行方の知れない者，である（民847条)。後見開始または保佐開始の審判を受けた者は欠格者ではない。欠格条項を見直す方向により除外されたのである。ただし，裁判所が選任する際に判断能力の審査を行って適格性を判断する。被後見人に離婚訴訟を提起している配偶者は欠格者であり，その者の子も欠格者であるが，その子が同時に被後見人の子でもあるときは欠格者に該当しないとした例がある（神戸家尼崎支審昭49・7・18家月27・5・134，裁判集Ⅲ-32)。

22)　田山輝明「成年後見制度の法的位置づけ」須永醇傘寿（酒井書店・2010）13頁，14頁。

複数の成年後見人を選任することができる。成年被後見人となるべき者の身上監護と財産管理をそれぞれ適した人に，多くの財産が著しく遠い土地に散在するときその財産管理を各別に分担する合理性が認められる場合などに利用されている。複数後見人の選任は，後見事務を適切に行うためのものであって，後見監督人を選任する代替策ではない。不適切な事情が判明した場合には職権も含めて解任その他が検討されるべきことはいうまでもない。

各成年後見人はそれぞれ単独で権限を行使できる（民859条）が，家庭裁判所は職権で数人の成年後見人が共同してまたは事務を分掌してその権限を行使すべきことを定めることができる（民859条の2）。またこれを取り消すこともできる。いずれも審判事項であり，職権で開始される（別表第一10項〔甲類18号〕）。なお，身上監護と財産管理に関する事務は分掌の定めをしても重なり合う部分が生じるので避けた方がよい。即時抗告はできない。

法人を選任することもできる。法人後見人は後見人の権限の広範なことからその運用には独特の難しさもあるが，その必要性は大きい[23)]。社団法人，財団法人など資格に制限はないが，本人との利益相反のおそれがある法人は避けるべきである（民843条4項）。その場合，各種の法人が様々な需要に応じて後見人等または社会福祉事業，営利事業などの主体としてそれぞれに活動していることに鑑みると，成年被後見人（となるべき者）の置かれた状況その他に応じた具体的な判断（または対策）が求められる。

(c) 後見事務に関する審判

後見人は被後見人に属する財産一切を管理しなければならない。その前提として，後見人は，まず1か月以内に全財産を調査し，財産目録を作成しなければならない（民853条）。この期間は，後見人の申立てにより，家庭裁判所が伸長させることができる（別表第一9項〔甲類17号〕）。

平成28（2016）年10月13日施行にかかる民法および家事法の一部改正（平成28法27）により民法860条の2，860条の3が新設され，後見人は，被後見人に宛てた郵便物等の管理および開披してこれを見ることができることになった。通信の秘密はこれを侵してはならない（憲21条2項）ので，被後見人に宛

23)　新井誠「成年後見制度の現状と課題」須永醇傘寿（酒井書店・2010）44頁。

てた郵便物等の配達の嘱託およびその嘱託の取消しまたは変更の審判事項が新設された（家事39条・別表第一12の2項）。家庭裁判所は，嘱託の審判をするには，被後見人の陳述を聴かなければならず（家事120条6号），同人に告知しなければならない（家事122条1項2号）。嘱託の審判に対する即時抗告権者は，被後見人とその親族である（家事123条1項8号）。

後見人は，家庭裁判所に対し，その事務を行うに当たり被後見人に属する財産を調査することその他必要があると認められるときは，6か月を超えない期間，被後見人に宛てた郵便物等（郵便法の信書および民間事業者による信書の送達に関する法律2条3項の信書便物）を後見人に配達すべき旨を嘱託する審判を求めることができる（別表第一12の2項，民860条の2第1項2項。なお，破81条参照）。後見人は，郵便物等を受け取ったとき，嘱託の審判により回送されたものはもとより，親族から受け取った過去の郵便物等も開いて見ることができる。後見人の事務に関しないものは速やかに被後見人に交付しなければならない（民860条の3第1項2項）。被後見人は，後見人に対し，同人が受け取った被後見人に宛てた郵便物等（上記嘱託の審判により受け取ったものを除く）の閲覧を求めることができる（民860条の3第3項）。

成年後見人は，成年被後見人の生活，療養看護および財産の管理に関する事務を行うに当たっては，成年被後見人の意思を尊重し，かつ，その心身の状態および生活の状況に配慮しなければならない（民858条[24]）。成年後見人の負う善管注意義務の内容を明らかにしたものであり，①身上配慮義務は後見事務全般[25]に及ぶこと，②成年後見人が行う後見事務は法律行為を指し，事実行為を含まないことである。したがって，成年後見人は介護行為を行う義務はなく，入退院・受診を強制的にさせたり，施設入所を強制させたりする権限はない。また，医的侵襲に対する決定・同意権，臓器移植等の同意権は，成年後見人の権限に含まれない。しかし，現実には，手術の同意などをせざるを得ない場合もある

24）本人の意思の尊重と同人の福祉の関係はいずれかが優先すると解すべきではなく，本人の生活の一貫性も加味して総合判断すべきである（道垣内弘人「成年後見人等の財産に関する権限と限界」判タ1406号（2015）22頁）。

25）①介護・生活維持に関する事項，②住居の確保に関する事項，③施設の入退所，処遇の改善・異議申立て等に関する事項，④医療に関する事項，⑤教育・リハビリに関する事項，⑥その他等。

といわれ，仮に同意したとしても権限がないのであるから違法性は阻却されず，緊急避難等による阻却を検討することになる（小林＝大門145頁）。これが通説であるが，補充的または限定的な同意権を認める考えも増えている[26)]。

成年後見人の権限は広範にわたるが，例外的にいくつかの制限がある。成年被後見人との利益相反行為については代理権がなく，成年被後見人の居住用不動産を処分するには家庭裁判所の許可を要し，さらに成年後見人が成年被後見人を代理して営業もしくは民法13条1項に掲げる行為をする場合に，成年後見監督人があるときはその同意を得なければならない（民864条）。

成年後見人は善管注意義務を負う（民869条・644条。なお，民853条）。裁判所の選任に始まり，その監督に服する後見人の事務は，公的な性格を有するものである[27)]。

後見事務の費用は被後見人の財産から支出する（民861条2項）。また，報酬も成年被後見人の財産から支弁する（民862条）。報酬付与は審判事項である（別表第一13項〔甲類20号〕）。なお，報酬付与審判は執行力を有するものではない。

(d) 居住用不動産の処分についての許可の審判

成年後見人が，成年被後見人の居住の用に供する建物またはその敷地について，売却，賃貸，賃貸借の解除または抵当権の設定その他これらに準ずる処分をするには，家庭裁判所の許可を得なければならず（民859条の3），これらの不動産処分についての許可は審判事項である（別表第一11項〔甲類19号〕）。居住環境の変化が本人の心身の状況に多大の影響を与えることから設けられた規定であるので，終局的に当該居住用不動産に居住することができなくなるような行為一切を含むと解される。贈与・賃貸・使用貸し・使用借の解除等が挙げられている。当然成年被後見人の所有に属するものに限られない。「居住の用に供する」とは，生活の本拠として現に居住の用に供しているか，供する予定

26) 四宮＝能見56頁など。なお，前田泰「医療同意と意思能力」須永醇傘寿（酒井書店・2010）93頁以下参照。

27) 最判平20・2・18刑集62・2・37は未成年後見人について親族相盗例の適用を否定した。成年後見人の親族相盗例（否定）として仙台高秋田支判平19・2・8判タ1236・104がある。

があることである。許可を得ないでした居住用不動産の処分は無効である。しかし，許可なく売却されても，成年被後見人も，取引の相手方も無効を主張しないであろうから，実際上は後見監督が重要である。許可の基準は，居住環境の変化による不利益と売却の必要性との比較考量である。必要性が大きいときは許可できる。医療費や施設入所費用の捻出，他に資産がなくなったときなどには許可されるであろう。

成年被後見人が入院して，退院する可能性は低いがないとまではいえないときなど，「居住用不動産」であるかどうかはっきりしないが，その場合は許可を得ておいた方がよい。空き家になって，危険であるとして近所から建物を取り壊すために業者に委託するよう求められた場合なども同様である。抵当権の設定は処分であるから許可を要する。後見人が賃貸家屋の建築費をまかなうために多額の借金をするための担保設定は許可すべきでないが，不動産修繕などをまかなうために高額とはいえない借金をするための場合などについては許可してもよいであろう。

不動産を信託することも処分である。家庭裁判所の許可を要する。許可審判は成年後見人に告知される（家事74条1項〔家審13条〕）。即時抗告はできない。

(e)　利益相反行為に関する特別代理人の選任審判

成年後見人と成年被後見人との利益相反行為に関しては，成年後見人に代理権および同意権がない。そこで，家庭裁判所が特別代理人を選任し（別表第一12項〔甲類10号〕），利益相反行為については特別代理人が成年被後見人を代理する。成年後見人，成年被後見人もしくはその親族その他の利害関係人の請求または職権によって選任することができる。成年後見人は，利益相反行為の際には特別代理人選任を請求しなければならない。特別代理人にも報酬の付与は認められる。後見監督人があるときは，後見監督人が代理する。利益相反行為の判断基準はいわゆる形式的判断説による（詳しくは後述⇨④(2)(f)(ウ)）。

利益相反行為に該当しない場合の代理権濫用について，民法93条ただし書の類推適用を認め，親権者に広範な裁量権を認めた最判平4・12・10（民集46・9・2727，裁判例集Ⅲ-35）がある。しかし，平成23（2011）年民法の一部改正法により親権喪失，親権停止，管理権喪失などの規定（民834条・834条の2・835条・836条・820条）が改正・新設[28]される前の判例であることを踏まえると，善管注意義務がある後見人に関しては仮に親族であっても直ちに同様にいえるか慎重な検討を要すると思われる。

なお，第三者が無償で被後見人に財産を与え，後見人にその管理をさせない意思を表示したときは，後見人がこれを管理することはできない（民869条・830条）。家庭裁判所が，その財産の管理者の選任または解任などをする（別表第一15項〔甲類11号〕，家事118条10号・125条，家事規82条・83条）。

(f) 成年後見の事務の監督

(ア) 後見監督処分の審判

後見監督人または家庭裁判所は，いつでも，後見人に対し後見の事務の報告もしくは財産の目録の提出を求め，または後見の事務もしくは被後見人の財産の状況を調査することができる（民863条1項）。また，家庭裁判所は，後見監督人，被後見人もしくはその親族その他の利害関係人の請求によって，または職権で，被後見人の財産の管理その他後見の事務について必要な処分を命ずることができる（民863条2項）。いずれも審判事項である（別表第一14項〔甲類21号〕）。家庭裁判所は，こうした後見監督処分を行うために，適当な者に，成年後見の事務もしくは成年被後見人の財産の状況を調査などさせることができる（家事124条1項，家事規80条）。すなわち，調査人（弁護士，司法書士，社会福祉士その他適当な者を選任して，調査結果報告書の提出を命じる）または家庭裁判所調査官に調査・報告させることができるほか，後見監督処分として財産管理人を選任し，臨時に財産の管理をさせることもできる。また，家庭裁判所は，いつでも，後見人に対し成年被後見人の療養看護，その財産の管理その他の後見の事務に関し相当であると認める事項を指示することができる（家事規81条1項）。

民法863条1項の調査等は，いつでも職権で開始することができる。通常，後見監督基準の設定が行われ，事件ごとに後見監督の頻度等が定められる。それに従って後見事務報告書を提出させるなどし，さらに調査をすることもある。問題がなければ終了し，調査人または家裁調査官の報告により問題があれば同条2項の後見の事務の監督審判事件が立件される（別表第一14項，家事規79条・

28）一問一答・民法等改正22頁，59頁。

80条)。「必要な処分」とは,「後見の事務に関して監督上必要な一切の措置を意味」(解説296頁)する。例えば,成年後見人等の職務執行停止・職務代行者の選任,財産保全の処分・換価処分等のほか,成年被後見人の心身の状態および生活の状況の変化に応じて介護契約の内容の変更を成年後見人に命ずることなどである。

(イ) 後見制度支援信託

平成24(2012)年2月1日から始まった後見制度支援信託は,家事規81条(家審規84条)に基づき,専門職後見人の判断および家庭裁判所の指示により(別表第一14項の事件を職権で立件する),被後見人の金銭財産の管理を安全にするために信託契約を結ぶというものである。この制度は,後見(および未成年後見)制度について作られたわが国独自のものであり,日常的な支払をするのに必要な金銭を預貯金などとして後見人が管理し,通常は使わない金銭を信託するものである。信託利用の要否は,専門職後見人が以下の諸事情を総合判断して意見具申し,家庭裁判所がこれを指示する。事案によるが,事情としては①遺言の有無,親族間の紛争の有無,本人の生活状況と収支状況,(手元金の必要相当額),②本人の住居所移転の見込みなどの有無,③信託予定の通常使用しない預貯金額,その全体財産に占める割合など,④信託契約締結に至る予想期間の長短,⑤後見人に対する報酬額の見込み(専門職後見人の在職予想期間,後見事務量など),⑥親族後見人候補者の意向などである。

後見制度支援信託契約が締結された事件数は,平成24(2012)年から26(2014)年までの間に急増している[29]。

(ウ) 本人の死後事務

本人が死亡した場合のいわゆる死後事務については,次のとおりである。成年後見人は,本人の死亡により成年後見が終了するので,その任務も終了する。成年後見人は,2か月以内に管理計算をしなければならない(民870条本文)。本人が死亡すると相続が開始するので,成年後見人は相続人に対して管理財産を引き継ぐことになる,相続人が不分明である場合には,後見人は相続財産管理人選任の申立て(民952条1項,別表第一99項)をし,選任された相続財産管理

29) 和波宏典＝松永智史「後見制度援信託の目的とその運用状況」実践成年後見54号(2015)60頁。

人に同財産を引き継がなければならない。相続人が死後事務をすることを拒んでいるときには，後見人は本人の葬儀などを行いその葬儀費用等の支払は委任業務終了後の応急措置（民874条・654条）として行っていた。後見人は任務終了にともなう善処（応急措置）義務を負うからである（注民（16）298頁〔中川高男〕）。

後見人（亡成年被後見人某成年後見人某）は本人の死後事務をどこまでしなければならないか，については難しい問題が多かった。

そこで，平成28（2016）年10月13日施行にかかる民法および家事法の一部改正（平成28法27）により，成年被後見人の死亡後における成年後見人の権限について民法873条の2が新設され，成年被後見人の死亡後の死体の火葬または埋葬に関する契約の締結その他の相続財産の保存に必要な行為についての許可の審判事項（家事39条・別表第一16の2項，民873条の2ただし書）が新設された。

成年後見人は，本人が死亡した場合，必要があるときは，その相続人の意思に反することが明らかなときを除き，相続人が財産を管理することができるまで，①相続財産に属する特定の財産の保存に必要な行為，②相続財産に属する債務（弁済期が到来しているもの）の弁済，③本人の死体の火葬または埋葬に関する契約の締結その他相続財産の保存に必要な行為（前記①と②の各行為を除く），をすることができる（民873条の2本文）。ただし，前記③の行為をするには，家庭裁判所の許可を得なければならない（別表第一16の2項，民873条の2ただし書）。この許可の申立ての却下審判の即時抗告権者は申立人である（家事123条1項11号）。民法873条の2により，成年後見人は死後事務について同法874条・654条に基づく善処義務の履行としての応急措置をしなければならない範囲内の，またはそれを越えた上記保存に必要な行為，債務の弁済，火葬・埋葬その他の権限を付与されることになった。ただ，その一部については別表第一の審判事項として家庭裁判所の許可の審判を受けなければならない。実務上の扱いとしては，民法873条の2に該当するか否かについてはなお裁判例の蓄積を待つことになろう。

相続人が財産の引き継ぎを拒否している場合などには，成年後見人は任務終了後ではあるが，いつでも相続財産管理人選任の申立てをすることができる（民918条2項，別表第一90項）[30)]。

相続財産管理人の選任がされた場合，そして，相続人が亡被後見人の相続財産を管理することができるようになったときには，同人は相続財産管理人選任の取消しの審判を申し立てて（家事201条10項・125条7項），同審判確定後に引き継ぎを受けることになる。

(g) 成年後見監督人の選任の審判

(ア) 選 任 手 続

家庭裁判所は，必要があるときは，成年後見監督人を選任できる。成年被後見人，その親族もしくは成年後見人の請求，または職権による（民849条）。この成年後見監督人の選任は審判事項である（別表第一6項〔甲類14号〕）。成年被後見人の陳述および成年後見監督人となるべき者の意見の聴取，考慮すべき事情，後見監督人欠格事由，複数選任可，法人可，即時抗告不可は成年後見人におけると同様である。後見監督人欠格事由には，後見人欠格事由のほか，後見人の配偶者，直系血族および兄弟姉妹が含まれる（民850条）。成年後見監督人として適格性があるのは，監督をなし得る能力と立場にあることである。利害関係が対立する者を後見監督人に選任することは慎重な吟味が必要である。後見監督人は報酬付与を求めることができる（民862条・852条，別表第一13項〔甲類20号〕）。弁護士，司法書士，社会福祉士などの専門職や法人といった第三者が選任されている。

(イ) 後見監督事務

後見監督人にも，善管注意義務が課せられる（民852条・644条）。後見監督人が数人ある場合の権限の定め，居住用不動産の処分許可，後見監督事務の費用負担，報酬も，成年後見人の場合と同様である。

成年後見監督人は，成年後見人と成年被後見人との利益相反行為について成年被後見人を代理する（民851条4号）。成年被後見人と成年後見監督人との間で利益が相反する場合に代理権がないのは当然である。その場合は特別代理人を選任しなければならない（別表第一12項）。

成年後見人が成年被後見人を代理して営業もしくは民法13条1項に掲げる行為をする場合は成年後見監督人の同意を得ることを要し，同意を得ないでし

30） 小西洋「東京家庭裁判所本庁（後見センター）における成年後見事件の実情と取組み」実践成年後見47号（2013）82頁。

た行為は取り消すことができる（民865条）。取消権者は成年後見人および成年被後見人であり後見監督人は取消権者ではない（注民（25）446頁〔中川淳〕，解説298頁）。本条の趣旨は後見人の代理権の制限であるから本来は無権代理となるが，そのような構成をとらなかったのである。

後見監督人は，後見人の事務を監督する職務を負い（民851条1号），いつでも，後見人に対し後見の事務の報告もしくは財産の目録の提出を求め，または後見の事務もしくは被後見人の財産の状況を調査することができる（民863条1項）。監督事務は後見人のすべての事務に及ぶ。このような求めに対して，後見人が従わない場合には，後見監督人は，家庭裁判所に対し，解任（民846条）を求めるか，または後見の事務に関する処分の必要性がある旨求めることができる（民863条2項）。

その他，後見人が欠けたときは後見人選任を家庭裁判所に請求しなければならず（民851条2号），急迫の事情がある場合には必要な処分をしなければならない（民851条3号）。「急迫の事情」とは，後見人が欠けたか，その職務を行うことができない場合に，急速な処理を要する後見事務があり，これをしなければ被後見人のために回復し難い損害を生じるとみられる場合をいう[31]。急迫事情がないのに後見監督人が行った行為は無権代理行為である（通説）。

後見監督事務の費用および後見監督人の報酬は成年被後見人の財産から支弁される（民852条・861条2項・862条，別表第一13項）。

(h) 成年後見人および成年後見監督人の辞任許可の審判

成年後見人および成年後見監督人は，正当な事由があるときは，家庭裁判所の許可を得て辞任することができる（民844条・852条）。この辞任の許可は審判事項である（別表第一4項〔甲類15号〕，別表第一7項〔甲類15号〕）。「正当な事由」とは，①成年後見人・成年後見監督人が成年被後見人と遠隔の地に住むため，後見事務の遂行に支障がある場合，②自己よりも適格性を有する者が現れた場合，③成年後見人・成年後見監督人がすでに長期間職務を行い，今後その継続を強いるのが苛酷な場合（明治民法は10年以上経過したことを挙げていた〔民旧907条〕），④老齢・疾病・負担加重などにより後見事務の適切な遂行上支

31）　注民（25）362頁〔久貴忠彦＝二宮周平〕。

障がある場合，⑤成年後見人・成年後見監督人やその親族との不和などである[32]。

成年後見人・成年後見監督人の申立てにより許否を決し，成年後見人・成年後見監督人に告知されて効力が生じる（成年後見人・成年後見監督人ではなくなる）。即時抗告はできない。

(i)　成年後見人および成年後見監督人の解任の審判

成年後見人・成年後見監督人に，不正な行為，著しい不行跡その他後見の任務に適しない事由があるときは，家庭裁判所は，成年後見監督人，成年被後見人もしくはその親族もしくは検察官の請求，または職権で，成年後見人・成年後見監督人を解任することができる（民846条）。これらの解任は審判事項である（別表第一5項〔甲類16号〕，別表第一8項〔甲類16号〕）。複数後見人がある場合に一方が他方の解任を求めたいときは，後見人には解任請求権がないので，家庭裁判所に対する職権発動を促す申出をするほかはない。後見人が後見監督人の解任請求権を有するかどうか争いがあるが，複数後見人の場合との平仄などを考慮すると，職権発動を促す申出にとどめるべきではなかろうか（解説252頁）。

後見人解任事件が本案として係属する場合には，家庭裁判所は申立てまたは職権で後見人の職務執行を停止し，弁護士を職務代行者に選任する保全処分をすることができる（家事127条。大阪高決平10・10・21家月51・3・186。この措置が遅れた事案について広島高判平24・2・20判タ1385・141）。家庭裁判所調査官は，後見事務の監督（⇨(f)）を行うことが多く，その結果，解任事由の存在を知り得る。そこで，家庭裁判所調査官が，成年後見人・成年後見監督人に解任事由があると思料するときは，その旨を家庭裁判所に報告しなければならないものとした（家事規79条・80条）。こうして職権による解任も可能となる。家庭裁判所は，成年後見人・成年後見監督人を解任するには相手方である成年後見人・成年後見監督人の陳述を聴かなければならない（家事120条1項4号5号）。成年後見人・成年後見監督人解任審判は，申立人（成年被後見人を含む），成年後見人・成年後見監督人に告知され（家事74条），後見人解任審判に対しては成年後見人，成年後見監督人解任審判に対しては成年後見監督人が即時抗告することができ，成年後見人解任却下審判に対しては，申立人，成年後見監督人，

32)　注民（25）319頁〔犬伏由子〕。

成年被後見人およびその親族が即時抗告することができ，成年後見監督人解任却下審判に対しては，申立人，成年被後見人およびその親族が即時抗告することができる（家事123条）。後見人解任審判は，後見人に告知することにより効力が生じ，却下審判は申立人に対する告知により効力を生じる（家事74条）。解任事件の管轄は，後見開始の審判（基本事件）をした家庭裁判所である（家事117条）。

(3) 保　　佐

保佐および補助については成年後見と異なる点のみ記述する。

保佐に関する審判事件とは，別表第一17項から35項の審判事件を総称する。

(a) 保佐開始の審判

(ア) 保佐開始の要件

保佐は，「精神上の障害により事理を弁識する能力が著しく不十分」な場合に開始される（民11条，別表第一17項〔甲類2号〕）。平成11（1999）年民法改正前の「心神耗弱者」を言い換えたもので，法律行為の結果の利益得失を判断する能力の著しく不十分なことである。民法13条1項の重要な財産行為について自分1人ではこれを適切に行うことができず，常に他人の援助を受ける必要がある状態であることである。後見に該当する場合には保佐開始審判をすることはできないので，ただし書でその旨明記された。具体例としては，①日常の買い物程度は自分でできるが，重要な財産行為は，自分では適切に行うことができず，常に他人の援助を受ける必要がある（誰かに代わってやってもらう必要）がある者，②いわゆる「まだら呆け」の中で重度の者，が挙げられている（解説92頁）。

浪費者は除外された。これにより成年後見制度は，精神上の障害により判断能力が不十分な者の保護を図る制度として純化された。しかし，現実には浪費からの保護を要する者がある。判断能力の不十分な場合には保佐または補助を利用でき，判断能力が十分な場合は扶養等の調停・審判の申立てを行った上で審判前の保全処分を利用することができる（解説94頁参照）。

請求権者は，本人，配偶者，四親等内の親族，後見人，後見監督人，補助人，補助監督人，検察官，市町村長である（民11条，老人福祉32条，知的障害28条，

精神51条の11の2)。本人（被保佐人となるべき者）は，意思能力があると認められる場合が多いので，申立てをすることができることを明らかにした（家事129条・118条)。「後見人・後見監督人」は未成年後見人，成年後見人両者を含む。

管轄は被保佐人となるべき者の住所地の家庭裁判所である（家事128条1項)。

精神状況の鑑定は原則として医師その他の者による鑑定を必要とするが，明らかにその必要がないと認めるときは要しない（家事133条・119条)。保佐開始の審判のためには被保佐人となるべき者の陳述を聴取しなければならない（家事130条1項1号)。

家庭裁判所は，被保佐人となるべき者の判断能力が著しく不十分と認めたときは保佐開始の審判をしなければならない。なお，この開始審判の申立ては，審判がされる前であっても，家庭裁判所の許可がなければ取り下げることはできない（家事133条・121条，家事規85条・78条)。

保佐開始の審判（基本事件）は，被保佐人となるべき者，申立人，保佐人に選任される者，任意後見人，任意後見監督人に告知される（家事131条)。保佐開始の審判に対しては，保佐開始審判の請求権者および任意後見受任者，任意後見人，任意後見監督人が即時抗告することができる（家事132条1項1号)。審判の告知を受ける者ではない者および被保佐人となるべき者は，被保佐人となるべき者に対して告知された日および保佐人に選任される者に告知された日のうち最も遅い日から2週間以内に即時抗告することができる（同条2項・86条)。申立却下審判に対しては申立人が即時抗告できる（家事132条1項2号)。

審判が確定すると，後見登記法による登記が行われる。裁判所書記官の嘱託により登記官が行う（家事116条1号，家事規77条1項)。

保佐開始の申立てがあった場合において，保佐開始の審判が効力を生ずるまでの間，①関係人に対する指示，財産の管理者の選任（家事134条1項・126条1項）や，②保佐命令（家事134条2項）という保全処分を命じることができる。前者は職権または申立てにより，その要件は，被保佐人となるべき者の生活，療養看護または財産の管理のため必要があるときである。後者は申立てを要し，その要件は，財産の保全のため特に必要があるとき，財産上の行為につき，である。この場合も，本案認容の蓋然性と保全の必要性を要する。保佐人となるべき者（本人）の判断能力が著しく不十分であると一応認められ，何らかの処分をしなければ本人の財産の保全のために著しい支障を来すおそれがあるときに認められる。保佐命令があったときは，本人および財産の管理者は本人が財産の管理者の同意を得ないでした財産上の行為を取り消すことができる。却下審判に対しては申立人が，認容審判に対しては保佐開始の審判に対する抗告権者が即時抗告できる（家事110条）。保佐命令の即時抗告期間は被保佐人となるべき者および財産の管理者に対する告知の日の最も遅い日から進行する（家事134条4項）。

選任された財産の管理者は，本人の代理人である（家事134条6項，民27条1項3項・28条・29条）。

保佐開始の原因が失われたときは請求により保佐開始の審判の取消しの審判をする（民14条，別表第一20項〔甲類2号〕）。

(b) 保佐人の選任の審判

保佐開始の審判があると，保佐が開始され，家庭裁判所は職権で保佐人を選任する（民12条・876条の2，別表第一22項〔甲類14号〕）。保佐人が欠けたときも被保佐人，その親族その他の利害関係人の請求，または職権により，選任しなければならず，さらには，必要があるときはすでに保佐人がある場合にも追加して選任することができる。保佐人が辞任することによって新たに保佐人を選任する必要があるときは，辞任した保佐人は保佐人選任請求をしなければならない。選任に際して考慮すべき事情は，被保佐人の心身の状態ならびに生活および財産の状況，保佐人となる者の職業および経歴ならびに被保佐人との利害関係の有無（保佐人となる者が法人であるときは，その事業の種類および内容ならびにその法人およびその代表者と被保佐人との利害関係の有無），被保佐人の意見その他一切の事情，である（以上，民876条の2第2項・843条2項～4項・844条・845条・846条）。

管轄は保佐開始の審判（基本事件）をした家庭裁判所である。選任審判をするには，被保佐人となるべき者の陳述および保佐人となるべき者の意見を聴かなければならない（家事130条）。

欠格事由は，①未成年者，②家庭裁判所で免ぜられた法定代理人，保佐人または補助人，③破産者，④被保佐人に対して訴訟をし，またはした者ならびにその配偶者および直系血族，⑤行方の知れない者，である（民876条の2第2

項・847条)。

複数の保佐人を選任することができる(別表第一22項〔甲類14号〕)。共同保佐の定め，事務分掌の定めおよびその取消しが可能であり，いずれも審判事項である(別表第一29項〔甲類18号〕)。法人を選任することもできる。

保佐人は善管注意義務を負う(民876条の5第2項・644条)。保佐人は，被保佐人の全財産の調査・目録作成の管理義務を負うものではない(民853条の準用はない[33])。保佐人は，裁判所の選任などによるので，その事務は公的な性格を有すると解される。保佐事務の費用は被保佐人の財産から支出する(民876条の5第2項・861条2項)。また，報酬も被保佐人の財産から支弁する(民876条の5第2項・862条，別表第一31項〔甲類20号〕)。

(c)　保佐事務に関する審判

保佐人は，保佐の事務を行うに当たっては，被保佐人の意思を尊重し，かつ，その心身の状態および生活の状況に配慮しなければならない(民876条の5第1項)。被保佐人の利益のために保佐人の権限が強化されたのである。この権限行使の適正を図るべく，成年後見人と同様の身上配慮義務が課されたものである(解説334頁)。義務の対象事項が保佐人の権限事項となる点のみ異なり，内容は成年後見人と同様である。

保佐人の権限は，原則として民法13条1項に定める事項に対する同意権および取消権である。取消権が新たに認められ，被保佐人保護の実効性が確保されることとなった。保佐には，これのみならず，以下のような制度が創設され，被保佐人の状況および必要性によって，同意権および取消権の範囲の拡張および代理権の付与が可能となった。保佐制度は相応に整った制度ではあるが，なお改善の余地がある[34]。

(ア)　同意権拡張の審判

請求権者は，本人(被保佐人となるべき者)，配偶者，四親等内の親族，後見

---

33)　山下純司「預金取引と成年後見」金融法務研究会『近時の預金等に係る取引を巡る諸問題』(金融法務研究会事務局・2015) 11頁。

34)　田山輝明「成年後見制度の変遷とその改正提案」実践成年後見50号(2014) 55頁以下。なお，民法13条1項1号の元本の領収(預金の払戻し)という日常的な事務についての問題性は山下・前掲注33) 12頁参照。

人，後見監督人，補助人，補助監督人，検察官，市町村長および保佐人，保佐監督人，任意後見受任者，任意後見人，任意後見監督人である（民13条2項，任意後見10条，別表第一18項〔甲類2号〕，老人福祉32条，知的障害28条，精神51条の11の2）。拡張すべき行為は特に制限はないが日常生活に関する行為は除外される（民13条2項ただし書）。要件は，個別具体的な事案において，民法13条1項所定の行為以外の行為についても保佐人の同意を得ることを要する必要性があることである（解説112頁）。時期的には開始請求の時でもよいし，その後でもよい。保佐人の同意を得なければならない行為の定めの審判は請求者のほか，保佐人および保佐監督人に告知される（家事131条2号）。被保佐人は即時抗告をすることができる（家事132条1項4号）。

(イ)　同意に代わる許可の審判

保佐人の同意を得なければならない行為について，保佐人が，被保佐人の利益を害するおそれがないにもかかわらず同意しないときは，被保佐人の請求により，家庭裁判所が同意に代わる許可の審判をすることができる（民13条3項，別表第一19項〔甲類2号〕）。行為の相手方には請求権がない。却下審判に対して申立人は即時抗告することができる（家事132条1項5号）。

(ウ)　代理権付与の審判

家庭裁判所は，保佐人に対し，特定の行為について代理権を付与する旨の審判をすることができる（民876条の4，別表第一32項〔甲類2号〕）。

請求権者は，本人（被保佐人となるべき者，被保佐人），配偶者，四親等内の親族，後見人，後見監督人，補助人，補助監督人，検察官，市町村長および保佐人，保佐監督人，任意後見受任者，任意後見人，任意後見監督人である（民13条2項，任意後見10条）。

請求の範囲内の特定の法律行為について付与される。同意権，取消権の対象行為に限られない。「本人所有の甲不動産の売却」との特定でも「本人所有不動産の売却」という特定でもよい。「本人所有不動産の売買，賃貸借，抵当権の設定その他一切の処分行為」という定めで，特定性を満たすかどうか疑問もあるが，「本人に帰属する財産の管理・処分」でもよいかのような叙述もある（解説323頁）ので，裁判所が必要と認めればよいと考える。一回限りのものではなく継続する行為にも認められる。例えば本人所有のアパート等について，「賃貸借契約を締結し，これを解除すること」などが考えられる。財産管理のみならず身上監護に関する法律行為も含まれる。施設入所契約等である。登記などの公法上の行為も含まれ，訴訟行為も含まれる。「本人に帰属する財産に関して生ずる紛争についての訴訟行為の一切」「本人の施設入所契約の締結・費用支払・解除，各事項に関して生ずる紛争についての訴訟行為一切」などである。特別授権事項[35)]についても，審判書に明記する必要がある。

個別具体的な事案において，保佐人が被保佐人に代わって特定の法律行為をすることを認めるべき保護の必要性があることが実体的要件である。本人の請求または同意が必要である（民876条の4第1項2項）。

代理権を付与された保佐人は当該行為について被保佐人の法定代理人となる。

保佐人に代理権が付与された場合，代理権に制限が及ぶのは，居住用不動産の処分（別表第一30項）と利益相反行為（別表第一25項26項）である。保佐人が，被保佐人の居住の用に供する建物またはその敷地について，売却，賃貸，賃貸借の解除または抵当権の設定その他これらに準ずる処分をするには，家庭裁判所の許可を得なければならない（民876条の5第2項・859条の3）。

㈣　代理権付与取消し・範囲変更の審判

代理権付与の必要性がなくなったときは取り消し，一部なくなったときは変更する（別表第一21項〔甲類2号〕）。代理権を取り消されたのに保佐人が行った代理行為は無権代理行為である。表見代理成立の可能性は否定されない。ただ，登記事項証明書の提出を求めなかったことによる過失の有無が問題となると指摘されている（解説331頁，332頁）。

㈤　利益相反行為に関する臨時保佐人の選任の審判

保佐人と被保佐人との利益相反行為に関しては，保佐人に同意権および代理権がない。保佐監督人があるときは，保佐監督人が同意しまたは代理するが，保佐監督人がない場合は臨時保佐人が選任される（民876条の2第3項・876条の3・851条4号）。審判事項である（別表第一25項〔甲類22号の2〕）。臨時保佐人は，保佐人の一種なので，保佐人に関する規定が適用される。したがって，善管注意義務を負い，居住用不動産を処分するには家庭裁判所の許可を要する。

㈥　保佐事務の監督

保佐監督人または家庭裁判所は，いつでも，保佐人に対し保佐の事務の報告

---

35)　反訴の提起，訴えの取下げ，和解，控訴・上告等。

もしくは財産の目録の提出を求め，または保佐の事務もしくは被保佐人の財産の状況を調査することができ，家庭裁判所は，保佐監督人，被保佐人もしくはその親族その他の利害関係人の請求によって，または職権で，被保佐人の財産の管理その他保佐の事務について必要な処分を命ずることができる（民876条の5第2項・863条，別表第一34項〔甲類21号〕，家事133条・124条，家事規85条・81条）。家庭裁判所の権限も後見監督におけると同様である。

(d) 保佐監督人の選任の審判

(ア) 選任手続

家庭裁判所は，必要があると認めるときは，保佐監督人を選任できる。保佐監督人は，保佐人の権限が強化されたことに伴って創設された制度である。被保佐人，その親族もしくは保佐人の請求，または職権による（民876条の3第1項）。審判事項である（別表第一26項〔甲類14号〕）。被保佐人の陳述および保佐監督人となるべき者の意見の聴取，選任に際して考慮すべき事情，保佐監督人欠格事由，複数選任可，法人可，即時抗告不可は成年後見監督人におけると同様である。

(イ) 保佐監督の事務

保佐監督人にも，善管注意義務が課せられる（民876条の3第2項・644条）。保佐監督人が数人ある場合の権限の定め，居住用不動産の処分許可，保佐監督事務の費用負担，報酬についても，後見人の場合と同様である。

保佐監督人は，保佐人と被保佐人との利益相反行為について被保佐人を代理し，または同意権を行使する（民876条の2第3項・876条の3第2項・851条）。民法864条は準用されない[36)]。したがって，被保佐人の営業および民法13条に掲げる行為を保佐人が代わって行いまたは同意するには保佐監督人の同意を要しない。保佐監督人は保佐人の事務を監督する職務を負い（民876条の3第2

36) これは，保佐人が被保佐人に代わって法律行為を行うのは，本人の申立てまたは同意に基づいて家庭裁判所が代理権付与の審判をしたためであることから（民876条の4第2項），その権限行使についてさらに保佐監督人の同意まで得ることを要求する必要はないと考えられたためである。同意についても，保佐人は被保佐人が民法13条に掲げられた行為をすることに同意することを固有の権限としているためであるとされる（解説316頁）。

項・851条1号），いつでも，保佐人に対し保佐の事務の報告もしくは財産の目録の提出を求め，または保佐の事務もしくは被保佐人の財産の状況を調査することができる（民876条の5第2項・863条1項）。保佐人が欠けたときは保佐人選任を家庭裁判所に請求しなければならず（別表第一22項），急迫の事情がある場合には必要な処分をしなければならない（民876条の3第2項・851条）。保佐監督人事務の費用および報酬は被保佐人の財産から支弁される（民876条の3第2項・861条2項・862条，別表第一31項〔甲類20号〕）。

(e)　保佐人および保佐監督人の辞任許可・解任の審判

保佐人および保佐監督人は，正当な事由があるときは，家庭裁判所の許可を得て辞任することができる（民876条の2第2項・876条の3第2項・844条，別表第一23項〔甲類15号〕，27項〔甲類15号〕）。

保佐人または保佐監督人に，不正な行為，著しい不行跡その他保佐の任務に適しない事由があるときは，家庭裁判所は，保佐監督人，被保佐人もしくはその親族もしくは検察官の請求，または職権で，保佐人・保佐監督人を解任することができる（民876条の2第2項・876条の3第2項・846条，別表第一24項〔甲類16号〕，28項〔甲類16号〕）。家庭裁判所調査官は，保佐事務の監督を行うことが多く，家庭裁判所調査官が，保佐人・保佐監督人に解任事由があると思料するときは，その旨を家庭裁判所に報告しなければならないものとする（家事規85条・79条）。家庭裁判所は，保佐人・保佐監督人を解任するには本人である保佐人・保佐監督人の陳述を聴かなければならない（家事130条1項6号7号）。審判は，申立人および相手方である保佐人・保佐監督人に告知され，解任審判については保佐人または保佐監督人が，保佐人解任却下審判については申立人・保佐監督人・被保佐人およびその親族が，保佐監督人解任却下審判については申立人・被保佐人およびその親族がそれぞれ即時抗告できる（家事132条1項7号9号）。解任事件の管轄は保佐開始の審判（基本事件）をした家庭裁判所である（家事128条）。

(4)　補　　助

補助に関する審判事件とは，別表第一36項から54項の審判事件を総称する。

(a) 補助開始の審判

(ア) 補助開始の要件

補助は，「精神上の障害により事理を弁識する能力が不十分」な場合に開始される（民15条1項，別表第一36項〔甲類2号の2〕）。平成11（1999）年の民法改正によって創設された制度である。軽度の精神上の障害により保護を必要とする者に対する保護制度が要望されていたことに応えたものである。判断能力が不十分であることのみが要件である。本人が行うよりも本人の利益のために他人の援助を受ける方がよい状態にあることである。後見，保佐に該当する場合には補助開始審判をすることはできない（民15条1項ただし書）。

被補助人となるべき者の利益のための制度であるから，本人以外の申立てによる場合は本人の同意があることを要する（民15条2項）。任意後見登記後の補助開始審判申立てにおいて，同意がない（撤回）等の理由で却下した審判を維持した例（札幌高決平12・12・25家月53・8・74，裁判例集Ⅲ-36），補助開始に本人の同意がない以上財産管理に申立人の危惧する事情があっても認められないとした例（札幌高決平13・5・30家月53・11・112）などがある。

具体例としては①重要な財産行為について，自分でできるかもしれないが，適切にできるかどうか危惧がある者，②いわゆる「まだら呆け」の中で軽度の者，が挙げられている（解説136頁）。

(イ) 手　続

請求権者は，本人（被補助人となるべき者），配偶者，四親等内の親族，後見人，後見監督人，保佐人，保佐監督人，検察官，市町村長である（民15条1項，老人福祉32条，知的障害28条，精神51条の11の2）。「本人」は，意思能力があると認められる者であるから，申立てが可能である（家事137条・118条）。また，本来的には本人の申立てを原則とするが，本人保護の実効性という観点からその他の者にも申立権を認めている。管轄は，被補助人となるべき者の住所地の家庭裁判所である（家事136条）。鑑定は必要としない。しかし，本人の精神の状況に関する医師の診断の結果その他適当な者の意見を聴かなければならない（家事138条）。能力の制限が大きくなく，本人の同意を要件としているところから，簡易・迅速・費用の低額化を図ったものである。補助開始審判のためには被補助人となるべき者の陳述を聴取しなければならない（家事139条）。

家庭裁判所は，本人の判断能力が不十分と認めたとき（著しく不十分であるといえるかどうか不明な場合を含む）は補助開始の審判をすることができる。義務的とはいえない。補助開始の申立ては，審判がされる前であっても，家庭裁判所の許可がなければ取り下げることができない（家事142条・121条，家事規86条・78条）。補助開始の審判（基本事件）は，被補助人となるべき者，申立人，補助人に選任される者，任意後見人，任意後見監督人に告知される（家事140条）。この開始審判に対しては，補助開始審判の請求権者および任意後見受任者，任意後見人，任意後見監督人が即時抗告することができる（家事141条1項1号，民15条1項，任意後見10条2項）。審判の告知を受ける者ではない者および被補助人となるべき者は，被補助人に対して告知された日および補助人に選任される者に対して告知された日のうち最も遅い日から2週間以内に即時抗告することができる（家事141条2項，86条）。補助開始の申立却下審判に対しては申立人が即時抗告できる（家事141条1項2号）。

補助開始の原因が失われたときは請求により補助開始の審判の取消しの審判をする（民18条1項，別表第一39項〔甲類2号の2〕）。

審判が確定すると，後見登記法による登記が行われる。裁判所書記官の嘱託により登記官が行う（家事116条，家事規77条）。

補助開始の申立てがあった場合において，同審判が効力を生ずるまでの間，①関係人に対する指示，財産の管理者の選任（家事143条1項・126条1項）や，②補助命令（家事143条2項）という保全処分を命じることができる。前者は申立てまたは職権により，その要件は，被補助人となるべき者の生活，療養看護または財産の管理のため必要があるとき，である。後者は申立てを要し，その要件は，財産の保全のため特に必要があるとき，財産上の行為につき，である。本案認容の蓋然性と保全の必要性を要する。選任された財産の管理者は，本人の代理人である（家事143条6項，民27条1項3項・28条・29条）。補助命令があったときに本人が財産の管理者の同意を得ないでした財産上の行為を取り消せることは後見・保佐と同様であるが，取り消し得るのは本案審判認容の蓋然性ある範囲に限られるのではなかろうか。補助命令の即時抗告期間は被補助人となるべき者および財産の管理者に対する告知の日の最も遅い日から進行する（家事143条4項）。

(b) 補助人選任審判

補助開始の審判があると，補助が開始され，家庭裁判所は職権で補助人を選任する（民15条1項・876条の6・876条の7第1項，別表第一41項〔甲類14号〕）。補助人が欠けたときも被補助人，その親族その他の利害関係人の請求，または職権により，選任しなければならず，さらには，必要があるときはすでに補助人がある場合にも追加して選任することができる。補助人が辞任することによって新たに補助人を選任する必要があるときは，補助人選任請求をしなければならない。選任に際して考慮すべき事情は，被補助人の心身の状態ならびに生活および財産の状況，補助人となる者の職業および経歴ならびに被補助人との利害関係の有無[37]，被補助人の意見その他一切の事情，である（以上，民876条の7第2項・843条2項～4項・844条・845条・846条）。

管轄は補助開始の審判（基本事件）をした家庭裁判所である。選任審判をするには，被補助人となるべき者の陳述（家事139条1項4号）および補助人となるべき者の意見（同条2項1号）を聴かなければならない。

欠格事由は，①未成年者，②家庭裁判所で免ぜられた法定代理人，保佐人または補助人，③破産者，④被補助人に対して訴訟をし，またはした者ならびにその配偶者および直系血族，⑤行方の知れない者，である（民876条の7・847条）。複数の補助人を選任することができる。共同補助の定め，事務分掌の定めおよびその取消しが可能であり，いずれも審判事項である（別表第一48項〔甲類18号〕）。法人を選任することもできる。

補助人は善管注意義務を負う（民876条の10第1項・644条）。しかし，補助人は被補助人の全財産の調査・管理義務を負うものではない（民853条1項の準用はない[38]）。補助事務の費用は被補助人の財産から支出する（民876条の10第1項・861条2項）。また，報酬も被補助人の財産から支弁する（民876条の10第1項・862条，別表第一50項〔甲類20号〕）。

37） 補助人となる者が法人であるときは，その事業の種類および内容ならびにその法人およびその代表者と被補助人との利害関係の有無。

38） 山下・前掲注33）11頁は，預金払戻しに同意権を付与された場合は保佐に準じた問題があるが，付与されない場合は被補助人の自己責任の原則によることを指摘する。

(c) 補助事務に関する審判

補助人は，補助の事務を行うに当たっては，被補助人の意思を尊重し，かつ，その心身の状態および生活の状況に配慮しなければならない（民876条の10第1項・876条の5第1項）。

(ア) 同意権付与の審判

被補助人は，判断能力が不十分とはいえ，意思能力を有する者である。しかし，不十分であるから，被補助人の利益のために同人の保護を全うするには行為能力を制限する必要がある場合がある。そこで，家庭裁判所が，補助人の同意を要する行為を定めることができるものとされた（民17条，別表第一37項〔甲類2号の2〕）。同意権付与の対象行為の範囲は，民法17条1項ただし書が同法13条1項に定める行為の一部に限るとしているので，同項に定める行為の全部を同意権付与の対象行為とすることはできない[39]。補助人の同意を要することとされた行為について同意を得ないでした行為は，被補助人または補助人が取り消すことができる。

請求権者は，本人（被補助人となるべき者），配偶者，四親等内の親族，後見人，後見監督人，補助人，補助監督人，検察官，市町村長および保佐人，被保佐人，任意後見受任者，任意後見人，任意後見監督人である。対象となる行為は，民法13条1項に定める行為の範囲内にある特定の行為である。要件は，個別具体的な事案において，特定の行為について補助人の同意を得ることを要する必要性があることおよび本人の同意である。同意は審判の要件である。

(イ) 同意に代わる許可の審判

補助人の同意を得なければならない行為について，補助人が，被補助人の利益を害するおそれがないにもかかわらず同意しないときは，被補助人の請求により，家庭裁判所が同意に代わる許可の審判をすることができる（民17条3項，別表第一38項〔甲類2号の2〕）。

(ウ) 代理権付与の審判

家庭裁判所は，補助人に対し，特定の行為について補助人に代理権を付与す

39）平成21年9月10日付法務省民一第2139号民事局民事第一課長回答。なお，林史高「補助人の同意権の対象となる法律行為とその特定方法」実践成年後見33号（2010）114頁。

る旨の審判をすることができる（民876条の9，別表第一51項〔甲類2号の2〕）。同意権，取消権と全く別個に代理権を付与することが可能である。

請求権者は，本人（被補助人となるべき者，被補助人），配偶者，四親等内の親族，後見人，後見監督人，保佐人，保佐監督人，検察官，市町村長および補助人，補助監督人，任意後見受任者，任意後見人，任意後見監督人である（民15条1項，任意後見10条）。請求の範囲内の特定の法律行為について付与される。

個別具体的な事案において，補助人が被補助人に代わって特定の法律行為をすることを認めるべき保護の必要性があることが実体的要件である（解説348頁）。本人の請求または同意が必要である（民876条の9・876条の4第1項2項）。

代理権を付与された補助人は当該行為について被補助人の法定代理人となる。補助人に代理権が付与された場合，代理権に制限が及ぶのは，居住用不動産の処分と利益相反行為である。補助人が，被補助人の居住の用に供する建物またはその敷地について，売却，賃貸，賃貸借の解除または抵当権の設定その他これらに準ずる処分をするには，家庭裁判所の許可を得なければならない（民876条の10・859条の3，別表第一49項〔甲類19号〕）。

(エ)　代理権付与取消し・範囲変更の審判

代理権付与の必要性がなくなったときは取り消し，一部なくなったときは変更する（民876条の9・876条の4第3項，別表第一52項〔甲類2号の2〕）。

(オ)　利益相反行為に関する臨時補助人選任審判

補助人と被補助人との利益相反行為に関しては，補助人に同意権および代理権がない。補助監督人があるときは，補助監督人が同意しまたは代理するが，補助監督人がない場合は臨時補助人が選任される（民876条の7第3項・876条の8第2項・851条4号）。これらの選任は審判事項である（別表第一44項〔甲類22号の2〕）。臨時補助人は，補助人の一種なので，補助人に関する規定が適用され，居住用不動産を処分するには家庭裁判所の許可を要する。

(カ)　補助事務の監督

補助監督人または家庭裁判所は，いつでも，補助人に対し補助の事務の報告もしくは財産の目録の提出を求め，または補助の事務もしくは被補助人の財産の状況を調査することができ，家庭裁判所は，補助監督人，被補助人もしくはその親族その他の利害関係人の請求によって，または職権で，被補助人の財産の管理その他補助の事務について必要な処分を命ずることができる（民876条の10第1項・863条，別表第一53項〔甲類21号〕，家事142条・124条，家事規86条・80条・81条)。家庭裁判所の権限も後見監督におけると同様である。

(d) 補助監督人の選任の審判

(ア) 選任手続

家庭裁判所は，必要があるときは，補助監督人を選任できる。補助監督人は，補助人に同意権・取消権または代理権が付与されたことに伴って職務の適性を担保するために導入された。被補助人，その親族もしくは補助人の請求，または職権による（民876条の8)。補助監督人の選任は審判事項である（別表第一45項〔甲類14号〕)。

(イ) 補助監督の事務

補助監督人にも，善管注意義務が課せられる（民876条の8第2項・644条)。補助監督人が数人ある場合の権限の定め，居住用不動産の処分許可，補助監督事務の費用負担，報酬についても，補助人の場合と同様である。

補助監督人は，補助人と被補助人との利益相反行為について被補助人を代理し，または同意権を行使する（民876条の7第3項・876条の8第2項・851条)。補助人の事務を監督する職務を負い（民876条の8第2項・851条1号)，いつでも，補助人に対し補助の事務の報告もしくは財産の目録の提出を求め，または補助の事務もしくは被補助人の財産の状況を調査することができる（民876条の10第1項・863条)。補助人が欠けたときは補助人選任を家庭裁判所に請求しなければならず，急迫の事情がある場合には必要な処分をしなければならない（民876条の8第2項・851条)。補助監督人事務の費用および報酬は被補助人の財産から支弁される（民876条の8第2項・861条2項・862条，別表第一50項〔甲類20号〕)。

(e) 補助人および補助監督人の辞任許可・解任の審判

補助人および補助監督人は，正当な事由があるときは，家庭裁判所の許可を得て辞任することができる（民876条の7第2項・876条の8第2項・844条，別表第一42項〔甲類15号〕，46項〔甲類15号〕)。

補助人または補助監督人に，不正な行為，著しい不行跡その他補助の任務に適しない事由があるときは，家庭裁判所は，補助監督人，被補助人もしくはその親族もしくは検察官の請求，または職権で，補助人・補助監督人を解任することができる（民876条の7第2項・876条の8第2項・846条，別表第一43項〔甲類16号〕，47項〔甲類16号〕）。家庭裁判所調査官は，補助人に解任事由があると思料するときは，その旨を家庭裁判所に報告しなければならないものとした（家事規86条・79条）。家庭裁判所は，補助人・補助監督人を解任するには本人である補助人・補助監督人の陳述を聴かなければならない（家事139条1項5号6号）。解任審判については補助人または補助監督人が，補助人解任却下審判については申立人・補助監督人・被補助人およびその親族が，補助監督人解任却下審判については申立人・被補助人およびその親族がそれぞれ即時抗告できる（家事141条1項）。

解任事件の管轄は補助開始の審判（基本事件）をした家庭裁判所である（家事136条2項）。

(5) 後見・保佐・補助相互の調整

(a) 後見開始審判等の取消しの審判

後見開始の審判をする場合において，本人が被保佐人または被補助人であるときは，家庭裁判所は，その本人に係る保佐開始または補助開始審判を取り消さなければならない（民19条1項，別表第一2号〔甲類1号〕）。また，保佐開始の審判をする場合に本人が成年被後見人または被補助人であるとき，補助開始の審判をする場合に本人が成年被後見人または被保佐人である場合もその本人に係る後見開始等の審判を取り消さなければならない（民19条，別表第一20項〔甲類2号の3〕，39項〔甲類2号の3〕）。職権で行う。平成11年民法改正前は定めがなく，準禁治産宣告を受けた者について禁治産宣告がなされても，当初の準禁治産宣告の効力は失われないと解されていたが，改正法は法定後見制度の三類型を，判断能力の程度と保護の態様とに対応させて，類型間に明確な区分をしているため，ある類型から他の類型に移行するに当たって（他の類型の開始審判の請求が必要である），家庭裁判所が前者の審判を取り消す必要があるものとされたという（解説160頁）。ここには判断能力の程度と類型との対応および手続の明確性という考え方がみられる。

(b) 請求と審判との関係

後見開始審判の請求があったが，判断能力の程度が後見開始の原因を満たすものではなく，保佐あるいは補助の要件を満たす程度であった場合，保佐開始の審判の請求があったが，判断能力の程度が後見開始の程度に至っていたなどの場合，いかなる措置が講じられるべきかという問題である。平成11年民法改正前は，各種の見解が対立していた（注民（1）328頁〔鈴木ハツヨ〕)。しかし，同年の改正民法は，15条1項ただし書，11条ただし書，19条は，三類型の間の流用を認めないことを基本とし（四宮＝能見45頁，50頁），各類型によって適切な行為能力の制限と保護をしようとし，各開始審判相互の調整を円滑に行おうと規律していること，また，家事法121条・133条・142条に新設された開始審判の申立ての取下制限の趣旨を併せ考えると，申立ての主張に一定の範囲内では拘束されることを認め，以下のような例外もあり得ると解すべきではないかと思われる。

申立人が保佐開始の審判の申立てをしたところ，判断能力を欠如した状況にある者と認められたとき，保佐開始の審判をすることはできない。その場合，後見開始の審判をすべきところ，後見開始の審判の申立てはないので，申立人等に後見開始の審判申立てへの変更ないし追加を促して，後見開始の審判をする。後見開始の申立てがなされなければ却下するほかない。申立人が補助開始の審判の申立てをしたところ，判断能力が著しく不十分な状況にある者もしくは欠如した状況にある者と認められたとき，補助開始の審判をすることはできない。申立人が然るべき申立てをしないときは，却下することになる。

申立人が後見開始の審判の申立てをしたところ，判断能力が著しく不十分な状況であると認められたとき，後見開始の要件を欠くのであるから，後見開始の審判をすることはできない。そこで，保佐開始の審判をすることは，直接は民法11条ただし書に該当しないので実体法上は可能である。後見開始の審判申立てと保佐開始の審判申立てとは大小関係にあるから含まれると解するならば，保佐開始の審判をすることは可能である。しかし，含まれないと解すると保佐開始の審判をすることはできず，後見開始の審判申立てを却下することになる。立法担当者の解説も，この場合の考え方は分かれ得るとされていた（解説163頁)。裁判所が申立人に保佐開始の審判申立てをするよう促しても，申立人がこれに応じないで取下げをすれば保佐開始の審判をする余地はなかった。

しかし，取下制限の規定が設けられた家事法下では，潜在的に保佐開始審判申立てが含まれていると解する実益もあり，保佐開始の審判をすることもできると解する[40]。

また，被補助人の精神状態が悪化し判断能力を欠如した状況に至ったものと考えて，被補助人について後見開始の申立て（別表第一1項。なお，民19条2項，別表第一39項）をしたところ，鑑定により断能能力が著しく不十分な状況であると認められることもある。この場合，取下制限の規定が適用になり得る事案などでは，元来保佐開始の申立てを含んでいる申立てであるから，保佐開始の審判をすべきことになる。そうであるならば，申立人らが裁判所の釈明に応じないので，市町村長による申立てを促すなどの方法により対処するほかない場合などについても，大小関係にあると解されるときには同様に解し得るのではないかと思われる。

2 不在者および失踪

(1) 不在者の財産の管理に関する処分の審判

不在者の財産の管理に関する処分審判（および失踪の宣告の審判）の管轄は，家事法では規律が変わり，不在者の従来の住所地または居所地を管轄する家庭裁判所である（家事145条）。

(a) 要　件

不在者とは，従来の住所または居所を去って容易に帰来する見込みのない者であり，行方不明または生死不明であることを要しない（注民（1）441頁〔田山輝明〕）。不在者が管理人を置かなかったとき，または本人が管理人を置いたが，その権限が消滅したときは，利害関係人または検察官の請求により，家庭裁判

40） 小林昭彦＝大鷹一郎＝大門匡編『新版一問一答　新しい成年後見制度——法定後見・任意後見・成年後見登記制度・家事審判手続等，遺言制度の改正等の解説〔新版〕』（商事法務・2006）103頁。

所は不在者の財産の管理に関する処分を命じることができる（民25条1項，別表第一55項〔甲類3号〕。基本事件）。通常，財産管理人が選任される（実務上は「不在者財産管理人」という）。

後日，本人が財産管理人を置いたとき，または本人が管理できるようになったとき，管理すべき財産がなくなったときその他財産の管理を継続することが相当でなくなったときは，不在者，管理人もしくは利害関係人の申立てにより，または職権で，処分の取消しをする（民25条2項，家事147条，別表第一55項〔甲類3号〕）。管理すべき財産がなくなったとは財産がゼロになったことを意味する。管理継続の不相当とは本人の死亡が明らかになったとき，失踪宣告を受けたときのほか，財産が少なく報酬付与により全部なくなるとき，不在者の帰来可能性，その他諸般の事情から管理の必要性がない場合，さらには，管理の必要性に比して管理の費用が不相当に高額である場合などを意味する[41]。

管理人が選任されているときは，選任審判を取り消す。代理権は遡って消滅しない（注民（1）452頁〔田山〕）。たとえ，取消し前に死亡していたことが判明しても財産管理人の行った行為は有効である。

家庭裁判所は，選任した財産管理人をいつでも改任することができ（家事146条，別表第一55項〔甲類3号〕），不在者が管理人を置いた場合において不在者の生死が不明となったときは，いつでも改任することができる（民26条，別表第一55項〔甲類3号〕）。家事法は財産管理人の辞任を認めず，必要な場合には職権で改任することとした[42]。

不在者の財産の管理に関する処分審判については，即時抗告できない。

(b)　財産管理人の職務

財産管理人は不在者の代理人である。家庭裁判所の選任した財産管理人は，法定代理人である（我妻・総則101頁，注民（1）449頁〔田山〕）。したがって，委任の規定が準用され，財産管理人は，善管注意義務，受取物引渡義務を負い，費用償還請求権を有する（家事146条6項）。そのほか，財産目録作成義務を負

41）　一問一答・家事186頁，逐条解説477頁。なお，『財産管理人選任等事件の実務上の諸問題』（法曹会・2003）〔以下「財産管理人等の諸問題」〕146頁。

42）　逐条解説474頁。

い，家庭裁判所は不在者の財産の保存に必要な処分を命ずることができる（民27条，家事規87条・82条・83条）。

財産管理人は，不在者の代理人であるから，本人の権限を制限するものではない。したがって，本人がその意思に基づいて行った行為は有効である。

また，家庭裁判所の選任した財産管理人は，民法103条に定める，①保存行為，②物または権利の性質を変えない範囲の利用・改良行為のみをなし得，これを超える行為をするときは，家庭裁判所から権限外行為の許可を要する（民28条前段，別表第一55項〔甲類3号〕）。不在者の置いた財産管理人の権限の定めがない場合も同様であり，定められた権限を越える行為をするときも家庭裁判所の許可を要する（民28条後段，別表第一55項〔甲類3号〕）。

家庭裁判所の許可を得るべき行為の主なものは，①売却・贈与・交換・代物弁済等の譲渡行為，②賃貸借，③土地，建物，重要動産の使用貸借，④抵当権・質権・譲渡担保権等担保物権の設定，⑤信託の設定，⑥消費貸借，⑦遺産分割などである。また，存在する財産を消滅させる行為，⑧借主としての賃貸借の解約・合意解除，⑨抵当権等の放棄，⑩建物の取壊し・重要動産の廃棄なども許可を要する。⑪相続放棄についてはそれが行使上の一身専属権と考えられているところから，そもそも財産管理人がなし得るかどうか説が分かれる。委任による任意代理人については消極，家庭裁判所が選任した財産管理人については積極と解し，家庭裁判所の許可を要する行為であるとするのが多数説であり，実務の取扱いである[43]。承認（単純承認と限定承認を含む）については，委任による代理人については消極，家庭裁判所の選任した財産管理人についてはこれをすることができると解する。したがって，不在者が財産の管理を委任した管理人は，限定承認を必要とする場合には，家庭裁判所に対し不在者財産管理人の選任を求めるべきである[44]。

訴訟行為について，最判昭47・9・1（民集26・7・1289）は，第1審で敗訴した不在者を代理して上訴を提起することは保存行為に該当するから家庭裁判所の許可を要しないとした。また，最判昭47・7・6（民集26・6・1133）は，家審規則106条1項の相続財産管理人[45]について，応訴することは民法28条により

43）　財産管理人等の諸問題139頁，佐上Ⅱ153頁。
44）　財産管理人等の諸問題140頁。

家庭裁判所の許可なく行うことができる旨判示している。応訴は保存行為に該当するとの趣旨である[46]。訴えの提起は処分行為であり，家庭裁判所の許可を要する[47]。訴えの取下げ，上訴の取下げ，和解・調停・認諾・放棄はいずれも家庭裁判所の許可を要する[48]。失踪宣告の申立ても必要である。

不在者管理人は，遺産分割協議に不在者の代理人として加わり，協議成立は処分行為であるから予め家庭裁判所に遺産分割協議書案を提出して許可を要する。事案に応じて，法定相続分を下回ることも可能であり，帰来時弁済型も許される[49]。

利益相反行為については，法定代理人に関する利益相反行為の禁止が準用されて，代理権がないと解されている。権限外行為許可も特別代理人の選任を行うこともできず，そのような管理人を選任すべきではなく，利益相反行為を行うおそれがある場合には改任すべきであるという[50]。しかし，それでは実際に利益相反行為が行われてしまった場合には，無権代理行為として本人による取消しを待つほかはなく，本人保護の実効性を欠く。権限外行為も利益相反行為も代理権がなく無権代理行為となることは同じであり，特別代理人選任よりも迅速かつ実質的な判断ができるので，保存行為・管理行為・処分行為について利益相反行為がある場合は権限外行為として家庭裁判所の許可に係らしめるものと解する所説[51]を支持したい。自己契約，双方代理も同様である。もちろんこのような者の選任は避けるべきであり，管理人を改任（更迭）できることはいうまでもない。

---

45)　この相続財産管理人は家事法200条の「財産の管理者」である。この者を実務では「遺産管理人」ともいい，民法952条の相続財産の管理人（別表第一99項〔甲類32号〕）を「相続財産管理人」という。

46)　輪湖公寛・最判解民〔昭47〕541頁。

47)　財産管理人等の諸問題85頁。

48)　東京高判昭57・10・25家月35・12・62，名古屋高判昭35・8・10下民11・8・1698，注民（1）451頁〔田山〕，財産管理人等の諸問題85～86頁，144頁。

49)　財産管理人等の諸問題141頁以下。

50)　特別代理人を選任すべしとするものに注民（1）460頁〔田山〕。

51)　本書第2版465頁〔岡部喜代子〕。なお，不在者財産管理人についてではないが，沖野眞已「民法826条（親権者の利益相反行為）」広中俊雄＝星野英一編『民法典の百年Ⅳ』（有斐閣・1988）161頁は特別代理人の選任よりも家庭裁判所の事前の同意・許可の方が有効であるという。

債務の弁済および預金の払戻し（債権取立てである。管理人名義の預金口座の出入金処理が原則である）は，許可を要しない。

(c) 担保提供および報酬付与

不在者の財産管理人が不在者の財産に損害を生ずる危険がある場合には，家庭裁判所は相当の担保を供することを命じることができる（民29条1項，別表第一55項〔甲類3号〕)。担保の増減・変更・免除を命ずることもできる（家事146条4項)。

家庭裁判所は，不在者の財産管理人に対して相当の報酬を付与することができ，その負担者は不在者である（民29条2項，別表第一55項〔甲類3号〕)。

いずれも，委任による代理人，選任による代理人双方に認められる。

(2) 失　　踪

(a) 失踪の宣告の審判

(ア) 要　　件

不在者の生死が7年間明らかでないこと（普通失踪)，または死亡の原因たる危難に遭遇した者の生死が危難の去った後1年間明らかでないこと（危難失踪）である（民30条，別表第一56項〔甲類4号〕)。危難失踪であるか否か争われたものに，仙台高決平2・9・18（家月44・3・70)，名古屋家審平元・12・22（家月42・11・44)，仙台高決昭62・2・17（家月40・2・187）がある。

生死不明とは，生存の証明も死亡の証明も立たないことをいう（我妻・総則104頁)。生死の情報が存在しなくなった時点から起算してその状態が7年あるいは1年継続することを要する（注民（1）468頁〔谷口知平＝湯浅道男〕)。生死不明の状態が7年または1年継続することは請求の要件であり，要件を満たす場合は，死亡の確実性について心証を得なくても失踪宣告をすべきである（注民（1）468頁〔谷口＝湯浅〕)。

利害関係人の請求があることが必要である。法律上の利害関係を要する。配偶者，法定相続人，受遺者，保険金受取人，親権者，未成年後見人，成年後見人，財産管理人，不在者の死亡によって債務を免れる者，不在者の死亡によって財産を取得する者の債権者，が挙げられている（注民（1）468頁〔谷口＝湯浅〕)。そのほか，遺言執行者，任意後見受任者，任意後見人，保佐人，補助人，後見監督人，保佐監督人，補助監督人なども利害関係人である。

(イ) 手　続

不在者の従来の住所地または居所地の家庭裁判所の管轄である（家事148条1項）。不在者は，失踪の宣告の審判事件においては一般に手続行為能力の制限を受けていても自ら有効に手続行為をすることができる（家事148条2項・118条）。申立て後不在者は一定の期間までに生存の届出をしなければ失踪宣告することなどを公告しなければならない。公告期間は，普通失踪（民30条1項）では3か月を，危難失踪（同条2項）では1か月を下ってはならないとした（家事148条3項，家事規88条）。家庭裁判所は公告期間満了後に失踪宣告する（別表第一56項〔甲類4号〕）。宣告審判は不在者に告知することを要せず（家事148条4項），宣告審判については不在者および利害関係人（申立人を除く）が，却下審判については申立人がいずれも即時抗告できる（同条5項）。確定すると公告される（家事規89条）。また申立人は届け出なければならない（戸94条）。

(ウ) 効　果

7年の期間満了のとき，または危難の去ったときに死亡したものとみなされる。死亡により生ずる効果が生ずる（民31条）。

(b) 失踪の宣告の取消しの審判

(ア) 手　続

失踪者の住所地の家庭裁判所の管轄である（家事149条1項）。失踪者の生存すること，民法31条の定めたときと異なったときに死亡したことの証明があるときは，本人または利害関係人の請求によって失踪宣告を取り消さなければならない（民32条1項，別表第一57項〔甲類4号〕）。生存しているとされた者と失踪宣告を受けた者との同一性を認定しなければならない点について，通常は家庭裁判所調査官が調査を行っている。

失踪者は，失踪宣告の取消し審判事件において手続行為能力の制限を受けていても自ら有効に手続行為できることは失踪宣告の場合と同様である（家事149条2項・118条）。取消しの審判は，事件記録上失踪者の住所または居所が判明するときだけ失踪者に告知すればよい（家事149条3項）。取消し審判においては利害関係人（申立人を除く）が，却下審判については失踪者および利害関係人が即時抗告できる（同条4項）。

(イ) 効　果

失踪宣告によって財産を得た者は，その現存利益を返還しなければならない（民32条2項）。

失踪宣告の取消しは，失踪宣告後取消し前に善意でした行為の効力に影響を及ぼさない（民32条1項後段）。もっとも身分上の行為は善意であっても死亡により生じた効果は覆ると解されている（我妻・総則110頁）。契約の場合に双方善意を要するか，一方が善意であれば足りるかについては説が分かれている。判例通説は双方善意を要するとする（注民（1）483頁〔谷口＝湯浅〕）。

失踪宣告後配偶者が再婚し，その後失踪宣告が取り消された場合の取扱いに関しては説が区々に分かれている。いずれにせよ，前婚が回復して重婚になる可能性があり，不適切が指摘されていた。そこで，民法改正案要綱では，前婚の解消の効力が覆らないものとすることとされている[52)]。

③ 婚　姻

(1) 婚姻等審判事件における当事者の手続保障

家事事件手続法における婚姻等に関する審判事件は，別表第一の58項および，別表第二の1項から5項該当事件をいう。ただし，本項では，別表第一58項，別表第二1項および，2項を中心に記述する（別表第二3項については本章④(2)，別表第二4項については第Ⅱ編第9章①(5)，別表第二5項については本章⑦を各参照）。

婚姻等審判事件（家事2章6節に規定する審判事件のうち夫婦財産契約による財産の管理者の変更等の審判事件を除く）については，別表第二に掲げる審判事件であるから，66条から72条までの特則（合意管轄，申立書の写しの送付，必要的陳述聴取，審問期日への立会い，事実の調査の通知，審理の終結，審判期日）が新たに適用されることになり，当事者の手続保障が強化された（逐条解説226頁）。

家事事件手続における当事者の手続保障については，近年の実務の流れは家

52)　民法の一部を改正する法律案要綱（平成8年2月26日法制審議会総会決定）第八。

事法の先取り傾向を示していた。例えば，最決平20・5・8（家月60・8・51，裁判例集Ⅲ-4）は，婚姻費用の分担に関する処分の審判に対する抗告審が，抗告の相手方に対し抗告状および抗告理由書の副本を送達せず，反論の機会を与えることなく不利益な判断をしたことは，憲法32条所定の「裁判を受ける権利」を侵害したものとはいえないとしたが，抗告審の審理について，相手方に不利益な変更をする場合に配慮すべき趣旨を判示した例等である。

このように，従来の実務では解釈運用に委ねられた事項について明確に規律化されたことは，当事者の手続保障のみならず手続の安定化，迅速化に寄与するものということができる[53)]。

(2) 夫婦間の協力扶助に関する処分（別表第二1項）

(a) 手続の概要

① 夫婦間の協力扶助に関する処分審判事件の申立人は夫または妻であり，相手方は他方配偶者となる（民752条）。

② 夫婦間の協力扶助に関する処分審判事件の管轄は，夫または妻の住所地と定める。つまり，家事法は相手方（他方配偶者）の住所地だけでなく新たに申立人の住所地を管轄する家庭裁判所にも管轄を認め（家事150条1項1号），当事者間の公平，事案に即した適正かつ迅速な審理の要請に応える。

③ 申立ての取下げについては，審判があるまでは申立ての全部または一部の取下げを認めるが，審判がされた後は相手方の手続上の利益に配慮して相手方の同意を要する（家事82条2項）。なお，擬制取下げの規定を新設した（家事83条）。

④ 家庭裁判所は，本審判事件について扶助の程度もしくは方法を定め，またはこれを変更することができるが，さらに，必要な事項を指示することができる（家事154条，家事規90条）。

⑤ 即時抗告権者は夫または妻に限定した（家事156条1項）。夫婦間の協力扶助に関する処分の審判およびその申立却下審判に対する即時抗告権は，夫妻

53）本間靖規「家事審判と手続保障」吉村徳重古稀（法律文化社・2002）116頁，高田裕成「家事審判手続における手続保障論の輪郭」松原正明＝道垣内弘人編『家事事件の理論と実務第1巻』（勁草書房・2016）67頁，若林昌子「手続的透明性の視点から」同24頁。

以外の利害関係人に即時抗告権を認める必要性がないことが反映された。

⑥ 家庭裁判所は，夫婦間の協力扶助に関する処分について調停または審判の係属中であれば，審判前の保全処分を命じることができる（家事157条1項1号)。特に，調停係属中にも保全処分の必要性の認められる場合，手続の実効性の要請に応えた。

⑦ 当事者の手続行為能力について特例が認められ，当事者が成年被後見人となるべき者および成年被後見人は，法定代理人によらずに，自ら手続行為をすることができることとが明文化された（家事151条・118条)。特に，家事事件における当事者本人意思尊重の要請に応えた。

(b) 民法752条の趣旨

夫婦は同居し，互いに協力し，扶助しなければならない（民752条)。これは，夫婦関係の身分的効果とされるものの中核をなすものであって，婚姻の独立および夫婦の平等，協力，扶助という婚姻関係の基本原理を示すものであり，夫婦の平等原理と共同原理を示すことによって，夫婦関係の限界を明らかにし，身分法における信義誠実の原則，婚姻生活への法的介入の謙抑性を示すものである（注民(21) 358頁〔黒木三郎〕)。さらに，民法752条の趣旨については多くの見解があり，婚姻共同生活義務として，同居，協力，扶助ということを制限列挙したものではなく，ただその内容を例示したに過ぎないとする説（林信雄「夫婦の同居協力義務」大系Ⅱ 172頁）もある。次に，同居義務，協力義務，扶助義務の三種の義務相互の関係を明確にした説は，同居共同生活には当然に互いに助け合いを必要とするから同居義務には協力義務が含まれ，例外的に同居義務が暫定的に免除されている夫婦についても，協力義務は存続する。夫婦間の協力は，精神的具体的な相互的援助の問題であり，扶助は，夫婦間の経済的な相互的援助，すなわち，夫婦間における扶養の問題であり，扶助義務は婚姻費用の分担と同じ機能を持つと解する（鈴木・親族29頁)。

外国法における夫婦の同居協力扶助義務を一瞥すると，同居義務については制度上極めて限定的か廃止の傾向にあるといえよう。例えば，イギリス法では，以前は，夫婦は互いに同居する義務を負い，夫婦の一方が同居義務を履行しないときは，他方配偶者は同居請求の訴えを提起することができたが，この判決には直接的強制力がないため実効性がないことから，1970年には，同居義務の規定は廃止された（注民(21) 368頁〔黒木〕）。

法制度としての婚姻の効果として，人格権的側面に影響する協力義務を法的義務と解するが，婚姻夫婦の各自固有の人格権領域との調和を図る解釈を前提とすることが求められる。婚姻生活は，夫婦共働きの一般化に伴い子どもの保育，各自の職業の選択・就業生活と婚姻生活との調和，家事労働の協力等が欠かせない問題であり，これらに対する協力義務を考えることができる（大村58頁）。正当な別居事由のない別居は協力義務違反に該当すると解する余地もある。例えば，特定の宗教に引き込まれ家庭生活を放棄した状態に陥った事案などが典型的な例であろう[54]。このように民法752条の，「同居，協力，扶助義務」については，包括的あるいは一体性のある義務と解する余地も認められる。民法752条の趣旨について，比較法学の視点からみて，ドイツ法では法的な発想が協力義務を中心にとらえるのに対して，フランス法では婚姻の中心に置かれるのは「共同生活（同居）」であり，その外形として「住居の共同」と「氏の同一」を規律し，内容として「親密な関係」と「狭義の協力義務・扶助義務」が位置づけられ，その特徴は「共同生活」を「住居の共同（同居）」によって表象する点にあると指摘されている（大村敦志『民法読解・親族編』（有斐閣・2015）61頁）。今後の解釈論あるいは立法論の展開に期待したい。

家事法（別表第二1項）では，「夫婦間の協力扶助に関する処分」と規律し，あえて「同居」について明示していないが，民法752条を根拠とする審判事件であり，民法752条との整合性を前提とした趣旨であると解するべきであろう。

(c)　家審法9条乙類1号事件に関する裁判例の流れ

先に述べたとおり，家審法9条乙類1号は，「民法752条の規定による夫婦の同居その他の夫婦間の協力扶助に関する処分」と定められ，実務上は，「同居に関する処分事件」としての裁判例を集積してきた。そこで，民法752条に関する主な裁判例を概観する。

最高裁判例（最大決昭40・6・30民集19・4・1089，裁判例集Ⅲ-1）の理論によると，同居の審判は同居義務の存在を前提に，その具体的内容を形成する処分であるが，従来の同居請求審判事件の判断基準については，原則は夫婦の同居

54）　平田厚『プラクティカル家族法――判例・理論・実務』（日本加除出版・2014）8頁。

を前提とするが，これを否定すべき事由として，一般的に同居拒否の正当事由の存在する場合が認められてきた。つまり，①同居請求者に別居の原因がある場合（不貞，暴力，虐待，重大な侮辱），②同居の不可能（服役，入院等），③職業上，子の養育上の必要などである。

問題は，婚姻関係が破綻別居状態にある場合について，破綻の修復可能性，回復の見込みのない破綻をどのように判断するかである。以下，具体的に裁判例を概観する。

東京高決平 12・5・22（家月 52・12・67，裁判例集Ⅰ-12）は，「同居を拒否する正当な事由がない限り，……同居の審判を求めることができる。」「抗告人と被抗告人の婚姻関係は，いまだ回復することができない程度に破綻しているということはできないし，被抗告人が抗告人の肩書住所で抗告人と同居することの障害となるような顕著な事情を見いだすこともできない」として，原審を破棄して同居の申立てを認めた。大阪高決昭 62・11・19（家月 40・4・115）は，親族との不和が重要な要素となっていると思われる事案について，「相手方の父と抗告人との不和がその婚姻関係につき悪影響を及ぼしていると認められなくはないけれども，右婚姻関係が全く破綻して，夫婦たるの実を失ったものとまでは認めがたいし，その他，同居拒否の正当事由を是認するに足る資料はない」として破棄差戻しとした。東京高決平 9・9・29（判時 1633・90）は，不倫関係が発覚したため自宅を飛び出して別居した妻に対して，夫からの同居申立てについて，「抗告人は未だ相手方との関係修復を願っており，相手方が冷静に自己の立場をみつめて，これに対応すれば，抗告人と相手方との夫婦としての共同生活体が今後も維持される可能性は否定できず，本件同居義務を認めることが無意味であることにはならない」として認容した。

他方では，札幌家審平 10・11・18（家月 51・5・57）は，相手方の強固な同居拒否の意思を理由に同居申立てを否定した。さらに，東京高決平 13・4・6（家月 54・3・66，裁判例集Ⅲ-42）は，有責配偶者に対する同居請求でありながら，紛争の経緯等から「仮に，被抗告人に対し，同居を命ずる審判がされたとしても，抗告人と被抗告人とが，その同居により互いに助け合うよりも，むしろ一層しきりに互いの人格を傷つけ又は個人の尊厳を損なうような結果を招来する可能性が極めて高いと認められるので，被抗告人に対し，同居を命じることは相当でない」と判断している。大阪高決平 21・8・13（家月 62・1・97）も，同旨である。[55]

このように，判例は有責性よりも婚姻関係の破綻を同居申立阻害事由とする傾向が認められる。

(3) 夫婦財産契約による財産管理者の変更等（別表第一 58 項）

(a) 手続の概要

① 夫婦財産契約による財産の管理者の変更等審判事件の申立人は夫または妻である（民 758 条 2 項 3 項）。家庭裁判所は，夫婦財産契約による財産の管理者の変更等の審判をする場合には申立人ではない他方配偶者の陳述を聴かなければならない（家事 152 条）。

② 管轄については，家事法 150 条 2 号により，夫または妻の住所地の家庭裁判所の管轄と定められているが，これは夫婦間の協力扶助義務に関する処分と同じ趣旨である。

③ 家庭裁判所は，夫または妻に対し，金銭の支払，物の引渡し，登記義務の履行その他の給付を命ずることや，夫婦財産契約による財産の管理者の変更の審判とともに共有財産の分割に関する処分の審判をする場合において，特別の事情のあると認めるときは，共有財産の分割の方法として，いわゆる代償金の支払を命ずることができる（家事 154 条 2 項・155 条）。

④ 申立ての取下げについては，審判があるまで，その全部または一部を取り下げることができる（家事 82 条 1 項）。擬制取下げ（家事 83 条）も認められる。

⑤ 即時抗告権者については，夫婦間の協力扶助に関する処分事件と同趣旨であり，夫および妻となる（家事 156 条 2 号）。

(b) 夫婦財産契約の特質

夫婦財産契約は原則として婚姻届出後は変更できない（民 758 条 1 項）。この夫婦財産契約不変更の原則の制度趣旨が旧民法時代の影響が色濃く残る問題の所在について，夫婦関係の現代化の視点から見直しが必要であると指摘されている。特に，夫婦共働きが一般化する時代を迎え，夫婦財産契約不変更の原則

55) 犬伏由子＝石井美智子＝常岡史子＝松尾知子『親族・相続法〔第 2 版〕』（弘文堂・2016）54 頁〔犬伏〕。

を維持しなければならない根拠は何もなく，むしろ，婚姻後にこそ，夫婦財産について夫婦相互の権利・義務関係を明らかにすることが望まれ，立法論としては，婚姻後も夫婦財産契約を締結でき，夫婦財産契約の類型を明文化し当事者に選択させることが望ましいと指摘されている（注民(21) 422頁〔依田精一〕)。

現行法の下では，夫婦の一方が夫婦財産を管理する場合，その管理者の管理が失当であったことによってその財産を危うくした場合には，他の一方は自分で管理することを家庭裁判所に請求し（民758条2項)，共有財産については分割処分の審判を申し立てることができる（民758条3項)。

民法758条は，夫婦財産契約による管理者の変更，共有財産の分割の請求について，当事者の協議による余地がなく家庭裁判所の審判によることを前提にした趣旨と解される。そこで，家事法は夫婦財産契約による管理者の変更，共有財産の分割は調停対象事項性を有しないことを明確化し，別表第二類型審判事件ではなく別表第一類型審判事件とした。

なお，民法は夫婦の対等性を保障するため，夫婦財産について別産制を採用し，夫婦の協議を優先させるため夫婦財産契約を制度として持つものの，その現状は利用率が皆無に等しい実情にあること，先に述べた現行制度の限界をいかに解消するか，今後の展開が注目される。

(c) 特則の制度趣旨

先に述べたとおり，家事法は実体法上の夫婦財産契契約の性質との整合性を図り，かつ，当事者の手続保障に配慮した規律を設けたが，その制度趣旨について若干触れる。

① 家庭裁判所は，共有財産の分割の方法として代償分割の方法による処分を命ずる（家事155条）ことができ，家事法は解決の妥当性・柔軟性の要請に応える。

② 保全処分について，家事法158条に特則を設け，夫婦財産契約対象財産の保全を強化した。特に，保全処分の申立ておよび職権により，担保を必要としないで，本案審判が効力を生じるまで，財産の管理者を選任し，事件の関係人に対し，財産の管理に関する事項を指示することを認める（同条1項)。さらに，家庭裁判所は，本案審判の申立てがあった場合，強制執行を保全し，事件関係人の急迫の危険を防止するため必要のあるときは，当該申立人または他方

配偶者の申立てにより，保全処分をすることができる（同条2項）。つまり，手続上の地位を有しない他方配偶者の保全処分については申立てを認めた。

(4)　婚姻費用の分担に関する処分審判事件（別表第二2項）

(a)　婚姻費用分担に関する処分審判事件手続の概要

婚姻費用の分担に関する処分審判事件の基本的手続は，夫婦間の協力扶助に関する処分審判手続の立法趣旨と同様の趣旨により同種の規律を有し，下記のとおりである。

① 申立人は，夫または妻である（民760条）。

② 夫または妻の住所地を管轄する家庭裁判所の管轄に属する（家事150条3号）。

③ 申立ての取下げ，即時抗告権者

夫婦間の協力扶助に関する処分審判事件の規律と同趣旨である（家事82条・83条・156条3号）。

婚姻費用の具体的分担については，第一次的には夫婦間の協議により定められるが，協議により定めることができない場合には，家庭裁判所が審判により定め（家事39条・別表第二2項），婚姻費用分担額を具体的な金銭の支払義務として給付を命じる（家事154条2項3号）。婚姻費用分担事件の性質上，基本的に当事者間の合意による解決が望ましいことから，その多くは調停手続により開始されるが，調停不成立の場合には当然に審判に移行する（家事272条4項）。さらに，審判手続から調停に付すこともできる（家事274条）。実務上，特徴的なことは離婚事件（調停あるいは訴訟）と同時進行する事件が多い傾向がある。

婚姻費用分担事件は，その係属中生活費にかかわる問題であるだけに緊急措置の必要性があり，これに対処するため調停前の処分あるいは審判前の保全処分が重要である。調停事件では，調停委員会は家事調停事件係属中，調停のために必要であると認める処分を命ずることができる（家事266条1項）。急迫の事情のあるときは，調停委員会を組織する裁判官が調停前の処分を命ずることができる（家事266条2項）。

婚姻費用分担審判事件（同調停事件）が係属する場合は，仮差押え，仮処分，その他必要な保全処分を命ずる審判をすることができる（家事105条1項）。実務上緊急性を要する事件は，審判と同時に審判前の保全処分を申し立てる事案，あるいは調停不成立と同時に審判前の保全処分の申立てをする傾向があり，これらの事案の審理では本案と保全処分の審理が同時進行する場合が多い。したがって，審判前の保全処分と本案審判の判断を同時にすることが可能であり，両者を同時になされることも多い。このように本案審判と同時になされた審判前の保全処分は，執行力の生じる時期が本案審判と異なるため，判決手続における仮執行宣言と類似の効果をもたらす[56)]。

(b) 婚姻費用分担の制度趣旨

民法 760 条は，「夫婦は，その資産，収入その他一切の事情を考慮して，婚姻から生ずる費用を分担する。」と定める。夫婦の財産関係を規律する基本的構造は夫婦の財産関係を独立のものとして約定財産制（夫婦財産契約。民 755 条）と法定財産制の二元システムを採用する。しかし，実情は，夫婦財産契約を締結する例は希である。法定財産制の下では，夫婦の独立性を前提として個人主義的な別産制（民 762 条 1 項）が採用されているが，夫婦の共同生活の維持のために婚姻費用の分担義務を規律する。婚姻の効果として婚姻費用分担義務が生じるが，その対象は，婚姻生活の維持のための費用一切を包含することから，当然に子どもの養育費を含む。このように，理論的帰結としては夫婦の負う婚姻費用分担義務は，夫婦間の扶助義務，親の子に対する扶養義務を包摂する（大村 60 頁）。

民法 752 条の扶助義務と婚姻費用分担義務の関係については歴史的な背景もあり，多岐にわたる学説があるが，多数説では，概念的には異なるとしても，原則として，本質的には異なるものではないと解され，判例の立場も，基本的にこれに等しいと解されている（両者の関係に関する学説の解説は，注民(21) 427 頁〔伊藤昌司〕が詳しい）。実務上も，夫婦間の婚姻生活に要する経済的な請求については婚姻費用分担事件として扱われる。

(c) 履行の確保

履行の確保については，義務の履行状況の調査および履行勧告（家事 289 条），

56） 松本哲泓「婚姻費用分担事件の審理——手続と裁判例の検討」家月 62 巻 11 号（2010）1 頁。

義務履行の命令（家事290条）の規律が設けられ，家審法下では解釈に委ねられていた事項について明文化された。つまり，家庭裁判所は義務の履行状況の調査および履行の勧告をする場合，家裁調査官による社会福祉機関との連絡その他の措置をとらせることができることとし，官庁，公署その他適当と認める者に対して必要な報告を求めることができる（家事289条4項5項）。その他，履行状況調査および履行勧告手続は審判手続とは異なるものの，事件関係人に限り，裁判所が相当と認める場合には閲覧等を許可することができる旨（家事289条6項7項），調停前の処分として命じられた事項の履行についても履行状況の調査および履行の勧告ができる旨（家事289条7項）を明文化した。なお，家審法15条の7に規定する金銭の寄託制度は家事法では設けられなかった。その経緯は，金融機関を利用した口座振込の方法が一般化し，寄託は実益に乏しく利用されない状況にあったことが考慮された。

特に，履行命令については，金銭の支払，その他の財産の給付を目的とする義務を対象とすることに限定する規律を維持したことが注目に値する。つまり，面会交流および子の引渡義務について履行命令の対象とすることの是非は議論が分かれるが，面会交流については，過料の制裁によって義務の履行を強制することが面会交流の履行につながる可能性は乏しいこと，義務の履行の強制方法としては間接強制の方法があること，面会交流の義務の履行は相手方の協力なしに実現することは困難であり，履行勧告の方法が面会交流の実現には効果的であることなどが指摘されている（一問一答・家事249頁）。さらに，子の引渡義務の不履行については，紛争の急迫性から迅速性の要請が強いことが特徴であり，履行命令による実現可能性は極めて乏しいことから，事案に応じて直接強制あるいは間接強制の手続に委ねることが効果的であり（一問一答・家事249頁），家事法はこれらの事件特性に対応した規律を明確化した。

なお，強制執行については将来の継続的給付に対する差押えが平成15（2003）年に新設され（民執151条の2），差押差止債権の範囲も2分の1とされた（民執152条3項）。また間接強制も可能となった（民執167条の15・167条の16を認めた例として，旭川家決平17・9・27家月58・2・172，裁判例集Ⅲ-43，横浜家川崎支決平19・1・10家月60・4・82，裁判例集Ⅲ-51）。

(d) 婚姻費用の対象

婚姻費用とは，「婚姻共同生活を営むうえで必要な一切の費用[57]」とか，「婚姻当事者を中心とする世帯の生活を，夫婦双方の財産，収入，社会的地位に応じて保持するに要する費用」（注民(21) 430 頁〔伊藤〕）といわれる。問題は，具体的に何が含まれるか，である。衣食住の費用はもとより，出産費・医療費・葬祭費・交際費などが含まれる（我妻・親族 84 頁）。子の養育費を含むことに争いはない。子の養育は婚姻共同生活の重要な内容であるからである。「子」は，未成熟子である。未成熟子とは，自己の資産または労力で生活ができる能力のない者ということになる（東京高決昭 46・3・15 家月 23・10・44，裁判例集Ⅲ-44）。病弱とか障害といった事情がなく，稼働可能性があれば未成熟とはいえないが，最近の大学進学率などからすると，夫婦の学歴や収入，社会的地位からして大学進学が当然視されるような家庭であれば，大学生も未成熟子と認められる[58]。

本来扶養義務を負わない者に関する生活費等は婚姻費用に含まれるか。婚姻費用の本質を扶養義務と捉える学説・判例の立場では認めないことが論理的である[59]。しかし，協力義務説からすれば場合によっては可能である（注民（21）430 頁〔伊藤〕)。問題となるのは，事実上の養子，妻と同居する夫の先妻の子（東京家審昭 35・1・18 家月 12・5・153），妻と同居する夫の母（大津家審昭 46・8・4 家月 24・11・47）などであるが，夫婦間で当該人物を加えて共同生活することが合意され，かつ，そのような実態がある場合は，婚姻費用に含まれると解する余地がある。

(e) 算 定 方 法

生活保持義務の考え方に従って算定されている。

57） 泉久雄『親族法』（有斐閣・1997）〔以下，泉・親族〕111 頁。

58） 大阪家審昭 41・12・13 家月 19・7・73，広島高決昭 50・7・17 家月 28・4・92，東京高決平 12・12・5 家月 53・5・187。

59） 松川正毅「婚姻費用と再婚家族の連れ子」245 題 42 頁，梶村太市「婚姻費用の分担――その性質および分担額の算定」講座実務家審Ⅱ 44 頁。

夫の負担額＝(夫の基礎収入＋妻の基礎収入)×(妻子の最低生活費または消費単位の合計)÷(夫妻子の最低生活費または消費単位の合計)－妻の基礎収入

収入の算定自体が困難な場合もある。所得税の確定申告書から相手方の農業収入を認定した事例（東京高決平9・7・30家月50・1・153），妻に支払われていた専従者給与分を夫の収入に加算した事例（那覇家審平16・9・21家月57・12・72），婚姻費用の分担を決定するに当たり，公的補助金である出産育児一時金の支給を考慮した事案（横浜家審平24・5・28家月65・5・98（抗告審・東京高決平24・8・8家月65・5・102））などがある。

基礎収入というのは生活費に費やすことができる金額である。総収入－(税金，社会保険料，職業費，特別経費）である。特別経費には住居費，教育費，医療費，負債などが含まれる。負債には問題が多い。婚姻費用に先んじて払うことが相当な負債（事業運営および婚姻維持に必要な負債）のみ特別経費に該当すると解されている（東京高決平8・12・20家月49・7・72，裁判例集Ⅲ-46)。大阪高決平6・4・19（家月47・3・69）は，負債を抱えていたとしても自らの生活がなされており債務も弁済されている以上，未成熟子の扶養義務を免れる余地はないという。

義務者が扶養義務を負担する者の生活費は斟酌される（夫の婚外子の養育料につき東京家審昭44・1・27家月21・7・88)。同棲中の女性の生活費を斟酌することはできない（大阪高決昭55・2・26家月32・9・32)。

「簡易迅速な養育費等の算定を目指して――養育費・婚姻費用の算定方式と算定表の提案」の発表（家月55巻7号（2003）155頁）以来，これに準拠した実務の定着傾向がみられる。この算定表の基本的な考え方は従前と同様であるが，基礎収入の算定に当たり経費等を定率化し，最低生活費の算定を指数化して簡易迅速に養育費および婚姻費用を一覧性ある表にしたものである。早期の紛争解決が期待できるが，画一化の弊害が生じないよう注意も必要である。「この幅を超えるような額の算定を要する場合は，この算定表によることが著しく不公平となるような特別の事情がある場合に限られる」（前掲家月55巻7号178頁)。算定表を用いた婚姻費用分担審判に対する夫からの即時抗告に対し，抗告を棄却した決定[60]，原審判を変更した決定[61]がある。最決平18・4・26（家月58・9・31，裁判例集Ⅲ-47）は原審の標準的算定方法による算定を合理的なものであるとして是認した。

「算定表」の基礎となる義務者総収入における潜在的稼動能力が争点となった事例について，大阪高決平20・10・8（家月61・4・98）は，「潜在的稼働能力を判断するには，母親の就労歴や健康状態，子の年齢や健康状態など諸般の事情を総合的に検討すべきところ，本件では，相手方は過去に就労歴はあるものの，婚姻してからは主婦専業であった者で，別居してからの期間は短いうえ，子らを幼稚園，保育園に預けるに至ったとはいえ，その送迎があり，子らの年齢が幼いこともあって，いつ病気，事故等の予測できない事態が発生するかも知れず，……現時点で相手方に稼働能力が存在することを前提とすべきとの抗告人の主張は採用できない」とした。

「算定表」による方式では著しく不公正な結果を招く特段の事情の有無について判示した例として，以下の決定がある。福岡高那覇支決平22・9・29（家月63・7・106）は，いわゆる子ども手当の支給および公立高校に係る授業料の不徴収が婚姻費用の算定に影響しないとした事例，広島高岡山支決平23・2・10（家月63・10・54）は，定期的に子らが義務者の下で生活している場合に，その費用負担を考慮して標準算定方式を修正して婚姻費用分担額を算定した事例，東京家審平22・11・24（家月63・10・59）は，義務者の住宅ローンの支払を考慮して算定表による算定額を修正して婚姻費用分担額を算定した事例である。

(f) 夫婦関係が破綻している場合

婚姻が破綻している場合にはその破綻の程度に応じて生活保持義務から生活扶助義務まであり得る。そこで別居期間の長短により区別する学説があり，支持されている[62]。その根拠を，協力関係の喪失の度合い，すなわち破綻の度合いに求める（家審研究Ⅰ52頁〔有地＝松嶋〕）。長崎家審昭54・6・4（家月32・3・108，裁判例集Ⅲ-48）は5割の減額，大阪家審昭54・11・5（家月32・6・38）は生活保持義務を堅持しつつ有責性の度合いに応じて増減，前橋家審平4・11・19（家月45・12・84），東京家審昭47・9・14（家月25・11・98），宮崎家日

60）東京高決平15・12・26家月56・6・149，大阪高決平16・1・14家月56・6・155。
61）仙台高決平16・2・25家月56・7・116。
62）有地亨＝松嶋道夫「婚姻費用の算定」家審研究Ⅰ52頁，注民（21）438頁〔伊藤〕。

南支審昭46・2・20（家月23・11＝12・70）など減額。生活扶助義務とするものに，札幌高決平3・2・25（家月43・12・65）。認めないものに，岡山家玉島支審平4・9・21（家月45・11・54），婚姻費用分担の義務者が，権利者の居住する自宅で寝起きするようになったことは，婚姻費用分担の審判の「別居状態の解消」に該当するが，義務者が婚姻費用の支払を免れるために自宅に戻り，上記審判の「別居状態の解消」という解除条件を成就させることは，信義則に反し，民法130条の類推適用により条件不成就とみなすとした事例（名古屋家岡崎支判平23・10・27判タ1372・190）など具体的事情によりバリエーションがある。

婚姻費用の根拠を扶助義務とする通説判例の立場に立つと，破綻によって扶助義務が消滅ないし減退する何らかの理論的な根拠が必要なのではないかと思われる。福岡高宮崎支決昭62・1・12（家月39・10・86）は，原審（宮崎家日南支審昭61・7・18家月39・10・90）が破綻を理由に負担を認めなかったところ，破棄して婚姻費用分担義務を認め，通常の社会人としての生活をするのに必要な程度の婚姻費用の分担を認めた。

なお，家事事件手続法施行後の実務の大勢は，「婚姻が事実上破綻したといっても，法律上の婚姻関係が維持されている限り，これを軽減する法律上の根拠はなく，……これを考慮することは相当でない。実務的にも破綻の程度を考慮するとなると，破綻の程度を巡って深刻な争いとなり，簡易迅速に決定すべき婚姻費用の性質に反する」とする（松谷佳樹「第3回　婚姻費用・養育費の調停・審判事件の実務」東京家事事件研究会編『家事事件・人事訴訟事件の実務――家事事件手続法の趣旨を踏まえて』（法曹会・2015）90頁）。

(g)　有責性の有無

請求者が自ら不貞をして家を出たような，別居に有責な事情がある場合には，婚姻費用の分担請求ができないという学説や判例がある（福岡高宮崎支決平17・3・15家月58・3・98）。しかし，このような場合でも，子の養育費については減額できない（東京高決昭58・12・16家月37・3・69，裁判例集Ⅲ-49，東京家審平20・7・31家月61・2・257等）。

請求者が自ら協力義務を履行しないのに相手方に協力義務を求めるのは，信義則に反するとの理由があるので，協力義務たる婚姻費用の分担は求められないと解するべきである。しかし，自ら生活できない場合は，配偶者の扶助義務があるので最低限の扶助義務（生活扶助義務）を求めることができ，子の生活費については，未成熟子に対する扶養義務（生活保持義務）を求めることができると解する[63)]。ただ，婚姻費用の分担審判において有責の有無を判断するのは問題があるので，「それが明確に判断できるものでない限り，双方の有責性の程度はほぼ等しいものと推定して分担額を算定する，といった考え方も許されてよいであろう」（講座実務家審Ⅱ 54 頁〔梶村〕）。

(h) 始 期

実体法上の問題として生活保持義務の具体的扶養請求権発生の要件は，扶養権利者については扶養必要性，扶養義務者については扶養可能性である。そのような要件が備わっていれば，扶養請求権は発生しているはずである。したがって，過去の扶養料を形成することも可能なのである（最大決昭 40・6・30 民集 19・4・1114，裁判例集Ⅲ-3）。しかし，扶養義務者には扶養権利者の扶養必要性を知る機会がなく，後に突然遡って扶養料を請求されると多額になることもあり，妥当性を欠く事態もあり得る。そこで，実務的には請求したときから認める審判が多い（大阪家審昭 49・3・26 家月 27・3・70，裁判例集Ⅲ-50 等）。

扶養請求権は帰属上の一身専属権であるが，行使上の一身専属権でもあると解される。したがって，扶養請求権は，扶養権利者が，扶養を求める意思を何らかの方法で表したことを要件とし，過去の扶養料もまたその請求をする旨を表したことを要件とする。ただ，過去の扶養料については，義務者に予想外の損害を負わせることを避けるため，義務者が扶養権利者の扶養必要性を知りまたは知り得べきときから，とするべきと考える。養育料についてであるが，東京高決昭 58・4・28（家月 36・6・42），宮崎家審平 4・9・1（家月 45・8・53）は，扶養権利者が要扶養状態にあり，義務者に扶養可能性があれば，支払義務があると認められるところ，裁判所はその裁量により相当と認める範囲で過去に遡った支払を命じることができる，としている。また，大阪高決昭 58・5・26（家月 36・7・77）は，義務者において，権利者が分担金の支払を受けるべき状

63） 家審研究Ⅰ 50 頁〔有地＝松嶋〕，泉・親族 112 頁，東京高決昭 54・2・9 家月 32・2・60，大阪家審昭 48・6・30 家月 26・3・51，大阪家審昭 51・3・31 家月 28・11・66，東京家審昭 43・6・4 家月 21・1・105 等。

態にあることを知りまたは知ることを得べかりし時に生ずる，と解している。婚姻費用分担の性質を協力義務と解しても同様である。

(i)　事情の変更

協議・調停または審判により定められた婚姻費用の分担内容について，時の経過によりその基礎となった事情が変更し，妥当性を欠く事態が生じ当事者間の公平を害する場合には，契約一般に適用される事情変更の原則，あるいは民法880条の類推適用により，従前の定めを変更することができる（家事別表第二10項類推適用）。

大阪高決平22・3・3（家月62・11・96）は，義務者が歯科医師であるが，勤務先を退職し，大学の研究生になり収入が減少した事案について，その年齢，資格，経緯等からみて，以前と同程度の収入を得る稼働能力があるものと認められるから，婚姻費用分担額の変更をやむを得ないものとする事情変更は認められないとした。

婚姻費用分担額を変更（減額・増額）することについては，当事者双方の事情等を総合的にみて，当事者間の公平の視点から変更することが相当であると認められる必要がある。

4　親　子

(1)　親子に関する審判事件

家事事件手続法第2編第2章第7節は，「親子に関する審判事件」と題して，①嫡出否認の訴えの特別代理人の選任の審判事件（別表第一59項），②子の氏の変更についての許可の審判事件（別表第一60項），③養子縁組をするについての許可の審判事件（別表第一61項），④死後離縁をするについての許可の審判事件（別表第一62項），⑤離縁等の場合における祭具等の所有権の承継者の指定の審判事件（別表第二6項），⑥特別養子縁組の成立に関する審判事件（別表第一63項），⑦特別養子縁組の離縁の審判事件（別表第一64項）の各事件について定めを置いている。以下では，説明の便宜も踏まえ，上記審判事件のうち，実親子に関する①，②の各事件と，養親子に関する事件として，③，④，⑥，⑦の各事件，ならびに養子の離縁後に未成年後見人となるべき者の選任の審判事件（別表第一70項）を取り上げる（⑤事件については，後述⇨7「祭具等の所有権の承継者の指定の審判」）。

(a) 嫡出否認の訴えの特別代理人選任審判

(ア) 概　説

妻が婚姻中に懐胎した子は，その嫡出子としての地位が強力な推定によって保護される。このような嫡出子は，推定される嫡出子と呼ばれるが，原則として，夫のみ（人訴41条）が，この子の嫡出性を争うことができ（民774条），そのためには，嫡出否認の訴えによらなければならない（民775条）。例外として，夫が子の出生前に死亡したとき，または，夫が民法777条所定の期間内（母の夫が子の出生を知った日から1年以内）に嫡出否認の訴えを提起しないで死亡したときは，その子のために相続権を害される者その他夫の三親等内の血族が，嫡出否認の訴えを提起する権能を有する（人訴41条1項）。

嫡出否認の訴えの相手方は，子または親権を行う母であり（民775条前段），親権を行う母がないときは，家庭裁判所は，特別代理人を選任しなければならない（民775条後段）。この嫡出否認の訴えの相手方として親権を行う母がないときの特別代理人の選任が，別表第一59項の審判事件である（家事159条1項・別表第一59項）。

特別代理人は，嫡出否認の訴えの相手方として親権を行う母がないときに選任される者であるが，嫡出否認訴訟における特別代理人の地位については議論の余地がある[64)]。そもそも，親権を行う母がない場合に選任される必要があることから，議論の前提として，親権を行う母が相手方となる場合のその母の訴訟追行が，法定代理人としてか，それとも訴訟担当者としてかが問題となる。親権を行う母の訴訟上の地位は，民法755条の法文の体裁，および身分行為が代理に親しまないことから，訴訟担当と解するのが妥当であり，この特別代理人

64)　選任された特別代理人が子の代理人となるのか（法定代理説），子を代位して被告となるか（訴訟担当説）について学説上争いがある（法定代理人にも訴訟担当者にもなり得るとの折衷説もある）。佐上Ⅱ 177頁参照。

も，訴訟担当者として被告になると考えられる（松本・人訴362～363頁，佐上Ⅱ177頁）。

(イ) 申立て・管轄等

特別代理人選任審判の申立ては，嫡出否認の訴えの相手方とすべき親権を行う母がないときにそれに代わるべき特別代理人の選任を申し立てるものであるから，申立ては，嫡出否認の訴えを提起しようとする夫が行うべきものと解される。夫が成年被後見人であるときは，その成年後見人も原告になることができるから（人訴14条1項本文），夫の成年後見人も特別代理人の選任を申し立てることができる[65]。また，前述のとおり，例外的に，夫が所定の期間内に訴えを提起せずに死亡したときなどは，その子のために相続権を害される者その他夫の三親等内の血族が嫡出否認の訴えを提起することができるから，これらの者も，特別代理人の選任を申し立てることができる。

特別代理人選任審判の申立ては，嫡出否認の訴えを提起するためであるから，嫡出否認の訴えを提起し得る期間内に限られる（佐上Ⅱ178頁，新基本コン395頁〔川口洋平〕）。管轄裁判所は，子の住所地[66]を管轄する家庭裁判所である（家事159条1項）。

(ウ) 審 理 等

夫は，嫡出否認の訴えについて，意思能力があれば行為能力の制限を受けていても，自ら有効に訴訟行為をすることができるものとされていることから，嫡出否認の訴えを提起するために必要となる特別代理人の選任の審判事件でも，夫は，一般的に手続行為能力の制限（家事17条1項）を受けていても，自ら有効に手続行為をすることができる（家事159条2項・118条（準用））。

嫡出否認の訴えは，母の夫が子の出生を知った日から1年以内に提起しなければならないから，この訴えが提起される場合は，子は幼少のため訴訟能力を有しないのが通常である。しかし，人事訴訟では，未成年者は，意思能力を有

---

65) 夫の成年後見人が妻で，成年後見監督人が選任されている場合には，夫の成年後見監督人が嫡出否認の訴えを提起できるから（人訴14条2項），夫の成年後見監督人も，特別代理人の選任の申立人になり得る（佐上Ⅱ177頁）。

66) 子が未成年である場合の「子の住所地」は，原則として法定代理人の住所にあると解してよいが，法定代理人の住所と未成年者の居所が異なる場合，および，未成年者に法定代理人がいない場合には，未成年者の居所をもって未成年者の住所と解すべきとされる（注解家審規255頁〔中川良延〕，新基本コン395頁〔川口〕）。

する限り，訴訟能力を有することから（人訴13条1項），未成年者に意思能力があるときは，嫡出否認の訴えに自ら独立して有効に応訴することができる。そのため，親権を行う母が被告となるのは，子が意思能力を有しない場合に限られるか，それとも未成年者が親権に服していれば，常に母が被告となり得るかが問題となる。子が意思能力を有し自ら被告となることができる場合にまで，母が被告として訴訟追行できるとすることは，身分行為についての本人の意思能力の重視の観点から不合理であるので，母が被告となるのは子が意思能力を有しない場合に限るとする見解が通説である（山木戸・家審61頁，松本・人訴362頁，佐上Ⅱ 179頁ほか）。嫡出子たる子（嫡出推定を受ける子）に意思能力があれば，その子自身を被告とすべきこととなるので，特別代理人を選任する必要はない。したがって，子に意思能力がなく，かつ親権者たる母がない場合[67]に，特別代理人は選任されると解される。

(エ)　審判，不服申立て

審理の結果，理由があると認めるときは，特別代理人選任の審判がなされる。この審判は，審判を受ける者（特別代理人に選任される者）に告知される（家事74条1項）ことによって効力を生じる。特別代理人を選任した審判に対しては，即時抗告はできないが，特別代理人選任の申立てを却下した審判に対しては，その申立てをした者は，即時抗告をすることができる（家事159条3項）。誤った判断により申立てが却下されたために嫡出否認の訴えを提起することができないという状態を放置することは相当でないことから（一問一答・家事192頁，新基本コン396頁〔川口〕），家審法とは異なり，特別代理人選任の申立てを却下する審判に対しては，即時抗告ができることとされている。

(b)　子の氏の変更についての許可の審判事件

(ア)　概　　説

民法によれば，嫡出子は，出生により，父母の氏を称し（民790条1項本文。ただし，出生前に父母が離婚したときは，離婚の際における父母の氏を称する（同項た

67）　親権者たる母がない場合とは，母が親権を辞任し（民837条1項），または親権喪失の審判を受けたとき（民834条），親権者たる母が死亡したときなどが考えられるが，親権停止の審判（民834条の2）を受けた場合も，その期間中はこれに該当すると考えられる（岩井俊『家事事件の要件と手続』（日本加除出版・2013）188頁）。

だし書)), 嫡出でない子は, 母の氏を称する(民790条2項)。民法は, このような原則を前提とする一方で, 子が父または母と氏を異にする場合には, 子が, 家庭裁判所の許可を得て, その父または母の氏を称することができることとしている(民791条1項)。子の氏の変更の制度は, 親子, 特に共同生活をしている親子間で同一の氏を称したいという国民感情が強く, この種の感情利益を無視し難いなどの考慮に基づくが, 氏の恣意的変更を防止し, 子の氏変更をめぐる関係者の利害対立を調整する趣旨から, 子の氏の変更を家庭裁判所の許可に係らしめている(鳥飼英助「子の氏変更の許可」講座実務家審Ⅱ219頁, 220頁)。この民法791条1項に基づく「子の氏の変更についての許可の審判事件」が, 家事事件手続法の別表第一60項の審判事件である(家事160条)。

子の氏の変更についての許可の審判は, 子が父または母と氏を異にする場合に認められるものであるが, 子が父または母と氏を異にする場合とは, どのような場合か。父または母が氏を改めたことによって子が父母と氏を異にする場合は, 父母の婚姻中に限り, 戸籍法98条の届出によって子の氏を父母と同じ氏にすることができるが(民791条2項), それ以外で子が父または母と氏を異にする場合は, 家庭裁判所の許可を得て父または母と同じ氏に変更することができる。具体例としては, ①離婚による父または母の復氏によって, 嫡出子(婚姻中の子)が父または母と氏を異にする場合, ②父または母の一方の死亡と他方の復氏によって, 嫡出子が復氏した父または母と氏を異にする場合, ③婚姻関係にない父または母が婚姻や養子縁組で氏が変わって子と氏を異にする場合, ④非嫡出子として母の氏を称している子が, 認知されたことにより父と氏を異にする場合などが挙げられる。

(イ)　申立て, 管轄等

子が15歳以上であるときは, 子が申立人となり, 子が15歳未満であるときは, 子の法定代理人が申立人となる(民791条1項3項)[68]。民法791条1項および3項は, 子が15歳以上であるときは子自らが, 家庭裁判所による子の氏の変更許可を得て, 戸籍法の定めに従い届け出ることにより, その父または母の

68)　この場合, 代理と解されている(本書第2版504頁〔岡部〕, 注解家審171頁〔中川良延〕。氏変更申立ては, 婚姻等の身分行為とは異なり, 法定代理人によってなすことができると解される(注解家審171頁〔中川〕)。

氏を称し得るとしていることから，子の氏の変更についての許可の審判事件について，15歳以上の子は，行為能力の制限を受けていても，法定代理人によらずに自ら有効に手続行為をすることができる（家事160条2項・118条）[69]。

子の氏変更申立ての審判事件は，原則として子の住所地を管轄する家庭裁判所の管轄に属する（家事160条1項）。父または母を同じくする数人の子についての子の氏の変更許可の申立ては，そのうちの1人の住所地を管轄する家庭裁判所の管轄に属する[70]。

(ウ) 審　理

子の氏変更の許可基準については，民法が何らの規定を設けていないため，家庭裁判所の裁量的判断に委ねられているが（注解家審166頁〔中川〕，鳥飼・講座実務家審Ⅱ226頁），その裁量の範囲や基準については，審理のあり方とも関係して，いろいろと問題がある。実際に問題となる例として，父から認知された非嫡出子（婚外子）が父の氏に変更を申し立てる場合が挙げられる（二宮259頁，内田309～310頁）。この場合に，婚外子は，仮に父の氏に変更されると，同氏同籍の原則（戸18条）により父の戸籍に入籍する。そこで，父の妻や婚内子が婚外子との同籍を嫌って，氏の変更に強く反対することがある。このような場合，家庭裁判所は，変更を求める子の利益と，反対する妻・婚内子側の感情的な利益を比較し，さらに法律婚の破綻状態，婚外関係を持った父の有責性，婚内子が婚姻によって戸籍を別にしているか，妻の反対が復讐的か，婚外子の年齢，社会生活上の氏の変更の必要性，現時点での氏の変更を認めることが妻子の反発を強化し，かえって子の福祉に反しないかなどを総合的に考慮して，氏の変更の可否を判断しているとされる。このような実務を，通説は支持するが（鳥飼・講座実務家審Ⅱ226頁ほか），これに対しては，許可基準として上記のような利益衡量が妥当かについて異論もあり，子の氏は子自身の人格権を象徴するものであるとの立場から，子の氏の変更の許否を決める基準は子の意思で

69) 民法791条1項3項は，15歳に達すると子は単独で当該手続をなし得ることを定めただけで，15歳以上で意思能力のない未成年の子の氏の変更手続を法定代理人が代わってすることを禁止したものではない（佐上Ⅱ185頁）。

70) 家審法の下では，無関係な数人の子についての申立てに関するものであっても，その1人の子の住所地を管轄する家庭裁判所に管轄を認めていたが（家審規62条・52条2項），このような管轄の扱いは，相当でないことから，父または母を同じくする数人の子についての場合に制限している（一問一答・家事192頁）。

あるとする見解も有力である（二宮259頁，佐上II 189頁）。この立場では，通説とは異なり，子の意思と利益を尊重して判断することから，いずれの立場をとるかにより，家庭裁判所の審理対象・範囲や審理のあり方も変わり得るであろう（佐上II 189頁参照[71]）。

(エ)　審判，不服申立て

子の氏の変更許可の申立てについて，理由があるときは，子の氏変更許可の審判がなされ，理由がないときは，申立てを却下する審判がなされる。申立てを却下する審判がなされたときは，申立人は，即時抗告をすることができる（家事160条3項）。したがって，上記のように認知された非嫡出子の氏変更許可の審判申立てにおいて，許可審判がなされた場合，本妻や嫡出子は，即時抗告をすることができない[72]。

子の氏の変更を許可する審判がなされた場合，子の氏の変更は，戸籍への届出（戸98条1項）によってなされる（子の氏の変更は，形式的要件としての届出をしなければ効力を生じない）。

(c)　養子縁組をすることについての許可の審判事件

(ア)　総　　説

養子制度は，何らかの理由で子を欲する者が他人の産んだ子をもらい受けてこれを養育するものであり，養親子関係を形成する養子縁組は，養親となるべき者と養子となるべき者との合意に基づく届出が受理されることによって成立する（民799条）。養子縁組には，形式的要件として届出が必要とされるが，届出には，当事者が真に縁組をする意思を有することが必要であるほかに，養親が成年者でなければならない（民792条）とか，尊属または年長者を養子とすることができない（民793条）といった要件を備えていなければならず，家庭裁判所の許可が必要とされる場合がある。その一つは，後見人が被後見人を養子とする場合であり（民794条），もう一つは，未成年者を養子とする場合であ

71)　例えば，佐上II 189頁は，子の氏の変更は子自身の意思が基準である以上，子以外の第三者の利益等は，子の氏の変更の審判事件で審理・判断する必要もないとする。

72)　子の氏変更許可制度において関係人の利害調整を重視する立場からは，この規律は，問題視される可能性があるが，従前から，家庭裁判所の裁量の範囲内にとどまる事柄として即時抗告は認められてこなかったようである。注解家審規257頁〔中川良延〕参照。

る（民798条本文。ただし，自己または配偶者の直系卑属を養子にする場合は，この限りでない[73]〔同条ただし書〕）。前者は，被後見人の財産を管理する後見人が養親子関係を形成して不適切な管理を隠蔽するような事態を防止するために，後者は，未成年者が労働力として搾取されたり，虐待されたりするのを防いで，未成年者の福祉を守るために，家庭裁判所の許可が要求される。これらの家庭裁判所による養子縁組の許可は，別表第一61項についての審判事件である（家事161条）。

(イ) 後見人と被後見人間の養子縁組許可

家庭裁判所による養子縁組許可の審判事件の一つである，後見人と被後見人間の養子縁組許可の審判事件について，その管轄裁判所は，養子となるべき者の住所地を管轄する家庭裁判所である（家事161条1項）。

申立権者が誰かについては，民法の文言からは判然としないため，議論の余地がある。養親となるべき者に限られるとする見解もあるが，この許可が縁組契約の確認的要素を含むことや，養親となるべき者が許可申立てを怠っているような場合には養子となるべき者や実親からの申立てをも認めるべき積極的理由が存在することなどから，実親や，養子となるべき者の申立権を認めるべきとの見解が有力である（注解家審183頁〔中川〕，佐上Ⅱ193頁ほか）。なお，後見人が未成年者である被後見人を養子とする場合には，民法794条に基づく許可審判と，民法798条に基づく未成年後見の許可審判の両方を得なければならない（本書第2版478頁〔岡部〕）。両者は，それぞれ目的を異にするからである。

養親となるべき者と養子となるべき者は，一般的に手続行為能力の制限を受けていても，自ら有効に手続行為をすることができる（家事161条2項・118条）。なお，子が15歳未満の場合は，法定代理人が代わって手続行為をすることになり，子が自ら手続行為をすることは想定されていない（一問一答・家事193頁）。

養子縁組をするについての許可は，養子となるべき者の身分関係に重大な影響を与えることに鑑み，家庭裁判所は，養子となるべき者の陳述を聴かなけれ

73) これは，子の福祉を害することがないとの判断に基づいているものと推測されるが，それがすべてに妥当するとは限らないから，立法論上，798条ただし書については批判がある。注解家審174頁〔中川〕参照。

ばならない（家事161条3項1号）[74]。ただし，養子となるべき者が15歳未満である場合には，陳述を聴取する必要はなく（同項1号カッコ書）[75]，また，養子となるべき者の心身の障害により陳述を聴くことができない場合も，（陳述聴取をすることは不可能であるから）陳述聴取の必要はない（同項ただし書）。

また，養子となるべき者の利益を代弁することのできる親権を行う者および未成年後見人の陳述を聴かなければならない（同項2号）。

審理の結果，養子縁組の要件を満たすと認められる場合は，当該養子縁組を許可する旨の審判をする。要件を満たさないときは，申立てを却下する。許可の審判があると，縁組をすることができることから，縁組の当事者は，許可の審判書を添付して縁組届をする（戸66条・38条2項）。許可が得られないと，縁組は受理されないが（民800条），誤って受理されると，縁組取消しの訴えの原因となる（民806条，人訴2条3号）。

許可申立てを却下する審判に対しては，申立人が即時抗告をすることができる（家事161条4項）。申立てを認容する許可審判に対しては，即時抗告は許されない（佐上Ⅱ 202頁。家事85条1項参照）。

㈦　未成年養子縁組許可

自己または配偶者の直系卑属を養子とする場合を除いて，一般に未成年者を養子とする際には，家庭裁判所の許可が必要である（民798条）。子を「食いもの」にしようとする者がそのために縁組を利用することを排除することによって，未成年者を保護するという目的から，裁判所が関与することとされている。したがって，自己または配偶者の直系卑属を養子にする場合，例えば祖父母が孫を養子にするとか，夫が妻の連れ子を養子にするというような場合には，搾取や虐待の可能性は一般にないと考えられていたことから，許可は不要とされている（同条ただし書）。なお，養子となる者が15歳未満の場合は，その者には自ら縁組をする能力はなく，その法定代理人（親権者，後見人）がその者に代わって養子縁組を承諾することができるが（代諾縁組（民797条1項）），この場合も，当然，原則として，家庭裁判所の許可が必要である。

74）　家事法の下では，これら陳述聴取の規定はなかったが，養子縁組の許可は，養子となるべき者の身分関係に重大な影響を与えることから，かかる規定が新設された（秋武205頁〔細矢郁〕）。

75）　子の福祉への配慮から，この点を問題視するものとして，佐上Ⅱ 196頁がある。

未成年養子縁組許可の審判事件（別表第一61項）は，養子となるべき者（すなわち未成年者）の住所地を管轄する家庭裁判所に属する（家事161条1項）。

申立権者については，後見人と被後見人間の養子縁組許可の場合と同様，養親となるべき者に限定する見解と，実親と，（満15歳以上の）養子となるべき者にも申立権を認めるべきとの見解（注解家審183頁〔中川〕，佐上Ⅱ193頁）が対立している。

養親となるべき者と，養子となるべき者は，一般的に手続行為能力の制限を受けていても，自ら有効に手続行為をすることができる（161条2項・118条。なお，子が15歳未満の場合は，法定代理人が代わって手続行為をすることになり，子が自ら手続行為をすることは想定されていない（一問一答・家事193頁））。

許可の基準については規定がないが，当該養子縁組が，養子となるべき未成年者の福祉に合致するかどうかが基準となる（二宮191頁，佐上Ⅱ196頁，本書第2版478頁〔岡部〕[76]）。ここでも，養子縁組をするについての許可は，養子となるべき者の身分関係に重大な影響を与えることに鑑み，家庭裁判所は，養子となるべき者の陳述を聴かなければならない（家事161条3項1号）。ただし，養子となるべき者が15歳未満である場合には，陳述を聴取する必要はなく（同項1号カッコ書），養子となるべき者の心身の障害により陳述を聴くことができない場合も，（陳述聴取をすることは不可能であるから）陳述聴取の必要はない（同項ただし書）。

また，養子となるべき者の利益を代弁することのできる親権を行う者および未成年後見人の陳述を聴かなければならない（同項2号）。

許可の審判があると，縁組をすることができることから，縁組の当事者は，許可の審判書を添付して縁組届をする（戸66条・38条2項）。許可が得られないと，縁組は受理されないが（民800条），誤って受理されると，縁組取消しの訴えの原因となる（民806条，人訴2条3号）。

76） このほかに当該養子縁組が養子縁組の他の実質的成立要件（代諾権の有無と，縁組をする意思の存否）の具備について審理すべきか否かについては見解の対立がある。実質的成立要件を具備しない無効または取り消し得る縁組は当該未成年者の福祉に合致するとはいえないことや，代諾権の有無や縁組意思の存否が子の福祉の判断に密接に関係することなどの理由から，それらの要件も審理対象とすべきとするのが通説である（佐上Ⅱ196頁以下参照）。

許可申立てを却下する審判に対しては，申立人が即時抗告をすることができる（家事161条4項）。

(d) 養子の離縁後に未成年後見人となるべき者の選任

(ア) 概　説

養子縁組は，当事者の協議で離縁をすることができるが（民811条1項），養子が15歳未満のときは，養親と離縁後に養子の法定代理人となるべき者の間で離縁の協議が行われる（同条2項。「代諾離縁」と呼ばれる）。離縁後に養子の法定代理人となるべき者は，実父母の状況により異なる。まず，実父母の一方または双方が生存している場合は，実父母が法定代理人となるべき者である。実父母の代諾で縁組した後に実父母が離婚しているときは，実父母の協議で，離縁後にその子の親権者となるべき者と定められた者である（同条3項）。もし協議が調わない場合は，家庭裁判所の審判により，一方を離縁後に親権者となるべき者と定めなければならない（同条4項。これは，家事法の別表第二7項の「養子の離縁後に親権者となるべき者の指定の審判事件」である。これについては，後述(2)(b)を参照）。しかし，実父母がいないか，いても親権者となることができない場合は，家庭裁判所が，養子の親族その他の利害関係人の請求によって，養子の離縁後に養子の未成年後見人となるべき者を選任する（同条5項）。この未成年後見人の選任は，家事事件手続法の別表第一70項の家事審判事項として，同法の規律に服する（家事176条参照）。

(イ) 申立て，管轄等

申立権者は，養子の親族，その他の利害関係人である（民811条5項）。管轄裁判所は，未成年被後見人の住所地を管轄する家庭裁判所である（家事176条[77]）。未成年被後見人となる養子，および養親は，未成年後見人となるべき者の選任についての本審判事件において，手続行為能力を認められることから（家事177条1号・118条），意思能力を有する限り，自ら手続行為をすることができる[78]。

77）未成年被後見人の状況について最もよく知り得る家庭裁判所が事件を扱うのが，未成年被後見人の利益の観点から最善であるとの考えに基づいている（逐条解説574頁）。

78）養子が申立権を有するかについて，佐上Ⅱ 267頁は，養子にも手続行為能力が認められることから，申立権を認めてよいとする。逐条解説576頁は，否定的である（民840条1項も参照）。

(ウ) 審理等

審理の重点は，養子の離縁後にその身上監護および財産管理に関して最も適任の者を得るという点に置かれる（注解家審規263頁〔沼邊〕）。

未成年後見人となるべき者の選任の審判をする場合には，未成年後見人となるべき者の意見を聴かなければならない（家事178条2項1号）。これは，未成年後見人の社会的・公益的性格やその責任の重さと，一旦選任されたあとは任意に辞任できないことに鑑みて，選任される者の意見を参考にした上で選任するのが相当であるとの理由に基づく（逐条解説579頁）。

(エ) 審判，不服申立て

審理の結果，申立てに理由があるときは，養子の離縁後に未成年後見人となるべき者を選任する審判をする。審判は，形成的効力を有し，選任された者は，離縁前においては，離縁の代諾権を有し，離縁後は，未成年後見人となる。申立てが不適法のとき，または理由がないときは，申立却下の審判をする。

養子の離縁後に未成年後見人となるべき者を選任する審判に対しては，不服申立てはできないが，選任申立てを却下する審判に対しては，申立人が即時抗告をすることができる（家事179条1号）。却下審判の場合，養親との間で離縁の協議をすることができず，ひいては離縁することができなくなるため，申立人に即時抗告権が認められている（逐条解説580頁，佐上Ⅱ 270頁）。

(e) 死後離縁をするについての許可の審判事件

(ア) 概説

民法は，養親の死亡後の離縁（死後離縁）というものを規定する（民811条6項）。これは，縁組当事者双方の間でなされる通常の離縁とは異なり，養子の単独の意思表示による離縁である。もっとも，離縁といっても，本来の離縁とはかなり性格を異にする。すなわち，養親が死亡すれば，養子との間の法定親子関係は当然消滅するから，その後になされる離縁は，縁組によって生じていた法定血族関係を消滅させることと，それと関連する養子の復氏・復籍を実現させることにほかならない。民法811条6項は，死後離縁を家庭裁判所の許可に係らせている。これは，道義に反するような生存当事者の恣意的な離縁を防止するためであるとされる（二宮198頁，佐上Ⅱ 202頁）。死後離縁の許可の審判事件は，家事事件手続法の別表第一62項についての審判事件として同法で規律される（家事162条参照）。

(イ)　申立て，管轄等

死後離縁の許可の審判の申立権者は，離縁をしようとする生存当事者（養子または養親）である。養子が15歳以上であるときは，自ら申立てをすることができるが，養子が15歳未満のときは，養子が離縁した後にその未成年後見人となるべき者が申立人となる（民811条2項参照）。未成年後見人となるべき者は，民法811条5項により定まる（家事別表第一70項）。申立人となる養親および養子（15歳以上の者に限る）は，本審判事件では，意思能力を有する限り，手続行為能力を有する（家事162条2項・118条）。

管轄裁判所は，申立人の住所地を管轄する家庭裁判所である（家事162条1項）。死後離縁を許可すべきか否かは，上記の家庭裁判所が最もよく判断し得るとの理由からである（逐条解説521頁）。

(ウ)　審 理 等

民法は，死後離縁の要件について定めを置いていないため，何を審理するかは明確とはいい難いが，少なくとも，審理の重点は，生存当事者を法定血族関係で拘束することが相当であるか否かに置かれることになる（佐上Ⅱ203頁，福岡高決平11・9・3家月52・2・150，裁判例集Ⅲ-54参照）。

ところで，養子が死亡した後に養親から死後離縁の許可の申立てがあったときは，家庭裁判所は，その申立てが不適法であるときまたは申立てに理由がないことが明らかなときを除き，養子を代襲して養親の相続人となるべき者に対し，申立てがあった旨を通知するものとされる（家事162条3項）[79]。ただし，事件の記録上その者の氏名および住所または居所が判明している場合に限られる（同項ただし書）。これは，相続権の保護の観点から養子縁組取消しの訴え等において養子の代襲者に訴訟係属の通知をするものとする人事訴訟法28条（ならびに人訴規16条および同条関係の人訴規別表）と同じ趣旨に基づくものである（人事訴訟法28条については後述⇨第Ⅱ編第8章7(2)(c)(ア)(i)「利害関係人への訴訟係属の通知」）。

79)　家事法162条3項は，人訴法28条と同様，訓示規定であり，裁判所が通知を怠っても，審判手続が違法になったりすることはないと解されている（逐条解説522頁，佐上Ⅱ204頁）。

(エ) 審判，不服申立て

申立てを理由ありと認めるときは，死後離縁許可の審判をする。許可審判が確定すると，許可の効力が生じる（家事74条2項）。これによって，縁組の生存当事者は，死後離縁の届出をすることができる（民811条6項，戸70条・38条2項）。

死後離縁許可の審判に対しては，利害関係人（申立人を除く）が即時抗告をすることができる（家事162条4項1号）。これに対して，許可の申立てを却下する審判に対しては，申立人が即時抗告することができる（同項2号）。許可審判に対する即時抗告権者である利害関係人としては，養親からの死後離縁許可の申立ての場合は，亡養子の直系卑属等，養子からの死後離縁許可の申立ての場合は，亡養親の直系血族，兄弟姉妹等，当該縁組によって亡養親または亡養子との間に法定血族関係を生じた者のうち，離縁によって扶養請求権，相続権等を失うなど，法律上の利害を有する者が，これに該当する（逐条解説523頁）。

(f) 特別養子縁組に関する審判事件

(ア) 概　説

特別養子縁組は，縁組の日から実親との親子関係を終了させ，養親との間に実親子と同様の親子関係を成立させる縁組である（民817条の2～817条の11）。この縁組の制度は，実父母によって適切な監護教育を受けられない子どもに，あたたかい家庭を与えてその健全な育成を目的とするもので，既述のこれまでの養子制度（これを特別養子（特別養子縁組）と区別すべく，講学上「普通養子」または「普通養子縁組」と呼ぶ）とは異なって，新たに（昭和62（1987）年の民法一部改正により）創設された養子制度である（佐上Ⅱ207頁参照）。特別養子縁組では，養子となる子の年齢制限が設けられ，養親となる者についても一定の制限が加えられているだけでなく，子の利益のために特に必要があることが要求される（要保護性）など，普通養子とは違った要件が課されているほか，家庭裁判所の審判によって成立するとされる点でも，普通養子とは大きな違いが存在する。また，特別養子縁組は，その成立に家庭裁判所の審判を必要とするだけでなく，縁組の離縁も，家庭裁判所による離縁の審判が必要であるとされている（民817条の10）。

(イ) 特別養子縁組の成立の審判

(i) 概　　説

特別養子縁組は，普通養子が実方との親族関係が断絶しない非断絶型の縁組であるのと違い，実方との親族関係が断絶する断絶型の縁組である。普通養子が当事者の縁組意思の合致と届出で成立する縁組であるのと異なり，養子となる子の福祉を実現するために，家庭裁判所の審判で成立する司法宣言型の縁組である。民法817条の2によれば，特別養子縁組は，養親となる者の請求に基づいて，家庭裁判所が同縁組の各要件を審査した上で，縁組を成立させる旨の審判によって成立する。家事事件手続法では，別表第一63項の事項についての審判事件として，特別養子縁組の成立の審判事件に関する規定が置かれている（家事164条参照）。

(ii) 申立て，管轄等

特別養子縁組の成立の審判の申立権者は，養親となる者である（民817条の2第1項。なお，申立書の記載事項について，家事規93条1項）。管轄裁判所は，養親となるべき者の住所地を管轄する家庭裁判所である（家事164条1項）[80]。養親となるべき者と，養子となるべき者の父母は，本事件では手続行為能力を有する（意思能力を有する限り，自ら手続行為をすることができる。家事164条2項・118条）。一方，養子となるべき者には，手続行為能力を認めていない（養子となるべき者は最年長でも8歳未満であることから（民817条の5），一般的に意思能力があるとはいえないからである（逐条解説529頁））。

(iii) 審 理 等

特別養子縁組の成立の審判申立ての審理の際は，まず，民法817条の3から817条の7に掲げられた要件を満たしているかどうかが問題となる。成立要件としては，養子となる者の年齢や，養親となる者の年齢や配偶者の存在，実父母の同意など（民817条の3～817条の6）の要件を満たすほかに，特別養子縁組の成立について，実父母による子の監護が著しく困難または不適当であるこ

---

80) 特別養子縁組の成立について，民法817条の8により，6か月以上の期間の監護状況を考慮して判断すべきものとされていることから，この監護は，養親となるべき者の住所地で行われるのが一般的で，この間の監護状況等の観察なども審判資料になることなどから，その地の家庭裁判所での審判が相当と思われたからである（逐条解説528頁以下参照）。

となど特別な事情がある場合で，子の利益のために特に必要があること（すなわち，子の要保護性）が要求される（民817条の7）。子の要保護性を含む要件の認定が裁判所に任せられるが，審判に際し，家庭裁判所は，民法817条の8が定める監護状況を考慮しなければならない。ここでは，養親となる者が養子となる者を6か月以上の期間監護した状況が考慮される（試験養育期間）。

家庭裁判所は，特別養子縁組成立の審判をする場合には，養子となるべき者の父母，養子となるべき者に対し親権を行う者，養子となるべき者の未成年後見人，養子となるべき者の父母に対し親権を行う者，および養子となるべき者の父母の後見人の陳述を聴かなければならない（家事164条3項柱書前段）。ただし，養子となるべき者の父母が知れないときは，これらの者の陳述を聴く必要はない（同条7項）。

なお，家庭裁判所が，養子となるべき者の父母の同意がないにもかかわらず特別養子縁組の成立の審判をする場合には[81]，養子となるべき者の父母の陳述の聴取を審問の期日においてしなければならない（同条3項柱書後段）。養子となるべき者の父母の同意なしに特別養子縁組成立の審判をして，養子となる者とその父母の親子関係を断絶させる以上，養子となる者の父母に裁判官の面前において直接口頭で陳述する機会を保障する必要があるとともに，父母の同意がないことやその理由など，父母の意思を直接に確認する必要があるからである（佐上Ⅱ216頁・224頁，逐条解説530頁）。

これに対して，家庭裁判所が特別養子縁組の成立の申立てを却下する審判をする場合には，養子となるべき者に対し親権を行う者および養子となるべき者の未成年後見人の陳述を聴かなければならない（家事164条4項）。同審判に利害関係のある養子となるべき者の代弁者としての立場にある者の陳述を聴くことが相当と考えられたからである（逐条解説532頁。これに対し，養子となるべき者の父母などが陳述聴取の対象から除外されていることに疑問を呈するものとして，佐上Ⅱ223頁）。

81）養子となるべき者の父母がその意思を表示することができない場合または父母による虐待，悪意の遺棄その他養子となる者の利益を著しく害する事由がある場合は，父母の同意は，特別養子縁組の成立に必要ない（民817条の6ただし書）。

(iv)　審判，不服申立て

審理の結果，申立ての理由があると認めるときは，特別養子縁組の成立の審判を行う。成立の審判は，家事法74条1項の規定により告知すべき当事者，利害関係参加人および審判を受ける者（養親となるべき者，および養子となるべき者の父母）のほか，養子となるべき者に対し親権を行う者，養子となるべき者の未成年後見人，養子となるべき者の父母に対し親権を行う者，および養子となるべき者の父母の後見人に対し告知されなければならない（家事164条5項）。ただし，養子となるべき者の父母が知れないときは，養子となるべき者の父母，養子となる者の父母に対し親権を行う者，および養子となるべき者の父母の後見人に対して，縁組成立の審判を告知する必要はない（同条7項）。なお，養子となるべき者にも成立の審判を告知する必要はない（同条6項）。

成立審判に対しては，養子となるべき者の父母，養子となるべき者に対し親権を行う者で養子となるべき者の父母でないもの，養子となるべき者の未成年後見人，養子となるべき者の父母に対し親権を行う者，および養子となるべき者の父母の後見人に，即時抗告権が認められる（家事164条8項1号）。養子となるべき者には，手続行為能力がないことから，即時抗告できないことを前提に，即時抗告権が認められていない（逐条解説224頁。これに疑問を呈するものとして，佐上Ⅱ227頁）。

申立てを却下する審判に対しては，申立人に即時抗告権が認められる（同項2号）。

特別養子縁組の成立の審判が確定したときは，裁判所書記官は，遅滞なく養親の本拠地の戸籍事務を管掌する者に対し，その旨を通知しなければならない（家事規93条2項）。また，同審判が確定したときは，審判確定の日から申立人は10日以内に縁組の届出をしなければならない（戸68条の2による同63条1項の準用）。

(v)　審判前の保全処分

家事事件手続法166条は，特別養子縁組の成立の審判が申し立てられた場合の審判前の保全処分について規定する。特別養子縁組の成立の申立てがあった場合，家庭裁判所は，養子となるべき者の利益のために必要があるときは，当該申立てをした者の申立てにより，特別養子縁組の成立の申立てについての審判が効力を生じるまでの間，申立人を養子となるべき者の監護者に選任し，または養子となるべき者の親権者もしくは未成年後見人の職務の執行を停止し，もしくは，その職務代行者を選任することができる（家事166条1項）。

ここでは，養子となるべき者の監護者の選任の保全処分と，養子となるべき者の親権者または後見人の職務執行停止および代行者選任の保全処分が認められている。この保全処分の要件は，特別養子縁組の成立の申立てがあったことと，養子となるべき者の利益のため必要があることである。例えば，養子となるべき者の父母が養親となるべき者による試験養育の開始について納得して子を預けておきながら，あとから不当に介入してくるとか，父母の虐待があり特別養子縁組の成立に父母の同意を要しないと認められるケースで（民817条の6ただし書），父母の職務の執行を停止する必要があるが親権喪失や停止の審判を得るなどの余裕がない場合に，上記の保全処分が必要となり得る（逐条解説541頁参照）。

監護者選任等の保全処分の申立権者は，本案である特別養子縁組の成立の申立人に限られる（家事166条1項）。保全処分を発令できるのは，家庭裁判所または本案が高等裁判所に係属するときは高等裁判所である。

監護者の選任等の保全処分の申立ての審理手続は，原則として審判前の保全処分一般の規律が適用になる。したがって，監護者の選任等の保全処分では，監護者として選任される者，職務執行を停止される親権者または未成年後見人の職務代行者として選任される者の陳述を聴取するのが原則である（家事107条）。

保全処分の効力については，監護者選任の保全処分は，監護者に選任された者に告知することによって効力を生じ（家事74条2項），職務執行停止の保全処分は，職務執行を停止される親権者もしくは未成年後見人のほか，養子となるべき者に対し親権を行う者もしくは他の未成年後見人または職務代行者に告知することによっても，その効力を生じる（家事166条2項）。保全処分の効力は，特別養子縁組の成立の申立てについての審判が効力を生じるまで効力を有する（同条1項）。

監護者選任の保全処分の申立てを却下する審判に対しては，申立人が即時抗告をすることができるが（家事110条1項），職務執行停止・代行者選任の保全処分の申立てを却下する審判に対しては，即時抗告はできない（同項2号）。また，監護者選任の保全処分に対しては，本案の審判に対して即時抗告ができる者が即時抗告をすることができるが（家事110条2項），職務執行停止・代行者選任の保全処分に対しては，即時抗告はできない（同条2項・1項2号）。

家庭裁判所（本案が高等裁判所に係属している場合は当該高等裁判所）は，自ら選任した職務代行者を改任することができる（家事166条3項）。

㈦　特別養子縁組の離縁の審判

(i)　概　　説

特別養子縁組について，民法817条の10は，きわめて厳格な要件の下で，離縁の制度を設けている。すなわち，養親による虐待，悪意の遺棄その他養子の利益を著しく害する事由があり，かつ，実父母が相当の監護をすることができる場合において，養子の利益のため特に必要があると認めるときは，家庭裁判所は，養子，実父母または検察官の請求により特別養子縁組の離縁の審判をすることができる。したがって，特別養子縁組の場合は，普通養子縁組の離縁とは異なって，きわめて厳格な要件の下で，しかも家庭裁判所の審判の方法でのみ（民817条の10第2項），例外的に離縁が認められている。もともと特別養子縁組が，家庭裁判所による慎重な審判の下で成立したものであり，子の健全な育成のため安易に解消すべきではないからである。家事事件手続法は，別表第一64項の事項についての審判事件として，特別養子縁組の離縁の審判事件を規律している（家事165条参照）。

(ii)　申立て，管轄等

離縁の審判の申立権者は，養子，実父母，または検察官である（民817条の10第1項）。養親には申立権は認められていない[82]。管轄裁判所は，養親の住所地を管轄する家庭裁判所である（家事165条1項）[83]。養親，養子の実父母は，手続行為能力を有する（同165条2項・118条）。

(iii)　審 理 等

家庭裁判所は，特別養子縁組離縁の審判をするには，養子（15歳以上の者に限る），養親，養子の実父母，養子に対し親権を行う者（養親を除く）および養子の後見人，養親の後見人，養子の実父母に対し親権を行う者および養子の実

82)　子の利益のための例外的制度であることから，養親には離縁を請求する権利はないからとされる（二宮205頁）。

83)　養親による虐待，悪意の遺棄等の離縁事由の審理のためには，養親による養子の養育状況の調査が必要となることを考慮したものである（逐条解説536頁）。

父母の後見人の陳述を聴かなければならない（家事165条3項前段）。離縁の審判は，養親と養子の間の法律上の親子関係を断絶させることから，養親および養子ならびにこれらの者の利益を代弁すべき者に自ら陳述する機会を保障するのが相当であるとともに，同審判により養子と養子の実父母の親子関係が復活することからすると，養子の実父母およびその利益を代弁する者にも陳述の機会を保障する必要があると考えられるからである（逐条解説537頁）。

また，上記の者のうち，前三者，すなわち，（15歳以上の）養子，養親，および養子の実父母の陳述の聴取は，これらの者の身分関係に対する離縁審判の影響の大きさから，審問の期日においてしなければならない（同条3項後段）。

これに対して，特別養子縁組離縁の申立てを却下する審判をする場合には，家庭裁判所は，養子の実父母（申立人を除く），養子に対し親権を行う者および養子の後見人，ならびに，養子の実父母に対し親権を行う者および養子の実父母の後見人の陳述を聴かなければならない（家事165条4項[84]）。特別養子縁組離縁の審判がなされるか否かは，養子の実父母や養親の身分関係に影響があることから，申立てを却下する場合であっても，これらの者またはこれらの者の利益を代弁すべき者に陳述の機会が付与されている（逐条解説538頁）。

(iv)　審判，不服申立て

審理の結果，申立てを相当と認めるときは，養親と養子を離縁する旨の審判をする。離縁の審判は，家事法74条1項により告知すべき当事者，利害関係参加人および審判を受ける者（養子，養親および養子の実父母）のほか，養子に対し親権を行う者，養子の後見人，養子の実父母に対し親権を行う者，および養子の実父母の後見人に対し告知しなければならない（家事165条5項）。ただし，養子の年齢および発達の程度その他一切の事情を考慮して養子の利益を害すると認める場合には，養子に告知することを要しない（同条6項）。

離縁の審判に対しては，養子，養親，養子の実父母，養子に対し親権を行う

---

84)　これに対して，家庭裁判所は，養子の陳述を聴かずに申立てを却下することができる。離縁の審判がなされるか否かは，養子にとっても身分関係に影響を及ぼす重大な事項であるが，特別養子縁組の場合には養子自身は，自らが養子であることを知らないことが多いという特殊性があり，申立てを却下する場合についてまで養子の陳述を聴かなければならないとする必要はないと考えられたためである（逐条解説538頁）。家審法と規律が変わった箇所である（家審規64条の13）。

者（養親を除く）および養子の後見人，養親の後見人，ならびに，養子の実父母に対し親権を行う者および養子の実父母の後見人が即時抗告権を有する（家事165条7項1号)。養子が離縁の審判に対して即時抗告をする場合には，即時抗告の期間は，養子以外の者が審判の告知を受けた日（その日が2以上あるときは，そのうちの最も遅い日）から進行する（同条8項)。養子については，審判の告知を受ける場合もあれば受けない場合もあるため（同条6項参照)，手続的な煩瑣を避けるなどの理由から，このような規律が設けられている（逐条解説540頁参照)。

一方，離縁の申立てを却下する審判の場合は，申立人が即時抗告をすることができる（家事165条7項2号)。

離縁の審判が確定することにより，養親子関係，および特別養子縁組によって形成された法定血族関係は，消滅する。逆に，実方との親族関係は回復する（民817条の11)。離縁の審判が確定したときは，裁判所書記官は，遅滞なく，養子の本籍地の戸籍事務を管掌する者に，その旨を通知しなければならない（家事規94条)。

(v)　審判前の保全処分

家庭裁判所（本案である特別養子縁組の離縁の審判事件が高等裁判所に係属している場合は高等裁判所）は，特別養子縁組の離縁の申立てがあった場合において，養子の利益のため必要があるときは，当該申立てをした者の申立てにより，特別養子縁組の離縁の申立てについての審判が効力を生じるまでの間，養子の親権者もしくは未成年後見人の職務の執行を停止し，またはその職務代行者を選任することができる（家事166条5項)。その要件，効果，審理手続等は，特別養子縁組の成立の審判事件を本案とする保全処分に準じて考えることになる（逐条解説544頁)。

(2)　親権に関する審判事件

家事法第2編第2章第8節は，「親権に関する審判事件」と題して，以下に掲げる事件に関する規律を設けている。①子に関する特別代理人の選任（別表第一65項，民826条)，②第三者が子に与えた財産の管理に関する処分（別表第一66項，民830条2～4項)，③親権喪失，親権停止または管理権喪失（別表第一67項，民834～835条)，④親権喪失，親権停止または管理権喪失に関する審判の取消し（別表第一68項，民836条），⑤親権または管理権を辞し，または回復するについての許可（別表第一69項，民837条），⑥養子の離縁後に親権者となるべき者の指定（別表第二7項，民811条4項），⑦親権者の指定または変更（別表第二8項，民819条5項6項〔749条による準用〕）。

ここで，各事件のいわば共通項となっている「親権」とは，未成年の子を監護教育するためにその父母に認められた権利義務の総称である（北野俊光「親権者の指定及び変更」講座実務家審Ⅱ105頁）。親権について，民法は，次のような規律を置いている。すなわち，未成年の子の親権は，父または母の親権に服する（民818条1項）。婚姻中の父母の場合，父母が共同して親権を行使するのが原則であるが（同条3項），父母の一方が親権喪失（民834条）や親権停止（民834条の2），あるいは親権の辞任（民837条）などで親権を行使できない場合があり，このような場合は，例外的に他方が単独で親権を行使する（民818条3項ただし書）。また，親権は，内容的には，子の利益のために子の監護および教育をする身上監護権と子の財産を管理する（さらに子の財産に関する法律行為を包括的に代理する）権利に大別されるところ，後者の管理権のみの喪失や辞任もあり得る（民835条・837条1項）。このほかに，例えば，共同親権者である父母が離婚する場合は，いずれか一方が親権者（単独親権者）と定められなければならず，両者の協議でそれが定まらない場合には，家庭裁判所による親権者指定が必要となる。また，指定後も，子の利益のために親権者を変更する必要が生ずる場合もある。家事法は，これらの場合を主に念頭に置いて，「親権に関する審判事件」として上記①～⑦の各事件に関する手続規律を置いている。

他方，父母の離婚の場合を例にすると，離婚の際に子の単独親権者が定められる一方で，親権の内容である監護を分離し得るとの前提のもと，父母が親権者と別に監護者を指定するなど子の監護に関する事項を定める必要が生じ得る。この場合，父母が協議して定められないときには，家庭裁判所が定めることとされており，家事法は，これを「子の監護に関する処分」（別表第二3項）として，第2編第2章第6節の「婚姻等に関する審判事件」において規定している（家事150条4号等）[85]。ここでは，この「子の監護に関する処分」も，親権にかかわることから，上記①～⑦の事件と一緒に取り上げることとした上で，それら親権に関する審判事件について解説する。

(a) 親権者の指定・変更の審判事件

(ア) 親権者の指定

(i) 概　説

子の父母が婚姻中であるとき，父母はともに親権を行使する（共同親権。民818条3項）。しかし，共同親権者である父母が協議離婚をする場合には，父母の協議で父母の一方を親権者と定めなければならない（離婚後の単独親権。民819条1項[86]）。これに対して，裁判上の離婚においては，家庭裁判所が離婚判決と同時に職権でどちらか一方を親権者と定める（民819条2項（本条は，婚姻の取消しの場合にも準用されることから（民749条），子の出生後に婚姻取消判決がされるときは，婚姻取消判決において子の親権者が指定される），人訴32条3項）。

一方，子の出生前に父母が離婚した場合には，母が親権者となるが（民819条3項本文），子の出生後に，父母の協議で，父を親権者と定めることができる（同項ただし書[87]）。また，父が認知した子に対する親権は，原則として母が行うが，協議によって父を親権者とすることができる（民819条4項）。

このように親権者を父母が協議により定める各場合において，その協議が調わないときは，家庭裁判所が審判で親権者を定める（民819条5項（749条による準用））。家事事件手続法は，別表第二8項の親権者指定の審判事件として，そのための手続を規律している（家事167条以下）。これらの事件は，別表第二の事件に属することから，家事調停の手続対象にもなる（家事244条）。

(ii) 申立て，管轄等

民法819条1項・3項（749条による準用）および4項が定めるいずれの場合も，親権者の指定について父母の協議が調わないとき，または，協議をするこ

85）平成23（2011）年の民法改正以前は，子の監護に関する審判事件として，親権者が懲戒権に基づき，家庭裁判所の許可を得て子を懲戒場に入れることができるとされていたが（家審9条1項甲類9号，改正前の民法822条2項。本書第2版503頁〔岡部〕参照），懲戒場が現存しないことから，上記改正により2項は削除された。一問一答・民法等18頁参照。

86）離婚届の所定欄に父母のいずれが離婚後の単独親権者となるのかを記入しなければ離婚届は受理されない（民765条1項）。

87）この規定は，婚姻の取消しの場合にも準用される（民749条）。したがって，子の出生前に婚姻取消判決が確定し，その後に子が出生したときは，協議により子の親権者を定めるべきであるが，協議が調わない場合は，家庭裁判所が審判で定める。岩井・前掲注67）505頁参照。

とができないときに，父または母の請求（申立て）によって，家庭裁判所が協議に代わる審判をすることができる（民819条5項）。したがって，父または母が申立人となり，他方が相手方となる。

管轄裁判所は，子の住所地を管轄する家庭裁判所であり，子が数人あるときは子の1人の住所地の家庭裁判所であればよい（家事167条）。子の福祉の観点から，子の現状や子の意思等を十分に把握して審判がなされるべきであるところ，その資料収集のためには，子の住所地を管轄する家庭裁判所の管轄とすることが合理的であるからである（新基本コン410頁〔小田正二〕）。なお，別表第二の審判事件であることから，家事法167条に基づく家庭裁判所のほかに，合意により定められた家庭裁判所の管轄も認められる（家事66条1項）[88]。

(iii) 審 理 等

親権者指定の審判事件では，子およびその父母は，手続行為能力を有する（家事168条7号・118条。本審判事件を本案とする保全処分（同175条）での手続行為能力も同様である（同168条柱書カッコ書））。したがって，子は，家事法17条1項において準用する民事訴訟法31条の規定にかかわらず，法定代理人によらずに，自ら手続行為をすることができるものとされ，同じく，子の父母は，自らが未成年者または成年被後見人であっても，法定代理人によらずに自ら手続行為をすることができる[89]。

民法は，例えば，子の利益のため必要があると認めるときは，親権者や監護者を他の一方に変更することができる旨を定めており（民819条6項・766条2

88） 家事法66条は，家審法の下で認められていなかった当事者の合意管轄の規律を，家事法別表第二に掲げる事項に関する審判事件，すなわち調停をすることができる事項についての審判事件に限り認めることとした新設条文である（新基本コン254頁〔稲田龍樹〕）。家事事件の管轄は，原則として，専属管轄に属するとされるが，別表第二の審判事件は，その事項について自らの意思により自己の権利または利益を処分することができ，調停規律の下に自主的な協議によって当該紛争を解決することができる事件類型であることから，当事者の意思を尊重して，当事者双方が合意で定める家庭裁判所も管轄を有する裁判所とする規律を採用したものとされている（一問一答・家事62頁，63頁，新基本コン254頁〔稲田〕）。

89） 同様に被保佐人または被補助人であっても，保佐人もしくは保佐監督人または補助人もしくは補助監督人であっても，保佐人もしくは保佐監督人または補助人もしくは補助監督人の同意を得ずに，自ら手続行為ができる（もちろん，意思能力を有することが前提）。

項），そこから，親権者の変更のみならず，親権者の指定の判断に当たっても，子の福祉と利益とを最大限に尊重して行うことが重要であることが看取できる（北野俊光「親権者指定・変更」村重慶一編『裁判実務大系第25巻・人事争訟法』（青林書院・1995）185頁）。親権者指定の基準は，子の福祉・利益のためいずれの親が適当かであり，それを親の監護能力，子の年齢，現に監護を受けつつある現状，子の意思等を慎重に検討した上で総合的な判断により決せられているとされる。実際，親権者指定の判断に際しては，双方の扶養能力・監護能力の優劣を主たる基準として結論を導き出した裁判例や，従前の監護状況を尊重した裁判例が多いほか，子の意思を尊重して親権の帰趨を決した裁判例も多い（北野・前掲186頁以下）。子の意思が親権者指定の際の重要な考慮要因であり，また，子への配慮が必要であることから（家事65条），家庭裁判所は，親権者指定の審判に際して，家事事件手続法68条[90]の規定により当事者の陳述を聴くほかに，子が15歳以上の場合は子の陳述をも聴かなければならない（同169条2項[91]）。親権者指定の審判は，子に直接の影響を与えることから，15歳以上の子の陳述の聴取が家庭裁判所に義務付けられる[92]。

(iv)　審判・不服申立て

審理の結果，申立ての理由がない場合は，申立てを却下し，理由のある場合は親権者指定の審判をする。審判において，子の引渡し，財産上の給付その他の給付を命ずることができる（家事171条）。子の引渡し等の給付は，給付の申立てがなくても，職権で当事者に命じることができる（逐条解説556頁）。親権者指定の効力は，審判の確定によって生じる。

親権者の指定の審判および申立却下審判に対しては，子の父または母および子の監護者が即時抗告をすることができる（家事172条1項10号）。

90）　家事法68条は，1項で，別表第二に掲げる事項についての家事審判の手続において，申立てが不適法であるときまたは申立てに理由がないことが明らかなときを除き，当事者の陳述を聴かなければならない旨，2項で，前項の規定による陳述の聴取は，当事者の申出があるときは，審問の期日においてしなければならない旨規定する。

91）　北野・前掲188頁は，子が15歳未満であっても，意思能力のある子の意見は尊重されるべきであるとする。

92）　家事法169条（特に1項）により，15歳以上の子の陳述聴取をすべき場合が拡充され（169条1項3号〔親権または管理権を辞するについての許可の審判〕，同4号〔親権または管理権を回復するについての許可の審判〕），また，陳述聴取に関するその他の規定との関係が明確にされた（新基本コン412頁〔小田〕参照）。

(v) 審判前の保全処分

家庭裁判所は，親権者の指定の審判の申立てがあった場合において，強制執行を保全し，または子その他の利害関係人の急迫の危険を防止するため必要があるときは，当該申立てをした者の申立てにより，親権者の指定の審判を本案とする仮処分その他の必要な保全処分を命じることができる（家事175条1項）。仮の地位の仮処分を命じる場合には，家事法107条により，審判を受ける者となるべき者（ここでは，申立人および相手方）の陳述を聴くほか，子（15歳以上のもの）の陳述を聴かなければならない（175条2項。ただし，子の陳述を聴く手続を経ることにより保全処分の目的を達することができない事情があるときは，この限りでない）。また，家庭裁判所は，親権者の指定の審判の申立てがあった場合において，子の利益のために必要があるときは，当該申立てをした者の申立てにより，親権者の指定についての審判が効力を生じるまでの間，親権者の職務の執行を停止し，またはその職務代行者を選任することができる（同条3項）。

(イ) 親権者の変更

(i) 概　説

親権者の指定によって父母の一方が子の親権者と定められたあとでも，子の利益のため必要があると認めるときは，家庭裁判所は，子の親族の請求によって，親権者を他の一方に変更することができる（民819条6項，別表第二8項）。この親権者の変更は，夫婦間の協議ではできず，必ず家庭裁判所の審判による。なお，家事調停によって解決することもできる（家事244条[93]）。

(ii) 申立て，管轄等

子の親族の申立てにより，家庭裁判所は，親権者変更の審判をすることができる（民819条6項）。したがって，父母のほかに広く子の親族が申立人となることができ，親権者を相手方とする。

管轄裁判所は，親権者指定の審判と同様，子の住所地を管轄する家庭裁判所であり，子が数人あるときは子の1人の住所地の家庭裁判所であればよい（家事167条）。別表第二の審判事件であることから，家事法167条に基づく家庭裁

93) 裁判外の協議では親権者変更ができないのに，調停手続ならばそれができるのは，調停では裁判所による正当性の判断が加わっているからである（家事272条1項参照）。注解家審408頁〔沼邊愛一〕参照。

判所のほかに，合意により定められた家庭裁判所の管轄も認められる（家事66条1項）。

(iii)　審理等

子およびその父母は，親権者変更の審判事件において，意思能力を有する限り，自ら有効に手続行為をすることができる（家事168条7号・118条。本審判事件を本案とする保全処分（家事175条）での手続行為能力も同様である（家事168条柱書カッコ書））。

親権者の変更については，民法が，子の利益のため必要があると認めるときは，親権者を他の一方に変更することができる旨定めており（民819条6項・766条2項），親権者の変更に当たっては，親権者指定の場合と同様，子の福祉と利益とを最大限に尊重して行わなければならない（北野・前掲185頁）。親権者変更の基準は，子の福祉・利益のため親権者を現親権者である親から他方の親に変更する必要があるか否かである。親権者変更も，子の利益を中心に判断されることから，基本理念としては親権者指定の判断と異ならない。ただ，親権者変更の場合には，先に親権者たる地位を取得している者がおり，監護実績のある場合が多く，従前の監護の実績や，過去の生活実績を踏まえた親権者の適格性などを考慮する必要性が高いことから，変更すべき特段の事情の存否の検討が中心になるとの指摘もある（北野・前掲185頁以下）。子の意思が親権者変更の重要な考慮要因であり，子への配慮が必要であるため（家事65条），家庭裁判所は，親権者変更の審判に際して，家事法68条の規定により当事者の陳述を聴くほかに，子が15歳以上の場合は子の陳述をも聴かなければならない（家事169条2項）。親権者変更の審判は，子に直接の影響を与えることから，15歳以上の子の陳述の聴取が家庭裁判所に義務付けられる。

(iv)　審判，不服申立て等

審理の結果，申立てが不適法か，または申立てに理由がない場合は，これを却下し，理由のある場合は，親権者変更の審判をする。審判において，子の引渡し，財産上の給付その他の給付を命じることができる（家事171条）。親権者変更の審判が確定すると，戸籍の届出をするまでもなく，審判によって直ちに変更の効力が生ずる。

親権者変更の審判および申立却下の審判に対しては，子の父または母および子の監護者が即時抗告をすることができる（家事172条1項10号）。

(v) 審判前の保全処分

家庭裁判所は，親権者変更の審判の申立てがあった場合において，強制執行を保全し，または子その他の利害関係人の急迫の危険を防止するため必要があるときは，当該申立てをした者の申立てにより，親権者の変更の審判を本案とする仮処分その他の必要な保全処分を命じることができる（家事175条1項）。仮の地位の仮処分を命ずる場合には，家事107条により，審判を受ける者となるべき者（ここでは，申立人および相手方）の陳述を聴くほか，子（15歳以上のもの）の陳述を聴かなければならない（家事175条2項。ただし，子の陳述を聴く手続を経ることにより保全処分の目的を達することができない事情があるときは，この限りでない）。また，家庭裁判所は，親権者の変更の審判の申立てがあった場合において，子の利益のために必要があるときは，当該申立てをした者の申立てにより，親権者の変更についての審判が効力を生じるまでの間，親権者の職務の執行を停止し，またはその職務代行者を選任することができる（同条3項）。

(b) 養子の離縁後に親権者となるべき者の指定の審判事件

(ア) 概　説

15歳未満の者が養子となる縁組をする場合には，その法定代理人が養子に代わって縁組を承諾する（民797条1項）。これに対して，離縁は，当事者の協議によってすることができるが（民811条1項），養子が15歳未満の場合は，自ら離縁の協議をすることができないし，養子は，養親の親権に服していることから，離縁は，離縁後に法定代理人となるべき者との協議によって行う（同条2項）。離縁後は，実親の親権が復活するから，実親が離婚していない場合には，離縁後に法定代理人となるべき者は実父母である。実父母が離婚している場合，養子となった子の親権者は定められていないから，改めてその協議で，その一方を，養子の離縁後に親権者となるべき者と定めなければならない（同条3項）。その協議が調わないか協議をすることができないときは，実父母または養親の請求（申立て）によって，協議に代わる審判をすることができる（同条4項）。この審判は，家事法上は，別表第二7項として規定されている。別表第二に属する事項として，家事調停によって解決することもできる（家事244条）。

(イ)　申立て，管轄

実父母のいずれかまたは養親が申立人となる。実父母の一方が申し立てるときは，他方を相手方とし，養親が申し立てるときは，実父母の双方を相手方とする。

管轄裁判所は，子の住所地を管轄する家庭裁判所であり，子が数人あるときは子の1人の住所地の家庭裁判所であればよい（家事167条）。別表第二の審判事件であることから，家事法167条に基づく家庭裁判所のほかに，合意により定められた家庭裁判所の管轄も認められる（家事66条（合意管轄）1項）。

(ウ)　審理，審判，不服申立て

養子，その父母および養親は，手続行為能力を有する（家事168条6号・118条）。すなわち，本審判事件において，養子，その父母および養親は，意思能力を有する限り，自ら有効に手続行為をすることができる[94)]。したがって，子は，家事法17条1項において準用する民事訴訟法31条の規定にかかわらず，法定代理人によらずに，自ら手続行為をすることができるものとされ，同じく，子の父母は，自らが未成年者または成年被後見人であっても（家事17条1項で準用する民訴31条の規定にかかわらず），法定代理人によらずに自ら手続行為をすることができる。

審判に当たっては，申立てが不適法であるとき，または申立てに理由がないときを除き，家庭裁判所は，当事者である申立人とその相手方の陳述を聴かなければならない（家事68条）。

申立てに理由があると認めるときは，親権者となるべき者の指定の審判をなし，申立てが不適法なときや理由がないときは申立てを却下する審判をする。親権者となるべき者の指定の審判に対しては，養子の父母および監護者が，申立てを却下する審判に対しては，申立人，養子の父母および監護者が，それぞれ即時抗告をすることができる（家事172条1項8号9号）。

---

94)　親権者変更の審判事件を本案とする保全処分（家事175条）での手続行為能力も，本案の審判事件の手続行為能力の規律に従う（168条柱書カッコ書）。

(c) 親権喪失，親権停止または管理権喪失の審判事件

(ア) 概　説

親が親権を適切に行使しない場合，それは，子の健全な成長に重大な影響を及ぼし，ときにはその生命を危うくしかねない。そこで，子の利益のために親権を適切に行使しない父母について，その親権の行使を制限し，あるいはそれを喪失させる必要が生じることから，民法は，親権者の地位を剝奪する親権喪失（民834条），2年を上限に親権者の地位を停止する親権停止（民834条の2），および財産管理権のみを剝奪する管理権喪失（民835条）という，親権を制限する三つの方法を定める。これにより，親権が適切に行使されない一定の事由があるときは，家庭裁判所は，一定の範囲の者の申立てにより，親権の喪失や停止の審判をすることができ，また，親権のうち財産管理権のみの喪失の審判をすることができる（家事別表第一67項）。このうち，親権停止の制度は，平成23（2011）年の民法改正で新たに創設された制度で，親権喪失の制度が活用しにくい面があったことから導入されたものである[95]。

(イ) 親権喪失の審判

(i) 概　説

父または母による虐待または悪意の遺棄があるとき，その他父または母による親権の行使が著しく困難または不適当であることにより子の利益を著しく害するときは，家庭裁判所は，子，その親族，未成年後見人，未成年後見監督人，または検察官の請求（申立て）により[96]，その父または母について，親権喪失の審判をすることができる（民834条本文）。ただし，2年以内にその原因が消滅する見込みがあるときは，この限りでない（すなわち，家庭裁判所は親権喪失の審判をすることができない（民834条ただし書））。

この親権喪失の制度は，平成23（2011）年に一部改正されたものであり，結果，申立権者が拡大されるとともに，要件も大きく変更されている。親権喪失

95） 親権停止制度の新設のほかにも，親権喪失制度その他の制度についても，従来の親権喪失や管理権喪失の「宣告」といった用語が改められ，親権喪失の原因や管理権喪失の原因が変更されたほか，親権喪失等の申立権者も拡大されている。なお，平成23（2011）年改正は，平成24（2012）年4月1日から施行されている。

96） 児童相談所長の請求（申立て）によっても，親権喪失の審判は可能である（児福33条の7）。

の審判は，家事事件手続法において別表第一67項として同法の規律を受ける（家事167条以下）。

⒤　申立て，管轄

親権喪失の審判の申立権は，子，その親族，未成年後見人，未成年後見監督人，または検察官に認められる（民834条。児童相談所長も申立てができる（児福33条の7））。前述のとおり，申立権者は，平成23（2011）年の民法一部改正により拡大されている。改正前は，子自身に申立権が認められるか争いがあったが，改正後は，親権喪失の審判により直接の影響を受けることと，子の利益の迅速な確保を可能にする目的から，子にも申立権が付与されている（佐上Ⅱ248～249頁，一問一答・民法等改正30頁）。また，子のほかにも，未成年後見人，未成年後見監督人にも同改正で申立権が認められているが，これは，彼らが，父母の親権が停止されている間や父母が管理権を喪失している間，子の監護教育および財産管理等の事務を行い，子の状況を把握し得ることから，父母の親権行使が不適当かどうかの判断をすることができるからである（佐上Ⅱ249頁，一問一答・民法等改正31頁[97]）。親権喪失の審判は，別表第一に掲げられる事件であり，別表第二の事件とは異なって申立ての相手方は存在しない（佐上Ⅱ249頁）。

管轄裁判所は，子の住所地を管轄する家庭裁判所である[98]（家事167条）。複数の子の親権者について喪失の審判を申し立てるときは，それぞれの子の住所地の裁判所となる。

(iii)　審 理 等

子およびその父母は，手続行為能力を有する（家事168条3号・118条。本審判事件の審判前の保全処分（同174条）でも同様である（同168条柱書カッコ書））。すなわち，親権喪失の審判事件において，子およびその父母は，意思能力を有する限り，自ら有効に手続行為をすることができる。

親権喪失の原因については，改正前は，「父又は母が，親権を濫用し，又は

97）　父母の双方について親権停止の審判がされると，未成年後見人が付され（民838条1号前段），未成年後見監督人が選任されることがあるからである（民849条）。

98）　家審規73条では，事件本人（親権者）の住所地の家庭裁判所が管轄裁判所であったが，家事法では，子の利益の観点からこの審判がなされるべきとして変更が加えられた（一問一答・家事197頁，佐上Ⅱ249頁）。

著しく不行跡である」ことが親権喪失の原因として定められていたが，改正後は，「父又は母による虐待又は悪意の遺棄があるときその他父又は母による親権の行使が著しく困難又は不適当であることにより子の利益を著しく害するとき」にその原因が改められた（民835条）。これは，従前から，実務上，親権濫用や著しい不行跡などがあって子の利益が著しく害されるときに親権喪失の審判が可能であると解されてきたところ，規定の文言上，子の利益が著しく害されている状況があるといった点が明示されていないなど，意味内容が明らかになっていなかったことから，親権喪失原因を改め，その明確化を図ったものである（一問一答・民法等改正40頁）。

親権喪失審判事件では，上記の親権喪失原因の有無が審理されるが，審理に際し，家庭裁判所は，子（15歳以上の者に限る）および子の親権者の陳述を聴かなければならない（家事169条1項1号）。子の陳述聴取については，子が親権喪失の審判により直接かつ重大な影響を受けることを踏まえ，子の意思尊重の理念から子の陳述を聴取することが家庭裁判所に義務付けられる。また，親権者についても，家庭裁判所は，親権喪失の審判の際に，親権者の陳述を聴取することを義務付けられ，しかも，それを審問の期日に行わなければならない（家事169条1項柱書後段）。親権者は，親権喪失が申し立てられた親権者でない他方の親権者も含め，直接の関係者として事実関係を最もよく知る立場にあるうえに，審判によって重大な影響を受けることから，直接面会して事情を聴取すべく，審問期日での親権者の陳述聴取が義務付けられている（佐上Ⅱ253頁，逐条解説552頁）。

(iv)　審判，不服申立て

審理の結果，申立てに理由があると認めるときは，親権喪失の審判をする。これに対し，申立てについて審理した結果，親権喪失の事由は認められないものの，親権停止や管理権喪失の事由が認められる場合に，親権停止や管理権喪失の審判ができるかについては，従来，見解の対立があったが，平成23(2011）年の民法一部改正後は，親権喪失の申立てには親権停止や管理権喪失の申立ても含まれているとして親権停止や管理権喪失の審判が可能であると解されている（一問一答・民法等改正52頁，佐上Ⅱ256頁）。

親権喪失の審判は，申立人，利害関係参加人，親権を喪失する父または母のほか，子にも告知しなければならない（家事170条1号）。親権喪失の審判が確定したときは，裁判所書記官は，戸籍管掌者に戸籍の記載を嘱託しなければならない（家事116条1号，家事規76条1項1号）。

親権喪失の審判に対しては，親権を喪失する者およびその親族が，即時抗告することができる（家事172条1項1号）。申立てを却下する審判に対しては，申立人，子，子の親族，未成年後見人，および未成年後見監督人が即時抗告をすることができる（家事172条1項4号）。審判の告知を受ける者でない者および子による即時抗告の期間は，親権を喪失する者が審判の告知を受けた日から進行する（同条2項1号）。

(v)　審判前の保全処分

親権喪失審判の申立てがあった場合，子の利益のために必要があるときは，当該申立てをした者の申立てにより，本審判の確定までの間，親権者の職務の執行を停止し，職務代行者の選任をすることができる（家事174条1項）。審判前の保全処分として，緊急の場合の暫定的措置を定めたものである。

(ウ)　親権停止の審判

(i)　概　　説

親権の行使が不適当である場合には，上記の親権喪失の制度が用意されてきたが，この制度は，要件が厳格であることから，その要件を満たすまでには至らない比較的程度の軽い事案で必要な親権制限をすることができず，また，反面，効果が大きいことから，親権喪失後の親子の再統合に支障を来すおそれがあり，さらに，親権に対する過剰な制限になるおそれがあることなど問題点が存在していた。そこで，平成23（2011）年の民法改正では，親権喪失にまで至らない比較的程度の軽い事案や，一定期間の親権制限で足りる事案において，必要に応じて適切に親権を制限することができるようにするため，2年以内の期間に限って親権を行うことができないようにする「親権停止制度」（民834条の2）が創設された（一問一答・民法等改正45頁）。すなわち，父または母による親権の行使が困難または不適当であることにより子の利益を害するときは，家庭裁判所は，一定の者の申立てにより，その父または母について親権停止の審判をすることができる（同条1項）。この審判は，家事事件別表第一67項についての審判である（家事167条以下）。

(ii)　申立て，管轄等

親権停止審判の申立権者は，親権喪失の審判と同様，子，子の親族，未成年後見人，未成年後見監督人または検察官である（民834条の2第1項。児童相談所長も申立てができる（児福33条の7））。管轄裁判所は，子の住所地を管轄する家庭裁判所である（家事167条。親権喪失の審判と同様の規律である）。子およびその父母は，手続行為能力を有する（家事168条3号・118条。本審判事件の審判前の保全処分（同174条）でも同様である（同168条柱書カッコ書））。

(iii) 審理，審判等

親権停止の審判の申立てに関する審理では，父または母による親権の行使が困難または不適当であることにより子の利益を害することが，親権停止の原因として審理される。前述の親権喪失の原因と比較すると，親権行使の困難さまたは不適当さの程度，および子の利益を害する程度が親権喪失の場合よりも軽度である場合が念頭に置かれている。また，家庭裁判所が親権停止の審判をするときは，その原因が消滅するまでに要すると見込まれる期間，子の心身の状態および生活の状況その他一切の事情を考慮して，2年を超えない範囲内で，親権を停止する期間を定める（民834条の2第2項）。

審判をするには，家庭裁判所は，親権喪失の審判の場合と同様，子（15歳以上のものに限る）および子の親権者の陳述を聴かなければならない（家事169条1項1号）。親権停止の申立てが相当と認められるときは，親権停止の審判をし，申立てに理由がないと認められるときは，申立てを却下する審判をする。

(iv) 不服申立て，審判前の保全処分

親権停止の審判に対しては，親権を停止される者（審判を受ける者となるべき者）とその親族が，即時抗告をすることができる（家事172条1項2号）。申立却下の審判に対しては，申立人，子および子の親族，未成年後見人ならびに未成年後見監督人が即時抗告できる（同4号）。

なお，親権停止の審判の申立てがあった場合も，親権喪失の審判の申立ての場合と同様，当該申立てをした者の申立てにより，本審判の確定までの間，親権者の職務の執行を停止し，職務代行者の選任をすることができる（同174条1項）。

(エ) 管理権喪失の審判

(i) 概　説

親権は，子の身上監護権と財産管理権を内容としており，親権者は，未成年者の財産管理および財産に関する法律行為について包括的代理権を有する（民

824条)。しかし，不適当な管理の結果，未成年者の利益を害するときは，親権のうちの財産管理権のみを喪失させる制度が設けられている（同835条)。

従来は，管理権の喪失は「親権を行う父又は母が，管理が失当であったことによってその子の財産を危うくしたとき」に認められるとされていたが，管理権喪失の原因は，平成23（2011）年の民法改正により，「父又は母による管理権の行使が困難又は不適当であることにより子の利益を害するとき」に改められた。これは，従来は，子の財産を危うくした場合でなければ管理権を喪失させることができなかったところ，管理権喪失の対象を拡大し，事案に応じて適切に管理権を制限できるようにするためである（一問一答・民法等改正21頁，59頁）[99]。上記の場合には，家庭裁判所は，一定の者の申立てにより，その父または母について管理権喪失の審判をすることができ（民835条)，家事事件手続法は，別表第一67項についての審判として管理権喪失の審判事件について規律する（家事167条以下)。

(ii)　申立て，管轄等

この審判の申立権者は，親権喪失等と同様，子，子の親族，未成年後見人，未成年後見監督人または検察官である（民835条。児童相談所長も申立てができる（児福33条の7))。管轄裁判所も，親権喪失等と同様，子の住所地を管轄する家庭裁判所である（家事167条)。

子とその父母に手続行為能力が認められることは，親権喪失等の審判と同様である（家事168条3号。本審判事件の審判前の保全処分（同174条）でも同様である（同168条柱書カッコ書))。

(iii)　審　　理

審理に当たっては，父または母による管理権の行使が困難または不適当であることにより子の利益が害されるかが，管理権喪失の要件として問題となるが，これについては，明確な基準がないため，個別具体的に判断する（高松家審平20・1・24家月62・8・89参照)。審判をするためには，家庭裁判所は，子（15歳以上の者に限る）および子の親権者の陳述を聴かなければならない（家事169条

99)　その結果，子の財産を危うくした場合に限らず，例えば，子が第三者と契約する際に，親が合理的な理由なくこれに同意せず，それによって子の利益が害されていると評価できるような場合にも，管理権喪失が可能となった。

1項1号)。審判の申立てに理由があると認めるときは，家庭裁判所は，管理権喪失の審判を行うが，申立てに理由がないときは，申立てを却下する審判をする。管理権喪失の審判を受けた父または母は，財産管理権のみを失い，身上監護権は失わない。[100)]

(iv) 審判・不服申立て・保全処分

管理権喪失の審判は，親権喪失審判等と同様に，家事事件手続法74条1項所定の者のほか，子にも告知しなければならない（家事170条1号)。この審判に対しては，管理権を喪失する者およびその親族が即時抗告権を有する（家事172条1項3号)。申立てを却下する審判に対しては，申立人，子，子の親族，未成年後見人，未成年後見監督人が即時抗告できる（同項4号)。管理権喪失の審判事件でも，親権喪失と同様，同審判の申立てがあったときは，家庭裁判所は，子の利益のため必要があると認めるときは，当該申立てをした者の申立てにより，親権者の職務執行の停止など，保全処分をとることができる（家事174条)。

(d) 親権喪失，親権停止または管理権喪失の審判の取消しの審判

(ア) 概　説

未成年の子の身上監護および財産管理は，子の福祉のために本来は親権者に委ねられるべきものであることから，親権喪失，親権停止または管理権喪失（以下，「親権喪失等」という）の各原因が消滅したときは，再び親権等を行使できることが認められる。そのため，親権喪失，親権停止または管理権喪失の各審判の原因が消滅したときは，家庭裁判所は，本人またはその親族の申立てにより，それぞれの審判を取り消すことができる（民836条)。家事事件手続法は，親権喪失，親権停止または管理権喪失の各審判を取り消す審判事件を，別表第一68項についての審判として規律する（家事167条以下)。

(イ) 申立て，管轄等

親権喪失等の審判の取消しの審判の申立権者は，親権喪失等を受けた者（本

100) 子の財産については，他の親権者が単独で管理し，法律行為は単独で代理する（民818条3項)。単独親権者が管理権を失ったときなどは，財産管理について未成年後見人を選任する（民838条1号)。

人）およびその親族である（民836条）[101]。この審判事件は，別表第一の事件であるから，相手方は予定されていない（佐上Ⅱ 258頁）。

この事件では，子およびその父母は，手続行為能力を有する（家事168条4号・118条）。管轄裁判所は，子の住所地を管轄する家庭裁判所である（家事167条）。

(ウ)　審　　理

審理では，親権喪失等の各原因が消滅したかどうかが対象となる（民836条）。審理に当たり，家庭裁判所は，子（15歳以上に限る），子に対し親権を行う者，子の未成年後見人，および親権喪失等を受けた者の陳述を聴かなければならない（家事169条1項2号）。

(エ)　審判，不服申立て

審理の結果，親権喪失等の原因が消滅していると認められるときは，その審判を取り消す審判を行う。この審判は，家事法74条1項に規定する者のほか，子，子に対して親権を行う者および子の成年後見人に告知されなければならない（家事170条2号）。取消しの審判に対しては，子およびその親族，子に対し親権を行う者，子の未成年後見人ならびに未成年後見監督人が即時抗告をなし得る（家事172条1項5号）。

一方，審判取消しの審判の申立てに理由が認められないときは，申立てを却下する。申立てを却下する審判に対しては，申立人，親権喪失等を受けた者およびその親族が，即時抗告をなし得る（家事172条1項6号）。

(e)　親権または管理権の辞任および回復の審判事件

(ア)　概　　説

親権を行使する父または母は，やむを得ない事由があるときは，家庭裁判所の許可を得て，親権または管理権を辞することができる（民837条1項）。辞任の事由が消滅したときは，辞任した父または母は，家庭裁判所の許可を得て，親権または財産管理権を回復することができる（同条2項）。本来，親権が子の

101）　未成年の子も申立権者に含まれるが，検察官や児童相談所長は含まれない。未成年の子が成年になった場合は，子は，もはや親権に服しないため親権喪失等の審判の取消しを申し立てる余地はない。佐上Ⅱ 257～258頁。

福祉のための制度である以上，親権者が恣意的に親権を放棄したり辞任したりするのは，許されない。しかし，親権または管理権の喪失や親権停止が問題となる場合もある以上，辞任を許さないことがかえって子の福祉を損ねるケースもあり得ることから，民法は，親権等の辞任の可能性を認めた上で，それを家庭裁判所の許可に係らしめている（佐上Ⅱ 259 頁）。この辞任の許可の審判や親権等の回復を家庭裁判所が許可する審判を，家事事件手続法は，別表第一 69 項についての審判事件として規律する（家事 167 条以下）。

(イ) 申立て，管轄等

まず，親権や財産管理権の辞任の許可の審判の申立権者は，親権または管理権を辞任しようとする父または母である（民 837 条 1 項）。一方，親権または管理権を回復するについての許可の審判は，親権または管理権を辞任した父または母が申立権者である（同条 2 項）。いずれの審判事件も，管轄裁判所は，子の住所地を管轄する家庭裁判所である（家事 167 条）[102]。

(ウ) 審　理

親権や財産管理権の辞任または回復の許可の審判事件でも，子およびその父母は，意思能力がある限り，手続行為能力を有する（家事 168 条 5 号）。審理に際しては，親権等の辞任の許可の審判の場合，親権または管理権を辞任すべきやむを得ない事由があるか否かが審理の対象となり，回復の許可の審判の場合は，辞任の原因となったやむを得ない事由が消滅したか否かが審理の対象となる。いずれにしても審理に当たっては，子の福祉・利益の視点から辞任または回復が相当であるかが確認される必要がある。いずれの審判についても，その結果は，子に直接の影響を及ぼすことから，家庭裁判所は，子（15 歳以上のものに限る）の陳述を聴取しなければならないほか（家事 169 条 1 項 3 号 4 号），回復の許可の審判に際しては，子の利益の代弁者としての立場にある者（子に対し親権を行う者および子の未成年後見人）の陳述をも聴取しなければならない（同項 4 号）。

102）家審法（家審規 81 条）では事件本人（親権者）の住所地の家庭裁判所が管轄裁判所であったのと異なり，家事法では，子の利益を考慮して，子の住所地を管轄する家庭裁判所が管轄裁判所となった。佐上Ⅱ 260 頁。

(エ)　審判，不服申立て

審理の結果，申立てに理由があると認められないときは，申立てを却下する審判を行い，理由があると認められるときは，親権または管理権の辞任を許可する審判や，回復を許可する審判がなされる（審判の告知について，家事74条1項）。辞任に関する審判に対しては，却下と認容のいずれであっても，即時抗告は認められておらず（家事172条参照。辞任許可の審判について即時抗告が認められない点を疑問視するものとして，佐上Ⅱ261頁），回復に関する審判については，申立てを認容して親権等の回復を許可する審判に対する即時抗告はできないが，申立てを却下する審判に対しては，即時抗告が許される（家事172条1項7号）[103]。

(f)　子に関する特別代理人の選任の審判事件

(ア)　概　　説

親権者は，未成年者たる子の財産管理権を有し，子の財産管理および財産に関する法律行為について包括的な代理権を有するが（民824条本文），親権者と子の利益が相反する行為を親権者が行う場合には，一般的に公正な親権の行使を期待することができないことから，民法は，子の利益保護のため，親権者の代理権および同意権を制限し，かわりに，家庭裁判所の選任した特別代理人にそれらの権利を行使させることにしている（民826条）。したがって，親権者が子の利益と相反する行為をする場合，親権者は，未成年者のために特別代理人を選任するよう，家庭裁判所に申立てをしなければならない（民826条）。この特別代理人の選任は，家事事件手続法において，別表第一65項についての審判事件として規律されている（家事167条以下）。

(イ)　申立て，管轄

親権者と子の利益が相反する行為を親権者が行う場合は，次の二つの類型に大別される。すなわち，①親権者と子との利益が相反する行為をする場合（民826条1項），②親権に服する数人の子の間の利益が相反する場合（同条2項）である。いずれの場合も，特別代理人の選任の申立権者は，利益相反行為について親権を行う父または母である（同条1項2項）。もっとも通説は，民法840条

103)　親権等の回復を求める申立人には，申立てを却下する審判が不当である場合には，これを是正することを求める利益があるからである（逐条解説562頁）。

を類推して，親権者だけでなく子の親族その他の利害関係人にも申立権を認める（高橋水枝「利益相反行為（親子関係）についての特別代理人の選任」講座実務家審Ⅱ』155頁）。管轄裁判所は，子の住所地を管轄する家庭裁判所である（家事167条）[104]。

(ウ) 審理，審判，不服申立て

特別代理人選任の審判事件では，子は，手続行為能力を有する（家事168条1号）。審理では，①の場合において，親権を行う父または母と子の利益が相反する場合に当たるかが問題となり，②の場合において，1人の子と他の子との間で利益が相反する場合に当たるかが問題となる。利益相反行為に当たるか否かの判断基準については，行為の動機等を問わず行為自体を外形的・客観的に判断して決めるべきとする形式的判断説と，子の不利益において親権者自らの利益を図ることを防止すべく，行為の動機，目的，実際的効果，必要性等すべての事情を考慮して判断すべきとする実質的判断説が対立している。判例は，取引の安全との調和の必要から，利益相反行為に当たるかどうかが取引の相手方にわかるものでなければならないことなどを理由に形式的判断説を採用しているとされる（最判昭42・4・18民集21・3・671，最判昭48・4・24家月25・9・80ほか。本書第2版490頁〔岡部〕，高橋・前掲144頁，佐上Ⅱ 99頁参照）。

審理では，利益相反性の有無のほかに，特別代理人としての適格性も審理対象となる（特別代理人の資格には，後見人のような制限〔民847条〕はない）。もっとも実際上は，申立人である親権者が候補者として挙げた子の親族等が特別代理人に選任されることが多く，子の保護の実効性は担保されていないとの指摘がなされている。

審理の結果，特別代理人の選任を必要と認めるときは，選任の審判を行う。審判の主文には，いかなる行為について特別代理人を選任するか，行為を特定して記載される。特定代理人を選任する審判および申立てを却下する審判のいずれに対しても即時抗告はできない（佐上Ⅱ 102頁参照）[105]。

104） ②の場合は，数人の子の利益が反する場合であるから，複数の管轄があり得る（岩井・前掲注67）225頁）。

105） 特別代理人選任審判は，審判を受ける者（特別代理人に選任された者）への審判の告知によって効力を生じる（家事74条2項）。

(g)　第三者が子に与えた財産の管理に関する処分の審判事件

(ア)　概　　説

第三者が子（未成年者）に無償で財産を与え，その際に父または母にその財産を管理させない意思を表示したときは，その財産は，父または母の管理に属しない（民830条1項）。この場合に，第三者が当該財産の管理者を指定しなかったときは，家庭裁判所が，子，子の親族または検察官の申立てによって，その財産管理者を選任する（同条2項）。また，第三者が管理者を指定したときであっても，その管理者の権限が消滅し，または管理者を改任する必要がある場合に，第三者がさらに管理者を指定しないときも，家庭裁判所が，上記の者の申立てによって，管理者を選任する（同条3項）。この管理者の選任は，家事事件手続法の別表第一66項についての審判事件として，家事審判手続で行われる（家事167条以下）。

(イ)　申立て，管轄

申立権者は，上記のとおり，未成年の子，その親族または検察官である（民830条2項3項）。子は，意思能力がある限り，手続行為能力を有するから（家事168条2号・118条），法定代理人によらずにこの申立てをすることができる。管轄裁判所は，子（数人の子があるときは，そのうちの1人）の住所地の家庭裁判所である（家事167条）。

(ウ)　審理，審判等

審理の対象は，第三者が子に財産を与え，親権者である父母に管理させない意思表示をしたが，第三者が管理者を指定しなかったこと（民830条2項），または，第三者が管理者を指定したが，その管理者の辞任その他の理由で管理者の権限が消滅したこと，もしくは管理者を改任する必要があること（同条3項）である。審理の結果，申立てを認容するのが相当と認めるときは，第三者が子に与えた財産の管理者を選任する旨の審判をする。申立てに理由がないときは，申立てを却下する。選任の審判にも却下審判にも即時抗告をすることはできない（佐上Ⅱ 113頁）。

(h)　子の監護に関する処分の審判事件

(ア)　総　　説

民法は，父母が協議上の離婚や裁判上の離婚をする場合[106]，婚姻の取消しがあった場合，父が非嫡出子を認知する場合に，子の監護をすべき者，父または母と子との面会およびその他の交流，子の監護に要する費用の分担その他の子の監護について必要な事項を協議で定めるとし，その場合には，子の利益を最も優先して考慮しなければならないと規定する（民766条1項・749条・771条・788条）。そして，この協議が調わないとき，または協議をすることができないときは，家庭裁判所が上記の子の監護について必要な事項を定めることとされる（民766条2項・749条・771条・788条）。また，家庭裁判所は，必要があると認めるときは，父母の協議による定め，または家庭裁判所による定めを変更し，その他子の監護について相当な処分を命じることができる（766条3項・749条・771条・788条）。

民法766条2項および3項が規定する家庭裁判所による子の監護について必要な事項に関する定めまたは処分は，家事事件手続法が別表第二3項の「子の監護に関する処分」として規律している。別表第二の事件に属することから，家事調停の手続対象にもなる（家事244条）。

子の監護に関する処分の具体的な内容について，民法766条1項は，従前は「子の監護をすべき者その他監護について必要な事項」とのみ規定するにとどまっていたが，平成23（2011）年改正（平成23法61）により，子の監護に関する規定の充実整備の目的から改正された結果，子の監護に関する処分として，子の監護者の指定のほかに，面会交流，子の監護費用の分担も明示されることとなり，また，処分に際して，子の利益の最優先の原則が明記された。

(イ) 子の監護に関する処分の手続全般

(i) 申立て，管轄等

子の監護に関する事項について協議すべき当事者が子の父または母であることから，子の監護に関する申立ては，子の父または母のいずれかが行い，他方がその相手方となる。管轄裁判所は，子の住所地を管轄する家庭裁判所である（家事150条4号）。父または母を同じくする子の数人についての申立てについ

---

106) 協議上の離婚の際の規律である民法766条の規定は，その準用を明記する裁判上の離婚，婚姻の取消しおよび認知の場合のほかに，離婚前であっても別居中に子の監護に関する事項が問題となった場合も，類推適用されるものと解されている。面会交流について，最決平12・5・1民集54・5・1607，裁判例集Ⅲ-76。岩井・前掲注67）458頁参照。

ては，子のうちの１人の住所地を管轄する家庭裁判所が管轄権を有する。

(ii) 審理等

子の監護に関する事項のうち，子の監護者の指定や子の引渡し等については，その審判の結果によって子が直接影響を受けることとなるため，子の意思を可能な限り尊重する必要から，子は，意思能力ある限り，自ら有効に手続行為をすることができる（家事151条2号・118条）。もっとも，子の監護に要する費用の分担などの経済的事項に関する処分の審判事件において，子に手続行為能力を認めることは，未成年者の行為能力に関する民法規定と齟齬する結果となるし，その費用をどのように賄うかについて親権者や監護者がその責任を負うべき事項であることから，通常の財産に関する事件以上に子の意思を尊重する必要はない。そこで，子の監護に関する処分の審判事件のうち，財産上の給付を求めるものについては，子に手続行為能力は認められない（家事151条柱書カッコ書）[107]。

子の監護に関する処分の審判は，子に与える影響が重大であることから，15歳以上の子の陳述を聴かなければならない（家事152条2項）[108]。ただし，子の監護費用の分担に関する審判については，その判断根拠となる経済的事情に関する資料を収集するのに子の陳述の聴取が必要的になるとは一般的に考えにくいなどの理由から，子の陳述聴取は，必要的とされていない（同条2項カッコ書。逐条解説493頁）。

なお，子の監護に関する処分の審判事件では，家庭裁判所調査官による事実の調査（家事58条）が重要な役割を果たすことが多く，子の監護状況，子の意向調査，親権者・監護者としての適格性についての包括調査などが実施されることが多いといわれる（梶村ほか167頁参照）。

(iii) 審判，不服申立て等

審理の結果，申立てに理由がない場合はこれを却下し，理由がある場合は子

107) 逐条解説491頁。なお，子の監護に関する処分は，監護権の行使に財産上の行為能力が必要であると解されていることから，当該処分に関する審判事件の当事者である父・母には，手続行為能力について特則が設けられていない。

108) 審判により最も直接的な影響を受ける子に，当該事件について意見を述べる機会を与えるとともに，裁判所が子の認識や意思・意向を判断資料とするものである。なお，15歳未満の子であっても，子の利益の観点から，裁判所は，相当と認める方法で子の意思を把握するよう努めなければならない（逐条解説493頁）。

の監護に関する処分の審判をする。この審判において，家庭裁判所は，その処分を実効的なものとするために，子の監護者の指定または変更，面会交流，監護費用の分担その他子の監護について必要な事項の定めをするとともに，当事者に対し，子の引渡し，金銭の支払その他の財産上の給付その他の給付を命じることができる（家事154条3項）。給付命令は，申立てがなくても職権で行うことができる（逐条解説248頁)[109]。

子の監護に関する処分を命じる審判および却下する審判に対しては，子の父母および子の監護者は，即時抗告をすることができる（家事156条4号）。子の監護に関する処分についての審判は，子に重大な影響を与え得るが，子自身には，即時抗告権は認められていない（その理由について，逐条解説503頁参照）。

(iv)　審判前の保全処分

子の監護に関する処分の審判（または調停）の申立てがあった場合において，強制執行を保全し，または子その他の利害関係人の急迫の危険を防止するため必要があると認めるときは，審判の申立人の申立てにより，子の監護に関する処分を本案とする仮差押え，仮処分その他の必要な保全処分をすることができる（家事157条1項3号）。

そして，子の監護費用の分担に関する仮処分を除き[110]，仮の地位を定める仮処分を命じる場合には，審判を受ける者となるべき者（父または母）の陳述を聴くほか，子（15歳以上に限る）の陳述を聴かなければならない（同条2項）。ただし，子の陳述を聴く必要がある場合であっても。その陳述の聴取の手続を経ることにより保全処分の目的を達することができない事情があるときは，保全処分の目的達成を優先すべく，子の陳述聴取の手続を経ることなく仮処分を命じることができる（同項ただし書）。

109）もっとも，子の監護者の指定または変更の処分をするときに，子の監護費用の分担を定めることについて申立てがない場合でも，家庭裁判所が職権で監護費用の支払を命ずることができるかについては，逐条解説498頁参照。

110）子の監護費用の分担に関する仮処分については，その判断根拠となる経済的事情に関する資料を収集するために子の陳述の聴取が必要的なものとなるとは，一般的に考えにくいからである（逐条解説507頁）。

(ウ)　監護者の指定

(i)　概　　説

子の監護に関する事項または処分で主なものとしては，民法766条1項が明記するところの子の監護者の指定，面会交流，および子の監護費用の分担とともに，子の引渡しが挙げられることから，以下では，これら四つの事項について概観することにする。はじめに，監護者の指定を取り上げる。

親権の内容に監護が含まれることから，通常は，親権者が監護者である。しかし，民766条1項が子の監護者の指定という概念を認めていることから，親権者と監護者を分離することができると解されている。民法の規定によれば，監護者の指定は，協議上の離婚および裁判離婚の際に求められる場合（民766条・771条），婚姻取消しを命じる判決が確定した場合（民749条），または父が認知した場合に行われ得る（民788条）。このほかに，民法に定めはないが，別居状態にある父母が監護者指定を求める場合にも，子の監護者の指定ができるかどうかが問題となる（本書第2版493頁〔岡部〕参照）。例えば，父母が不和となり，別居する状態になったときには，父母が共同親権を行うといっても，実際上いずれかが子の監護を行うほかないことから，この場合にも，監護者の指定が行われると解する立場が，判例・学説上有力である（注解家審352頁〔沼邊愛一〕参照）。もっとも，離婚の際の民法766条の類推適用により子の監護者指定を認めるものと，民法752条の夫婦間の協力義務の規定の適用により認めるものに分かれる[111)]。したがって，現在の有力な見解を前提にする限り，前記の民法所定の場合のほかに，別居中の夫婦の場合も含め，子の監護者を父母間で協議してその協議が調わないとき，または協議ができないときは，家庭裁判所がこれを指定することができる。

(ii)　審理，審判等

監護者の指定が必要とされる場合としては，様々なケースが考えられるが，例えば，①父母の双方に，それぞれこの監護等に関する権限を分属させる必要のある場合（父母の一方が，子の身上の監護をする者としては適当であるが，財産を

---

111)　例えば，民法766条の類推により認める審判例として，奈良家審平元・4・21家月41・11・96，民法752条の適用により認める審判例として，大阪家審昭54・1・10家月31・7・60。なお，認めない審判例として，大阪家審昭54・11・5家月32・6・38。

管理し，その他親権全般を行う者として不適当な場合など），②親権者となった親が現実に子を監護するのに適任者でないため，日常子を監護すべき者を別に定める必要がある場合，③父母双方とも子を監護できないか，あるいは監護が不適当な事情があり，父母以外の第三者に子の監護をさせる場合，などが挙げられる（金沢英一「子の監護者の指定」講座実務家審Ⅱ 160 頁，注解家審 349 頁〔沼邊〕等）。[112)]

監護者の指定は，父母や家庭裁判所の裁量に任されているとされるが（本書第 2 版 494 頁〔岡部〕，注解家審 351 頁〔沼邊〕），監護者指定を行うに当たっては，子の利益が重視されなければならない（民 766 条 1 項後段）。子の年齢，子に対する父母の愛情，父母の性格・資力・監護能力・養育実績，子の現状，子の意向・動向などを比較考量すべきとされる。子の利益保護のために，15 歳以上の子の陳述聴取が必要的とされている（家事 152 条 2 項）。

監護者の指定の審判が確定したときは，監護者と定められた者に子の監護に関する権利義務を付与する効果が形成される（岩井・前掲注 67）461 頁）。監護者指定の審判が確定した場合であっても，家庭裁判所は，必要があると認めるときは，この指定を変更することができる（民 766 条 3 項）。

㈣　監護費用（養育費）の分担

（i）　子の監護に要する費用の分担は，父母の協議で定めるところ（民 766 条 1 項），この協議が調わないとき，または協議をすることができないときは，家庭裁判所がこれを定める（同条 2 項）。子の監護に要する費用は，監護費用ともいうが，一般には「養育費」と呼ばれている。従来の民法 766 条には，監護費用の分担について明文の定めはなかったが，前述のとおり，平成 23（2011）年の民法改正により明文化された。未成年の子を監護するために必要な費用（養育費）に関しては，父母の一方（監護親）の下で監護養育されている未成熟子の生活費等について，監護親は，他方の親（非監護親）にその費用の分担を求めることができる。[113)114)]

112）　なお，第三者を監護者に指定できるかについては，議論がある。本書第 2 版 494 頁〔岡部〕参照。

113）　父母の一方が他方に未成熟子の生活費等の分担を求める方法としては，ほかに，婚姻中の夫婦の場合には婚姻費用の分担請求（民 760 条）による方法があり，離婚している場合や婚外子の場合には扶養請求（民 877 条・879 条）による方法もある（後者の扶

養育費の分担も，子の監護者の指定をはじめとする子の監護に関する他の事項と同様，父母の間での協議により定められるものであるが，もしも協議が調わないときや，協議をすることができないときには，家庭裁判所が審判により定める（民766条2項）。

(ii)　審 理 等

養育費の審判の申立ては，父または母が他方を相手方として行う。養育費の審判は，子の監護に要する費用の分担額を具体的に形成決定するものであり，家庭裁判所は，後見的立場から，合目的的見地より裁量権を行使して，その具体的分担額を決定する（岡・前掲注113）305頁）。問題は，具体的にどのような費用が養育費として認められ，それをどのように算定するかである。従来は，養育費の算定について，様々な算定方法がとられ，また具体的金額の算出も煩瑣であったが，現在の実務では，平成15（2003）年に公表された東京・大阪養育費等研究会の養育費・婚姻費用の算定表（東京・大阪養育費等研究会「簡易迅速な養育費等の算定を目指して――養育費・婚姻費用の算定方式と算定表の提案」判タ1111号（2003）285頁以下）が広く用いられている（本書第2版495頁〔岡部〕，岡・前掲注113）309頁。この算定方法の問題点について，梶村ほか196頁参照）。これは，子が義務者と同居しているものと仮定し，子が義務者と同居していると仮定すれば子のために費消されていたはずの生活費がいくらかであるのかを計算し，これを義務者と権利者の収入の割合で按分し，義務者が支払うべき額を定めるというものである（岡・前掲注113）308頁）。

(iii)　審 判 等

家庭裁判所は，申立てに理由があると認めるときは，監護費用の分担の審判をする。その際，金銭の支払を命ずることができる（家事154条3項）。監護費用の分担については，通常，一定の時期から監護費用を必要としなくなるまで毎月一定額を支払うよう義務者に命ずる審判が行われる（岩井・前掲注67）470頁）。金銭の支払を命ずる審判は，確定すると，執行力ある債務名義と同一の効力を有する（家事75条）。

養請求の場合は，請求者は監護親ではなく，子自身である）。岡健太郎「養育費の算定と執行」新実務大系② 304頁，梶村ほか194頁参照。

114)　養育費支払義務は，親子関係より生じる義務で，その程度は，生活保持義務とされてきた（梶村ほか195頁）。

(iv) 履行の確保

審判で養育費の支払が命じられて同審判が確定した場合，履行確保する手段としては，まず，履行勧告または履行命令の制度がある。すなわち，家庭裁判所の審判により確定した養育費の支払が不履行となった場合に，家庭裁判所による履行状況の調査および履行勧告（家事289条1項）または履行命令（家事290条1項）の申立てが可能である。履行勧告や履行命令は，簡便で費用もかからない反面，強制執行力を有しないが，それでも，履行勧告は一定の効果をあげているといわれる（岡・前掲注113）312頁）。

これに対して，強制執行できる手段として，直接強制および間接強制の方法がある。このうち，直接強制については，養育費支払義務に係る金銭債権の実現のためにいくつかの特則が置かれている（以下の特則は，平成15〔2003〕年の「担保物権及び民事執行制度の改善のための民法等の一部を改正する法律」〔平成15法134〕による改正で設けられたものである）。まず，一般には，請求が確定期限の到来に係る場合には，その期限が到来しない限り，強制執行を開始できないが（民執30条1項），養育費その他の扶養義務等に係る定期金債権については，定期金債権の一部が不履行となっているときは，まだ期限が到来していない分についても一括して，給料その他の継続的給付に係る債権に対する強制執行を開始することができる（民執151条の2）[115]。また，差押禁止債権の範囲についても，一般的に標準的な世帯の必要生計費を勘案して一律に4分の3などの定めがされているところ，養育費に係る金銭債権を請求する場合には，給料債権等について差押禁止の範囲を，支払期に受けるべき給付の4分の3に相当する部分から2分の1に相当する部分に縮小されている（民執152条3項）[116]。

間接強制は，本来は，作為または不作為を目的とする債権で代替執行できないものを対象とするが（民執172条），養育費その他の扶養義務に係る債権は，間接強制の方法による強制執行で債務者の自発的な履行を促す方が効果的な場

115）養育費に係る定期金債権は，額が少額であることが通常であるため，確定期限が到来するごとに反復して強制執行の申立てをしなければならないとすると，債権者の手続的負担が金額に不相応に重いものとなり，時間がかかっては生活維持の目的自体も達成できなくなることから，このような規律が導入された。

116）差押えの禁止は，債務者および債務者によって扶養される者の生活保障を意図したものであることから，そうした扶養を受ける者から扶養義務の履行が求められたときには，差押禁止債権の一部についても執行が認められてよいと考えられるからである。

合もあると考えられることから[117]，平成16（2004）年の「民事関係手続の改善のための民事訴訟法等の一部を改正する法律」（平成16法152）により，養育費支払義務の間接強制の制度が導入されている（民執167条の15）。また，養育費等の扶養義務に係る定期金債権の特質に照らし，定期金債権の一部に不履行があるときには，将来確定期限が到来する定期金債権のうち６か月以内に確定期限が到来するものについて，一括して間接強制をすることが可能となっている（民執167条の16）。

㈿　子の引渡し

（i）概　　説

例えば子の監護者指定や親権者指定の申立てにあわせて子の引渡請求がなされる場合や，すでに単独の親権者または監護者として指定されているが，現実の監護をしていない親が子の引渡請求の申立てをする場合のように，子の監護に関する処分として，子の引渡しまたは引渡請求が問題となる場合がある。子の引渡し自体は，このほかにも，親権者の指定・変更の審判において，家庭裁判所が職権で子の引渡しを命じる場合があるほか（家事171条），親権者が親権に基づき非親権者である第三者に子の引渡請求の訴えを提起する場合や，人身保護法に基づき子の引渡しを求める場合がある。このうち，通常の民事訴訟による場合は，親権者が，子の利益のために子の監護・教育をする権利義務を含む親権に基づき，その親権行使に対する妨害排除請求として子の引渡しを訴求し得るとするのが判例の立場である（大判大10・10・29民録27・1847，最判昭38・9・17民集17・8・968ほか）。もう一つの，人身保護法に基づく子の引渡請求は，法律上正当な手続によらないで身体の自由を拘束されているときに，裁判所に自由回復を求めていくもので（人身保護２条），迅速性・実効性に優れていることから，子の引渡請求に広く利用されてきたものであるが，現在は，人身保護請求の安易な利用への懸念から，夫婦間の子の引渡しについて拘束者が当該幼児を監護することが子の幸福に反することが明白であることを要するとして（最判平5・10・19民集47・8・5099，裁判例集Ⅲ-70，最判平6・4・26民集

117）将来分の差押えについて対象となるのが給与債権等のみで，債務者がサラリーマンでない場合には使えないことや，給料差押えといった手段をとると債務者が勤務先に居づらくなって退職することにより取立てが困難となるおそれがあるといった問題があったためである。岡・前掲注113）314頁参照。

48・3・992，裁判例集Ⅲ-71ほか），請求認容要件が厳格化されている（梶村ほか182頁，本書第2版496～497頁〔岡部〕）。

(ii)　子の監護に関する処分内容としての子の引渡し

子の引渡請求権の法的性質については，従前より，親権者または監護者が子を不法に占有する者に対し，自己の親権または監護権を行使することの妨害を除去する請求権と捉える立場が有力である。その点はともかく，民法766条に基づく子の引渡しは，子の監護に関する処分（民766条）の内容として審判事項に属するものとみることができる（注解家審358頁〔沼邊〕参照）。子の監護に関する処分をすべき場合に，子の引渡しが命じられるのであるから，離婚や婚姻取消しの際，または子を認知した際に子の引渡しが審判で命じられる場合があるほか，別居中の夫婦の場合にも子の監護に関する処分に関する民法766条の類推適用が認められる。

子の監護に関する処分の審判において，子の引渡しの申立てに理由があるとして子の引渡しを命じる審判がなされて確定すると[118]，審判による形成効果として子の引渡義務が形成される。そして，子の引渡しを命じる確定審判は，執行力のある債務名義と同一の効力を有することから（家事75条），その強制執行が可能となる。問題は，その執行の方法である。

(iii)　子の引渡しを命じる審判の履行確保

子の引渡しを命じる審判の履行確保のために，引渡請求の権利者は，引渡義務者に任意の履行を促すべく，家庭裁判所に履行状況の調査と義務者への履行勧告を申し立てることができる（家事289条）。しかし，強制力がないことから，前述の子の引渡しを命じる確定審判の強制執行を利用する必要が生じる。

子の引渡義務の強制執行の方法をめぐっては，執行方法を直接定めた規定もなく，その方法に関して従来から見解が対立している。主な見解としては，直接強制説，間接強制説，折衷説などが挙げられる（中野貞一郎『民事執行法〔増補新訂6版2刷〕』（青林書院・2011）798頁以下，青木晋「子の引渡しの執行実務」家月58巻7号（2006）95頁以下ほか）。直接強制説は，子を動産に準じて動産の引渡執行の方法により（民執169条），執行官が債務者から子を取り上げて債権者

118)　子の監護者指定などの監護に関する処分の付随的処分として子の引渡しが命じられる場合もある（家事154条3項の規律を参照）。

に引き渡すことができるとするものである。間接強制説は，子の引渡請求を親権行使妨害排除の不代替的作為義務または不作為義務と解し，執行方法は間接強制によるべきとする立場である。折衷説は，直接強制と間接強制の併用を認める見解で，直接強制を基本としつつ，それが不能または不適当な場合に間接強制を認める立場や，反対に，間接強制を基本としつつ，それが奏功しないときに直接強制を認める立場などがある。このほかに，子の引渡請求権を債権者による子の引取りを妨害しないことを求める不作為請求権と解して，妨害の抑圧のため間接強制として金銭の支払を命じ得るほか（民執172条），将来のための適当の処分（民執171条，民414条3項）として執行官による子の取上げ，債権者への引渡しを命じ得るとする見解（不作為を目的とする債権執行説）も唱えられている。一方，実務は，子のあるべき監護状態を直接強制によってでも実現することが子の福祉に沿う場合があるとの認識から，直接強制説または折衷説が主流になっているといわれる（青木・前掲97頁以下）。この間，平成15（2003）年の民事執行法の改正により代替的作為義務や物の引渡義務でも間接強制が可能になり，直接強制も含め執行方法を選択する自由が債権者に認められたことから，子の引渡請求権の執行についても，直接強制か間接強制かいずれか一方への執行方法の限定から，両者を含む複数の執行方法の選択・併用を前提にした執行へと，執行のあり方の展開が認められる（村上正子「子の引渡請求の強制執行再考のための覚書」筑波法政53号（2012）42頁以下参照）。また，平成25（2013）年6月19日に公布された「国際的な子の奪取の民事上の側面に関する条約の実施に関する法律」（平成25法48，平成26（2014）年4月1日施行）において，子の引渡しの実現方法として間接強制を前置した代替執行を認めるやり方が採用されたこと（同法134条以下。後述⇨11(3)(i)）も踏まえつつ（村上・前掲46頁，51頁参照），今後のわが国での子の引渡請求権の強制執行の方法のあり方が確立されていくものとみられる。

(カ)　面会交流

(i)　概　　説

民法766条1項は，子の監護について必要な事項の一つとして，「父又は母と子との面会及びその他の交流」，すなわち，面会交流（従来は，面接交渉という呼び方が一般的であった）を例示する[119]。面会交流とは，親権者または監護者として自ら子を監護養育していない親（非監護親）が，その子と直接面会し，または間接的な方法により交流することをいう。父母の離婚（民766条・771条による766条の準用）や別居の場合に（さらに婚姻の取消しの場合や認知の場合にも（民749条・788条による民766条の準用））[120]，父母は，面会交流について協議で定めることとされているが（民766条1項），協議が調わないとき，または協議をすることができないときに，家庭裁判所がその定めを行うことは，他の，子の監護に必要な事項と変わりはない（民766条2項，家事別表第二3項）。

面会交流については，従前より，親権者でない親や実際に監護していない父または母が親として子と面会交流する権利として捉える立場が一般的であるが，権利性を認めるにしても，その法的性質をめぐり学説が対立してきた[121]のみならず，その権利性を否定すべきとする見解も有力に主張されていた。また，最近では，面会交流権は親の権利であるだけでなく，子の権利でもあるとする見解や，子の権利に対応する親の義務と捉える見解なども提唱されている（これらの見解の提唱の背景には，平成6（1994）年にわが国が「児童の権利に関する条約」を批准したことがあるとみられる。）。

法的性質をめぐっては議論の余地があるものの，面会交流は，子の監護の一内容として，子の監護に関する処分の具体的な中身をなしている。面会交流の審判の申立てが父または母のいずれかからなされると，面会交流を認めるかどうか，認めるとしてどのような態様で認めるかが審理の対象となる。その際，子の利益が最も優先して考慮される必要がある（民766条1項後段）。

(ii)　面会交流審判の履行確保

面会交流を定める審判が確定し，面会交流を命じられたにもかかわらず，それが履行されない場合は，面会交流の権利者は，家庭裁判所に履行状況の調査および履行勧告の申立てを行うことができる（家事289条）。しかし，それは強

119）　面会交流は，平成23（2011）年の民法改正により民法766条1項の子の監護についての必要な事項の例示として明記される以前から，裁判実務を通じて，子の監護に関する処分として家事調停・家事審判事項の対象とされてきた。

120）　最高裁は，離婚の際だけでなく，離婚後（最決昭和59・7・6家月37・5・35）および別居中（最決平12・5・1民集54・5・1607，裁判例集Ⅲ-76）のいずれの場合も，民法766条の類推適用により面会交流を認めてきた。

121）　例えば，自然権説，監護に関する権利説，潜在的な親権・監護権説，子の監護のために適正な措置を求める権利説などが挙げられる。詳細は，北野俊光「面接交渉権」村重慶一編『裁判実務大系第25巻』191～194頁（青林書院・1995）ほか参照。

制力を有しないため，履行を実現すべく，強制執行を行うことが考えられる。問題は，どのような方法で執行を行うことができるかである。

面会交流は，性質上，代替性がなく，反復継続的な作為・不作為義務を内容とすることから，代替執行（民執171条）や直接強制ができないことにほぼ異論はなく，もっぱら間接強制の可否が問題となる。この問題について，学説・裁判例の中には，監護親の反対を押し切っての面会交流の実現が子の福祉に反する可能性が高いことなどを理由に間接強制に消極的な立場があるものの（梶村太市「親子の面会交流原則的実施論の課題と展望」判時2177号（2013）10頁，神戸家龍野支決平13・12・7家月56・2・144），大勢は，間接強制に積極的である（大阪高決平14・1・15家月56・2・142，裁判例集Ⅲ-78ほか。野村・後掲注123）166頁参照）。この点について，近時，最高裁は，面会交流の審判に基づく間接強制ができることを表明している（最決平25・3・28民集67・3・864）[122]。面会交流は，監護親らの協力の下に実施されてこそ子の福祉に適うことから，面会交流の間接強制が常に適切なわけではないものの，非監護親と子の面会交流が子の福祉を前提に認められる以上，子の福祉のために面会交流を間接強制により実現する必要性が肯定される[123]。

なお，面会交流の審判が間接強制のための債務名義として認められるには，債務名義作成機関と執行機関との厳格な区別の下で，審判において，実現され

122）　本決定と同日付の別の面会交流事件の決定で，最高裁は，面会交流の調停調書に基づく間接強制も可能である旨判示している（最決平25・3・28判時2191・46②事件）。これらの最高裁決定については，髙田昌宏・民法百選Ⅲ42頁および同解説中の引用文献を参照。

123）　面会交流の間接強制に際しては，債務者（監護親）の側から，子が面会交流を拒絶しているとか，子の拒絶のために面会交流の強制が子の福祉に反するなどの主張がなされる場合がある。この主張が面会交流の強制にどのような影響を及ぼし，また，それが強制執行の過程でどのように取り扱われるべきかについても，学説・実務は，見解が分かれる。一般に，子による拒絶は，債務者の意思のみでは履行できない債務として間接強制の妨げとなる可能性があるが，面会交流の審判が子の拒絶的な態度も踏まえて行われている以上，子の拒絶を理由に審判等の内容をなす面会交流義務は争えないとする見解が有力である（野村秀敏「判解」民商149巻2号（2013）175頁，前掲最決平25・3・28民集67・3・864）。なお，子の拒絶の事実などを審判後に生じた新たな事由として主張する可能性，方法およびその取扱いについては，再審判や再調停の申立ての方法，請求異議の訴え（民執35条1項）による方法，間接強制の手続の中で扱う方法など見解が分かれる。

るべき給付請求権の存在と内容が明確に表示されている必要があるが，どの程度給付の内容が特定されている必要があるかについて，学説・裁判実務上，議論がある[124)]。最高裁は，この点について，面会交流の日時または頻度，各回の面会交流時間の長さ，子の引渡しの方法等が面会交流の審判に具体的に定められているなど監護親がすべき給付の特定に欠けるところがないといえる場合に，間接強制決定ができるとして，必要な給付内容の特定の程度を明らかにしている（前掲最決平25・3・28民集67・3・864。なお，最高裁は，この特定の基準を，面会交流の調停調書にも適用している（前掲注122）最決平25・3・28判時2191・46②事件））。

5 未成年後見

(1) 未成年後見の開始

未成年者に対して親権を行う者がないときまたは親権を行う者が管理権を有しないときには，未成年後見を開始する（民838条1号)。「親権を行う者がないとき」には，親権者の死亡，親権者について，親権喪失の審判（民834条，家事167条以下・別表第一67項）や，成年後見開始の審判（民7条・838条2号，家事117条以下・別表第一1項）があった場合など，法律上親権を行う者がいない場合のほか，親権者の長期不在，生死不明，行方不明，重病，精神病による長期入院，心神喪失，服役など事実上親権を行い得ない場合も含まれる。親権を行う者が管理権を有しないときには，親権者に管理権喪失の審判（民835条，家事167条以下・別表第一67項）がされた場合と，親権者が管理権を辞任した場合（民837条，家事167条以下・別表第一69項）がある（なお，親権者が管理権を有しないときには，管理権のみを行う後見が開始することになる)。

124) 学説は，面会交流の回数・頻度，日時，面会交流の時間，ならびに子の引渡しの方法・場所について具体的な定めを必要とする見解から，頻度が定まっていればよいとする見解まで様々で，また，特定性を緩やかに捉える論者には，面会交流の履行内容の細目の決定は，債務者（監護親）や，間接強制を行う段階（民執172条3項）での執行裁判所に委ねてよいと解するものもいる（野村・前掲注123）170頁以下参照)。

単独親権者につき上記親権を行い得ない事由が生じた場合に，他に親権者となり得る者がある場合に後見が開始するかについては，説が分かれる。

実父母が生存していながら離婚等の事由によって単独親権であるときに，当該単独親権者が死亡した場合は，他方の父または母の親権が回復し，あるいは顕在化して，親権者となることができるとするのが，現在の判例・学説である。しかし，当然に回復するのではなく，親権者変更の審判（民819条6項の準用，家事167条以下・別表第二8項）を経ることを要すると解されている。一方，後見が全く開始しないのではなく，後見も開始し得るのであって，後見開始か親権者変更かは審判によって定まるとするのが，実務の一般である。このような実務を支えているのは，親権者変更審判までは親権は潜在化しているので後見を開始し得るが，親権が顕在化した後は後見開始の要件を欠くとする考え方（いわゆる無制限回復説）ということになろう。裁判例としては，子らの意向・財産管理に対する特段の配慮の必要性などに鑑みて，親権者の変更よりも，未成年者後見制度を活用すべきであるとしたもの（札幌高決平13・8・10家月54・6・97，裁判例集Ⅲ-84），単独親権者の死亡後未成年後見人が選任された子につき，生存実親への親権者変更を認めた事例（佐賀家唐津支審平22・7・16家月63・6・103）等がある。

養父母生存中の一方が単独親権者である場合に当該養父母の一方が死亡したときに他の養父または他の養母が親権者となるか否かは，上記実親における議論と同様である。

養父母の一方と実父母またはその一方が生存しているとき，当該養父母の一方が死亡した場合に実父母の親権が回復するか，後見が開始するかは，別の観点が必要である。基本的に実父母の親権は回復しないと解される（東京高決昭56・9・2家月34・11・24，裁判例集Ⅲ-85）。養親子関係は養父母の死亡によっても終了しない（民811条6項参照）し，仮に養親子関係が養親の死亡によって終了すると解しても，養方の親族との親族関係は終了しないと考えられるからである。ただし，養子縁組によって実親は親権を喪失したわけでなく，親権の行使が停止されているに過ぎないから，養親の死亡によって実親の親権が当然に復活するとする説も有力である（於保不二雄編・注釈民法（23）（有斐閣・1969）206頁〔山本正憲〕，宇都宮家大田原支審昭57・5・21家月34・11・49）。

(2) 未成年後見人の選任

(a) 複数後見人・法人後見人の選任等

未成年後見人の数は，従来1人に限定されていたが，平成23（2011）年の民法の一部改正（民842条削除）により，複数人の選任も可能とされ（民857条の2），未成年後見人の追加選任も認められる（民840条2項）こととされ，それに伴い，家事審判についても，未成年後見人の権限の行使についての審判（別表第一78項）が創設されている。また，平成23年改正では，未成年後見人に法人を選任することもできるとされた（民840条3項カッコ書参照。改正の趣旨につき，一問一答・民法等改正62頁以下参照）。なお，必要があると認められる場合は，未成年後見監督人が選任されることもある（民849条，別表第一74項）。

(b) 未成年後見人の指定・選任

未成年後見人は，最後に親権を行う者が遺言で指定することができる（民839条1項）。指定後見人がいない場合は，家庭裁判所が未成年後見人を選任する（民840条1項）。管轄を有するのは，未成年被後見人の住所地の家庭裁判所である（家事176条）。未成年後見人の選任の審判を申し立てることができるのは，未成年被後見人またはその親族，その他の利害関係人である（民840条1項。なお，申立ての取下げには，家庭裁判所の許可を要する。家事180条・121条）。ただし，親権または管理権を辞した父母（民841条），後見監督人（民851条2号），保護実施機関（生活保護81条），児童相談所長（児福33条の8）に未成年後見人の選任の請求（申立て）が義務付けられている場合がある。

未成年後見人の選任に当たっては，未成年被後見人の年齢，心身の状態ならびに生活および財産の状況，未成年後見人となる者の職業および経歴ならびに未成年被後見人との利害関係の有無（未成年後見人となる者が法人であるときは，その事業の種類および内容ならびにその法人および代表者と未成年被後見人との利害関係の有無），未成年被後見人の意見その他一切の事情を考慮しなければならない（民840条3項）。また，家庭裁判所は，未成年後見人選任の審判をする場合には，未成年被後見人（15歳以上のものに限る）の陳述を聴かなければならないし（家事178条1項1号[125]），未成年後見人となるべき者の意見を聴かなければならない（家事178条2項1号）。

未成年後見人選任の審判および申立てを却下する審判に対しては，即時抗告をすることができないのが原則である（家事179条・85条参照）。ただし，養子の離縁後に未成年後見人となるべき者の選任（民811条5項，別表第一70項）の申立てを却下する審判に対しては，申立人に即時抗告権が認められている（家事179条1号）。[126)]

なお，家事事件手続法が未成年後見に関する審判事件（家事176条以下）としているものには，以上にみてきた未成年後見人の選任等のほか，未成年後見人の辞任についての許可（民844条，別表第一72項），未成年後見人の解任（民846条，別表第一73項），未成年後見監督人の辞任についての許可（民852条による844条の準用，別表第一75項），未成年後見監督人の解任（民852条による846条の準用，別表第一76項），未成年後見に関する財産目録の作成の期間の伸長（民853条1項ただし書，別表第一77項），未成年被後見人に関する特別代理人の選任（民860条による826条の準用，別表第一79項），未成年後見人・未成年後見監督人に対する報酬の付与（民862条，別表第一80項），未成年後見の事務の監督（民863条，別表第一81項），第三者が未成年被後見人に与えた財産の管理に関する処分（民869条による830条2項～4項の準用，別表第一82項），未成年後見に関する管理の計算の期間の伸長（民870条ただし書，別表第一83項）がある。

⑶　成年後見との関係

未成年者につき親権者がないとき未成年後見が開始するが，平成11（2003）年の民法改正により成年後見制度が整備された当初から，当該未成年者の判断能力が欠如し，または不十分であるとき成年後見，保佐，補助を開始し得ると解されている（小林昭彦＝大門匡4頁，45頁，118頁，124頁，小林昭彦＝大鷹一郎＝大門匡編・一問一答新しい成年後見制度〔新版〕108頁，注民（25）307頁〔犬伏〕）。身上面に権限の差異がある以上，両者の併存を認める実益があるといわれる（解説125頁）。手続的にも，成年後見・保佐・補助の開始に当たっては多くの保護規定や保全処分の規定があるので，併存を認める実益がある。ただし，平

125）　なお，未成年被後見人が15歳未満であるときにも，子の意思を把握するよう努めなければならない（家事65条）と指摘されている。秋武219頁〔細矢〕。

126）　なお，養親死亡後，実親から申し立てられた後見人選任の申立てを却下した審判につき即時抗告を認めたものに，東京高決平11・9・30家月52・9・97，裁判例集Ⅲ-24・Ⅲ-86。

成23年改正により未成年後見についても複数後見人・法人後見人の選任が認められるなどしていることからすれば，併存を必要とする状況は変化しているのではないかと思われる。

6 扶　養

家制度の廃止に伴って扶養義務者の範囲は狭くなったが，民法は，明治民法954条が定めた扶養義務者たり得る者の範囲（直系血族と兄弟姉妹，夫婦の一方と他の一方の直系尊属でその家にある者）を大きく広げ，家庭裁判所が三親等内の親族（おじおば，甥姪という傍系血族のほか直系姻族，傍系姻族を含む）にも扶養義務を負わせることができるとした（民877条2項）。また，扶養義務者間の順位についても，明治民法955条以下の細かい規定を廃止して，当事者間の協議と家庭裁判所の審判に委ねた（民878条）。これらの規定の前提にある家族像は，夫婦とその間の未成年子からなる婚姻家族＝核家族であるといわれている[127)]。近時，この家族像（夫と専業主婦と子）の実態は変容し，また，単身家族も増えている。いわゆる家族機能の低下といわれる社会現象が広まり，親族間の絆も弱まったといわれる。

社会がいわゆる家族機能を部分的に代替するという方向で社会保障が整えられてきた今，私的扶養と公的扶助の関係はどのように位置付けられるべきか。生活保護法4条2項は公的扶助の補充性を定めるので私的扶養優先の原則があることは間違いがない。しかし，社会保障の充実に伴い事実上の逆転現象が生じていること[128)]，民法877条2項の扶養義務者の範囲が広すぎることなどを考え，家庭裁判所が扶養の問題にどのように，また，どの程度でかかわるべきかとい

127)　大村24頁。

128)　上野雅和「社会保障法と扶養義務」石川稔＝中川淳＝米倉明編『家族法改正への課題』（日本加除出版・1993）521頁，中山直子『判例先例親族法――扶養』（日本加除出版・2012）2頁，8頁〔以下「判例先例扶養」〕。なお，嵩さやか「社会保障と私的扶養」水野紀子編『社会法制・家族法制における国家の介入』（有斐閣・2013）1頁以下，冷水登紀代「扶養法と生活保護法の現状と課題」本澤巳代子還暦（信山社・2014）163頁以下参照。

う観点から，家事事件手続法は扶養の審判を，以下のように改めた。

扶養に関する審判事件は，家審法（乙類８号）と異なり，家事法39条により別表第一と別表第二に分けられた。前者に①扶養義務の設定の審判事件（民877条２項，別表第一84項），②扶養義務の設定の取消しの審判事件（同条３項，別表第一85項）が，後者に③扶養の順位の決定およびその決定の変更または取消しの審判事件（民878条・880条，別表第二９項）と④扶養の程度または方法についての決定およびその決定の変更または取消しの審判事件（民879条・880条，別表第二10項）が属する。したがって，①と②の別表第一84項，85項事件は調停で扱えないので家事法184条により陳述聴取を要するが，③と④の別表第二９項，10項事件は調停で扱えるので家事法66条から72条までの特則の適用がある。

(1)　扶養義務の性質

扶養義務を生活保持義務と生活扶助義務に分ける扶養義務二分説が学説・判例である。生活保持義務は夫婦間および親の未成熟子に対する扶養義務で，権利者に義務者の生活程度にひとしい生活を保持させる内容である。生活扶助義務は，その他の親族関係間の扶養義務で，相手方の生活を維持させるための必要生活費を自己の地位相応な生活を犠牲にすることなしに扶助すればよいとする[129]。夫婦間の扶養義務は民法752条に定められている。親の未成熟子に対する扶養義務が民法877条に含まれるかどうかは対立がある。生活保持義務説誕生の沿革に忠実なのは含まれないという立場である[130]。しかし，現在は，民法877条に生活保持義務を含めないとする文言上の制約はなく，また，扶養義務に明文上の根拠があることが望ましいということから，同条に含めるのが判例であり，多数説である[131]。したがって，民法877条１項は直系血族および兄弟姉妹間の扶養義務を定めた規定であり（民877条に夫婦の文言はない），生活保持義務と生活扶助義務を含み，同条２項は，特別の事情があるときに限り家庭裁判所の

129)　中川善之助「親族的扶養義務の本質（一）（二・完）」法学新報38巻６号（1928）15頁，７号（1928）48頁以下。窪田324頁，裁判所職員総合研修所監修『親族法相続法講義案〔７訂補訂版〕』（司法協会・2015）202頁。

130)　泉・親族306頁。

131)　西原道雄「親権者と親子間の扶養」大系Ⅴ 102頁，深谷・家族175頁。

審判により三親等内の親族間について，生活扶助義務のみを創設し得るとの規定，同条３項は，特段の事情の消滅を原因とするものに限り２項による審判を取り消し得るとの規定であると解する[132]のが相当である。

現行民法は扶養義務の設定，扶養の順位・方法などについて当事者間の協議または家庭裁判所の審判で定めることとし，家事審判法は扶養に関する処分を一括りに乙類８号の審判事項と定めた。家事法は，異論[133]もある扶養義務二分説をなお維持する立場[134]から，協議・調停・審判の各関係における手続的なあり方を明らかにするために別表第一事項と別表第二事項に区分し直したものとされる[135]。

なお，実務では，扶養権利者の収入に児童扶養手当や児童手当を加算しない取扱いになっている[136]。

⑵ 管　　轄

扶養義務の設定の審判事件は，扶養義務者となるべき者（数人の場合にはそのうちの１人）の住所地の家庭裁判所の管轄に，扶養義務の設定の取消しの審判事件は設定審判裁判所の管轄に属する（家事182条１項２項）。扶養の順位の決定およびその決定の変更または取消しの審判事件と扶養の程度または方法についての決定およびその決定の変更または取消しの審判事件の管轄は，相手方（数人の場合にはそのうちの１人）の住所地の家庭裁判所の管轄に属する（同条３項）。

なお，扶養義務の設定審判事件の申立ては，保護者の選任の申立て（心神喪

132）注民（23）392頁，394頁〔明山和夫〕。

133）鈴木禄弥『親族法・相続法の研究』（創文社・1989）161頁。

134）深谷松男「生活保持義務と生活扶助義務」『講座現代家族法（4）』（日本評論社・1992）187頁等。将来的には現在生活保持義務とされているもののみが私的扶養として残るのであろうし，家庭裁判所の実務上も生活扶助義務関係事件は生活保持義務のある関係者内の事件と比し極端に少ない。そこで家事法は家審法での扶養に関する処分（乙類８号）の一部を別表第一類事項に移し，この部分の協議に対して調停制度による支援を廃した。なお，佐上Ⅱ275頁参照。

135）一問一答・家事52頁，200頁，逐条解説586頁。

136）東京・大阪養育費等研究会「簡易迅速な養育費等の算定を目指して」判タ1111号（2003）289頁。福岡高那覇支決平22・9・29家月63・7・106等。なお，判例先例扶養9頁注８参照。

失等の状態で重大な他害行為を行った者の医療及び観察等に関する法律（心神喪失処遇法）23条の2第2項4号，別表第一130項）と一つの申立てにより行うときは，心神喪失処遇法2条2項に規定する対象者の住所地の家庭裁判所（家事241条1項）の管轄でも，することができる特則を設けた（家事183条）[137]。ここに対象者とは，所定の犯罪行為（対象行為）を行った者であって，心神喪失処遇法2条2項1号で定める不起訴となったが心神喪失者または心神耗弱者と認められた者，同項2号で定める起訴されたが心神喪失者として無罪となった者または心神耗弱者として刑が減軽された者（ただし懲役または禁錮の刑を言い渡し執行猶予の言渡しをしない裁判であって，執行すべき刑期があるものを除く）をいう。

⑶　扶養に関する審判

扶養に関する審判には，①民法877条2項の三親等内の親族間における扶養義務の設定の審判（別表第一84項），②同条3項によるその取消しの審判（別表第一85項），③扶養の順位の決定の審判およびその決定の変更・取消しの審判（民878条・880条，別表第二9項），④扶養の程度と方法についての決定の審判およびその決定の変更・取消しの審判（民879条・880条，別表第二10項）がある。もっとも，親の未成熟子に対する扶養義務の形成は，婚姻中は婚姻費用の分担として別表第二2項（乙類3号），また，離婚後は子の監護費用として別表第二3項（乙類4号）によることが多い。

⒜　三親等内の親族に対する扶養義務の設定の審判（別表第一84項）

この扶養義務設定の審判をする場合には扶養義務者となるべき者の陳述を聴かなくてはならない（家事184条1号）。

直系血族および兄弟姉妹以外の三親等親族とは，三親等内の直系姻族，傍系姻族および三親等血族である。このような親族関係にある者の間では，審判によってはじめて扶養義務が生じる（民877条2項）。同項の「特別な事情があるとき」とは，この規定が，明治民法における家を同じくする直系姻族，嫡母庶子，継親子を削除したことの代償として置かれたという沿革に照らしても，直

137)　逐条解説591頁は，扶養義務の設定の申立てと保護者の選任の申立ては併合審理（家事35条1項）できるという。

系姻族の間で，しかもその間に共同生活が現に行われているかまたは行われた場合に限るのを原則とする。また，扶養の要求を相当とするような相互の対価関係あるいは互恵性の存在が窺えたり，共同生活の実態がみられるような場合に限られると解する。また，一般的な扶養請求権発生要件である扶養権利者について扶養必要状態，扶養義務者について扶養可能状態の存在を要する。

扶養当事者が，申立人であり相手方である。多くは扶養権利者が申立人であろうが，扶養義務者から扶養義務者に対する申立ても認められているから[138]，実際上は三親等内の親族は申立てをすることができることになる。

(b) 三親等内の親族に対する扶養義務設定の取消しの審判（別表第一 85 項）

この審判事項については扶養権利者の陳述を聴かなくてはならない（法 184 条 2 号）。民法 877 条 2 項の義務設定後に「特別の事情」が消失した場合には同設定取消しの審判をすることができる（同条 3 項）。これは，一般的な扶養必要性や扶養可能性に係る事情の変更によるものではない[139]。

(c) 扶養の順位の決定の審判およびその決定の変更または取消しの審判（別表第二 9 項）

明治民法の順位法定主義を廃止して家庭裁判所が諸般の事情を考慮して定めることとした。考慮すべき事情は，共同生活の存否，かつて扶養されたとか財産を贈与されているなどの対価的関係あるいは互恵性の存否，必要性の度合いなどであろう。明治民法は順位が法定されていたため現実に対応できなかったところから，民法はこれを一切廃止したので，あらゆる事情を勘案考慮して最適な順序を定めることになる。ただし，直系血族と兄弟姉妹間の扶養は，三親等内の親族間の扶養に優先するものと解される[140]。

138） 本書第 2 版 509 頁〔岡部〕。

139） 加藤令造編『家事審判法講座 1 巻』（判例タイムズ社・1966）303 頁〔高島良一〕。

140） 中川善之助『新訂親族法』（青林書院新社・1965）596 頁，裁判所職員総合研修所監修・前掲注 129）203 頁。

(d) 扶養の程度または方法についての決定の審判およびその決定の変更または取消しの審判（別表第二10項）

具体的扶養請求権の発生要件は，扶養必要性と扶養可能性の存在である。扶養義務の内容が異なる生活保持義務と生活扶助義務では，扶養の程度が異なる。すなわち，生活保持義務における扶養必要性は，扶養義務者より生活程度が低いことであり，扶養可能性は，自己の最低生活費に不足しても扶養義務があるとの立場では常に存在することになり，自己の最低生活費に不足する場合は扶養義務は認められないとの立場では扶養義務者の最低生活費を賄って余力あるときということになる。生活扶助義務では，扶養必要性は扶養権利者の最低生活費に不足があること，扶養可能性は扶養義務者がその社会的地位にふさわしい生活をして余力があること，である。生活保持義務の扶養料算定方法は婚姻費用（ただし，子の分は含まれない），養育料と同じである（⇨3(4)(e)，4(2)(h)(エ)(ii)参照）。

生活扶助義務の算出方法は，原則としては最低生活費を生活保護基準で算定して扶養権利者の収入を控除して不足額を算出し，扶養義務者の基礎収入からその社会的地位にふさわしい生活をするための費用を控除して扶養余力を算出し，権利者側の不足額と義務者側の余力を比較して低い方の金額ということになる（東京高決平17・3・2家月57・11・55，裁判例集Ⅲ-88）。成年に達した子から親に対する扶養料請求についてアルバイトなどの自助努力等を勘案して学費などの不足額の一部を認めることもあろう（東京高決平22・7・30家月63・2・145）。

扶養の態様は給付扶養が原則である（家事185条）。給付扶養には金銭給付と現物給付がある。[141] 引取扶養については，給付扶養の代物弁済的なものとする見解（鈴木・親族247頁）もあるが，義務者の異議がない場合のみ民法上の扶養義務の態様として認めるのが実務である。[142] なお，扶養の程度または方法についての決定などの審判では，必要な事項を指示できる（家事規98条）。例えば，義務者は医療，退院に伴い必要な一切の措置を講ずること，老親を月1回程度見

141）　上野雅和「法解釈上の諸問題」家族〈社会と法〉14号（1998）163頁。なお，同205頁〔上野雅和発言〕参照。

142）　東京高決平6・4・20家月47・3・76，裁判例集Ⅲ-87など。二宮251頁。

舞うことなどを指示することである。この指示には形成力，執行力はない[143]。

⑺　老 親 扶 養

老親扶養について，生活扶助義務でよいのか議論されている。生活保持義務と生活扶助義務はスイス民法を参考に提唱されたもので，その沿革からすると夫婦間と親の未成熟子に対する扶養義務に限られる。しかし，少子高齢社会の今，それだけに限られるか改めて問われるに至った。こうした見解は，子の老親に対する扶養には他の親族とは異なる関係，すなわち，相続の第一順位であること，扶養義務者が扶養権利者にかつて養育されたことが存在することを挙げている[144]。しかし，そのことが何ゆえに生活保持義務の存在に結びつくのかが明らかにされていない。

夫婦間と親の未成熟子に対する扶養義務が生活保持義務であることの根拠として，扶養することがその身分関係にとって本質的であるから，扶養することがすなわち自己の生活を保持することになるからとされる[145]。身分関係の本質をなすものは，同居し協力し合うことが法律上定められているからと理解するのが現在の学説の考え方である。つまり同居すべき身分関係であるからこそ，同一の生活程度を保持させなければならないと考えるのである[146]。老親と子は法律上同居を要求されていないから，生活保持義務とはいえないというのである。

判例も生活扶助義務とする立場である（大阪高決昭 49・6・19 家月 27・4・61）。もっとも，具体的な事例によって，上記最低生活費を高めに算定したり，社会的地位にふさわしい生活のための費用を低めに算定することは許されよう（広島家審平 2・9・1 家月 43・2・162）。老親が介護施設入所費用を賄えないときに，その費用を扶養義務者が扶養能力に応じて金銭負担することもあろう（新潟家審平 18・11・15 家月 59・9・28，裁判例集Ⅲ-90）。

⑴　過去の扶養料

過去の扶養料の請求が，家事審判事項であることは判例の認めるところである（最大決昭 40・6・30 民集 19・4・1114，裁判例集Ⅲ-3）。扶養料請求の始期の問題を，基本的に，具体的扶養請求権がいつ発生するかの問題と捉え，生活保

143）最高裁判所事務総局家庭局監修『条解家事事件手続規則』（法曹会・2013）250 頁。
144）米倉明「老親扶養と民法」『家族法の研究』（新青出版・1999）206 頁。
145）中川・前掲注 140）596 頁。
146）深谷松男「成熟子の老親に対する扶養義務の性質」家審研究Ⅰ 283 頁。

持義務については扶養必要性と扶養可能性があれば原則として発生し，生活扶助義務については以上の要件のほかに請求によって発生し，特別事情による扶養義務のときは義務設定審判がなされたときとする立場[147)]が最も理論的であり，実務にも適合すると解される。もっとも，扶養義務者が全く知らない状態で義務を負わせることは相当でない場合があるから，そのような場合は「一切の事情」として義務者が知り得たときとすることは可能であろう。養育料について要扶養状態と支払能力があればよいとしてその時点を始期とした宮崎家審平4・9・1（家月45・8・53）等がある。

すでに支払った扶養料を他の義務者に求償するについて，家庭裁判所の審判によるべきであるとする説[148)]が多数である。判例も扶養義務者が他の同義務者に対して求償する場合における過去の扶養料の分担額決定は協議が調わない限り審判事項であるとする（最判昭42・2・17民集21・1・133，裁判例集Ⅲ-89）。その場合，どこまで遡ることができるかについては，判然としないが，すでに支払っている場合には原則として全額が認められるが，支分権としての扶養請求権が5年の短期消滅時効にかかる場合は認められないとの見解[149)]が相当であろう。別件の遺産分割事件において寄与分が否定されているとしても，求償があり得るとした大阪高決平15・5・22（家月56・1・112）がある。

扶養義務のない者が立て替えた扶養料の請求は，事務管理に基づく有益費償還請求か不当利得返還請求であって，民事訴訟で行うべきであるとするのが多数であり，その旨の判例もある（神戸地判昭56・4・28家月34・9・93）。

(d)　不服申立て

家事審判規則97条は扶養に関する審判に対しては一律に当事者または利害関係人に即時抗告権を認めていたが，家事法は不利益を被ると認められる者に限った。扶養義務の設定の審判については扶養義務者となるべき者（申立人を除く），同設定取消しの審判については扶養権利者（申立人を除く）だけが，同義務設定却下審判および同取消し却下審判については申立人だけが即時抗告で

147)　深谷・家族188頁。
148)　野沢紀雅「過去の扶養料の求償」判タ747号（1991）366頁，窪田326頁。
149)　飯島紀昭「過去の扶養請求権の始期と消滅時効」成蹊法学46号（1998）133頁。

きる（家事186条1号～4号）。別表第二9項，10項の認容または却下審判については申立人および相手方が即時抗告できる（同条5号6号）とし，利害関係人にはその必要性は認め難いとされた。[150]

(4) 扶養に関する保全処分

別表第一84項，85項の審判には審判前の保全処分を認める必要はないとして家事法はこれを定めず，別表第二9項，10項の審判については家事調停の申立てがあった場合，審判前の保全処分をすることができることとした（家事187条）。

7 祭具等の所有権の承継者の指定の審判

祭具等の所有権の承継者の指定（以下「祭祀承継者の指定」という）に関する審判事件は，家審法では乙類6号に一括して審判事項とされたが，家事法39条は別表第二に属させ，三つの審判事項に分けた。①離婚等の場合における祭祀承継者の指定（民769条2項・749条・751条2項・771条，別表第二5項・婚姻等の項），②離縁等の場合における祭祀承継者の指定（民808条2項・817条・769条2項，別表第二6項・親子の項），③相続の場合における祭祀承継者の指定（民897条2項，別表第二11項・相続の項）の審判事件である。

(1) 管 轄 等

離婚等の場合（別表第二5項）および離縁等の場合（別表第二6項）における祭祀承継者の指定審判の管轄は，祭具等所有者の住所地の家庭裁判所にある（家事150条6号・163条1項）。相続の場合における祭祀承継者の指定審判（別表第二11項）のそれは相続開始地の家庭裁判所にある（家事190条1項）。裁判所は，引渡しを命ずることができる（家事154条4項・163条2項・190条2項）。当事者その他の利害関係人は即時抗告できる（家事156条6号・163条3項・190条

150） 一問一答・家事201頁，逐条解説596頁。

3項)。

以上の審判事件は別表第二審判事件であるから合意管轄が認められる(家事法66条)。

(2) 離婚等の場合および離縁等の場合における祭祀承継者の指定

民法897条によって祭祀財産を承継した者が，婚姻または縁組によって氏を改めた者であって，婚姻取消し・離婚・離縁・生存配偶者の復氏および姻族関係終了の意思表示をした場合は，祭祀主宰者の地位を失い，承継人を新たに定めなければならない(民749条・751条・769条・817条)。まずは関係人の協議によるが，協議ができないとき家庭裁判所が審判により指定する。例えば，夫が妻の氏を称する婚姻をして，妻の父から祭祀主宰者として祭祀財産の承継を受けた後に離婚した場合である。祭祀が氏の異なったものによって営まれることを嫌うわが国の国民感情を考慮して，設けられたといわれている[151)]。婚氏続称・縁氏続称をしても，民法上の氏は異なるから，本条の適用があるということになろう。

審判による指定の判断基準は897条による場合と異なるものではない。夫を失った後も姑と同居していたが折り合いが悪くなり，姻族関係終了の意思表示をした妻から夫の遺骨の引取りを求めた事件で，祖先の祭祀については事実上主宰してきたことをやめるに至ったが，夫の祭祀はこれとは無関係に原始的に主宰してきているとして，請求を認めた例がある(東京高判昭62・10・8家月40・3・45，裁判例集Ⅲ-91)。本条の適用範囲を祖先の祭祀に限ったものである。

(3) 相続の場合における祭祀承継者の指定

系譜，祭具，墳墓の所有権は，所有権者が死亡したとき，相続の対象とならず，祭祀主宰者に承継される(民897条)。祭祀主宰者の決定方法は，第一順位が被相続人の指定，第二順位が慣習，第三順位が家庭裁判所の審判(別表第二11項〔乙類6号〕)である。

墓地は墳墓そのものではないが，墳墓と社会通念上一体の物と捉えてよい程度に密接不可分の関係にある範囲の墳墓の敷地である墓地は，祭祀財産に属す

---

151)　注民(22)256頁〔泉久雄＝家永登〕。

る（広島高決平12・8・25家月53・10・106，裁判例集Ⅲ-92）。遺骨も祭祀主宰者に原始的に帰属する（最判平元・7・18家月41・10・128，裁判例集Ⅲ-93，東京家審平21・3・30家月62・3・67）。事情に応じて，祭具と墳墓の承継者を分け（奈良家審平13・6・14家月53・12・82，裁判例集Ⅲ-94），分骨の請求もできると解する。[152)]

民法897条2項に基づく申立ては，相続人や親族に限らず利害関係人であればできる。例えば，親族以外であるが祭祀主宰者と指定を希望する者，墳墓を管理する寺社などである。

指定の基準については，諸般の事情を考慮するのであるが，被相続人と緊密な生活関係・親和関係にあって，被相続人に対し慕情，愛情，感謝の気持ちのような心情を最も強く持つ者を選ぶべきであろう。相続人であること，被相続人と氏を同じくすることも必要ではなく，性別の如何も要件ではなく，被相続人が生存していたなら指定していたと思われる者がふさわしいといわれる。[153)] 審判例もその方向である。[154)]

祭祀主宰者に資格はなく，法人も可能である。複数でもよい。祭具の承継者を申立人に，墳墓の承継者を相手方に定めた前掲奈良家審平13・6・14，代々の墓は先妻の子に，夫の墓は後妻に指定した前掲注154）東京高決平6・8・19，親族でない者を指定した高松家審平4・7・15（家月45・8・51），成年被後見人を指定した東京家審平21・8・14（家月62・3・78）などがある。

審理の段階で被相続人の指定や慣習が明らかになった場合，却下せずに指定の審判をすべきと解されている。[155)]

152）山口純夫「祭祀財産の承継について」右近健男＝小田八重子＝辻朗編『家事事件の現況と課題』（判例タイムズ社・2006）207頁参照。なお，遺体，献体などについては注民（27）88頁，90頁〔小脇一海＝二宮周平〕。

153）注民（27）87頁〔小脇＝二宮〕，西岡清一郎「祭祀の承継と相続」現代裁判法大系12巻（新日本法規出版・1999）96頁。

154）大阪高決昭59・10・15判タ541・235，東京高決平6・8・19判タ888・225，東京家審平12・1・24家月52・6・59，東京高決平18・4・19判タ1239・289，裁判例集Ⅲ-95など。

155）西岡・前掲注153）100頁。

8 相　続

(1) 推定相続人の廃除に関する審判

推定相続人の廃除に関する審判事件は，家審法では甲類事項（23号）と乙類事項（9号）に分けて規定されていた。家事法は，すべて別表第一審判事項として定めた（家事39条・188条・189条）。①推定相続人廃除の審判（民892条・893条，別表第一86項〔乙類9号〕，②同審判取消しの審判（民894条，別表第一87項〔乙類9号〕），③廃除審判または取消し審判の確定前の遺産の管理に関する処分の審判（民895条，別表第一88項〔甲類23号〕）に整理された。廃除請求の手続は，非訟事件であることに異論はなく，家事審判法9条1項乙類9号は合憲であるとされている（最判昭59・3・22家月36・10・79）。

(a) 管轄等

廃除審判およびその取消しの審判の管轄は，被相続人の住所地（被相続人が死亡した後に申し立てられた場合には相続開始地）の家庭裁判所である（家事188条1項）。遺産の管理に関する処分の審判のそれは，廃除審判およびその取消しの審判の事件が係属している家庭裁判所である（家事189条1項）。

廃除審判の手続においては，審問の期日において廃除を求められた推定相続人の陳述を聴かなければならない。さらに，廃除審判の効果の重大性に鑑みて，廃除を求められた推定相続人については別表第二審判事件の特則である家事法67条，69条から72条までの規定を準用する規律とされた（家事188条4項）。

(b) 廃除の当事者

(ア) 申 立 人

廃除には，生前廃除（民892条）と遺言廃除（民893条）がある。生前廃除の場合の申立人は，被相続人である。被相続人が廃除しようとする推定相続人を相手方として家庭裁判所に請求する（家事188条4項・67条，家事規99条・47条・48条）。この被相続人のする廃除（および取消し）の意思表示はその行使上および帰属上の一身専属権であって真意である限り尊重されなければならない。

また，生前廃除に関する意思能力は，遺言廃除における能力に係る民法961条（遺言能力）と均衡を図らなければならない。そこで，被相続人の手続行為能力については家事法188条2項で同法118条を準用する。

遺言廃除の場合の申立人は，遺言執行者である（民893条，別表第一86項〔乙類9号〕）。廃除を含む遺言の執行者に相続人がなることは可能かについては否定する説もある[156)]。遺言執行者が廃除の申立てをしない自由はないとされる[157)]。全同相続人が合意した場合は，遺言廃除の申立てをしないことは可能かについては原則として消極的に解すべきであろう。

(イ) 相 手 方

廃除の相手方は遺留分を有する推定相続人である（通説）。推定相続人が少ない家族が増えて，遺留分を有しない兄弟姉妹が相続する事案が増加している現状に鑑みて，そうした推定相続人も廃除の対象になるという少数説もある[158)]。遺言廃除の審判手続中に被廃除者が死亡した場合，同人の配偶者が存在するときには，特段の事情がない限り，審判手続上の地位は当該配偶者に承継される（東京高決平23・8・30家月64・10・48）。

(c) 推定相続人の廃除の審判

(ア) 廃 除 事 由

明治民法下では推定家督相続人の廃除および遺産相続人の廃除制度の二つがあった。遺産相続人廃除の条文は「遺留分ヲ有スル推定遺産相続人カ被相続人ニ対シテ虐待ヲ為シ又ハ之ニ重大ナル侮辱ヲ加ヘタルトキハ被相続人ハ其推定遺産相続人ノ廃除ヲ裁判所ニ請求スルコトヲ得」（明民998条）であって，その精神は嫡廃と異なるところはなかった。現行民法は，廃除制度は引き継いだが「被相続人に対して虐待をし，若しくはこれに重大な侮辱を加えたとき，又は推定相続人にその他の著しい非行があったときは」とし（民892条），その趣旨は，「一切の家的色彩を払いのけ，被相続人個人に対する非行（それは「家」

---

156) 辻朗「推定相続人の廃除について」中川淳傘寿（日本加除出版・2011）720頁。なお，最判平14・7・12家月55・2・162参照。

157) 鬼丸かおる「遺言執行者の職務」東京弁護士会弁護士研究センター運営委員会編『相続・遺言』（ぎょうせい・2008）156頁。

158) 伊藤昌司『相続法』（有斐閣・2002）〔以下，伊藤〕186頁。辻・前掲注156）722頁。

から解放された，個人的私有財産の上に成立する，家族的共同生活関係を破壊するような言動である）のみを，相続的協同関係を破壊する可能性のあるもの（廃除事由）として，問題にすることにした」と説明されている。[159)]

廃除原因としての虐待は，被相続人をして，家族的共同生活関係の継続を不可能にするほど，その関係または心理の苦痛を与える行為であり，侮辱は，同じ程度に，被相続人の名誉または自尊心を傷つける行為である。[160)] 著しい非行も同様に，家族的共同生活関係の継続を不可能にするほどの非行であることを要するが，これが被相続人に対するものであることを要するかどうかは見解が分かれている。[161)] また，廃除しようとする被相続人に責められるべき事情があるような場合は，推定相続人に非行があっても「著しい非行」とは認められていない（水戸家審昭46・9・17家月24・10・96，東京高決平8・9・2家月49・2・153）。

虐待・侮辱は様々な態様があり，定型的には捉えられない。著しい非行は類型がある。酒色におぼれ，あるいは犯罪を犯し，被相続人に対する犯罪（親の財産の横領等）などに及んだ場合や借金の後始末をさせ，被相続人に財産上の大きな損失を及ぼした場合など継続的かつ重大な態様の認められるものである。[162)]

㈠　廃除の方法

民法892条および894条には協議で廃除またはその取消しができるとの定めはない。その趣旨[163)]を踏まえ，別表第一審判の事項である廃除等について家事調停をすることは許されず，当然に廃除に係る調停成立もあり得ない。家事法では調停で廃除することはできない規律になったので，私人間の協議だけで廃除することも当然許されない。法定代理人が申し立てることはできない。

廃除された推定相続人は廃除の審判に対して，廃除または同取消しの申立ての却下審判に対しては申立人が即時抗告できる（家事188条5項）。却下審判に

159）　注民（26）320頁，321頁〔泉久雄〕。田中通裕「相続人の廃除に関する若干の考察」判タ1037号（2000）56頁。

160）　注民（26）326頁〔泉〕。

161）　注民（26）323頁〔泉〕。

162）　中川＝泉94頁，坂本由喜子「推定相続人の廃除について」家月46巻12号（1994）1頁。大阪高決平15・3・27家月55・11・116（実子），京都家審平20・2・28家月61・4・105（実子），東京高決平23・5・9家月63・11・60（養子）などもほぼそのような事案である。重大な侮辱に該当するとしたものとして東京高決平4・10・14家月45・5・74。

163）　一問一答・家事202頁，逐条解説599頁。

対して他の推定相続人である参加人が即時抗告することはできない（前掲注156）最決平14・7・12）[164]。

(ウ)　廃除の効力

廃除の審判が確定すると，当該被相続人の相続に関し，廃除審判を受けた推定相続人は相続資格を喪失し，遺留分も剥奪される。しかし，廃除は代襲相続原因であるので，廃除された推定相続人の子が代襲することができる（民887条2項）。

(d)　廃除の取消しの審判

被相続人はいつでも廃除審判の取消しを家庭裁判所に請求することができる（民894条）。申立人は却下審判に対して，即時抗告できる（家事188条5項2号）。

(e)　相続人廃除審判またはその取消し審判の確定前における遺産の管理に関する処分の審判

遺産の処分禁止，占有移転禁止などの処分があるが，最も多用されているのは遺産管理人の選任である（民895条・別表第一88項。家事189条）。廃除の審判が確定するまでは相続人が確定していないので，その間は現状を保存するための仮処分的措置を講じる必要があるからである。しかし，本処分はこれ自体が本案の処分であり，審判前の保全処分ではない[165]。遺産管理人[166]は不在者の財産管理人と同一の権利義務を有する（民895条2項・27条～29条）。

遺産の管理に関する処分の申立権者は，親族，利害関係人または検察官である（民895条1項前段）。即時抗告はできない。

選任された遺産管理人の解任等については家事法189条2項（125条1項～6項を準用）が適用される。この遺産管理人は辞任することはできず，解任を求めて裁判所の職権発動を促すことになる[167]。

---

164)　徳田和幸「家事審判手続における利害関係人の参加と即時抗告」同『複雑訴訟の基礎理論』（信山社・2008）。逐条解説604頁。

165)　逐条解説605頁。

166)　民法895条2項の「管理人」は平成16年民法改正により「遺産の管理人」に改められた。

167)　逐条解説607頁。

遺産の管理に関する処分は，廃除またはその取消しの審判が確定した場合には，裁判所は，廃除を求められた推定相続人，管理人もしくは利害関係人の申立てまたは職権により取り消されることになる（家事189条3項）。

(2) 遺産の分割[168)]

遺産の分割に関する審判事件とは，別表第二12項（遺産の分割），13項（分割の禁止），14項（寄与分）の審判事件を総称する（家事191条1項）。遺産の分割は明治民法では訴訟事項であったが，現行民法では非訟事件の審判事項とされた（家審9条1項乙類10号）。家庭裁判所が民法907条2項，3項をうけて同法906条を基準として遺産の分割の審判をする（最大決昭41・3・2民集20・3・360，裁判例集Ⅲ-5）。一定の場合を除き，いつでも共同相続人の協議で遺産を分割することができ（民907条1項[169)]），これが調わないときには調停・審判の手続（調停と審判は連続と断絶の関係にあり，例えば，調停では「対立点」といい，審判では「争点」というなどそれぞれ各段階に即した手続理論がある[170)]）により処理される。その効果は原則として相続開始時に遡及し，対抗要件を備える第三者の権利を害し得ない（民909条）。

「遺産分割協議（民907条1項）は，遺産に属する多種多様の財産の個々の帰属を決定する共同相続人間の合意である。共同相続人全員の同意に基礎を置くため，協議内容は自由に決定でき，法定相続分と異なる分割をすることも，特定の相続人に一定の債務を負担させることもできる[171)]」。最判平元・2・9（民集43・2・1）は，こうした構造を有する民法907条に定める協議成立が遡及効と一体的な特別なものと認めて法定解除を否定するが，最判平2・9・27（民集44・6・995）は，合意解除してから再分割の協議をすることはできるとする。

---

168)　平成27（2015）年2月24日法制審議会において，「民法（相続関係）の改正について（諮問第100号）」に関して，被相続人の配偶者の居住権保護，配偶者の貢献に応じた遺産分割の実現，寄与分制度の見直し，遺留分制度の見直しの検討が始まった（法制審議会第174回会議。法務省ウェブサイト参照）。

169)　鈴木禄弥「親族法・相続法における『協議』について」東海法学3巻（1989）27頁は「協議」は賢明な法政策的処理であるという。支持すべきである。

170)　小田正二ほか「東京家庭裁判所家事第5部における遺産分割事件の運用」判タ1418号（2016）9頁（対立点），20頁（争点）。

171)　沖野眞已・民法判例百選Ⅲ 140頁，窪田充見＝佐久間毅＝沖野眞已編著『民法演習ノートⅢ』（弘文堂・2013）257頁～260頁〔沖野眞已〕。

ただし，濫用とみるべき合意解除による再分割の協議は許されない。やり直しの協議も含めて，全相続人で遺産分割協議を調えると共有解消に至る。ここに協議とは，なお明らかとはいえないところも多いが，全相続人の同意に支えられた全相続財産の各相続人への帰属を決定する合意とそれに至る過程を含む複層的なものである[172]。

(a) 管轄等

遺産の分割，同禁止，寄与分の審判事件の管轄は，相続開始地の家庭裁判所である（家事191条1項）。ただし，遺産分割事件がすでに係属している場合は，寄与分を定める処分の審判事件のそれは，その係属する裁判所（抗告審である高等裁判所を含む）である（同条2項）。

(b) 相続の開始から遺産分割に至るまでの相続人の権利の形態

民法上，相続開始原因は被相続人の死亡のみである。被相続人が死亡すると，被相続人の財産は，一身専属権および祭祀財産を除いて，すべて相続人に移転する（民896条）。包括承継である。

相続人が複数の場合は，共有となり，その共有持分割合は相続分による（民898条・899条）。この「共有」が物権法上の共有と性質を同じくするものか合有であるのか，また，「相続分」が法定相続分か具体的相続分かについて争いがある。共同相続の共同所有形態が共有か合有かについては，判例は共有とすることに統一されていて合有とするものはない（最判昭30・5・31民集9・6・793）。学説は，明治民法制定当時にはフランス法の影響から共有説が強く，その後ドイツ法の影響から大正年間から昭和30年代まで合有説が多数であったが，現行民法が907条ただし書を新設したので合有説の実益がなくなった。理念的にも個人主義的に相続法の解釈をすべきであるとする理由から共有説が有力になり，現在では一義的には定められず，相続人がどのような権利を取得するかを具体的に検討すべきであるという考え方が通説である[173]。

民法899条の「相続分」の解釈は，遺産分割関連訴訟が増加するに伴い対立

172）協議の語については，稲田龍樹「民法907条の協議の意義と系譜（上）（中）」学習院法務研究9号（2015）47頁，10号（2016）51頁参照。

が鮮明になった。その焦点は，相続人が相続によって取得する実体的な権利が，法定相続分による共有持分なのか，具体的相続分による共有持分なのか，という点である。法定相続分が実体的権利であるとすると，相続人の権利は相続開始と同時に確定し，権利関係は安定する。しかし，以下のような多くの理論的問題を抱えることになる。①遺産分割は具体的相続分によってなされるが，実体的権利が法定相続分であるのに何ゆえに具体的相続分で分割することができるのか。②具体的相続分が法定相続分より多くなる者，少なくなる者が発生するが，その差に相当する実体的権利としての共有持分はいかなる権利移転なのか。宣言主義との関係で，相続人は相続開始から遺産分割によって取得した財産を被相続人から直接承継したものとされるから，矛盾ではないか。③可分債権について例外なき当然分割説をとると，可分債権について特別受益や寄与分を考慮する余地がなくなる。④可分債務について法定相続分によって分割され，積極財産について具体的相続分によって分割されるとその間に相違が出てくることがわかりにくい。⑤民法の体系上は具体的相続分も相続分として扱われている。

一方，具体的相続分が実体的権利とするならば，理論上の問題はほとんどないが，①相続人の権利の割合が遺産分割の協議または審判まで明らかにならない場合がある（寄与分が形成されなければならない），②具体的相続分に関する訴訟を認めることになり，遺産分割を家庭裁判所で行うことの趣旨が没却される，という制度上の大問題を生じる。具体的相続分説はなお有力ではあるが，法定相続分説が次第に支持を集めている[174)]。

最高裁は法定相続分説をとり，判例理論として確定した（最判平12・2・24民集54・2・523，裁判例集Ⅲ-98，最判平17・9・8民集59・7・1931，裁判例集Ⅲ-104，最判平17・10・11民集59・8・2243，裁判例集Ⅲ-120）[175)]。

いずれの説に立っても，特別受益，寄与分によって法定相続分を修正した具

---

173)　鈴木禄弥『相続法講義〔改訂版〕』（創文社・1996）〔以下，鈴木・相続〕211頁，深谷・家族215頁。合有説をとるのは中川＝泉211頁，具体的相続分による共有説をとるのは，伊藤243頁。

174)　具体的相続分説：注民（27）137頁〔宮井忠夫＝佐藤義彦〕，伊藤244頁，二宮338頁，法定相続分説：高木多喜男『口述相続法』（成文堂・1988）〔以下，高木・相続〕179頁，鈴木・相続314頁，床谷文雄＝犬伏由子編『現代相続法』（有斐閣・2010）154頁〔岡部喜代子〕，窪田333頁，443頁など。

体的相続分を算出し，その割合によって，共有である相続財産を分割して，各相続人は相続財産を取得する。この遺産分割の効果は相続開始時に遡及して発生するので，相続人は，遺産分割によって被相続人から相続財産を直接承継したこととされる（民 909 条本文，宣言主義）。ただし，遡及効は制限されているので（民 909 条ただし書），宣言主義の明治民法立法当時における問題[176]は，今では克服されている。判例は，こうした民法の条文の変遷も踏まえて新しい相続法制の基本方針を主導し，学説もこれに応じた新しい展開がみられる[177]。

(c) 遺産分割の手続対象となる事件

相続分譲渡を受けた者は相続人と同一の立場となるから，それらの者との分割は遺産分割の協議または審判による。しかし，遺産を構成する個別財産共有持分の譲受人は相続と無関係であるからその譲受人との共有解消は共有物分割訴訟である（最判昭 50・11・7 民集 29・10・1525）。遺贈・贈与を遺留分減殺して生じた共有を解消する手続も共有物分割である[178]。相続財産の全部包括遺贈については，最判平 8・1・26（民集 50・1・132）により全部包括遺贈は特定遺贈の集合体であるとして共有物分割の協議または訴訟によることに判例上確定した。しかし，割合的包括遺贈の場合は原則として相続分指定（民 902 条）と解され，全相続財産の帰属が決まるわけではないので遺産分割の協議または審判によることとなる[179]。

相続させる旨遺言に対する遺留分減殺によって生じた共有については，以下

175）松並重雄・最判解民〔平 17（下）〕572 頁，青野洋士・同 691 頁は，相続分に応じて共有持分権を取得するというときの相続分とは，法定相続分または指定相続分を指すという。この場合の共有解消は遺産分割の手続によることになる。

176）梅謙次郎『民法要義巻之五相続編』（有斐閣・1900）140 頁，柳川勝二『日本相続法註釈（上）』（巌松堂書店・1918）657 頁，658 頁。

177）金子敬明「相続財産の重層性をめぐって（1）～（5）」法協 118 巻 11 号（2001）1 頁，119 巻 1 号（2002）78 頁，120 巻 9 号（2003）66 頁，120 巻 11 号（2003）62 頁，121 巻 6 号（2004）1 頁，松川正毅「遺産分割と遡及効」高木多喜男古稀（成文堂・2001）299 頁，宮本誠子「可分債権の相続と遺産管理」私法 74 号（2012）197～204 頁，川淳一「共同相続における遺産である不動産利用に関する相続開始後の法律関係」野村豊弘古稀（商事法務・2014）601 頁以下など。

178）注民（27）377 頁〔初版〕〔伊藤昌司〕参照。なお，松原正明「遺留分減殺請求と遺産分割との関係」新実務大系③ 297 頁以下参照。

179）本書第 2 版 518 頁〔岡部〕。床谷＝犬伏編・前掲注 174）156 頁〔岡部〕。

のとおりになる。最判平3・4・19（民集45・4・477）[180]の判旨からすると，特定の相続財産を特定の相続人に相続させる旨遺言に対する遺留分減殺は遺贈に対するときと同様に考えられるから，遺留分減殺による共有の解消も共有物分割の手続による[181]。遺産分割が済んでいるから物権法上の共有になったといえる。全相続財産を1人の相続人に相続させる旨遺言に対する遺留分減殺による共有の解消も同様に解される（最判平21・3・24民集63・3・427）。もっとも，上記相続させる旨遺言をした被相続人の死亡時以前に名宛人とされた相続人が死亡したときは，その遺言は特段の事情のない限り効力を生じないから遺産分割の手続の対象となる[182]。さらにまた，相続分指定の遺言に対して遺留分減殺がされたときは，遺留分権利者は遺留分に相当する相続分を回復し共同相続人間の相続分割合が修正され，これによって遺産分割の手続をすることになる（最判平24・1・26家月64・7・100）。

以上によると，遺産分割の手続による共有解消は，被相続人から法定相続分または指定相続分による相続承継があった場合に適用される。しかし，相続させる旨遺言がある場合は遺産分割方法の指定として遺産分割の手続によらない遺産分割という相続効果を生じさせる例外になる[183]。

被認知者の価額請求は，訴訟事項である（名古屋高金沢支決平4・4・22家月45・3・45）。ただし特別受益・寄与分の適用はあるので，寄与分のみの申立てが例外的に許されることになる（民904条の2第4項・910条，家事191条2項）。

(d)　相続財産（積極財産）

一身専属権および祭祀財産を除き，すべての権利義務および法律上の地位が相続の対象となる。一身専属権は被相続人死亡と同時に消滅し，祭祀財産は相

---

180)　水野謙・民法百選Ⅲ 174頁。

181)　最判平10・2・26民集52・1・274，床谷＝犬伏編・前掲注174）157頁〔岡部〕など通説実務の立場である。

182)　最判平23・2・22（民集65・2・699，裁判例集Ⅲ-108）。この判決がいう特段の事情の解釈をめぐっては後継ぎ遺贈の余地を認めた最判昭58・3・18家月36・3・143との関係等も検討する必要がある。なお，松川正毅「判批」民商146巻2号（2012）154頁以下参照。

183)　なお，相続させる遺言があっても，全相続人の合意（濫用でない限り）によれば，遺言内容と異なる遺産分割を協議，調停により成立させることはできる。

続とは異なる承継をする。

ここにいう一身専属権は帰属上の一身専属権である。行使上の一身専属権は行使されれば相続の対象となり得るものでも行使されなければ相続されない。身分権・人格権は原則として一身専属権であるが，身分権・人格権侵害に基づく損害賠償請求権は財産上の権利であって当然相続される。社会保障制度によって与えられた権利も相続法上は一身専属権である。生活保護費（最判昭42・5・24民集21・5・1043），公営住宅の入居権（最判平2・10・18民集44・7・1021）は相続されない。また，個人の信頼関係に基づいている権利・義務も相続されない。身元保証人たる地位（大判昭2・7・4民集6・436），根保証人たる地位（最判昭37・11・9民集16・11・2270，民465条の4第3号）などである。ただし，被相続人死亡までに生じた保証債務は相続される。人的色彩の強い団体の構成員たる地位も相続されない。実際にはゴルフ会員権が問題となっている。社団法人制の場合は相続されず，株主制の場合は相続される。預託金会員制の場合，原則として相続が認められる（最判平9・3・25民集51・3・1609）。会則中に会員が死亡したときは資格を失うとの定めがある場合は一身専属性があり，相続されない（最判昭53・6・16判タ368・216）。

被相続人に属さなかった権利は理論上相続の対象とはならないが，被相続人死亡によって相続人の1人が取得する権利は，相続と似ているため問題となる。被相続人が自己を被保険者として保険金受取人を相続人の1人に指定した場合は，生命保険金は，保険契約に基づき保険金受取人に原始的に帰属するものであるから相続財産とはならない（最判昭40・2・2民集19・1・1，相続放棄との関係であるが福岡高宮崎支決平10・12・22家月51・5・49）。また，その機能も受取人の生活保障を担うものであるから相続財産とすることは相当ではない。死亡退職金や遺族給付も，受給権者の固有財産であって相続の対象ではない。判例も否定する（最判昭55・11・27民集34・6・815，最判昭62・3・3家月39・10・61）。

(e) 遺産の分割の審判対象となる財産

遺産に属するすべての相続（積極）財産を全相続人で分割する（民906条以下）。しかし，相続開始から分割の間に相続財産が変動することがあり，また，理論上分割の対象となるかどうか問題となるものもあり，必ずしも全相続財産が遺産の分割の対象となるものではないと解されている。

そもそも，分割審判の対象財産である遺産（相続財産）とは相続開始時と遺産分割時のいずれに存在するものか。遺産が変動して遺産分割時に存在しなくなった場合にも分割の対象とするのは不合理であるとの理由で，遺産分割時の遺産であるとするのが一般である。[184)]しかし，遺産分割の審判対象から外すことによって，具体的相続分の割合は異なってくるのであって，生前贈与もみなし相続財産として相続人間の公平を図ろうとする民法の趣旨に合致するのか疑いもある。可分債権や代償財産も，計数上は遺産分割の対象に入れて一部分割がなされたと同様の方法によって，残った遺産を分割するなどの方策がなされるべきとの説もある。[185)]また，遺産という包括的財産の共有と個々の相続財産の共有という二重の共有という構成をいう説も有力である。[186)]しかし，遺産という包括財産上の権利を観念するといっても，それは権利というよりは一種の遺産分割を求め得る地位，[187)]すなわち，相続人という遺産分割を協議することのできる地位をいうに過ぎない。なお，分割協議を調え各相続人に帰属が決まった財産は，同協議につき合意解除の合意や無効確認の合意という協議が成立しない限り（濫用の場合を除く），当然に再分割の協議の対象財産にはならない（東京高決平23・2・24判タ1366・237）。[188)]

㈠　可 分 債 権

前述のとおり，原則として，可分債権は相続開始と同時に法定相続分によって当然分割され，遺産分割の審判対象とならない。しかし，例外として，定額郵便貯金債権（最判平22・10・8民集64・7・1719），投資信託受益権，個人向け

184）　松原正明「遺産分割の対象となる財産の範囲と限界」島津一郎古稀（5）（日本評論社・1992）49頁。

185）　高木多喜男「分離財産・代償財産と遺産分割」林良平還暦（上）（有斐閣・1981）191頁，岡部喜代子「可分債権は遺産分割手続き上いかに取り扱われるべきか」浅野裕司古稀（八千代出版・2005）29頁。

186）　林良平「遺産中の金銭の遺産分割前の帰属」金法1336号（1992）6頁，右近健男・判評373号（1990）36頁，緒方直人「相続可分債権・可分債務と『当然分割』判例法理」中川淳傘寿（日本加除出版・2011）689頁などがある。

187）　岡部・前掲注185）39頁。

188）　笠井正俊「遺産分割審判における遺産の範囲の判断と当事者主義」田原睦夫古稀（金融財政事情研究会・2013）1194頁は，遺産分割審判事件における遺産帰属性と弁論主義について，同「遺産確認訴訟における確定判決の既判力の主体的範囲」伊藤眞古稀（有斐閣・2015）155頁は遺産確認訴訟判決の既判力について論じ，注目される。

国債（最判平26・2・25民集68・2・173）[189]，投資信託受益権についての相続開始後の元本償還金または収益分配金の預託金債権（最判平26・12・12判時2251・35）は遺産分割の審判対象となるべき性質の債権である。しかし，本来，遺産分割の審判対象にはならない当然分割となる債権であっても，相続人全員の合意があれば遺産分割の審判対象となると解されている。ここにいう合意とは，協議中の一つの合意であって，全相続人がこの合意によって当然に分割帰属する各債権を併せてその再配分を遺産分割の審判手続に委ねるというものである[190]。なお，現金は分割の対象となる（最判平4・4・10家月44・8・16，裁判例集Ⅲ-102）。なお，最判平16・4・20（家月56・10・48）は，共同相続人間においても当然分割債権を侵害した他の共同相続人は当然取得した共同相続人に対し損害賠償または不当利得返還の責めを負うべきことを明らかにした。

(ｲ)　遺産の代償財産

遺産の一部が売却等により相続人の共有でなくなった場合は，その時点では当該相続財産は遺産ではなくなる。遺産分割の対象財産を相続開始時の財産と考えるならば当該財産をも含めて遺産分割することになるので，当該財産を相続人の1人に取得させることになる。そして，その相続人が売却等の処分をした相続人に対して損害賠償請求権を取得することにより解決する[191]。遺産分割における宣言主義を分割までの間共有であった事実それ自体を全否定するものという立場では相続開始時に存在したものという説が正しい。しかし，学説・判例は，遺産分割時に現存するものという説をとる[192]。あくまで現にある財産を将来に向かって新たな権利または法律関係として形成することを本質とするからである。そうすると，遺産分割時に遺産に属さない権利は遺産分割の対象とならないことになる。

そこで，次に遺産分割時説を採用した場合，当該遺産に代わって各相続人が

---

189)　中田裕康「投資信託の共同相続」民事判例Ⅵ 2012年後期（日本評論社・2013）6頁。

190)　松原正明「可分債権と現金」245題333頁，林良平＝大森政輔編『注解判例民法(4) 親族法・相続法』（青林書院・1992）651～653頁〔栗原平八郎〕参照。なお，窪田充見「金銭債務と金銭債権の共同相続」論究ジュリ10号（2014）119頁以下。

191)　実務上は，当該相続財産を処分した相続人に取得させて協議，調停を成立させる。宣言主義の原則の下で，全相続人が当該相続財産を遺産分割の対象とする旨の特段の合意をしたと考えられるからである。

192)　松原正明「遺産の代償財産」245題338頁。

取得した財産（代償財産）が遺産分割の対象となるか否かが問題とされる。多くの判例学説は遺産分割の対象となるという考え方を示している。その理由は，実質的な妥当性のほか，物上代位の法理に基づくものとされている（高木・相続371頁）。

最高裁は，全相続人の合意で売却した遺産を構成する特定不動産は遺産から逸出したものであって各相続人が売主に対し持分に応じた代金債権を取得する旨判示したが（最判昭52・9・19家月30・2・110），遺産を構成する特定不動産の売却代金を遺産分割の対象にする旨の全相続人の合意があるなどの特別な事情がある場合には代金債権を遺産分割の対象財産とすることを認めた（最判昭54・2・22家月32・1・149）。原則的には遺産分割の対象財産とはならず，全相続人の合意ある場合のみ対象財産とし得るとする点で，これら判例の基調は遺産分割時説にあるように思われる。最高裁は，遺産分割が未了のままで共有物について遺産共有持分と他の共有持分（通常共有）とが併存する場合には，共有関係の解消を求める方法は共有物分割訴訟であり，同訴訟の判決によって遺産共有持分権者に分与された財産は遺産分割の対象となり，この財産の共有関係の解消については民法907条に基づく遺産分割によるべきである旨判示した（最判平25・11・29民集67・8・1736）。

(ウ)　果　　実

相続開始から遺産分割までの間に生じた果実や収益は遺産分割の対象となるか否かについても考え方はいくつか存在する。宣言主義の擬制を徹底すれば果実・収益を生じる財産を取得した者が果実も取得することになる。しかし，相続開始から遺産分割まで法定相続分による共有期間が存在したという事実を無視することは相当でない。また，宣言主義は民法909条ただし書によって変容されたことから，この間の共有に整合した処理をすることが求められる。前述のとおり，遺産分割の対象について相続開始時説をとれば，当時果実は存在しないのであるから，遺産分割の対象とならない。遺産分割時説をとっても，相続開始時には存在しないので遺産ではない。その結果，果実は，法定相続分によって各相続人に共有されるか，分割可能であれば分割帰属することになる（最判平17・9・8民集59・7・1931，裁判例集Ⅲ-104）。その上で，遺産分割の対象とし得るかどうかについて，全相続人の合意があれば遺産分割の対象とし得るとの見解が有力であり[193)]，大方の審判例である（東京高決昭63・1・14家月40・

5・142 等）し，最高裁も採用する（前掲最判平 17・9・8）。しかし，どちらの説に立っても，元本たる相続財産から生じる果実・収益は相続財産の延長として遺産に属し得る性質を有するので，合意があれば遺産と併せて一体的に分割審判の対象となると考えられる。なお，合意が分割審判に委ねることを意味する以上，特別受益の判断，寄与分の審判にも服することを含意し，これらを除くことは許されない。したがって，分割の調停・審判においては手続保障に配慮して，それを含意する合意の有無を確かめるべきである。

(エ) 債　　務

前述したとおり，相続財産は相続開始と同時に法定相続分による相続人の共有となるとの判例の考え方によれば，可分債務は法定相続分によって分割され，遺産分割の対象とならないこととなる。そして，債権者との関係でも，法定相続分の割合によって分割される（連帯債務説もあるが，与し得ない）。その上で，遺産分割の対象とならないというのが，実務上の扱いである。[194] しかし，最近の遺産分割事件ではマンション一棟といった収益物件は債務の絡むことが多い。調停・審判の手続において全相続人（当事者）間の合意があれば債務を分割対象とすることは可能である。[195] 全相続財産を 1 人の相続人に相続させる旨の遺言は，相続分の全部を当該相続人に指定するものであるから，特段の事情のない限り，同相続人が相続債務すべてを承継する（前掲最判平 21・3・24）。これにより相続人間の内部関係では指定相続分の割合に応じて相続債務を承継することになる。しかし，対債権者の外部関係にその効力は及ばない以上，他の相続人は法定相続分による債務負担を免れない。もっとも，債権者側が指定相続分による請求を当該相続人に対して求めることはできる。そうであるならば，被相続人の債権者との関係で債務自体の共有持分は動かせないとしても，遺産分割の調停・審判の手続において，相続人間の負担部分を定めることは，全相続人の合意があれば可能であると解される。[196]

193） 久貴忠彦「相続開始後に遺産から生じた果実・収益と遺産分割」沼邊愛一ほか編『家事審判事件の研究 (2)』104 頁（一粒社・1988）など。

194） 司法研修所編『遺産分割事件の処理をめぐる諸問題』（法曹会・1994）〔以下，諸問題〕255 頁。

195） 小田ほか・前掲注 170）12 頁，19 頁。

196） 床谷＝犬伏編・前掲注 174）96 頁〔吉田克己〕。なお，同書 157 頁〔岡部〕参照。

(オ) 管理費用

遺産の管理費用は，民法885条により，相続財産の負担となる。遺産に関する，いわば共益費用と考えられるからである。しかし，遺産の管理費用は，相続債務ではないので本来相続財産ではない。また，管理費用といっても様々な態様があり，法律関係も一様ではない。したがって，相続人が固有に負担した費用の求償関係や，相続人の1人が行った管理行為の費用などは，原則として遺産分割の対象としないのが実務上の扱いである（諸問題257頁）。しかしここでも，全相続人の合意があれば分割審判の対象とし得る。

(カ) 葬祭費

葬祭費は，被相続人死亡後に生じる債務であるから，遺産分割の審判対象とはならない性質のものである。負担者については，喪主説，相続人全員説，相続財産負担説がある。本来具体的な事情によって異なるものであるが，死亡によってほとんど必然的に生じる費用であるから，原則としては相続人が全員負担し，全員の合意があれば，相続財産の負担とすることも許されると解する。また，喪主が独自の判断で，他の相続人の同意を得ないで独自の葬式をしたり，特に多額の葬式をした場合には喪主の負担になると解する[197]。

(f) 特別受益

特別受益に該当する贈与等は遺産分割に際して算定上相続財産に加算する。これを持戻しという。

遺贈はすべて持ち戻される。相続させる旨の遺言による承継についても持ち戻される扱いである（広島高岡山支決平17・4・11家月57・10・86，裁判例集Ⅲ-105）。贈与は，婚姻，養子縁組のためもしくは生計の資本として受けたものが持ち戻される。したがって，扶養料，慰謝料などは持ち戻されない。

持ち戻さなければならないのは，相続人に対する贈与等である。包括受遺者は含まれない。相続人の配偶者，子，孫などに対するものは持ち戻されない[198]。ただし，代襲相続人に対する贈与等は代襲原因発生後の贈与等のみ特別受益に該当するというのが多数説である（諸問題257頁）。被代襲者に対する贈与等は

197）松倉耕作「葬儀費用負担者」判タ643号（1987）140頁。
198）相続人に対する贈与と同視できる場合は別である。

代襲相続人から持ち戻させるべきである。再転相続において，相続人の贈与等を持戻し再転相続人について特別受益として考慮しなければならないのは当然である（大阪高決平15・3・11家月55・8・66，裁判例集Ⅲ-106）。相続が開始して，遺産分割未了の間に第2次の相続が開始した場合において，第2次被相続人から特別受益を受けた者があるときはその持戻しをして具体的相続分を算定しなければならない（最決平17・10・11民集59・8・2243，裁判例集Ⅲ-120）。

持戻しの根拠は，遺贈や贈与等が相続分の前渡しであるからである。そうであれば，相続財産ではないものについては，特別受益にならないのが原則である。したがって，理論的には生命保険金，死亡退職金，遺族給付などは特別受益に該当しないことになる。しかし，相続人らがそれら金員を取得するには，被相続人の出捐があるのであり，これを全く持ち戻さないことは相続人間の公平に反するのではないかという問題がある[199)]。裁判例は生命保険金について，持戻し免除の意思表示があるとの認定により持戻しを認めないものが多い[200)]。最判平14・11・5（民集56・8・2069）は，相続財産に該当せず，実質的にも保険契約者の財産に属していたとはいえないとの理由で，遺留分減殺請求の対象とならない旨判示した。これら判例の趣旨からすると，生命保険金は特別受益財産とならないと考えているものと解される。最決平16・10・29（民集58・7・1979，裁判例集Ⅲ-109）は，養老保険契約に基づき取得する死亡保険金について特別受益に該当しないが，民法903条の趣旨に照らして到底是認することができないほど著しい不公平が生ずる特別の事情があるときは，特別受益に準じて持戻しの対象となるとした。東京高決平17・10・27（家月58・5・94，裁判例集Ⅲ-110）は特別事情ありとした。死亡退職金，遺族給付金は遺族の生活保障的な性質を強く有することから，生前贈与類似とも認められないと解する。ただし，報償的性質の強い死亡報奨金のような性質を有する場合は別の考え方があり得る（諸問題262頁）。

また，厳密な意味では贈与に該当しなくても，相続分の前渡しと認められるような相続財産の処分がある場合にはそれを特別受益とすることも許されよう。

199）中川＝泉200頁，鈴木・相続126頁は特別受益として認める。

200）高松高決平11・3・5家月51・8・48，認めたものとして長野家審平4・11・6家月46・1・128，宇都宮家栃木支審平2・12・25家月43・8・64。

例えば遺産の使用利益，賃借権の権利金相当額などである。[201)]

持戻し免除の意思表示があれば，特別受益であっても持戻しは行われない。黙示の意思表示でもよい。妻への土地持分の生前贈与について貢献に報いる趣旨であるとして持戻し免除の意思表示を認める一方，寄与分の申立てを却下した例がある。[202)]

(g) 寄与分

寄与分は昭和 55（1980）年に創設された。それ以前は，法定相続分の修正要素は特別受益しかなかったが，相続財産の維持・増加に寄与した相続人があるとき，実質的公平の見地から，判例によって認められるようになり，これが立法化されたのである。

明文化される前の裁判例の理論構成は，潜在的共有持分説（神戸家姫路支審昭46・2・12 家月 23・11＝12・98），不当利得説（東京高決昭 54・2・6 判時 931・68），相続分変更説（東京高決昭 52・2・17 家月 30・5・112）などがあった。立法に際して，寄与分は財産法上の権利とされず，相続分修正要素とされた。したがって，協議または調停・審判によって形成されなければ確定しない（民 904 条の 2 第 2 項，別表第二 14 項）。特別受益と異なる点である。しかし，近時の高齢社会での一部の相続人だけが専ら療養看護をするなどに鑑みて寄与分制度の修正が立法問題として検討されている。[203)]

(ア) 主　　体

共同相続人でなければならない。相続人の配偶者の寄与は相続人の寄与と評価できるが（前掲注 201）東京家審平 12・3・8），代襲相続権のない相続人の配偶者に子がないような場合は救いようがないことが問題点として指摘される。[204)]

201） 諸問題 261 頁。土地の使用借権について特別受益とした上，持戻し免除を認めたものとして東京高決平 9・6・26 家月 49・12・74，被相続人が有する借地権について相続人の 1 人が地主との間で新たに借地契約を締結した際，被相続人が異議を述べなかったなどの事情から被相続人から当該相続人に対して借地権の贈与があったと認めた例として東京家審平 12・3・8 家月 52・8・35。

202） 東京家審平 8・8・26 家月 49・4・52。持戻し免除の意思表示を認めた例として鳥取家審平 5・3・10 家月 46・10・70。

203） 平成 27 年 4 月の法制審議会民法（相続関係）部会第 1 回会議で，寄与分の規律の見直し，とりわけ療養看護に関する要件の緩和が検討されはじめた（同部会資料 1 の第 2 の 3。法務省ウェブサイト参照）。

代襲相続人の場合は，代襲相続人自身の寄与は，代襲原因発生前後を問わずに主張できるが，代襲原因が死亡であるときは，被代襲者の寄与も主張できると解されている[205]。また，再転相続人については，特別受益と同様，相続人の寄与は考慮される。

(イ) 要　件

(i) 寄与行為

被相続人の事業に関する労務の提供または財産上の給付，被相続人に対する療養看護その他の方法である（民904条の2）。その他の方法には，財産上の給付，財産管理などがあり，扶養は争いがあるが，現在は認める方向である[206]。

(ii) 特別の寄与

通常の寄与は相続分に含まれるので，これを超えるような特別の寄与であることを要する。特別の寄与と認めるには，①無償性，②継続性，③専従性，などが問題とされる[207]。扶養義務を負う者が療養看護をしても，義務の履行とされ「特別の寄与」とはいい難いとされてきたが，高齢社会の現状に鑑みて疑問である。

(iii) 相続財産の維持または増加

特別の寄与によって相続財産が維持または増加しなければならない。寄与行為と相続財産の維持または増加との間に因果関係が必要である。

(ウ) 具体的算定

明文上は遺贈の額を超えてはならないとの制限だけであって，裁量に任されている。解釈上，他の相続人の遺留分を侵害するような寄与分の額は相当ではないといわれている[208]。

204） 諸問題267頁，岩井俊「寄与分に関する審判例の展開」太田武男＝野田愛子＝泉久雄編『寄与分――その制度と課題』（一粒社・1998）60頁，熊本家玉名支審平3・5・31家月44・2・138，東京高決平元・12・28家月42・8・45。

205） 本書第2版526頁〔岡部〕。

206） 山口家萩支審平6・3・28家月47・4・50。なお，大阪高決平15・5・22家月56・1・112参照。

207） 諸問題280頁以下。

208） 太田＝野田＝泉・前掲注204）62頁〔岩井〕，東京高決平3・12・24判タ794・215（裁判例集III-113）。

(i)　家業従事型

寄与者の受けるべき相続開始当時の年間給付額×(1－生活費控除割合)×寄与年数

という計算式が提案されている（諸問題285頁)。

被相続人の長男およびその妻とともに被相続人の家業である農業を維持してきた長男の長男である代襲相続人について寄与分を5割とした例（横浜家審平6・7・27家月47・8・72)，農業従事者の寄与分を1日当たり農作業標準賃金を基礎とし，家事労働について家政婦基本賃金を基礎とし，療養看護について家政婦基本賃金に超過料金・深夜料金を加えた額を基礎として算定した例（盛岡家一関支審平4・10・6家月46・1・123)，薬局経営を手伝い，無償とはいえないが経営規模を拡大したとして寄与分を3000万円（約32%）とした例（福岡家久留米支審平4・9・28家月45・12・74)，無報酬ではなくとも貢献に見合っていない場合は寄与分が認められるとして差し戻した例（大阪高決平2・9・19家月43・2・144)，近郊農業の後継者である相続人に寄与分を認めた例（東京高決平22・5・20判タ1351・207）等がある。

(ii)　療養看護型

付添婦の日当額×療養看護日数×裁量的割合

という計算式が提案されている（諸問題290頁)。前掲注201）東京家審平12・3・8は，社団法人日本臨床看護家政協会（現 公益社団法人日本看護家政紹介事業協会）が作成した,「看護補助者による看護一覧表」中の普通病（軽傷2人付）による平均時給×介助時間×0.7という計算をしている。約1年半ほどの療養看護について300万円の寄与分を認めた広島高決平6・3・8（家月47・2・151)，相続人の妻の看護を相続人の看護と評価し，昭和51年当時の価額で重篤時・月9万円，その他・月3万円，計120万円と算定した神戸家豊岡支審平4・12・28（家月46・7・57）等がある。

(iii)　財産上の給付

贈与当時の価額×貨幣価値変動率×裁量的割合

が原則であるが，被相続人名義の不動産購入のためにその妻がした財産上の給

付の場合は，

相続開始時の不動産価額×（妻の出資金額÷取得当時の不動産価額）

とする考え方が提案されている（諸問題289頁）。

会社と被相続人とが経済的に極めて密着した関係にあった場合に，会社への資金援助を寄与分と認めたものがある。[209)]

(iv) その他

相続人の1人が遺産不動産を係争物件とする民事訴訟の追行につき証拠の収集・立証に協力して逆転勝訴に貢献したことを寄与と認め，寄与分を遺産の1割とした大阪家審平6・11・2（家月48・5・75），被相続人の理容業従事・被相続人の扶養・被相続人を無償にて居住させ光熱費等負担・公租公課負担等を総合して遺産総額の20%とした前掲注206）山口家萩支審平6・3・28等がある。

(エ) 寄与分を定める処分の審判の手続

寄与分は，共同相続人の協議によって定められる（民904条の2第1項）。協議ができない場合には，寄与をした相続人は審判の申立てをすることができる（家事規102条2項）。管轄は相続開始地の家庭裁判所であるが，すでに遺産分割審判が係属している場合は当該係属する家庭裁判所である（家事191条）。高等裁判所に係属中であれば当該高等裁判所に申し立てることができる（同条2項）。寄与分を定める処分の申立ては，遺産分割の申立てをした場合にのみ許される（民904条の2，別表第二14項〔乙類9号の2〕）。遺産分割事件と寄与分事件とは併合される（家事192条・245条3項）。民法910条（被認知者の価額請求）は訴訟事項であるのでその場合のみ寄与分のみの申立てとなる（民904条の2第4項）。家庭裁判所は1か月以上の期間をもって申立期間を指定し，期間経過後の寄与分の申立てを却下することができ，期間内の申立てでも，遺産分割審判を著しく遅滞させると認められる等の事情があるときは却下することができる（家事193条）。

相続人は寄与分を定める審判に対して即時抗告することができ，申立人は申立てを却下する審判に対して即時抗告することができる（家事198条1項4号5号）。遺産分割審判と併合されているときは寄与分審判のみに対する即時抗告

209）高松高決平8・10・4家月49・8・53（裁判例集Ⅲ-115）。

はできず，遺産分割審判とともにしなければならない（同条２項）。

寄与分とともに財産上の権利も存在する場合にも寄与分の申立てができるとするのが実務上の扱いである。これを禁じる理由はなく，二重取りできないような措置をとっておけば足りるであろう。

(h) 具体的相続分

上記の特別受益と寄与分によって法定相続分を修正して具体的相続分を算出する。その方法は，特別受益のあるときは相続開始時の相続財産に特別受益財産の額を加え，その額に各相続人の法定相続分を乗じ，特別受益を得た相続人についてはその特別受益額を控除する。寄与分があるときは，相続開始当時の相続財産の価額から寄与分額を控除し，その額に各相続人の法定相続分を乗じ，寄与相続人についてその寄与額を加算して算出する（民903条・904条の2）。

(ア) 算定の基準時

具体的相続分を算定するには，相続財産，特別受益財産，寄与分の価額を算定する必要がある。その基準時を相続開始時とするか遺産分割時とするかという問題がある。判例，多数説とも相続開始時説である（広島高決平5・6・8家月46・6・43，裁判例集Ⅲ-117等，中川＝泉262頁等）。最高裁は遺留分減殺についてではあるが相続開始時説を採用している（最判昭51・3・18民集30・2・111）。相続開始時による具体的相続分の算定は条文に忠実であり，一部分割や遺留分減殺にも対応できる。これに対し，相続人間の公平を根拠に遺産分割時を説く学説もある（高木・相続84頁）。しかし，遺産分割がいつ行われるかによって具体的相続分が異なることが公平であるかどうか疑問がある。上記の如く，一部分割等に対処できる相続開始時によるべきと考える。

(イ) 算 出 方 法

以下，相続開始時の相続財産の額が6000万円，被相続人A，相続人は配偶者Bと子がC・D・Eの３人として，説明する。なお，最大決平25・9・4民集67・6・1320は，嫡出でない子の相続分は嫡出子の相続分の２分の１であると定める民法900条４号ただし書の一部について，遅くとも平成13（2001）年7月当時において憲法14条１項に違反したが，同じころから現在までに確定した同種の他の法律関係には影響しない旨を判示した。平成25（2013）年12月11日民法改正により，同条同号ただし書の一部は削除された（平成25法94

参照)。

(i) 特別受益がある場合

特別受益として相続開始時の価額600万円がCに存在するとする。

6000万円＋600万円＝6600万円(みなし相続財産)
6600万円×1/2＝3300万円……B
6600万円×1/6＝1100万円……D，E
1100万円－600万円＝500万円……C
B：C：D：E＝3300：500：1100：1100

(ii) 超過特別受益がある場合

特別受益として相続開始時の価額3000万円がCに存在するとする。

6000万円＋3000万円＝9000万円
9000万円×1/2＝4500万円……B
9000万円×1/6＝1500万円……D，E
1500万円－3000万円＝－1500万円……C(0となる)

－1500万円分をだれがどのように負担するかについて各種の考え方がある。学説は帰一しない（中川＝泉260頁等参照）が，実務は以下のような，特別受益者を除く相続人について上記割合によって負担する算定方法によっている（諸問題297頁)。

6000万円×4500/(4500＋1500＋1500)＝3600……B
6000万円×1500/(4500＋1500＋1500)＝1200……D，E
B：D：E＝3600：1200：1200

これは，不足分1500万円を上記割合によって負担することと同一である。

1500万円×4500/(4500＋1500＋1500)＝900万円
4500万円－900万円＝3600万円……B
1500万円×1500/(4500＋1500＋1500)＝300万円
1500万円－300万円＝1200万円……D，E

遺贈がある場合は次のようになる。

特別受益として，Cに対する相続開始時の価額3000万円の贈与と，相続財産6000万円中にEに対する900万円の遺贈があるとする。

6000万円＋3000万円＝9000万円
9000万円×1/2＝4500万円……B
9000万円×1/6＝1500万円……D
1500万円－3000万円＝－1500万円……C(0となる)
1500万円－900万円＝600万円……E
(6000万円－900万円)×4500/(4500＋1500＋600)＝3477.2727万円……B
(6000万円－900万円)×1500/(4500＋1500＋600)＝1159.0909万円……D
(6000万円－900万円)×600/(4500＋1500＋600)＝463.6363万円……E
(他にEへの遺贈900万円)

(iii)　寄与分のみがある場合

寄与分として相続開始時の価額300万円がEに存在するとする。

6000万円－300万円＝5700万円(みなし相続財産)
5700万円×1/2＝2850万円……B
5700万円×1/6＝950万円……C，D
950万円＋300万円＝1250万円……E
B：C：D：E＝2850：950：950：1250

(iv)　特別受益と寄与分がある場合

同時適用説，民法903条優先適用説，904条の2優先適用説，個別適用説があるが，裁判例および通説は同時適用説である（注民（27）259頁〔有地亨＝犬伏由子〕)。

超過特別受益がない場合

6000万円＋600万円－300万円＝6300万円
6300万円×1/2＝3150万円……B
6300万円×1/6＝1050万円……D
1050万円－600万円＝450万円……C
1050万円＋300万円＝1350万円……E
B：C：D：E＝3150：450：1050：1350

超過特別受益がある場合

6000万円＋3000万円－300万円＝8700万円
8700万円×1/2＝4350万円……B
8700万円×1/6＝1450万円……D
1450万円＋300万円＝1750万円……E
1450万円－3000万円＝－1550万円……C(0となる)

この場合にはこのままで計算するとEの寄与分額が縮減されるので以下の計算をすべきであると解される（前掲東京高決平22・5・20）。

(6000万円－300万円)×4350/(4350＋1450＋1450)＝3420万円……B
(6000万円－300万円)×1450/(4350＋1450＋1450)＝1140万円……D
1140万円＋300万円＝1440万円……E
B：C：D：E＝3420：0：1140：1440

(ウ)　具体的相続分に関する訴え

前述のとおり，相続人が取得する実体的権利が法定相続分による共有持分であるとすれば，具体的相続分は遺産分割の基準となる遺産分割分であるから，遺産分割においてその前提として審理されるだけである。それに対し，具体的相続分による共有持分が実体的権利であるとすればこれに関する訴えも許されるはずである。最判平7・3・7（民集49・3・893）は，ある財産が特別受益財産であるかどうかについては，確認の利益がないものとし，最判平12・2・24（民集54・2・523，裁判例集Ⅲ-98）は，具体的相続分の確認を求めた訴えについて，具体的相続分は実体法上の権利関係ということはできないとの理由で却下した（前述⇨(b)参照）。

（i）遺産分割の方法

遺産分割は，一切の事情を考慮して行う。[210] 条文は「遺産に属する物又は権利の種類及び性質，各相続人の年齢，職業，心身の状態及び生活の状況」を例示する（民 906 条)。個別事情によってその方法は定まるが，上記事情のほか，審判による場合は，具体的相続分に応じた利益を各相続人が現実に取得すること，また，後に紛争になるような分割を避けるよう金銭の支払，物の引渡し，登記義務の履行その他の給付を命ずることが必要である（家事 196 条)。債務負担の方法も可能である（家事 195 条)。この場合には，支払能力があることを要する（最決平 12・9・7 家月 54・6・66)。

(ア)　遺産の評価

遺産を分割するときには，各相続人が現実に取得する利益が問題になるのであるから，遺産分割時の価額で算定する。これまでの裁判例には固定資産評価額を用いたと思われる原審判が取り消された例（福岡高決平 9・9・9 家月 50・2・184)，参与員の意見に基づいて不動産の評価をした原審判が鑑定すべきであるとして取り消された例（名古屋高決平 8・7・29 家月 48・12・52）等があった。費用と時間のかかる鑑定の代替的措置として家事調停委員による専門的な意見聴取を活用する旨の提言（諸問題 76 頁）は，上記高裁の決定例を踏まえ改良されて定着し，家事法 264 条により維持されている。[211] 現在では，評価にかかる実務はより発展し，全当事者の合意を基礎とする手続保障に配慮した方式として確立している。例えば固定資産評価額や相続税評価額（路線価）などの資料によりながら不動産価値の評価について全当事者間で確定額の協議が調えば，その合意内容（1 基準時の価額をいくらにするか，複数の基準時の価額を同じにするか等）を期日調書に記載して，調停または審判による分割の基礎にするなどである。[212]

(イ)　算 定 方 法

被相続人Ａ，相続人は配偶者Ｂと子がＣ・Ｄ・Ｅの３人，相続財産は土地一

210)　星野英一「遺産分割の協議と調停」大系Ⅵ 343 頁，同『家族法』（放送大学教育振興会・1994）185 頁，186 頁。なお，遺産分割協議の性質について潮見佳男「遺産分割の瑕疵・解除」新実務大系③ 366 頁，同『相続法〔第５版〕』（弘文堂・2014）のほか，沖野・民法百選Ⅲ 140 頁。

211)　逐条解説 795 頁は，意見を手続期日で聴取する必要はないが，一定の場合には当事者に意見聴取内容を告知することが望ましいという。

212)　小田ほか・前掲注 170）13 頁，19 頁。

筆，その地上建物，マンション1棟，株式1000株，預金1000万円とする。相続開始時の相続財産の額が6000万円，遺産分割時の価額が，土地4000万円，建物500万円，マンション1500万円，株式合計1000万円，預金1000万円，Cに特別受益600万円（相続開始時），Eに寄与分が300万円（相続開始時）形成されたとする。具体的相続分は相続開始時で計算し，B：C：D：E＝3150：450：1050：1350となる。

① 預金について遺産分割の審判対象とすることに合意があるときは以下のとおりとなる。

遺産分割時の遺産総額

4000万円＋500万円＋1500万円＋1000万円＋1000万円＝8000万円
8000万円×3150/(3150＋450＋1050＋1350)＝4200万円……Bが取得すべき金額
8000万円×450/(3150＋450＋1050＋1350)＝600万円………Cが取得すべき金額
8000万円×1050/(3150＋450＋1050＋1350)＝1400万円……Dが取得すべき金額
8000万円×1350/(3150＋450＋1050＋1350)＝1800万円……Eが取得すべき金額

例えばBが上記建物に居住しているとすれば，Bに土地建物を取得させることになろう。Bが得る金額は4500万円となり，取得すべき金額より300万円超過する。Eにマンションを取得させるとEが得る金額は1500万円となり300万円不足する。そこで，BからEに代償金300万円の支払をさせる。Dには預金と400万円分の株式を，Cには600万円分の株式を取得させる等，各具体的事情により決定されることになる。

② 預金は法定相続分によって当然分割された場合に，

仮に預金を遺産分割の対象から全く外すと以下のとおりとなる。

4000万円＋500万円＋1500万円＋1000万円＝7000万円
7000万円×3150/(3150＋450＋1050＋1350)＝3675万円……Bが取得すべき金額
7000万円×450/(3150＋450＋1050＋1350)＝525万円………Cが取得すべき金額
7000万円×1050/(3150＋450＋1050＋1350)＝1225万円……Dが取得すべき金額
7000万円×1350/(3150＋450＋1050＋1350)＝1575万円……Eが取得すべき金額

Bに土地建物を取得させるとBが得る金額は4500万円となり，取得すべき金額より825万円超過する。Eにマンションを取得させるとEが得る金額は

1500万円となり75万円不足する。Dには株を取得させると225万円不足，Cは525万円不足する。そこで，BからCに525万円，Dに225万円，Eに75万円の代償金を支払わせることになる。一方，預金は，当然にBは500万円，CDEは各166万6667円ずつ取得しているから，結局のところ，本件相続により各相続人が取得した金額は以下のとおりである。

3675万円＋500万円＝4175万円……B
525万円＋166万6666円＝691万6666円……C
1225万円＋166万6667円＝1391万6667円……D
1575万円＋166万6667円＝1741万6667円……E

この結果は，全相続（積極）財産を具体的相続分に従って分割した結果と異なるのであって（相続財産と遺産の相互関係の理論的な解明は必要であるが），全遺産を具体的相続分によって分割せよとの明文の規定に反するのではないかとの疑いがある。そこで，理論上全遺産を分割の対象とし，法定相続分による預金の取得（可分債権の当然分割帰属）を一部分割と捉える以下の方法が条文に忠実なのではないかと考える立場が登場する[213)]。

4000万円＋500万円＋1500万円＋1000万円＋1000万円＝8000万円
8000万円×3150/(3150＋450＋1050＋1350)＝4200万円……Bが取得すべき金額
8000万円×450/(3150＋450＋1050＋1350)＝600万円………Cが取得すべき金額
8000万円×1050/(3150＋450＋1050＋1350)＝1400万円……Dが取得すべき金額
8000万円×1350/(3150＋450＋1050＋1350)＝1800万円……Eが取得すべき金額

Bが得る金額は土地建物合計4500万円，Eはマンション1500万円，Dは株式1000万円を取得するとする。預金分を加算すると，本件相続により各相続人が取得した金額は以下のとおりである（Bは各相続人に不足分を代償金として支払うが，異時に行われてもよい）。

213）岡部・前掲注185）39頁参照。

4500万円+500万円=5000万円……B(5000万円−4200万円=800万円超過)
166万6666円……C(433万3334円不足)
1000万円+166万6667円=1166万6667円……D(233万3333円不足)
1500万円+166万6667円=1666万6667円……E(133万3333円不足)

この預金の取得，すなわち可分債権の当然分割帰属を一部分割（法定一部分割または一部分割協議の成立擬制）とみる立場は，全相続人の合意により可分債権を遺産分割審判の手続に委ねるという立場となじむものと考える。[214)]

(ウ)　具 体 例

現物分割が可能で現に占有している相続人があるにもかかわらず，不動産を相続人の1人の取得とした原審判を取り消して現物分割をした例（大阪高決平15・4・15家月55・12・61），遺産を共有取得とする分割方法は，現物分割・代償分割・換価分割が困難な状況にあるとき選択されるべきであるとして，ほぼ全部の遺産を法定相続分割合に応じて共有・準共有取得させた原審判を取り消した例，[215)] 代償金について支払能力を考慮しなかったことが問題とされた例，[216)] 相続人をグループ分けし，そのグループ内では共有とした例（札幌家審平10・1・8家月50・10・142），現物分割が不可能であるとして競売とした原審判を代償分割の可否について審理を尽くさせるために差し戻した例（仙台高決平5・7・21家月46・12・33），単独取得させる特別事情ありとした大阪高決平15・12・11（家月56・9・22）等がある。

換価分割は，審判で競売を命じる場合[217)]と，家事法194条1項（家審15条の4第1項）による中間処分としての換価がある。中間処分として相続人に対し換価を命ずる裁判をする場合に家事法200条1項の財産の管理者（遺産管理人）が選任されていない場合には，これを選任しなければならない（家事194条6

---

214)　この点は，民法907条の協議の解釈問題か，家事法上の相続人の手続保障との関連問題か，さらには双方にまたがる問題かを検討した後の立法問題であろう。

215)　大阪高決平14・6・5家月54・11・60，東京高決平3・10・23家月44・9・79，しかし，不動産を共有とした前掲福岡家久留米支審平4・9・28もあり，具体的事情による。

216)　前掲最決平12・9・7，東京高決平12・11・21家月53・4・34。

217)　共有物分割のための競売にも民執法59条・63条の準用を認めるとした最判平24・2・7判時2163・3がある。63条の準用により債権者間の協議も可能になる。

項)。任意売却を命ずるには相続人全員の合意を必要とするが，その売却の方法および期限その他の条件を付すことができ，また最低売却価額を定めなければならない（同条2項，家事規103条4項5項)。任意売却を命じられた相続人は，任意売却した代金を財産の管理者に引き渡さなければならない（家事規103条7項)。相続人全員の合意が得られない場合は競売を命じる。競売を命じられた相続人は，競売の申立てを行い，その結果を家庭裁判所に報告する。適正な換価を行うためである。

相続人の一部の者が競売によるべき旨の意思を表示しているなどの理由で任意売却を命じた原審判を取り消した大阪高決平5・3・2（家月46・6・39)，各種方法が不可能であるとして最終的に競売を命じた横浜家審昭63・9・26（家月41・2・152）もあり，最終的には競売を選択せざるを得ないこともある。

換価を命ずる裁判は，当事者に告知され，相続人はこれについて即時抗告権を有する（家事194条4項5項)。

(i)　遺産の分割の審判手続

(ア)　遺産分割は，別表第二審判事件であり，家審法7条による旧非訟法第1編を準用する規律を廃止し，家事法第2編第1章第1節（別表第二審判事件の特則として家事法66条から72条）および同法191条以下の遺産の分割に関する審判各則ならびに家事規47条，48条の規定が適用される。なお，別表第二類事件についても調停に代わる審判（家事284条〔家審24条審判〕・286条7項・287条）ができるようになり，家事法は別表第二事項に係る調停・審判の手続は連続的つながりを強め，非連続面を弱める方向で立法上解決をみたもので，その活用が期待されている。[218)]

遺産分割の審判の申立ての取下げについては制限がある（家事199条・153条)。

近時，遺産の分割の紛争を解決するための実践的な手法として三つのタイプがある。①原則的な順序である協議→調停→審判と進むもの，②協議不調後，当然分割になる可分金銭債権だけを法定相続分割合に応じて銀行等に対する給

218)　家族問題の当事者が法的観点を踏まえ社会的諸要素を加えて総合判断することに合理性を認め，弁護士への依頼をためらわなくなったことを反映した立法といえる。南方暁「家族構成員間の紛争における法の動員・非動員」松村良之＝村山眞維編『法意識と紛争行動』（東京大学出版会・2010）208頁参照。

付訴訟[219]で回収しまたは訴訟上の和解で金額確定の上，調停→審判で不動産等（残部遺産だけ，または分割承継した可分債権も合意により分割対象に含めた全部[220]）について最終解決を図ろうとするもの，③協議不調後，遺産確認訴訟・給付訴訟等と調停・審判手続の両手続を最終解決への見通しの下に順次行うもの，である。①の手法が小・中規模の紛争解決には原則的なものである。家事法が当事者の手続保障を強めるともに調停と審判の手続上の連携を強めた（家事284）ので，法的観点を踏まえ先が見える柔軟な手続になり適正・迅速な解決をもたらす。②の手法はその変型である。可分債権のうち，当然分割の可分債権と遺産分割対象となる可分債権の割合に応じて最終解決への影響度合，金銭と時間のコストなどに鑑みて採用されている。③の手法は，大規模な相続財産があり，前提問題に争いがあるもの，または遺産共有持分と通常の共有持分が併存するものを含む紛争に適し，地裁で訴訟上の和解（多くは一部遺産分割協議の成立）または判決を得た上で家裁での調停（残部または全部遺産分割調停の成立）→審判へと進む。長期化はするが，協議のできるところから一部分割を重ねること（一部分割の結果が残部遺産分割に影響しない旨の特約を付することを要する）で最終的には早道になり得る。

(イ)　当事者間の合意に基づく審理運営（当事者主義的運用）

別表第二事件である遺産分割審判手続におけるいわゆる当事者主義的運用[221]は，民法上の規律に支えられた確立した実務[222]であるが，検討課題も少なくない。

遺産の分割審判の申立書には，共同相続人の記載，特別受益に関する遺贈または贈与の有無およびこれがあるときは内容を記載し，遺産の目録[223]を添付しなければならない（家事規102条）。相続人はできる限り被相続人との生活関係のその他を調べて申し立てる必要がある（遺言書がある場合には申立書にその旨を記

219)　相続人は単独で金融機関に対し被相続人の預金口座の取引経過開示請求権を行使することができる（最判平21・1・22民集63・1・228）。

220)　窪田＝佐久間＝沖野編著・前掲注171）258頁，259頁〔沖野〕は，協議を各種の合意からなるものという。なお，近江幸治『親族法・相続法〔第2版〕』（成文堂・2015）284頁，80頁。

221)　遺産分割における当事者主義的運用については，家事法の下でも論争がある。高田194頁〔山本克己発言・消極〕，195頁〔増田勝久発言・消極〕，196頁〔古谷恭一郎発言・積極〕，197頁〔畑瑞穂発言・積極〕，198頁〔金子修発言・積極〕など参照。

222)　稲田・前掲注172）9号47頁，10号51頁。

223)　井上繁規『〔改訂版〕遺産分割の理論と審理』（新日本法規出版・2014）67頁。

載することが望ましい)。私人間の遺産の分配をする調停・審判の手続の後見的役割は一定の制約がある。また，遺産分割調停・審判事件は公益性がやや低く，探知すべき事実は多岐にわたり，民法の関係条文も十分ではない。そこで，長年にわたる実務運営の中から全当事者の合意および手続保障を尊重した当事者主義的運用が定着するに至ったとされる[224)]。

当事者主義的運用の内容は，①当事者権の実質的保障，②当事者の手続協力義務ないし事案解明義務，③当事者間の合意を尊重した審理運営であり，実務に定着している[225)]。こうした運営を認めた裁判例がある[226)]。遺産分割事件の適正・迅速な処理のためには有効である。しかし，撤回を許さないとするにはそれなりの要件が必要とされる（福岡高決平8・7・19家月49・1・119)。

また，即時抗告審における寄与分を定める申立てを家事審判規則103条の4第3項（家事193条3項）に該当するとして却下したものとして広島高岡山支決平12・11・29（家月53・4・47）がある。

㈌　遺産分割の前提問題

訴訟事項について訴えを提起できるとしても，では遺産分割審判において判断できるか。最大決昭41・3・2（民集20・3・360，裁判例集Ⅲ-5）は審判手続において審理できるがその判断には既判力がないこと，したがって別に民事訴訟を提起できる旨判示した。相続人であるか否か，相続財産であるか否か，遺言が有効か無効か，遺産分割協議の成否・有効無効などである。ただし，形成訴訟に属するものは判決が確定しなければ当該法律関係は形成されないので，遺産分割審判で判断はできない（認知，嫡出否認，婚姻取消しなど)。このような前提問題のうち，訴訟提起した場合には訴えを基礎づけるなどの事実については，当事者主義的運用が適切であると解する。

---

224)　諸問題207頁。家事法下で同運用を強調する小田ほか・前掲注170）9頁等（合意の調書化）および19頁（合意の再確認）を参照。なお，家事法の立法過程では，この点につき特段の規律を置かないこととした（法制審議会非訟事件手続法・家事審判法部会資料31家事事件手続に関する検討事項⑵27頁参照)。

225)　二本松利忠「家事事件手続における手続保障の流れ」田原睦夫古稀（下）（金融財政事情研究会・2013）1148頁，1166頁以下参照。なお，民事調停に関するものであるが，林道晴「口頭による争点整理と決定手続」田原古稀（下）1004頁以下参照。

226)　熊本家審平10・3・11家月50・9・134，名古屋高決平12・4・19家月52・10・90（裁判例集Ⅲ-119)，東京高決平14・2・15家月54・8・36等。

(エ) 当 事 者

相続人全員が当事者である。相続分譲渡した場合，従前の実務では相続分譲受人は当事者となり，全相続分を譲り渡した相続人は当事者から脱退する扱いであった。この脱退当事者の扱いが不明であったので，家事法は，相続分を譲渡して相続人としての地位を喪失した相続人は，それ以降，その遺産分割審判事件に関与させないための排除の制度を新設した（家事43条[227]）。

相続分譲渡ではなく，遺産の一部である特定財産の共有持分を第三者に譲渡した場合は，譲渡人は分割当事者のままであり，譲受人は分割当事者とはならず特定財産についての共有物分割訴訟の当事者となる（最判昭50・11・7民集29・10・1525。なお，共有物について遺産共有持分と通常の共有持分が併存する場合については，前掲最判平25・11・29参照)。割合的包括遺贈の受遺者は当事者となると解されよう。この当事者は，ときには，遺産分割事件申立人に知られておらず相手方リストから漏れている場合もあるが，自ら進んで当事者として参加できることになった（家事41条1項)。

相続分の放棄は，相続放棄（民915条）とは異なるから，放棄しても相続債務の負担は免れない。審判手続中に相続人の1人が具体的相続分に充たない遺産の配分を受けるだけで満足し，「他はいらない，代償金も求めない。」という一部放棄を認め得るかには争いがある。全相続人の合意がある場合には許されると解する[228]。

(オ) 再 転 相 続

高齢化に伴い，再転相続の事例は相当数に上る。再転相続とは，ある被相続人の死亡後，相続人が死亡して相続が重複しているという観念である。被相続人の遺産は相続人に帰属し，被相続人の遺産に対する共有持分が相続人の相続人に移転したものである。したがって，相続人に帰属した被相続人の遺産に対する共有持分は，当該死亡した相続人の相続財産に含まれる。その結果，当該相続人に関する遺産分割審判の必要がある場合には，遺産分割をしなければならない（最決平17・10・11民集59・8・2243，裁判例集Ⅲ-120)。上記最高裁の事

227）一問一答・家事91頁。逐条解説146頁。なお，最判平26・2・14民集68・2・113参照。

228）稲田龍樹「相続分の一部放棄について」判タ1333号（2010）22頁。

例は，被相続人A死亡後その相続人妻Bが死亡し，妻は自己の財産につき，子の1人Xに相続させる旨遺言をしていたため，他の子Y_1Y_2から特別受益の主張がなされ，Y_1Y_2にはAとの関係で特別受益があり，Bとの関係で他に特別受益の主張がなされているというものである。原審（大阪高決平17・2・28民集59・8・2252）は，相続分は，遺産分割の対象となり得る具体的な財産権ではない旨述べてBの遺産分割審判申立てを却下した。これに対し最高裁は「共同相続人が取得する遺産の共有持分権は，実体上の権利であって遺産分割の対象となるというべきである。……Bは，Aの相続の開始と同時に，Aの遺産について相続分に応じた共有持分権を取得しており，これはBの遺産を構成するものであるから，これをBの共同相続人である抗告人及び相手方らに分属させるには，遺産分割手続を経る必要があ」るとして破棄して差し戻した。妻Bの取得した夫Aの遺産に対する相続分は，実体的権利が法定相続分であれば法定相続分として，実体的権利が具体的相続分であれば具体的相続分としていずれにせよ実体的な権利を取得するのであって，抽象的な権利ではない。

例えば，被相続人A，相続人子BCDEがあり，BがAを相続した後死亡し，その相続人子FGHがBを相続した場合を想定しよう。BはAの遺産に対する4分の1の共有持分を取得している（法定相続分説によれば法定相続分4分の1，具体的相続分説によれば特別受益も寄与分もない場合を想定する）。この共有持分は，物権法上の共有と性質を同じくし，すなわち各相続財産に対する具体的な共有持分権である。そして，これは相続によって取得したBの財産の一部である。FGHはこれを各12分の1ずつ取得する。その性質は同じである[229]。

このような事例において，被相続人をBとする遺産分割が申し立てられ，Bの遺産分割のみを行うときは，上記Aから取得した共有持分を含めて，Bからの特別受益等を考慮して具体的相続分を算定して遺産分割を行うことになる。このとき，Aからの相続財産各12分の1の共有持分は，Aの遺産分割においてBの特別受益等により増減の危険があるので，その危険を承知で分割する

229）民法は，共有の性質の同一性を前提として，遺産分割では宣言主義を，共有物分割では移転主義をとり，異なった規律を定めたが，現在では判例法理によりその差異は小さくなった。もっとも，共有関係の解消方法については，遺産分割（民907条2項）と共有物分割（民258条）の違いは大きい。この点で，遺産共有持分と通常の共有持分とを区分する必要がある。

ことも可能であるし，危険があるので，Aからの相続財産分を今回の遺産分割からは除いてB固有資産のみを分割するという一部分割も可能であるし，Aの遺産分割を申し立ててそれと同時に行うことも当然可能である。逆に，Aの遺産分割を行う場合，BにはAの相続財産に対する共有持分と，B固有の財産があり，固有財産についてはFGHが自分たちで分割し，Aから取得した財産のみについて分割の協議，調停または審判を求めるという場合もある。実務ではその場合の方が多いため，Bの固有の遺産分割が申し立てられないことが多いと思われるが，それはBの遺産分割のうち，Aの相続分のみの分割を求める一部分割の申立てと解されるものである。その場合はBのAから取得した共有持分についてのみ分割すればよく，Bの全財産の分割を同時に行わなくてはならないということはない。しかし，Bの遺産分割をBの全遺産について行うよう求められたならば，Aの遺産に対する共有持分がBの相続財産として存在しているのだから，それをも含めて遺産分割をすべきであり，その際は，Bからの特別受益や寄与分を考慮すべきことは通常の遺産分割と同様である。この点の特殊な部分は，Aの相続財産に対する共有持分はAの遺産の分割に際して具体的相続分に応じて最終的には増減する可能性があるということである。そこで，最も正確な遺産分割方法は，Aの遺産分割を行い，その結果Bが確定的に取得したAから承継した財産を，Bの遺産としてBの遺産分割をすることである。それを望まない場合は，危険覚悟で，Aの相続財産に対する共有持分12分の1としてBの遺産分割を行うしかない（その後のAの遺産分割による増減の調整を行い得るか，考え得る根拠は不当利得であろうが，12分の1は実体的権利であるから難しいと思われる。この点で実体的権利が法定相続分か具体的相続分かが影響することはあり得る）。

(カ)　審判前の保全処分

家庭裁判所（高等裁判所）は，遺産分割の審判または調停の申立てがあった場合，財産の管理のため必要があれば，財産の管理者（実務上「遺産管理人」[230]という）の選任の仮処分（申立てまたは職権で，担保を立てないで），仮差押え，処分

230)　遺産分割の実務では，相続開始して単純承認後から遺産分割終了時までの間，相続財産の管理者を「遺産管理人」と呼び（諸問題346頁），家庭裁判所の選任による遺産管理人（家事200条）のほかに全共同相続人の合意（協議）により選ばれた遺産管理人を含めることもある。

禁止仮処分等の保全処分（申立て）が認められている（家事105条・200条）。遺産管理人の選任の保全処分は，家事審判法下では審判係属の要件が活用を妨げていた点を改め，調停の申立てがあれば選任の審判ができることになった。これにより共同相続人の単純承認後から遺産分割の終了（審判確定）前までの遺産管理人の選任が可能になり，この遺産管理人の権限がなお民法上明文の規定はないとしても立法の必要は相当充足されたといえよう。なお，保全処分によるほか，全共同相続人が，協議の上，遺産管理人選任を合意するときも紛争解決への大きな一歩になる。

要件は，①本案審判認容の蓋然性，②保全の必要性，および③審判または調停の申立てである（家事105条・200条）。

遺産管理人の選任は，申立却下審判がされることはない蓋然性で足りる。必要性は，相続人による管理が適切でない可能性がある場合に認められる。分割対象である遺産の適切な管理は遺産管理人の選任により紛争解決に貢献する[231]。仮差押えの場合は，申立人が相続人の１人に代償金支払請求権を有するような分割が行われる蓋然性があり，かつ，その支払能力に疑問がある場合，処分禁止仮処分は，①申立人が当該財産を取得する蓋然性があり，②他の相続人が当該財産を処分するおそれがある場合，である。他には，仮払い仮処分があり得る[232]。法的には仮分割の仮処分である。生活の困窮する相続人がある場合には，当該相続人に対し，預金等を仮払いし，遺産分割においてその財産を当該相続人に分割すればよいであろう。処分禁止仮処分の申立てを認容した原審判を取り消し，これを却下したものに札幌高決平2・11・5（家月43・7・93）がある。

遺産管理人は，相続人の法定代理人たる地位にあり，善管注意義務を負い，遺産の管理について家庭裁判所に報告義務を負う（家事200条3項・125条1項～6項，民644条・646条・647条・650条・27条1項3項・28条・29条，家事規104条・82条・83条[233]）。

231）長谷部由起子「非訟事件手続・家事事件手続における実効性確保」法時83巻11号（2011）22頁は，保全処分と本案審判との一体的処理の必要性の強弱と緊急に仮の措置を講ずる必要性の程度の双方を考慮すべきであるという。

232）諸問題360頁。いわゆる仮分割の保全処分については，石田敏明「一部分割と仮分割」現代裁判法大系⑪314頁参照。

(キ) 即時抗告

相続人は，分割審判，同却下審判，分割禁止審判，同却下審判，寄与分の審判に対して即時抗告することができる（家事198条1項1号～4号）。寄与分却下審判に対しては申立人が即時抗告できる（同条同項5号）。遺産分割審判と寄与分審判が併合してされたときは，寄与分審判または同却下審判に対して独立して即時抗告できず（同条2項），数人から寄与分申立てがあり併合審判がされたときは申立人の1人がした即時抗告は全員に対してその効力を生じる（同条3項）。審判は相続人に告知され（家事74条），各相続人ごとに告知のあった日から進行する。[234)]

なお，利害関係人は即時抗告権を有しないが，相続人の1人が相続開始後に破産手続開始決定を受け，破産管財人が選任された場合には，破産管財人は相続人として即時抗告権を有する。[235)]

(3) 相続の承認および放棄に関する審判

相続の承認および放棄に関する審判事件とは，別表第一89項〔甲類24号〕から同95項〔同29号〕までの審判事件を総称する（家事201条1項）。

明治民法の家督相続には放棄は許されなかったが，[236)] 現行民法は承認・放棄を認めることに例外はない。相続放棄をせずに法定単純承認をした相続人の1人は，積極財産および相続債務をほぼ法定相続分の割合で承継するとともに分割帰属となり，被相続人の相続（一部）債務を無限責任（相続財産は固有の財産と融合）で負担することになる。限定承認または財産分離をすると相続財産は一種の特別財団として凍結されて清算に入る。このように，限定承認と放棄（および財産分離）は，債権者（特に相続債権者）に対する影響が非常に大きいので，その意思表示は家庭裁判所に対する申述という方式をもってなされなければならない（民924条・938条など）。また，相続人が相続財産を調査して承認するか

233) 遺産管理人は相続人の権限と対当であるから互いに優劣はないが，相続人は管理人の管理行為に抵触するような管理権の行使は許されないという学説が有力である（注民(1) 450頁〔田山〕）。明確な立法措置が求められている（諸問題349頁以下）。

234) 最判平15・11・13民集57・10・1531（裁判例集Ⅲ-122）。

235) 一問一答・家事205頁。平成22年8月24日民二第2077号回答参照。

236) もっとも，限定承認は許されており，立法時，家督相続に限定承認を認めることは慣習にないのではないかという議論がなされている。

放棄するか決断する期間が必要である一方，債権者が長期にわたり不安定な立場に置かれることを避けるため，単純もしくは限定の承認または放棄をなすべき期間を，自己のために相続の開始があったことを知った後３か月以内（熟慮期間といわれる）と定めている（民915条）。相続人は，相続開始時から３か月以内などにおける相続債権者等による第１種財産分離，相続人の債権者による第２種財産分離の請求（民941条・950条，別表第一96項〔甲類30号〕）の可能性なども併せ考え，承認または放棄，さらには限定承認の各申述を決めることになろう（なお，破産224条１項・225条）。

(a)　管 轄 等

相続の承認または放棄の期間の伸長の審判事件（別表第一89項）から相続の放棄の申述の審判事件（別表第一95項）の管轄は，相続開始地の家庭裁判所である（家事201条１項）。限定承認の場合の鑑定人の選任の審判事件（別表第一93項）のそれは，限定承認の申述を受理した家庭裁判所（抗告裁判所が受理した場合にはその第１審家庭裁判所）である（同条２項）。

未成年者等も自ら有効に確定的に取消権を行使し得ると解されているので（民120条），限定承認・相続放棄の取消しの申述受理審判においても，一般に手続行為能力の制限を受けている上記審判取消しができる者も，自ら手続的行為をすることができる（家事201条４項・118条）。

(b)　相続の承認または放棄をすべき期間の伸長の審判

この期間伸長の審判の申立人は，利害関係人または検察官である（民915条１項ただし書[237]）。相続人は，自己のために相続の開始があったことを知った後３か月以内に相続財産を調査して承認または放棄を決断しなければならないが，相続財産が多いとか，被相続人との交流がなかったなどの事情により調査に時間がかかる場合にはこの期間を伸長することが認められている（民915条１項

237)　東日本大震災に伴う相続の承認又は放棄をすべき期間に係る民法の特例に関する法律（平成23法69）１項は，同震災の被災者で平成22（2010）年12月11日以後に自己のために相続開始があったことを知った相続人については熟慮期間を平成23（2011）年11月30日まで延長することとした。この法律は平成23年６月21日に施行された。

ただし書，別表第一 89 項〔甲類 24 号〕)。3 か月を過ぎてしまうと単純承認とみなされるので，3 か月以内に申し立てなければならない。家事法は家審法の規律を改め，審判を告知される申立人だけが申立てを却下する審判に対して即時抗告できるとし（家事 201 条 9 項 1 号），各申立人ごとに即時抗告期間が進行する。[238)]

(c) 限定承認の申述の受理の審判

(ア) 限定承認申述の受理は別表第一 92 項〔甲類 26 号〕である。

審理の性質，熟慮期間の始期，審理の範囲，再転相続については相続の放棄の申述の受理の審判の項で述べる。管轄は相続開始地の家庭裁判所である（家事 201 条 1 項）。

限定承認は共同相続人全員でしなければならない（民 923 条）。そこで，熟慮期間内に限定承認の申述受理の申立てをしたが，共同相続人の 1 人が限定承認の意思をなくして取り下げると，限定承認の申述は却下されることになる。そしてそれが熟慮期間を超えていれば相続放棄の申述も不可能となってしまう。そこで，実務上は，限定承認の申述を放棄の申述に申立ての趣旨の変更を認める扱いや，却下審判確定前に放棄の申立てを認める扱いがなされていたが，[239)] 新法は変更の手続を明らかにした（家事 201 条 5 項 6 項）。却下審判に対しての即時抗告権は申述人だけが有する（家事 201 条 9 項 3 号）。

不動産の死因贈与の受贈者が相続人である場合において，限定承認がされたときは，死因贈与に基づく限定承認者への所有権移転登記が相続債権者による差押え登記よりも先にされたとしても，信義則に照らし，限定承認者は相続債権者に対して不動産の所有権取得を対抗することができない（最判平 10・2・13 民集 52・1・38，裁判例集Ⅲ-123)。

(イ) 民法 936 条 1 項の相続財産の管理人選任の審判

共同相続人が全員で限定承認をした場合は，家庭裁判所は共同相続人の中から相続財産の管理人を選任しなければならない（民 936 条 1 項，別表第一 94 項〔甲類 28 号〕)。限定承認後の清算手続をするための相続財産の管理人である。

238） 前掲注 234）最判平 15・11・13 の趣旨からすると，各相続人ごとに告知された日から進行すると解されると思われる。

239） 遠藤賢治「民法 915 条 1 項所定の熟慮期間の起算点」曹時 63 巻 6 号（2011）21 頁。

管理人は，相続人のためにこれに代わって相続財産の管理および債務の弁済に必要な一切の行為をすることになる（民936条2項）。したがって，他の相続人は相続財産に対する管理処分権を失う（京都地判昭44・1・29判タ233・117）。管理人は共同相続人全員の法定代理人となる（最判昭47・11・9民集26・9・1566，裁判例集Ⅲ-124）。この相続財産の管理人は職権による選任である（家事201条3項）。不服申立てはできない。

(d) 相続の放棄の申述の受理の審判

(ア) 受理審判の性質

相続放棄の申述受理の審判は別表第一95項〔甲類29号〕である。相続放棄は家庭裁判所に対する申述書による申述という方式（家事201条5項・家事規105条に定める事項の記載）に従ってしなければ効力がない。この申述書に裁判官が受理する旨を記載した時に，その受理審判の効力が発生する（家事201条7項，家事規106条1項）。受理審判は，形式的要件の審査のほかに，①相続人によること，②真意によること，③法定の期間内にされたこと，④法定単純承認事由のないこと，の実質的要件を欠くことが明白である場合に限り，却下できるものと解されている。[240] 実務上多数に支持されているこの折衷説は，放棄の意思表示の存在を公証することを基本としながらも，上記の程度ではあるが法的判断を行う点で一種の裁判（準審判）であると解され，家庭裁判所の審判および抗告審の決定の運用上定着したものとなっている。[241] なお，申述受理の審判は，他の審判とは異なる性質から申述書のほかに審判書を作るものではないとされている（家事201条8項）。また，その性質上受理審判の告知は不要であるが，通知を要する（家事規106条2項）。

(イ) 熟 慮 期 間

(i) 審理の範囲

申述受理の審判は既判力がないから，相続放棄の有効無効は本来訴訟で確定すべきものである。受理しないとこれを争う機会を完全に失わせるので，折衷

240）　中田裕康「民法915条1項所定の熟慮期間の起算点」法協103巻9号（1986）197頁，212頁，遠藤・前掲注239）21頁。

241）　稲田龍樹「相続放棄をめぐる問題点」『講座現代家族法(5)』（日本評論社・1992）284頁。遠藤・前掲注239）23頁。

説に立った上で訴訟による有効無効の主張の機会を奪わないように実質的要件を明白に欠いているかどうかを判断すべきであるという説が多数であることは前に述べた。家事事件手続法が申述書の記載事項を詳しく記載するよう明文をもって定め，申述者の手続保障を厚くしたことの意義に配慮して，こうした点を慎重に審理することが望まれる。このように解することにより，家庭裁判所の家事審判の存在意義と地方裁判所で相続放棄の有効無効を訴訟で決着をつけることのバランスが維持できると解される。

(ii)　熟慮期間の起算点

相続放棄の申述受理の申立てが熟慮期間内のものであるかどうかという論点である。熟慮期間の起算点は，民法915条の「自己のために相続の開始があったことを知った時」であり，これは，被相続人の死亡と自己が相続人であることを知ることである（原則）。最高裁は，相続人が被相続人と長い間音信不通であった事例において，「熟慮期間は，原則として，相続人が前記の各事実を知つた時から起算すべきものであるが，相続人が，右各事実を知つた場合であつても，右各事実を知つた時から3か月以内に限定承認又は相続放棄をしなかつたのが，被相続人に相続財産が全く存在しないと信じたためであり，かつ，被相続人の生活歴，被相続人と相続人との間の交際状態その他諸般の状況からみて当該相続人に対し相続財産の有無の調査を期待することが著しく困難な事情があつて，相続人において右のように信ずるについて相当な理由があると認められるときには，相続人が前記の各事実を知つた時から熟慮期間を起算すべきであるとすることは相当でないものというべきであり，熟慮期間は相続人が相続財産の全部又は一部の存在を認識した時又は通常これを認識しうべき時から起算すべきものと解するのが相当である」と判示し（最判昭59・4・27民集38・6・698，裁判例集Ⅲ-125），例外に当たる場合の要件を示した。この最高裁の判断基準を，相続財産の全部または一部の存在を全く知らなかった場合に限定する審判・決定（限定説）が主流を占めていたが[242]，その一部の存在を知っていた場合でも相続放棄をするまでもない債務しかないと信じた場合も例外に当たるなどという決定（非限定説）も増えている[243]。最高裁は，被相続人死亡の日

242)　東京高決平14・1・16家月55・11・106，大阪高決平13・10・11家月54・7・54など。

に積極財産の存在を知った相続人からの3か月経過後の相続放棄の申述を却下した原審を支持している（最決平13・10・30家月54・4・70）。同決定の解説も，当該裁判所が最高裁の立場に立つ以上，「申述人が，相続債務の存在を知らず，そのことについては相当の理由があるとしても，積極財産の存在を一部でも知っていたことを自認したり，それを知っていたことが客観的に明らかであるような場合には，相続放棄を受理する余地はないということになろう[244]」という。なお，例外の要件である「積極財産の一部の存在」を知らなかったことの意義は，実質的に解すべきであって，葬儀費用の一部に充てられた僅少な相続（普通預金）債権（前掲注243）大阪高決平14・7・3），または財産的価値がほとんどないような相続財産（前掲注243）東京高決平19・8・10）の場合を含むので申述を受理することはできる。

前掲昭和59年の最高裁判例の事案とは異なり，相続財産の存在を知っていた相続人が，熟慮期間中に放棄などをしなかった（民921条2号）のは相続財産の内容などについて錯誤があり，かつ重大な過失のない場合には法定単純承認は無効であるとして，申述の受理ができるとした高松高決平20・3・5家月60・10・91（裁判例集Ⅲ-127）などがある[245]。相続させる旨の遺言書がある場合に遺産分割協議を成立させて全体紛争を処理することは，実際には少なくないので，同協議について要素の錯誤理論の適用は検討に値する[246]。

(iii)　再転相続の熟慮期間

民法916条は再転相続における熟慮期間の起算点を「その者の相続人が自己のためにその開始があったことを知った時から」と定める。趣旨は，相続人の有していた被相続人の相続を承認または放棄することのできる地位は，相続人の相続人（以下「再転相続人」という）に承継されるので，本来前相続人の熟慮

243）　大阪高決平14・7・3家月55・1・82，名古屋高決平19・6・25家月60・1・97，東京高決平19・8・10家月60・1・102，仙台高決平19・12・18家月60・10・85，福岡高決平27・2・16判時2259・58等。

244）　尾島明「民法915条1項の熟慮期間の起算点」家月54巻8号（2002）31頁。なお，非限定説に立つ松田亨「相続放棄・限定承認をめぐる諸問題」新実務大系③395頁以下参照。

245）　大阪高決平10・2・9家月50・6・89（松村徹「判批」判タ1005号（1999）154頁）。

246）　遠藤・前掲注239）12～15頁。なお，最判昭29・12・24民集8・12・2310，最判昭40・5・27家月17・6・251，高松高判平2・3・29判時1359・73参照。

期間内でなければいけないのであるが，これではあまりに酷であるので，再転相続人において前相続人の死亡と自己が前相続人の相続人となったことを知ったときから起算する。すなわち，自己が再転相続人であることを知るかどうかではなく，相続人の相続に関する熟慮期間と同一にしたのである[247)]。立法当時の考え方からすると，再転相続の熟慮期間の起算点は，前相続人の死亡と自己が前相続人の相続人となったことを知ったときということになる。しかしこれには被相続人の死亡や再転相続人となったことを知らない間に熟慮期間が徒過してしまうという問題がある。

最高裁は，被相続人Aが死亡し，相続人Bが自己のためにその開始を知って3か月以内に死亡してその相続人Cのした放棄について，再転相続人Cは，Bの相続を放棄する前であればAの相続を放棄することができるが，Bの相続を放棄した場合はAの相続を放棄できない（最判昭63・6・21家月41・9・101，裁判例集Ⅲ-126）と判示する。その趣旨を「民法916条の規定は，甲の相続につきその法定相続人である乙が承認又は放棄をしないで死亡した場合には，乙の法定相続人である丙のために，甲の相続についての熟慮期間を乙の相続についての熟慮期間と同一にまで延長し，甲の相続につき必要な熟慮期間を付与する趣旨にとどまるのではなく，右のような丙の再転相続人たる地位そのものに基づき，甲の相続と乙の相続のそれぞれにつき承認又は放棄の選択に関して，各別に熟慮し，かつ，承認又は放棄をする機会を保障する趣旨をも有するものと解すべきである。」と説明する。このような考え方からすると，再転相続に対する承認・放棄は，被相続人の死亡と自己が再転相続人であることを知ったときであると解する余地がある[248)]。ただし，あくまでも前相続人の承認・放棄の選択権を承継しているのであるから，前相続人がその熟慮期間中に死亡している場合に限られる。被相続人死亡後1年以上を経過して相続人が死亡し，再転相続人は相続人の死亡をそのとき知ったが，それから4か月以上経過した後被相続人の債権者からの請求により，再転相続人が，相続人は被相続人の相続人であり，被相続人の債務を承継する立場であることを知ったので相続人に対する相続放棄申述受理を申し立てたが却下されたので，改めて被相続人の相続に

247）近藤英吉『相続法論（下）』（弘文堂書房・1936）666頁等。
248）本書第2版546頁〔岡部〕。

関する相続放棄申述受理を申し立てたという事例で，相続人に対する相続放棄の申述が却下されたことによって，「再転相続人として，自己のために被相続人の相続財産につき相続の開始があったことを知るに至ったものと認められる」としている（名古屋高金沢支決平9・9・17家月50・3・30）。

複数の相続人がいる場合には，各別に起算点は進行する（最判昭51・7・1家月29・2・91）。相続人が熟慮期間中に相続財産の調査を終えられない場合，請求により家庭裁判所は期間伸長の審判（別表第一89項）をすることができる。

(iv)　未成年者，成年被後見人の熟慮期間

その法定代理人が未成年者または成年後見人のために相続の開始があったことを知った時から起算する（民917条。震災相続特2項参照）。

(ウ)　審理手続

申立人は相続人であり，制限行為能力者であるときは法定代理人が行う。被代理人である制限行為能力者と法定代理人自身とがともに放棄する場合，法定代理人が相続人でない場合は，その被代理人である制限行為能力者全員が放棄する場合は利益相反にならないが，その他の場合には利益相反になる。

二重資格の相続人は，それぞれの立場で承認放棄をなし得るものと解する。[249)] 代襲相続人として承認し，子として放棄することは可能である。しかし，債務のみが相続財産であるときなどは，意思解釈としてどちらの立場でも放棄する趣旨であることが多いであろう。

放棄の理由に制約はないが，生前贈与や遺贈によって積極財産を得ていながら限定承認しても，債権者に対しては信義則上その効力を主張できない（前掲最判平10・2・13）。相続放棄も同様に考えるべき場合が全くないとまではいえないだろう。放棄すると当該相続人ははじめから相続人ではなかったことになる（民939条）。

放棄の申述却下審判に対する即時抗告権者は申述人だけである（家事201条9項3号）。相続放棄の抗力を争う債権者は訴えを提起することになる。

(e)　限定承認または相続の放棄の取消しの申述の受理の審判

この申立人は，民法120条および865条1項に定める者である。限定承認や

249)　山本正憲「二重資格の相続人」現代大系Ⅳ 169頁。

放棄は撤回できない（民919条1項）が，民法上取消原因がある場合は，家庭裁判所に対する申述という方式で取り消すことができる（民919条4項，別表第一91項〔甲類25号の2〕）。限定承認または相続の放棄の取消しをすることができる者だけが却下審判に対し即時抗告ができる（家事201条9項2号）。

(f) 承認または放棄確定前（民918条2項3項），限定承認後（民926条2項・936条3項），放棄後（民940条2項）の相続財産の保存または管理に関する処分

これらの申立人は利害関係人または検察官である（民918条2項・926条2項・936条3項・940条2項）。上記の相続財産の保存または管理に関する処分の審判は別表第一90項〔甲類25号〕である。この審判事項は，相続開始時から承認・放棄の確定前までの期間（熟慮期間中）の，限定承認の申述受理の後における（民936条1項・別表第一94項でする職権による管理人選任は相続人に限られているところ適任者がいない場合に，請求により選任される必要がある），また放棄申述受理の後における，相続財産の保存または管理をするための処分を命じるもので，一種の保全処分である。相続人に対する処分禁止，相続財産の管理人選任などである。いずれの場合も原則として相続人が管理するのであるが，相続財産の管理人の選任による管理も可能である。この相続財産の管理人は，相続人の代理人であるから，相続人とその権限において優劣はないが，相続人は管理人の行為と抵触することは許されないと解される立場が有力である[250]。不服申立てはできない。

また，この管理人については，家庭裁判所はいつでも改任でき，財産の財産状況報告書の提出を命じることができる（家事201条10項・125条，家事規107条）。

(4) 財産分離に関する処分の審判

財産分離に関する処分の審判事件とは，別表第一96項（民941条1項・950条1項，〔甲類30号〕），同97項（民943条・950条2項，〔同31号〕），同98項（民947条3項・950条2項・930条2項・932条ただし書，〔同27号〕）までの審判事件

250）注民（1）450頁〔田山〕。ただし，処分行為はできない（注民（27）482頁〔谷口知平〕）。

を総称する（家事202条1項）。

(a) 管轄等

財産の分離の審判（別表第一96項）の管轄は，相続開始地の家庭裁判所である（家事202条1項1号）。分離請求後の相続財産の管理に関する処分審判（別表第一97項）のそれは，分離審判事件が係属する家庭裁判所（または抗告裁判所），あるいは係属した裁判所である（同項2号）。同鑑定人の選任審判のそれは，財産分離の審判をした裁判所（または抗告裁判所が同審判をしたときはその1審裁判所）である（同項3号）。

別表第一97項事件については，家庭裁判所が相続人に相続財産の管理を継続させることが不相当と認めた場合に，職権で行うもので申立ての必要はない。不服申立てはできない。

(b) 財産分離に関する処分

相続債権者または受遺者は相続開始の時から3か月以内に財産分離を家庭裁判所に請求することができ（第1種の財産分離。民941条，別表第一96項〔甲類30号〕），財産分離によって相続財産について相続人の債権者に先立って弁済を受ける（民942条）。相続人が限定承認をすることができる間または相続財産が相続人の固有財産と混合しない間は，相続人の債権者は家庭裁判所に財産分離を請求することができ（第2種の財産分離。民950条1項，別表第一96項〔甲類30号〕），財産分離によって相続人の債権者は相続人の固有財産について先立って弁済を受ける（民950条2項・948条）。

家庭裁判所は，財産分離の請求があった場合，相続財産と相続人固有財産の混合により相続債権者または相続人の債権者の債権回収上不利益が生じるのを防止する必要性がある場合に限り財産分離を命ずべきであると解される[251]。

相続人は財産分離の審判に対して即時抗告することができ（家事202条2項1号），相続債権者，受遺者は第1種の財産分離却下審判に対して，また相続人の債権者は第2種の財産分離却下審判に対して即時抗告できる（同項2号3号）。

251）　第1種の財産分離の例。東京高決昭59・6・20家月37・4・45，同高決同日判時1122・117。

(c) 財産分離の請求後の相続財産の管理に関する処分の審判

財産分離により，相続人は処分行為はできないと解するのが多数である。[252] それでも，相続財産の管理は原則として相続人が固有財産と同一の注意義務で相続財産の管理を行う（民 944 条）が，相続財産は債権者の債務の弁済に充てられるべき財産であるから第三者が管理することが適当な場合がある。そこで，民法 943 条（および民 950 条 2 項）により管理に関する処分（一種の保全処分）の一つとして相続財産の管理人が選任される（別表第一 97 項〔甲類 31 号〕)。その場合，民法 944 条により相続人の管理義務は消滅する。

また，この管理人については，家庭裁判所はいつでも改任でき，財産の財産状況の報告書の提出を命じることができる（家事 202 条 3 項・125 条，家事規 108 条)。

(5) 相続人の不存在に関する審判

相続人の不存在に関する審判とは，別表第一 99 項（民 952 条・953 条・958 条，〔甲類 32 号〕)，同 100 項（鑑定人の選任審判。民 957 条 2 項・930 条 2 項，〔同 27 号〕)，同 101 項（特別縁故者に対する相続財産の分与。民 958 条の 3 第 1 項，〔同 32 号の 2〕）までの審判事件を総称する（家事 203 条)。実務上は，別表第一 99 項の審判事項については，相続財産の管理人の選任の審判（民 952 条。実務上これを「基本事件」という)，財産の保存に関する審判（民 953 条・27 条)，権限外行為許可の審判（民 953 条・28 条)，担保提供，報酬付与の審判（民 953 条・29 条)，相続人の捜索の公告審判（民 958 条）が各申立てに応じ立件の下に処理されている。

相続はあるが相続人のあることが明らかではないときは，相続財産は法人となり（民 951 条)，利害関係人[253]または検察官の請求により相続財産の管理人の（実務上「相続財産管理人」という）の選任申立てがされ，その選任（民 952 条）から手続が始まる。相続人は存在しないが相続財産全部の包括受遺者が存在する場合は，民法 951 条に当たらない（最判平 9・9・12 民集 51・8・3887，裁判例集

252）注民（27）650 頁〔塙陽子〕。

253）利害関係人とは相続財産の管理，清算について法律上の利害関係を有する者である。具体的には，受遺者（包括・特定)，相続債権者，相続債務者，相続財産上の担保権者，被相続人からの物権取得者で対抗要件を具備していない者，特別縁故があると主張する者等である（注民（27）688 頁〔金山正信 = 高橋朋子〕，佐上Ⅱ 338 頁など)。

Ⅲ-128)。遺言無効の訴えを提起したい利害関係人（例えば，特別縁故者）は，それを理由に相続財産管理人選任申立てを行うことができると解する[254)]。包括遺贈ではない場合は，本手続の進行となる。相続財産管理人は，不在者の財産管理人の規定が準用されているので，相続財産法人の代表者・法定代理人である（民953条）が，管理権限しかないものであるから処分行為をするためには権限外行為許可を要する（民953条・28条)。また，相続人捜索の公告は，相続財産管理人または検察官の請求があるときに行われる（民958条，家事規109条2項)。通常債務超過のため全相続人が放棄したことによる相続人不存在以外の場合に行われている（なお，破224条参照)。

相続財産管理人は規定に従って相続財産の管理を始め，清算を行い，残余積極財産があるときには相続人捜索の公告をし，相続人不存在を確定させ，特別縁故者への分与（民958条の3）を処理するなど終局したら報酬付与申立てをして報酬を得る（民953条・29条2項)。相続財産管理人の代表権・代理権は，清算等管理処分を経て，管理処分すべき財産がなくなったときまたは相続人が相続の承認をしたときに法人の消滅とともに消滅する（民956条)。相続財産管理人は，相続財産法人を消滅させることを目的とし，実務的には特別縁故者に対する相続財産の分与による以外，最終的に現金化することにより国庫帰属による終了となる。したがって，周到な管理計画を立ててその方針に沿い売却などをすることになろう[255)]。また，管理人については家事法208条により改任等に関する同法125条が準用される（家事規112条・82条)。

(a)　管 轄 等

相続財産の管理に関する処分の審判（別表第一99項）および特別縁故者に対する相続財産の分与の審判（同101項）の管轄は，相続開始地の家庭裁判所である（家事203条1号3号)。このうち相続財産管理人選任審判（基本事件）をした家庭裁判所が，鑑定人選任審判の管轄裁判所となる（同条2号)。この審判事項は，清算事務の一環であるので，家審法の規律を改めた[256)]。

---

254)　清水節「判批」判タ945号（1997）208頁等。選任された相続財産管理人が，遺言無効確認の訴えを提起することになろう。なお，特別縁故者であると主張する者は遺言無効確認の訴えの当事者適格を有しない（最判平6・10・13家月47・9・52)。

255)　伊東正彦ほか『財産管理人選任等事件の実務上の諸問題』（法曹会・2003）21頁。

(b) 鑑定人の選任の審判

鑑定人の選任は弁済，売却のために必要な相続財産の評価をすべき場合に，家庭裁判所が鑑定人を選任する（別表第一 100 項〔甲類 27 号〕）。家事法では，家審法 9 条 1 項甲類 27 号において，以下の様々な事件類型における鑑定人の選任の審判を一括して定めていたが，これを各事件類型における選任審判に整理して変更した。すなわち，上記した鑑定人の選任（民 957 条 2 項，別表第一 100 項）のほかに，限定承認の場合における鑑定人の選任（民 930 条 2 項および 932 条ただし書，別表第一 93 項）および財産分離の場合における鑑定人の選任（民 947 条 3 項および 950 条 2 項，別表第一 98 項），遺留分を算定する場合における鑑定人の選任（民 1029 条 2 項，別表第一 109 項）である。

以上について相続財産を管理する者が申し立て，家庭裁判所がしかるべき者を選任する。不服申立てはできない。

(c) 特別縁故者に対する相続財産の分与の審判

(ア) 趣　旨

昭和 37（1962）年改正前には，相続人がないことが確定すると，相続財産は直ちに国庫に帰属した。しかし，内縁の妻や事実上の養子など，被相続人と同居して被相続人の扶助によって生計を立てていた者があったり，被相続人の面倒をみていた近隣者など親しい者があった場合には，その者に残余財産を分与することが，被相続人の意思に合致し，立法当時の社会状況に鑑みても相当であった。

そこで，民法 958 条の 3 が創設され，家庭裁判所は，被相続人と生計を同じくしていた者，被相続人の療養看護に努めた者その他被相続人と特別の縁故があった者の請求によって，これらの者に，清算後残存すべき相続財産の全部または一部を与えることができることとなった。民法の相続人の範囲が狭いこともあって，この申立ては，相当数に上り，現在は，全部分与の類型から少額な一部分与の類型まで，事案に即して少子高齢社会にふさわしい被相続人との特別な縁故が認められている。

256） 一問一答・家事 210 頁，逐条解説 648 頁。

(イ) 手　続

(i) 申立てなどについて

特別縁故者として自己に分与を求める者が家庭裁判所に申し立てる（別表第一101項〔甲類32号の2〕，家事204条，家事規110条）。管轄は相続開始地の家庭裁判所である（家事203条3号）。特別縁故者が死亡したとき，その地位を相続により承継するかについては，分与の申立てをしないで死亡したときは，その地位が承継されないとすることに，判例（東京高決平16・3・1家月56・12・10）・学説は一致している。分与の申立てをした後に死亡した場合は承継される[257)]。分与の申立ては，行使上の一身専属性を有し，分与の申立てをするまでは，特別縁故者の地位は権利性がないが，分与申立後は，分与の可能性について財産権的性質を有する期待権となり，これは相続される，と説くのである。しかし，財産形成に対する寄与が明らかで，分与申立意思が明らかであるのに民法958条の期間満了を待っている間に死亡したような場合の問題はなお残されている。

数人の者が申立てをすることはめずらしいことではない。この場合，審判手続および審判は併合してしなければならない（家事204条2項）。しかし，適法要件は個別に判断すべきであって，一部の申立人の申立てが期間経過後のものであればその申立人の申立ては不適法である（大阪高決平5・2・9家月46・7・47）。

申立期間は，相続人捜索のための催告期間満了後3か月以内である（福岡高決平16・12・28家月57・11・49）。審判をするに際しては相続財産管理人の意見を聴かなければならない（家事205条）。

(ii) 相続財産の換価を命ずる裁判

清算完了前であっても，中間処分として財産の換価を命ずる裁判が必要な場合がある。清算は完了したが，なお換価することが必要な場合もある。そこで，家事法194条1項，2項本文，3項～5項および7項が準用される（家事207条，家事規111条・103条4項～6項9項）。

---

257) 大阪高決平4・6・5家月45・3・49。分与申立ての始期と終期は定められているが，死亡前に申立てを希望するときは，民法958条の期間満了前でも申し立てざるを得ないことになろう。

(ウ) 特別縁故の成否

(i) 被相続人と生計を同じくしていた者

内縁の妻[258]や，事実上の養子（大阪家審昭40・3・11家月17・4・70），継親子（京都家審昭38・12・7家月16・5・173）などがある。特別縁故関係がある者であっても，申立てをしない第三者に対し分与することは許されない（不請求不分与の原則）。

(ii) 被相続人の療養看護に努めた者

療養看護をした従業員（大阪高決平4・3・19家月45・2・162），19年間療養看護した被相続人の妻の弟（広島高決平15・3・28家月55・9・60），老人ホーム入所時の身元保証人および成年後見人となった者（大阪高決平20・10・24家月61・6・99），被相続人のまたいとこの妻で任意後見受任者（鳥取家審平20・10・20家月61・6・112）等がある[259]。療養看護があっても，被相続人の財産から高額の利得を得た者は特別縁故がないとした例（さいたま家川越支審平21・3・24家月62・3・53）もある。

(iii) その他特別の縁故があった者

親族関係にあるというだけでは特別縁故は認められず，財産上の援助をしたり（大阪家審昭39・9・30家月17・3・69），財産管理や身上看護をする（大阪高決平5・3・15家月46・7・53）などの事情があれば特別縁故があるといえる。法人その他の団体も特別縁故者となり得る（法人格を有しない老人ホームを特別縁故者と認めた那覇家石垣支審平2・5・30家月42・11・61，市を特別縁故者と認めた福島家審昭55・2・21家月32・5・57）。

死後縁故については，認める裁判例（岡山家備前出審昭55・1・29家月32・8・103）と認めないものがある（横浜家小田原支審昭55・12・26家月33・6・43）。学説には認めないものが多い[260]。なお，死後縁故だけしか認められない者は，被相続人の祭祀法事費用，生前の生活費用などを立て替えている場合が少なくないので，相続財産管理人はかかる立替金債務につき権限外行為許可の審判（別表第一99項）を得て少額であっても清算すべきである[261]。

---

258) 名古屋家審平6・3・25家月47・3・79。ただし重婚的内縁については認められていない（東京高決昭56・4・28東高時報32・4・103）。

259) 高齢社会に鑑みてこの方向は支持し得るが，成年後見人等の報酬水準とも関連する。

260) 注民（27）748頁〔久貴忠彦＝犬伏由子〕。

(iv)　複数の特別縁故者

複数の特別縁故者がある場合はそれぞれについて検討する。前掲広島高決平15・3・28は，複数存在する場合は具体的，実質的な縁故の濃淡を中心にしてその程度に応じた分与がなされるべきものとした上，19年間自宅に同居させて療養監護した者と財産管理による縁故を比較し，前者が濃密であるとしている。

(v)　一部分与と全部分与

裁判例について，血縁・婚縁者であれば相続（全部），他人であれば贈与（一部）という図式があるのではないかと危惧する指摘があったが，最近は，血縁は重視されない（名古屋高決平8・7・12家月48・11・64，裁判例集Ⅲ-130，前掲大阪高決平4・3・19，前掲鳥取家審平20・10・20等）。実務上は，高齢単身生活者の増加に伴い，被相続人の死亡前1年以内の短期間でも特別縁故の認められる近隣などの第三者に対し残余財産の2割程度，または数百万円の現金の分与といった一部分与の例も増えている。

(vi)　分与の対象財産

特に制約はない。墓地などの祭祀財産について，本条で分与を認めた裁判例がある（長崎家審昭40・4・30民商56・2・56参照）一方，民法897条によって承継を認めるべきであるという学説が多い。[262)]

共有持分について，争いがあったが，最判平元・11・24（民集43・10・1220，裁判例集Ⅲ-131）は，特別縁故者に対する分与が終了してはじめて民法255条により他の共有持分権者に帰属する旨判示し，共有持分も分与の対象財産となることを認めた。

(エ)　分与の審判

(i)　告知と通知

審判は分与を認める場合は申立人および相続財産管理人に，却下する場合は申立人に告知しなければならない（家事74条）。分与の審判に対しては申立人または管理人が，却下の審判に対しては申立人が即時抗告できる（家事206条1項）。数人の者が申し立て，審判が併合されている場合は，申立人の1人また

261）　伊東ほか・前掲注255）95頁。

262）　注民（27）764頁〔久貴＝犬伏〕。

は相続財産管理人が即時抗告すると，申立人全員についてその効力が生じる（同条2項）。全員について確定せず，全員について抗告審が判断する[263)]。原審が相続財産預金1872万円余のうち，申立人Aに500万円，申立人Bに残余を分与したところ，申立人Bが申立人Aに対する分与額が多すぎることを理由として即時抗告し，抗告審がBに対する分与額を300万円とし，Aに対する相続財産分与の申立てを却下した例がある（前掲名古屋高決平8・7・12）。

特別縁故者に対する財産分与審判が確定したときは相続財産管理人に対し通知をしなければならない（家事規110条2項）。

(ii)　分与審判の効果

分与審判が確定すると，形成的効果として特別縁故者は相続財産を取得し，または取得し得る地位につく。被相続人からではなく，相続財産法人から財産の無償譲渡（贈与。そこで，贈与税が課税される）を受けたことになる。その取得時期は，全部分与および特定物の分与については審判確定により権利が移転し，不特定物については特定した時に，金銭は引渡しの時にそれぞれ権利が移転する。

9　遺言・遺留分

(1)　遺言に関する審判

遺言の確認（民976条4項・979条3項〔危急時遺言〕，別表第一102項），遺言書の検認（民1004条1項〔公正証書遺言以外の全遺言書〕，別表第一103項），遺言執行者の選任（民1010条，別表第一104項），報酬付与（民1018条1項，別表第一105項），解任（民1019条1項，別表第一106項），辞任の許可（民1019条2項，別表第一107項），負担付遺贈に係る遺言の取消し（民1027条，別表第一108項）の審判を総称して遺言に関する審判という（家事209条1項）。

遺言の方式についての争いは，遺言が有効か無効かという争いになるので，

263)　仙台高決平15・11・28家月56・11・34。岡部喜代子「判批」民商132巻2号（2005）270頁。

訴訟事項である。方式の厳格性は，遺言者の真意を担保する。危急時遺言は方式が緩和されているので，真意の担保が十分でないから家庭裁判所の確認の審判を必要とする。

(a)　管轄，取下げ制限

上記の審判の管轄は，相続開始地の家庭裁判所である（家事209条1項）。このほかに，遺言の確認の審判のそれは，遺言者が生存中は同人の住所地の家庭裁判所である（同条2項）。

危急時遺言の確認および遺言書の検認の申立てを取り下げるには，裁判所の許可を得なければならない（家事212条）。確認は危急時遺言の効力要件であって，検認は法的に義務付けられ，それぞれ重要なものであるから，申立人が自由に取り下られることは相当ではないからである[264]。申立人は，取下げをするに当たり，取下げの理由を明らかにしなければならない（家事規116条・78条）。書記官は，その旨を利害関係参加人および申立人・相続人に通知すべきである。

(b)　遺言の確認の審判

民法は死亡危急時遺言については遺言の日から20日以内に（民976条4項），また，船舶遭難者遺言については遅滞なく（民979条3項），証人の1人または利害関係人から家庭裁判所に請求してその確認を得なければ，その効力がない，と定める。

確認の審判（別表第一102項〔甲類33号〕）では，当該遺言が遺言者の真意に基づくものであるかどうかを審理する（民976条5項・979条4項）。しかし，これ以外を審理できないかどうかは考え方が分かれる。方式不備であっても真意に基づくと認められる場合は確認審判をすべきとするもの[265]，外見上一見して無効であることが明白な場合は申立てを却下できるとするもの[266]とがある。また，遺言能力，証人欠格などについても，明白であれば確認を拒否すべきとする説もある[267]。

264）　一問一答・家事211頁，逐条解説660頁。

265）　大阪高決昭31・2・23家月8・4・41，仙台高決昭34・10・15家月12・8・133，福岡高決昭46・8・30家月24・7・59，橘勝治・家族百選〔第3版〕244頁。

266）　東京高決昭42・4・19家月19・10・123，東京家審昭47・12・20家月25・8・79。

「真意に出た」とは，遺言者が遺言書に記載されたとおりの内心的および表示上の効果意思を有し，表示行為により瑕疵のない意思表示をした，という意味である。その心証の程度について「当該遺言が一応遺言者の真意に適うと判断される程度の緩和された心証で足りる」（東京高決平9・11・27家月50・5・69），「確信の程度に及ぶ必要はない」（東京高決平20・12・26家月61・6・106）とするものがある。

確認の審判がなされると意思の欠缺という無効原因が一応ないという点だけが確認されるが，有効と確定されるわけではない。危急時遺言の成立要件とする説が多数であるが[268)]，有効要件であるとする説もある[269)]。基本的に意思の欠缺の問題であるから有効要件なのではあるまいか。

期間を徒過した場合は確認の審判は却下される（仙台高決昭28・4・10家月5・7・48）。やむを得ない場合には民法979条2項の趣旨を類推して確認の審判をすべきといわれている[270)]。裁判所が期間を伸長できるという説も有力である[271)]。

確認されなかった遺言は効力を失う。

確認の審判に対しては利害関係人（家事214条1号）から，却下審判に対しては証人および利害関係人（同条2号）から即時抗告できる。

(c)　遺言書の検認

公正証書遺言以外の全遺言は検認の必要があり（民1004条1項），検認はいずれも別表第一103項〔甲類34号〕の審判事項である。申立人は，遺言書の保管者または遺言書を発見した相続人である。保管者または遺言書を発見した相続人が検認を怠ったときは過料の制裁がある（民1005条）。制度趣旨は，遺言書を現状のまま凍結して偽造変造を防ぐとともに利害関係人に遺言書の存在を確知させることである[272)]。審判の性質は，検証手続である。有効無効に全く関係がない。しかし，実務上は，登記や遺言者指定による遺言執行者のする貸金庫

267）　岡垣学「危急時遺言の確認」判タ150号（1963）33頁，高木・相続460頁。

268）　家審講座Ⅱ235頁〔岡垣学〕，高木積夫「遺言の確認と遺言書検認」判タ167号（1964）70頁。

269）　鈴木・相続139頁，高木・相続460頁は，有効要件とするように解される。

270）　岡垣・前掲注267）28頁，札幌高決昭55・3・10家月32・7・48。

271）　家審講座Ⅱ226頁〔岡垣〕。

の開扉，預金の解約などに検認手続の履践を求められるなど，重要な役割を果たしている。

家庭裁判所は，遺言書の検認をするには，遺言の方式に関する一切の事実を調査しなければならない（家事規113条）。そして，調書を作成すべきである（家事211条，家事規114条）。

封印のある遺言書を開封するには，家庭裁判所において相続人またはその代理人の立会いをもってしなければならない（民1004条3項）。通常，検認期日において行うので，申立人（家事規115条）も立ち会うことになる。封印のある遺言書を家庭裁判所外で開封した者には過料の制裁がある。単に封入されているだけで印が封に押捺されていないものはこれに該当しない。

(d)　遺言執行者の選任の審判

遺言執行者は相続人の代理人とみなされている（民1015条）。遺言執行者は相続財産の管理その他遺言の執行に必要な一切の行為をする権利義務を有する（民1012条）[273]。この遺言執行者の権限の効力発生時期は遺言による指定遺言執行者の場合は相続開始時，選任遺言執行者の場合は審判確定時である。その各時点から，その範囲内で相続人は相続財産に対する処分権を失う（民1013条）。遺言が特定財産についてある場合には，その財産についてのみ民法1011条から1013条の適用があるから（民1014条），遺言執行者の処分権限は特定財産にのみ及び，相続人はその特定財産についてだけ処分権を失うが，他の相続財産の処分権限は有する。なお，遺言執行者の選任審判（別表第一104項）の確定後，遺言執行者に指定された者が承諾する前にした相続人の処分行為は，相続開始

272）　注民（28）303頁〔泉久雄〕は，公正証書遺言についても立法論として確知の必要をいい，民法1004条2項の意義に疑問を呈する。泉説は，公正証書遺言の制度も全相続人に確知すべきことを前提に，遺産紛争について公証実務（行政）と調停・裁判実務（司法）の役割分担を示唆している。なお，公証人の助言義務，調整義務といった紛争予防的な役割論（松川正毅『民法――親族・相続〔第4版〕』（有斐閣・2014）268頁）も，遺言書作成過程における遺言者の意思形成支援（協議）の在り方を示唆する。

273）　判例は，遺言執行者に対し独立した地位，権限を一律にいわず，権利義務の実現過程に応じて受遺者・受益相続人と個々に併存することも含めて緩やかに役割分担を考える（二宮周平「遺言執行者の権限と義務」新実務大系④284頁）。なお，遺言執行者の訴訟法上の地位は法定訴訟担当である（最判昭51・7・19民集30・7・706。本間靖規「遺言執行者と訴訟」新実務大系④298頁参照）。

時に遡及して無効である（最判昭62・4・23民集41・3・474。なお，最判昭39・3・6民集18・3・437参照）。

遺言執行者になり得る資格を有するのは，行為能力者（民1009条は未成年者と破産者だけを欠格者とする），法人（ただし，信託銀行等の金融機関については，金融機関の信託業務の兼営等に関する法律1条1項4号参照），公証人（ただし，公証22条3項参照），相続人（ただし，単独相続人は認められない），受遺者（前同）である。なお，近時，相続人の代理人，受遺者の代理人である弁護士が遺言執行者に選任されることについては職務の中立公正性などから厳しく取り扱う方向にある。[274)]

（指定）遺言執行者（民1006条）がないとき，または辞退・死亡したとき，家庭裁判所は利害関係人の請求によって（選任）遺言執行者を選任することができる（民1010条，別表第一104項〔甲類35号〕）。利害関係人とは，相続人，受遺者，相続人や受遺者の債権者，遺言執行者指定の委任を受けた第三者，相続債権者，被相続人の内縁の妻などである。しかし，遺言執行の必要があるときでなければならない。認知，推定相続人廃除，その取消し，遺贈，寄付行為，信託の設定，祭祀承継者の指定，生命保険金受取人の指定・変更は執行の必要がある。死因贈与も同様と解する。銀行に対する預金払戻請求の可否について実務は揺れている（積極説としては東京地判平14・2・22家月55・7・80）。消極説としては東京高判平15・4・23金法1681・35）。

相続させる旨遺言に関する判例理論と登記実務を前提とすると，その受益相続人は単独で申請できるので原則としては執行の余地はなく，登記名義が被相続人から他の相続人（第三者）に移転していた場合には遺言執行者の権限になるとした（最判平7・1・24判時1523・81，最判平11・12・16民集53・9・1989）。しかし，遺言執行としては，被相続人名義であるか否かということは本質的に異なるところはなく，いずれも「受益の相続人に当該不動産の所有権移転登記を取得させることが，民法1012条1項所定の『遺言の執行に必要な一切の行為』に当たり，遺言執行者の本来的な職務権限に含まれるものとした（したがって，遺言の対象不動産が被相続人名義である場合においても，遺言執行者の指定・

274）日本弁護士連合会弁護士倫理委員会編著『解説弁護士職務基本規程〔第2版〕』（2012）84頁～86頁。なお，鬼丸・前掲注157）165頁，清水正憲「相続問題と弁護士倫理」田原古稀（下）1306頁，1315頁注39参照。

選任は有効と解すべきことになる[275]」。選任の申立てがあれば認めるべきであろう。また，遺言が一見して明らかに無効といえない限り，選任すべきである[276]。

遺言執行者を選任するには，遺言執行者となるべき者の意見を聴かなければならない（家事210条2項）。選任の却下審判に対しては利害関係人から即時抗告できる（家事214条3号）。選任審判に対しては即時抗告できない。なお，家庭裁判所に対し，職権の発動による取消しまたは変更を促すことができるとした例がある（名古屋高金沢支決昭39・4・14高民17・3・187）。

(e) 遺言執行者に対する報酬の付与の審判

家庭裁判所は遺言執行者の申立てによりその報酬を定める（民1018条1項，別表第一105項〔甲類36号〕）。遺言執行者は，相続人の代理人（民1015条）であり，民法の委任関係にあると解され，原則として無報酬である。遺言の中に報酬に関する特別の定めがあればこれに従い（民1018条1項ただし書），無報酬の定めがあれば報酬請求はできない。この場合，遺言執行者に指定された者は不満があれば就職を拒めばよいからである。逆に，相当の定額の定めがあればこれに従い，高額でも原則として有効である。相続人と遺言執行者が別異の合意をすればこれに従い得る。以上のような特別の定めのない場合には，家庭裁判所は，相続財産の状況や執行の難易度その他諸般の事情を考えて，その報酬額を定める（民1018条1項本文）。報酬は遺言執行の費用に含まれるので，相続財産の負担となるが，遺留分を減ずることはできない（民1021条）。なお，途中で解任や辞任した場合も，民法1018条2項の648条3項の準用により，履行の割合に応じて報酬を受けることができる。しかし，解任事由によっては執行の責に帰すべき事情による中途終了と認められることもあろう。

報酬付与の審判に対して即時抗告することはできない（東京高決平16・5・7家月57・1・127）。遺言執行者は報酬付与審判が確定した後に，確定した報酬額を残余財産から差し引いて受領する。なお，報酬付与審判には執行力がないので，遺言執行者は相続人に対して報酬金請求訴訟を提起して債務名義を取得し

275）　河邉義典・最判解民〔平11（下）〕1009頁，1013頁。

276）　東京高決平9・8・6家月50・1・161（裁判例集Ⅲ-133），東京高決平9・11・14家月50・7・69，東京高決平9・3・17家月49・9・108，名古屋高決平元・11・21家月42・4・45。

なければならない（東京高決平5・9・14家月47・9・61）。

(f) 遺言執行者の解任および遺言執行者の辞任許可の審判

遺言執行者がその任務を怠ったときその他正当な事由があるときは，利害関係人は，その解任を家庭裁判所に請求することができる（民1019条1項，別表第一106項〔甲類37号〕）。遺言執行者は相続人との関係で委任の規定（民644条～647条・650条）が準用され，善管注意義務（民1012条2項）および善処（応急措置）義務（民654条・655条・1020条）を負う（注民（28）383頁〔泉〕）。遺言執行者の職務は遺言内容の実現であるから，その職務について適正な処理を行わなかった場合は任務懈怠であり[277]，遺言執行者が一部の相続人と密着し，公正な遺言執行を期待し難い格別の事情がある場合[278]は解任すべき正当な事由に当たる。しかし，相続人の協力を得られないなど円滑な職務執行が妨げられた場合は任務懈怠とはいえない[279]。

その他解任すべき正当な事由は，長期間にわたって執行行為の障害となるような疾病，行方不明，不在などである（注民（28）378頁〔泉〕）。

遺言執行者（申立人）は正当な事由のあるときは家庭裁判所の許可を得て辞任することができる（民1019条2項，別表第一107項〔甲類37号〕）。疾病，長期の出張，多忙な職務への就職などである。執行意欲の喪失も認めてよいと思われる（注民（28）380頁〔泉〕）。

解任審判に対しては遺言執行者（家事214条4号）が，解任申立却下審判に対しては利害関係人（同条5号）が，辞任申立却下審判に対しては申立人（同条6号）が即時抗告できる。なお，家審法下では解任審判の告知は遺言執行者にされるが，相続人にはされなかったので，職権では次の遺言執行者を選任できなかったところから，家事法では，選任申立てをさせる契機とするために相続人に告知しなければならないことに改めた（家事213条1号）。

解任審判を本案とする保全処分ができる。解任審判の確定までの間，申立て

277） 大阪高決平17・11・9家月58・7・51（裁判例集Ⅲ-134），東京高決平23・9・8家月64・6・136。

278） 東京高決平19・10・23家月60・10・61。

279） 広島高松江支決平3・4・9家月44・9・51，名古屋家審平7・10・3家月48・11・78。

により遺言執行者の執務停止の審判または職務代行者の選任審判をすることができる（家事215条1項）。そして，その審判は新たに選任された職務代行者に告知すれば効力が発生することとされた（同条2項）。

(g) 負担付遺贈に係る遺言の取消しの審判

民法1027条は，負担付遺贈を受けた者がその負担した義務を履行しないときは，相続人は，相当の期間を定めてその履行を催告し，もし，その期間内に履行がないときには，遺言の取消しを家庭裁判所に請求することができる，と規定する。遺言の取消しは，別表第一108項〔甲類38号〕の審判事項である。遺贈は単独行為であり，負担は条件ではないので，負担が履行されなくても遺贈は解除されないし，効力を失うものでもない。相続人，遺言執行者，受益者は，受遺者に対し負担の履行を求めることができるが（民1002条），負担を履行しない受遺者への遺贈は失効させた方が遺言者の意思に合致する場合がある。そこで特に相続人に取消権を与えたのである[280)]。取消しは家庭裁判所の審判確定によって効力を生ずる。その趣旨は，遺贈の取消しにより受益者の利益が不当に害され，遺言者の意思に反することにならないように，取消しの可否を家庭裁判所の判断に委ねたのである（注民（28）433頁〔上野〕）。裁判所は，受遺者および負担の利益を受けるべき者の陳述を聴かなければならない（家事210条1項2号）。その上で，上記のような事情を審理して，取消しの可否を決めることになる。

取消しの審判は負担を受けるべき者に重大な影響を与えるので，告知しなければならない（家事213条2号）。取消しの審判に対しては，受遺者その他の利害関係人（申立人を除く）が，却下審判に対しては相続人が即時抗告できる（家事214条7号8号）。

(2) 遺留分に関する審判

この審判は，遺留分を算定する場合における鑑定人の選任の審判（民1029条2項，別表第一109項〔甲類27号〕）および遺留分の放棄についての許可の審判（民1043条1項，別表第一110項〔甲類39号〕）を総称する（家事216条1項）。

---

280)　注民（28）430頁，282頁〔上野雅和〕。

(a) 鑑定人選任の審判の管轄は相続開始地であり，遺留分放棄許可の審判のそれは被相続人の住所地である（家事216条1項1号2号）。

(b) ここでは遺留分放棄許可の審判についてのみ触れる。遺留分は相続人に必ず確保されるべき相続分である。明治民法下では，遺留分の事前放棄は認められていなかったが，現行民法は，相続権も遺留分権も個人的権利であって放棄可能であり，また，農地細分化を防ぐというという理由から，立法化された。[281] しかし，均分相続制をとる新法の基本精神に反する危険がある（中川＝泉602頁），家産維持の技術的手段として使用される，[282] 相続分の事前放棄が認められていないことと理論的一貫性がない，[283] などの批判がある。

放棄は単独行為である。裁判所の許可によって効力を生ずる要式行為である。遺留分を事前放棄しようとする相続人（申立人）は，家庭裁判所にその許可を求める（別表第一110項〔甲類39号〕）。放棄を関係者の自由に委ねると，事実上の圧迫による放棄が行われたり，家督相続制度の温存などの弊害が生ずるおそれがあるので，家庭裁判所の許可に係らしめたのである。申立人は遺留分を有する第一順位の相続人であり行為能力が必要である。また，相続人同士は原則として利益相反行為となるので，特別代理人の選任を必要とするとの説がある。[284]

ところで，遺留分の事前放棄制度は，平均寿命が短い時代における財産の世代間移転を前提とした規定ぶりであるが，現代のように老々相続という超高齢社会においては，中小企業における経営の世代間移転の円滑化という要請が強まっていた。最判平10・3・24民集52・2・433が相続開始1年以上前にされた贈与も遺留分減殺請求の対象になり得るとした。こうした事案においては，遺産分割協議成立までの間，株式の権利行使には難しい問題（大阪高判平20・11・28判時2037・137）もあることその他から，中小企業の経営者の相続について立法措置がとられるに至った（後述⇨⑩(1)）。

281） 注民（28）532頁〔高木多喜男〕。

282） 槇悌次「相続分および遺留分の事前放棄」大系Ⅶ 301頁。

283） 中川善之助著者代表『註解相続法』（法文社・1951）474頁〔島津一郎〕。

284） 注民（28）534頁〔高木〕。

(c) 家庭裁判所の許可基準は，第一に申立人の自由意思に基づくものか否かを確認すること，第二は申立てがこの制度趣旨に合致しているか否かを判断することである[285)]。つまり，事前放棄の合理性，必要性，代償性である。審判例として，真意であると即断できないとして却下した和歌山家妙寺支審昭63・10・7家月41・2・155等がある。

(d) 放棄許可審判に対して即時抗告はできない。しかし，却下審判に対して申立人は即時抗告できる（家事216条2項）[286)]。

10 その他

(1) 遺留分の算定に係る合意についての許可の審判

遺留分の事前放棄制度に関連するので，本項の冒頭において，遺留分の算定に係る合意についての許可の審判（家事243条，中小企業における経営の承継の円滑化に関する法律（平成20法33。平成21（2009）年3月1日施行。以下「中小承継」という）8条1項，別表第一134項）を述べる[287)]。

この遺留分に関する民法の特例（中小承継2章）は，中小企業の事業後継者を含む推定相続人全員（遺留分を有する者）の合意に基づき経済産業省大臣の確認と家庭裁判所の許可による効力の発生を前提として遺留分規律の排除を認めるものである。この許可の審判の管轄は，同法3条2項の旧代表者の住所地の家庭裁判所であり，添付書類を付して申し立てなければならない（家事243条1項，家事規123条）。許可の審判は合意の当事者全員に告知しなければならず，この審判に対しては申立人を除く合意の当事者が，同却下審判に対しては当該合意の当事者が即時抗告できる（家事243条2項3項）。この制度は，別表第一

285) 犬伏由子「遺留分の事前放棄」久貴忠彦編『遺言と遺留分2巻〔第2版〕』（日本評論社・2011）311頁以下を参照。

286) 一問一答・家事213頁，逐条解説670頁。

287) 澤村智子「中小企業における経営の承継の円滑化に関する法律（遺留分に関する民法の特例部分）の解説」家月61巻3号（2009）6頁参照。

134項審判事項であるが，遺留分を有する推定相続人全員による合意（協議）の成立および経済産業大臣の確認ならびに家庭裁判所の許可を組み合わせたものである。家事法上，別表第一審判事項について調停はできないが，全当事者の合意（協議）を基礎に据えた新しい型の手続規律である。遺産分割紛争の複層的構造に即して協議の成立，調停の成立などを予め支える仕組みである[288]。相続法における協議の優先（民907条1項）および遺留分減殺制度の趣旨（民903条1項・1031条・1044条）に照らして合理的であり，国の権限の部分的委譲の一種である。

(2) 任意後見

(a) はじめに

平成11（1999）年に新設されたもので，自己の意思により，判断能力が不十分となったときに備える制度である。

任意後見契約とは，「委任者が，受任者に対し，精神上の障害により事理を弁識する能力が不十分な状況における自己の生活，療養看護及び財産の管理に関する事務の全部又は一部を委託し，その委託に係る事務について代理権を付与する委任契約であって，……任意後見監督人が選任された時からその効力を生ずる旨の定めのあるもの」をいう（任意後見2条1号[289]）。任意後見契約は，法務省令で定める様式の公正証書により，締結しなければならない（任意後見3条）。任意後見契約が締結されると登記される（後見登記5条）。

任意後見は，委任者（本人）の意思をできるだけ尊重するという制度であり，高齢社会でその活用を期待されている。任意後見契約の形態は三つある。即効型は，すでに補助の程度の判断能力の状況にある本人が任意後見契約を結び直ちに家庭裁判所から任意後見監督人の選任審判を受けて効力を発生させるものである。将来型は，任意後見契約だけを結び時期が来たら家庭裁判所から選任

288）遺言代用信託（信託90条），後継ぎ遺贈型受遺者連続信託（信託91条）との関連においても検討されるべきである。また，川淳一「受益者死亡を理由とする受益連続型遺贈・補論」野村豊弘＝床谷文雄編著『遺言自由の原則と遺言の解釈』（商事法務・2008）141頁，同「負担付遺贈・後継ぎ遺贈・遺言信託」新実務大系④249頁参照。なお，沖野眞已「信託法と相続法」論究ジュリ10号（2014）132頁。

289）北野俊光「任意後見契約について」家月55巻10号（2003）1頁。

審判を受けるものである。最も多用されている移行型は，はじめは任意代理の委任契約で財産管理をさせ，能力が低下した後に任意後見契約の効力を発生させるものである。ところで，平成12（2000）年4月から同27（2015）年12月までの任意後見契約締結の登記総件数は9万6790件である[290)]。しかし，同期間内の，委任者が判断能力の程度が低下したことなどにより任意後見監督人の選任の申立てをした総件数は7128件であり，平成27（2015）年の年間総申立件数は848件と少ない[291)]。任意後見は期待されたほど，また期待されたように利用されていない[292)]。

なお，任意後見契約は，委任者が補助相当の能力に至る前の段階において締結し，効力発生するまでに任意後見受任者らと信頼関係を形成し得る期間を置くことが望ましい。同受任者への委任事務のうちに見守り事務，任意後見監督人の選任の申立義務などを契約事項として明定しておくことが相当である。しかし，委任契約の段階から包括的な代理権を授与することは必ずしも相当とはいい難い。また，任意後見受任者が複数で代理権の共同行使の特約がある任意後見契約は，一個不可分の性質と解されるので，そのうちの1人が死亡すると全部が失効する。

任意後見契約法に規定する審判事件とは，家事法39条別表第一111項から121項の審判事件を総称する。

家審法時には，①任意後見監督人の選任（別表第一111項），②欠けた場合の同選任（別表第一112項），③複数選任（別表第一113項），④後見開始の審判等の取消し（別表第一114項），⑤任意後見監督人の職務に関する処分（別表第一115項），⑥任意後見監督人辞任許可（別表第一116項），⑦解任（別表第一117項），⑧複数任意後見監督人の権限行使の定めおよびその取消し（別表第一118項），

290）　法務省・統計年報・第77表種類別成年後見登記の件数（平成12年～20年），同第71表種類別成年後見登記の件数（平成18年～27年）（法務省ウェブサイト）。

291）　最高裁判所事務総局家庭局編『司法統計年報3家事編　平成12年～同27年』（法曹会・2000～2016）10頁または12頁。なお，佐藤彰一「日本の成年後見制度の現状と変革の方向」草野芳郎＝岡孝編著『高齢者支援の新たな枠組みを求めて』（白峰社・2016）259頁参照。

292）　中山二基子「任意後見制度の現状と課題」老年精神医学雑誌22巻4号（2011）400頁，新井誠「任意後見制度・忘れられた成年後見制度」村田彰還暦（酒井書店・2014）1頁。なお，岡孝「スイス新法から日本の任意後見制度を再検討する」野村豊弘古稀（商事法務・2014）1頁参照。

⑨報酬付与（別表第一119項），⑩任意後見人の解任（別表第一120項）ならびに⑪任意後見契約の解除（別表第一121項）は，いずれも家事審判法9条1項甲類に掲げる事項とみなされていた（任意後見旧12条）。家事法は，第2編第2章第19節，217条以下に定め，別表第一に掲げる審判事項とした。

(b)　任意後見契約の効力を発生させるための任意後見監督人の選任の審判

この選任審判事件（基本事件）の管轄は委任者（本人）の住所地の家庭裁判所である（家事217条1項）。なお，基本事件以外の任意後見契約法に規定する審判事件の管轄は，基本事件を管轄した家庭裁判所である（同条2項）。[293)]

(ア)　選任審判の要件

実体的要件として，①任意後見契約が登記されていること，②精神上の障害により本人の事理を弁識する能力が不十分な状況にあること，③法定の障碍事由が存在しないこと，であり，形式的要件は，④法定の請求権者による請求があること，である（任意後見4条1項）。判断能力が不十分な状況であれば要件を満たすので，法定後見の成年後見，保佐，補助に該当する。

(i)　本人が未成年者であるときは，親権者または未成年後見人があるので，重複を避けるため選任できない（任意後見4条1項1号）。

(ii)　本人に法定後見（成年後見，保佐，補助）が開始されている場合に，法定後見を継続することが本人の利益のため特に必要である場合には，法定後見が優先される（任意後見4条1項2号）。原則は任意後見が優先されるので，本人の利益のため特に必要であることが要件とされている（同10条1項。大阪高決平24・9・6家月65・5・84）。

(iii)　任意後見受任者に不適切な事由があるときは，本人保護のため，代理権を発生させない（任意後見4条1項3号）。後見人の欠格事由に該当する者，本人に対して訴訟をし，またはした者およびその配偶者ならびに直系血族，後見人解任事由がある者である。

(iv)　請求権者は，本人，配偶者，四親等内の親族，任意後見受任者である。

293)　逐条解説672頁は，家事法217条2項ただし書の例として後見開始の審判等の取消しの審判事件（別表第一114項），複数の任意後見監督人の権限行使に係る定めの審判事件（別表第一118項）などをいう。

また，任意後見監督人の選任請求が本人以外の者であるときは本人が意思を表示できないときを除き，本人の同意を要する（任意後見4条3項）。

任意後見監督人の欠格事由は，任意後見受任者または任意後見人の配偶者，直系血族および兄弟姉妹であることである（任意後見5条）。

⑷　審　　理

本人の判断能力を認定するためには，本人の精神の状況に関して医師その他適当な者[294]の意見を聴かなければならない（家事219条）。任意後見制度は，本人の行為能力を制限しないで，代理権による本人保護を図る制度であることから，補助と同様の意見聴取で足りるとされたものである。ただし，鑑定をすることもできる。また，任意後見契約の効力を発生させるための任意後見監督人，欠けた場合および更なる任意後見監督人の各選任に関する意向について，本人の陳述（家事220条1項1号）および任意後見監督人となるべき者の意見（同条2項）を聴取しなければならない。また，任意後見契約の効力を発生させるための選任審判においては任意後見契約の効力が生じることについて任意後見受任者の意見の聴取も要する（家事220条3項）。選任に当たって考慮すべき事情は，成年後見人選任の場合と同様である（任意後見7条4項，民843条4項）。任意後見監督人は，複数でも法人でもよい。

任意後見契約の効力を発生させるための選任（別表第一111項）および欠けた場合の選任（別表第一112項）の各申立ては，審判がされる前であっても，家庭裁判所の許可を得なければ取り下げることはできない（家事221条，家事規118条・78条）。

選任審判は，任意後見監督人，本人，任意後見受任者に告知され（家事222条1号），即時抗告できない。別表第一111項に係る却下審判は請求者に告知され，即時抗告できる（家事223条1号）。任意後見監督人の選任の審判が効力を生ずると登記される（後見登記5条）。

⑸　後見開始の審判等の取消し

本人に法定後見（後見開始の審判等）が生じているときは，重複を避けるため，法定後見を取り消すべきものとしている（任意後見4条2項）。前記のとおり，

294）　逐条解説674頁は，適当な者とは経験を積んだソーシャルワーカー等本人の日常生活の状況をよく把握し，的確に表現できる専門家などであるという。

本人の利益のため特に必要な場合は法定後見が継続されるが（任意後見4条1項2号），原則は任意後見が優先されて法定後見が取り消されるのである。法定後見の取消しは審判事項（別表第一114項）であり，職権で行われる。それぞれ成年後見人，成年後見監督人，保佐人，保佐監督人，補助人，補助監督人に告知される（家事222条2号）。このような事案は利害対立の激しいものもあるところ，任意後見監督人選任審判および本審判に対しては即時抗告できないので，家庭裁判所による十分な調査が望まれる。

㈎ 任意後見事務

本人が任意後見人に委託した，「自己の生活，療養看護および財産管理に関する事務の全部又は一部」（任意後見2条1号）である。財産管理，身上監護に関する法律行為およびこれらの法律行為に関連する登記・供託の申請，介護認定の申請等の公法上の行為を含む。任意後見人が弁護士である場合には訴訟行為の授権も可能である。司法書士の場合も限定的ではあるが可能である（司書3条1項6号）。

任意後見事務を行う際は，本人の意思を尊重し，かつ，その心身の状態および生活の状況に配慮しなければならない（任意後見6条）。任意後見人は，委託を受けているのであるから，その範囲内においては善管注意義務を負うことは当然である。居住用資産の売却に関する家庭裁判所の許可は不要である。

任意後見人は，任意後見契約が代理権の付与を伴う委任契約の一種であるから，報酬についても民法648条に従う。特約がなければ無償になるので，有償にするときには相当の額を定めておかなければならない。特約のない限り後払いである。

㈏ 任意後見監督人の職務

①任意後見人の事務を監督すること，②任意後見人の事務に関し，家庭裁判所に定期的に報告すること，③急迫の事情がある場合に，任意後見人の代理権の範囲内において，必要な処分をすること，④任意後見人またはその代表する者と本人との利益が相反する行為について本人を代表することである（任意後見7条1項）。

㈐ 後見監督の事務

任意後見監督人は，いつでも任意後見人に対し，任意後見人の事務の報告を求め，または任意後見人の事務もしくは本人の財産の状況を調査することができる（任意後見7条2項）。この事務は公的な性格を有すると解される。

善管注意義務，辞任許可，解任，欠格事由，複数任意後見監督人の権限の定め，費用負担，報酬負担については，法定後見監督人の規定が準用される（任意後見7条4項）。任意後見監督人は家庭裁判所から報酬の付与の審判を受けることができる（別表第一119項）。

㈐　任意後見監督人に対する監督

家庭裁判所は，必要があると認めるときは，任意後見監督人に対し，任意後見人の事務に関する報告を求め，任意後見人の事務もしくは本人の財産の調査を命じ，その他任意後見監督人の職務について必要な処分を命ずることができる（任意後見7条3項）。この監督の一環として，裁判所は家裁調査官に任意後見監督人の事務を調査させることができる（家事224条，家事規118条・80条）[295]。この後見監督処分は審判事項である（別表第一115項）。成年後見監督処分と同様である。

(c)　任意後見人，任意後見監督人の解任

任意後見人に不正な行為，著しい不行跡その他その任務に適しない事由があるときは，家庭裁判所は，任意後見監督人，本人，その親族または検察官の請求により，任意後見人を解任することができる（任意後見8条）。職権で解任することはできない（解説464頁）。任意後見人の解任は審判事項である（別表第一120項。なお，家事220条1項3号・222条3号）。解任審判に対しては，解任される任意後見人および本人のみが即時抗告できる（家事223条4号）。なお，任意後見人の解任の審判事件（別表第一120項）を本案とする保全処分については，成年後見人の解任審判を本案とする保全処分の規定が準用される（家事225条2項・127条1項2項）ので，申立てにより職務執行を停止する保全処分をすることができ，同審判は停止される任意後見人，他の任意後見人または任意後見監督人に告知されることにより効力が生じるように見直された[296]。任意後見人の解任の審判事件（別表第一120項）を本案とする保全処分も職権ですることはでき

295）　この調査は，家事審判をするための事実の調査（家事58条）ではなく，家事法124条3項の調査と同じである（逐条解説685頁，396頁）。

296）　逐条解説688頁。

ない（任意後見8条参照）。

次に，任意後見監督人に不正な行為，著しい不行跡その他その任務に適しない事由があるときは，裁判所は，本人，その親族または検察官の請求により，または職権で，任意後見監督人を解任することができる（任意後見7条4項，民846条）。任意後見監督人の解任は職権でもできる。この解任は審判事項である（別表第一117項。なお，家事220条1項2号）。解任審判に対しては解任される任意後見監督人だけが即時抗告できる（家事223条2号）。裁判所は，家裁調査官に任意後見監督人の事務を調査させることができる（家事224条，家事規118条・79条・80条）。

任意後見監督人の解任の審判事件を本案とする保全処分については，成年後見人の解任審判を本案とする保全処分の規定が準用される（家事225条1項・127条1項～4項）。家事法は，家審法を改め，職権により任意後見監督人の職務の執行を停止し，またはその職務代行者を選任することができることとした。また，職務停止の審判については，任意後見監督人の審判の告知への受領拒否，行方不明に対処するため，職務代行者への告知により効力が生じるように見直した。[297]

(d) 任意後見契約の解除許可

任意後見契約の解除は，法定後見における辞任と同様である。委任契約は本来解除は自由である。任意後見契約の効力が発生する前であれば，本人または任意後見受任者は，いつでも公証人の認証を受けた書面で解除できる（任意後見9条1項）。この認証手続には代理人による認証の嘱託もできるか，また，公証人は本人の意思能力を確認しないで認証できるか，という問題がある。少なくとも，公証人は真意に基づく解除を確かめるため本人の意思能力を確認しないで認証することはできないのではないか。

原則どおり，解除は自由である。しかし，効力発生後にも自由であると，委任事務処理が繁雑になったら解除する，あるいは，本人が他人の言説を安易に信じて解除するなどの事態が生じて本人保護に欠ける。そこで，別表第一111項の審判により任意後見監督人が選任され代理権が発生した後には，解除事由

297）一問一答・家事216頁。

として正当な事由を要求し，かつ，裁判所の許可を要件とした（任意後見9条2項）。この許可は審判事項である（別表第一121項。家事220条1項4号・222条4号）。「正当な事由」は任意後見人が疾病等により任意後見人の事務を行うことが事実上困難であること，本人またはその親族と任意後見人との間の信頼関係が損なわれたため，任意後見人の事務を行うことが困難であること等，当該任意後見人による任意後見事務の遂行が困難であることである。解除を許可するには本人および任意後見人の陳述を聴かなければならない（家事220条1項4号）。実際には本人からの解除の場合に，任意後見人には任意後見事務の遂行上問題は認められないが，本人の被害妄想あるいは他人からの唆（そそのか）しなどによって，任意後見人に対する信頼を失っているという事案が発生することもある。客観的には解除しない方が本人の利益のためと認められる場合には「正当の事由」があるとはいえないであろう。しかし，本人との信頼関係が全くなくなり，後見事務の処理に支障を来している場合には，自己決定の尊重および残存能力の活用という任意後見の趣旨からすると，解除を認めるべきこともあると思われる。解除後の処置に万全を期すほかはない。本人または任意後見人および任意後見監督人に告知され（家事222条4号），本人または任意後見人は解除許可の審判に対して即時抗告することができ（家事223条6号），却下審判に対しては申立人が即時抗告することができる（家事223条7号）。

なお，一部解除（代理権の範囲の縮小）は認められない。代理権の追加的変更は，新しい任意後見契約の締結にほかならないので，旧契約を全部解除し，改めて新契約を締結し直すことが多い。

解除により任意後見契約は終了する。この場合，嘱託による登記がされる場合を除き，終了の登記を申請しなければならない（後見登記8条）。その後は，新たな任意後見契約が締結されるか，法定後見が開始されるか，あるいは，何も手当されないか，ということになる。

(e) 後見，保佐および補助との関係

任意後見契約が登記されている場合には，原則として法定後見は開始できない。しかし，「本人の利益のため特に必要があると認めるとき」は法定後見開始の審判（後見開始の審判等）をすることができる（任意後見10条1項）。「本人の利益のため特に必要があると認めるとき」とは，①本人が任意後見人に委託

した代理権を行うべき事務の範囲が狭すぎる上，本人の精神の状況が任意の授権の困難な状態にあるため，他の法律行為について法定代理権の付与が必要な場合，②本人について同意権・取消権による保護が必要な場合などである（解説478頁）。この請求権者は，本人，配偶者，四親等内の親族または検察官等の民法に定める者，任意後見受任者，任意後見人，任意後見監督人である（民7条・11条・15条1項，任意後見10条2項）。

任意後見契約を締結している本人について，任意後見監督人が選任された後において法定後見の開始の審判がなされたときは，任意後見契約は当然に終了する（任意後見10条3項）。したがって，例えば，任意後見契約に訴訟代理権の授権がないため，訴訟代理権を得る必要がある場合，本人に意思能力があれば，訴訟代理権を与える任意後見契約を締結する方法と，成年後見・保佐・補助を開始する方法があるが，意思能力がないときは成年後見等を開始する方法しかなく，成年後見・保佐・補助が開始されたときは，任意後見が当然終了することとなる。任意後見に加えて補助を開始するという方法はない。

任意後見法4条と10条を整理してみる。任意後見契約が登記されてまだ効力が生じていないときに，法定後見の請求がなされた場合は，原則として申立ては却下される。本人の利益のため特に必要があるときのみ法定後見が開始される。その後，任意後見監督人の選任の申立てがあると，原則として任意後見監督人が選任されて，法定後見が取り消される。しかし，本人の利益のため特に必要な場合は法定後見が継続される。つまり，任意後見監督人選任の申立てが却下される。

任意後見契約に基づき任意後見監督人が選任された後に，法定後見の請求がなされた場合は，原則として申立ては却下される。本人の利益のため特に必要があるときのみ法定後見が開始される。その場合は，任意後見契約は当然終了するのでその後に当該契約に基づき再び任意後見監督人の選任の申立てはできない。

法定後見が開始された被後見人，被保佐人，被補助人について任意後見契約が締結されて登記され[298]，任意後見監督人の選任の請求があった場合，原則として任意後見監督人が選任され，法定後見が取り消される。本人の利益のため特に

298）　任意後見契約に締結の意思能力を要することは当然である。

に必要な場合のみ法定後見が継続されて任意後見監督人の選任申立てが却下される。この場合は任意後見契約の効力は生じていないから，任意後見契約は終了せず，後に任意後見監督人の選任を申し立てることができる。

以上のいずれの場合も，実際は，利害が対立し，法定後見派と，任意後見派に親族が分かれて争うことがある。自己決定の尊重と残存能力の活用を保障する任意後見契約の締結時における公証事務の公正さおよび「本人の利益のため特に必要があると認めるとき」の解釈と運用，後見人・後見監督人等の確保と実際のあり方の問題となる。本来，任意後見を優先しつつ後見監督の実効性を期するということであろうが，上記のように二派に分かれ，公平な第三者の後見を要することもある。

保佐開始の申立て後，保佐開始の原審判がなされる前に本人が任意後見契約を締結し，かつ，その登記もなされている事案において，この任意後見契約の無効原因をうかがうことはできないことから，「本人の利益のため特に必要がある」点の審理のため取り消し差し戻した例がある（大阪高決平14・6・5家月54・11・54，裁判例集Ⅲ-38）。他方，後見開始の申立てと任意後見の関係であるが，利害関係人（長男）が本人（母）のために後見開始の申立て（甲事件）をし，任意後見受任者（長女）が任意後見監督人選任申立て（乙事件）をし，併合審理の上，長女は母の財産にだけ関心があり，療養看護に無関心であることなど推定相続人間には深刻な争いがあるので第三者の後見が相当であるとして「本人の利益のため特に必要がある」とした例がある（大阪高決平24・9・6家月65・5・84）。

後見人，保佐人，補助人が被後見人，被保佐人，被補助人よりそれぞれ先に死亡したとき，裁判所は被後見人，被保佐人，被補助人およびそれぞれの親族その他の利害関係人の請求または職権により後任者を選任できる（民843条2項・別表第一3項，民876条の2第2項・別表第一22項，民876条の7第2項・別表第一41項）。そして，任意後見監督人が任意後見人より先に死亡したときも，本人，その親族もしくは任意後見人の請求または職権により後任者を選任できる（任意後見4条4項・別表第一112項）。しかし，任意後見人が先に死亡したときには，任意後見監督人は法定後見開始の申立権を持つが（任意後見10条2項），任意後見契約は終了してしまうので（民111条1項2号・653条1号），任意後見監督人であった者は申立権を持たない不都合があり，立法的な措置を要する。[299)]

11 国際的な子の奪取の民事上の側面に関する条約（ハーグ条約）

(1) 国際的な子の奪取をめぐる法規制の経緯

国際結婚をして子を持つ両親の一方が，婚姻関係の破綻に伴い，子を出身国に無断で連れ帰る場合，それがそれまでの居住環境から引き離される子の真の利益や福祉に反し，また他方の親の監護権の侵害になることが考えられる。連れ去った親がその国の裁判所で子の単独の監護権を取得する場合，さらには婚姻や親子関係に関する紛争の国際的管轄権を取得することになれば，他方の親の手続保障を侵害する形で連れ去りが正当化されかねない。それでは公正を欠いた結果を是認することになるため，これを防ぐ必要がある。

しかし日本はこれまで，このような事態にどう対処するか，特に独自の手立てを講じてきたわけではなかった。他方で，国際的な子の奪取があった場合に，子の迅速な返還の確保と子を奪取された親の面会権の行使を確保するために，1980年ハーグ国際私法会議第14会期において「国際的な子の奪取の民事上の側面に関する条約（Convention on the Civil Aspects of International Child Abduction. 以下，「ハーグ子奪取条約」）が採択され[300]，1983年に発効して以来，2016年7月現在95カ国が批准承認している[301]。日本もようやく平成23（2011）年から本条約の批准に向けての準備が行われ，その結果，平成25（2013）年5月22日に日本の加盟が国会で承認された。またこれを実施するための法律（「国際的な子の奪取の民事上の側面に関する条約の実施に関する法律」）も2013年6月12日に成立，同19日に公布され（法律第46号），2014年4月1日から施行されている[302]。ハーグ子奪取条約への日本の加盟により，条約上の日本への子の連れ去り，日本か

299） 北野俊光「任意後見契約と法定後見の関係」赤沼康弘編著『成年後見制度をめぐる諸問題』（新日本法規出版・2012）361頁。

300） 南敏文「ヘーグ国際私法会議第一四会期の概要」民月38巻2号（1983）3頁参照。

301） HCCHのウェブサイト参照。締約国の数からみて本条約は，ハーグ条約の中で最も成功を収めたものと評価されている。

302） この間の経緯については，一問一答・ハーグ条約関連法6頁，金子修「『「国際的な子の奪取の民事上の側面に関する条約（仮称）」を実施するための子の返還手続等の整備に関する要綱』の概要」法の支配165号（2012）130頁参照。

らの子の連れ去りの両面において条約上の手続に従った解決手段をとる道が開かれることになるが，今後の問題としては，日本への連れ去り，すなわち日本における子の返還に向けた具体的な体制作り（司法機関における手続のシミュレーションや問題点の把握，中央当局からの受け皿としての国際的調停機関の樹立，各担当機関や裁判官，代理人となる弁護士同士の国際的なネットワークの構築など）がある。以下において，ハーグ子奪取条約の内容とその日本における適用すなわち子の返還ないしは子と申立人との面会の実施のための手続がどのようになっているのかを取り扱う[303]。

(2)　ハーグ子奪取条約

(a)　条約の根本思想と目的

本条約[304]は，両親の婚姻関係をめぐる争いにともすると翻弄されがちな子に対し，子の福祉，利益の保護を最重要とし（条約前文），このような考えの下に，本条約の締約国に不法に連れ去られ，またはいずれかの締約国に不法に留置されている子の速やかな返還を確保すること（条約１条a），また一つの締約国の法令に基づく監護の権利および接触（面会）の権利が他の締約国において効果的に尊重されること（条約１条b）を目的とする。なお，返還は申請者への返還ではなく，常居所地国への返還であることに注意する必要がある。申請者への返還は，返還の一つの態様に過ぎない。

(b)　不法な連れ去りまたは留置

条約は，不法な連れ去りによって住み慣れた環境から引き離された子を迅速に元の場所（常居所地）に戻し，そこで改めて監護権等の実体的問題について，その地においてしかるべき手続に委ねることが適切であるとの判断に基づいている。どのような場合が不法な連れ去りや留置に当たるかについては，当該連れ去りや留置の直前に当該子が常居所を有していた国の法令（抵触法を含む）に基づいて，個人，施設または他の機関が共同または単独で有する監護の権利

303）　ハーグ条約の概要については，坪田哲哉「国境を越えた子の連れ去り防止のためのハーグ条約」時の法令 1946 号（2014）4 頁，一問一答・ハーグ条約関連法 18 頁参照。

304）　本条約の訳文については，主として法制審議会ハーグ条約（子の返還手続関係）部会第１回会議（平成 23 年 7 月 13 日開催）参考資料１を参照した。

を侵害しているかにより判断される（3条①a）。そして，当該連れ去りもしくは留置の時に，本条項aに規定する監護の権利が共同もしくは単独で現実に行使されたことまたは当該連れ去りもしくは留置がなかったならば当該権利が共同もしくは単独で現実に行使されていたであろうことが認定される場合に，不法な連れ去りとされる（3条①b）。奪取時において現実に行使されていたか，行使され得た監護権の侵害に当たる場合だけが，不法な連れ去りもしくは留置となる。これに対して，面会交流権（接触の権利）の行使のみが妨げられる場合には，本条約による返還手続の対象とはならない。[305)]

監護権の付与が常居所地国の法律によるもの，常居所地国の裁判所もしくは行政機関の決定によるもの，法律上有効とされる当事者の合意によるもの（例えば民766条1項による協議，家事244条，同別表第二3項による調停などがこれに当たる），いずれであっても本条約の適用を受ける（3条②）。なお，本条約の対象となる子の年齢は16歳未満である（4条）。子が満16歳に達すると，たとえ手続が係属中であっても，条約の適用から外れ，手続はその時点で終了する。

(c) 中央当局

ハーグ子奪取条約の特徴の1つとして，各締約国に中央当局を定め，ここが起点となって条約の目的である奪取された子の返還の迅速な実現に努めることが挙げられる。そのために各国の中央当局は互いに連携して協力するとともに，その国内にあっては，裁判所や行政機関に働きかけて条約上の義務の実現を図る（7条①）。中央当局は，自ら直接にまたは仲介者を通じてあらゆる適切な措置をとる。具体的には，a不法に連れ去られ，または留置されている子の所在を特定すること，b暫定的措置をとり，またはとらせることによって，子に対するさらなる危害または利害関係者に対する不利益を防止すること，c子の任意の返還を確保し，または問題の友好的解決をもたらすこと，d望ましい場合には，子の社会的背景に関する情報を交換すること，eこの条約の適用に関連する自国の法令につき一般的な情報を提供すること，f子の返還を得るための司法上もしくは行政上の手続を開始し，または当該手続の開始について便宜を

305） 横山潤「国際的な子の奪取に関するハーグ条約」法学研究（一橋大学）34号（2000）16頁参照。

与えることおよび適当な場合には接触の権利の内容を定め，またはその効果的な行使を確保するように取りはからうこと，g 状況により必要とされる場合には，法律に関する援助および助言（弁護士その他法律に関する助言者の参加を含む）を提供し，またはこれらの提供について便宜を与えること，h 子の安全な返還を確保するための必要かつ適当な行政上の措置をとること，i この条約の実施に関する情報を常に相互に通報し，およびこの条約の適用に対する障害を可能な限り除去することなどをその任務とする（7条②）。

子の返還を確保するための援助の申請，または接触の権利の効果的な行使の確保の申請の方法としては，奪取元の国の中央当局に対する申請，奪取先の国の中央当局に対する申請，その他奪取先の司法当局または行政当局に対する直接の申請の方法によることもできる（8条・29条）。奪取元の中央当局に申請がなされる場合，これを受領した奪取元の中央当局は，子が他の締約国に所在すると信ずるに足る理由がある場合，当該申請を奪取先の中央当局に直接かつ遅滞なく転達し，その旨を当該中央当局または申請者に通知する（9条）。奪取元の中央当局からの要請で転達を受けた場合，ないしは監護権または接触の権利の侵害を受けたと主張する個人や施設その他の機関から直接申請を受けた中央当局は，状況に応じて，子の所在の特定のための調査や情報提供，返還のための友好的な解決方法の検討，司法上の手続の開始のための援助，その間の暫定的な措置など，迅速に適切な措置や処理等を行わなければならない。なお，司法当局による返還の手続が開始されても，中央当局としては，任意の返還に向けての措置をとる場合がある（10条）。

(d)　子の返還

申請は，監護の権利を侵害して子が連れ去られ，または留置されたと主張する個人，施設その他の機関によって行われる（8条①）。申請に際しては，必要的記載事項（同条②）と補足的ないし任意的記載事項（同条③）がある。前者としては，a 申請者，子および当該子の連れ去り，または留置しているとされる者の特定に関する情報，b 可能であれば子の生年月日，c 申請者が子の返還を請求する根拠，d 子の所在および子とともに所在すると推定される者の特定に関するすべての入手可能な情報が挙げられる（8条②）。後者としては，e 関係する決定または合意の写しであって証明を受けたもの，f 子が常居所を有していた子の関係法令に関する証明書または宣誓供述書であって，当該国の中央当局その他の権限のある当局または資格を有する者が発行したもの，gその他の関係文書などである（8条③）。

中央当局は，上記の選択肢を睨みながら迅速な返還を援助する。これを司法当局に委ねる場合には，司法当局は，子の返還のための手続を迅速に行う（11条①）[306]。司法当局による手続の開始から6週間以内に決定を行うことができない場合には，申請者は遅延の理由を明らかにするよう要求する権利を有し，要請を受けた国の中央当局は，自己の職権によりまたは要請を行った国の中央当局が求めるときは，遅延の理由を明らかにするよう要求する権利を有する（11条②）。返還の裁判手続を行う司法当局は，3条に規定する不法な連れ去りまたは留置の要件があるかを審理するが（司法当局は，子の連れ去りまたは留置が3条に規定する不法なものであるとの決定を申請者が子の常居所地の国で得ることができる場合には，申請者にその判断を得るよう要請することができる。15条[307]），その際，当該子の不法な連れ去りまたは留置の日から1年が経過していない場合には，直ちに子の返還を命じ，1年が経過している場合であっても，子が新たな環境に適応していることが証明されない限り，当該子の返還を命ずる（12条①②）。また，司法当局は，子が他の国に連れ出されたと信ずるに足りる理由がある場合には，当該子の返還手続を中止し，または当該子の返還の申請を却下することができる（12条③）。

(e) 返還拒否事由

司法当局は，以下の返還拒否事由があることが証明された場合には，返還を命ずる義務を負わない。すなわち，a子を監護していた個人，施設その他の機関が連れ去りもしくは留置の時に現実に監護の権利を行使していなかったこと，当該連れ去りもしくは当該留置の前にこれに同意していたこと，または連れ去

306）このために中央当局間の連携のみならず，司法当局間の連携も重要な役割を果たすことになる。そのためには裁判所間の情報交換の窓口となるリエゾン裁判官の活用が有益である。西谷祐子「「国際的な子の奪取の民事上の側面に関する条約」の調査研究報告書」法制審議会ハーグ条約（子の返還手続関係）部会参考資料5，48頁参照。

307）これを証する書面と8条③fに規定されている証明書は異なる。横山・前掲注305）36頁。

りもしくは当該留置の後にこれを黙認したこと，b 返還することによって子が身体的もしくは精神的な害を受け，または他の耐え難い状態に置かれることとなる重大な危険があることである（13条①）。連れ去り親が，相手方から暴力や精神的な抑圧を受けていること自体は，それによって子が精神的に害を受けるなど，b の事由に該当するものでない限り，返還拒否事由には当たらない。[308)] 監護権をめぐる実体的紛争については，子を常居所地に返還した上で当地において決めるというのがハーグ子奪取条約の原則であるところ（16条[309)]・19条），13条① b の返還拒否事由の審理において実質的にこの判断を行うことは厳に慎まなければならない。そこでこの事由の判断は制限的であるべきとされる。[310)]

返還に関して子がこれを拒み，かつその意見を考慮に入れることが適当である年齢および成熟度に達していると認める場合には，当該子の返還を拒むことができる（13条②）。返還に当たり子の意見を尊重することは，重要であり，児童の権利条約12条の子の意見表明権の保障にも合致することである。もっとも，返還に対する子の消極的意見が奪取親に対する気遣いから出ていることもあり得ることから，その意見の背後にある事情なども十分に考慮する必要がある。また，司法当局は，返還拒否事由の判断に当たり，子の常居所地の中央当局の提供する子の社会的背景に関する情報を考慮することになる（13条③）。

(f)　子との接触（面会交流）の権利

締約国の中央当局に対して，子の返還を求める申請と同様の方法で，接触の

---

308)　渡辺惺之「国際的な子の奪取の民事面に関する条約の批准をめぐる検討問題（上）」戸籍時報674号（2011）36頁は，これを懸念して，20条（要請を受けた国における人権および基本的自由の保護に関する基本原則）により，子の返還を拒否できる場合の該当可能性を示唆している。しかし20条の適用可能性を広げることについては，むしろ否定的な見解が一般である。大谷美紀子「ハーグ条約の実務における地域主義の発展とアジア太平洋地域の展望」法の支配165号（2012）112頁参照。

309)　16条は，子の常居所地国への返還に係る事案につき司法当局または行政当局の手続が係属している間は，原則として，監護の権利に関する決定を行うことがないように定める。さらに17条は，子が連れ去られた国において子の監護に関する決定が行われたという事実を理由として子の返還を拒否することはできないと定める。坪田・前掲注303）25頁参照。

310)　13条①の具体例については，横山・前掲注305）46頁参照。また返還原則と拒否事由とのバランスをどのようにとるかについて，同「国際的な子の奪取の民事面に関する条約について」曹時63巻3号（2011）541頁参照。

権利の実現およびその実効的な行使の確保を求める申請がなされ得る（21条①）。たとえ監護権を有しないとしても子との接触（面会）の権利は不当に奪われるべきではない。そこで接触の権利も同様の方法で確保，実現できることが条約で謳われている。そのために締約国の中央当局は，その確保を援助し，その行使の障害となる事柄を除去するための措置をとることになる（21条②）。中央当局は，接触の条件が尊重されるように配慮しながらその実現に向けて自らもしくは他の機関により，手続を開始するか，開始について援助をする（21条③）。面会が確保されるのであれば，子の他国での居住を許容できる親もいるであろうことを考えると本条の意義には大きなものがある。

(g) 返還等の手続に関する費用

中央当局は，この条約を適用するに当たって要する自己の費用を負担する（26条①）。また中央当局その他締約国の公の当局は，この条約に基づいて行われた申請に係るいかなる手数料も徴収してはならない。これらの当局は，特に手続の経費および費用ならびに弁護士その他法律に関する助言者が参加した場合には，当該参加により生ずる経費および費用の支払を申請者に要求することができない。ただし，これらの当局は，子の返還の実施のために要した費用または将来要する費用の支払については，要求することができる（26条②）。もっとも，この規定については，自国の法律が認める範囲内での援助を除いて，留保することができる（26条③）。実際，この規定を留保している国は多い。ただ，法律扶助については，締約国の国民および締約国に常居所を有する者は，この条約の適用に関係のある事項に関し，他の締約国において当該他の締約国の国民および常居所を有する者と同一の条件でこれを受けることができるとされ（25条），さらに，返還の手続にかかる費用については，その支払の保証や担保などを要求してはならないとして（22条），その支払や担保等の提供を待って手続を開始することによる手続の遅延を回避する規定を置いていることは注目に値する。

(h) そ の 他

本条約が適用されるのは，本条約が締約国について効力を生じた後に行われた不法な連れ去りまたは留置についてのみであり（35条），条約の発効以前の連れ去り等については，本条約の適用はない。

(3) 国際的な子の奪取の民事上の側面に関する条約の実施に関する法律

(a) ハーグ子奪取条約実施法の構成

ハーグ子奪取条約のいわゆる実施法の構成としては，第1章　総則（1条～2条），第2章　子の返還及び子との面会その他の交流に関する援助（3条～25条），第3章　子の返還に関する事件の手続等（26条～133条），第4章　子の返還の執行手続に関する民事執行法の特則（134条～143条），第5章　家事事件の手続に関する特則（144条～149条），第6章　過料の裁判の執行等（150条），第7章　雑則（151条～153条），附則からなる[311]。

(b) 実施法の目的，定義規定

実施法の目的は，不法な連れ去りまたは不法な留置がされた場合において，子（16歳未満）をその常居所を有していた国に返還すること等を定めた上記条約の的確な実施を確保するため，日本における中央当局を指定し，その権限等を定めるとともに，子をその常居所を有していた国に迅速に返還するために必要な裁判手続等を定め，もって子の利益に資することにあるとする（1条）。子の利益を中心に据え，中央当局を定め，返還のための手続を定めることにより，ハーグ子奪取条約の実施を確保するものである。

また，①条約締約国，②子，③連れ去り，④留置，⑤常居所地国，⑥不法な連れ去り，⑦不法な留置，⑧子の返還につきそれぞれ定義がなされている（2条）。

311）　実施法の概要については，一問一答・ハーグ条約関連法33頁，金子・前掲注302）3頁のほか，堂薗幹一郎「ハーグ条約実施法」時の法令1946号（2014）35頁，堂薗幹一郎＝西岡達史「国際的な子の奪取の民事上の側面に関する条約の実施に関する法律（いわゆるハーグ条約実施法）の概要」ひろば66巻9号（2013）54頁，国会における論議を含め，植木祐子「ハーグ条約を実施するための国内法の整備」立法と調査345号（2013）113頁参照。なお，EUレベルでハーグ条約の実効性に寄与するものとして，ブリュッセルⅡbis規則がある。

(c) 子の返還及び子との面会その他の交流に関する援助

(ア) 中 央 当 局

日本における中央当局は外務大臣とされている（3条）。

(イ) 子の返還に関する援助

これについては，奪取先が日本である外国返還援助と，奪取元が日本である日本国返還援助とがある。

前者は，条約の締約国に常居所を有し，その地の法令に基づき監護の権利を有する者は，当該連れ去りまたは留置によってこれが侵害されているとして，日本からの子の返還を実現するための援助を外務大臣に申請することができる場合を指す（4条1項）。申請書には一定の事項の記載が必要とされているが（同条2項），これらは条約8条②の必要的記載事項に該当する事項である。また，特に申請者に監護権が帰属することとそれが侵害されていることを証明する書類等の提出が義務付けられている（同条3項）。この申請は，日本以外の締約国の中央当局を通じて行うことができる（同条4項）。外務大臣は，外国返還援助の申請があった場合には，これを却下する事由（7条）のゆえにこれを却下する場合，および申請に係る子が日本以外の条約締約国に所在することが判明したため，申請書等を当該条約国の中央当局に送付する場合（8条）を除き，外国返還援助決定をし，申請者に遅滞なくその旨の通知をしなければならない（6条1項）。外国返還援助決定をした場合，外務大臣は合意による子の返還の促進に努めそのために必要な措置をとることができる（9条）。

後者の日本国返還援助については，日本以外の締約国への連れ去りをされ，または日本以外の締約国において留置されている子であって，常居所地国が日本であるものについて，日本の法令に基づき監護の権利を有する者は，先の連れ去り等により監護権の侵害を受けているとして，日本国返還援助の申請を外務大臣に対してすることができる（11条1項）。この申請があった場合，13条1項によりこれを却下する場合を除き，日本国返還援助の決定をし，申請者に遅滞なくその旨を通知しなければならない（12条1項）。この場合，外務大臣としては，申請に係る子の所在する締約国の中央当局に申請書および書類の写しを送付するか（14条1項），すでに日本以外の締約国の裁判所等で返還の手続が係属している締約国の中央当局から返還に係る子に関する情報の提供を求められた場合は，政令で定めるところにより国の行政機関等の長等に当該情報の提供を求め（15条1項），一定の要件に該当するときは，当該情報が外務大臣に提供される（15条2項）。外務大臣はこれを当該中央当局に提供することができる（15条3項）。

(ウ)　子との面会その他の交流に関する援助

これについても日本国面会交流援助と外国面会交流援助とに分けられる。前者は，日本国内に所在している子であって，面会その他の交流をすることができなくなる直前に常居所を有していた国または地域が条約締約国であるであるものについて，当該国または地域の法令に基づき面会その他の交流をすることができる者が，これを妨げられているとして，面会等を実現するための援助を日本の外務大臣に申請するものである（16条1項）。申請書類ならびに受理後の手続は，日本国返還援助を求める場合と同様である。後者は，日本以外の締約国に所在している子について，面会等の交流をすることができなくなる直前に常居所を有していた国または地域が条約締約国であるものについて，当該国または地域の法令に基づき面会等の交流をすることができる者は，これが妨げられているとして，面会等の実現に向けての援助を外務大臣に申請することができるとするものである（21条1項）。これに関する手続も，外国返還援助についてとほぼ同様である。

(d)　子の返還に関する事由

(ア)　子の返還事由

日本国への連れ去りまたは留置によって，子についての監護権を侵害された者は，子を監護している者を相手方として，常居所地国に子を返還することを命ずるよう家庭裁判所に申し立てることができる。中央当局に対する申請のほか，直接日本の家庭裁判所に返還の申立てができるとするものである（26条[312]）。相手方は，日本において子を監護している者であって，連れ去りまたは留置を

312)　司法当局や行政当局に対する直接の申請を認める，ハーグ子奪取条約29条を受けている。なお，孫崎馨「日本のハーグ条約への加入と中央当局の運用について」家庭の法と裁判2号（2015）8頁によれば，2014年度に受けた援助申請の件数は113件でそのうち援助決定は93件とのことである。また，村井壮太郎「国際的な子の奪取の民事上の側面に関する条約の実施に関する法律における子の返還申立事件等の手続と裁判所における運用について」同16頁によれば，同年の家庭裁判所への子の返還申立事件の新受件数は20件で認容は9件とのことである。

した者とは限らない。子の返還事由としては，①子が16歳に達していないこと，②子が日本国内に所在していること，③常居所地国の法令によれば，当該連れ去りまたは留置が申立人の有する子についての監護の権利を侵害するものであること，④当該連れ去りの時または当該留置の時に，常居所地国が条約締約国であったことであり，このすべての要件を満たす場合に返還が命じられる(27条)。

(イ)　子の返還拒否事由

裁判所は，以下の事由のいずれかがある場合には，返還を命じてはならない(28条)。①子の返還の申立てが当該連れ去りの時または当該留置の開始の時から1年を経過した後になされたものであり，かつ，子が新たな環境に適応していること，②申立人が当該連れ去りの時または当該留置の開始の時に子に対して現実に監護の権利を行使していなかったこと（当該連れ去りまたは留置がなければ申立人が子に対して現実に監護の権利を行使していたと認められる場合を除く），③申立人が当該連れ去りの前もしくは当該留置の開始の前にこれを同意し，または当該連れ去りの後もしくは当該留置の開始の後にこれを承諾したこと，④常居所地国に子を返還することによって，子の心身に害悪を及ぼすことその他子を耐え難い状況に置くこととなる重大な危険があること，⑤子の年齢および発達の程度に照らして子の意見を考慮することが適当である場合において，子が常居所地国に返還されることを拒んでいること，⑥常居所地国に子を返還することが日本国における人権および基本的自由の保護に関する基本原則により認められないものであることである（28条1項1号～6号）[313]。最も頻繁に主張されることが予想される，④の事由に関しては同条2項に定めがあり，⑦常居所地国において子が申立人から身体に関する暴力その他の心身に有害な影響を及ぼす言動（「暴力等」）を受けるおそれの有無，⑧相手方および子が常居所地国に入国した場合に相手方が申立人から子に心理的外傷を与えることとなる暴力等を受けるおそれの有無，⑨申立人または相手方が常居所地国において子を監護することが困難な事情の有無，その他一切の事情を考慮して認定される（同条2項1号～3号）。ハーグ子奪取条約よりも立ち入った規定をしているのは，返還拒否事由を明確にすることによって裁判規範の明確性や予測可能性を与え

313)　ハーグ子奪取条約13条ならびに20条に当たるものである。

るためである[314]。

ところで，ハーグ子奪取条約をめぐっては，奪取先において子を監護する者が申立人から暴力を受ける可能性があることが，子の返還拒否事由になるかが論じられていたが，それ自体が返還拒否事由となるものではなく，子の面前で相手方が暴力を受けることによって，子の心身に害悪を及ぼすかの判断に際して考慮されるべき事情として挙げられたことになる。⑨は親にアルコールや薬物依存がある場合や，子の常居所地国に親が戻ると当該親が逮捕・訴追されるなどの事情が想定されている[315]。なお，ハーグ子奪取条約においては，返還の手続の中で子の監護に関する本案の審理をすることを禁じているが（条約 19 条），すでに日本において，子の監護に関する裁判があったことまたは外国においてされた子の監護に関する裁判が日本で効力を有する可能性があることのみを理由として，子の返還の申立てを却下する裁判をしてはならないとして，条約の前記の趣旨を貫徹している（28 条 3 項）。もっとも，同項ただし書きにおいて，これらの子の監護に関する裁判の理由を子の返還の申立てについての裁判において考慮することを妨げないとする[316]。

---

314)　金子・前掲注 302）133 頁，堂園・前掲注 311）46 頁。一問一答・ハーグ条約関連法 141 頁以下も参照。

315)　一問一答・ハーグ条約関連法 158 頁，金子・前掲注 302）133 頁，堂園・前掲注 311）48 頁。これを回避して子の返還を速やかに行うために，他国の状況をみると，申立人による奪取元の国での告訴の取下げ等の約束（undertakings）を取り付けることが検討されているが，検察権との関係が問題であることから，その実効性には懸念がないわけではない。これをどのようにクリヤーするかは課題として残っている。植木・前掲注 311）121 頁も参照。

316)　ハーグ子奪取条約は，子の監護権等の本案にかかわるものではないことから，子の引渡しを実現する他の制度と併存するものである。そうすると例えば，子の引渡しを命じる外国判決を有する者が日本で子の引渡しの執行をしようとすると，執行判決の申立て（民執 24 条 1 項）が必要となるが，その際，民訴 118 条の要件の有無が審理される。ところがハーグ子奪取条約を使うことにより，この要件審理のリスクを回避して早期に子の引渡しを実現できることになりそうであるが，これには問題があるように思われる。この問題を解消するには，外国判決を有する者の申立てにかかる，ハーグ子奪取条約による子の返還事由の審理に際して，申立人が確定裁判を有するときは，民訴 118 条の要件の存否を重畳的に審理することが検討されてよいように思われる。

(e) 子の返還に関する事件の手続

(ア) 裁判所ならびに当事者の責務

裁判所ならびに当事者の責務として，裁判所は，子の返還に関する事件の手続が公正かつ迅速に行われるように努め，当事者は，信義に従い誠実に子の返還に関する事件の手続を追行しなければならないことが定められている（30条）。

(イ) 管　轄

子の返還申立事件の職分管轄は家庭裁判所にある。また土地管轄については，子の住所地を管轄原因として，東京家庭裁判所と大阪家庭裁判所を管轄裁判所とし（32条1項），日本国内に子の住所がない場合または住所が知れない場合であって，日本国内に子の居所がないときまたは居所が知れないときは，東京家庭裁判所の管轄とされている（32条2項）。子の返還事件に関する管轄の集中は他の国においてもみられるところであるが，中央当局との連携や事件の専門性，特殊件や処理の迅速性の要請に鑑みて人員の配置や手続のノウハウ，他の国の裁判所との連携の必要などからすると2庁に限定することは妥当と思われる。もっとも，居住地からは遠いところでの手続追行を強いられる相手方の便宜を考慮する必要がある。これについては，事案に応じて，相手方の負担軽減のためにテレビ会議システムや電話会議システム等の活用が考えられる[317)]。数人の子についての返還事件の申立てをする場合，1人の子について返還事件の管轄を有する裁判所に併合して申立てをすることができる（33条）。いずれかの裁判所であれば，第1審に限り，当事者は書面により管轄の合意ができる（36条）。また裁判所は，子の返還申立事件がその管轄に属しないと認めるときは，申立てによりまたは職権でこれを家庭裁判所に移送する（37条1項）。家庭裁判所間での職権による管轄裁判所以外の裁判所への移送（同条2項），東京，大阪の家庭裁判所における自庁処理（同条3項），管轄権を有する裁判所から他の家庭裁判所への職権による移送（同条4項）が定められている。

(ウ) 裁判所職員の除斥および忌避

裁判官，裁判所書記官の除斥および忌避，家庭裁判所調査官の除斥について規定されている（38条～42条）。

---

317) 一問一答・ハーグ条約関連法213頁，金子・前掲注302)134頁，堂園・前掲注311)51頁。

(エ)　当事者能力，手続行為能力

当事者能力，手続行為能力については基本的に民事訴訟法の原則に従う（43条1項）。もっとも，身分にかかわる手続においては，本人の能力をできる限り活かす見地から，財産関係の訴訟においては訴訟能力を否定される未成年者や成年被後見人も法定代理人の同意を要することなく，または法定代理人によらずに意思能力を有する限り手続行為をすることができるとしている。被保佐人または被補助人について，保佐人もしくは補助人の同意がない場合も同様である（同条2項）。

(オ)　代　　理

親権を行う者または後見人は，未成年者または成年被後見人を代理して手続行為をすることができる（44条）。また裁判長は，未成年者または成年被後見人について，法定代理人がいない場合または法定代理人が代理権を行うことができない場合において，子の返還申立事件の手続が遅滞することにより損害が生ずるおそれがあるときは，利害関係人の申立てによりまたは職権で，特別代理人を選任することができる（45条1項）。

(カ)　参加および手続代理人

当事者参加と子の参加の制度が設けられている。前者は，当事者となる資格のある者が，当事者として子の返還申立事件の手続に参加することができることと（47条1項），裁判所が相当と認めるときに，当事者の申立てまたは職権で他の当事者となる資格を有する者を当事者として手続に参加させるものである（同条2項）。後者は，子の返還申立事件において，返還を求められている子が自ら手続に参加することができること（48条）と，裁判所が相当と認めるときに，職権で，返還を求められている子を手続に参加させることができるとするものである（同条2項）。子の返還申立事件において重大な影響を受ける子には，自らの意見表明のために手続に参加する機会が与えられるべきである。これを保障するのが参加の制度である。もちろん子の年齢や成熟度などを加味しながら意見表明の方法を検討しなければならないが，場合によっては子自身による手続行為が困難であることも考えられる。そこで裁判長は，必要があると認められるときは，申立てにより，さらには職権でも，弁護士を手続代理人に選任することができることとした（51条1項2項）。

(キ) 手続費用および手続上の救助

手続費用については各自負担を原則とし，事情によって負担すべき者以外の当事者に負担させることができるものとした（55条1項2項）。子の返還申立事件の手続およびその準備にかかる費用を負担することが困難な者に対しては，裁判所は，不当な目的で子の返還の申立て等をしていることが明らかでない限り，申立てにより，手続上の救助の裁判をすることができる（59条1項）。

(f) 子の返還申立事件の審理

(ア) 手続の非公開

子の返還申立事件の手続は公開しない。ただし，裁判所は相当と認める者の傍聴を許すことができる。非訟事件手続法ならびに家事事件手続法と同様である。子の利益やプライバシーの保護の見地から非公開とするものである。

(イ) 記録の閲覧

当事者または利害関係を疎明した第三者は，裁判所の許可を得て，裁判所書記官に対し，記録の閲覧等または子の返還申立事件に関する事項の証明書の交付を請求することができる（62条1項）。このうち当事者から許可の申立てがあった場合には，これを許可しなければならない（同条3項）。さらに裁判所は，子の返還事件の記録中，外務大臣から提供を受けた相手方または子の住所または居所が記載ないしは記録された部分については，①住所等の表示部分の閲覧等またはその複製についての相手方の同意があるとき，②子の返還を命ずる終局決定が確定した後において，子の返還を命ずる終局決定に関する強制執行をするために必要があるときを除き閲覧等の許可をしないものとする（同条4項）。相手方や子の住所等については，相手方や子の安全の確保のために配慮を要することに基づく。もっとも，当事者による記録の閲覧等が，③返還を求められている子の利益を害するおそれ，④当事者もしくは第三者の私生活もしくは業務の平穏を害するおそれ，または⑤当事者もしくは第三者の私生活についての重大な秘密が明らかにされることにより，その者が社会生活を営むのに著しい支障を生じ，もしくはその者の名誉を著しく害するおそれがあると認められるとき，⑥事件の性質，審理の状況，記録の内容等に照らして当該当事者の申立てを許可することを不適当とする特別の事情があると認められるときは，例外的に当事者からの閲覧等の申立てを許可しないことができる。また，相手方や子の住所についての①②の例外がある場合についても同様に③～⑥までの理由により許可しないことができる（同条5項）。利害関係を疎明した第三者からの許可の申立てについて，裁判所は，相当と認めるときはこれを許可することができる，として裁判所の裁量に係らせている（同条6項）。

(ウ)　手続の受継

当事者が子の返還申立事件の手続を続行することができない場合には，法令により手続を続行する資格のある者が手続を受継する（65条1項）。申立人の死亡により手続を続行することができない場合には，当該子の返還申立事件において申立人となることができる者は，申立人が死亡した日から1か月以内に，手続を受継することができる（66条1項2項）。相手方の死亡によって手続を続行することができない場合には，裁判所は，申立てによりまたは職権で，相手方が死亡した日から3か月以内に限り，相手方の死亡後に子を監護している者に手続を受継させることができる（66条3項）。

(g)　第1審裁判所における子の返還申立事件の手続

(ア)　子の返還の申立て

子の返還の申立てに際しては，申立書に，①当事者および法定代理人，②申立ての趣旨，③子の返還申立事件の手続による旨を記載しなければならない。②には，返還を求める子および返還すべき条約締約国を特定して記載しなければならない（70条1項2項）。また，申立てがあった場合には，家庭裁判所は，申立てが不適法であるとき，または申立てに理由がないことが明らかなときを除き，申立書の写しを相手方に送付しなければならない（72条1項）。相手方への申立書の送付は，公示送達によることはできない（同条2項）。公示送達によることは相手方の手続保障にもとるし，相手方の所在の特定は中央当局に課せられることであるので，これを待って申立てを行うのが相当であるからである[318)]。

(イ)　事実の調査および証拠調べ

子の返還申立事件の審理は，職権探知主義によって行われる。そのために家

---

318)　金子・前掲注302）136頁，堂園・前掲注311）57頁，一問一答・ハーグ条約関連法206頁。

庭裁判所は，職権で事実を調査し，かつ申立てまたは職権により証拠調べをしなければならない（77条1項）。その際家庭裁判所は，家庭裁判所調査官に事実の調査をさせることができる（79条1項，技官の診断については81条）。家庭裁判所調査官，技官等の科学的調査機構を利用することにより子の意思の把握や心情等への配慮[319]，充実した手続に向けての環境整備が期待される。また，必要な調査を外務大臣に嘱託するほか，官庁，公署その他適当と認める者に嘱託し，または学校，保育所その他適当と認める者に対し子の心身の状態および生活の状況その他の事項に関して必要な報告を求めることができる（83条）。なお，家庭裁判所が事実の調査をしたときは，特に必要がないと認める場合を除き，その旨を当事者および手続に参加した子に通知しなければならない（84条）。子の返還手続において当事者や返還を求められる子への手続保障が与えられなければならない。そのために当事者の陳述聴取は必要的とされ，審問期日においてこれを行う場合には相手方に立会権が保障される（85条）。その反面，当事者は，返還を理由付ける資料，返還を拒否する事由に関する資料を提出するほか，事実の調査および証拠調べに協力する義務を負う（77条2項）。

(ウ) 子の意思の把握

子の返還申立事件において子の意思を把握することは重要である。そのため家庭裁判所は，陳述の聴取，家庭裁判所調査官による調査その他適切な方法により，子の意思の把握に努め，終局決定をするに当たり，子の年齢および発達の程度に応じてその意思を考慮しなければならない（88条）。

(エ) 審理の終結

子の返還申立事件において，当事者双方は，いつまでに何をしなければならないか，審理がどのように進行するのか等について見通しを立てることができなければならない。そのため，家庭裁判所は，申立てが不適法なとき，申立てに理由がないことが明らかなときを除き，相当の猶予期間を置いて審理を終結する日を定めなければならならず（89条），また審理を終結する場合には，裁判日を定めなければならない（90条）。

319） 金子・前掲注302）136頁，堂園・前掲注311）59頁，一問一答・ハーグ条約関連法219頁。

(オ)　裁　判

子の返還申立事件が終局裁判をするのに熟したときは，終局決定で裁判を行う（91条・92条1項）。終局決定は，当事者に告知することによって効力を生ずる。ただし確定しなければ効力は生じない（93条2項）。

(カ)　申立ての取下げ，和解による事件の終了

子の返還申立ては，終局決定が確定するまで，その全部または一部を取り下げることができる。ただし，終局決定後の取下げには，相手方の同意を要する（99条1項）。和解によって手続を終了させることもできる（100条1項）。その際，子の監護に関する事項，夫婦間の協力扶助に関する事項および婚姻費用の分担に関する事項を含めることができる（同条2項）。子を返還せず，現状を維持する和解も可能であることから，子との面会や婚姻費用等の事項について和解の内容とすることは，子の奪取をめぐる事件の平和的解決に資する。もっとも，和解は時間をかけずに話し合いを試みることを想定したものであり，時間的に余裕がある場合には，調停手続に付すことも考えられる[320)]。

(キ)　不服申立て

当事者は，終局決定に対して，その告知を受けた日から2週間の不変期間内に，高等裁判所に即時抗告をすることができる（101条1項・102条1項2項，抗告状の提出については原審提出主義である。103条1項）。子の返還を命ずる終局決定に対しては，当該子も即時抗告することができる（101条2項）。即時抗告があった場合，抗告裁判所は，即時抗告が不適法であるときまたは即時抗告に理由がないことが明らかなときを除き，原審における当事者および手続に参加した子（抗告人を除く）に対し，抗告状の写しを送付しなければならない（104条1項）。抗告審においては原則として原審における当事者の陳述を聴かなければならない（105条）。高等裁判所の終局決定に対しては，特別抗告または許可抗告をすることができる（108条・111条）。

(ク)　終局決定の変更と再審

子の返還を命ずる決定が確定した後，事情の変更が生じて当該決定を維持することが不当な結果になると認めた場合，終局決定をした裁判所は，当事者の

320)　金子・前掲注302）137頁，堂園・前掲注311）60頁，一問一答・ハーグ条約関連法232頁以下。

申立てにより，その決定を変更することができる。[321] ただし，子が常居所地に返還された後に変更することはできない（117条1項）。また，確定した終局決定に対しては，民事訴訟法の再審事由があるときは，再審の申立てをすることができる。

(h) 出国禁止命令

子の返還申立事件が係属する家庭裁判所は，当該事件の当事者が子を日本国外に出国させるおそれがあるときは，子の返還申立事件の一方の当事者の申立てにより，他方の当事者に対して子を出国させてはならない旨の裁判（出国禁止命令）をすることができる（122条1項）。その際，当該家庭裁判所は，当該申立てに係る事件の相手方が子の名義人となっている旅券を所持すると認めるときは，申立てにより，出国禁止命令の裁判において，当該子名義の旅券の外務大臣への提出を命じなければならない（旅券提出命令，122条2項）。この禁止命令等については，子の返還申立事件の相手方に対するものと，申立人による連れ帰りを禁止するものの両方が対象となる。[322]

(i) 執行手続（子の返還の強制執行）

確定した子の返還を命ずる終局決定に基づく，子の返還の強制執行の方法としては，第三者による子の返還の代替執行（民執171条1項）と間接強制（民執172条1項）とが規定されている（134条1項2項）。もっとも，強制執行が子に与える影響を考えると，現在子を監護している相手方が子を常居所地国へ連れ帰ることが望ましい。したがってまず間接強制を試みるべきと思われることから，実施法においては，間接強制が前置されている（136条）。代替執行の申立ては，債務者に代わって子の返還を行う者（返還実施者）となるべき者を特定して行う。代替執行の実施に当たっては，まず子を現在監護されている状態か

321） 一問一答・ハーグ条約関連法248頁，金子・前掲注302）137頁によれば，例えば，子の返還を命ずる裁判が確定した後に子が重病にかかり日本で治療を受けなければならない事態となった場合や，子の常居所地が内戦状態になり返還を命ずると生命・身体の安全が保障されないような事態が生じた場合を想定している。堂薗・前掲注311）62頁も参照。

322） 一問一答・ハーグ条約関連法251頁以下，金子・前掲注302）138頁，堂薗・前掲注311）63頁。

ら解放し（解放実施），その後返還実施者により子を常居所地国へと移動する（返還実施）という２段階がある。前者は執行官により行われる（138条[323]）。執行官の権限としては，債務者の説得のほか，①債務者の住居その他債務者の占有する場所に立ち入り，その場所において，閉鎖した戸を開くなどして子を捜索すること，②返還実施者と子を面会させ，または返還実施者と債務者を面会させること，③債務者の住居その他債務者の占有する場所に返還実施者を立ち入らせることが認められている（140条１項）。もっとも，執行官によるこれらの行為は，子が債務者とともにいる場合に限りすることができる（同時存在原則，同条３項[324]）。執行官は，債務者などによる抵抗を排除するために威力を用い，または警察の援助を求めることができるが，子に対しては威力を用いることはできず，子以外の者に対して威力を用いることが子の心身に有害な影響を及ぼすおそれがある場合においては，子以外の者に対しても威力を用いることはできない（同条４項５項）。返還実施者としては，申立人がまず考えられるが，これに限らず，子の心情に配慮して奪取先で同居していた祖父母などが適当な場合もあろう[325]。子の代替執行の申立てに際して，申立人が自分を返還実施者に指定していた場合であっても，実際の返還に際してこの者を指定することが，子の利益に照らして相当でない場合には，代替執行の申立てそのものが却下される（139条）。子の代替執行に関し，中央当局である外務大臣は立会いその他必要な協力をすることができる（142条[326]）。

(j)　付調停

家庭裁判所および高等裁判所は，当事者の同意を得て，いつでも，職権で，

323）　執行官による子の引渡しの執行については，園尾隆司監修，杉山初江『民事執行における「子の引き渡し」』（民事法研究会・2010）103頁以下に興味深い実態が報告されていて参考になる。

324）　一問一答・ハーグ条約関連法286頁，金子・前掲注302）140頁によれば，債務者が子を監護している場所で行うことを原則としているのは，債務者を説得し，子の監護に当面必要なものを携行するような形で行うことが子の利益に適うことによる。したがって相手方の知らない状況で通学途中の子を連れ出すことは許容されない。

325）　金子・前掲注302）139頁，堂園・前掲注311）69頁。

326）　ハーグ実施法における子の引渡執行・国内事件への影響ならびに子の最善の利益をはかる執行のあり方について，村上正子＝安西明子＝上原裕之＝内田義厚『手続からみた子の引渡し・面会交流』（弘文堂・2015）参照。

子の返還申立事件を家事調停に付することができる（144条）。この場合の家事調停としては，このための特別な家事調停を新たに設けるというのではなく，家事事件手続法の家事調停を想定したものである。そうすると迅速な処理ができるかが問われることになることから，当事者の同意を要するものとしたとされる[327)]。もっとも，事件の趣旨にあわせて調停期日の入れ方や調停委員の配置，使用言語等の工夫は当然必要になるものと思われる。また調停において提出された資料の返還手続における利用可能性も問題となる。後者が職権探知主義で行われる関係で，利用を禁じることは難しいと思われるが[328)]，その旨を当事者に十分説明をして，不意打ちを与えないよう手続の透明性と当事者の手続保障を確保するとの観点の下で調停が行われることが要請される。

(4) ハーグ子奪取条約の実施と国際家事事件の私的調停

子の返還ないしは接触の申請を受けた中央当局（外務大臣）は，できる限り，迅速かつ平和裡に常居所地への子の返還等が実現することに意を用いる。そのためには中央当局の仲介により，任意の返還ないしは友好的な解決が促進される方法が用意されている必要がある。当事者間で話し合いがつき，任意に子が返還されることが最も望ましいといえるからである。他国においては，そのための国際家事調停のスキームが存在し，かなりの成果を上げていることが報告されている。その中でもイギリスのリユナイト（Reunite）やドイツのMiKK（Mediation bei internationalen Kindschaftskonflikten）などの活動が報告されている[329)]。日本でもこれに倣って，東京と大阪で国際的家事事件の私的調停の機関が各地の弁護士会を中心に立ち上げられている[330)]。私的調停においては裁判管轄上の問題が生じず，その中身については当事者の合意に委ねられるメリットが存する。今後，その発展と充実が望まれる。

327） 一問一答・ハーグ条約関連法236頁，金子・前掲注302）140頁，堂薗・前掲注311）72頁。

328） 一問一答・ハーグ条約関連法236頁，金子・前掲注302）140頁。

329） さしあたり，髙橋直樹＝増成由佳「各国調停の位置付けと先例：イギリスにおけるリユナイトの取組み」法の支配165号（2012）154頁，小池美和＝永田ゆう子「各国調停の位置づけと先例：ドイツにおけるMiKKの活動と二国間調停モデル」同159頁参照。

330） 渡辺惺之＝長田真里「ハーグ子奪取条約の実施に伴う国際家事メディエーションの現状と課題」仲裁とADR11号（2016）12頁。

第Ⅱ編　人事訴訟手続

第7章　人事訴訟手続序論
——人事訴訟と人事訴訟法

1　人事訴訟の意義

人事訴訟とは，婚姻関係・親子関係等の基本的な身分関係の形成（発生・消滅・変更）または存否の確認を目的とする訴えに係る訴訟（人訴2条参照），すなわち身分法上の事件を処理する特別民事訴訟である（山木戸・人訴1頁）。そして，人事訴訟法は，広義には，この人事訴訟を規律する手続法の総体を意味するが，狭義には，人事訴訟事件の特質に照応する特殊な訴訟原理・原則を定める法の総体を意味し，また，形式的には，人事訴訟法の名称で制定されている法典を意味して用いられる。

夫婦や親子の基本的な身分関係の形成・確認は，公益に重大な関係があり，高度の真実発見の要請があることから，人事訴訟においては通常の民事訴訟（財産関係事件）において採られる処分権主義および弁論主義には一定の制限を加えることが必要とされる。また，通常の民事訴訟事件は，当事者間で個別的・相対的に解決されるのが原則であるが，人事訴訟においては，特定の身分関係を一般的・対世的に確定し，同一身分関係が種々の形で争われることがないようにして，その全面的な解決を図ることが要請される。このような点から，民事訴訟法とは別に人事訴訟法が制定されているのである。

もっとも，人事訴訟は特別民事訴訟手続であって，訴訟手続であることに変わりはないから，人事訴訟法に定められた特則がない限り，民事訴訟法が適用されることになる（人訴29条参照）。例えば，口頭弁論（対審）・判決は公開の法廷で行われるのが原則であることは，人事訴訟にも妥当するのである。

2　人事訴訟法の制定

従来の地方裁判所における人事訴訟手続は，人事訴訟手続法（明治31法13，以下，旧人訴）により規律されていたが，これは，明治23（1890）年の旧々民事訴訟法の特別法として，明治31（1898）年に制定され，民法の施行（明治31年7月16日）とともに施行されたものである。その後，民法や民事訴訟法の改正，家事審判法の制定など関連法令の変化に伴って数回の一部改正を経ているが[1)]，いずれも必要最小限のものであり，全面的な見直しがされたことはなかった。

しかし，平成13（2001）年6月12日に公表された『司法制度改革審議会意見書』において，民事司法制度改革の一つとして，家庭裁判所の機能の充実が取り上げられ，「離婚など家庭関係事件（人事訴訟等）を家庭裁判所へ移管し，離婚訴訟等への参与員制度の導入など体制を整備すべきである」との提言がなされ，また，それに関連して，「人事訴訟事件に適用される人事訴訟手続法につき，その口語・平仮名化を含め全面的に見直すべきである」との指摘がなされた（同意見書24頁以下）。この司法制度改革審議会意見を踏まえて人事訴訟手続法の全面的な見直しがなされ，これに代わる新しい人事訴訟法が，平成15（2003）年7月9日に成立し，同月16日に平成15年法律第109号として公布されたのである[2)]。

1)　一部改正は，大正15（1926）年の民事訴訟法の全面的改正，昭和17（1942）年の民法の一部改正（死後認知制度の導入），昭和22（1947）年の検察庁法の制定・民法改正と家事審判法の制定，昭和23（1948）年の裁判所法の一部改正（家庭裁判所の創設），昭和51（1976）年の民法等の一部改正，平成元（1989）年の民事保全法の制定，平成8（1996）年の新民事訴訟法の制定，平成11（1999）年の民法の一部改正（成年後見制度の導入）に伴ってなされている。旧人訴の制定過程およびその後の改正（昭和51年改正まで）の経緯については，岡垣・研究399頁以下，同『〈特別法コンメンタール〉人事訴訟手続法』（第一法規出版・1981）5頁以下，注解人訴9頁以下（平成元年改正を含む）〔吉村徳重〕など参照。

③ 人事訴訟法の特徴

人事訴訟法は，人事訴訟事件の家庭裁判所への移管を前提として（前述⇨序③(3)），人事訴訟に関する手続について，民事訴訟法（平成8法109）の特例等を定めるものである（人訴1条）。人事訴訟事件の家庭裁判所への移管とともに，人事訴訟への参与員制度の導入（人訴9条以下），離婚訴訟等における子の監護に関する処分などについての家庭裁判所調査官の調査の活用（人訴34条）などがなされ，人事訴訟手続についても，当事者尋問等の公開停止の要件・手続の明確化（人訴22条），離婚・離縁訴訟における訴訟上の和解等の許容（人訴37条・44条）など，全面的な見直しがされている。民事訴訟法の特例としては，裁判上の自白に関する規定の適用除外（人訴19条），職権探知主義の採用（人訴20条），確定判決の対世的効力（人訴24条）などがあるが，これらはおおむね旧人訴の規律を引き継ぐものである。

なお，家事事件手続法（平成23法52）の制定・施行に伴って，人事訴訟法の一部改正がされ，人訴法34条の2（家庭裁判所調査官の除斥）の新設，人訴法40条（金銭の寄託）の削除がされている（非訟事件手続法及び家事事件手続法の施行に伴う関係法律の整備等に関する法律141条）。

---

2) 立法の経緯については，小野瀬厚＝原司＝高原知明「人事訴訟法の概要(1)」NBL768号（2003）26頁以下，一問一答・人訴5頁以下など参照。

第8章　人事訴訟手続総論

1　訴訟の対象となる事件

(1)　人事訴訟の定義

人事訴訟手続法（以下，旧人訴法または旧人訴とも略す）では，婚姻事件については，婚姻の無効もしくは取消し，離婚またはその取消し（旧人訴1条）が，養子縁組事件については，養子縁組の無効もしくは取消し，離縁またはその取消し（旧人訴24条）が，親子関係事件については，子の否認，認知，認知の無効もしくは取消し，民法773条による父を定める訴え（旧人訴27条）がその対象として法定されていた。しかし，これ以外にも，協議上の離婚または離縁無効の訴え，ならびに夫婦関係，実親子関係および養親子関係その他の身分関係の存否などいわゆる準人事訴訟事件については，旧人訴法を類推適用して，人事訴訟の手続原則，例えば弁論主義の排除（職権探知主義の採用）や全面的解決主義，当事者適格，判決の対世効などを通用させるべきであるとの見解が，学説[1]，判例[2]において主張されていた。人事訴訟法は，これを受けて，人事訴訟の

1)　兼子・研究Ⅰ 364頁，山木戸・人訴4頁，西岡清一郎「最近の地方裁判所における離婚訴訟の実情と家庭裁判所への移管について」判タ1031号（2000）10頁。

2)　大判昭11・6・30民集15・1281。ただし事案はXがYとの間の親子関係，Zとの間の嫡孫関係の確認を求めたのに対して，判旨は前者は蛇足であって，訴訟物は後者のみで足りるとして，これを人事訴訟と扱ったものである。兼子一『判例民事訴訟法』（弘文堂・1967）65頁はこの結論を疑問とする。他に，最判昭43・10・31家月21・3・45。

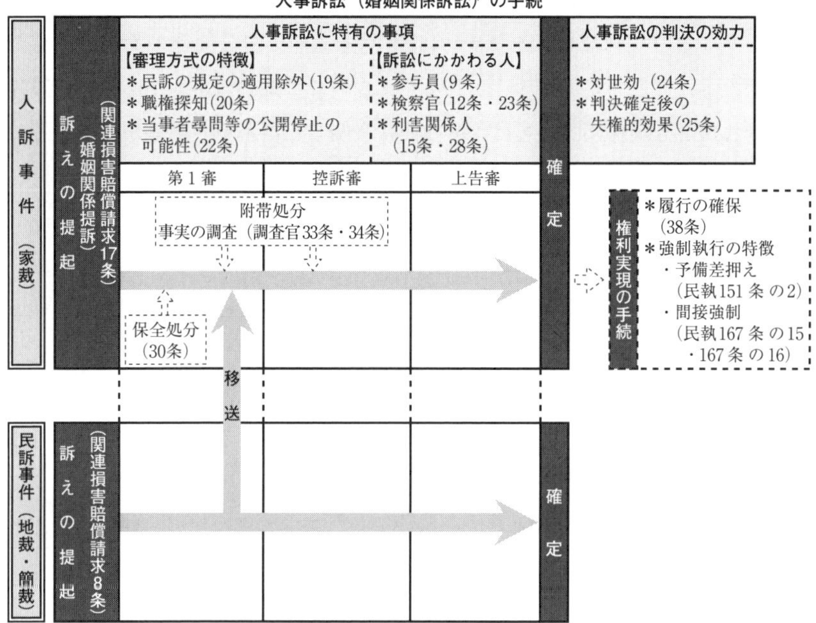

対象として，①婚姻関係については，婚姻の無効および取消しの訴え，離婚の訴え，協議上の離婚の無効および取消しの訴えならびに婚姻関係の存否の確認の訴え，②実親子関係については，嫡出子の否認の訴え，認知の訴え，認知の無効および取消しの訴え，民法773条の規定により父を定めることを目的とする訴えならびに実親子関係の存否の確認の訴え，③養親子関係については，養子縁組の無効および取消しの訴え，離縁の訴え，協議上の離縁の無効および取消しの訴えならびに養親子関係の存否の確認の訴えを掲げ，これらとその他の身分関係の形成または存否の確認を目的とする訴え（人事に関する訴え）を人事訴訟と定義している（人訴2条）。この身分関係には渉外身分関係も含まれる[3]。

3） 一問一答・人訴20頁，法務省民事局参事官室「人事訴訟手続法の見直し等に関する要項中間試案と解説」（以下，「試案解説」という）別冊NBL72号（2002）17頁参照。

(2)　人事訴訟の範囲

①から③までに掲げられた訴訟のほか,「その他の身分関係の形成又は存否の確認の訴え」として何が考えられるかについては議論の余地がある。二親等以上離れた身分関係については，その間に夫婦または親子の関係が介在することになるが，例えば叔父，甥の関係を確認する判決が確定すると，その前提となる親子関係も対世効の影響により確定されてしまうのではないか，それはその間に介在する身分関係の直接的関係者の手続保障を侵害するのではないか，むしろ個々の夫婦関係や親子関係の存否に還元できるものについては，これを飛び越える身分関係の確認を人事訴訟に含めることは適当ではないのではないかが問われる（一問一答・人訴23頁，ジュリ人訴23頁〔木内発言〕参照)。このような場合は，人事訴訟の対象からはずすのが妥当と考える。姻族関係の存否確認も問題となる。夫婦の一方が死亡した場合，生存配偶者が姻族関係を終了させる意思表示をすることによって，姻族関係は終了する（民728条2項)。この意思表示の効力が問題となった場合は，やはり人事訴訟の手続原則で審理し，判決には対世効を及ぼさせるのが妥当である。したがってこれについては，人事訴訟の範囲に含まれると解すべきである（一問一答・人訴22頁参照)。東京高判平15・6・26（高民56・2・46，裁判例集Ⅱ-46）は，Yを親権者と定めてX・Yを離婚するとの協議離婚の届出がなされたところ，Xは子の親権者をYと定める協議をしたことはないとしてYを相手に同協議が無効である旨の確認の訴えを提起した事案について，子の親権者指定協議無効確認の訴えを適法とした上，これを解釈上人事訴訟として手続や効果を規律するのが相当であるとした。なお第三者の提起する婚姻関係，親子関係の存否確認がすべて人事訴訟法の審理原則に服すべきかについては議論の余地がある。確認されるべき関係と一定の身分関係にある第三者が提起する存否確認訴訟は，人事訴訟に当たると考えるべきであるが，それ以外の第三者の提起する訴訟については，訴えの利益がある限り訴えは適法であるとしても，人事訴訟の手続原則に基づくべきかは疑問である（兼子・研究Ⅰ366頁参照)。人事訴訟法の適用範囲については，具体的な事案ごとに決めざるを得ないが，その際，対世効を含めた審理原則の適用の有無，その間に介在する身分関係者の手続保障の必要性等を勘案して解釈すべきことになる。

2 管轄裁判所（家庭裁判所の土地管轄）

(1) 現行法とその沿革

人事訴訟に関する訴えは，婚姻関係，実親子関係ならびに養親子関係に共通して，当該訴えに係る身分関係の当事者が普通裁判籍を有する地またはその死亡の時にこれを有した地を管轄する家庭裁判所の管轄に専属する（人訴4条1項）。婚姻関係や親子関係は，社会における基本的な法律関係であり，かつ次世代を担う子を養育する責務を負っている関係で公益的色彩を持つ。そこでこのような基本的身分関係に関する訴えを管轄する裁判所については，職権探知主義の審理原則の下，専属管轄とすることが適切であると考えられる。このような人事訴訟を公益の見地から専属管轄とする立場は，明治23年10月8日法律104号として制定された，婚姻事件養子縁組事件及ヒ禁治産事件ニ関スル訴訟規則（同規則1条。以下「婚姻事件等規則」という）とそれを引き継いで明治31年6月15日法律13号として制定された人事訴訟手続法（旧人訴法）ですでに採用されているが（旧人訴1条），もともとはその旧人訴法が模範とした，1877年のドイツ民事訴訟法の婚姻関係訴訟の規整（CPO568条1項，旧ZPO606条，現FamFG122条）に由来するものである（岡垣・人訴46頁参照。なお，旧ZPO606条については，長谷部由起子「離婚事件の管轄」家月57巻3号（2005）21頁以下参照）。

旧人訴法1条の管轄規定については，変遷があり，昭和22年と昭和51年に改正がなされていた。当初は夫が普通裁判籍を有する地の地方裁判所とされていた土地管轄は，家事審判法の制定と同時に行われた昭和22年の改正により，夫婦が夫の氏を称するときは夫の，妻の氏を称するときは妻の普通裁判籍のある地の地方裁判所となった。憲法14条，24条の趣旨に合わせるためである。さらに，昭和51年改正により，①「夫婦ガ共通ノ住所ヲ有スルトキハ其住所地」，②「夫婦ガ最後ノ共通ノ住所ヲ有シタル地ノ地方裁判所ノ管轄区域内ニ夫又ハ妻ガ住所ヲ有スルトキハ其住所地」，③「其管轄区域内ニ夫婦ガ住所ヲ有セザルトキ及ビ夫婦ガ共通ノ住所ヲ有シタルコトナキトキハ夫又ハ妻ガ普通裁判籍ヲ有スル地又ハ其死亡ノ時ニ之ヲ有シタル地」の地方裁判所の管轄に専属すると定められた（旧人訴1条1項）。このような管轄規定の改正は，人事訴訟の土地管轄を婚姻生活の根拠地を基準にして決め，もって職権探知を十全ならしめ，裁判の適正を確保する趣旨に出たものである（岡垣・人訴 53 頁参照)。なお養子縁組事件の管轄としては，「養親カ普通裁判籍ヲ有スル地又ハ其死亡ノ時ニ之ヲ有シタル地ノ地方裁判所」に管轄が専属し（旧人訴 24 条)，親子関係事件では，「子カ普通裁判籍ヲ有スル地又ハ其死亡ノ時ニ之ヲ有シタル地」の地方裁判所の専属管轄となっていた（旧人訴 27 条)。前者は，前述の婚姻事件等規則以来の管轄規定を維持したものであり，後者は，旧人訴法制定に際してとられた立場であった（旧人訴法下の管轄規整については，浦野雄幸「民法等の一部を改正する法律の解説(2)」曹時 28 巻 11 号（1976）9 頁以下，長谷部・前掲 9 頁以下参照)。

平成 15（2003）年の人訴法の制定では，婚姻事件について，昭和 51 年改正によって定められた管轄のうち，第 3 順位の管轄のみが管轄規定として残ったことになる[4]。これは旧人訴法の管轄規定と較べると当事者の訴え提起ないしは出頭の便宜に重点を移したことになる。しかしこれによって職権探知と関連する証拠との近接性による訴訟の迅速，適正という観点が放棄されたわけではない。旧人訴法との関係でいえば，改正の趣旨は，専属管轄の設定に際しての考慮要素の重点を移動したに過ぎない[5]。これと同時に養子縁組，親子関係事件についても実親子関係，養親子関係ともに身分関係の当事者である親または子の各自が普通裁判籍を有する地またはその死亡の時に有した地の家庭裁判所の管轄に専属するとされた。旧人訴法では子の住所地にある地方裁判所に管轄が専属していたが，職権探知という面では，いずれが証拠との近接性があるともいえず，第三者が提起する親子関係に関する訴訟で，子がすでに死亡していて，親がその地に居住していない場合には，子死亡時の住所地を管轄原因とするこ

---

4)　立法過程では，おもに旧人訴法 1 条 1 項の第 2 順位を，DV 被害者保護との関係で，削除すべきかどうかが議論の対象となった。DV の被害を避けるために住所を隠している配偶者（主として妻）のみが第 2 順位の地に住所を有している場合，その住所が他方に知られてしまうのではないかが懸念されるからである。結局，先に決まっていた親子関係に関する訴訟の管轄と異なる取扱いをする合理性に欠けるとされ，いずれも当事者の普通裁判籍の競合的専属管轄とされた。一問一答・人訴 29 頁，ジュリ人訴 26 頁〔高田発言〕，長谷部・前掲 14 頁参照。

5)　ただし，管轄を競合的なものにしたために，移送の申立てがなされ，訴訟の入り口のところで争いが生じることが危惧される。第 2 順位を維持すべきであるとの見解はこれを根拠としていた。試案解説 39 頁参照。

とに合理性はない等が，平成15年人訴法で，競合的管轄に踏み切った理由である（ジュリ人訴33頁〔小野瀬発言〕参照）。結局，人事訴訟の管轄は，当該訴えにかかる身分関係の当事者が普通裁判籍を有する地またはその死亡の時にこれを有した地を管轄する家庭裁判所の専属管轄となったわけである。なお，職権探知との関係で必要な調整は，遅滞を避けるための移送（人訴7条）で行うということになるが，この規定をどの程度適用するのかは，平成15年人訴法の基本的姿勢にかかわる問題である。これは当事者の利用上の便宜と裁判所の審理の適正，迅速とが衝突する場合に，後者を優先するために，どの程度職権によって移送することがあるかの問題である。専属管轄を維持しながら規定を改正した趣旨は，考慮要素の重点の移動と解するのが私見であるが，結局は，事案に即して判断すべき解釈問題といわざるを得ない。なお，婚姻関係訴訟については，当事者間に成年に達しない子があるときは，本条の適用に当たって，その子の住所または居所を考慮しなければならないとされている（人訴31条）。これは，附帯処分の裁判をするに当たって子どもが15歳以上の時は，子の陳述の機会を保障することや（人訴32条4項），それ以外の場合でも家裁調査官の調査が必要である等，平成15年人訴法では子の福祉が重視されたことによる。これも人事訴訟法の基本姿勢の一つといえる[6)]。なお，本条による管轄は専属管轄であるから，この規定に違反した場合には，絶対的上告理由になる（民訴312条2項3号）。しかし再審事由ではない（民訴338条1項参照）。

上記の一般原則により管轄裁判所が定まらないときのいわゆる指定管轄については，最高裁判所規則で定める地を管轄する家庭裁判所とされ（人訴4条2項），その地は，東京都千代田区とされている（人訴規2条）。

---

6) 比較法的には，未成年の子どものいる配偶者の常居所地を婚姻訴訟の専属管轄の決定要素としているところがある。旧ZPO606条1項2文は，第2順位としてこのような地の管轄裁判所が専属管轄を持つとしていた（なお，現FamFG122条では，すべての未成年子を監護する配偶者の常居所地の裁判所が第1順位の管轄裁判所とされている）。日本でこのような管轄規定にならなかったのは，これが未成年の子の奪取につながるおそれがあることや，子が第三者に引き取られていて，夫婦の住所地と離れている場合などを顧慮した結果とされている。ジュリ人訴30頁〔小野瀬発言〕，長谷部・前掲18頁参照。

(2) 自庁処理

人事訴訟法の制定後も，調停前置主義は維持されている（家審18条1項，家事257条）。そこで家事調停が不成立となった場合，同一家庭裁判所に人事訴訟を提起できるのが，通常，当事者にとって便利である。国民に利用しやすい裁判所という観点からすると，家事調停と，同一家庭裁判所での訴訟が望ましい。

家事調停事件の管轄は，相手方の住所地の家庭裁判所または当事者が合意で定める家庭裁判所にある（家事244条1項）。相手方の住所地（ないしは申立人の住所地）にある家庭裁判所で家事調停が行われた場合には，管轄の原則からして，当該家庭裁判所が人事訴訟についても管轄を有する（人訴4条1項）。これに対して合意により第三の地にある家庭裁判所で家事調停が行われた場合や当事者が転居により調停地と異なる地に住所を有するに至った場合等には，調停と訴訟とで管轄裁判所が異なることになる。このことが裁判所を利用する当事者にとって不便を感じさせることがある。この場合，訴えを提起された当事者の住所地にある家庭裁判所は，移送で対応したいところであるが，専属管轄との関係で，管轄を有しない裁判所への移送は認められていない。

そこでこのような場合の当事者の便宜，さらには審理の適正や迅速に資すると考えられる一定の場合に自庁処理の決定をすることができるとした。すなわち家庭裁判所は，人事訴訟の全部または一部がその管轄に属しない場合でも，調停事件がその家庭裁判所に係属していた場合，調停の経過，当事者の意見その他の事情を考慮して特に必要があると認めるときは（要件の詳細については，野田＝安倍78頁〔都築〕参照），民事訴訟法16条1項の規定にかかわらず，申立てによりまたは職権で当該人事訴訟の全部または一部について自ら審理および裁判をすることができる（人訴6条，人訴規3条・4条）。自庁処理の裁判（決定）があると，調停事件が係属した家庭裁判所に人事訴訟に関する管轄が属することになる。この裁判に対しては，不服申立てをすることができない（自庁処理の申立てを却下する決定に対しては通常抗告が可能である。民訴328条1項。一問一答・人訴33頁参照）。これに対して，自庁処理を認めず移送の決定がなされた場合は，即時抗告をすることができる（民訴21条）。自庁処理を認める要件をどの程度厳格に解するかは，裁判所の運用をみなければならないが，管轄規定が当事者の訴訟追行の便宜に重点を移したことに鑑みると，あまり厳格に解すべきではない。ただし，婚姻関係訴訟においては，自庁処理に当たって，当事者間に成年に達しない子があるときは，子の住所または居所を考慮しなければならないとされている（人訴31条）。子の福祉の見地に基づく規定である。

(3) 併合請求における管轄

数個の身分関係について数人から，または数人に対して提起される人事訴訟を，一つの裁判所で審理，裁判することが必要と考えられる場合がある。旧人訴法1条1項ただし書，24条ただし書は，養子縁組事件に附帯する婚姻事件（婚姻取消し，離婚，離婚の取消し）ないしは婚姻事件に附帯する養子縁組事件（縁組取消し，離縁，離縁の取消し）について，附帯請求自体の管轄に関する縛りをはずして，主たる請求を管轄する裁判所での併合審理を可能としていた。これらの規定はもともと，戦後改正前の民法が婿養子縁組を認めていた関係で，婚姻の解消が養子縁組の事件に影響を与えることから両請求の併合が求められたことによるものであった。この制度が昭和22（1947）年の民法改正により廃止されて以後は，そのような規定の意味も失われたと思われるのであるが，規定そのものは削除されずに残ったのである。そこでこの規定は，婚姻事件と密接な関係があって，その審理の錯綜遅延を来すおそれがなく，あるいは迅速・適切な審理の結果，婚姻と縁組に関する紛争を一挙に解決するのが適当と思われる養子縁組事件のみ附帯請求が許されると解すべきと主張され，具体例として養子が養方の家女と婚姻している場合に養子による悪意の遺棄や3年以上生死が不明である等共通の離婚，離縁事由があるとき（民770条1項2号3号・814条1項1号2号），婚姻，縁組とも継続し難い重大な事由があるとき（民770条1項5号・814条1項3号）などが挙げられていた（注解人訴307頁参照）。これらは，いずれも「訴訟の目的である権利又は義務が数人について共通であるとき」あるいは「同一の事実上及び法律上の原因に基づくとき」といえ，民事訴訟法38条前段に当たる場合に併合による管轄を認めると一般的にいうことができることから，現行法5条のように要件化された。どのような場合に管轄を認めるかについては，上記要件の解釈によることはいうまでもないが，上記要件を厳格に解して，別個の身分関係に関する紛争を同一裁判所で審理することを排除することが本条の趣旨であると解すべきではない。旧人訴法と較べると，本条によって適用場面が拡大されたが，関連身分関係に関する紛争を一挙に解決することが適当かを考慮して本条を適用すべきであるとの基本的解釈態度は，旧人訴法と異なるものではない。

(4) 遅滞を避けるための移送

前述のように，人事訴訟の管轄は，競合的専属管轄となっている。身分関係の当事者たる原告としては，自己の住所地で訴えを提起することができる。しかし婚姻時の共通住所地に相手方が居住している場合においては，尋問を受けるべき証人がむしろ相手方の住所地にいることが考えられる。人事訴訟の審理が職権探知主義によることに鑑みても，この場合，相手方の住所地で審理をすることが迅速・適切な裁判につながる可能性がある。そこで人事訴訟法７条は，遅滞を避ける等のための移送を規定して，この間の調整を行っている[7]。すなわち，「人事訴訟がその管轄に属する場合においても，当事者及び尋問を受けるべき証人の住所その他の事情を考慮して，訴訟の著しい遅滞を避け，又は当事者間の衡平を図るため必要があると認めるときは，申立てにより又は職権で，当該人事訴訟の全部又は一部を他の管轄裁判所に移送することができる」（民訴17条も参照）。競合的専属管轄で移送が可能ということになると，訴訟の入り口で管轄をめぐる争いが生じ，そのこと自体が訴訟の遅延につながることが懸念される。どのように移送が運用されるのかに係ってくる問題であるが，まずは，原告の利便性を尊重して管轄を認め，相手方との衡平，証人の所在地等の状況をみながら，迅速適正な裁判を行うための最適地を裁判所が選択するということになる（婚姻関係訴訟については，人訴31条参照）。

(5) 人事訴訟に関連する損害賠償に関する訴訟の職分管轄と移送

旧人訴法と同様，現行人事訴訟法17条１項は，人事訴訟に係る請求と当該請求の原因である事実によって生じた損害の賠償に関する請求とは，同種の訴訟手続による場合にのみ請求の併合を認める民事訴訟法の原則（民訴136条）の特例として，一つの訴えで提起することを認め，その職分管轄を家庭裁判所に置いている（原始的併合）。この種の損害賠償請求は，人事訴訟の請求原因事

7)　遅滞をさけるための移送は，旧人訴法において，昭和51年の改正が第三順位で競合管轄を認めたことから必要とされ，平成15年制定の人事訴訟法においても引き継がれたものである。一問一答・人訴35頁参照。

実と共通の事実に基づくことから，主張証明の対象を同じくすることが考えられ，審理に際して緊密な関係を有し，錯綜遅延を来すおそれがないことがその根拠となっている[8)]。この損害賠償請求の訴えはすでに人事訴訟が係属する家庭裁判所にも提起することができる（人訴17条2項）。この場合，家庭裁判所は，両事件の併合を命じなければならない（人訴17条3項・8条2項。追加的併合[9)]）。この種の損害賠償請求は，人事訴訟の当事者間の請求（請求の客観的併合）にとどまらず，第三者に対する請求（請求の主観的併合）を含むことを前提としている（最判昭33・1・23家月10・1・11（裁判例集Ⅱ-15）などで解釈論として肯定してきたところを立法化したものである）。なお「口頭弁論の併合を命じなければならない」（人訴8条2項）との表現は，「弁論及び裁判は，併合してしなければならない」（民訴41条3項）とは異なり，損害賠償請求の併合により，人事訴訟が著しく遅延することを防ぐ必要があるなどに鑑みて，後に裁判所の判断で口頭弁論を分離することを許容することを示すものである（一問一答・人訴38頁参照[10)]）。なお弁論分離後も一旦家裁に係属した損害賠償請求の管轄が失われることはない（民訴15条）。

このように人事訴訟に係る請求と請求原因を共通にする損害賠償請求については，地裁（簡裁）の職分管轄と家裁の職分管轄とが競合する。そこで損害賠償請求の訴えが地裁（簡裁）に提起された場合，この訴訟が係属する裁判所は，相当と認めるときは，申立てにより，関連人事訴訟が係属している家庭裁判所に，当該訴訟を移送することができる（人訴8条1項）。「相当と認めるとき」を要件としたのは，関連訴訟を一挙に解決する当事者の利益と相手方の管轄の利益ならびに併合による審理の錯綜遅延等を考慮する必要があるからである。移送を受けた家庭裁判所は，両訴訟の口頭弁論の併合を命じなければならない（人訴8条2項。移送による併合）。併合審理がなされなければ移送の意味が失われることに基づく。本条は，損害賠償請求訴訟について，家庭裁判所にも職分

---

8) もちろん被告からの反訴の提起としても適法である。また損害賠償請求権の不存在確認訴訟も含むものである。「損害賠償に関する請求」の用語はこの両者を含むことを前提としたものである。一問一答・人訴36頁参照。

9) 併合命令の規定は，当事者間における請求については，人訴18条により訴えの追加的変更ができることに鑑みて，おもに第三者に対する損害賠償請求を念頭に置いている。試案解説22頁参照。

10) 松本・人訴204頁注85は，条文の文言の使い分けによる区別に疑念を呈している。

管轄を肯定し，これが競合することを認めていることから，地裁・家裁間の移送が適法であることを前提にしている。なお両訴訟の審級が異なる場合には移送は認められない。審級の利益を害することになるからである（野田＝安倍63頁〔岡部〕）。

(6) 国際裁判管轄

(a) 離婚事件

離婚事件の国際裁判管轄に関しては，最大判昭39・3・25（民集18・3・486，裁判例集Ⅱ-1）が一定のルールを示していた[11]。事案は，大正6年に日本で出生した日本国民であるXが，昭和15年，上海市において朝鮮人であるYと婚姻して朝鮮国籍を取得し，朝鮮に帰国した後，Yの家族と同居したが，慣習や環境の違いからこれに堪えられず，Yの離婚の承諾の下，日本に単独で引き揚げてきたところ，Yからの音信が不通のまま15年経過した後，Xの住所地において，Yを被告として，離婚の訴えを提起したものである。

判旨は，離婚に関する日本の国際裁判管轄権について，被告の住所が日本にあることを原則とすべきであるとしながら，他方，原告が遺棄された場合，被告が行方不明である場合，その他これに準ずる場合においては，被告の住所地原則を貫くと，日本の法律によっても離婚の請求権を有すべき者の身分関係に十分な保護を与えないことになり，国際私法生活における正義公平にもとるとして，これらの場合には例外として原告の住所地である日本の国際裁判管轄権を認めた（なお，最判昭39・4・9家月16・8・78（裁判例集Ⅱ-2）はこのルールに基づいて日本の管轄権を否定した)。しかしながら，その後の下級審判例をみると，むしろ例外的なルールとされたものを適用するものが多く，最高裁の基準の適切性が疑われることもあって，この大法廷判決のルールについては，学説上批判も強かった。特に例外的に日本の国際裁判管轄を正当化する要素としての

---

11)　池原季雄「国際私法に於ける裁判管轄権と当事者の国籍(1)(2・完)」国際法外交雑誌48巻4号（1949）57頁，同6号（1949）72頁，同「離婚に関する国際私法の二，三の問題」家月4巻12号（1952）1頁が夙にこの趣旨の見解を提示していた。なお，講座実務家審Ⅴ12頁は，昭和39年ルールを支持する立場から，国籍を基準とすることや応訴管轄を認めることに消極的見解を主張する。議論の一般的な状況については，澤木敬郎＝青山善充編『国際民事訴訟法の理論』（有斐閣・1987）70頁〔高橋宏志〕参照。

「遺棄」は，有責主義的意味合いを持つ用語であって，これを国際裁判管轄の決定要素にすることに疑問が呈されていた。[12)]

その後の判例としては，財産事件の国際裁判管轄に関するリーディングケースとなった，最判昭56・10・16（民集35・7・1224）が，「裁判権の及ぶ範囲は原則として主権の及ぶ範囲と同一であるから，被告が外国に本店を有する外国法人である場合はその法人が進んで服する場合のほか日本の裁判権は及ばないのが原則である」としつつも，例外として「被告がわが国となんらかの法的関連を有する事件については……わが国の裁判権に服させるのを相当とする場合」があるが，その範囲については「国際裁判管轄を直接規定する法規もなく，また，よるべき条約も一般に承認された明確な国際法上の原則もいまだ確立していない現状の下においては，当事者間の公平，裁判の適正・迅速を期するという理念により条理にしたがつて決定するのが相当」として，いわゆる逆推知説的な見解をとった（マレーシア航空事件）。これを受けてか，最判平8・6・24（民集50・7・1451，裁判例集Ⅱ-3）は，昭和39年大法廷判決の原則を踏襲しながらも，「被告が我が国に住所を有しない場合であっても，原告の住所その他の要素から離婚請求と我が国との関連性が認められ，我が国の管轄を肯定すべき場合があることは，否定し得ないところであり，どのような場合に我が国の管轄を肯定すべきかについては，国際裁判管轄に関する法律の定めがなく，国際的慣習法の成熟も十分とは言い難いため，当事者間の公平や裁判の適正・迅速の理念により条理に従って決定するのが相当である」として，本件における日本の国際裁判管轄を認めた。事案は，日本人男XがドイツΥ人女Yに対して離婚の訴えを提起したものであるが，Yはすでにドイツにおいて離婚判決を取得していたところ，これが公示送達によるものであったため，現民訴118条2号の要件を欠くもので，その効力が認められず，他方でXのドイツにおける再訴も不適法となるというものであった。[13)]

これに対して，学説は，昭和39年大法廷判決の判示のうち主として例外に当たる場合に関して，判旨に代わるルールを探る作業を行い，一定の成果を得ていたところであった。[14)] しかもその中で比較的有力な見解は，旧人事訴訟手続

12）石黒一憲「渉外訴訟における訴え提起」新堂幸司編集代表・新堂幸司＝谷口安平編『講座 民事訴訟②』（弘文堂・1984）40頁。

法1条1項を基本としていた。もっともこのうち第三順位については，これだけを独立して国際裁判管轄の決定要素とするには適さないとする見解が主張されていたところ[15]，人事訴訟法制定に際しては，第三順位の規定をもって国内裁判管轄の決定基準とするに至ったため，逆推知説ならびにこれに特段の事情を加味する修正逆推知説は，国際裁判管轄の決定要素として適切ではなくなった。

結局，離婚訴訟の国際裁判管轄に関しては，昭和39年大法廷判決の原則を引き継いだ上，その例外について示した平成8年判決のルールが依然として実務では通用していた[16]。もっとも条理で規律する場合，これが恣意に流れることを防ぐために類型化の作業は当然必要となる。学説がその作業を担ってきたわけであるが，人事訴訟法4条1項，31条の国内裁判管轄規定を逆推知することは難しいことから[17]，これとは別に，逆推知の背後にあった基本的な判断要素

13）そこでこれをいわゆる緊急管轄として認めたものと評価することもできる。緊急管轄は，外国で裁判を受けることのできない特殊な事情がある場合に司法拒絶を避けるため内国の管轄を認めるものである。本間靖規＝中野俊一郎＝酒井一『国際民事手続法〔第2版〕』（有斐閣・2012）81頁，45頁参照。なお，当事者の国籍を管轄原因とする見解（本国管轄肯定説）も有力に主張されているが，これが夫婦の一方の本国に管轄を認めるというものと理解する場合，平成8年の最高裁判決の事件では，日本の国際裁判管轄が認められることになる。もっとも判例はこれに依拠していないように思われる。これについては，本間＝中野＝酒井・前掲80頁参照。

14）日本の国際的裁判管轄を判断する際に，事案の内国関連性を重要なファクターとし，これが十分でない場合に，原告の日本社会への定着性の強さをメルクマールとする見解（石黒・前掲注12）41頁），「一般的住所」「特殊的住所」という「住所」概念の操作によって，国際裁判管轄を決するとの見解（矢澤昇治「渉外離婚訴訟における国際裁判管轄について(1)(2・完)」熊本法学43号（1985）1頁以下，44号（1985）1頁以下），改正前の人事訴訟手続法1条1項の国内管轄の規定を基本としつつ，条約その他のルールも参考にして管轄権ルールを作り，それ以外の事情を「特段の事情」として配慮する見解（道垣内正人「離婚事件の国際的裁判管轄権」ひろば39巻11号（1986）13頁以下，西島太一「身分関係事件の国際裁判管轄権総論」阪大法学46巻6号（1997）98頁），人事訴訟手続法1条1項を類推して婚姻生活地である夫婦の共通住所地を基本にしつつ，同条1条ノ2の趣旨を活かして，フォーラム・ノン・コンヴェニエンス法理に類似した取扱いから，日本の国際的裁判管轄権の行使を差し控える見解（多喜寛「国際私法三題」法学51巻3号（1987）420頁），人事訴訟手続法1条1項の第一順位から第三順位までを含め，国際裁判管轄の規定として機能するとする見解（山田恒久「離婚の国際裁判管轄」獨協法学54号（2001）60頁，貝瀬幸雄「離婚事件の国際裁判管轄小考」名古屋大学法政論集140号（1992）1頁も人事訴訟手続法1条を国際裁判管轄に適応する形で用いる）などが主張されていた。

15）貝瀬・前掲注14）23頁参照。

16）ジュリ人訴35頁〔小野瀬発言〕参照。

や国籍などを前面に出して議論することが必要となっており，その明確化のため，立法による解決が望まれていたところであった。

このような状況の中，平成23（2011）年の民事訴訟法の改正により，3条の2以下に財産関係事件に関する国際裁判管轄を定める規定が整備され，さらに平成25（2013）年には家事事件手続法が施行されてその環境が整った。

そして現在，人事事件および家事事件の国際裁判管轄に関して法が整備されようとしている[18]。これによれば，離婚に関する訴え（離婚関係事件）につき，日本の裁判所が管轄権を有する場合として，当該身分関係者間の訴訟では，被告の住所地（住所がない場合や住所が知れない場合には居所）が日本国内にあるときとされている（人訴案3条の2第1号）。次に，身分関係の当事者の双方が日本の国籍を有するとき（同5号）は，原告や被告の住所地を問わずに日本の裁判所が管轄権を有することになる。さらに，日本国内に住所がある身分関係の当事者の一方からの訴えであって，当該身分関係の当事者が最後の共通の住所を日本国内に有していたとき（同6号），すなわち原告が日本に住所を有することを前提に最後の婚姻住所地が日本にあれば，日本の裁判所に管轄権が認められる。なお，前述の昭和39年大法廷判決の遺棄や行方不明の場合や平成8年判決の提起した，外国の離婚判決が日本で承認されない場合で原告の住所が日本にあるときの管轄権については，日本国内に住所がある身分関係の当事者の一方からの訴えであって，他の一方が行方不明であるとき，他の一方の住所がある国においてされた当該訴えに係る身分関係と同一の身分関係についての訴えに係る確定した判決が日本国で効力を有しないとき，その他日本の裁判所が審理および裁判をすることが当事者間の衡平を図り，または適正かつ迅速な審

17）31条は，成年に達しない子がいる場合には，子の住所ないしは居所が管轄の決定要素になる旨を規定しているが，これを国際裁判管轄に使うことには，それが子の奪い合いにつながることや子が日本以外に連れ去られた場合の住所がなお日本に残っていると解すべきか等の問題がある（親権者指定に関するものではあるが，東京地判昭29・9・25下民5・9・1625参照）。長谷部・前掲40頁参照。

18）第190国会（常会）に法案（人事訴訟法等の一部を改正する法律案）が提出された。ここにいたる経緯について，堂園幹一郎「人事訴訟事件等についての国際裁判管轄法制をめぐる動向」NBL992号（2013）71頁，内野宗輝「国際裁判管轄法制（人事訴訟事件及び家事事件関係）部会の動向」NBL1041号（2015）28頁，中間試案については，商事法務編『人事訴訟事件及び家事事件の国際裁判管轄法制に関する中間試案』別冊NBL151号（2015）参照。

理の実現を確保することとなる特別の事情があると認められるとき（同７号）として処理されることになる[19]。

関連損害賠償請求については，一の訴えで人事訴訟に係る請求と当該請求の原因である事実によって生じた損害の賠償に関する請求とをする場合においては，日本の裁判所が当該人事訴訟に係る請求について管轄権を有するときに限り，日本の裁判所に訴えを提起することができるとしている（人訴案３条の３）。ただし，国内事件とは異なり，当該人事訴訟における当事者の一方から他の一方に対するものに限るとして，第三者に対する損害賠償請求は除いている（同条カッコ書）。

子の監護に関する処分の管轄権については，裁判所は，日本の裁判所が婚姻の取消しまたは離婚の訴えについて管轄権を有するときは，人事訴訟法32条１項の子の監護者の指定その他子の監護に関する処分についての裁判および同条３項の親権者の指定についての裁判にかかる事件について管轄権を有するとして離婚の国際裁判管轄を有する日本の裁判所において附帯処分の申立てを認めている（人訴案３条の４第１項）。人事訴訟の審理を行う家庭裁判所が附帯処分を審理する際，事実の調査として家庭裁判所調査官を利用することが考えられるが，子の居所が必ずしも日本にあるとは限らない関係で，常にこれが使えるわけではない[20]。

財産分与についても，日本の裁判所が婚姻の取消しまたは離婚の訴えについて管轄権を有する場合において，同時に改正される家事事件手続法（審判事件の国際裁判管轄規定）３条の12（財産分与事件の国際裁判管轄規定）各号のいずれかに該当するときは，日本の裁判所が管轄権を有するとする（人訴案３条の４第２項）。

19）　前掲注18）中間試案では，乙案として，当該訴えに係る身分関係の当事者の一方の住所が日本国内にあるときを管轄原因とする案が提出されていたが，採用されなかった。被告の防御権の問題や過剰管轄による不承認の可能性や特別の事情による訴え却下で処理することになるため本案の審理に入る前段階での審理に時間がかかることなどが考慮されたものと思われる。商事法務研究会『人事訴訟事件等についての国際裁判管轄法制研究会報告書』（2014）４頁，井上泰人「人事訴訟事件等の国際裁判管轄法制について」国際私法年報16号31頁参照。

20）　井上・前掲注19）36頁は，事実の調査の際の困難を克服する方向で対処すべきとする。

訴えについて日本の裁判所が管轄権を有することとなる場合においても，事案の性質，応訴による被告の負担の程度，証拠の所在地，当該訴えに係る身分関係の当事者間の成年に達しない子の利益その他の事情を考慮して，日本の裁判所が審理および裁判をすることが当事者間の衡平を害し，または適正かつ迅速な審理の実現を妨げることとなる特別の事情があると認めるときは，裁判所はその訴えの全部または一部を却下することができるとして，調整を図っている（人訴案3条の5）。

請求の変更後の人事訴訟について日本の裁判所が管轄権を有しない場合でも，変更前の人事訴訟と変更後の人事訴訟とが同一の身分関係についての形成または存否の確認を目的とする限り，請求を変更することができる（人訴案18条2項）。また反訴請求について日本の裁判所が管轄権を有しない場合でも，①本訴の目的である人事訴訟に係る請求と同一の身分関係についての形成または存否の確認を目的とする請求，②人事訴訟に係る請求の原因である事実によって生じた損害賠償に関する請求について，すでに日本の裁判所に当該人事訴訟が係属する場合には反訴請求の裁判管轄権を認める（人訴案18条3項）。

民事保全の国際事件への利用に関してもこれを可能とする規定の改正が行われることになる（人訴案30条1項2項）。

なお，附帯処分としての年金分割，応訴管轄，合意管轄については議論があったものの規定されていない。

(b) 婚姻無効・取消し，婚姻の存否確認事件

婚姻無効ならびに婚姻取消しはいずれも夫婦関係の解消を求める事件という意味で，離婚事件と同様の管轄決定要素で規律されるものであると考えることができる。判例としては，韓国で行われた新興宗教の合同結婚式で韓国在住の韓国人夫と婚姻し，帰国後日本で婚姻届を提出した日本在住の日本人妻からの婚姻無効確認請求につき，被告はいまだ婚姻届を本国の韓国に提出していないこと，同居の事実は全くないこと，被告は本件訴状送達後でも何も対応していないことから，被告住所地国である韓国で訴えを提起しなければならないとすることはかえって条理にもとるとして，例外的に日本に国際裁判管轄を認めた，福岡地判平8・3・12（判タ940・250）があるが，国際管轄の決定基準について，平成8年判決を踏襲している。

人事訴訟法等の一部を改正する法律案は，離婚事件と婚姻無効・取消事件について共通の管轄規定を置いている。したがって，(a)で挙げた管轄原因は，婚姻無効・取消し事件，婚姻の存否確認の訴えにおいても適用される。その他，第三者（親族または検察官など）の提起にかかる婚姻取消しの訴えについては，身分関係の当事者の双方に対する訴えであって，その一方または双方の住所（住所がない場合または住所が知れない場合には，居所）が日本国内にあるとき，日本の裁判所が管轄権を有する（人訴案３条の２第２号）。また，身分関係の当事者の一方からの訴えであって，他の一方がその死亡の時に日本国内に住所を有していたとき（同３号），さらに，身分関係の双方がその死亡の時に日本国内に住所を有していたとき（同４号），日本の裁判所が管轄権を有する。死後認知の訴えにおいては３号が適用になる。なお，婚姻の取消しに伴う附帯処分の申立てや財産分与についても前述の３条の４の規定が適用される。

(c)　親子関係事件（実親子関係，養親子関係）

渉外的要素を持つ親子関係の存否確認訴訟，嫡出否認訴訟，認知請求訴訟，養子縁組の解消をめぐる人事訴訟といった親子関係事件の国際裁判管轄はどのように規律すべきか。この問題については，昭和39年大法廷判決のルールがここでも適用され，原則は被告の住所地国，例外的に正義と公平の観点から裁判管轄権を認めるべき特別の事情があるときは，原告の住所地国である日本に管轄権が認められるとするのが判例の一般である[21)]。もっとも親子関係をめぐる事件の裁判管轄を決めるに当たっては，子の利益の保護という観点を重視し，

21)　大阪地判昭39・10・9下民15・10・2419（裁判例集Ⅱ-4）は，A・Yは朝鮮で生活していた朝鮮人の夫婦であったが，昭和16年戦争で徴用を受けた夫Aが来日し，日本人女Bと同棲してその間に子Xが生まれた。XはA・Y間の子として朝鮮戸籍に記載されていた。そこでXがY（Aの来日以来，A・Y間には音沙汰が全くなく，Yの所在も不明であるためYへの訴状の送達，期日の呼出等は公示送達によって行われた）を相手に親子関係不存在確認の訴えを提起したものであった。判旨は「戸籍上のみの母を被告として，その子とされている原告が親子関係不存在確認を求める本件における右のような被告が所在不明であり，かつわが国に裁判管轄権を認めても弊害があるとは考えられないような事情は，本件についてわが国に裁判管轄権を認めるべき特別の事情にあたると解するのが国際私法生活における正義公平の理念に添うものということができる」とした。他に，東京地判昭41・1・13家月19・1・43，名古屋地判昭50・12・24下民26・9＝12・1053などが同旨の判示をしている。

子の住所地国をもって管轄裁判所とする見解も存する[22)]。親子関係事件では，離婚事件のように対等当事者間での訴訟とは必ずしもいえない関係が考えられることから，子の利益保護の観点を重視する見解も理解できるが，被告の住所地原則を排除するところまで行くべきかは問題であった[23)]。

人事訴訟法等の一部を改正する法律案によれば，(a)(b)で述べた管轄原因が，親子関係事件においても適用される。

(d)　外国家事裁判の執行

外国家事裁判についても自動承認であることに変わりはない。しかし，これについて執行が必要な場合には，民事執行法24条により，執行判決を要する。そのため上記の改正法律案には，民事執行法の改正が含まれている（3条）。これによれば，債務名義としての外国裁判所の判決には，家事事件における裁判を含むことが明記されている（民執案22条6号）[24)]。さらに外国裁判所の家事裁判の執行判決手続の管轄裁判所は，家庭裁判所とされている（民執案24条1項）。しかし何が外国家事裁判に当たるかが，常に明確であるわけではなく，また民事裁判と家事裁判とが1つの事件の裁判に包含されていることも考えられる関係から，執行判決手続の管轄地方裁判所は，執行判決を求める訴えの全部または一部が家庭裁判所の管轄に属する場合においても，相当と認めるときは，申立てによりまたは職権で，当該訴えに係る訴訟の全部または一部について自ら

22)　浦和地判昭57・5・14家月36・2・112は，「被告の住所が日本にある場合はもとよりのこと，子の住所が日本にある場合にも，子の利益保護の見地から，我国の民事裁判権が及ぶものと解するのが相当である」としているので，なお昭和39年大法廷判決の枠内での判断とも考えられる（親権者指定の審判事件ではあるが，東京高決平17・11・24家月58・11・40は，子の福祉の観点から，子と密接な関係のある子の住所地国にも国際裁判管轄を認めるのが相当であるとしている）。石黒・前掲注12）43頁，桑田三郎・ジュリ628号（1977）243頁，佐藤やよひ・ジュリ881号（1987）143頁参照。

23)　本間＝中野＝酒井・前掲注13）82頁，松本・人訴111頁参照。

24)　最判平成10・4・28民集52巻3号853頁は，「民事執行法24条所定の『外国裁判所の判決』とは，外国の裁判所が，その裁判の名称，手続，形式のいかんを問わず，私法上の法律関係について当事者双方の手続的保障の下に終局的にした裁判をいうものであり，決定，命令等と称されるものであっても，右の性質を有するものは，同条にいう『外国裁判所の判決』に当たるものと解するのが相当である」と判示しているが（事案は香港高等法院がした訴訟費用負担の裁判（訴訟費用負担命令）の執行判決を求めたもの），外国家事裁判についてもこれが通用する。

審理および裁判をすることができるとしている（同条２項）。逆に管轄家庭裁判所も，その訴えの全部または一部が地方裁判所の管轄に属する場合において，相当と認めるときは，申立てによりまたは職権で，当該訴えに係る訴訟の全部または一部について自ら審理および裁判をすることができるとしている（同条３項）。また外国家事裁判が確定したことが証明されないとき，または家事事件手続法79条の２において準用される場合を含む民事訴訟法118条（外国裁判所の確定判決の効力）に掲げる要件を具備しないときは，訴えは却下される（同条５項）。

3　参与員

(1)　人事訴訟における参与員制度の趣旨

参与員制度は，もともと家事審判事件において，法律のみならず，親族間の情誼や社会の良識に基づいた事案の具体的かつ妥当な解決を図ることを目的として，世故人情に通じた一般国民が審判に立ち会い，意見を述べる制度である（家事40条。参与員制度の沿革については，野田＝安倍182頁〔野田愛子〕参照）。平成15年の人事訴訟法の制定により，人事訴訟事件を家庭裁判所の職分管轄に移管するに際し，この制度を拡充して人事訴訟にも採用するものとされた。司法制度改革審議会の意見書には，「一般国民の良識をより反映させる観点から，家庭裁判所における参与員制度を拡充し，離婚訴訟等の審理に関与し，証人等に対する質問，審理の結果に対する意見の陳述を認めるなど所要の態勢を整備すべきである」とされ，これを「国民が司法へ参加する制度の一つとして位置付け」，さらに「これらの制度を更に充実させ，幅広く国民各層から適任者を得る見地から，委員の選任方法の見直しを含め，年齢，職業，知識経験等において多様な人材を確保するための方策を講じるべきである」とある。すなわち，参与員制度は，刑事事件における裁判員制度と並んで国民の司法参加の一形態であり，国民の良識を人事訴訟に反映させるための制度である（一問一答・人訴41頁参照）。

(2) 参与員の役割（「必要があると認めるとき」の要件の意味）

参与員は，人事訴訟において，具体的にどのような役割を果たすことになるのであろうか。人事訴訟法9条1項によれば，「家庭裁判所は，必要があると認めるときは，参与員を審理又は和解の試みに立ち会わせて事件につきその意見を聴くことができる」。家庭裁判所は，どのような場合に，参与員の立会いを必要と認めるのか。人事訴訟の中で最も件数の多い離婚事件についていえば，前述の制度趣旨からして，一般の良識が反映されるべき場面で使われることになる。有責性の判断や破綻の有無，裁量的棄却事由や過酷条項の適用，損害賠償請求が併合された場合の損害額（慰謝料額）などが考えられる。判断に際して裁量の余地のある部分に良識を介在させて，具体的に妥当な判断を引き出すことになる。そしてこのような一般の良識を反映させるべき事件においては，参与員の関与が原則となる。なお人事訴訟の本体部分が先に確定して損害賠償請求が残った場合でも，参与員の関与が認められるかについては，必ずしも明確ではないが，これを排除する根拠もない。これも「必要があると認めるとき」の要件に係ることになろう（ジュリ人訴39頁参照）。参与員の「意見を聴く」とは，具体的にどのような場でどのように聴くのかも問われる。民事訴訟において，複雑な訴訟の争点整理等のために導入された専門委員制度では，手続の透明性確保の要請が強く働く関係で，反論の機会保障の観点から，当事者の面前での発言が要求されるが，参与員の意見については，裁判官への判断材料の提供にとどまると考えて，法廷あるいは当事者の面前で行われなければ違法となるとはいえないであろう。評決権はないにしろ，合議に加わってそこで意見を述べることも許されるものと考える[25)]。もっとも，当事者に反論権を与えるべきと考える場合に，どのようにこれを保障するかが問題となるが，これについては，実務の運用に委ねられることになる。

参与員は，「和解の試みに立ち会」う。司法委員の実務の運用上の役割とは異なり（民訴279条1項），参与員が単独で和解の補助をすることはできないことを明確にするために，上記の表現がとられた。参与員は和解に立ち会うに際

25）安倍嘉人「人事訴訟事件の家裁移管について」判タ1139号（2004）43頁によれば，法廷終了後に意見を聴き，記録にも残さない構造を法は予定しているとする。しかし参与員の意見陳述が判決にどの程度反映されているかを当事者が全く関知できない手続構造になっているとの理解には，手続の透明性からいって疑問がある。

し，裁判長の許しを得て，証人，当事者本人または鑑定人に対して直接に問いを発することができる（人訴規８条，なお民訴規172条参照）。

(3) 参与員関与の時期

参与員が関与すべき時期については，法律に指定はない。事件についての十分な理解のためには，人事訴訟の初期の段階からの関与が望ましいが，参与員の負担の大きさとの関係での人員の確保に鑑みて，証拠調べの段階という運用になることが多いとされている（ジュリ人訴36頁，野田＝安倍195頁〔野田愛子〕）。しかし事件全体の把握という観点からは，やはり当初からの関与を実現すべきであろう。

(4) 参与員の人数

関与する参与員の人数は，「各事件について１人以上」とされている。実務の運用としては，現在のところ，離婚などの場合，男女１人ずつの関与がジェンダーバランスの観点から適切と考えられているようである（ジュリ人訴40頁，一問一答・人訴44頁，東京家事事件研究会編『家事事件・人事訴訟事件の実務』（法曹会・2015）381頁）。なお参与員については，調停委員とは異なり，選任に際しての年齢要件はない。訴訟当事者の年齢層が多様であることを考えると参与員も比較的若年層からも選任されるべく給源を確保することが望ましい。

(5) 参与員と調停委員

参与員は，裁判所の指定により非常勤の国家公務員となるが，その給源が問題となる。その際，家事審判手続におけると同様，その給源を家事調停委員に求めることが考えられる。しかし，もし同一事件について同一人が家事調停委員と参与員とを兼ねることになれば，非訟と訴訟の違いを十分にわきまえず，事実認定に関する訓練も行き届かない者が，調停で抱いた心証を訴訟に引き継ぐことになりかねない。これでは裁判所における手続の公正らしさが保てない。しかし他方で給源の制約もあり，同一人の関与が必ず違法になるとするのもあまりに窮屈である。そこで人事訴訟規則６条は，人事訴訟においては，前置された調停に「家事調停委員として関与していない者を指定するように意を用いなければならない」と規定している。

(6) 参与員の除斥，忌避

参与員は，審理または和解に関与して意見を述べるものである。裁判所はこの意見を参考に裁判を行うものであるから，参与員について公正（らしさ）が確保されていることが必要である。これを損なうおそれがある場合には，当該参与員を訴訟からはずす手だてが用意されていなければならない。そこで人事訴訟法10条1項（人訴規7条）は，参与員に裁判官の除斥，忌避に関する民事訴訟法23条～25条（民訴規10条～12条）を準用している。またこのような申立てがあった場合，参与員はその申立てについての決定が確定するまで申立てがあった事件に関与することができないとして，裁判の公正が期されている（人訴10条2項）。

(7) 参与員の秘密保持義務

参与員は，非公開の審理（人訴22条）や和解の試み，さらに裁判官の合議に加わることがある。そこで知った当事者，第三者の秘密は保持されなければならないのは当然である。そこで人事訴訟法11条は，「参与員又は参与員であった者が正当な理由なくその職務上取り扱ったことについて知り得た人の秘密を漏らしたときは，1年以下の懲役又は50万円以下の罰金に処する」としている。なお家事審判における参与員についても同様の規律になっている（家事292条）。

4 当事者

(1) 当事者適格

(a) 意　義

一般に当事者適格は，訴訟物である権利関係の存否について，何人が当事者となれば，本案判決で確定するのが必要かつ有意義であるかの問題とされる（兼子・体系158頁，中野＝松浦＝鈴木147頁参照）。そこで人事訴訟において，当該身分関係をめぐって，誰と誰の間で手続が遂行されるのが適切かが問題となる。人事訴訟においては，公益的見地から財産訴訟とは異なる様々な手続原則が採用されている（職権探知主義，検察官の一般的関与等）。また人事訴訟で確定された内容については，画一的に通用することが要請され，判決は対世効を持つとされている（人訴24条）。そして当事者適格と判決効の拡張との関係をどのように考えるべきかについて周知の議論がある。すなわち，判決効の拡張を受ける第三者を保護するため，できるだけ密接した利害関係を有する者の関与が要求され，この者による充実した訴訟追行が，第三者に対する判決効拡張を正当化すると主張されている（谷口安平「判決効の拡張と当事者適格」中田淳一還暦（下）（有斐閣・1970）54頁，同『多数当事者訴訟・会社訴訟』（信山社・2013）203頁）。これによれば，充実した訴訟追行を実現できる者を当事者適格者とすべきであり，これによって対世効が正当化されることになる。しかし人事訴訟の手続原則や当事者適格で判決効拡張を正当化することには疑問がある[26)]。対世効原則の例外規定（人訴24条2項）は，例示に過ぎず，対世効を受ける第三者の手続保障については，それなりの手当てが必要である[27)]。この問題は，当事者適格論が人事訴訟法全体の体系ないしは構造の中でどのように位置付けられるべきかにかかわる。しかし，ここでは当事者適格に判決効拡張の正当化根拠を見出すことは難しく，第三者の手続上の利益保護は別途手当を要するものであることを指摘するにとどめる（詳細は，後述⇨7(2)参照）。人事訴訟において，当事者適格者は，当該身分関係にある者，その親族，関係者，検察官などである。これらは身分関係の当事者のほか，公益的見地からあるいは政策的判断に基づいて当事者適格を持つと定められている等，財産的法律関係や組織的法律関係とは異なる配慮の下で，様々な見地から当事者適格が認められる。

(b)　原告適格

人事訴訟法においては，原告適格を定める一般規定は置かれていない。これは人事訴訟に含まれる確認訴訟（人訴2条）について，一般的に原告適格者を定めておくことが適切ではなく，訴えの利益に依存する問題とされたためであ

26）　同旨，吉村徳重「判決効の拡張と手続権保障」山木戸克己還暦（下）（有斐閣・1978）118頁，注解人訴275頁。

27）　人訴28条は，検察官が被告となる場合に，当該訴訟によって相続権を害される利害関係人に対し，訴訟が係属した旨を通知する規定を置いているが，訴訟係属を知るべき第三者は，これにとどまるものではない。この点につき，高橋宏志「人事訴訟における手続保障」竹下守夫編集代表，伊藤眞＝徳田和幸編集責任『講座新民事訴訟法Ⅲ』（弘文堂・1998）349頁参照。

る（一問一答・人訴60頁，ジュリ人訴45頁。最判昭34・7・3民集13・7・905（裁判例集Ⅱ-5）参照）。もっとも人事訴訟法の中には個別に原告適格を定める規定が存する（人訴41条1項・43条1項）。また民法には，不適法婚の取消し（民744条），詐欺・強迫による婚姻の取消し（民747条），協議上の離婚の取消し（民764条），認知の訴え（民787条），養親が未成年者である場合の縁組み取消し（民804条），尊属養子または年長者養子の取消し（民805条），後見人・被後見人間の無許可縁組みの取消し（民806条），配偶者の同意のない縁組みの取消し（民806条の2），監護者の同意のない縁組みの取消し（民806条の3），養子が未成年者である場合の無許可縁組みの取消し（民807条），詐欺・強迫による縁組みの取消し（民808条），詐欺・強迫による協議上の離縁の取消し（民812条），15歳未満の養子の離縁の訴え（民815条）等，いずれも形成訴訟に属するものについて，個別に原告適格が定められている。また検察官が，公益の代表者として，原告となる場合がある（民744条）。ただし実際に検察官が原告となって，婚姻取消しの訴えが提起されるケースがどれほどあるのかは疑問である。公益性の概念の曖昧さも手伝って，この種の規定がどれほど機能するものであるのか，もともと検察官の原告適格は補充的であるとされているが（岡垣・研究98頁参照），その意義については再考の余地があろう（検察官が原告となる場合の法的地位に関しては，(c)を参照）。

なお，平成15年の人事訴訟法の制定により，弁護士による承継制度（旧人訴2条4項5項）が廃止されたが，妥当な措置である（後述(c)参照）。

(c) 被告適格

原告適格については，前述の個別に定められた者のほか，訴えの利益によって判断されることになる。これに対して，被告適格に関しては，総則の中に原則規定が置かれている（人訴12条）。まず，人事に関する訴えであって当該訴えに係る身分関係の当事者の一方が提起するものにおいては，特別の定めのある場合を除き，他の一方（人訴12条1項），当事者以外の者が提起するものにおいては，特別の定めのある場合を除き，当該身分関係の当事者の双方を被告とし，その一方が死亡した後は，他の一方を被告とする（人訴12条2項）。これらの規定により，当該訴えの被告がすべて死亡し，被告とすべき者がないときは，検察官を被告とする（人訴12条3項）。これらは，旧人訴法において婚姻事件（婚姻の無効，取消し，離婚の取消し）について被告適格を定めた，旧人訴法２条１項ないし３項を，人事訴訟一般に適用する原則規定としたものである[28)]。なお人事訴訟の係属中に当事者の一方ないし双方が死亡した場合に受継すべき者に関し，第三者が提起する人事に関する訴えに係る身分関係の当事者の双方を被告とする場合において，その一方が死亡したときは，他の一方を被告として訴訟を追行する。この場合には訴訟の中断に関する民事訴訟法124条１項１号の規定は適用されない（人訴26条１項）。また身分関係の一方の当事者が他方に対して，人事に関する訴えを提起する場合，ないしは第三者が身分関係の当事者双方を被告として人事に関する訴えを提起した場合において，被告がいずれも死亡したときは，検察官を被告として訴訟を追行する（人訴26条２項）。また，人事訴訟の係属中に原告が死亡した場合には，特別の定めがある場合を除き，当該人事訴訟は当然に終了する（人訴27条１項）。さらに離婚，嫡出否認または離縁を目的とする人事訴訟の係属中に被告が死亡した場合には，当該人事訴訟は，当然に終了する（人訴27条２項）。人事訴訟法に定められた特別の規定として，人事訴訟法12条に関するものとしては，認知の訴えの被告適格に関する42条，父を定める訴えの被告適格に関する43条２項・３項がある。また原告適格について，人事訴訟法27条１項に関するものとしては，41条２項がある。

身分関係の両当事者が死亡した場合には，検察官が被告となる（人訴12条３項，なお42条・43条２項も参照）。検察官は，職務上の当事者として人事訴訟に関与するのであって，国の代理人としてではない[29)]。その理論的根拠は，「公益の代表者として他の法令がその権限に属させた事務を行う」との検察庁法４条にある（岡垣・研究55頁）。この場合の検察官は，訴訟法上の検察官であって，公法，行政組織上のそれではなく，また検察官個人でもない。この検察官は，

28)　旧人訴法２条は，養子縁組に関する旧人訴法26条で準用され，さらに認知の訴えに関する旧人訴法32条２項において旧人訴法２条３項が，父を定める訴えに関する旧人訴法32条４項において旧人訴法２条３項～５項が準用されていたことに鑑みると，旧人訴法時代からほぼ原則規定の役割を果たしていた。また旧人訴法時代の準人訴事件に旧人訴法２条を類推する趣旨の判決が蓄積されていた。最大判昭45・7・15民集24・7・861（裁判例集Ⅱ-6）（旧人訴法２条３項の類推），最判昭56・10・1民集35・7・1113（裁判例集Ⅱ-7）（旧人訴法２条２項の類推）など。なお，旧人訴法の沿革については，岡垣・人訴74頁，注解人訴52頁以下参照。

訴訟の係属する裁判所に対応する検察庁の長たる検察官（地裁では検事正，高裁では検事長，最高裁では検事総長）で，検察官一体の原則により，他の所属検察官が訴訟行為をすることができることは問題ない（岡垣・研究56頁）。なお検察官を当事者とする人事訴訟において，検察官が敗訴した場合，検察官が負担すべき訴訟費用は，国庫の負担となる（人訴16条1項，ただし同条2項参照）。

旧人訴法には，検察官が当事者（被告に限る。民744条1項ただし書参照）となった後に，相手方（原告）が死亡した場合，本案の受継手続のため，裁判所は弁護士を承継人として選任しなければならないとする，いわゆる弁護士承継人制度があった（旧人訴2条4項5項）。しかし原告が死亡した場合には，人事訴訟は当然終了するとの一般原則（人訴27条2項参照）をこの場合に変更する必要はないこと，当事者の双方に職務上の当事者をたててまで二当事者対立構造を維持する実質的合理性がないことなどから，この制度に対しては批判があったところである（大阪高判昭59・8・21高民37・3・159，注解人訴60頁など参照）。平成15年の人事訴訟法の制定に際して，この制度は廃止された（一問一答・人訴62頁参照）。

(2) 利害関係人の訴訟参加

人事訴訟において身分関係の一方の当事者が死亡し，被告とすべき者がないときは，検察官が被告となる（人訴12条3項）。これは人事訴訟をあくまでも二当事者対立構造で審理することを可能にし，かつ原告の訴え提起を容易にするためである。その際，検察官は公益の代表者として訴訟追行に当たるが，検察庁の陣容の問題もあって，十分な事案の把握が実際上は困難であることが多い[30]。そこで従前から，検察官は利害関係人を探索し，それがわかれば，制度の使い方としてはやや異例ではあるが，この者に訴訟告知をして，補助参加を促すことが行われてきた。これに応じて利害関係人が補助参加をすれば，実質的

29) 平成15年の人事訴訟法の制定に際しては，認知の訴えにおける相続人等直接の利害関係人を当事者とすべきとの見解も主張されたが，原告に探索の手間をかけさせるのは，原告の裁判を受ける権利の十全な保障を考えると不都合が生じることから採用されなかった。また国を被告とすべきとの議論があったが，結局は，引き続き検察官を被告とするとの立場がとられた。一問一答・人訴61頁は，「公益上の必要から」旧人訴法と同様の規律がなされたとする。

な二当事者対立構造が成り立つことになる。もっとも，その際の問題点として，人事訴訟の提起に際して提出される戸籍謄本（平成 15 年改正前民訴規 55 条 1 項）だけでは，利害関係人の追跡調査が難しいということがあった。また，これがなされたとしても，利害関係人が実際に補助参加するかどうかはわからないという問題もある。そこで人事訴訟法は，当事者死亡後の被告適格者を検察官とした上で，利害関係人に対する参加命令（強制参加）の制度を設けた（人訴 15 条）[31]。すなわち訴訟の結果により相続権を害される第三者（これを利害関係人としているが，その利害が訴訟に係る者の範囲を限定していることに注意する必要がある）を人事訴訟に参加させることが必要であると認めるときは，裁判所は，被告を補助させるため，決定で，その利害関係人を当該人事訴訟に参加させることができるとした（人訴 15 条 1 項，人訴規 10 条により決定は当事者双方に通知される）。そしてこの利害関係人の探索に資するため，訴状の添付書類として戸籍

---

30)　最判平元・11・10 民集 43・10・1085（裁判例集Ⅱ-8）は，検察官が死後認知訴訟において被告となる場合の問題点を端なくも現した事例といえる。事案は，被相続人に対して死後認知の訴えが提起されたことを知らなかった相続人から，再審の訴えが提起されたというものであるが，最高裁は，相続人の再審における原告適格を否定した。これに対しては，自己の財産や身分が掛けられている訴訟の存在を知らずに，その効力のみを受ける者の手続保障上の問題があるとして，批判の多かったところであった。これを改善するために，平成 8 年の民事訴訟法の改正に際して，現行人事訴訟法 28 条（旧人訴 33 条）に当たる規定が新設された。そして本条により，実質的な当事者対立構造をとることが図られ，手続保障問題は，一層の進展をみたことになる。

31)　立法論としては，まずもって利害関係人を被告とし，その探索困難な場合に検察官とするフランス型が考えられるが（ジュリ人訴 52 頁参照），原告に利害関係人の探索義務を課すことが，原告の訴え提起に負担をかけることになるし，利害関係人が複数存在する場合には，原告の選択に委ねるのか等の問題が生じることから，被告を検察官とした上で，利害関係人に補助参加させるという方式を採用した。また被告を一旦検察官として訴え提起の便宜を図った上で利害関係人に訴訟を承継させることも考えられるが，この場合でも，利害関係人が複数存在する場合，誰に承継させるか選択の問題もあり，申立てを待たず職権によって参加命令を発令するという，本条項のかたちに落ち着いたのである（行政事件訴訟法 22 条に似るが，本条の制度は，申立てによらないことと，参加を命じられた者が共同訴訟的補助参加人として訴訟に関与する点でこれとは異なる）。なお，検察官が被告となる場合の第三者の手続保障については，判決の対世効との関係で，以前から議論のあったところである。奈良次郎「検察官を当事者とする人事訴訟と手続保障(上)(中)(下)」ジュリ 856 号（1986）94 頁，857 号（1986）78 頁，858 号（1986）101 頁は，検察官を相手とする人事訴訟の審理が充実していないことを前提に，訴訟告知による補助参加の申出により審理の充実を図るという裁判所の側の強い努力を説いていた（ジュリ 857 号 82 頁以下）。その他の文献・判例については同論文参照。

謄本のほか，利害関係人の有無ならびにその氏名および住所または居所を明らかにするために必要な他の戸籍の謄本その他の書類を添付しなければならないとした（人訴規13条）。前述のように，従来は，検察官が利害関係人を探索し，これに訴訟告知をして，補助参加を促していたのであるが，平成15年人事訴訟法では，裁判所の参加命令によるいわゆる強制参加の制度が導入されたことになる[32]。このような利害関係人には，訴訟係属につき通知がなされるわけであるが（人訴28条），これによって任意の補助参加がなされないときでも，裁判所が必要と認める場合には，本条により，補助参加が命じられることになる。

裁判所が決定で参加命令を発令するときは，あらかじめ当事者および利害関係人の意見を聴かなければならない（人訴15条2項。行訴22条2項・23条2項参照）。参加を命じられた者には，実質的な当事者として訴訟当事者との対立構造で審理を充実させることが期待されている関係で，参加要件の存否を慎重に判断する必要があるからである。

本条により参加した利害関係人は，共同訴訟的補助参加人としての地位を有する（人訴15条3項4項）。共同訴訟的補助参加という補助参加形態については，民事訴訟法45条2項の解釈として学説（中野＝松浦＝鈴木565頁参照），判例（最判昭40・6・24民集19・4・1001）の認めるところであったが，平成8年の民事訴訟法の改正に際して，明文の規定を設けることはしなかった。平成15年の人事訴訟法の制定に際して，この参加形態が，検察官を被告とする人事訴訟における利害関係人（人訴15条1項）という範囲においてではあるが，はじめて法定されたことになる[33]。この利害関係人の訴訟追行に関しては，民事訴訟法45条2項が排除されて，同40条1項～3項が準用される（人訴15条3項4項）。したがって，被告である検察官の訴訟行為が参加人の訴訟行為と抵触する場合，全員の利益[34]になる場合に効力を有することになる。また，参加人に対する尋問は本人尋問の手続によるべきであろう。さらに参加人の上訴期間は，参加人へ

32）もっとも，この規定の運用としては，従前どおり，検察官がまず利害関係人を探し出してこれに訴訟告知をするが，これが奏功しない場合に，本条の職権による参加命令の制度を使うことになるとされる。ジュリ人訴53頁〔阿部潤発言〕参照。

33）ジュリ人訴53頁は，相続権を害される第三者以外の者の参加形態については，オープンなままであるとする。民事訴訟法における共同訴訟的補助参加の立法論として，三木浩一＝山本和彦編『民事訴訟法の改正課題』（有斐閣・2012）32頁。

34）被告である検察官の勝訴に役立つことを意味する。一問一答・人訴73頁参照。

の判決の送達の時点を基準として起算することになる（最決平28・2・26判タ1422・66）。もっとも利害関係人について中断事由が発生した場合でも，全員につき訴訟が中断するわけではない（人訴15条4項カッコ書）。利害関係人に中断事由が生じた場合に，訴訟が中断すべきかは疑問とされ，かつ利害関係人について承継を認める必要はないとの考慮に基づく（一問一答・人訴73頁参照[35]）。なお，共同訴訟的補助参加も補助参加の一形態であることから，当事者に許される請求に関する処分行為，例えば中間確認の訴えや反訴の提起などをすることはできない[36]。

裁判所は，訴訟の経過をみながら，利害関係人の参加を要しないとの判断に至った場合や参加命令の前提となった利害関係が消滅した場合など，審理の途中で参加人の訴訟追行を継続させる必要がなくなったと判断した場合には，参加命令の決定を取り消すことができる（人訴15条5項）。

⑶　訴訟費用

検察官を当事者とする人事訴訟で，民事訴訟法61条～66条により検察官が負担すべき訴訟費用は，国庫の負担とする（人訴16条1項）。この規定の趣旨は旧人訴法と変わるところはない[37]。このような訴訟費用の負担のあり方については，立法過程でかなりの議論があった。検察官は，原告の訴え提起の便宜のために職務上の当事者として被告となる場合が大半を占めるといわれているが，親子関係を判定するためのDNA鑑定の費用をはじめ，検察官が敗訴したからといってその費用を国庫でまかなうことには，いささか疑念が生じる場合があることに基づいていた。立法論としては，各自負担ないしは勝訴者負担[38]が議論の対象となったが，いずれも民事訴訟法の原則から乖離する関係でこれに踏み

35）　もっとも，実質的利害関係人に中断事由が生じたときでも中断を認めないとの立法がはたして妥当かは再考の余地がある。本間靖規「共同訴訟的補助参加について」栂善夫・遠藤賢治古稀（成文堂・2014）689頁参照。

36）　松本・人訴131頁，本間・前掲注35）685頁。

37）　旧人訴法17条では検察官が敗訴した場合とあったが，訴訟費用を負担するのは，敗訴の場合に限られるわけではないことに鑑みてのことである。民訴62条参照。なお実際には「訴訟費用は被告の負担とする」と表示され，検察庁により費用の支払がなされている。野田＝安倍107頁〔石黒清子〕参照。

38）　死後認知のケースで勝訴した原告には，相続財産が分割されることに鑑みての議論である。

切れず，他方，利害関係人にも訴訟費用の負担の規定が新設されたこともあって（人訴16条2項），旧人訴法の規律を維持することになった。

人事訴訟法15条1項により利害関係人が共同訴訟的補助参加をした場合，参加人は，ほぼ当事者と同様の立場で，被参加人による制約を受けずに訴訟行為をすることができる。そこで被告側が訴訟費用を負担すべき場合に，参加人も訴訟追行の具体的展開に応じて訴訟費用を負担すべきであるとされた（人訴16条2項は，民訴61条〜66条を準用する）。すなわち参加命令により利害関係人が参加した場合には，61条〜65条が適用され，申出による補助参加の場合には，異議によって生じた訴訟費用の負担や補助参加によって生じた訴訟費用の相手方との関係について，66条が適用されることになる。なお具体的には裁判所が裁量により負担割合を決することになる。[39)]

(4) 人事訴訟における訴訟能力

(a) 原　則

民法は，未成年者や精神上の障害により事理弁識能力を欠く常況にある者（成年被後見人），左の能力が著しく不十分な者（被保佐人），またこれが不十分な者（被補助人）は，たとえ意思能力があったとしても，自由な法律行為により不利益を受ける可能性があることから，これらの者を保護するため，審判により法定代理人を選任した上，これらの者の行為能力を制限する規定を置いている（民5条・9条・13条・17条）。さらに民事訴訟法は，訴訟手続の複雑さや行為の積み重ねを予定している関係で，これらの者の保護のほか，訴訟手続の安定の要請から，未成年者および成年被後見人については，一律に訴訟能力がないとし，被保佐人，被補助人については，訴訟能力を制限している（民訴31条・32条）。このように財産法上の法律行為やそこから派生する訴訟に関する訴訟行為については，その行為が代理に親しむものであることを前提にして，その関与により，これらの者を保護し，手続の安定を図っている。

これに対し，人事訴訟においては，意思能力がある限り，身分関係の当事者

39）　立法過程の議論で問題となった，DNA鑑定の費用に関しては，裁判所が裁量でこれを利害関係人の負担とし，その他を国庫負担とすることができることになる。一問一答・人訴79頁参照。

本人の意思に基づく訴訟追行が確保されるべきである。そこで人事訴訟においては，能力に制限のある者に対する民法，民事訴訟法の上記規定（民5条・9条・13条・17条，民訴31条・32条1項2項）は適用がないとされている（人訴13条1項）。すなわちこれらの者は，人事訴訟において，意思能力がある限り，完全に訴訟能力を有するものとされる。なお，能力を制限されたものが，第三者として他人の身分関係に関し訴訟を遂行する場合（例えば民744条に基づき親族として提起する婚姻取消訴訟）にまで本条を適用することは適切ではない（通説。注解人訴80頁参照）。

旧人訴法3条1項は，「能力ノ制限ヲ受ケタル者カ婚姻ノ無効若クハ取消，離婚又ハ其取消ニ関スル訴訟行為ヲ為スニハ其法定代理人，保佐人又ハ補助人ノ同意ヲ得ルコトヲ要セス」と規定し，人事訴訟における成年被後見人等の訴訟能力を肯定していた。人事訴訟法13条は，基本的に，この立場を承継して，財産法上の規制とは異なり，成年被後見人を含めて，残存能力をできる限り尊重して，人事訴訟における訴訟行為を認める取扱いをするとの趣旨である。成年被後見人をこれに含めるべきかについては，立法過程でかなり議論があったところである。周知のように，禁治産者に関しては，旧人訴法3条の解釈として訴訟能力を認めるべきでないとの見解が有力に主張されていた（兼子・体系116頁）[40]。この解釈は，人事訴訟法の下では通用しなくなったとするのが，立法者の意思に合致するものと思われる（ジュリ人訴46頁〔高田発言〕参照）。しかし他方で，訴訟手続における法的安定の要請も考慮しなければならない。個別の訴訟行為ごとに，意思能力の有無を確かめながら，訴訟を進めていくというのでは，手続が煩雑に過ぎる（意思能力の存在については，成年被後見人が証明責任を負うと解される）。そこで人事訴訟法の下においても，成年被後見人の訴訟能力を制限するとの立場が完全にとれなくなったのかについては，議論の余地があるとされる[41]。しかし，建前としては，以前のような，人事訴訟において成年被後見人は訴訟能力を有しないとの立場をとらないことが，人事訴訟法13

40）　議論の状況ならびに肯定説からの反論について，岡垣・人訴107頁以下，同「人事訴訟における正当な当事者」新実務民訴303頁参照。なお，新堂158頁は，人事訴訟法14条が法定代理人に職務上の地位に基づき当事者（訴訟担当者）として訴訟追行に当たることを認めたことを，成年被後見人が意思能力のある場合に，みずから訴えまたは訴えられることを否定するものと解すべきではないとする。

条1項で宣明されたというべきである。もっとも訴訟手続の安定の要請に鑑みて，また本人保護の見地から，成年被後見人が当事者となる場合，実際には，本人が審判の取消しに至る程度に能力を回復した場合は別として，訴訟代理人の選任（人訴13条2項以下）を利用するのが通常のかたちとなるものと思われる。なお未成年者については，原則どおり，意思能力がある限り，訴訟能力が認められる。

(b)　訴訟代理人の選任

旧人訴法3条2項には，「能力ノ制限ヲ受ケタル者カ前項ノ訴訟行為ヲ為サントスルトキハ受訴裁判所ノ裁判長ハ申立ニ因リ弁護士ヲ訴訟代理人ニ選任スルコトヲ要ス」とされていたところ，人事訴訟法13条2項は，「訴訟行為につき行為能力の制限を受けた者が前項の訴訟行為をしようとする場合において，必要があると認めるときは，裁判長は，申立てにより，弁護士を訴訟代理人に選任することができる」と規定して，訴訟代理人の選任が，必要的なものから，裁量的なものに変更され，かつ能力の制限を受けたすべての者について，これが適用されることになった[42]。意思能力を有するとはいっても，実際に訴訟追行するには困難があって，不利益を受けることから本人を保護する必要がある場合が考えられるし，相手方にとっても訴訟追行上の不安定は，好ましくないからである。

裁判長が，弁護士を訴訟代理人に選任する場合としては，当事者の申立てに基づくとき（同条2項）と申立てがない場合に選任を命ずるときないしは職権で選任するとき（同条3項）とがある。このうち職権による選任の場合は，当事者の意思に基づく代理ではないから，代理の性質としては法定代理となる（岡垣・人訴109頁参照）。このように裁判長が，弁護士を代理人に選任する場合，能力の制限を受けた者が当該弁護士に支払う報酬の額は，裁判所が相当と認め

41)　高橋・重点民訴(上)197頁。同・法教273号（2003）78頁。また，成年被後見人について，この規定が生きてくるのは，能力が回復して，開始の審判が取り消されるような事態になったときのように，限定的な場面に限られるとの指摘がある（ジュリ人訴46頁〔阿部発言〕参照）。

42)　代理人の選任が必要的なものから裁量的なものになったのは，実質的改正である。改正の経緯については，ジュリ人訴47頁〔小野瀬発言〕参照。

る額とされる（同条４項）。本条は，当事者が訴訟能力を有することを前提とするものであるから，当事者が意思能力を有しない場合には，適用されない[43]。

(c)　当事者としての成年後見人

前述のように，成年被後見人は，人事訴訟においては意思能力がある限り，訴訟能力を有するが，事理弁識能力を欠く常況にある者であることに鑑みて，通常は，意思能力も欠いていると考えられる。このような場合でも，この者からあるいはこの者を相手に人事訴訟を提起できなければならない。そこで，人事訴訟法14条は，「人事に関する訴えの原告又は被告となるべき者が成年被後見人であるときは，その成年後見人は，成年被後見人のために訴え，又は訴えられることができる」と規定してこれを可能にしている[44][45]。

このように成年後見人または成年後見監督人が，成年被後見人のために，人事訴訟において訴えまたは訴えられる場合，どのような訴訟上の地位につくのかが問題となる。すなわち，この場合，成年後見人（成年後見監督人）は，法定代理人の地位につくのか，訴訟担当（職務上の当事者）と構成すべきかである。この議論は，旧人訴法時代から行われ，そこでは見解が分かれていた。結局これは，立法的に解決されることなく，人事訴訟法においても引き続き解釈に任されている（ジュリ人訴48頁参照）。旧人訴法においては，成年後見人が成年被後見人のために当事者になる場合が，離婚，離縁に限定されており，これらが代理に親しまない訴訟とされていたため，成年後見人の訴訟上の地位を，職務

43）　岡垣・人訴109頁，注解人訴84頁参照。もっとも，家事法19条の特別代理人は0歳の子から選任できるとされる。高田89頁〔金子修発言〕。

44）　旧人訴法でも同様の規定があったが（4条・25条・28条），そこでは，離婚の訴え，離縁の訴え，嫡出否認の訴えのみが対象とされていた。しかし本文のような措置の必要は，これらの訴訟に限られるわけではない。そこで人事訴訟法では，これを人事訴訟一般に拡大したのである。

45）　旧人訴法下においても，この規定を，離婚無効の訴えや，認知請求に類推適用する判例があった（前者につき，大判大9・1・30民録26・30，穂積重遠・法協39巻4号（1921）141頁，斉藤秀夫「離婚手続」穂積重遠＝中川善之助責任編輯『家族制度全集法律篇Ⅱ』（河出書房・1937）256頁は，これに賛成する。後者につき，大判昭10・10・31民集14・1805）。また立法論として，これを拡大すべきとする見解があったことにつき，岡垣・人訴113頁参照。なお，法人が成年後見人になる場合（民843条4項）でも，訴訟における地位等は自然人の場合と異なることはない（ジュリ人訴51頁〔高橋宏志，小野瀬発言〕参照）。

上の当事者とする見解が有力であった[46]。しかし，人事訴訟法では，これに限らず，人事訴訟一般において，成年後見人が当事者となることができる。したがって，従来の議論は，その分だけ複雑になる可能性を胚胎している。すなわち離婚，離縁は，本人の意思を尊重する必要から代理に親しまないとしても，親子関係をめぐる訴訟，例えば認知請求においては，そのようにいうことはできない。そこで前者については，職務上の当事者，後者は，法定代理という構成も可能になる[47]。もっとも，このような事件類型による訴訟上の地位の使い分けは，当事者の訴訟への関与の仕方等で異なった取扱いになることを考えると，煩雑に思われる。いずれにせよ，訴訟追行が本人の意思に基づくものではない点では共通しており，しかも当事者の意思をできる限り尊重すべきことは，いずれの場合にも同様である（民858条参照）。条文の文言からすると訴訟代理と解すべきことになろうが[48]，当事者が，意思能力を有している場合には，共同訴訟参加なり，共同訴訟的補助参加をしてその意思を反映させ，かつこれが優先的に取り扱われるものと考える[49]。

人事訴訟において，民訴35条の特別代理人が許されるのかについて，これを肯定する見解が有力であったところ，前掲（注46））最判昭33・7・25が，離婚訴訟に関し，これを否定した。この取扱いが，人事訴訟一般に及ぼされるのかが問題となる（ジュリ人訴50頁参照）。これは成年後見人の選任がどれくらい迅速に行われるのかにも係ってくる問題であるが，人事訴訟が家裁に移管されたこととの関係で，職権によってでも成年後見人の選任が迅速に行われる下

46）　最判昭33・7・25民集12・12・1823（裁判例集Ⅰ-7，Ⅱ-9）が，身分行為が代理に親しまないことを理由に，法定代理説を排除して，職務上の当事者説を採用した。学説としては，山木戸・人訴104頁，兼子・体系160頁，三ケ月章『民事訴訟法』（有斐閣・1959）193頁，岡垣・人訴116頁が同様の根拠に基づき職務上の当事者説をとる。

47）　ジュリ人訴48頁〔高田裕成発言〕参照。なお，職務上の当事者との見解を妥当としても，これとは別に後見人または後見監督人による法定代理も許されるのではないかが問題となる。山木戸・人訴105頁はこれを認める。反対，岡垣・人訴117頁。

48）　岡垣・前掲注40）300頁。それでもなお，成年被後見人を当事者とし，すでに選任されている後見監督人等にも法定代理が許されるかの問題が残る。これを肯定する見解（山木戸・人訴105頁）と否定する見解（岡垣・前掲注40）302頁）がある。肯定，否定で実質的な訴訟追行にさほどの違いがあるわけではないが，管轄基準，忌避原因等の違いを考えると，成年被後見人に事理弁識能力が欠けている場合の処理を一本化して簡便を期することが望ましいと考え，後者を支持する。

地が十分に整ったことから，特別代理人の選任の必要はないとされる（ジュリ人訴 50 頁〔小野瀬発言〕参照)。一方の当事者が事理弁識能力を欠く常況にある場合，後見人ないしは後見監督人が慎重に訴訟追行するのが本筋であって，特別代理人を抜け道的に使うことは妥当でない。しかし，これが，離婚訴訟などは別としても，人事訴訟一般において，おおよそ許されるものではないのかといえば，なおその余地を残しておく方が原告の法的不安定の解消に資する場合があると考える。[50)]

5 審　理

(1) 序　説

財産法関係をめぐる民事訴訟においては，弁論主義，処分権主義が通用し，当事者に訴訟資料の収集が任され，訴訟の開始から終了に至るまで全般について当事者が主導権を握ることが原則である。これに対して，人事訴訟は，紛争

49)　人訴法 14 条に基づき法定代理人が訴訟追行する場合に，その地位をどのように解するかについては，代理説と訴訟担当説（職務上の当事者）とがある。人訴法の基本的立場は，あくまでも意思能力がある限り，本人の意思を尊重することにある。そうすると 14 条による訴訟における本人の関与形態は，代理説においては本人として，訴訟担当説によれば，共同訴訟的補助参加人としてということになるが，いずれの場合も，両者の訴訟追行内容に食い違いが生じる場合には，意思能力を有する本人の意向を優先的に尊重する形をとるべきと考える。本人の意思能力の個別的な判断を要することから，手続的規律として煩雑になることになるが，身分関係の規律の仕方としては，これを甘受してまで本人の意思を尊重するとの判断をしたものと理解すべきでではなかろうか。これに対して，人訴法 13 条と 14 条の関係を競合問題として捉え，この間の規律のあり方について精緻な議論を展開し，その結果むしろ本人が意思能力を有する場合にも法定代理人の代理権を肯定することの意義と手続規律のあり方から，本人の意思を尊重しながらも代理人の訴訟行為を優先すべきとするものとして，高田裕成「新人事訴訟法における訴訟能力の規律」家月 56 巻 7 号（2004）1 頁以下（特に 36 頁以下）参照。

50)　婚姻無効訴訟につき，これを認めた判例として，東京高判昭 62・12・8 判時 1267・37（裁判例集Ⅱ-10）がある。大橋眞弓・民訴百選〔第 5 版〕40 頁は，離婚，離縁訴訟における特別代理人の否定と身分関係の当事者本人の意思が問題とされない類型においてはこれを肯定する実務に賛成する。もっともそうすると，特別代理人により訴訟追行されている婚姻無効の訴えに離婚の反訴を提起する場合の処理をどうするのかの問題があるとする。

当事者の利益以外の関係者（例えば子ども）の利益や広く社会の利益（これらを総称して公益という）がこれにかかわる関係で，訴訟資料の収集を当事者のみに委ねることはせず，また請求の認諾，放棄，和解といった訴訟終了に向けての行為を自由に当事者に認めるべきではない（もっとも訴えの提起と訴訟物の特定は人事訴訟においても当事者が決める事項である)。そこで人事訴訟における審理原則には，民事訴訟とは異なる特性がみられる。以下において，その特徴を考察する。

(2) 民事訴訟法の規定の適用除外

人事訴訟においては，実体的真実主義が通用する関係から（大判昭10・1・22法学4・6・116参照），民事訴訟法の諸規定のうち弁論主義と結びつく形式的真実主義を表す規定の適用が除外される（人訴19条[51])。具体的には，まず当事者行為の懈怠的効果に関する，時機に後れた攻撃防御方法の却下等を規定する民事訴訟法157条は適用されない。これと関連して，審理計画が定められている場合に，定められた期間の経過後に提出された攻撃防御方法の却下を定めた同157条の2についても同様である。自白法則の不適用に関しては，擬制自白に関する同159条1項も除外され，同179条中当事者が自白した事実に関する部分が排除の対象とされている。本人尋問に関しては，その補充性に関する同207条2項，本人不出頭の効果として尋問事項に関する相手方の主張を真実と認める同208条，当事者が文書提出命令に従わない場合の効果に関する同224条，相手方が裁判所の筆記命令に従わない場合に関する同229条4項，審理の現状に基づく判決に関する同244条が排除されている。実体的真実主義をとる以上，相手方の訴訟における態度とのバランスで事実認定をすることは適切ではないからである。

51）弁論主義の排除，職権探知主義の通用は，実体的真実の発見の要請に基づくものであり，身分関係の持つ公益的性格に起因する。さらに人事訴訟における判決の対世効を直接的な根拠とする見解が存する（岡垣・人訴183頁，岡垣・研究176頁，小室直人「形成訴訟における処分権主義・弁論主義の制限」西原寛一追悼（上）（有斐閣・1977）348頁参照）が，身分判決の対世効は，実体的真実主義と関連するものであっても，職権探知主義によって対世効を直ちに正当化できるかは疑問である。本間靖規「身分訴訟における判決の対世的効力」龍谷法学19巻1号（1986）25頁，同『手続保障論集』（信山社・2015）275頁参照。

これらの規定の多くは，基本的には，旧人訴法 10 条，26 条，32 条 1 項に規定されていたところであるが（旧人訴法の沿革については，岡垣・人訴 184 頁，岡垣・研究 176 頁参照），裁判上の自白に関する規定を排除する旧人訴法 10 条 2 項を具体的な規定を挙げて特定していること（民訴 208 条・229 条 4 項），当事者尋問の補充性の適用を排除し（民訴 207 条 2 項），当事者の情報源としての重要性を前景に出していること，平成 15 年の民事訴訟法の改正により定められた，審理計画に反する当事者の主張に関する規律を排除していること，最初の口頭弁論における被告が欠席したときでも，さらに期日を定めることを要するとする規定（旧人訴 11 条）が削除されたこと[52]等が旧人訴法とは異なるところである。また，人事訴訟においては，訴訟対象の非処分性から請求の認諾，放棄，和解をすることができないことを原則としている（人訴 19 条 2 項，ただし離婚の訴えや離縁の訴えに関しては，例外が定められている。人訴 37 条・44 条。後述⇨第 6 章1(9)参照[53]）。

弁論主義の思想的根拠については，周知のように議論のあるところである（この議論についてはさしあたり，中野 = 松浦 = 鈴木 191 頁参照）。通説である本質説（私的自治説）によれば，弁論主義は，財産関係に関する私的自治の訴訟的発露であり，裁判手続においても当事者の自主性・自律性を尊重することを原則とするものであると説明される。そうとすると基本的に当事者の任意処分に服させず，実体的真実に見合った裁判がなされるべき人事訴訟においては，弁論主義は通用すべきでないことになる[54]。上記の法的規整は，このことを宣明するものである。逆に人事訴訟においては，職権探知主義がとられるべきとされる。

52）旧人訴法 11 条の趣旨は，婚姻事件の性格からして，被告が訴訟の存在を知らないままに不利な判決を受けることのないようにし，また弁論期日に出頭して弁論の機会を持ち，攻撃防御方法を尽させることにあった（岡垣・人訴 216 頁）。しかし，調停前置主義をとっていて，そこでは出頭の要請を行うのが通常であることと，訴訟に移行する際，参考事項の聴取を行うのであるが，それにより確実に出頭しないことがわかっているときでも結審することができないとする必要はなく，むしろその場合には迅速な処理をすべき場合があることが旧人訴法 11 条削除の理由である。ジュリ人訴 58 頁参照。

53）一問一答・人訴 86 頁参照。なお同書 86 頁によれば，和解の方式についての規定の適用は排除されていない。というのは，実務で行われていた事実上の和解，すなわち訴えの取下げと協議離婚の届出の合意を勧告するためなどの目的による和解の試みは，家事法下でも可能と考えてのことである。

(3) 請求の認諾，放棄，訴訟上の和解

人事訴訟の対象となる事件は，離婚，離縁事件を除けば，原則として当事者の任意処分を許さない性質を持つ。したがって裁判所としても，一旦訴えが提起された以上，実体的真実に見合った裁判をすることが要請される。そこで，人事訴訟法19条2項は，請求の認諾，放棄，訴訟上の和解に関する，民事訴訟法266条・267条の適用を排除している（人訴規14条も参照。なお，離婚，離縁事件については，任意処分性がないとはいえないことから，訴訟上の和解を含めて，基本的にこれらを認める立法上の手当てがなされた。人訴37条・44条）。旧人訴法では，このうち認諾のみが適用除外とされていたため，片面的職権探知主義ともあいまって，請求の放棄，和解について議論があった（詳細は，岡垣・人訴191頁，岡垣・研究183頁以下参照）。立法的にこれが認められた離婚，離縁事件を除けば，請求の認諾，放棄，訴訟上の和解は，原則として，認められない。残された問題としては，当事者の利益擁護を目的として，実質的に，権利者の任意処分を許すような場合，例えば詐欺・強迫を理由とする婚姻取消しのように，追認が認められる場合がある（民747条2項，離婚無効訴訟でも同じことが通用する。民764条）。この場合には，追認の効果は取消権の消滅であり，当事者の任意処

54）これと関連して，従来，本案についての終局判決言渡し後の訴えの取下げに伴う再訴禁止の規定（民訴262条2項）が人訴に適用になるかをめぐって争いがあった。大判昭14・5・20民集18・547（裁判例集Ⅱ-11）は，この規定の趣旨は，裁判所の下した判決が当事者にもてあそばれることを防止することにあることからすると，人事訴訟においてもその適用を除外する根拠はないとして，適用を肯定した（最判昭43・12・20判時546・69もその旨を前提問題の中で判示している）。従来は，人事訴訟が任意処分（実体法上の権利放棄）を許さない性質を有するものであることからして，適用を肯定すると訴え提起の機会が奪われてしまう関係で，上記の性質と矛盾することになるとして，適用を否定する見解が有力であった（山木戸・人訴117頁，三ケ月・前掲注46）433頁）。再訴禁止の根拠についての近時の議論は，国家の制度利用に関する制裁とは別に，紛争解決方法に関する当事者の選択と責任に求めるに至っているが，人事訴訟においても訴え提起に関しては処分権主義が適用になる以上，終局判決後の取下げは，紛争解決手段として，訴訟を利用しないとの当事者の意思のあわられとしてこれを尊重すべきことからすると，肯定説が妥当のように思われる。平成15年の人訴法制定に際して，人訴19条の対象から再訴禁止規定がはずされていることをそのように根拠付けることができる。他方で，離婚，離縁の訴えについては，訴訟上の和解，請求の放棄，認諾が認められることになったが，ここでは本来的に再訴禁止は肯定的に働くと考えてよい（岡垣・人訴208頁）。全体として，再訴禁止の適用を否定するまでもないと考えるべきである。

分に服するといってよく，請求の放棄も同一の効果をもたらすものであることからすると，これを認めない理由はないから，人事訴訟法においても 19 条 2 項の適用を免れると解すべきである（岡垣・人訴 197 頁，岡垣・研究 189 頁，192 頁参照[55]）。同じ理由で，この場合には，訴訟上の和解も許されるべきである。

(4) 職権探知主義

弁論主義の第二テーゼである自白の拘束力が排除されることは，人事訴訟法 19 条の規定するところである。同 20 条は，「人事訴訟においては，裁判所は，当事者が主張しない事実をしん酌し，かつ，職権で証拠調べをすることができる」として，弁論主義の第一，第三テーゼも排除されることを明らかにしている。このように人事訴訟においては，弁論主義は排除され，これに代わって職権探知主義がとられている。

ところで旧人訴法 14 条においては，婚姻，養子縁組事件に適用される職権探知主義は片面的なものであった。すなわち職権探知は「婚姻ヲ維持スル為メ」という片面的方向でのみ使われ得るとされていた[56]（検察官の関与についても同様の規定があったことは後述のとおりである。旧人訴 6 条。また本条は旧人訴法 26 条で養子縁組事件に準用されていたが，親子関係事件には準用されていなかった。旧人訴 31 条参照）。この片面的職権探知主義の解釈をめぐっては議論があった[57]。すなわち，本条は協議離婚を認めなかったドイツ 1877 年の民事訴訟法の規定を継受したという沿革を持つものであるが，これが協議離婚を認める日本のシステムと合わないこと，また，婚姻を維持する方向に資するかは証拠調べ（例え

---

55)　松本・人訴 195 頁は，請求の放棄が調書に記載された場合，既判力が生じ，当事者はその後，例えば離婚の訴えを提起することを失権するのは不当として，請求の放棄を認めることに反対する。しかし失権効（人訴 25 条）をどこまで厳格に解すべきかの問題はあるが，その趣旨がこの場合にも及ぶと考えてもよいのではないだろうか。

56)　本条は，旧人訴法の前身をなす，婚姻事件等規則 10 条を受け継いだものであるが，同条は，1877 年のドイツ民事訴訟法（CPO）581 条を範としたものであった。しかし協議離婚を認めないことを前提にその潜脱を防止することをねらいとするドイツの法規整は，協議離婚を肯定する日本においては十分な根拠を有するものとはいえないことから，本条について，解釈論としては，文言にこだわらず，双面的な職権探知を認める見解が有力に主張されていたところである。岡垣・研究 146 頁参照。

57)　立法段階からすでに議論のあったところである。特に梅謙次郎が片面的職権探知主義について疑問を呈していたことにつき，岡垣・研究 358 頁，371 頁参照。

ば証人尋問）をしてみなければわからないという実際上の事情もあって，本条に対しては批判のあるところであった。平成15年人事訴訟法により，職権探知の片面性が否定されることになったのも，こういった議論の成り行きからは理解できることである。しかし立法当時とは社会的背景に違いが生じているドイツにおいて，現在もなお「婚姻を維持するため」という規定は削除されておらず（ドイツ旧ZPO 616条2項3項・640d条，現FamFG127条2項，また同177条1項は，嫡出否認訴訟における父子関係の維持に役立つ限りで当事者の主張しない事実をしん酌することができるとする），しかもその現在における意義については，日本にも参考になることがある。そこでは「婚姻を維持するに資する」という片面的職権探知主義が依然として採られているが，その趣旨は，当事者の私的領域では，原則として自己決定権を尊重すべきであり，裁判所が介入することにはできるだけ謙抑であるべきとの思想に基づく[58]。具体的には原告ですら主張していない事実を認定して離婚を認容できるのは，原告に異議がない場合に限るというかたちで解釈されていたところ，現FamFG127条2項によりこれが立法化された。こういった基本的思想は，日本でも通用すべきであろう[59]。

問題は，それを象徴する規定として，片面的職権探知主義を残すかということであったが，結局，そのような裁判所の謙抑は，双面的職権探知主義の下でも十分に配慮できることであるし，DV事件等を考えると婚姻を維持する方向を積極的に評価することに問題があるとして，片面的職権探知主義は削除されることになった。上記の思想は，双面的職権探知主義の中で尊重されるべきことになったのである。すなわち弁論主義と職権探知主義は，純粋理念型としては対概念であるものの，現実の審理においてはさまざまな中間形態があり，その意味で完全に対立する審理方式ではなく，職権探知主義をとったからといっ

58） 本間靖規「大阪弁護士会『家事事件審理改善に関する意見書——家事審判法・人事訴訟法改正へ向けての立法提言』について」判タ1045号（2001）17～19頁参照。ドイツにおける立法の変遷を含めた詳細な研究として，畑瑞穂「人事訴訟における職権探知主義について」家月56巻3号（2004）1頁以下がある。なお，自己決定権は原則であるが，子どもの福祉等当事者以外の関係者の利益を考慮しなければならないことに鑑みて，これにも限界があることは当然である。

59） 当事者が一定の主張を控えている場合に，その事実に基づいて離婚原因を認定することや，また職権による証拠調べが許されるといっても，当事者の意向を無視して，例えば離婚訴訟において当事者の親の証人尋問を行うということは避けるべきである。

て，これについて裁判所は当事者の意向と関係なく真実発見に努めるという理解をすることは，特に人事訴訟では誤解につながる。その意味で当事者の意向を十分に反映しながらの職権探知という，原理原則からは一見矛盾するように思われる繊細な審理がここでは要求されることになる[60)]。なお，職権探知の一環として，訴訟において家裁調査官を使うことが，立法段階では議論されたが（過酷条項や裁量的棄却事由の適用に際して，子どもの意向を調査する等），結局，審判事項に限って調査命令が出されることになったため，この点は否定された（人訴 34 条）。

なお，本条により職権探知を行う場合，「裁判所は，その事実及び証拠調べの結果について当事者の意見を聴かなければならない」（人訴 20 条後段）。これは旧人訴法から引き継いだ規定であるが，職権探知の結果について，当事者に

60）　審理方式としての当事者主義（弁論主義）と職権主義（職権探知主義）とは対概念であるとされるのが一般であるが，現実の審理においては，全く正反対の審理方式であるとはいえない。特に，協議離婚や協議離縁を認めている日本の法制の下では，これが訴訟になった場合でも，弁論主義で審理するとの法制をとることも十分に可能である。それにもかかわらず，人事訴訟法が職権探知主義を採用したのは，いわゆる裁量的棄却事由や過酷条項の審理においては，当事者に主張証明を委ねることが適当ではない場合があるからである。したがって全体としては職権探知主義をとりながらも，基本的には当事者主義で審理を進めるという理論的にはきわめて曖昧な審理方式が実際には行われることになる。もっとも近時は，弁論主義と職権探知主義とを相対化して，新たな審理方式を開発するための理論的な研究が行われるに至っている。山本和彦「狭義の一般条項と弁論主義の適用」広中俊雄古稀（創文社・1996）88 頁以下は，弁論主義・職権探知主義の相対化の下，弁論主義・職権探知主義を含めた多様で緩やかな審理方式を構想する職権顧慮主義の提唱をする（89 頁）。山田文「職権探知主義における手続規律・序論」法学論叢 157 巻 3 号（2005）1 頁は，職権探知主義に関し，裁判所の裁量性を前提としてこれをコントロールする，すなわち裁量性の限界（義務性）を見出す理論の構築を目指すもので，弁論主義との関係の流動化を示唆する点で同様の方向を示すものである。これに対して，松本・人訴 62 頁以下は，職権探知主義と弁論主義の違いを際だたせ，弁論主義との違いを相対的なものとする見解を批判する（したがって本書のように両者が完全に対立する審理方式ではないとの考え方も批判の対象となっている。同 63 頁注 37）。すなわち職権探知主義の下では，主張責任や証拠提出責任は存在しないのであって，裁判所の事案解明義務に裁量性を認めることは自己矛盾としてこれを否定する。その上で離婚訴訟における離婚原因や離縁訴訟における離縁原因のように当事者の私益のみが問題となる事項については，当事者が主張しない具体的な事由については解明義務を負わないとする。本文で述べた筆者の考え方は，離婚（離縁）原因についての審理は弁論主義に倣って行うことでよいとしても，裁量的棄却事由や過酷条項など弁論主義に委ねるに適さない事項が含まれるため，全体としては職権探知主義をとったとするものであるが，両者の関係を理論的に突き詰めて検討する作業がなお残されている。

知らせ，防御の機会を保障することによって，職権探知による不意打ちを防止することを目的とするものである。当事者としては，その内容を知り，必要に応じて防御方法を講じる機会を保障されることで足り，これを現実に行使するかしないかは当事者の判断に委ねられることになる。もしその機会を保障されなかったときには，当該事実を主張されたものと取り扱い，または証拠調べの結果を事実認定に利用することは許されないことから，結局，判決に影響を及ぼす明らかな法令の違反となり，破棄事由となる（民訴325条2項，一問一答・人訴88頁。岡垣・人訴236頁も参照）。

職権探知主義は，裁判所に資料の収集をすべて委ね，当事者は動かないという審理方式ではない。職権探知主義による場合であっても，当事者の手続主体性に変わりはなく，当事者には十全の手続保障がなされべきることからしても，また当事者は事件についての情報を有し，これを提供することによって判断材料を豊富なものとする，さらには早期の情報提供によって訴訟を促進する役割が課されている。職権探知主義の下，当事者には手続協力義務があるといわれるゆえんである。そこで審理の進め方としては，実体法の定める法律要件によって職権探知の範囲が方向付けられながらも，当事者の提供する主張や証拠を判断材料にして，必ずしもこれだけに拘束されることなく，ときには探知の範囲を当事者の主張する事実以外の資料に拡張しながら（ただし，当事者の自己決定権に配慮する必要があることは前述のとおりである），手続の進行を図ることになる。当事者から探知のきっかけとなる資料が提供されないことが，職権探知を限界付けることはあるが，事実の詳細を当事者が主張しないことを理由に探知を行わないことが常に正当化されるわけでもない。その意味で裁判所は，適用条文の要件事実や当事者の主張を手がかりにして事案の解明に努める義務を負う。逆に当事者は事実関係の解明に協力する義務，さらには相手方の主張の重要な点について自らの意見を表明する義務を負うのであり，裁判所が事実関係の解明のために職権であらゆる可能性を追求してくれるものと安易に期待することは許されない[61]。

(5) 当事者本人の出頭命令等

人事訴訟においては，情報源としての当事者本人の尋問が重要な意味を持つことが少なくない。そこで裁判所は，その必要を認めたとき，当事者本人に対し，期日に出頭を命ずることができるとした（人訴21条1項，人訴規15条）。民事訴訟において，当事者の出頭を命ずることができるのは，①訴訟関係を明瞭にするため必要があると認めるとき（民訴151条1項1号），②証拠方法として当事者本人の尋問が必要なとき（民訴207条1項）である。特に後者では，当事者本人の尋問が補充的なものであること（同条2項）が原則となっているが，これについては，人事訴訟法19条でこの規定の適用が排除されている。これを前提にして，職権探知の一環として当事者本人の尋問を行うため，出頭を命ずることができるとされているのである。なお実体的真実主義をとる人事訴訟においては，不出頭や宣誓，陳述の拒否の制裁である，相手方の陳述を真実と認めることができるとの規定も排除されていること前述のとおりである（人訴19条）。虚偽の陳述に対する制裁を定めた民事訴訟法209条は，人事訴訟法19条で排除されていない。人事訴訟法21条は，基本的には，旧人訴法12条を引き継いだものであるが，当事者本人を尋問することができるという部分は，民事訴訟法207条と重複する関係で削除され，また，不出頭に対する制裁に関しては，過料，罰金，勾引を規定した民訴192条～194条が適用になると具体的に指示している点で違いがある（一問一答・人訴89頁参照）。

(6) 離婚訴訟，離縁訴訟における手続の中止規定の削除

旧人訴法においては，「和諧ノ調フヘキ見込アルトキハ裁判所ハ職権ヲ以テ一回ニ限リ一年ヲ超エサル期間離婚ノ訴ニ関スル手続ヲ中止スルコトヲ得」と規定していた（旧人訴13条・26条）。この規定は，一時の感情に駆られて離婚の訴えを提起したものの，その感情が沈められて冷静に話合いができる状態になったのであれば，これにより解決を図ることが望ましいとの考慮に基づくものであった。しかし，この規定が設けられて後に，調停前置主義がとられるようになり（家審18条，家事257条1項），なおかつ裁判所は離婚事件をいつでも

---

61)　本間靖規「非訟事件手続・家事事件手続における裁判所の役割」法時83巻11号（2011）20頁，同「職権探知主義について」井上治典追悼（法律文化社・2008）121頁，同「非訟事件手続における職権探知主義に関する覚書――ドイツ法を中心に」法政論集（名古屋大学）223号（2008）337頁，なお非訟事件手続における職権探知主義に関しては，髙田昌宏「非訟手続における職権探知の心理構造」曹時63巻11号（2011）1頁で詳細に論じられている。

職権で調停に付することができる（家審19条1項，家事257条2項）。この場合には，調停が終了するまで訴訟手続を中止することができるのであるから（家審規130条，家事275条），あえて本条を維持するまでもないと判断され，削除されるに至った[62)]。

(7) 審理手続における公開停止

(a) 公開停止の必要性

離婚，養子縁組や認知等の親子関係をめぐる人事訴訟においては，当事者間の私生活上の重大な秘密にかかわる事項が審理の対象となることがある。この手続が公開の法廷で行われるときは，当事者や証人等の第三者にとって，心理的に苦痛を伴う陳述を強いられることになり，いきおい，真実が顕出されない可能性が生じる。実体的真実を探求して適正な裁判を行うために，職権探知主義を採用している人事訴訟において，このような事態は決して好ましいことではない。まして公開法廷での陳述を嫌って訴え提起を断念するようなことがあれば，裁判を受ける権利が侵害されかねない状況となる。また，そのために家事調停に不本意ながら応じざるを得ないとすれば，まさに本末転倒であろう。このように当事者の深い私生活上の秘密にかかわる可能性を持つ人事訴訟においては，審理が公開されることによって，かえって真実が訴訟に顕出されず，これが適正を欠く，誤った裁判につながることに鑑みて，審理の公開停止の必要性が説かれてきた[63)]。人事訴訟法22条1項は，このような要請に応えるために規定されたものである。

(b) 人事訴訟法22条と憲法82条との関係

憲法82条1項は，「裁判の対審，判決は公開の法廷でこれを行う」と規定している。裁判の公開は憲法上の要請であり，その趣旨は，裁判を一般に公開し

---

62) 一問一答・人訴113頁，岡垣・人訴230頁参照。なお，ジュリ人訴57頁，104頁〔小野瀬発言〕には，本条の存在が離婚訴訟における訴訟上の和解を否定する論拠とされていたところ（三ケ月・前掲注46）446頁，岡垣・人訴202頁），離婚訴訟では訴訟上の和解を認めたこと（人訴37条）との関係で本条が削除されたことが指摘されている。

63) 西岡・前掲注1）9頁参照。

て裁判が公正に行われることを制度として保障し，ひいては，裁判に対する国民の信頼を確保することにあるとされる（最大判平元・3・8民集43・2・89）。審理の公開が裁判の公正を保障するゆえんであるとすれば，公開がかえって裁判の公正を損ね，国民を裁判から遠ざけることになりかねない場合には，公開が制限されることが正当化される。その際，周知のように，これを憲法価値の衝突とみて憲法32条で基礎付けるのか[64]，憲法82条の解釈で行うべきか議論されている（伊藤眞「営業秘密の保護と審理の公開原則(上)(下)」ジュリ1030号（1993）79頁，1031号（1993）82頁参照）。立法段階での議論は，主として後者の方向での解釈，すなわち憲法82条の解釈として，裁判の公開によりかえって適正な裁判が行われなくなると認められるという極限的な場合でもあくまで公開を要求しているわけではないとの認識の下，公開が誤った身分関係の形成または存否の確認につながるおそれがある場合には，憲法82条2項にいう「公の秩序……を害する虞がある」場合に該当することから，これを具体的に要件化して示したのが人事訴訟法22条と理解することに収斂した[65]。その結果，憲法82条2項の制約から，公開停止が認められるのは，証拠調べ手続において，当事者，第三者に対する尋問の対象が「人事訴訟の目的である身分関係の形成又は存否の確認の基礎となる事項であって自己の私生活上の重大な秘密」であるため，「当該事項について陳述することにより社会生活を営むのに著しい支障を生ずることが明らかであることから当該事項について十分な陳述をすることができず，かつ，当該陳述を欠くことにより他の証拠のみによっては当該身分関係の形成又は存否の確認のための適正な裁判をすることができないと認めるとき」と適用される場面が限定されている[66]。すなわち，憲法82条2項が直接適用さ

64）　中野貞一郎「憲法と民事訴訟」『民事訴訟法の論点Ⅰ』（判例タイムズ社・1994）14頁参照。なお，市民的及び政治的権利に関する国際規約（いわゆる国際人権Ｂ規約）14条1項には「当事者の私生活の利益のため必要な場合において又はその公開が司法の利益を害することとなる特別な状況において裁判所が真に必要があると認める限度で，裁判の全部又は一部を公開しないことができる」と規定しているが，これを具体化して公開を制限できる場合を規定する作業の必要も説かれている。鈴木重勝「国際人権規約と民事裁判の公開制限」小林孝輔還暦（学陽書房・1983）502頁以下。私見は中野説に賛意を表する。

65）　一問一答・人訴92頁，同書282頁「人事訴訟法案要綱案第五の四3（一）についての補足説明」も参照。公開停止と憲法82条との関係については，吉岡＝長谷部100頁参照。

れる場合は別として，少なくとも本条の適用により，口頭弁論が公開を停止して行われることはなく，また，例えば一般公衆や他の身分関係者の前で尋問を受けることは避けたいという当事者の主観のみでは公開は停止されない。さらに，当該事項に関しては，他の証拠だけでは適正な裁判をすることができず，上記の内容を含む尋問が不可欠である場合に限って，公開が停止される。

(c) 公開停止の及ぶ範囲――関連損害賠償事件との関係

人事訴訟法22条1項は，「当該人事訴訟の目的である身分関係の形成又は存否の確認の基礎となる事項」についての尋問のみを対象とするものであるから，人事訴訟と関連損害賠償請求とが併合される場合，後者はこれに含まれないことになる。併合して審理されている関係で，実務上は，口頭弁論の制限を使って（民訴152条1項），弁論を人事訴訟に限った上，尋問を行うことになる（一問一答・人訴95頁参照）。

(d) 公開停止の手続

当事者，代理人，第三者証人を尋問する際の公開停止に関して，当事者等にはこれを要求する権利があるわけではないが，実際には当事者等の申出により裁判所がその必要性を判断することになろう。ただ，裁判所はこの決定をするに当たっては，あらかじめ，当事者等および証人の意見を聴かなければならない（人訴22条2項）。公開法廷で尋問を受けることが，当事者等に心理的圧迫になって十分な陳述ができないかどうかは，当事者によって異なる問題であり，当該当事者が公開を望む場合に，これを制限する必要はない。したがって，人事訴訟法22条1項の要件の下，公開法廷での尋問が適正な裁判につながらない可能性があるかどうかの判断には，当事者の意見が大きく左右すると思われる。そこで決定に際し，裁判所に，当事者の意見を聴くことを義務付けたのである。当事者の意見を聴く手続は，決定手続における審尋と同様の取扱いがなされ，それ自体は公開の必要がないと解すべきである（ジュリ人訴67頁〔小野

66）一問一答・人訴98頁によれば，具体例として，離婚原因にかかわる夫婦間の著しく異常な性生活や，離縁原因にかかわる養父から養子への著しい性的虐待等が尋問事項となる場合が挙げられている。

瀬発言〕参照)。なお，裁判所が公開を停止して尋問を行う場合，公衆を退廷させる前に，その旨を理由とともに言い渡さなければならない。また当該事項の尋問が終了したときは，再び公衆を入廷させなければならない（人訴22条3項)。これは憲法82条2項により，公開を停止する際の一般的手続を定めた裁判所法70条を具体化し，かつ，人事訴訟法22条の公開停止は，尋問の終了とともに失効する関係で，尋問終了時における公衆の入廷を定めたものである（一問一答・人訴102頁参照)。

(e)　公開停止決定に対する不服申立て――特別抗告の可能性

人事訴訟法22条による公開停止決定に対する不服申立てについては，憲法82条2項による場合と同様，独立の不服申立ては認められず，終局判決に対する上訴によりこの点の当否も争うことができると解される。問題は，特別抗告の可否であるが，この点については，立法的決断はなされず，民事訴訟法336条の解釈に委ねられた（一問一答・人訴99頁)。独立した上訴は認められないものの，公開停止をめぐる最終的な憲法判断を上告審で受ける道が開かれていることを考えると，中間段階で特別抗告を認める必要性は乏しく，かつ，これにより訴訟が遅延することを防ぐために，これを認めるべきではないと考える（石田96頁，反対，三木浩一「人事訴訟手続に関する最近の立法をめぐる諸問題」家月56巻8号（2004）21頁)。

(f)　公開停止の場合の記録の閲覧

公開を停止した際の訴訟記録の閲覧に関しては，民事訴訟法91条2項が適用され，当事者および利害関係を疎明した第三者に限り，訴訟記録の閲覧を請求することができる。秘密保護のための閲覧の制限に関する民事訴訟法92条に基づいて，当事者の申立てがあれば，記録を閲覧できる者を当事者に限ることができる（一問一答・人訴100頁参照)。

6 検察官の一般的関与

検察官の民事訴訟への一般的関与については，明治23年の旧々民事訴訟法の規定するところであったが（旧々民訴42条1項），通常訴訟に関する右規定は，大正改正に際して削除された[67)]。これに対して，人事訴訟における検察官の一般的関与は，明治21年に上程審議された民事訴訟法草案（明治21年）第6編『婚姻事件及ヒ禁治産事件・第一章婚姻事件ノ訴訟手続』にその原型を見出すことができる。これは，その後，民事訴訟法から切り離されて，明治23年に制定された『婚姻事件等規則』2条に受け継がれることになる。この規則は，旧民法・人事編の付属法典として明治26年1月1日より施行されたが，旧民法典の施行延期，廃止と命運をともにして廃止された。しかしこれが明治31年制定の人事訴訟手続法の規定の中に採り入れられ（旧人訴5条・6条・26条・31条1項・32条。このうち，親子関係事件においては，職権探知が双面的であった），平成15年制定の人事訴訟法においても命脈を保つことになった（人訴23条[68)]）。もっ

67）検察官の立会いに関する明治民事訴訟法成立までの議論については，鈴木正裕『近代民事訴訟法史・日本』（有斐閣・2004）2頁，37頁，47頁，167頁，222頁参照。大正改正で民事訴訟における検察官の一般関与の規定（旧々民訴42条1項，旧裁判所構成法6条1項が廃止されたため，これに代わる昭和22年検察庁法4条が制定された）が削除された。これに対して，人事訴訟手続法においては，明治31年制定当初から，検察官の当事者としての関与（旧人訴2条3項・26条・32条2項）と一般的関与（5条・6条・26条・32条1項。ただし5条のみ準用）が残されて，現行法（人訴12条3項・23条）に至っている。日本の立法史においては，明治19年6月テッヒョウが作成した訴訟法草案（これについては，鈴木(正)・前掲35頁以下参照）を基礎として法律取調委員会で審議修正の上，明治21年9月19日に上提された民事訴訟法草案・第6編婚姻事件及ヒ禁治産事件・第一章婚姻事件ノ訴訟手続で，口頭弁論ならびに受命受託判事の面前での審問への検事の立会いの規定が置かれていた。その後，婚姻事件および禁治産事件は，民事訴訟法から切り離され，明治23年法律第104号『婚姻事件等規則』が成立したが，その2条で検察官の一般的関与が定められた。この規則は，旧民法，旧商法とともに法典論争の中で廃止されたが，これに代わり人事訴訟手続法草案（4条）を経て，制定された明治31年の『人事訴訟手続法』に規定が引き継がれることになった（旧人訴5条）（岡垣・研究121頁）。この規定に影響を与えたのは，1877年のドイツCPO 569条であることは疑いない（岡垣・研究114頁参照）。ドイツにおいては，1998年の改正により，検察官の一般的関与の規定（旧ZPO 637条）が削除された。

とも旧人訴法においては，検察官の弁論への立会い，意見陳述は義務的とされ（旧人訴5条1項），受託，受命裁判官の審問への立会いは，その権能とされていたのに対し，現行人事訴訟法においては，検察官の立会いないし意見陳述は，裁判所がその「必要があると認めるとき」に限定して行われることとされ，裁判所または受命，受託裁判官の裁量に委ねられている（人訴23条1項[69]）。また旧人訴法においては，事実および証拠方法の提出が，「婚姻ヲ維持スル為メ」（旧人訴6条）として，片面的なものとされていたところ，現行法では，そのような制限は付せられていない（人訴23条2項[70]）。

検察官の立会いは，公益上の必要に基づくものである。すなわち身分関係は，社会における一つの単位としてその基盤をなしていることから，当事者の利益を超える要素が潜在し，それゆえこれに関する訴訟においては職権探知主義が採用され，判決効も対世的に及ぶとされる（人訴24条）。検察官の一般的関与もその一環として位置付けられる。すなわち検察官には，公益の代表者として職権探知を補充し，真実発見，裁判の適正に寄与することが期待される。しかし，従前から指摘されていたことであるが，検察官がこの権限を十全に行使す

68）沿革については，岡垣・研究113頁以下参照。なお日本のこの規定については，当時のドイツ民事訴訟法569条以下が影響を与えたものであることは疑いないが，さらに沿革を辿るとフランス法を模範としたものであることがわかっている。岡垣・研究116頁，鈴木・非訟家事99頁以下参照。明治初期におけるフランス法の浸透ぶりについては，鈴木（正）・前掲注66）18頁参照。フランスの現行民事手続におけるの検察官の役割に関しては，安見ゆかり「フランスの検察官の民事の事件における関与について」民訴49号（2003）202頁参照。なお非訟事件手続法にも検察官の権能としての立会権を認めた規定がある（非訟旧15条，現40条）。

69）旧人訴法時代も，検察官の立会い，意見陳述は，検察官に対する職務上の義務があることを宣明するものに他ならず，立会いが手続的要件をなすものではないから，検察官の立会いなしに審理・判決することを妨げるものではないと解されていた。大判大9・11・18民録26・1846，岡垣・研究127頁参照。

70）平成15年人事訴訟法においては，すべての人事訴訟事件につき，職権探知主義（人訴20条）の方法も片面的なものから双面的なものへと変更された。片面的職権探知主義については，以前から批判のあったところであり，これに応える形で改正がなされたわけである。解釈論としても，「婚姻（ないしは養子縁組）関係を維持するために」の文言は職権探知の趣旨が公益ないしは真実探求のためであることを示したにとどまり，日本においてはそれほど深い意味はないとして，親子関係と同様の審理をすべしとの見解が有力であった。平賀健太「人事訴訟」民事訴訟法学会編『民事訴訟法講座Ⅴ』（有斐閣・1954）1308頁，岡垣・研究148頁，岡垣・人訴144頁，山木戸・人訴121頁参照。反対，注解人訴175頁〔佐々木吉男〕。

るためには，それなりの陣容の整備を要するにもかかわらず，これが期待できない状況にあるため，この権能は久しく行使されずにいる（岡垣・研究151頁以下，157頁参照。非訟事件に関して，鈴木・非訟家事126頁参照）。そのため立法論としてこれを廃止すべきであるとの議論が存したことは周知のところである。それにもかかわらず平成15年人訴法では，公益の代表者たる者の関与の可能性を残しておく必要から，検察官の一般的関与の規定を存続させた。しかし今後，前述の条件が整備されて，検察官が実質的に公益代表として人事訴訟に関与する可能性が大いにあるとは思えない[71]。他方で，例えば子どもの利益が父母間の訴訟に係っている場合に，子どもの利益を手続上反映させる制度[72]が整備される必要がある等，公益の意味を具体化した上で，これを実質的に実現するための手続的手当がなされる必要があるように思われる。これを検察官に期待することができるのか，平成15年の人事訴訟法の制定後もなお立法論的検討を要するように思われる（家事非訟事件手続においては，裁判所と児童相談所等の他機関との連携の必要性が謳われているが，人事訴訟においてその必要がないのか，どの機関とのどのような連携が必要か，FPIC（公益社団法人家庭問題情報センター）など民間の機関などを含めてこれを検討すべきように思われる）。

検察官の立会いが義務ではなく任意的となった関係で，旧人訴法にあった事件および期日の検察官への通知は，裁判所が検察官の立会いを必要と認めるときにのみ行うとされている（一問一答・人訴104頁）。したがって以前に議論があった，通知がなされなかった場合の手続上の瑕疵の問題（責問権や上告受理理由との関係，岡垣・研究132頁参照）は，基本的に，もはや生じないことになった。

71）検察官が，当事者としてではなく，一般的関与のために立ち会って，意見を陳述することはまったくない状況であることは，つとに指摘されていたところである。鈴木・非訟家事113頁以下，岡垣・研究155頁以下参照。近時の状況も同様である。法制審議会民事・人事訴訟法部会第3回議事録で，平成13年4月1日から9月30日までの調査結果が報告されているが，一般的関与はゼロ件である。

72）例えばドイツの手続監護人の制度等。佐上善和「ドイツの世話事件における事件本人の手続能力と手続監護人について」原井龍一郎古稀（法律文化社・2000）204頁，本間靖規「家事審判と手続保障」吉村徳重古稀（法律文化社・2002）110頁参照。なお手続監護人の運用実態については，遠藤隆幸「ドイツにおける手続保護人（Verfahrenspfleger）制度の運用実態と今後の課題」比較法雑誌36巻4号（2003）57頁以下参照。なお手続監護人の制度は，現行FamFG191条で手続補佐人（Verfahrensbeistand）にとって代わられている。

検察官が一般的関与として立ち会い，意見陳述（事実および法律上の主張）を行う場合，検察官は当事者ではないが，その権限に基づく事実の提出は当事者がなす弁論と同一の取扱いとなる。したがって口頭弁論期日においてこれを行う。証拠の提出についても当事者がするのと同じく民事訴訟法に従って行い，提出の効果もこれにより規律される（大判明39・5・15民録12・828，岡垣・研究145頁）。以上のことから，検察官が当事者となる場合と一般的に関与する場合とでは，厳密にいえばその趣旨は異なるにもかかわらず，実際上の意味に違いはなく，すでに当事者となっているのであれば（人訴12条3項），一般的に関与する必要はない（岡垣・研究128頁）。検察官が当事者の地位につく場合でも，公益の代表であることに変わりはなく，訴訟追行が党派的になることはないからである。検察官が一般的に関与する場合の訴訟上の地位について，実質的に訴訟当事者たる地位を与えられると考えるか（平賀・前掲注70）1305頁），補助参加人に類する従たる当事者の地位と考えるか（山木戸・人訴113頁）によって実質的な違いはない。なお，検察官の一般的関与は職権探知の一環として行われる以上，検察官の事実の主張や証拠の申出の結果については，当事者の意見を聞かなければならない（人訴20条，一問一答・人訴104頁参照）。

7　判　決

(1)　判決一般

人事訴訟は，通常，判決によって終了する。判決のうち，訴訟の全部または一部をその審級につき終了させる効力を持つ判決は，終局判決と呼ばれる。判決は，他の裁判形式である決定や命令とは異なり，裁判所が原則として必要的口頭弁論に基づき，かつ，判決書の原本に基づいて言い渡すことが要求されている裁判である。

人事訴訟においても，民事訴訟の一般原則に従い，裁判所は，訴えが訴訟要件を具備し適法であるときはじめて請求認容または請求棄却の判決をなすことができ（本案判決），訴えが不適法であれば，判決をもって訴えを却下しなければならない（訴訟判決。民訴140条）。人事訴訟における本案判決は，人事訴訟の多くが形成の訴えであることから（例えば，婚姻取消しの訴え，離婚の訴え，嫡出否認の訴え，離縁の訴え），請求認容判決は，多くの場合，形成判決である。このほかに，人事訴訟は，確認の訴えの場合もあり（例えば，親子関係存否確認の訴え），そこでの請求認容判決は確認判決である。それに対し，人事訴訟の請求棄却判決は，その訴えが形成の訴えであれ確認の訴えであれ，確認判決である。

人事訴訟の判決に関する手続は，一切，民事訴訟法による。したがって，訴訟が裁判に熟するときには，裁判所は口頭弁論を終結して（民訴243条1項），判決を成立させる手続に入る（その手続については，民訴249条以下参照）。裁判所は，判決内容を確定し，ついでその内容を表示する判決書（民訴253条）を作成し，これに基づいて判決の言渡しをする。言渡しによって判決は確定的に成立し（民訴250条），判決の正本が当事者に送達される（民訴255条）。

なお，人事訴訟のうち，婚姻取消しの訴えや離婚の訴えにおいては，裁判所は，これらの訴えに係る請求を認容する判決をする際，その夫婦間に未成年の子があるときは，職権をもって判決主文でその子の親権者を指定しなければならない（民819条2項・749条，人訴32条3項）[73]。

(2) 判決の効力

(a) 一　般

判決は，裁判所が一旦言い渡せば，撤回したり変更したりすることは原則として許されない（自己拘束力・自縛性（民訴256条以下参照））。また，判決は，当事者が通常の不服申立ての手段（上訴，上告受理の申立てなど）によってそれを争うことができなくなれば，その訴訟内では取り消される機会がなくなる。このような状態になるのを判決の確定といい，この状態を形式的確定力ともいう。判決が確定すると，その判決における訴訟物に関する判断には，同一事項がふたたび問題となったときには，当事者はこれに矛盾する主張をしてその判断を争うことは許されず，裁判所もその判断に矛盾抵触する判断をすることが許さ

---

73) 離婚・婚姻取消しの判決で親権者指定を脱漏した場合には，親権者指定が離婚等と同時に判決主文に掲げて言い渡すべきものであり，裁判の脱漏（民訴258条）と同視されるという理由で，裁判所は，職権で親権者指定の追加判決をすべきとするのが実務の立場である（人訴実務96頁）。

れなくなるという効果（既判力）が生じる。また，給付判決が確定した場合には，裁判で命じられた給付内容を実現するために強制執行手続を利用できる効力が与えられ（執行力），形成判決が確定すると，権利関係の変動の効果が生じる（形成力）。人事訴訟事件における判決の効力も，特則によって確定判決に対世的効力（人訴 24 条）および失権的効果（人訴 25 条）が認められているほかは，一般の民事訴訟事件における判決と同様である。[74)]

(b)　判決効の客観的範囲

人事訴訟における確定判決も，通常の民事訴訟におけると同様，主文に包含するものに限り既判力を有する（民訴 114 条 1 項）。したがって，例えば，婚姻取消しの訴えにおいて，それぞれの事由ごとに別個の取消権が認められ請求が別個であると解すれば（旧訴訟物理論），確定判決の既判力は，当事者間でも当該請求，すなわち訴訟物である特定の原因に基づく取消権（取消原因）についてのみ生じるのに対し，婚姻の取消しを求める地位を訴訟上の請求と解すれば（新訴訟物理論），婚姻取消しを求める地位について生ずることになる。[75)] いずれにしろ，次に述べる判決効の主観的範囲とは異なり（人訴 24 条参照），既判力の客観的範囲については，通常の民事訴訟の場合と異ならない。[76)77)]

---

74)　人事訴訟事件には，給付判決の性質を有するものは存しないから，その限りで執行力は問題にならない。判決に基づく戸籍訂正は，広義の執行力に属する。ただ，関連損害賠償請求を認容する判決や，附帯処分として財産分与に関する処分を命じたり子の引渡しを命じたりする判決には執行力が認められる。以上につき，山木戸・人訴 136 頁注 2，松本・人訴 247 頁参照。

75)　松本・人訴 148 頁以下，312 頁は，いわゆる二分肢説を基礎に，婚姻取消しの訴えの訴訟物を，一定の事実関係に基づく婚姻取消請求権の主張と捉えるので，原告の主張する取消原因によって事実関係が異なる限り，訴訟物は異なるとする。

76)　ただし，人訴 25 条の失権効を既判力作用として捉える見解に従えば，その限度で既判力の客観的範囲が拡張されているとみる余地が存在する。後述⇨(d)(エ)「失権効の根拠と法的性質」。

77)　松本・人訴 249 頁以下は，対世効を有する人事訴訟の判決の特殊性から，例えば認知の訴えで，裁判所が，被告である男性が子の父であるか否かについて真偽不明のため請求を棄却する「証明責任判決」をした場合，この判決の既判力は，被告男性が子の父でないことを確定せず，被告が父であるともないとも確定されないという結果以上には既判力は生じないとして，証明責任判決の既判力を制限する。

(c) 判決の対世効（対世的効力）

(ア) 対世効とその根拠

民事訴訟では，確定判決の効力は，訴訟当事者にのみ及ぶのが原則である（判決の相対効の原則。民訴115条1項参照）。これは，自らの訴訟行為によって判決の内容に影響を与えることのできた当事者にのみ判決効を及ぼし，手続と判決内容に影響を与えることができなかった第三者には判決効を及ぼさないということを意味する。これに対し，人事訴訟（人訴2条）における本案判決は，請求認容判決たると請求棄却判決たるとを問わず，一般第三者に対しても判決効を及ぼすものとされる（対世効。人訴24条1項）。なぜなら，婚姻関係や親子関係などの身分関係は，単に当事者だけでなく，多くの関係人の利害にかかわるとともに，ひろく社会一般の公益にも影響するところから，当事者間の相対的確定に親しまず，第三者との関係でも画一的な確定が要請されると考えられるからである（山木戸・人訴137頁，注解人訴274頁〔吉村徳重〕参照）。一方，人事訴訟における訴訟判決に対世効が認められるかは議論の余地がある。人訴24条はその点につき別段規定していないが，訴訟判決は，人事訴訟の対象である身分関係の存否にかかわるものではないので，対世効を有しないと解される（中野＝松浦＝鈴木495頁，松本・人訴251頁，ジュリ人訴69頁〔高田裕成発言〕）。

なお，人事訴訟に係る請求にその請求原因である事実によって生じた損害の賠償に関する請求（以下「関連損害賠償請求」という。関連損害賠償請求について詳細は，後述⇨8(2)(a)(ウ)「関連損害賠償に関する請求の併合」）が併合され（人訴17条），両請求についてなされた判決が確定した場合や，一旦併合された両請求が口頭弁論の分離の結果，別々に判決がなされて確定した場合，関連損害賠償請求についての確定判決は，通常の民事訴訟に関するものである以上，確定判決の効力，特に既判力は，原則として当事者間にのみ生じる（民訴115条1項）[78]。

関連損害賠償請求に関する判決はともかく，人事訴訟における確定した本案判決は，形成判決または確認判決としての請求認容判決か，確認判決としての

78） また，人事訴訟事件との併合審判が認められる附帯処分事項や親権者指定については，人事訴訟と同様に判決の形式で判断がなされるが，これらは，本質的には家事審判事項つまり非訟事項であるから，たとえ判決でなされても，当然には人事訴訟事件と同様の既判力等の判決効が認められるとはいえない。これは，非訟事件の裁判の効力の問題として，通常の民事訴訟の場合とは区別して論じる必要がある。

請求棄却判決のいずれかであり，そのいずれも，その効力が一般第三者に拡張されることになる[79]。

この対世効と呼ばれる判決効の拡張が，確認判決の場合に既判力の一般第三者への拡張を意味することは明らかであるが，人事訴訟の請求認容判決の多くを占める形成判決の場合，形成判決には形成力が認められることから，その判決効としての形成力と，前記の対世効との関係が問題となる（注解人訴 272 頁以下参照）。形成の訴えにおいて，形成判決の確定により法律関係としての身分関係の変更がもたらされた場合，当事者以外の一般第三者もその判決内容を争えなくなるが，それが既判力によるものか否かについては見解の対立がある。主な見解としては，①形成判決が確定して形式的確定力が生じた以上，それによって形成された新たな法律関係が一般に承認されなければならないことは法治国家の基本的要請であり，このような一般的承認義務の反映として判決内容の不可争性が説明できるとする見解と，②形成判決が確定したときは，訴訟物たる形成を求める地位の存在を当事者は争うことができなくなり，その効果として形成された法律関係を争うことが認められないのであって，第三者としては，既判力の拡張を受けないのであれば形成を求める地位の存在を争うことができるとする見解がある。後説②によれば，形成判決の対世効は，訴訟物に関する判断の既判力が一般第三者に拡張されることを意味する。これら２説のうち，①の立場については，仮に一般的承認義務を前提にするとしても，一般第三者が，当然に法律関係の変更の原因や前提要件が欠けていることを主張できないとはいえないから，一般的承認義務に基づいて特定法律関係の変更の不可争性を導き出すことには飛躍があるとの批判を免れない。

判決効の相対性の例外をなす対世効は，身分関係の画一的確定の要請に基づ

---

79)　なお，当事者適格者以外の第三者には判決効（既判力）を拡張する必要はないとする見解（山木戸・人訴 137 頁，岡垣・人訴 359 頁）がある。この見解によると，例えば，離婚・離縁の訴えのように訴訟当事者（夫婦，養親子）のほかに適格者がない事件では，請求認容判決であれ棄却判決であれ，判決の既判力の第三者への拡張を考える必要はなく，離婚判決についても第三者は判決のあった事実のみならずその結果をも承認しなければならないとされる（判決の反射的効果）。しかし，この見解では，適格者以外の第三者が，自己の権利に関する通常の訴訟で，先決関係ないし矛盾関係に立つものとして前訴の判決内容が問題となるときに，なぜその判決内容を争えなくなるのかを十分に説明できない（注解人訴 274 頁）。

くものである。仮に人事訴訟の対象である身分関係の確定が訴訟当事者間で相対的にしか意味を持たないとすると，当事者間の身分関係と第三者に対する身分関係との間に齟齬が生じ，社会生活に混乱をもたらしかねないため，確定判決を画一的に通用させる必要があるからである。人事訴訟における本案判決の対世効は，このような身分関係の特殊性に基づく画一的要請によって根拠付けられるとともに，訴訟への関与なしに判決効を及ぼされる第三者の利益を手続的に保護するための方策が用意されていることにその正当化根拠を見出してきた。第三者の利益を保護する主な手続的な方策としては，従来，①全面的ないし密接な利害関係人を当事者適格者とすること（民744条・774条・787条，人訴12条1項2項），②処分権主義・弁論主義の制限（人訴19条）や職権探知主義の通用（人訴20条），③検察官の積極的関与（人訴23条）が挙げられていた。

しかし，1970年代後半以降，これらの根拠により第三者への判決効の拡張が正当化できるか疑問視する立場が次第に有力になる[80)]。その理由は，次のとおりである。第一に，上記①は，法定の当事者適格者を全面的な利害関係人に限ることにより，充実した訴訟追行が期待できるところに，当事者以外の者への判決効拡張の正当化根拠を求めるものであるが，そのような者の訴訟追行が常に充実し，第三者の利益を十分に保護することになるかは疑わしいところがある。第二に，上記②や③は，職権探知主義や検察官関与の下では，処分権主義・弁論主義の支配する手続よりも判決内容が実体的真実に近づきやすくなる点に正当化根拠を求めるものであるが，そこでも不当判決の可能性がなくなるわけではないから，これをもって対世効を一律に正当化するのは難しい，ということである。また，以上の問題点のほかに，手続に関与していない第三者が判決効を拡張されること自体に，自己の法的地位を左右する裁判手続に自ら積極的に関与する第三者の権限に対する侵害があるとの指摘もなされた（注解人訴275頁）。

このような従前の訴訟制度に対して批判的な立場からは，具体的に手続関与の機会の保障が十分でない第三者として，①係争身分関係の主体ではないが，人事訴訟の本案判決によって直接自己の身分上の地位を左右される第三者[81)]や，

80)　例えば，吉村・前掲注26）118頁，池尻郁夫「身分判決の第三者に対する効力」法教46号（1984）63頁，高橋・重点民訴（上）319頁。

②人事訴訟の本案判決によってその相続権・扶養義務等の財産権を害される第三者[82]への手続保障の強化が求められた。

このような声を反映して，旧人訴法の下ですでに利害関係人への訴訟係属の通知の制度（旧人訴33条）などが導入され，さらに人事訴訟法では，次に述べるように，この通知の制度（人訴28条）とならんで，利害関係人の強制参加の制度（人訴15条）が新たに導入されている。

(i)　利害関係人への訴訟係属の通知

裁判所は，人事訴訟の提起があった場合に，相当と認める利害関係人（訴訟の結果によって相続権を侵害される第三者）に訴訟の係属したことを通知しなければならない（人訴28条）。その範囲は，人事訴訟規則の別表に定める者で，訴訟記録上氏名，住所または居所が判明している者である（人訴規16条）。このため，原告は，訴えの提起に当たり，利害関係人の有無，その氏名，住所または居所を明らかにするのに必要な謄本その他の書類（住民票など）を添付しなければならない（人訴規13条）。

この制度は，平成8（1996）年の民事訴訟法改正の際に旧人訴法に新設された制度である（旧人訴33条）。これは，とりわけ，父死亡後に検察官を相手に認知の訴えが提起されてその判決が確定した場合，判決の結果によっては相続人が自己の相続分に影響を受けることになるため，そのような者に訴訟に参加して原告の主張する父子関係を争う機会を保障しようとする趣旨から導入されたものである[83]。1996年民事訴訟法改正の際には，第三者が補助参加とともに再審の訴えを提起できることが法文上明らかにされたため（民訴42条において旧民訴64条にあった「訴訟ノ繋属中」という文言が削除され，民訴45条1項により，

81）　例えば，母子間の母子関係不存在確認の訴えにおける父親や，父子間の嫡出否認の訴えにおける母親，非嫡出父子間の父子関係存否確認の訴えにおける子の母親など。

82）　例えば，死後認知の訴えにおいて父親とされる者の妻・他の子どもなど。

83）　最判平元・11・10民集43・10・1085（裁判例集Ⅱ-8）は，検察官を被告として提起された死後認知訴訟の請求認容判決の確定後に，父親とされた者の子が，その訴訟の係属を知らなかったとして，前訴原告と被告（検察官）を相手に再審の訴えを提起した事案で，その再審の訴えの原告適格を否定した。この判決は，対世効の及ぶ第三者の手続保障に最高裁が冷淡であるとの印象を与えることとなり，これが平成8（1996）年の新民事訴訟法制定の際に，補助参加人が再審を提起できることの明確化と，旧人訴法33条および「人事訴訟手続法第33条の規定による通知に関する規則」の新設につながったとされる（高田裕成・民法百選Ⅲ 64頁）。

補助参加人が再審の訴えを提起できるものとされた)，前記認知訴訟の判決が確定した後でも，その結果により相続権を害される第三者は，補助参加して再審を提起することが可能となったが，さらにこの利害関係人への訴訟係属の通知の制度を通じて，当該「判決が確定する前に」第三者が人事訴訟に補助参加して自己の利益を確保し得る機会がより一層保障されることとなった。[84)]

しかし，利害関係人に訴訟係属の通知をすることを要求する人事訴訟法28条の規定は，訓示規定と解されているため，万が一裁判所が通知を怠ったとしても，それにより訴訟手続が違法になったり，判決に瑕疵が生じたりするものではない（一問一答・人訴123頁，125頁）。

人事訴訟法28条は，旧人訴法33条に相当するものであるが，人事訴訟が提起された場合における利害関係人であって，「父が死亡した後に認知の訴えが提起された場合におけるその子」その他の相当と認められるものとして最高裁規則（人訴規16条）で定めるものに対する訴訟係属の通知を定める。この規定により通知の対象となるべき者としては，①「利害関係人」，すなわち「訴訟の結果により相続権を害される第三者」であること，②「相当と認められるもの」であること，③「訴訟記録上その利害関係人の氏名及び住所又は居所が判明している場合」であることが必要となる（人訴28条）。

①の利害関係人は，当該人事訴訟の結果によって法定相続分が減少することになる者を指し，②の「相当と認められるもの」とは，本来の当事者適格が認められている当事者との関係で，第三者であるその者の利益を一層確保する必要性が高いことを意味するとされる。[85)]③は，人事に関する訴えの訴状に添付された戸籍謄本等から氏名および住所等が判明している場合であり，その限度で

84)　利害関係人が訴訟に参加できるとしても，訴訟係属を知らなければ，参加の機会がない以上，参加機会を実質的に保障するためには，裁判所による訴訟係属の通知が有用である。このほかに，係属中の訴訟当事者による訴訟告知（民訴53条）も，同様の役割を果たし得るが，告知するか否かが当事者の任意である点で，確実性に欠けるきらいがある（木内＝片山＝増田63頁参照）。

85)　人事訴訟の結果によって法定相続分が減少することになる第三者であっても，人事訴訟において第一次的に当事者適格を有すると定められた当事者がいる場合で，その者が訴訟追行をすることにより第三者の利益も確保されることになるときは，訴訟係属の通知をする必要はないとされる（一問一答・人訴125頁）。例えば，父が生存中に提起された認知訴訟における父の子は，父の訴訟追行によってその権利が保護されると考えられるから，通知の対象とはならない（吉岡＝長谷部123頁）。

通知すれば足り，この通知をするために裁判所が特段の調査等をすることは想定されていない（もっとも訴訟係属中に通知をすべき者が判明したり，現れたりした場合には，その時点で通知が必要になると考えられる。一問一答・人訴125頁)。これら①～③を踏まえて，通知の対象となるべき者は，人事訴訟規則末尾にある別表のとおり整理されている。通知すべき者の範囲については，相続に関する限り，この別表によってカバーされている（木内＝片山＝増田63頁)。

(ii)　利害関係人の参加

人事訴訟で，本来被告となるべき当事者がいないため，検察官が被告として訴訟を追行する場合（人訴12条3項・26条2項)，訴えに係る身分関係に関する事実関係を熟知している者や事実上訴訟の結果に利害関係を有する者がいれば，当該訴訟に関与するのが望ましい。そこで，人事訴訟法は，検察官を被告とする人事訴訟において，裁判所が事前に当事者および利害関係人の意見を聴取した上で，訴訟の結果により相続権を害される第三者（利害関係人）を当該人事訴訟に参加させることが必要であると認めるときは，裁判所は被告を補助させるため，決定で，その利害関係人を当該訴訟に参加させることができるとする（人訴15条)。この，いわゆる参加命令（強制参加）の制度は，被告となる検察官が事件について特別な情報を有しておらず，十分な主張立証が困難である場合が多いことから，当事者と同視できる利害関係人に充実した訴訟追行をしてもらうことを企図した制度である（ジュリ人訴51頁)。この制度によって，訴訟結果に利害関係を有する者の手続関与の機会が保障される面があるとともに，それらの者の訴訟参加[86)]がなされれば一層充実した訴訟追行が期待でき，訴訟結果の適正さも高められる可能性がある。それゆえ，この制度には対世効の正当化に資する機能があると考えられる。

上記の利害関係人への訴訟係属の通知や利害関係人の強制参加の制度は，いずれも，訴訟の結果により相続権を害される第三者（利害関係人）に手続関与の機会を与えるにとどまり，それ以外の第三者に対して手続関与の機会を付与するものではない。したがって，訴訟の結果により相続権を害される第三者への手続関与の機会の付与で第三者への手続保障が十分であるのか，仮に十分で

86)　この場合の第三者は，いわば共同訴訟的補助参加人として参加することになる（人訴15条3項4項参照)。

ないならばどうすべきか，という問題がなお残ることになる。[87] この問題は，次の対世効の例外とも関連して検討される必要がある。なお，強制参加制度については前述⇨4(2)。

(イ)　対世効の例外

人事訴訟法24条は，2項で，1項に定める対世効の原則に対する例外として，判決の対世効が制限される場合を規定する。すなわち，重婚禁止（民732条）の違反を理由とする婚姻取消訴訟における請求棄却判決は，当事者の前配偶者に対しては，この者が参加[88]したときに限り，その効力を生ずるものとされる。もし当事者の前配偶者にもこの判決の効力が及び，後婚が完全に有効であることが確定して前配偶者もこれを争えなくなるとすると，前配偶者は後婚が重婚であることを理由として後婚の取消しを請求する機会を保障されることなしに，同じ婚姻関係の配偶者としての基本的身分関係上の地位を害されることになるからである（注解人訴280頁）。そこで，請求棄却判決の効力を前婚配偶者に及ぼすには，その者の参加が要件とされ，少なくとも参加の機会が保障されなければ，前婚配偶者は判決の効力を受けない。

この対世効の制限を定めた規定が，重婚禁止違反を理由とする婚姻取消訴訟における前婚配偶者の場合のほかにも類推適用されるか否かについては，旧人訴法下の学説は，類推適用に消極的な立場と積極的な立場に分かれていた。消極説は，対世効の例外を認めると，その結果，さらに内容を異にする判決が言い渡され，身分関係に収拾できない混乱を生ずるおそれがあるとして，旧人訴法18条2項（人訴24条2項）を制限的なものと解し，また，前訴の判決に抵触する主張をするには再審の訴え（民訴338条1項3号類推）によることを要するとする（岡垣・人訴364頁）。これに対して，積極説は，判決の対世効によって訴訟に関与する機会なしに自己の基本的身分関係上の地位を害される第三者について，旧人訴法18条2項（人訴24条2項）を類推適用して既判力の拡張

87)　松本・人訴89頁は，訴訟係属の通知を，訴訟の結果によって相続権を害される第三者に限定する理由に乏しいとして，訴訟の結果によって直接自己の身分上の法的地位に重大な影響を受ける第三者にも，判明している限り，職権により訴訟係属の通知が行われる必要があるとする。

88)　この場合の前配偶者の参加は，補助参加（民訴42条）および訴訟告知を受けた場合（民訴53条）をいい，共同訴訟参加をした場合（民訴52条）は，人事訴訟法24条2項の規定をまたず判決の効力を受ける（岡垣・人訴363頁）。

を否定すべきとする（山木戸・人訴139頁，注解人訴280頁）[89]。この見解によれば，例えば，離婚無効訴訟で離婚無効が確定した場合の後婚の配偶者，婚姻関係存否確認訴訟で婚姻存在が確定した場合の後婚の配偶者，親子関係存否確認訴訟で親子関係の存在が確定した場合に自ら子の親と主張する第三者などには，旧人訴法18条2項（人訴24条2項）の適用が認められる。また，後説の論者の多くは，前訴判決と抵触する主張をする方法は再審の訴えに限られず，他の独立の訴えも許されるとする（注解人訴281頁）[90]。

上記の対世効の制限規定（旧人訴18条2項，人訴24条2項）の類推適用に積極的な論者は，旧人訴法の下では，判決効の拡張によって自己の法的地位に重大な影響を受ける第三者に，判決効拡張を正当化するに足る手続関与の機会が保障されているとはいえず，それらの第三者に十分な手続保障を付与すべきであるとの考え方を支えとしていた。この考え方によれば，人事訴訟の判決によって影響を受ける第三者には，既述のとおり，①訴訟で争われている身分関係の主体ではないがその身分関係が自分の身分上の地位に直接かかわる者と，②自分の身分に直接かかわらないが人事訴訟の判決によってその相続権・扶養義務等の財産権を害される第三者がおり，必ずしも，これらのすべての者に判決効拡張を正当化するだけの手続保障が十分与えられてはいない。そして，①の第三者には，当事者による必要的呼出しが行われなければならず，それがなされなかった場合には，旧人訴法18条2項（人訴24条2項）の類推により，対世効は及ばないとされ，②の第三者には，必要的呼出しによる手続関与権の保障は必要ないが，当事者の一方に訴訟係属の通知や訴訟告知を要求して，参加の機会を保障すべきであるとされる。

この見解の当否はなお検討を要するが[91]，仮にこの見解を前提にすると，現行

89）人事訴訟の判決の対世効によって自己の基本的身分関係上の地位を害される第三者のみならず，対世効によって間接的に自己の相続権その他の財産権に影響を受ける第三者についても，旧人訴法18条2項（人訴24条2項）の類推適用を認める見解として，注解人訴282頁。

90）なお，山木戸・人訴139頁は，旧人訴法18条2項（人訴24条2項）の場合と同じような事情の存する場合には，この規定を類推し，判決の対世的効力の制限を認めるべきであるとするも，その結果さらに訴えが提起され，結果を異にする判決が生じて身分関係が混乱することは不都合であるから，前訴の判決に抵触する主張をするには再審の訴えによることを要するとする。

の人事訴訟法の下では，前述の人事訴訟法28条の訴訟係属の通知を受ける者や人事訴訟法15条の参加命令の名宛人になる者が，相続権を害される者に限られる結果，せいぜい②に該当する者に手続関与権が保障されるに過ぎず，①に該当する者に訴訟係属の通知などの手続関与の機会の保障は認められていないことになる。また，②に該当する者についても，前述のとおり，人事訴訟法28条の訴訟係属の通知に関する定めが訓示規定と解される上に，通知が訴状に添付された戸籍謄本等から氏名および住所等が判明している限度でなされるにとどまるため，手続関与の機会の保障は万全とはいえない（これらの問題点につき，特に高橋・前掲注27）360頁以下，松本・人訴88頁以下参照)。それゆえ，人事訴訟法の下で判決効によって影響を受ける第三者に対する手続保障はいまだ必ずしも十分とはいえず，それだけに，判決の対世効によって訴訟関与の機会なしに自己の基本的身分関係上の地位を害される①の第三者について，旧人訴法18条2項（人訴24条2項）を類推適用して既判力の拡張を否定すべきとする見解に代表される旧人訴法下の学説は，現行人事訴訟法の下でも依然として存在価値を失わないであろう。

(d) 判決の失権的効果

(ア) 意　義

人事訴訟事件につき，訴えの不適法却下判決を除く人事訴訟の判決（原告の請求を認容または棄却する判決）が確定すると，原告は，当該人事訴訟において請求または請求の原因の変更により主張できた事実に基づいて，後に同一の身分関係についての人事に関する訴えを提起することができないし（人訴25条1項)，被告は，当該人事訴訟において反訴の提起により主張できた事実に基づいて同一の身分関係についての人事に関する訴えを提起することは許されない（同条2項)。このように確定判決のある場合にその請求と同一の身分関係に関する同種の訴えを提起できなくなる失権的効果（失権効）は，人事訴訟の判決で一度確定した身分関係が同一当事者間において再び動揺させられないようにして身分関係の法的安定を図るための特則である（一問一答・人訴106頁)。例

91）この吉村教授の見解の評価ならびに他の見解については，高橋・前掲注27）352頁以下参照。

えば，夫婦の一方からの離婚請求が棄却されると，原告であった当事者から，異なった離婚原因に基づいて再度離婚請求訴訟を提起することはできなくなるし（旧訴訟物理論を前提とする），婚姻意思が婚姻締結の当初からなかったことを理由とする婚姻無効の訴えの提起も妨げられる[92]。

この規定は，旧人訴法９条に相当するが，それと比較すると，旧人訴法では限られていた適用対象を人事訴訟全体に拡張するとともに，文言上，請求棄却判決の確定の場合にのみ認められていた上記の扱いを請求認容判決の場合にも認めた点で，旧人訴法９条と異なっている。

(イ)　適 用 範 囲

失権的効果は，本案判決について，前訴で併合できた当該身分関係と同一の身分関係に関する同種の訴えを提起できなくなる効果である[93]。訴えを却下する判決について失権効が排除されているのは（人訴 25 条１項カッコ書参照），前訴が訴え却下の訴訟判決である場合には実体的な判断がなされておらず，失権的効果を生じさせる根拠を欠いているからである。また，失権効が生じるのは，同一の身分関係を対象とする同種の請求に限られるので，請求の併合が可能であっても別の身分関係を対象とする請求や関連損害賠償請求などには失権効は及ばない。

失権的効果を定める人事訴訟法 25 条１項は，人事訴訟全体を適用対象としている。旧人訴法では，同９条１項が婚姻無効・婚姻取消し，離婚または離婚取消しの訴えを適用対象とし，その規定が養親子関係事件（旧人訴 26 条）と，

92)　もっとも，前訴の事実審の口頭弁論終結後に生じた事由に基づいて離婚訴訟を新たに提起することは妨げられない。

93)　失権するのは，前訴の請求（訴訟物）とは別個の請求であると解するのが従来の通説である（山木戸・人訴 142 頁）。これに対しては，同一の身分関係について，前訴に併合できる同種の事件のほかに，請求を同じくする事件も含むとする見解（注解人訴 129 頁〔井上治典〕）が対立している。しかし，両者の違いは，結局，訴訟物の捉え方の違い（新旧訴訟物論）に帰するように思われる。

なお，福岡高那覇支判平 15・7・31 判タ 1162・245 では，有責配偶者からの離婚請求として離婚請求を棄却する判決を受けた者が，その判決の確定後短時日のうちに再度離婚の訴えを提起した事案において，この再度の離婚の訴えが，旧人訴法９条１項による別訴禁止主義に反するかが問題となったが，福岡高裁那覇支部は，その適用を認めなかった。本判決については，五十嵐浩介・判タ 1184 号（2005）112 頁，松本・人訴 249 頁注 3，326 頁参照。

実親子関係事件における認知無効および認知取消しの訴えに限って準用されていたが（旧人訴32条3項），これらの規定の適用対象に含まれていない類型の訴え（例えば，協議上の離婚の無効の訴え）についても身分関係の全面的な安定を図る必要があるなどの理由から，人事訴訟法では人事訴訟全体について失権効が適用される[94]。

人事訴訟法25条1項による失権効は，請求棄却判決の場合にのみ失権効を認めていた旧人訴法9条1項と異なり，前訴の判決が請求棄却判決であるか請求認容判決であるかに関係なく認められる。これは，例えば，離婚の訴えの請求認容の判決が確定しても，当該訴えに係る婚姻が有効なことについて既判力は生じないから，さらに婚姻無効の訴えを提起することが考えられ，このような場合に失権効が適用にならないと不都合な結果となるからである[95]。

失権効は，前訴（人事訴訟）の判決の確定後，前訴において訴えの変更または反訴により「主張することができた」事実に基づく同一身分関係についての人事に関する訴えに働くため（人訴25条1項2項），前訴において主張することが不可能であった事実に基づく後訴は禁止されないと解される。したがって，前訴の事実審の口頭弁論終結後に生じた事実は，前訴で主張することができないから，それに基づく後訴は許される（最判昭32・4・11民集11・4・629など）。さらに，旧人訴法下では，前訴の事実審の口頭弁論終結時に存在していたが過失により知らなかったために主張できなかった事実に基づく後訴が禁止されるか否かについて，見解が対立していた。当事者の知・不知や主観的事情により効力が及んだり及ばなかったりするのは画一的処理を志向する判決効のあり方として疑問であるとの理由から，口頭弁論終結前に存在した事実について，当事者がその事実を知らなかったことに過失がない場合でも失権効が及ぶとする見解（山木戸・人訴142頁，岡垣・人訴178頁）が有力であったが，人事訴訟法の下では，法文の「主張することができた」とは，当事者が過失によらずに知らなかったために主張することができなかった場合を除く趣旨と解されている

94）松本・人訴30頁以下，261頁は，このように失権効の適用範囲を拡張することの合理性を，立法論的に疑問視する。

95）旧人訴法9条1項の下でも，失権効は，前訴の本案判決について，それが請求認容判決か請求棄却判決かにかかわらず，生じるとする見解が有力であった（山木戸・人訴142頁，岡垣・人訴179頁）。

（一問一答・人訴108頁，野田＝安倍133頁〔岡田伸太〕。なお，松本・人訴262頁以下参照）。

(ウ) 効　果

前記の適用範囲に従い失権的効果を受ける請求については，新たに訴えを提起することができない。これに違反する訴えは不適法であり，裁判所は，職権をもって調査し，その訴えを却下しなければならない（山木戸・人訴143頁，松本・人訴264頁）。

人事訴訟法25条は，「訴えを提起することができない」と規定するのみであるので，他の人事訴訟や民事訴訟において先決問題として主張する場合（例えば，婚姻無効確認や離婚無効確認判決の確定後に損害賠償請求の訴えを提起する場合）にも失権効が及ぶかが問題となる。たとえ先決問題としてであってもこの種の主張を許すと，前と異なった判断が下されることも予想され，身分関係に混乱を生ずるので消極に解する見解が従来から有力である（山木戸・人訴143頁，岡垣・人訴180頁，大判昭16・8・6民集20・1042。反対，松本・人訴264頁）。

失権効が，前訴の当事者でない第三者について生じるかも議論がある。旧人訴法下では，原告および被告は訴えを提起できないとの法文にもかかわらず，身分関係の全面的安定を図るために失権効を認める限りは，第三者についても失権効を認めないと一貫しないとして，第三者にも失権効を肯定する見解が有力であった（山木戸・人訴143頁，岡垣・人訴179頁）。この見解は，第三者に訴訟参加の機会が認められていることを根拠にするが，第三者に対する手続保障の観点から問題があるとして疑問視する見解もみられた（注解人訴139頁）。人事訴訟法では，旧人訴法と同様，前訴の原告や被告のみが失権効の規定の適用対象であることを改めて明記することにより，前訴当事者以外の第三者に失権効が及ばないことが前提とされている（一問一答・人訴108頁[96]）。

以上の失権効は，人事訴訟法25条に明記されているとおり，「確定判決」について生じるものであるから，訴訟係属中に，人事訴訟法25条で禁じられている別訴を提起することを禁止するものではない（一問一答・人訴107頁）。訴

96）松本・人訴265頁は，人訴25条の規定からは，第三者が失権効を受けるか否かは明らかでなく，その問題は解釈に委ねられるとした上で，25条の目的が，前訴当事者が同一の身分関係を争うのを防ぐことにあることと，第三者への手続保障の必要があることから，第三者に対する失権効を否定する。

訟係属中に当事者からの別訴の提起が禁止されるのかどうかについては，従来から議論のあるところであり，旧人訴法下では，ある請求について現に訴訟が係属する最中に，関連する他の請求について別訴を提起することができるとすれば，法が訴訟の集中によって身分関係の全面的解決を図ろうとした趣旨が実現できないとして，別訴の提起を不適法とする見解が通説であった（山木戸・人訴111頁。旧人訴法下の学説状況について，松本・人訴50頁以下参照）。しかし，確定判決の場合の適用を前提とする人事訴訟法25条から，直ちに訴訟係属中の別訴禁止を導き出せるかは疑問があるところであり，むしろ，紛争の全面的な解決のために請求の併合や訴えの変更，反訴提起が緩やかに認められている以上，このような別訴も不適法とするのではなく，係属中の訴訟に取り込んで弁論を併合した上で，同時に判決する方が合理的であると考えられる（野田＝安倍354頁以下〔三代川俊一郎〕参照）。したがって，訴訟係属中の別訴提起は禁止されず，（必要があれば訴訟を移送して）口頭弁論を併合するとの処理がなされることになる（一問一答・人訴107頁）[97][98]。

(エ)　失権効の根拠と法的性質

以上のような適用範囲および効果を有する人事訴訟法25条による失権効は，一般の民事訴訟にはない人事訴訟特有の判決効ということができる。この失権効は，①同一の身分関係に関するが訴訟物を異にする後訴請求に及ぶこと，②後訴の提起自体が禁止されること，③前訴口頭弁論終結時にすでに存在していた事実でも当事者が過失によらずに主張できなかった事実は後訴で主張できること，などの特徴を有する。それゆえ，既判力による失権（遮断）とは性質を異にするものと解するのが一般的な理解である。既判力は，伝統的な通説を前提にすると，①後訴の訴訟物が前訴のそれと同一の場合や前訴の訴訟物が後訴の訴訟物に対し先決関係や矛盾関係にある場合にのみ作用するものであり，②後訴の提起自体が禁止されるわけではなく，前訴判断どおりに後訴裁判所は裁

97)　そのため，訴えを提起する場合に，すでに同一の身分関係の形成または存否の確認を目的とする請求に係る人事訴訟が係属しているときは，訴状にその係属する裁判所と事件の表示をしなければならないとされている（人訴規11条）。石田122頁参照。

98)　松本・人訴52頁は，訴訟係属中の別訴提起は，別訴として審理裁判される限りでのみ，不適法であるから，直ちに却下すべきではなく，併合が可能であれば併合すべきであるとする。

判しなければならないという内容的な通用力であること，③前訴事実審の口頭弁論終結時にすでに存在していた事実は当事者の知・不知や過失の有無などに関係なく後訴で主張できないこと，などの特徴を持ち，人事訴訟法25条による失権効とは明らかに異なるからである。このような既判力とは異質の判決効としての失権効は，一般的見解によれば，身分関係の全面的安定の要請から根拠付けられる。

しかし，これに対しては，失権効をこのような一般的な要請から正当化できるか疑わしいとして，別の観点から根拠付ける見解が対立している（注解人訴130頁以下）。すなわち，通説のように失権効を既判力とは異質なものとはみずに，むしろ失権効も既判力による失権として捉える見解である。この見解は，既判力を，前訴で提出すべきであったのに提出しなかったことによる，あるいは提出して十分に争ったことによる自己責任としての再主張の遮断であると解する。この説によると，前訴と後訴の訴訟物が同一であるかどうかは既判力の失権的作用を考える上での決定的要素ではないから，上記①の違いは決定的な意味を持たない。また，②の作用の違いも，既判力の作用につき拘束力説ではなく一事不再理説に依拠すれば違いはなくなり，③の主観的事情の考慮も，提出責任としての既判力を前提にすると，失権効を既判力作用と解する妨げにはならない。しかし，この見解については，提出責任によって既判力を説明すること自体が果たして妥当か疑問のあるところであり，失権効と既判力が同質のものであることを，説得力をもって論証しているとはいい難い。

ただ，この見解が指摘するとおり，一般の民事訴訟の既判力よりもかなり広範な失権的効果を，身分関係の安定の要請でもって十分に根拠付けることができるか，疑問がないとはいえない。この失権効の規定は，もともとは，ドイツ民事訴訟法の旧616条を継受したものであるが，ドイツでは，同規定が1977年改正で削除され[99]，現在は，失権効の制度が存在しないことも考え合わせると，今後は，人事訴訟法25条の定める失権効について，その沿革も含め，制度としての正当化を検証する作業が必要であろう[100]。

---

99)　これは，ドイツ婚姻法改正で唯一の離婚事由として婚姻破綻が導入されたことと，婚姻取消しの訴えの重要性が小さいことから，このような広範な失権効を維持する必要がないと判断されたためである（Rosenberg/Schwab, Zivilprozeßrecht, 13. Aufl., 1981, S. 1029 f.）。ドイツ法の状況については，松本・人訴31頁以下，260頁参照。

(e) 判決と戸籍届出

人事訴訟における判決によって新たに特定の身分関係が形成されたときは，これを戸籍上に表示する必要があり，またその存否が確定したとき，戸籍の記載がこれに沿っていない場合には，それを訂正する必要がある。したがって，婚姻取消し（戸75条）・離婚またはその取消し（戸77条）・縁組取消し（戸69条）・離縁またはその取消し（戸73条）・認知（戸63条）および戸籍訂正（戸116条）について，訴えを提起した者に届出または申請義務が課される（検察官が訴えを提起した場合には，検察官が戸籍記載の請求をする。戸75条2項・73条2項）。もっとも，届出を怠った者がある場合には，届出義務者に催告するなどして速やかな届出をさせ，戸籍の記載を整序する必要があるので，裁判所書記官は，人事訴訟の判決が確定し，それにより戸籍の届出または戸籍の訂正を必要とする場合には，遅滞なく当事者の本籍地の戸籍事務管掌者に通知しなければならない（人訴規17条。この規定は，離婚，離縁について訴訟上の和解，認諾が成立した場合にも準用される（人訴規31条・35条））。

戸籍届出には報告的届出と創設的届出が区別されるが，婚姻・離婚・縁組・離縁の取消しや子の否認ないし認知取消しはもちろん，裁判による離婚・離縁・認知も判決の確定によって当然に効力を生ずるから，すべて報告的届出に属する。

100） 人事訴訟では審判対象の決定について当事者支配が認められ，第三者の訴訟加入を強制する途もないことから，身分関係が不当に確定し第三者に身分上重大な不利益を生ずることがあることや，訴訟の繰返しも実際上はさほど多くないことを根拠に，広い失権的効果は必ずしも必要でないとする見解（山木戸・人訴141頁）が以前から唱えられており，平成15年の人事訴訟手続法改正論議の過程においても，身分関係に関する紛争の一回的全面的解決のために失権的な効果という威嚇で訴訟の集中を強制することは行過ぎであり，当事者の処分権や自己責任を尊重する必要があるとして失権効の存置に反対する意見が出されていた（木内＝片山＝増田75頁以下）。

なお，人事訴訟法制定後も，松本・人訴32頁は，旧人訴法9条1項において失権効に消極的な見解が唱えられていたにもかかわらず，人事訴訟法が旧人訴法9条を25条として存置し，さらに適用範囲を著しく拡大した点を疑問視する。

8 訴訟の集中

(1) 意　義

(a) 人事訴訟における全面的解決主義

一般の民事訴訟では，同一当事者間の複数の請求を一つの同一訴訟手続で審判することを可能にする制度として，請求の客観的併合（訴えの客観的併合（民訴136条）），訴えの変更（民訴143条），中間確認の訴え（民訴145条），反訴（民訴146条）といった制度があり，同一当事者間の複数の請求を同一の訴訟手続で審判することにより，重複した審理の回避や，労力負担の軽減，判断矛盾の回避などを図ることができる。また，多数人が関与する紛争については，多数人が一つの訴訟手続に当事者等の立場で関与し審判を受けることにより，時間・労力等の負担の軽減や判断内容の矛盾回避，紛争の統一的処理を可能にする制度として，共同訴訟（訴えの主観的併合（民訴38条）），共同訴訟参加（民訴52条），独立当事者参加（民訴47条），当事者交替などが用意されている。

これらの規定は，人事訴訟法に特則がない限り，人事訴訟においても適用される（人訴1条参照）。しかし，一般の民事訴訟の対象をなす財産関係をめぐる紛争に比して，人事訴訟の対象をなす身分関係をめぐる紛争は，それがひとたび訴訟になれば，対象や当事者ごとに繰り返し争われることがないようにして，その全面的安定を図ることが強く要請される（全面的解決主義）。そこで，人事訴訟法は，訴えの変更や反訴を，その要件を民事訴訟法におけるよりも緩和して幅広く認める一方（人訴18条），人事訴訟の判決確定後は，その訴訟において訴えの変更や反訴によって主張することのできた事実に基づいて同一の身分関係についての人事訴訟を提起することはできないとのいわゆる失権的効果を認めている（人訴25条。失権的効果については，前述⇨7(2)(d)「判決の失権的効果」）。

また，人事訴訟に係る請求と，その請求の原因である事実によって生じた損害賠償請求は，請求の併合ができるものとし（人訴17条1項），民事訴訟の原則（民訴136条）の例外として，異種の訴訟手続間の併合を認めている。さらに，訴訟上の請求同士の併合ではないが，夫婦間の婚姻取消しや離婚の訴えの場合に，これらの請求とともに，子の監護，財産分与，または標準報酬等の按分割合に関する処分の附帯申立てをすることが認められており（人訴32条1項），また，当事者の申立てに関係なく親権者の指定が行われる（人訴32条3項，民819条2項）。ここでは，訴訟事件である婚姻取消しや離婚の請求とともに，婚姻取消しや離婚の場合に派生的に生ずる子の監護や財産分与に関する処分など，本来家事審判事件として性格付けられる事項を同時解決することが予定されている（これについては，後述⇨(3)）。

このように，人事訴訟では，一つの身分関係をめぐる関連紛争や，互いに関連する身分関係にかかわる紛争をできるだけ一つの訴訟へ集中して審判すること（紛争の全面的解決）により，身分関係の全面的安定が目指される。

(b) 旧人訴法との比較

旧人訴法では，訴訟の集中のための請求の併合（請求の客観的併合も主観的併合も含む広い意味で）の要件について，数個の請求が同一の身分関係に関する同種事件に属することをもって足りるとするのが原則であった（旧人訴7条1項・26条・32条3項）。このほか，関連する身分関係上の請求および財産関係上の請求で特に併合の許されるものもあったが[101]，事件の種類を異にする訴えは原則として併合することができなかった（旧人訴7条2項・26条・32条1項）。これらの規律は，同一の身分関係に関する同種事件の併合審理によって，同種事件の一挙・全面的な解決と，他の種類の事件との併合から生じる審理の錯綜や遅延の防止を目指す一方，婚姻事件と養子縁組事件（縁組取消し・離縁の訴えなど）のように，共通の争点を含む異種の関連する請求を併合審判することを，訴訟経済と当事者の便宜を理由に例外的に許容する（山木戸・人訴128頁，岡垣・人訴160頁，注解人訴101頁〔小島武司＝山城崇夫〕）[102]。しかし，この旧人訴法の規律

101）例えば，婚姻無効・取消しの訴えや離婚の訴えと，縁組取消しや離縁の訴えとの併合や，離婚の訴えと離婚原因事実により生じた慰謝料などの損害賠償請求の併合（旧人訴7条2項但書・26条・32条1項）。

102）請求の併合の要件は，請求の客観的併合のみならず，請求の主観的併合の許容性の要件でもあった。例えば，旧人訴法7条2項但書により，養子が養方の家女である娘と婚姻した場合に，養親および家女である妻が，養子であり夫である者の悪意の遺棄を理由に，その者を相手にそれぞれ離縁請求と離婚請求をあわせて訴求することが許されるが，請求の主観的併合が成立している。請求の主観的併合については，後述⇨(2)(c)「請求の主観的併合（共同訴訟）」。

に対しては，例えば，養子縁組事件が婚姻事件と事件の種類や身分関係を異にするにもかかわらず併合を許される理由が，両者の緊密な関連性のゆえに訴訟の集中を阻害せずむしろ訴訟経済や当事者の便宜に適うとの実質的考慮にあるならば，同じような関連性があるときは（例えば，重婚を理由とする婚姻取消しの訴えと最初の婚姻の無効・取消しの訴えの場合），この趣旨を類推して併合を許すこともできるとの見解が主張されていた（山木戸・人訴128頁，岡垣・人訴167頁，注解人訴107頁）。また，裁判例にも，協議離婚無効確認の訴えと重婚取消しの訴えの併合について，先の離婚の有効無効が重婚か否かの判断の先決関係に立ち，併合を認めても旧人訴法7条2項本文の併合禁止の精神に抵触しないとしたものが存在した（広島地判昭40・12・10下民16・12・1769）。

このような学説・裁判例を踏まえ，人事訴訟法では，①旧人訴法7条2項ただし書に規定する請求相互間以外にも異種事件に属する請求相互間において，併合を認めるべき場合があるのに，これを認める余地がないのは不都合であることや，②旧人訴法7条1項所定の同種事件に属する請求相互間についても，前記の協議離婚無効確認請求とこれを前提とする重婚を理由とする婚姻取消請求のように，請求に関する身分関係を異にするため，併合が認められるか疑義の存する場合もあることから，旧人訴法7条のような規定は設けられていない（試案解説57頁）。

(2) 請求の併合

(a) 請求の客観的併合（訴えの客観的併合）

(ア) 請求の客観的併合の要件

人事訴訟法においては，人事訴訟に係る複数の請求を同一の被告に対して一つの訴えですることが許される[103)]。いかなる場合にこのような請求の客観的併合が許されるかについては，前述のとおり，旧人訴法では，旧人訴法7条1項・2項で許される場合（およびそれが準用される場合）にのみ限られていたが，人事訴訟法では，同様の定めは置かれていないため，民事訴訟法136条により決

103)　請求の客観的併合の態様は様々である。例えば，（旧訴訟物理論を前提とすると）事由を異にする婚姻取消請求の併合は，単純併合または選択的併合であり，婚姻無効請求と婚姻取消請求の併合あるいは婚姻取消請求と離婚請求の併合はそれぞれ予備的併合である（山木戸・人訴130頁）。

せられる。したがって，併合要件は，旧人訴法よりも緩和されている。

請求の併合が許されるためには，まず，複数の請求が同種の訴訟手続によって審判されるものであること，つまり人事訴訟手続によって審判されるものであることが原則として必要である（民訴136条）。したがって，人事訴訟手続によって審判される請求と通常の民事訴訟手続によって審判される請求とを併合することは原則としてできない。ただし，例外的に，人事訴訟事件と，人事訴訟の請求の原因である事実によって生じた損害賠償事件は，後者が通常の民事訴訟手続で審判されるべきものであるにもかかわらず，併合が認められている（人訴17条1項前段。後述⇨(ウ)「関連損害賠償に関する請求の併合」）。

また，各請求について受訴裁判所が管轄を有することが必要である。人事訴訟事件の管轄は専属管轄であるから，すべての請求について受訴裁判所が管轄を有することが本来必要である（民訴13条1項）。併合請求に関しては，人事訴訟法は5条に特別に管轄規定を置くが，同規定は，もっぱら請求の主観的併合のための管轄規定であるため，客観的併合には適用されない。しかし，人事訴訟は，訴えに係る身分関係の当事者が普通裁判籍を有する地または死亡の時に有した地の家庭裁判所の専属管轄とされている以上（人訴4条1項），同一当事者間での請求の客観的併合の場合は，すべての請求について訴訟当事者が身分関係の当事者と一致する限り，各請求について当事者のいずれかの普通裁判籍の家庭裁判所の管轄が認められるので，支障はないと思われる[104)]。

ところで，請求の併合の成否は，訴訟物の個数の把握いかんによって決まる。離婚訴訟を例にすると，その訴訟物の把握は，形成訴訟の訴訟物をどう捉えるかにより左右される（離婚訴訟の訴訟物については，後述⇨第9章1(4)(b)「訴訟上の請求（訴訟物）」）。形成訴訟の訴訟物の把握については，形成原因ないし形成要件が形成訴訟の訴訟物であるとする旧訴訟物理論（旧実体法説）と，各個の形成要件や形成原因ではなく包括的な形成を求め得る地位を形成訴訟の訴訟物と捉える新訴訟物理論の対立が存在する。前説では，民法770条1項各号の離婚原因ごとに訴訟物が別個となる（兼子・体系165頁）のに対し[105)]，後説では，個々

104)　木内＝片山＝増田42頁は，人事訴訟法5条の趣旨からすると，客観的併合についても，同一の事実上，法律上の原因に基づく訴訟については人事訴訟法5条の類推適用を否定する理由はないとする。

の離婚原因は離婚を求め得る地位を基礎付ける事由にとどまり，訴訟物は離婚を求め得る１個の地位と解される（三ケ月章『民事訴訟法』（有斐閣・1959）114頁）。その結果，一つの離婚の訴えで民法770条１項所定の複数の離婚原因が主張されるときは，旧訴訟物理論では，請求の客観的併合が成立するのに対し（ただし，婚姻を継続し難い重大な事由を訴訟物と捉える立場では客観的併合は成立しない），新訴訟物理論では，１個の訴訟物を理由付ける攻撃方法が複数あるに過ぎず，請求の客観的併合は存在しない。ちなみに，最高裁判例は，離婚原因ごとに訴訟物を別個と解する立場をとっている（最判昭36・4・25民集15・4・891）。

(イ)　併合訴訟の審判

併合された各請求についても一般の訴訟要件の具備が要求され，それを欠くときには，裁判所は，訴えの却下または移送の措置をとる。そのほかに，併合要件が特別の訴訟要件となり，これも具備されなければならない。ただし，併合要件のみの欠缺の場合には，裁判所は，可能な限り，独立の訴えとして扱い，必要に応じて弁論を分離し，あるいは管轄裁判所に移送する[106]。

併合された請求は，その後に弁論の分離や制限（民訴152条１項）がなされなければ，同一の訴訟手続で審理裁判される。争点整理，弁論および証拠調べは，すべての請求に共通になされる。

数個の請求が併合されている場合，一般に，弁論の分離（民訴152条１項）や一部判決は可能であり（民訴243条３項），それをするか否かは裁判所の裁量に委ねられるが，数個の請求が同一の身分関係に係る場合（例えば，同一の婚姻に関する婚姻無効・取消し，離婚，離婚無効・取消しの各訴訟相互間）には，弁論の分離や一部判決は許されないと解されている（木内＝片山＝増田41頁。弁論の分離に関し，野田＝安倍122頁〔岡田〕，一部判決に関して山木戸・人訴134頁参照[107]）。このような場合，一つの請求について判決が確定すれば，他の請求については訴え

105）　ただし，民法770条２項によれば１項１号ないし４号の事由は相対化されるため，離婚原因を「婚姻を継続し難い重大な事由」１個とみる見解もある（山木戸・人訴31頁）。なお，松本・人訴323頁は，判決の申立てと生活事実関係から訴訟物を特定する立場（二分肢説）を前提に，離婚訴訟の場合には，各個の離婚原因が婚姻の破綻に導く同一の生活事実関係に属するとの理由から，離婚原因ごとに訴訟物は異別にならないとする。

106）　山木戸・人訴128頁は，裁判所は，併合の要件を欠くため併合が不適法であるとするときは，これを分離すべきであるとする。

が不適法になるからである（人訴25条）。

併合の場合に全部判決に対して上訴が提起されたときは，すべての請求について訴訟が移審し，判決全体の確定が遮断される（中野＝松浦＝鈴木509頁）。

(ウ) 関連損害賠償に関する請求の併合

(i) 意　義

人事訴訟法17条1項前段により，人事訴訟に係る請求とその請求の原因である事実によって生じた損害の賠償に関する請求（以下「関連損害賠償請求」という）とは，民事訴訟法136条の規定にかかわらず一つの訴えで提起することができる。民事訴訟の原則によれば，例えば，配偶者の暴行や不貞行為などの不法行為を原因とする離婚請求と当該不法行為に基づく損害賠償請求は，互いに異種の訴訟手続で審判されるべきものであり，併合して審理することはできないが，このような両者の請求には主張立証の観点から緊密な牽連関係があるので，両者の併合審理は当事者の主張立証の便宜や訴訟経済に合致する。それゆえ，本条により，民事訴訟法136条の例外として，併合が認められている。そして，この場合は，当該人事訴訟の管轄家庭裁判所は，当該損害賠償に関する請求についても審理判断する権限を有する（人訴17条1項後段）。

もっとも，関連損害賠償請求は，本来の管轄裁判所である地方裁判所や簡易裁判所に提起することができるから，人事訴訟と併合審理される限りで，家庭裁判所に提訴できるという競合的な職分管轄が（人訴17条1項後段により）認められているといえる（吉岡＝長谷部74頁）。

関連損害賠償請求の例としては，前述のように，暴行や不貞を理由とする離婚請求とともに，暴行・不貞を理由とする損害賠償請求を提起する場合や，離婚請求とともに離婚による慰謝料請求を提起する場合[108]（山木戸・人訴128頁，注解人訴108頁）が挙げられるが，このほかに，人事訴訟法17条1項の趣旨から，

107）山木戸・人訴134頁は，数個の請求のうち関連する身分関係に係る請求や損害賠償請求についても独立に確定しえないことから，同じように一部判決はできないとする。しかし，身分関係が異なる請求の併合や関連損害賠償請求の併合では，弁論の分離も許される場合があり，常に一部判決は許されないと解することはできないように思われる。

108）離婚それ自体に基づく慰謝料請求が実定法上認められるか否かについては争いがあるが，最高裁は，相手方の有責行為により離婚するのやむなきに至った場合，身体，自由，名誉に対する侵害がなくても，これを認める（最判昭46・7・23民集25・5・805，裁判例集Ⅱ-40等）。

例えば，離婚請求とともに，相手方の主張する暴行等は言いがかりであるとして損害賠償債務の不存在確認請求を併合提起する場合のように，「損害の賠償に関する請求」として損害賠償債務不存在確認請求を人事訴訟に係る請求に併合することも可能であると解される（吉岡＝長谷部75頁，野田＝安倍125頁〔岡田〕）。さらに，損害賠償請求だけでなく，所有権に基づく持参金品や宝石等の特定財産の引渡請求や過去の婚姻費用分担請求なども，人事訴訟法17条1項を類推適用して離婚等の訴えに併合することができるかは議論の余地がある（注解人訴110頁以下参照）。旧人訴法下では，特定財産の引渡請求については併合を認める見解が存在した[109]。これは，関連損害賠償請求の併合の制度趣旨にその根拠を求めるものとみられるが，特有財産の引渡請求の請求原因と人事訴訟の請求原因とが同一であることは想定しにくいことと，人事訴訟法17条が本来家庭裁判所の職分管轄に属さない通常の民事訴訟事件である関連損害賠償請求について例外的に家庭裁判所の職分管轄を認めていることに鑑みて，同条の類推適用を安易に認めるべきではないであろう（野田＝安倍127頁〔岡田〕，石田167頁）。また，過去の婚姻費用分担請求の併合については，それが家事審判事項である以上，人事訴訟と通常の民事訴訟の併合を例外的に許容する人事訴訟法17条の類推適用は難しく，むしろ後述する（⇨(3)）同時解決の規定（人訴32条）の適用可否が問題となるにとどまる。

なお，前記の関連損害賠償請求の併合の趣旨（訴訟経済・当事者の立証の便宜）から，人事訴訟に係る請求の原因である事実によって生じた損害賠償の請求は，当該人事訴訟の係属する家庭裁判所に別訴として提起することが許容され（人訴17条2項・1項後段），この場合には，家庭裁判所は，人事訴訟に係る事件と関連損害賠償請求に関する事件について口頭弁論の併合を命じなければならない（人訴17条3項・8条2項）。

また，人事訴訟法18条（本条については，後述⇨(b)(イ)「人事訴訟における訴えの変更・反訴」）の「人事訴訟に関する手続」には関連損害賠償請求も含まれることから，人事訴訟に係る請求に関する訴訟で，訴えの変更や反訴によって関連

109）　山木戸・人訴128頁，注解人訴110頁。旧人訴法7条2項但書の類推適用により併合を認める裁判例として，福岡高判昭44・12・24判時595・69，旧人訴法15条（人訴32条に相当）の準用により併合を認める裁判例として，長野地諏訪支判昭27・8・20下民3・8・1158。

損害賠償請求をすることも許される（ジュリ人訴57頁〔小野瀬発言〕，一問一答・人訴84頁，野田＝安倍125頁・129頁〔岡田〕，吉岡＝長谷部84頁）。人事訴訟に係る請求に関連損害賠償請求の併合を認める趣旨によれば，損害賠償請求に係る訴えを反訴で提起する場合についても，同様に考えるべきであるからである（野田＝安倍125頁〔岡田〕。同旨の旧人訴法下の裁判例として，最判昭41・12・23判例総覧民31・713，大阪高判昭42・6・26（下民18・5＝6・695，裁判例集Ⅱ-12。離婚訴訟の控訴審での関連損害賠償の反訴について相手方の同意を不要とするものとして，最判平16・6・3家月57・1・123，裁判例集Ⅱ-13，Ⅱ-49））。

さらに，人事訴訟が家庭裁判所に，関連損害賠償請求が第1審裁判所（簡易裁判所または地方裁判所）にそれぞれ係属している場合，関連損害賠償請求が係属する第1審裁判所は，相当と認めるときは，申立てにより当該訴訟をその家庭裁判所に移送することができる（人訴8条1項）[110]。

(ii)　第三者に対する損害賠償

人事訴訟の当事者（原告）が人事訴訟に係る請求と一緒に第三者に対する損害賠償請求をする場合のように，損害賠償請求に関する訴えが請求の主観的併合（請求の主観的併合については，⇨後述(c)「請求の主観的併合（共同訴訟）」）を伴う場合であっても，かかる第三者に対する損害賠償請求が人事訴訟に係る請求の原因である事実によって生じた損害賠償請求であれば，関連損害賠償請求の併合の趣旨により，人事訴訟に係る請求に併合することができると解される。これは，旧人訴法下の実務[111]および通説（岡垣・人訴161頁）が認めていたところである。

さらに，第三者に対する損害賠償請求を反訴として提起することが許されるかが問題となる。旧人訴法下では，この問題を消極に解する裁判例が存在した

110）　移送するのが相当かどうかは，当事者の意向のほか，両事件の審理の状況，今後の審理の予定，主張・立証の便宜などを総合的に判断してなすべきである。例えば，一方がすでに終結段階になっており，併合することによって著しく訴訟が遅延することが予想される場合には，相当でないと考えられる。

111）　妻が夫に対し離婚の訴えを提起するともに，離婚原因と同一の事実に基づく共同不法行為を理由とする夫および舅に対する慰謝料請求の訴えの併合提起を認めた最判昭33・1・23家月10・1・11（裁判例集Ⅱ-15），夫が妻に対して不貞行為を理由とする離婚の訴えを提起するとともに，妻および不貞行為の相手方に対する慰謝料請求の訴えを併合提起することを認めた東京高判昭51・10・19判タ350・308（裁判例集Ⅱ-16）等。

が（東京高判昭55・12・25東高時報31・12・275，裁判例集Ⅱ-14），これは，民事訴訟上の反訴が本訴被告から本訴原告に対して提起する訴えを当然の前提としていることを根拠としていた。人事訴訟法下でもこれを支持する見解が存在するが（野田＝安倍126頁〔岡田〕），関連損害賠償請求の併合を認める人事訴訟法17条1項の趣旨や，訴訟集中ルールの射程内で原告・被告双方に同等の併合審理の機会を保障すべきとの観点から異論があり得よう（注解人訴109頁は，第1審に限ってであるが，第三者に対する関連損害賠償請求の反訴を許容する）。

(iii)　人事訴訟請求と関連損害賠償請求の併合審理

人事訴訟に係る請求と関連損害賠償請求との併合審理の場合，いかなる審理原則が妥当するかが問題となり得る。なぜなら，人事訴訟に係る請求の審理については，職権探知主義が通用し，弁論主義（特に自白法則）の適用が排除されているのに対し，関連損害賠償請求には弁論主義（自白法則）の適用があるからである。例えば，離婚請求と慰謝料請求が併合審理される場合で，暴行虐待が離婚原因であると同時に慰謝料請求の主要事実を構成するとき，暴行虐待の事実についての自白は，慰謝料請求との関連では自白の拘束力を有し，離婚請求との関連では拘束力を持たない結果，同一事実の認定が請求ごとに区々になる可能性がある。この不都合をどうすべきかに関しては，従来，異種の両請求の併合の場合，両者に共通する面においては民事訴訟の原則が排除されるとする見解（注解人訴114頁参照），全部人事訴訟手続に服するとの見解，慰謝料請求などの関連損害賠償請求については民事訴訟の原則が妥当するとの見解（井上繁規「離婚訴訟における訴訟の集中(下)」判タ624号（1987）19頁，岡垣・人訴167頁）が対立してきた。この問題は，人事訴訟法下でも存続する[112)]。仮に，関連損害賠償請求について通常の民事訴訟の審理原則が妥当するとの見解に立っても，裁判所の適切な釈明権行使で事実認定が区々にならないよう対応することが要求される（野田＝安倍129頁〔岡田〕）。

---

112)　例えば，野田＝安倍128頁〔岡田〕は，併合によって関連請求について当然に民事訴訟としての手続の基本的性格が変容すると考える合理的な理由はないとして，民事訴訟の規律の妥当性を主張する。これに対して，松本博之＝上野泰男『民事訴訟法〔第8版〕』（弘文堂・2015）719頁〔上野〕は，異なる手続に服する請求の併合を認めた法律の趣旨は，争点を共通にする請求の併合により訴訟経済に資することにあるから，両者に共通する面では民事訴訟の原則が排除されるとする。

前述のとおり，人事訴訟の係属する家庭裁判所に関連損害賠償請求が提起されたときは（人訴17条2項），家庭裁判所は人事訴訟と関連損害賠償請求の口頭弁論を併合しなければならない（人訴17条3項・8条2項）。このように，人事訴訟と関連損害賠償請求の併合が家庭裁判所に義務として要求されるとしても，併合後も併合審理・判断をしなければならないとの継続的な義務まで必要的になるものではなく，裁判所が口頭弁論を分離すること（民訴152条1項）は可能と解されている（ジュリ人訴56頁〔小野瀬発言〕，一問一答・人訴82頁，石田22頁，吉岡＝長谷部78頁，松本・人訴204頁）[113)]。例えば，人事訴訟に係る請求の審理が終結段階にあるが，関連損害賠償請求はなお審理を要するため，さらなる併合審理がかえって身分関係の確定を遅くするような場合，口頭弁論の分離が望ましいからである。

ところで，人事訴訟に係る請求と関連損害賠償請求の併合の場合に，人事訴訟に係る請求について口頭弁論を分離して判決が言い渡された場合，関連損害賠償請求はどのように取り扱われるか。同様の問題は，人事訴訟に係る請求につき和解が成立したり，人事訴訟に係る請求である離婚請求が協議離婚の成立により終了した場合などにも生じる。このように人事訴訟に係る請求のみが解決した場合に，関連損害賠償請求は，本来通常民事訴訟事件であることから，地方裁判所などの原則的管轄裁判所に移送されるとの処理も考えられるが，家庭裁判所への起訴時に管轄を有していた以上（民訴15条参照），家庭裁判所がそのまま管轄を有すると解される（一問一答・人訴82頁，石田23頁，吉岡＝長谷部78頁参照）。その際，残った関連損害賠償請求についての審理は，これまでどおり人事訴訟法の規律に従うのか通常の民事訴訟の規律に戻るのかという問題が生じるが（ジュリ人訴56頁参照），本来，通常の民事訴訟事件である以上，通常の民事訴訟の規律に従い審判すべきものと考えられる（松本・人訴204頁）。

113）　その点を明らかにするため，人事訴訟法17条3項の準用する同8条2項は，弁論や裁判の分離を禁ずる民事訴訟法41条3項の「弁論及び裁判は，併合してしなければならない」とは異なり，「口頭弁論の併合を命じなければならない」との文言となっている。

(b)　訴えの変更・反訴

(ア)　民事訴訟における訴えの変更・反訴

請求の客観的併合は，後発的に，訴えの変更や反訴によっても成立し得る。このうち，訴えの変更とは，原告が訴訟係属中に請求の趣旨または原因を変更し，同一被告に対する審判対象を変更することである。これには，旧請求を維持しつつ新請求を追加する場合（追加的変更）と旧請求と交換して新請求を提起する場合（交換的変更）があるが，特に前者の追加的変更の場合に，結果として請求の客観的併合が生じる。民事訴訟では，訴えの変更は，①請求の基礎に変更がないこと，②新請求の審理のため著しく訴訟手続を遅延させないこと，および③事実審の口頭弁論の終結前であることを要件とする（民訴143条1項）[114]。訴えの変更の制度は，原告が当初提起した請求あるいはその請求だけでは紛争の解決として不適当または不十分である場合に，従前の審理を生かして新請求について審判することが原告の権利の迅速な保護ならびに訴訟経済の観点から好ましいとの理由で認められているが，そうかといって，訴えの変更を無制限に認めると，被告の防御を困難にするだけでなく，新請求についての審級の利益を奪い，さらには審理の遅延をもたらすおそれがあることから，上記の要件が民訴法上設けられている。

反訴は，係属中の訴訟手続を利用して被告が原告に対して提起する訴えである（民訴146条）。反訴が認められるのは，原告に請求の併合や訴えの変更の途が認められることに対応して，被告にも，訴えられたのを機会に，原告に対する請求の審判のために本訴手続を利用する途を認めるのが公平であり，また関連した請求を同一手続で審判することによって，審判の重複や裁判の不統一を避けることができるからである。民事訴訟では，①反訴の請求が本訴の目的である請求またはこれに対する防御の方法と関連するものであることと，②本訴の係属中，事実審の口頭弁論の終結前であること，③反訴の提起により著しく訴訟手続を遅滞させないこと等が要件とされ（民訴146条1項），控訴審における反訴の提起には相手方の同意が必要とされる（民訴300条1項）[115][116]。

---

114)　このほかに，請求の併合の要件を満たしていることが必要である（中野＝松浦＝鈴木516頁）。

(イ) 人事訴訟における訴えの変更・反訴

これに対し，人事訴訟に関する手続では，民訴143条1項・4項，146条1項[117]ならびに300条の規定にかかわらず，第1審または控訴審の口頭弁論の終結に至るまで自由に訴えを変更したり反訴[118]を提起することができるとされ（人訴18条），事実上，無制限に近い形で訴えの変更や反訴が認められる（岡垣・人訴169頁参照）。すなわち，訴えの変更や反訴提起が事実審の口頭弁論終結まで許されるだけでなく，たとえ請求の基礎の同一性を欠いても，同種の人事訴訟の訴訟手続による人事訴訟に係る請求の変更が認められる。また，反訴の提起も，本訴の目的である請求または防御の方法と関連するものでなくても許容され，控訴審における反訴の提起に相手方の同意は要求されない（旧人訴法下で，最判平16・6・3家月57・1・123，裁判集Ⅱ-13，裁判集Ⅱ-49）。さらに，この規定は，「人事訴訟に関する手続」に適用されることから，人事訴訟に係る請求の原因である事実によって生じた損害の賠償に関する請求についても適用される（一問一答・人訴84頁）。

以上の訴えの変更および反訴に関する特別な規律が設けられている理由は，人事訴訟事件においては，請求の併合に関して述べたように，相互に共通の原

115）このほかに，反訴請求が他の裁判所の専属管轄に属しないこと（民訴146条1項1号），同種の手続によって審判される請求であること，反訴が禁止されていないことが要件とされる。

116）平成23（2011）年の民事訴訟法及び民事保全法の一部を改正する法律（平成23法36）により，民訴146条3項が新設され（従前の3項が4項になった），反訴の国際裁判管轄権に関する規定が導入された。それによれば，日本の裁判所が本訴の目的である請求について管轄権を有し，反訴の目的である請求について管轄権を有しない場合には，本訴の係属する裁判所に反訴を提起することができるとされる。これについては，一問一答・民訴法等改正125頁参照。

117）2011年の民事訴訟法の一部改正により新設された民訴146条3項の反訴の国際裁判管轄に関する規定（前注参照）は，同じく同一部改正により新設された人訴29条1項により，人事訴訟には適用されないこととされている（民事訴訟法及び民事保全法の一部を改正する法律（平成23法36）附則5条）。一問一答・民訴法等改正10頁，191頁参照。

118）比較的最近の事案として，韓国人で韓国在住の前婚の妻らが，日本人で日本在住の後婚の妻に対し重婚を理由として日本の裁判所に提起した後婚の取消請求訴訟の係属中に，後婚の妻が提起した前婚の無効確認請求等の反訴について，反訴請求の本訴との密接な関連性から日本の裁判所の国際裁判管轄を肯定した東京高判平18・4・13判時1934・42（裁判例集Ⅱ-17）がある。

因や事実関係に基づく身分関係事件であれば，広く変更や併合を認めて一括解決を図ることが当事者の便宜や訴訟経済に合致し，訴訟集中の要請にも反しないと考えられるからである。人事訴訟法は，このように訴えの変更や反訴を自由に認めることにより，関連の身分関係事件を一括解決して身分関係の安定化を志向する。[119)]

(c)　請求の主観的併合（共同訴訟）

(ア)　要　件

数人の原告からまたは数人の被告に対して共同に一つの訴えを提起する「請求の主観的併合（共同訴訟）」の場合は，当事者が１対１ではない点で請求の客観的併合とは異なるが，当事者ごとに複数の請求の存在が前提とされる点で請求の客観的併合と共通する。請求の主観的併合は，複数の原告が同一の被告に対して訴えを提起し，あるいは原告が複数の被告を相手に訴えを提起することによりはじめから成立する場合もあれば，弁論の併合（民訴 152 条 1 項），共同訴訟参加（民訴 52 条）などの当事者参加などによって後発的に成立する場合もある。

通常の民事訴訟では，請求の主観的併合（共同訴訟）が許されるためには，数個の請求が同種の訴訟手続によって審判されるものであること（民訴 136 条），各請求について受訴裁判所が管轄権を有すること（民訴 7 条参照）が必要とされるだけでなく，さらに，訴訟の目的である権利義務が数人につき共通であること，または同一の事実上および法律上の原因に基づくこと（民訴 38 条前段），あるいは訴訟の目的である権利義務が同種であって事実上および法律上同種の原因に基づくこと（民訴 38 条後段）が必要である。また，主観的併合を後発的に成立させる弁論の併合（民訴 152 条 1 項）や共同訴訟参加（民訴 52 条）等については，それぞれ別に要件が法定されている。

これに対して，人事訴訟においては，旧人訴法は，同一の身分関係に関する同種事件をあわせて審理することによって，同種事件の一挙的全面的な解決を

---

119)　人事訴訟法は，それだけでなく，判決確定後には当該訴訟において訴えの変更または反訴により主張することができた事実に基づいて同一の身分関係に基づく訴訟を提起することを禁止することにより（人訴 25 条），同一身分関係について訴訟集中をさらに促し，紛争の一挙的解決を図っている。

図る一方で，他の種類の事件との併合から生じる審理の錯綜や遅延を防止するとの観点から，数個の身分関係について数個の請求をする場合の主観的併合を原則として許容しなかったが（旧人訴7条1項・2項本文），人事訴訟法は，請求の客観的併合と同様，請求の主観的併合についてかかる制限を設けず，民事訴訟一般におけると同様，請求の主観的併合の範囲を民事訴訟法38条により決するとの立場をとっている[120]。したがって，民事訴訟法38条の定める場合――同一の事実上・法律上の原因に基づく場合または同種の事実上・法律上の原因に基づく場合――に主観的併合が可能である。もっとも，主観的併合の場合にも，客観的併合と同様の要件を充足することが要求されるが，ただ管轄については，人事訴訟法5条により，併合請求の管轄が認められなければならず，それは，民事訴訟法38条前段の場合に限られる。具体例としては，例えば，婚姻事件と縁組の取消し，離縁またはその取消しの請求の併合が挙げられる。これは，婚姻関係と養親子関係という異なる身分関係についての併合であるため，通常は主観的併合になり，同一の社会的事実（妻に対する舅の加害的行為など）を基礎に婚姻と縁組を継続し難くなったとの法的評価が二重になされるような場合，民事訴訟法38条の前段のいわゆる原因共通の場合に当たると考えられる。また，数人の請求権者が提起する婚姻の取消しの訴え（民744条1項本文参照）や認知無効の訴え（民786条）は，民事訴訟法38条前段の権利義務共通の場合に当たるとされる（一問一答・人訴83頁参照）。

(イ) 共同訴訟の種類

共同訴訟は，一般に，訴訟の目的が共同訴訟人間で合一にのみ確定すべき場合か否かにより必要的共同訴訟（民訴40条参照）と通常共同訴訟に分類され，前者はさらに，共同訴訟形態をとること自体が必要かどうかにより，固有必要的共同訴訟と類似必要的共同訴訟に分けられる。人事訴訟においても，これらの類型が認められる。例えば，通常共同訴訟の例としては，離婚請求に配偶者

120) すでに請求の客観的併合でも触れたとおり，旧人訴法では，同一の身分関係に関する同種事件の場合以外には原則として請求の併合が許されなかったため，例えば養子縁組関係訴訟と実親子関係訴訟に係る請求相互間の併合のように請求の主観的併合が認められるべき場合であるのにそれが認められないといった不都合が指摘されていたところである。そのため，人事訴訟法では，主観的併合の範囲を旧人訴法7条が認める場合に限定する必要はないとの判断から，同条のような特に民事訴訟法上の主観的併合の範囲を限定する特則を設けず，民事訴訟法38条の一般原則の規律に委ねている。

以外の者に対する損害賠償請求を併合する場合を挙げることができ，固有必要的共同訴訟の例としては，第三者が夫婦を共同被告として婚姻取消しの訴えを提起する場合が，類似必要的共同訴訟の例としては，数人が同一の事由に基づいて発生する取消権を主張して婚姻取消しの訴えを提起する場合が挙げられる[121)]。人事訴訟法は，第三者間の身分関係の存否を確認する訴え（例えば，第三者の提起する婚姻無効の訴え）や，第三者間の身分関係の変動を生じさせる形成の訴え（例えば，第三者の提起する婚姻取消しの訴え）は当該身分関係の当事者双方を被告としなければならない旨規定している（人訴12条2項）。これは固有必要的共同訴訟を定めたものであるが，身分関係に最も重大な利害関係を持つ当事者の利益を重視すべきであることと，身分関係を当事者双方のために一律に確定する必要があることに配慮した規定といえる（木内＝片山＝増田42頁）。このような固有必要的共同訴訟の定めは，人事訴訟では，確定判決の効力が一般第三者へ拡張されることから（人訴24条1項），身分関係に最も密接な利害関係のある者に十分な手続保障を付与するという意味をも有する（中野＝松浦＝鈴木495頁参照[122)]）。

共同訴訟のうち，通常共同訴訟では，各共同訴訟人は他の共同訴訟人に制約されることなくそれぞれ独立に相手方に対する訴訟を追行する（共同訴訟人独立の原則）。例えば，各自独立に，訴えの取下げ，上訴，自白などができ，その効果もその行為者と相手方との間にしか及ばない。また，裁判所は，ある共同訴訟人の訴訟についてだけ弁論を分離し（民訴152条），また一部の者につき一部判決をすることもできる。これに対して，合一確定の要請がはたらく必要的共同訴訟においては，共同訴訟人独立の原則は修正され，共同訴訟人間に訴訟資料の統一と訴訟進行の統一を図ることが要求されている（民訴40条参照）。

---

121)　最判昭61・9・4家月39・1・130（裁判例集Ⅱ-18）は，前婚の離婚無効確認の訴えと後婚の婚姻取消しの訴えとは，法律上それぞれ独立の請求であって，固有必要的共同訴訟にも類似必要的共同訴訟にも当たらないとした。これにつき，注解人訴119頁参照。

122)　旧人訴法下では，例えば，嫡出親子関係存否確認の訴えに関して，親子関係を父母と子の三者間の一体的な関係とみる見解（合一説）と父子関係および母子関係に分解して理解する見解（個別説）の対立を背景として，父および母と子の三者間で合一的に確定するべき固有必要的共同訴訟であるとする見解（大判昭4・9・25民集8・763，山木戸・人訴87頁）と必ずしも三者間で合一的に確定する必要はないとする見解（最判昭56・6・16民集35・4・791，裁判例集Ⅱ-19）が対立していた。

例えば，共同訴訟人がする行為は，それが有利な行為である場合は，1人がしても全員のために効力を生じるが（民訴40条1項），不利な行為は全員がしなければ効力を生じない。相手方の行為は，共同訴訟人の1人だけに対して行っても，全員に対して効力を生じる（民訴40条2項）。また，弁論の分離や本案についての一部判決は許されない。1人が上訴すれば，全員に対する関係で判決の確定が遮断され，全訴訟が移審して，共同訴訟人全員が上訴人の地位につくと解されている（中野＝松浦＝鈴木539頁参照[123]）。

(ウ)　共同訴訟の成立

共同訴訟は，訴え提起の当初から生じ得るだけでなく，後発的に，弁論の併合（民訴152条1項）や，訴訟係属中に第三者が原告または被告の共同訴訟人として参加することによっても生じ得る。いかなる参加が認められるかについては，民事訴訟法では，共同訴訟参加（民訴52条）が規定されるにとどまる。共同訴訟参加は，第三者が原告または被告の共同訴訟人として参加した結果，必要的共同訴訟として民事訴訟法40条の適用を受ける場合である。このように明文の定めがある場合以外にいかなる場合に第三者の参加が認められるか，さらには，原告または被告が第三者に対する訴えを追加的に併合提起することにより共同訴訟形態を創出することが許されるか，許されるとしていかなる場合かが問題となるが，これは，民事訴訟法一般において訴えの主観的追加的併合の問題として議論されているところである（中野＝松浦＝鈴木545頁以下参照）。旧人訴法下では，特に，共同訴訟参加を，訴訟の目的が合一に確定すべき場合のみならず，合一確定を要しない場合にも許されるとする見解が提唱されていた（山木戸・人訴131頁以下，注解人訴122頁）。その理由は，例えば原因事実を異にする婚姻取消しの訴えのように，合一確定を要しないときでも，（別訴が禁止され）失権効が及ぶので第三者の参加を認める必要があるからであるとされる。しかし，人事訴訟法は失権効が第三者に及ばないことを前提とする以上（前述⇨7(2)(d)(ウ)「効果」），この見解は支持できない。

123）　類似必要的共同訴訟においては，共同訴訟人の1人が上訴すれば，全員に対する関係で判決の確定が遮断され，共同訴訟人全員が上訴人となると解するのが通説であったが，近時，最大判平9・4・2民集51・4・1673，最判平12・7・7民集54・6・1767は，上訴をしなかった者は上訴人にならないとする。これについては，新堂784頁，大渕真喜子・民訴百選〔第5版〕212頁参照。

このほかに，厳密には共同訴訟とはいえないが，独立当事者参加（民訴47条）や共同被告間での訴えの併合提起（例えば，第三者が夫婦を共同被告として提起した婚姻取消訴訟の係属中に夫婦の一方から他方を相手方として離婚の訴えを提起する場合）によって複数当事者間に三面的な主観的併合形態が生じ得る（山木戸・人訴132頁，注解人訴121頁，松本・人訴135頁）。

(3)　同時解決の制度

(a)　一　　般

人事訴訟法32条1項によれば，夫婦の一方が，他の一方を相手に婚姻の取消しまたは離婚の訴え（以下「離婚等訴訟」という）を提起する場合，それらの訴えに係る請求とともに，子の監護に関する処分（民771条・766条2項，家事別表第二3項），財産分与に関する処分（民771条・768条2項，家事別表第二4項）および標準報酬等の按分割合に関する処分（厚生年金保険法78条の2第2項，家事別表第二15項）[124] の附帯申立てをすることができる（これらの処分は「附帯処分」と総称される（人訴32条1項））。附帯申立てがあれば，裁判所は，訴えに係る請求を認容する判決において，附帯申立てのあった子の監護や財産分与などに関する処分の申立てを裁判しなければならない。また，裁判所は，離婚等訴訟では，申立てに関係なく，職権で，請求認容判決において親権者を指定しなければならない（人訴32条3項，民819条2項・749条）。このように，夫婦間の離婚等訴訟においては，訴訟事件である婚姻取消し・離婚の請求と同時に，婚姻取消し・離婚の場合に派生的に生じる子の監護や財産分与などに関する処分，そして親権者指定という本来家事審判事件として性格付けられる事項（以下「附帯処分事項等」という[125]）を同時に解決することが予定されている。このような同時解決の制度は，旧人訴法15条1項の下ですでに認められてきたところである（旧人訴法下での同制度の沿革については，岡垣・研究205頁以下参照）。しかし，

---

124)　平成16（2004）年の年金制度改革関連法における離婚時年金分割制度の導入に伴い，人事訴訟法32条1項が改正され（施行は平成19（2007）年4月1日），離婚等の際の年金額算定の基礎となる標準報酬等の按分割合に関する処分も，離婚等の請求とともに附帯申立てできることとなった。さらに，平成24（2012）年8月22日公布の「被用者年金制度の一元化等を図るための厚生年金保険法等の一部を改正する法律（平成24法律63号）により，同処分は，厚生年金保険法78条の2第2項の規定による処分に一本化された（平成27（2015）年10月1日から施行）。

旧人訴法下では，地方裁判所が離婚等訴訟について第1審の管轄を有していたため，地方裁判所が，本来自らの管轄に属さない家事審判事項としての附帯処分事項等を裁判しなければならなかったのに対し，人事訴訟法の下では，人事訴訟事件の家庭裁判所への移管（人訴4条）に伴い，人事訴訟事件と家事審判事項の双方に管轄を有する家庭裁判所によって離婚等訴訟と附帯処分事項等の同時解決をすることが可能となっている[126]。

(b) 同時解決制度の目的

子の監護に関する処分，財産分与に関する処分および標準報酬等の按分割合に関する処分は，婚姻関係解消に付随する重大な身分的・財産的効果であり，特に婚姻関係解消が判決によってなされる場合には，上記処分の判断対象となるべき事項は，婚姻取消事由や離婚原因の審理判断ともきわめて密接な関係にある。そのため，離婚等訴訟によって婚姻関係の解消が求められる場合には，その手続にこれらの処分を併合審理し包括的に解決するのが，当事者にとって便宜であり，訴訟経済の要請[127]にも合致する。また，非訟事件の性質を持つ上記の処分について国家の後見的立場での責務を適時適切に果たすことが可能になる。それゆえ，上記処分に関する事項を離婚等訴訟に附帯して申し立てる途が開かれ，これを人事訴訟手続において併合審理し得ることとされている[128]（旧人訴法下での附帯申立ての制度との関連で，岡垣・人訴243頁）。親権者指定は，上記

125） 離婚等訴訟に伴う親権者指定に関する処分は，事案の諸般の事情を総合考量した上，裁判所の後見的・合目的的な裁量判断によって具体的内容を形成するもので，その法的性質は非訟事件であり，本来は家庭裁判所で管轄するのが相当な事項である（民819条5項，家事別表第二8項（家審9条1項乙類7号）参照）。岡垣・人訴246頁参照。

126） 旧人訴法15条の下では，この場合，附帯処分事項等を通常の地方裁判所等が訴訟手続で一緒に審理・裁判する結果，附帯処分事項等については，本来家事審判手続で扱われるべき事項の審判のために利用し得る家庭裁判所の調査機構を利用することができないという問題が存在した。しかし，人事訴訟法の下では，人事訴訟事件の家庭裁判所への移管に伴い，附帯処分事項等について家庭裁判所の事実の調査が利用可能となった（人訴33条1項）。

127） 上記附帯処分の裁判の対象となるべき事項は，人事訴訟に係る請求と争点や証拠資料において共通し，あるいは密接な関連があることから，家庭裁判所で別途申立てをさせて家事審判事項として審判すると，当事者に無用な負担を強いるのみならず，人事訴訟との間に事実認定上の差異が生じて結論の斉一性を保つことができないことも考えられる（注解人訴179頁）。

の処分とは違い，当事者からの申立てを待つことなく，離婚等訴訟の請求認容判決と同時に，裁判所が職権をもって言い渡すべき事項であるが，離婚等訴訟に係る請求と密接不可分の関係にあり，両者を同時に解決するのが法政策的にみて適当であるため，離婚等訴訟の訴訟手続に載せて両者を一括処理することとされている（旧人訴法との関連で，岡垣・人訴 246 頁）。

(c)　同時解決の許される事項

離婚等訴訟と同時の解決を申し立てることのできる事項として，法は，子の監護に関する処分，財産の分与に関する処分および標準報酬等の按分割合に関する処分を定める（人訴 32 条 1 項）。また，申立てがなくても，離婚等訴訟で請求認容判決をする場合に職権でなされなければならない親権者指定（人訴 32 条 3 項，民 819 条 2 項参照）は，上記の処分とは異なり，当事者の申立てを要件としない（職権言渡事項）。もっとも，親権者指定については，実際には，父母の共同親権に服する子がある夫婦間の離婚等訴訟が提起されるときは，その訴状の請求趣旨欄に当事者の一方を子の親権者に指定することを求める旨の記載がなされているといわれる。しかし，このような指定を求める申立ては法的には格別の意義を持つわけではなく，裁判所の職権発動を促す事実上の主張とみ

128）　人訴 32 条による離婚請求等と附帯処分等の同時解決がどこまで貫徹されなければならないかは，議論の余地がある。例えば，この関連で注目される最近の裁判例として，最判平 16・6・3 家月 57・1・123，裁判例集Ⅱ-13，Ⅱ-49 がある。これは，第 1 審で請求が認容された離婚訴訟の控訴審で，控訴人から財産分与等の予備的申立てがなされたところ，控訴審は，控訴を棄却するとともに，財産分与等の予備的申立てを被控訴人の同意がないとして不適法却下したため，これを不服とした控訴人が上告および上告受理の申立てをしたという事案であるが，最高裁は，上告については棄却したが，上告受理の申立ての理由のうち，相手方の同意がないとして予備的申立てを却下したのは，旧人訴法 8 条（人訴 18 条）の解釈を誤っているとの主張を容れ，原判決を，予備的申立てに係る部分だけでなく，離婚請求を認容した部分をも含めて全部破棄し，事件を原審に差し戻した。本件では，離婚請求に係る部分は不服の対象となっていないので，財産分与の予備的申立てに係る部分のみを差し戻し，原判決中の離婚請求に係る部分のみは独立に確定するという解決もあり得たところであるが（例えば，松本・人訴 344 頁以下），最高裁は，離婚請求と附帯処分との同時解決を求める当事者の利益を重視してそのような解決を採用しなかったものと考えられる。この裁判例に現れたケースをはじめとして，離婚請求等と附帯処分等の同時解決がどの限度で要求されるかが今後の実務および解釈上の課題となる。この点については，特に畑瑞穂「離婚訴訟における関連請求・附帯処分等と同時解決の要請」谷口安平古稀（成文堂・2005）343 頁以下参照。

られるに過ぎない（山木戸・人訴128頁，岡垣・人訴293頁，東京地判昭30・2・18家月7・10・40，裁判例集Ⅱ-20）。

同時解決の申立てができる事項としては，人訴法32条の規定上は，上記の事項が定められているが，その具体的な射程は，議論の余地がある。同時解決の制度は，前述のとおり，旧人訴法15条の下でも認められていたが，すでに同条下で，子の養育費支払請求を離婚請求等に附帯して申し立てることができるか否かが問題とされていた。養育費は，法的には，一般に子の教育監護に必要な費用を指すが（大橋眞弓・平成19年度重判（2008）147頁），子の監護費用の分担請求を，離婚の訴えの附帯処分事項とすることができるかについては，従前から争いがある。旧人訴法下の判例では，まず，離婚後の監護費用については，子の監護に必要な事項として附帯処分事項になることを認める判例（最判平元・12・11民集43・12・1763）がある。離婚前の子の監護費用については，少なくとも，別居後離婚までの間の子の監護費用は，最判平9・4・10民集51・4・1972において附帯処分事項となることが認められた。この判決では，民法771条・766条1項を類推適用して，子の監護費用の支払を求める申立てとして附帯申立てを認めていた。その理由としては，離婚前であっても，父母が別居し共同して子の監護に当たることができない場合には，子の監護費用の負担について定めを要する点で，離婚後の場合と異ならないこと，離婚請求を認容する際に離婚前の子の監護費用の分担についても一括解決することが当事者の利益となり，子の福祉に資することが示されていた。

規定の上では，人事訴訟法32条の下での附帯処分事項の範囲は，旧人訴法15条とは変わらないものの，これらの判例の立場が人事訴訟法の下でも踏襲されるかが注目されていたところ，最判平19・3・30家月59・7・120（裁判例集Ⅱ-22）は，前掲最判平9・4・10の立場を踏襲し，別居後離婚までの期間における子の監護費用の支払の申立てを，人訴法32条1項所定の子の監護に関する処分を求める申立てとして適法と判示した（本判決については，例えば，大橋・前掲147頁，青木哲・家族百選〔第7版〕32頁等参照）。もっとも，過去の監護費用の支払請求については，過去の監護費用も婚姻費用の一部であるとして，婚姻費用の分担に関する処分（民760条，家事別表第二2項）と同様，附帯処分事項に含められないとする反対説も依然有力である（野田＝安倍208頁〔松原正明〕）。[129]

なお，離婚訴訟等における婚姻費用の分担に関する処分[130]や，認知の訴えにおける子の監護に関する処分[131]は，人事訴訟法制定の際に，附帯処分とすべきかが検討されたが，附帯処分事項とはされなかった。

(d)　同時解決の申立て（附帯処分の申立て）

子の監護に関する処分，財産分与に関する処分または標準報酬等の按分割合に関する処分について裁判がなされるためには，必ず当事者からの申立てが必要である（この申立てにつき，後述⇨第9章①(5)(g)(イ)「審理に関する特則」）。これらの附帯処分の申立ては，書面でしなければならない（人訴規19条1項。野田＝安倍213頁〔松原〕は，この書面は，訴状や準備書面に記載することでも足りるとする）。この書面には，申立ての趣旨および理由を記載し，証拠となるべき文書の写しで重要なものを添付しなければならない（人訴規19条2項）。この書面は，相手方に送達されなければならない（人訴規19条3項。送達の方法については，民訴98条，民訴規39条等が適用される）。

---

129)　この立場の論者も，過去の子の監護費用を過去の婚姻費用の一部と解することから，過去の婚姻費用と同様に，附帯処分事項である財産分与に関する処分の中で判断する余地は否定しない（野田＝安倍209頁〔松原〕参照）。

130)　離婚等訴訟における婚姻費用分担に関する処分は同時解決の申立ての対象とならないとするのが立法担当者の立場である。この処分は，婚姻の継続を前提とする効果であり，離婚や婚姻取消しと同時に解決すると実体法的な整合性がとれないこと，離婚等訴訟と婚姻費用分担に関する処分とでは裁判の基礎となる資料が異なる上，請求棄却の判決の場合にも裁判をしなければならないので，かえって解決が長期化するおそれがあるとの懸念があること等を理由に，同時解決申立ての対象には含まれていない（試案解説31頁）。なお，旧人訴法下においても，婚姻費用分担に関する処分は，旧人訴法15条による附帯申立てに含められないとするのが判例である（最判昭43・9・20民集22・9・1938ほか）。もっとも，判例は，過去に負担した婚姻費用を財産分与の額・方法を定める際の「一切の事情」の一つとして考慮することから，これを前提とする限り，過去の婚姻費用の分担請求も，財産分与に関する処分として附帯処分事項になり得ることとなる（野田＝安倍209頁〔松原〕，大橋眞弓・平成19年度重判（2008）148頁）。

131)　認知の訴えにおいて子の監護に関する処分について同時解決の申立てができるかも問題となり得るが，認知請求訴訟と子の監護に関する処分とでは，裁判の基礎となる資料が全く異なるため，婚姻費用分担に関する処分と同様の問題があることと，認知請求の帰趨が明らかでない段階で子の監護に関する処分（例：養育費の支払）の基礎となる資料の提出を当事者に期待するのは困難であること等の理由から，同時解決の申立ての対象とならないとするのが立法担当者の立場である（試案解説31頁）。野田＝安倍209頁〔松原〕も参照。

この申立ての対象となる各処分は，本来非訟事件たる家事審判事項であるが，婚姻事件訴訟に附帯して裁判所に申し立てられ，併合審理されるのは，人事訴訟法の規定によって許された特別の措置であり，民事訴訟上の請求の併合（訴えの客観的併合）の場合に当たらない。

子の監護や財産分与などに関する処分は，離婚等訴訟に附帯するものであるため，同処分の附帯申立てをなす際には，必ず離婚等訴訟が提起されていることを要し，それ以外の訴えに附帯申立てをすることは許されない（岡垣・人訴249頁，宮崎地判昭29・12・7下民5・12・1988，大阪高判昭34・7・31下民10・7・1624参照）。

附帯処分の申立てをする時期に制限はなく，申立ては，第1審または控訴審における口頭弁論終結時まではすることができる（詳細は，後述⇨第9章1(5)(b)(ウ)「附帯処分の申立時期」。控訴審における附帯処分の申立てについて相手方の同意を要しないことにつき，最判平16・6・3家月57・1・123，裁判例集Ⅱ-13，Ⅱ-49）。

附帯処分の申立ては，離婚等訴訟を提起した原告か，反訴を提起した被告がこれをするのが一般的であろうが，被告が離婚等訴訟の反訴を提起しないままで附帯処分の申立てをすることができるかは問題である。反訴を提起しない被告からの附帯処分の申立ては，本訴の請求棄却を求めるのを主位的申立てとし，本訴請求が認容されるときはその附帯処分事項をあわせて審判対象とすることを求める予備的申立てと解されるから，許容される（岡垣・人訴250頁，松本・人訴157頁。旧人訴法下の通説・判例）。

(e) 同時解決の場合の審判

(ア) 一　　般

離婚等訴訟において，訴訟事項である婚姻取消しや離婚の請求と附帯処分事項等が同時解決されるべき場合，本来異種の手続により審理されるべき事項が同一の手続でどのように審理されるかが問題となる。審理に関して，人事訴訟法は，附帯処分についての裁判と親権者指定についての裁判の際に，事実の調査をすることができる旨定めるとともに（人訴33条），事実の調査に関連するいくつかの規定を置く（人訴34条・35条，人訴規20条～28条）。同時解決の制度は，旧人訴法の下でも存在したが，現行法下の同時解決制度は，地方裁判所でなく家庭裁判所が審判することと，事実の調査が認められることの2点で，旧人訴法下とは大きく異なる。[132)]

しかし，現行法下では事実の調査が可能となったとはいえ，同時解決制度における審理は，離婚請求等の人事訴訟事項を審理する訴訟手続を主とし，便宜上その手続で，実質的家事審判事項である附帯処分事項等も審理されると考えられている。[133)] したがって，裁判所は，人事訴訟事項も附帯処分事項等も，主として，人事訴訟の審理の場である口頭弁論期日で審理をしつつ，附帯処分事項等について必要に応じて事実の調査をすることができる（人訴規 20 条 1 項参照）。

(イ)　事実の調査

(i)　意義と対象

事実の調査は，一般に，家事審判手続を含む（実質的意義における）非訟事件手続において行われる裁判資料収集の方式であり（家事 56 条 1 項（家審規 7 条 1 項）。非訟 49 条 1 項（旧非訟 11 条）参照），事実確定のための資料収集方式のうち「証拠調べ」（家事 56 条 1 項・64 条 1 項（家審規 7 条 1 項 6 項）。非訟 49 条 1 項・53 条 1 項（旧非訟 11 条・10 条）参照）を除いたものを意味する。事実の調査は，真実発見に必要な限り，裁判所が適当と認めるどのような方法によってもよいとされている（注解非訟 182 頁〔栂善夫〕）。ここでいう「証拠調べ」は，資料収集につき一定の方式を有し，またある程度の強制力を伴うもので，講学上「厳格な証明」と呼ばれるのに対し，「事実の調査」は，方式によらない調査である

132)　旧人訴法下では，同時解決の場合の手続構造をめぐり，人事訴訟手続と家事審判手続が併存するとの見解（併存説），人事訴訟手続に吸収されるとする見解（人訴説），原則として家事審判事件としての審理が保障された上で，人事訴訟手続で審理されるとする見解（折衷説）などが対立していたが（髙野耕一『財産分与・家事調停の道』（日本評論社・1989）161 頁，戸根住夫「人事，家事関係訴訟の適正手続と管轄」民商 125 巻 4＝5 号（2002）560 頁等参照），多くの論者は，附帯処分事項等の審理にも，本体の離婚請求等が人事訴訟法に従って審理されるとの基本的枠組みによる制約があると考えていたようである。そのため，旧人訴法下では，同時解決制度の下での審理において，家事審判事項に許される事実の調査（家審規 7 条（家事 56 条））や非公開審理は許されなかった。

133)　この点については，本文のように訴訟手続を基本とする考え方に対し，訴訟手続と，附帯処分事項等の非訟手続が併存する考え方が対立し得る（野田＝安倍 210 頁以下〔松原〕参照）。仮に併存すると解しても，附帯処分事項に関する争点整理などの審理は訴訟手続で行われることになるので，両説の差異は大きくない。ただ，基本的に訴訟手続のみが存在すると解すると，事実の調査の結果を口頭弁論に上程しないまま「判決」で事実調査の結果に基づき附帯処分について判断することが許されるのか問題になるように思われる。

「自由な証明」として，証拠調べに対置される概念である（詳細は，髙田昌宏「非訟事件における『自由な証明』研究序説」石川明古稀（上）（商事法務・2002）122頁以下，同『自由証明の研究』（有斐閣・2008）191頁参照）。事実の調査は，無方式で，強制力を有しない点で「証拠調べ」とは異なる。

家事審判手続では，家事法56条1項（家審規7条1項）が，家事審判事項につき事実の調査により判断資料を収集し得る旨定めるが，人事訴訟における同時解決の場合にも，附帯処分事項等について事実の調査が許される。したがって，同時解決の場合の事実の調査の対象となるのは，子の監護に関する処分，財産分与に関する処分および標準報酬等の按分割合に関する処分に係る事項，ならびに親権者の指定に係る事項に限られる（人訴33条1項）。これに対し，離婚の可否を左右する事情，例えば民法770条2項にいう婚姻継続を相当と認める事情（いわゆる裁量棄却事由）や離婚により相手が極めて過酷な状態に置かれるかどうかの事情（いわゆる過酷条項）などは事実の調査の対象とはならない（古岡＝長谷部141頁，松本・人訴334頁）。

(ii)　事実の調査の補充性

同時解決における事実の調査は，裁判所が職権で行うことができる。その点は，人事訴訟でも，家事審判手続におけると同様である（家事56条1項〔家審規7条1項〕）。ただ，家事審判手続では事実の調査が原則的な資料収集方法であるのに対し，同時解決における事実の調査の実施は，人事訴訟事項と同時に処理されることから自ずと制約を受けざるを得ず，必要があると認められる場合にとどまる。これは，人事訴訟規則20条1項が「事実の調査は，審理の経過，証拠調べの結果その他の事情を考慮して必要があると認められるときは，医学，心理学，社会学，経済学その他の専門的知識を活用して行うように努めなければならない。」として，事実の調査の補充性を定めていることからも窺うことができる（野田＝安倍220頁〔松原〕参照[134)]）。

(iii)　事実の調査の内容

同時解決における事実の調査では，調査の方法について特に限定はなく，裁

134)　野田＝安倍220頁〔松原〕は，人事訴訟規則20条1項について，訴訟手続において実質的な家事審判事項を対象とした事実の調査を行うという手続構造に照らすと，訴訟手続における審理の経過や証拠調べの結果等の事情を踏まえてもなお必要な事項に限定して科学的調査を行うことが予定されている趣旨であると述べる。

判所の裁量に委ねられるが，法は，裁判所は事実の調査として次のことができる旨定めている。

①　裁判所による審問

裁判所は，審問期日を開いて，当事者や第三者の陳述を聴くことにより事実の調査をすることができる（人訴33条4項参照）。当事者の陳述を聴くために審問期日を開くときは，他の当事者は，当該期日に立ち会うことができる（人訴33条4項本文）。ただし，その当事者が期日に立ち会うことにより事実の調査に支障を生じるおそれがあると認められるときは，その期日に立ち会うことはできない（人訴33条4項ただし書。例えば，家庭内暴力事案で，被害を受けた当事者が他方当事者の面前では十分な供述をすることができないと認められる場合などがこれに該当する。石田52頁，278頁，野田＝安倍229頁以下〔松原〕）。立会いの機会を保障するために，審問期日は当事者に通知しなければならない（人訴規22条本文）。ただし，ここでも，通知により事実の調査に支障を生じるおそれがあると認められるときは，審問期日の通知は要しない（人訴規22条ただし書）。当事者の審問に際しては，このように相手方当事者に立会権と期日通知による立会いの機会が原則として保障されており，当事者の手続保障への配慮がなされている[135)]。

これに対して，第三者の審問期日は，当事者審問と違い，当事者に立会権は認められていない（人訴33条4項本文の反対解釈。一問一答・人訴143頁）。その理由として，審問対象となる第三者の典型例として想定される成年に達しない子を，当事者同席の場で審問することが一般に相当でないことと，事実調査の手続では，相当と認める者の傍聴を許すことができるから（人訴33条5項ただし書），当事者の立会いが必要な場合には，任意の立会いを認めることで足りると考えられることが挙げられる。もっとも，立ち会うことのできなかった当事者には，審問が行われたことは通知されるから，審問結果を記録した審問調書を閲覧謄写する可能性が認められている（人訴規24条，人訴35条）。

②　調査の嘱託・報告の請求

裁判所は，事実の調査において，必要な調査を官庁・公署その他適当である

135)　人事訴訟法の制定当時は，家事審判法の下で，当事者への審問期日への立会権の保障規定は存在していなかったが，家事事件手続法の下では，家事調停をすることのできる事項についての家事審判手続の場合，人事訴訟法34条と同様，審問期日への当事者の立会権が原則として保障されている（家事69条）。

と認める者に嘱託し，または銀行・信託会社・関係人の雇主その他の者に対し，関係人の預金，信託財産，収入その他の事項に関して必要な報告を求めることができる（人訴規 21 条 1 項。家事 62 条参照）。調査の嘱託の手続は，裁判所書記官が行う（人訴規 21 条 2 項）。報告の請求の手続も，裁判所書記官がするものと解される（野田＝安倍 223 頁〔松原〕）。

③　家庭裁判所調査官による事実の調査

裁判所（急迫の事情があるときは裁判長（人訴 34 条 2 項））は，家庭裁判所調査官に事実の調査をさせることができる（人訴 34 条 1 項）[136]。附帯処分等についての審理に当たっては，心理学等の専門的知見を有する家庭裁判所調査官による調査が必要となる場合が少なくないが，旧人訴法では，そのような調査機構を持たない地方裁判所等が附帯処分等を審理判断していたため，家庭裁判所調査官の専門的知見や調査能力を活用することができないという問題点が指摘されていた。そこで，人事訴訟法は，このような実情を改善して，附帯処分等に関する充実した審理・裁判を可能にすべく，同時解決における附帯処分等に関する事実の調査においても，家事審判手続におけると同様（家事 58 条（家審規 7 条の 2）参照），裁判所が家庭裁判所調査官に事実の調査をさせることができるとしている[137]。

ここでいう裁判所は，第 1 審の家庭裁判所に限られず，控訴裁判所も含む。したがって，控訴審ではじめて附帯処分の申立てがなされた場合でも，受訴裁

136）　家事審判手続における事実の調査では，家庭裁判所調査官による調整措置が可能であるが（家事 59 条 3 項（家審規 7 条の 5）），対立当事者間の争訟を裁断することを目的とする人事訴訟手続とは相容れないとされる（野田＝安倍 224 頁〔松原〕）。もっとも，事実の調査を命じられた調査官が当事者や関係人に面接してその意向や事実関係を的確に把握するために，当事者等に対して調査への理解を求め，感情的な起伏の激しい者に対してはそれを沈静化するような働きかけをすることなどは面接技法の一環として許されよう。このほかに，家事審判手続では，家事法 60 条（家審規 7 条の 6）により，医師たる裁判所技官に，事件の関係人の心身の状況を診断させることができるが，人事訴訟法では，家事法 60 条に相当するような規定は設けられていないので，医師たる技官への診断命令は認められない（野田＝安倍 226 頁〔松原〕）。

137）　東京家庭裁判所の人事訴訟事件を専門に扱う家事第 6 部では，附帯処分事項等の中でも，調査官が事実の調査を行うのは，親権者指定に関する部分に限られており，当事者の主張・立証による資料収集が相当である財産分与等に関しては，調査官が事実の調査を行うことはないとのことである。東京家庭裁判所家事第 6 部編著『東京家庭裁判所における人事訴訟の審理の実情〔第 3 版〕』（判例タイムズ社・2012）97 頁。

判所である高等裁判所が自ら家庭裁判所調査官に事実の調査をさせることができる（このために，高等裁判所にも家庭裁判所調査官が配される。裁61条の2第1項）。

家庭裁判所調査官は，事実の調査の結果を書面または口頭で裁判所に報告する必要がある（人訴34条3項）。この報告に，家庭裁判所調査官は意見を付することができる（人訴34条4項）。なお，家庭裁判所調査官の調査について，後述⇨第9章1(5)(g)(ウ)「調査官調査と手続保障」，家事審判手続における家庭裁判所調査官の調査については前述⇨第Ⅰ編第3部第5章2(4)(a)「家庭裁判所調査官」。

④　受命裁判官または受託裁判官への事実の調査の嘱託

裁判所は，相当と認めるときは，合議体の構成員に命じ，または家庭裁判所もしくは簡易裁判所に嘱託して，事実の調査をさせることができる（人訴33条2項。これにより，受命裁判官または受託裁判官が事実の調査をする場合には，裁判所および裁判長の職務は，その裁判官が行う）。

(iv)　事実の調査の非公開

事実の調査の手続は，原則，非公開であるが（人訴33条5項本文），相当と認める者の傍聴は許される（人訴33条5項ただし書。家事審判手続と同じ（家事33条（家審規6条）））。非公開主義は，もともと非訟手続の原理であるが（非訟30条（旧非訟13条）参照），同時解決における事実の調査が原則非公開とされている理由は，事実の調査の対象が合理的に割り切れない人間感情が複雑に交錯する紛争にかかわり，これを的確に解決するためには手続的に機動性，柔軟性を有する必要があることや，人間の内面にかかわる複雑微妙な事項や家庭内の秘密にかかわることが多いことなどに求められる（野田＝安倍226頁〔松原〕，石田251頁）。しかし，事案によっては，傍聴を許しても差し支えない場合があることから，例外的に傍聴が許される余地が認められている。

また，事実調査の原則非公開を確保するため，訴訟記録中事実の調査に係る部分の閲覧等に関しては，訴訟記録の他の部分と違い，裁判所の許可を必要とするほか（人訴35条），参与員や参与員であった者が正当な理由なくその職務上取り扱ったことについて知り得た人の秘密を漏らしたときは，1年以下の懲役または50万円以下の罰金に処せられる（人訴11条）。

(v)　事実調査の要旨の記録化と事実調査の通知

裁判所が事実の調査をしたときは，裁判所書記官は，その要旨を記録上明らかにしておかなければならない（人訴規23条）。これは，事実の調査手続の公正を担保し，記録の閲覧・謄写権を実効あらしめるためである（石田277頁，松本・人訴337頁）。記録化の具体的な方法としては，次のものが考えられる。

(1) 審問期日を実施した場合は，調書を作成することによって記録化する（家事46条（家審規10条）参照）。

(2) 調査の嘱託ないし報告の請求（人訴規21条1項）を実施した場合は，嘱託書ないし依頼書の写しと，その回答書を記録に編綴する。

(3) 家庭裁判所調査官による事実の調査は，書面または口頭で裁判所に報告されるが（人訴34条3項），通常は，書面で報告されると考えられるので，その報告書が記録に編綴される。口頭の報告がなされた場合は，書記官が報告内容を記録することになろう（野田＝安倍228頁〔松原〕）。

裁判所は，事実の調査をしたときは，特に必要がないと認められる場合を除き，その旨を当事者に通知しなければならない（人訴規24条）。この通知は，事実調査の内容まで通知する必要はなく，事実調査が行われたこと自体を明らかにすれば足りる（野田＝安倍228頁〔松原〕）。通知によって，当事者は，事実の調査が行われたことを知り，その結果が記録されている訴訟記録を閲覧等する機会が保障されることになる。事実の調査の通知が特に必要がないと認められる場合としては，例えば，調査嘱託先から回答が得られなかった場合や当該事実調査をしたことを当事者が当然に了知している場合などが挙げられる（石田278頁，野田＝安倍229頁〔松原〕）。

(vi) 記録中の事実調査部分の閲覧等

事実の調査には，様々な方法があり，当事者審問（人訴33条4項）以外の方法による事実の調査の場合は，他方当事者には期日の通知（人訴規22条参照）も立会権もなく，調査後の通知がなされるだけである（同24条）。しかし，その結果を斟酌して判断される附帯処分等に関する裁判も，当事者の権利義務や法的地位に重大な影響を及ぼし得る以上，その裁判資料となる事実の調査の結果である記録について閲覧等（閲覧，謄写，もしくは正本・謄本・抄本の交付またはその複製）を許さないとするのは，適正な裁判を受ける当事者の権利を奪うものである。それゆえ，人事訴訟の訴訟記録における事実の調査の部分についても，特に当事者の手続保障の一環としてその部分の記録の閲覧等が必要となる[138]。もっとも，訴訟記録の事実の調査の部分には，私生活上の秘密に関する情報などが含まれることも多いことから，その開示により，当事者や関係人等が著しい社会生活上の不利益を被る場合もありえ，そのような不利益をできるだけ回避するような配慮も必要となる（松本・人訴338頁）。そこで，人事訴訟法は，当事者の主体的な手続追行の機会を保障するために，当事者からの閲覧等の許可の申立てがあった場合に，原則的には閲覧等を許可する旨規定する一方で，関係人のプライバシーなどにも配慮すべく，一定の事項について例外的に閲覧等を許可しない旨規定する（人訴35条1項2項[139]）。また，当事者と異なり，主体的手続追行の機会を保障する必要のない第三者からの閲覧等の請求については，「相当と認めるとき」に裁判所は許可することができるにとどめる（人訴35条3項7項）。

人事訴訟法では，事実の調査の結果についての閲覧等のためには，一般的に，裁判所の許可が要件とされ（人訴35条1項），当事者からの閲覧等の請求に対しては，裁判所は原則として許可しなければならない（人訴35条2項本文[140]）。ただし，閲覧等を許可することにより，人事訴訟法35条2項1号～3号に掲げるおそれ――すなわち，①当事者間の未成年者の子の利益を害するおそれ，②当事者または第三者の，私生活または業務の平穏を害するおそれ，③当事者または第三者の私生活についての重大な秘密が明らかになることによって，社会

138）　人事訴訟においても訴訟手続部分の閲覧等については，民事訴訟法が適用されるから，原則として何人も訴訟記録の閲覧をすることができ（民訴91条1項），当事者および利害関係を疎明した第三者は，訴訟記録の謄写をすることができる。また，裁判所は，当事者の申立てにより，訴訟記録中に，当事者の私生活について重大な秘密が記載されあるいは記録され，これを第三者が閲覧等することによって，当事者が社会生活を営むのに著しい支障が生ずるおそれがある場合，あるいは，当事者が有する営業秘密が記載されあるいは記録されている場合には，閲覧等を制限することができる（民訴92条1項）。

139）　人事訴訟法制定当時の家事審判法の下では，事実の調査については，家庭裁判所が相当と認めた場合にのみ記録の閲覧等が許されていた（家審規12条1項）のに対し，人事訴訟法の下での事実の調査の場合は，人事訴訟における当事者の手続保障の観点から，当事者への閲覧等を原則許容する方向に閲覧権が拡大された。その後，家事審判法に代えて制定された家事事件手続法の下では，事実の調査も含む家事審判事件の記録の閲覧等について，人事訴訟法と同じく，当事者からの閲覧等の許可の申立てを原則許可しなければならないとの規律（家事47条3項）が導入され，家事審判事件での当事者の手続権が強化された。

140）　人事訴訟規則25条は，許可決定においては，閲覧等を許可する事実調査の部分を特定しなければならないとする（民訴規34条2項参照）。

生活を営むのに著しい支障を生じ，または，名誉を著しく害するおそれ——のいずれかがあると認められる事実調査部分については，相当と認めるときに限り，許可することができる（人訴35条2項ただし書）。一方，第三者からの閲覧等の許可申立てについては，利害関係を疎明した第三者から申立てがあった場合に，相当と認めるときに，その閲覧等を許可することができる（人訴35条3項）。当事者または第三者からの閲覧等を許可する決定では，事実調査部分中，閲覧等を許可する部分を特定しなければならない（人訴規25条）。

当事者からの閲覧等の許可申立てが却下されたときは，その裁判に対しては即時抗告ができる（人訴35条4項）。しかし，この即時抗告が人事訴訟に関する手続を不当に遅延させることを目的としてなされたものであると認められるときは，原裁判所は，その即時抗告を却下しなければならない（人訴35条5項。この却下の決定に対しては即時抗告できる（人訴35条6項）。人訴35条4項または6項の即時抗告の記載事項等につき人訴規26条，即時抗告があった場合の即時抗告に係る記録の送付につき人訴規27条・28条）。第三者からの許可申立てを却下した裁判に対しては，不服申立てはできない（人訴35条7項）。

(vii)　事実の調査の結果

事実の調査の結果得られた資料は，附帯処分等に該当する事項の審理判断の基礎としてのみ使用することができ，離婚原因や慰謝料算定など訴訟事項についての判断の資料とすることはできない。例えば，事実の調査により，たまたま不貞の事実など離婚原因に該当する事情に関する資料が得られても，それを離婚請求における離婚原因の存否の判断資料に使用することはできないし，事実の調査により過酷条項や裁量棄却事由（民770条2項）を基礎付ける事実が判明しても，当然にそれを斟酌して離婚請求について判断することはできない。これは，事実の調査の結果が附帯処分等の実質的な非訟事項を判断するための厳格でない手続で収集されたものであるのに対し，訴訟事項の判断資料は原則として，口頭弁論を中心とした厳格な手続で収集されたものでなければならないため，事実の調査の結果を当然には訴訟事項の判断資料にすることはできないからである。ただし，当事者が事実の調査の結果の閲覧謄写を請求し，その結果を書証として提出することにより，事実の調査の結果を訴訟事項の判断資料として使用することは，可能であると解されている（石田276頁）。

これに対し，訴訟手続に顕出された訴訟資料や証拠資料は，附帯処分事項を判断するに際しては，特段の手続を要することなく当然利用することができる。家事審判手続で利用される事実の調査の手続よりも一層厳格な訴訟手続で収集された資料であるから，そのまま附帯処分等の判断資料になると解される。

㈦　15歳以上の子の陳述聴取

家庭裁判所は，離婚の訴えや婚姻取消しの訴えにおいて，15歳以上の子について親権者指定，子の監護に関する処分についての裁判をする場合には，その子の陳述を聴かなければならない（人訴32条4項）[141]。これらの附帯処分は，実質的に家事審判事項であり，人事訴訟手続における附帯処分に際しても，家庭裁判所での子の監護に関する処分の審判の場合（家事152条2項（家審規54条））と同様に，15歳以上の子の陳述聴取が必要とされている。この趣旨は，子の意思を尊重し，子の福祉に配慮した適切な裁判をすることにある。15歳とされているのは，15歳になれば未成年者でも身分法上の事項については自分で判断できると考えたからである（石田48頁）。しかし，これは15歳未満の子について意見を聴く必要がないことを意味するわけではない。その意見を聴くかどうかは家庭裁判所の裁量に任される。

㈣　判　　決

(i)　一　　般

離婚等訴訟に附帯処分の申立てがある場合や親権者指定が問題となる場合，離婚等訴訟に係る請求を認容する判決をするときは，附帯処分事項や親権者の指定について，判決主文に掲げて裁判をしなければならない（人訴32条1項）。この場合には，裁判所は，判決において，当事者に対し，子の引渡しまたは金銭の支払その他の財産上の給付その他の給付を命ずることができるし（人訴32条2項），親権者を指定することができる（人訴32条3項）。離婚等訴訟につき訴え却下ないし請求棄却の判決がなされる場合は，附帯処分の申立ては当然に排斥され，しかもこれを排斥する旨を主文に掲げることは必要でない（人訴32条1項の反対解釈）[142]。

附帯処分の申立てについて裁判する場合，裁判所は，その申立内容に拘束さ

141）　陳述聴取の方法は，特に定められていない。方法としては，証人尋問，裁判官の審問，家庭裁判所調査官による事実調査，書面による陳述，書面照会などが考えられ，裁判所は，事案の内容，紛争の経緯，子の年齢，当事者の意向などを総合して適切な方法を選択することになろう（石田49頁）。

れるかが問題となる。処分権主義の妥当する通常の訴訟事件であればそれに拘束されることは明らかであるのに対し（民訴246条），附帯処分の場合は，本質は裁判所の後見的・合目的的見地から具体的な内容を形成すべき非訟事件であることから，裁判所は，その役割を当事者の意思に拘束されることなく遂行しなければならないとして，当事者の申立てに拘束されないと解するのが通説・判例の立場である（最判平2・7・20民集44・5・975）。しかし，特に財産分与に関する処分については，訴訟事件と同様，処分権主義が妥当するとして，その申立てに拘束力を認める反対説が存在する（山本克己・民商105巻2号（1991）75頁，宇野聡「財産分与事件における申立ての拘束力」香川法学12巻4号（1993）35頁，松本・人訴333頁）。これについては，後述⇨9(2)(d)「附帯処分と不利益変更禁止の原則」。

(ii)　附帯処分の分離可能性

人事訴訟法32条1項によれば，附帯処分の申立てがある場合には，離婚等訴訟に係る請求を認容するときに，判決主文で附帯処分事項について判断をしなければならないとされるが，この同時解決の原則について例外が認められないか議論の余地がある。旧人訴法下では，離婚判決をするに当たり直ちに財産分与を決定するのは，一定の事案を前提にすると適切とはいえず，今後の夫婦共有財産の実質的価値および夫婦の一方の特有財産に付されている担保権の消長をみた上で，家裁の審判等に委ねて処理するのが相当であるとして，離婚請求との同時解決を申し立てられた財産分与の申立てを排斥した事例が存在する（東京高判平7・3・13家月48・8・72，裁判例集Ⅱ-38）。人事訴訟法32条1項は，旧人訴法15条1項が附帯処分事項について判決中で裁判することができるとしていたのと違い，「裁判をしなければならない」と規定しており，申立人の同時解決の利益をより強く保障しているとも考えられるだけに（人訴36条・37条1項ただし書も参照），同時解決の例外は認められないと解される（野田＝安倍359頁〔三代川〕，石田314頁，木内＝片山＝増田134頁）。ただ，上記東京高裁判決が，申立ての利益がないことを理由として財産分与の申立てをしりぞけている

142）　岡垣・人訴272頁。これに対し，離婚訴訟の控訴審ではじめて財産分与の申立てがなされた事案で，当該申立てを棄却するとの1項を主文に加えたものとして，札幌高判昭51・10・27家月29・10・136がある。

ように，中立権の濫用など申立ての利益の一般理論により調整を図る余地はあると考えられる（試案解説32頁，野田＝安倍208頁〔松原正明〕・359頁〔三代川〕，木内＝片山＝増田134頁）。この点につき，後述⇨第９章1(5)(b)(オ)「財産分与について判断先送りの適否」。

(iii)　判決の効力

附帯処分等についての判決が確定すると，その内容に対応する形成的効果が生じる[143]。また，処分として判決主文中に，当事者に対して子の引渡しまたは金銭の支払その他の財産上の給付その他の給付が命じられていれば（人訴32条２項[144]），それが債務名義となり，執行力を有する（家事75条（家審15条）参照。履行確保の制度について人訴38条以下参照）。附帯処分等が判決で言い渡されても，その本質が非訟事件であることに変わりがないので，既判力は生じないとするのが通説である（岡垣・人訴287頁，東京地決昭34・2・27判時233・10，広島高松江支判平2・3・26家月42・10・45）。しかし，家事審判に既判力が認められないかどうかは従来から議論のあるところであり（徳田和幸「家事審判の既判力」245題238頁参照），特に財産分与に関する処分については既判力を肯定する学説や旧人訴法下の裁判例も存在する（大阪高決昭37・10・3家月14・12・89）。この問題については，前述⇨第Ⅰ編第３部第５章7(6)(d)「既判力」。

(iv)　離婚等の訴えが判決によらずに終了した場合の附帯処分事項の取扱い

旧人訴法下では，婚姻の取消しや離婚の訴えに係る訴訟で婚姻関係が判決によらないで終了した場合には，附帯処分事項についての申立ては，不適法として却下すべきものと解されていた。例えば，離婚訴訟の係属中に協議離婚をする旨の和解が成立したが，財産分与の処分の申立てについては協議が調わないために，当事者が引き続きその点について受訴裁判所での審理判断を望んでも，主たる申立てが存在しない以上，従たる申立てである財産分与の処分の申立ては不適法として却下され，当事者は新たに家庭裁判所に家事審判の申立てをし

143)　例えば，親権者を指定した判決が確定すると，確定と同時に，戸籍上の届出をまつことなく，親権者に指定された父母の一方は当然に単独親権者たる地位を取得し，他方は親権者たる地位を失い，その効果は第三者に対しても及ぶ（岡垣・人訴311頁参照）。

144)　判決で財産分与として金銭その他の給付が命じられる場合，給付を命ずる部分に対して仮執行の宣言を付することはできないと解されている（人訴実務99頁）。この給付義務は非訟的裁判に基づく以上，裁判確定によってはじめて具体的義務が形成されるものと考えられるからである。

なければならないと解されていた（最判昭58・2・3民集37・1・45）。しかし，この扱いは，当事者に負担を強いるだけでなく，それまでの審理が無駄になるなど，訴訟経済上も問題であるとの批判が強かった。

そこで，人事訴訟法は，婚姻の取消しや離婚の訴えに係る訴訟において，判決によらないで婚姻が終了した場合[145)]で，附帯処分の申立てがなされ，かつその附帯処分事項[146)]が婚姻の終了に際し定められていないときは，受訴裁判所は，その附帯処分についての審理および裁判をしなければならないと規定する（人訴36条[147)]）。前記の批判を斟酌するとともに，人事訴訟の家裁移管により受訴裁判所が，本来家事審判事項を審判できない地方裁判所から家事審判事項を審判できる家庭裁判所に変わったことから，離婚等の訴訟事件の終了後も引き続き受訴裁判所が審理判断するのが相当であるとの考慮に基づいている。

145）判決によらず婚姻関係が終了する場合としては，前記のように離婚訴訟中に附帯処分事項を残して当事者が協議離婚したり，訴訟上の和解が成立したり（人訴37条），調停に付された事件について調停が成立したような場合などが想定されるが，訴訟上の和解や付調停事件の調停成立の場合を除いては，訴訟が当然終了にならないから，原告は，訴えを，合意が成立した部分のみ取り下げることになる。受訴裁判所は，協議離婚が成立したとして訴訟部分について取下げがあったが附帯処分事項について取下げがない場合には，附帯処分事項について合意が成立していないことを確認するため，協議離婚したことを証する書面の提出を求め（人訴規29条1項），当事者双方から申立てがあった附帯処分事項についての定めの有無について聴取しなければならない（人訴規29条2項）。

なお，離婚の訴えに係る請求の認諾は，財産分与等の附帯処分の申立てがある場合や親権者指定が必要な場合には，禁止されている（人訴37条1項ただし書）。離婚と同時に附帯処分等について解決してもらいたいとの原告の利益を保護するとともに，離婚と同時に親権者指定を求める民法819条を考慮したものである（ジュリ人訴107頁〔小野瀬発言〕）。

146）附帯処分のほかに，親権者指定も同時解決の対象となるため，離婚の訴えに係る婚姻関係が判決によらないで終了する場合の親権者指定の扱いも問題となり得る。離婚訴訟において訴訟上の和解により直ちに離婚することができるが（人訴37条），その際，当事者間に未成年の子がある場合に，親権者未定のままの和解が認められるか否かが問題となる。これは，民法の解釈問題であるが，親権者の定めについても同時に和解で解決しなければならないと解される。未成年の子については父母の婚姻解消と同時に父母の一方の単独親権に服するものとする実体法的な要請があり（民819条），このような要請は訴訟上の和解の場面にも及ぶと解されるので，未成年の子の親権者の指定をしないまま，離婚についてのみ訴訟上の和解をすることはできない（石田308頁）。ジュリ人訴102頁，木内＝片山＝増田139頁参照。

147）離婚の訴えにおいて附帯処分の申立てがなされている場合において，請求の放棄がなされたときは，請求の放棄により附帯処分の申立ては，当然に失効するものと解される（最判平6・2・10民集48・2・388，裁判例集Ⅱ-50，吉岡＝長谷部169頁）。

ところで，受訴裁判所が引き続き附帯処分事項を審理裁判する場合，その手続は判決手続によるか家事審判手続によるのかが問題となる。この点は，法律は「審理及び裁判」と定めるにとどまる。引き続き審判すべき事項が本来家事審判事項であることから，家事審判手続によるべきとの考え方も十分あり得るが（試案解説71頁。現にドイツ法はこの立場をとっている），前記「審理及び裁判」における裁判の形式は判決であると解されている（ジュリ人訴244頁〔小野瀬発言〕）。同時解決の場合の手続が訴訟手続を基本とするものであることを前提にすると，一旦開始されたその手続の準則が手続の途中で変更されるのは，手続を複雑にするなどの不都合をもたらすからである[148]。これは，審判手続に移行する措置などを特に定めていないことからも推しはかることができる。したがって，それに対する不服申立ては，控訴である。上訴審での扱いについては，後述⇨9(2)。

9　上　訴

(1)　上訴一般

(a)　上訴の利益

上訴（裁判が確定しない間に，上級裁判所へその取消しまたは変更を求める不服申立て。控訴，上告，抗告等）については，人事訴訟法に特別の規定は置かれていないから，民事訴訟の一般理論に従う（山木戸・人訴145頁参照）。

上訴は，原裁判に対する不服の主張とこれに基づく原裁判変更の救済要求であり，上訴裁判所がこの不服申立てを理由なしと認めれば，上訴を棄却し，理由ありと認めれば原裁判を取り消して事件についての処置を講じる。このいわ

148）　家事審判法の下では，仮に家事審判手続に戻るとすると，同時解決手続の下で保障される当事者審問期日への他方当事者の立会権や事実調査部分の閲覧等がどうなるかといった問題が生じたが，家事事件手続法では，審問期日での他方当事者の立会権が保障され（家事69条），事実調査部分の閲覧等が当事者に原則許可されることとなったことから（同47条3項），仮に家事審判手続に戻ったとしても，それによって生じる不都合は，家事審判法下よりも，減少し得る。

ば上訴審における本案裁判をなすためには，上訴は適法でなければならず，その適法要件を欠いているときは，上訴は却下され得る。このような上訴の適法要件として，上訴人は，原裁判に対して不服の利益（上訴の利益）を持っていることが必要である。不服の利益は，原裁判によって不利益を受けた当事者について存在するから，これに該当しない当事者は，原裁判に対する不服の当否について上訴審の判断を求め得る地位（上訴権）を有しない。

問題は，不服の利益がいかなる場合に認められるかであり，この点については，民事訴訟一般において，見解の対立がある（中野＝松浦＝鈴木596頁）。通説は，当事者の申立てと裁判を比較して，後者が前者よりも小さいときに不服の利益を認める（形式的不服説。兼子・体系440頁，新堂884頁，松本・人訴211頁ほか[149]）。判例も，ほぼ一貫してこの説によっているとされる。したがって，形式的不服説によれば，申立てを全部認容された当事者には不服の利益はない。しかし，人事訴訟では，全面勝訴判決を得た当事者でも，その判決が確定すると，人事訴訟法25条の定める失権的効果により別個の請求を提起することが許されなくなる場合があり，この場合，上訴審で訴えの変更または反訴により別個の請求をする必要が生じる[150]。そこで，このような場合には，全面勝訴の当事者でも不服の利益を認める見解が主張されている（山木戸・人訴145頁，新堂884頁，松本・人訴212頁ほか[151]）。しかし，申立てと判決の差を要求する形式的不服説を貫けば，このような場合，不服の利益は否定されるはずであるが，形式的不服説の論者も，例外として不服の利益を肯定する（例えば，新堂884頁，松本・人訴212頁）。もっとも，この場合になぜ例外が承認されるかは必ずしも十分に論証されているとはいえず，その点が対立する立場（新実体的不服説）からの批判の対象となっている[152]。

149） 形式的不服説に対しては，今日，新実体的不服説が有力に主張されている（松本＝上野・前掲注112）780頁以下〔上野〕）。この見解によれば，裁判をそのまま確定させたのでは，既判力や執行力などの裁判の効力によって，後の訴えによって救済されないような不利益を受ける場合に，不服が基礎付けられる。

150） 例えば，近親婚による婚姻取消請求を認容された原告が控訴審で訴えを変更して婚姻無効請求をしようとする場合や離婚訴訟で勝訴した被告が反訴により離婚請求しようとする場合。

151） なお，関連損害賠償請求や財産分与に関する処分の申立てについては，別に訴えや家事審判の申立てができるから，これを追加するための控訴は許されない（山木戸・人訴146頁）。

このほかに，人事訴訟における不服の利益に関しては，勝訴当事者が控訴審で新たな事実や証拠を提出して原判決を自己の不利に変更するよう求めるためにも上訴できると解する見解[153)]や，不服の利益の存否は主文包含事項について定まるのが原則であるが，理由中の判断に特に法律上の効果が付せられている場合には，不服の利益を認めるべきであるとする見解も主張されている（山木戸・人訴146頁）。しかし，人事訴訟を理由にこのような取扱いを認めるべきか，なお議論の余地があろう[154)]。

(b)　不上訴の合意・上訴権の放棄

上訴権に関しては，通常の民事訴訟では，当事者は相互に控訴・上告をしない旨を合意すること（不上訴の合意）ができ，また，上訴権発生後に上訴権を放棄すること（上訴権の放棄）も許されている。しかし，不上訴の合意は，一定の法律関係に基づく訴訟に関することを要し，その法律関係が弁論主義によって審理判断されるものでなければならないとの理由から，人事訴訟について不上訴の合意は認められないとする見解が有力であり（山木戸・人訴146頁，兼子・体系442頁，新堂886頁），上訴権の放棄も，既判力が第三者に及ぶ場合は，第三者の当事者参加の機会を奪うから許されないとする見解が有力である（山木戸・人訴146頁，兼子・体系443頁，新堂887頁，伊藤眞『民事訴訟法〔第4版補訂版〕』（有斐閣・2014）687頁[155)]）。

152）　新実体的不服説（前掲注149）参照）によれば，このような場合，判決確定により失権効が生じて自己の有する婚姻無効主張や離婚権の主張を訴訟上行う機会を奪われるとの不利益を受け，この不利益は上訴により判決の確定を妨げることによってしか排除し得ないから，不服が肯定できるとされる（上野泰男「上訴の利益」新・実務民訴Ⅲ 238頁）。

153）　山木戸・人訴146頁，松本・人訴212頁。例えば，詐欺強迫による婚姻取消請求をして勝訴した原告が原審の口頭弁論終結後に追認をして，控訴審でこれを主張し請求棄却を求めるために控訴ができるとされる。ただし，相手方が訴えの取下げに同意しない場合に限られる。

154）　小室直人「上訴の不服再論」同『上訴・再審〔民事訴訟法論集(中)〕』（信山社・1999〔初出1981〕）12頁は，例えば，婚姻取消訴訟で取消判決を得た夫婦に，婚姻を維持するため上訴を許さなければならないような一般的重要な利益はないとして，このような上訴の利益を否定する。

155）　松本・人訴213頁は，離婚訴訟および離縁訴訟では，訴訟当事者が原則として訴訟上の和解や請求の放棄・認諾により訴訟対象を処分できることから，例外的に，不上訴の合意や上訴権の放棄も適法であるとする。

(2) 同時解決制度と上訴

(a) 附帯処分等のみに対する上訴

離婚等訴訟において附帯処分事項の申立てがある場合や，職権で親権者指定を行う必要がある場合において，離婚等の訴えに係る請求が認容され，附帯処分や親権者指定がなされたときや，あるいは逆に離婚等の訴えに係る請求が棄却され，附帯処分等がなされなかったときに，不服のある当事者は，控訴を提起することができることはいうまでもない。例えば，離婚等の訴えに係る請求に対する判決部分に不服のある当事者が控訴を提起したときは，原判決の確定が妨止されるとともに（確定遮断効），事件全体の係属が上級裁判所に移る（移審効。これらの効力は，控訴人の不服の主張にとどまらず，原判決で判断された事項全部について生じるのが原則である（控訴不可分の原則））。

問題は，附帯処分等についてのみ不服のある当事者が，その処分だけを対象として控訴を提起することが許されるか，控訴ができるとして離婚等の訴えに係る部分はどうなるかである。旧人訴法下では，附帯処分等が実質的に家事審判事項であることに着目して，家事審判事項（家審14条〔家事85条〕）と同様，即時抗告によるとする見解（即時抗告説）が存在する一方，附帯処分の部分だけを単独で人事訴訟の対象とすることができないことから，附帯処分に関する部分だけ上訴の対象とすることはできず，本来的な請求である離婚等訴訟と一括してのみ上訴し得るとする見解（一括上訴説），附帯処分事項につき単独では上訴できないとすると家事審判による場合と比較して不利になることから，附帯処分のみを対象として上訴することができるとする見解（単独上訴説）などが対立していた（岡垣・人訴283頁参照）。

これらの見解のうち，即時抗告説については，家事審判による場合との権衡という点では正当であるが，形式上訴訟物に準じて人事訴訟手続で併合審判された事項に対して，不服申立てについてだけ，にわかに家事審判による場合と同じ方法によらせることには批判が強く，附帯処分事項も本来的請求と同じく訴訟手続の形式で処理される以上，不服申立てについても訴訟におけると同じ形式の上訴（控訴・上告）の提起によるほかないとする意見が大勢であった。そして，訴訟におけると同一の上訴の方式を肯定する後2説の中では，単独上訴説が有力で，裁判例にも実質的にこれに与するとみられるものも存在している（最判昭61・1・21家月38・8・48，裁判例集Ⅱ-21）。その理由は，附帯処分についての単独上訴を認めないと，上訴の利益も必要もない離婚等訴訟に係る請求について上訴しなければ附帯処分についての不服申立てができなくなり不当であるからである。ただ，単独上訴説によっても，同時解決の場合は併合請求と類似の関係にあるため，請求の客観的併合の場合と同様，附帯処分のみを不服としてこれを対象に上訴が提起されても，それと同時に，不服の対象とならなかった離婚等訴訟に係る請求も上訴審に移審し，確定遮断の効果が生じると解される（岡垣・人訴285頁。これに対し，松本・人訴224頁は，離婚等の請求部分は確定するとする）。この問題について人事訴訟法は何ら規定を置いていないが，後述する（⇨(e)）判決によらない婚姻終了の場合の附帯処分の取扱いも踏まえると，即時抗告説はとり得ないし，また，一括上訴説が，離婚等訴訟に係る請求部分に不服がないと附帯処分部分のみの上訴は許されないとするのも妥当とはいえない。結局，人事訴訟法の下でも，単独上訴説の主張する取扱いがされるものと考えられる。

(b)　審級の利益

人事訴訟法においては，離婚等訴訟についてその控訴審段階で子の監護，財産分与に関する処分などの附帯処分の申立てをすることは禁じられていない。仮に離婚等訴訟の控訴審段階になって高等裁判所に附帯処分に関する申立てがなされた場合，高等裁判所で離婚請求が認容されると，ここではじめて附帯処分について審理判断されることとなる。また，第1審の家庭裁判所段階から附帯処分の申立てがなされていても，例えば，第1審では離婚請求が棄却されたため附帯処分についての判断がなされず，控訴審において離婚請求が認容される場合にも，高等裁判所ではじめて附帯処分が審理判断される（これと同様の状況は，親権者指定についても，第1審で離婚請求が棄却されていた場合に起こり得る）。これらの場合，附帯処分事項等について（相手方の）審級の利益が奪われるのではないかという問題が存在する。たしかに，これらの場合，附帯処分事項等について，いきなり控訴審裁判所の自判がなされるため，申立ての相手方の審級の利益は奪われる[156)]。しかし，控訴審段階での附帯処分の申立てを許容してき

---

156)　この点について，松本・人訴344頁以下は，審級の利益を放棄する明示または黙示の当事者の意思が確認されない限り，審級の利益が奪われてはならないと述べる。

た旧人訴法下の実務で特段の不都合を生じていないということや，原審で離婚に応じていない者が第1審判決を受けて離婚を前提に附帯処分の申立てをする必要があることなどから，審級の利益の問題にもかかわらず，控訴審段階での附帯処分の申立てが許容されている（石田37頁参照）[157]。ただ，旧人訴法下と違うのは，後述するとおり，高等裁判所での控訴審においてはじめて附帯処分事項等が審理される場合でも，高等裁判所が自ら事実の調査をすることができ（人訴33条1項参照），そのために高等裁判所にも家庭裁判所調査官が配されている点であり（裁61条の2第1項），控訴審段階での附帯処分等の審理の改善が図られている。

(c)　控訴審での審理

控訴審における附帯処分等の裁判においても，第1審と同様，裁判所は事実の調査をすることができるとともに，家庭裁判所調査官に事実の調査をさせることもできる。これは，人事訴訟法33条・34条が「裁判所」としているのが家庭裁判所に限らず，高等裁判所も含める趣旨と解されるからである（一問一答・人訴145頁）。

控訴審において家庭裁判所調査官による調査も含め事実の調査が行われる場合は，原審の家庭裁判所と同様，人事訴訟規則20条に従って運用される。例えば，控訴審で新たに附帯処分が申し立てられた場合も含め，原審で事実の調査が行われていない場合のほかに，原審での事実の調査に重大な問題があって調査結果の信用性に疑問がある場合や，原審での事実の調査の後に大きな事情の変更があると疑われる場合などに事実の調査が行われることになろう（野田

157）人事訴訟法の立法過程で，例えば，審級の利益に配慮して，相手方の同意を要求するとか，ドイツ法のように，附帯処分の申立てを第1審に限って許容するとか，第1審で離婚等訴訟が請求棄却されて附帯処分事項等について審理が行われていなかったときは原判決の取消しとともに附帯処分事項等を第1審に差し戻すなどのルールを導入することも検討されたが（高田昌宏「人事訴訟手続法改正の手続法的側面」ジュリ1230号（2002）85頁），これらの手当ては採用されなかった。ただ，審級の利益の確保の必要から裁量的に原審に差し戻す余地（民訴308条1項参照）を認めるかどうかの解釈論は残る（ジュリ人訴85頁参照）。例えば，三木浩一「人事訴訟手続に関する最近の立法をめぐる諸問題」家月56巻8号（2004）27頁は，離婚等訴訟と附帯処分事項との間に審理内容の重複部分がほとんどないような場合で，相手方が異議を述べた場合には，裁量的に事件を差し戻すべきとする。

＝安倍 361 頁参照〔三代川〕）。

(d) 附帯処分と不利益変更禁止の原則

上訴がなされた場合，上訴審の審理の直接の対象は，上訴の適否と原判決に対する不服申立て（不服の範囲は上訴人または附帯上訴人によって特定される）の内容を認容できるかどうかという不服の当否である。上訴裁判所が原判決に対する不服を理由ありとして上訴を認容し，原判決を変更する場合，変更は不服申立ての範囲内に限られるのが民事訴訟の原則である（民訴 304 条）。つまり，上訴人が不服を申し立てていない敗訴の部分は，原判決を不当と認めても，上訴人に有利に変更することはできないし（利益変更禁止），上訴人に不利益に原判決を変更することは相手方から上訴または附帯上訴がない限り許されない（不利益変更禁止）。

人事訴訟に関する手続においても，離婚等訴訟の人事訴訟や，関連損害賠償請求には，上記の原則が妥当するが，問題は，離婚等訴訟に対する附帯処分の申立てに基づき判決でなされた子の監護や財産分与に関する処分などの内容を不服とする当事者の一方が控訴を提起した場合にも，上記の原則，とりわけ不利益変更禁止の原則が妥当するかどうかである[158]。なぜなら，これらの附帯処分は，もともとは家事審判事項（非訟事項）として家庭裁判所が後見的立場から合目的的見地に立ち，裁量権を行使して具体的内容を形成する非訟事件であり，そうであるなら，当事者の申立て（不服の限度）にも拘束されることなく裁判所自らが相当と認める判断をすることは許されるとの考え方があり得るからである。実際，これまでの通説・判例は，不利益変更禁止の原則は，上記の非訟事件手続の本質に沿わないとして，不利益変更禁止の原則の適用を否定してきた（最判平 2・7・20 民集 44・5・975，裁判例集Ⅱ-37）。人事訴訟法下の文献では，野田＝安倍 360 頁〔三代川〕）。しかし，これに対しては，特に財産分与に関する処分について，訴訟事件と同様，処分権主義が妥当し，その申立てにも申立ての拘束力を肯定すべきであるとして，利益変更・不利益変更禁止の原則が適用

158）例えば，第１審判決で，子の監護費用として判決確定後からその子が成年に達する月まで毎月４万円の支払と，財産分与として 100 万円を命じられた被告がこれを不服として控訴した場合に，控訴審でのさらなる審理の結果，監護費用として月額５万円，財産分与として 200 万円の支払を命じることができるか否かという問題である。

されるとする反対説が対立してきた（山本克己・民商105巻2号（1991）75頁，木内＝片山＝増田92頁）[159]。家事審判法とは異なり，家事事件手続法では，不利益変更禁止原則に関する民訴法304条の準用が排除されていることから（家事93条3項），少なくとも，立法者は，家事事件手続における不利益変更禁止原則の適用を否定しているようにみられるが，財産分与など第一次的に当事者間の協議で決めるべき事項については，不利益変更禁止の原則の適用を認める見解も，依然有力に主張されている（松本・人訴343頁）。また，この問題については，後述⇨第9章①⑸⒝㈠「財産分与における不利益変更禁止原則」。

⒠　判決によらずに婚姻関係が終了した場合の附帯処分に対する上訴

離婚等訴訟において附帯処分の申立てがなされている場合に，判決によらないで婚姻が終了しても，婚姻終了の際に附帯処分事項が定められていないときは，受訴裁判所は，その附帯処分についての審理および裁判をしなければならない（人訴36条）。この場合，残った附帯処分は実質的に家事審判事項ではあるが，決定ではなく判決の形式で裁判されるものと解されている。したがって，控訴審においても，判決によらないで婚姻が終了した場合には，控訴審での附帯処分の審理・裁判は，第1審の家庭裁判所と同様，判決手続による。

このように，第1審または控訴審において，婚姻関係が判決によらないで終了した場合には，残った附帯処分について判決がなされる以上，それに対する上訴は，第1審判決に対しては控訴，控訴審判決に対しては上告または上告受理の申立てによることになる。そのため，実質的には家事審判事項として非訟事件に属する附帯処分事項（家事別表第二3項4項（家審9条1項乙類4号5号））が，訴訟手続で審判されることになり，形式的には，本来なら抗告・再抗告・許可抗告などの制度を利用して不服申立てが認められる事項が，訴訟事件と同様の不服申立ての手段によることとなる。この点で，審判対象の性質と外的な手続との乖離が存在する（ジュリ人訴84頁参照）。たしかに，同じ家事審判事項でも，人事訴訟との同時解決で審理される場合と家事審判手続で審理される場

159）　Brehm, Freiwillige Gerichtsbarkeit, 4. Aufl., 2009, § 18 Rdnr. 45によれば，ドイツ非訟事件手続法においては，申立てで開始する事件，特に真正争訟事件の場合，不利益変更禁止の原則が妥当する。

合とでは，前者の場合の方が，一般に，当事者の手続保障が厚く，当事者にとって不利益はないといえるかもしれない（吉岡＝長谷部 169 頁）。しかし，他方で，同じ家事審判事項が，同時解決の申立てのある場合と，それがなされずに家事審判手続で審判される場合とで，手続構造や上訴の方式について異なった扱いをされる不均衡は残る。[160)]

10 保全処分

(1) 総　説

人事訴訟に関する保全処分については，旧人訴法下では，16 条が「子ノ監護其他ノ仮処分ニ付テハ仮ノ地位ヲ定ムル仮処分ニ関スル民事保全法（平成元年法律第 91 号）ノ規定ヲ準用ス」と規定していた（養子縁組事件につき旧人訴 26 条，親子関係事件につき旧人訴 32 条 1 項が本条を準用）。これにより，旧人訴法下では，婚姻関係事件における子の監護その他の仮処分について仮の地位を定める仮処分をなし得ることは明らかであったが，その他の保全処分である仮差押えや係争物に関する仮処分の可否や，旧人訴法 16 条の保全処分の性質などをめぐって解釈が分かれていた。この規定が民事保全法を準用する趣旨については，旧人訴法下では，起草当時の民事訴訟法（現在の民事保全法に相当）の規定の適用により仮の地位を定める仮処分をすることができることを前提に，それについて疑義が生ずることを避けるために特に設けた注意規定と解する多数説（山木戸・人訴 148 頁，岡垣・人訴 318 頁以下）――判例もこれに従っていたとされる（大判昭 7・12・19 民集 11・2359，大判昭 18・9・4 民集 22・911）――と，民事保全法上の仮処分の要件によらずに認められる特殊仮処分を定めた規定とみる見解（中島一郎「人事訴訟事件を本案とする仮処分」村松俊夫還暦(下)（日本評論社・1965）268 頁，中野貞一郎『強制執行・破産の研究』（有斐閣・1971）268 頁）が対立していた。

160)　もっとも，家事審判法に代わる家事事件手続法の制定により，家事審判手続での手続保障がかなり強化されており，この不均衡が現在どれほど大きいかは検証を要しよう。

前説（多数説）は，婚姻事件等の人事訴訟事件の仮処分について明言しなくても民事保全法によって仮処分ができると考えており，人事訴訟事件における仮処分も民事保全の一部としての通常仮処分と解する（通常仮処分説）。それに対し，後説は，人事訴訟事件の仮処分は民事保全法の規定によらない特殊な仮処分で，民事保全法上の仮処分の要件を欠く場合でも自由裁量に従い仮処分が許されるとする（特殊仮処分説）。これら両説のうち，前説を前提とすれば，単なる注意規定に過ぎない旧人訴法16条を存置しておく実益はないと考えられ，また，仮に後説を前提としても，旧人訴法16条からは具体的にどのような場合にどのような仮処分が認められるか明らかでないため，同条をそのまま存置することは相当ではない，という理由から，人事訴訟法は，旧人訴法16条に相当する規定を置いていない（一問一答・人訴116頁）。

ただし，人事訴訟法は，人事訴訟に関する保全処分について，人事訴訟法30条[161)]を新設し，人事訴訟が地方裁判所から家庭裁判所に移管されるに伴い，「人事訴訟を本案とする保全命令事件」について，本案と同様に家庭裁判所が取り扱う旨定める[162)]（人訴30条2項）。これは，人事訴訟の第1審の管轄を家庭裁判所に統一したのにあわせて，保全命令事件についても家庭裁判所で審理するのが相当と考えられたためである（木内＝片山＝増田95頁）。

人事訴訟事件における保全処分に関しては，旧人訴法と現行法との違いは，

161） 人事訴訟法30条は，平成23（2011）年の民事訴訟法及び民事保全法の一部を改正する法律（平成23法36）附則5条により，新たに第1項の規定が新設された。その結果，人事訴訟法制定当初の30条1項および2項の規定は，それぞれ2項および3項に置かれている。新設の1項は，平成23年の上記法律に基づき新設された民事保全法11条が人事訴訟を本案とする保全命令事件について適用されない旨定め，民事保全事件の国際裁判管轄権の規律が人事訴訟を本案とする保全命令事件に適用されないことを宣言する。それが適用されない理由は，人事訴訟事件に民事訴訟事件の国際裁判管轄権の適用がない（平成23年改正後の人訴29条1項）のと同じ理由に基づく（一問一答・民訴法等改正192頁）。なお，この一部改正に伴い，人事訴訟法30条の条文見出しが，「保全命令事件の管轄の特例」から「民事保全法の適用関係等」に改められた。

162） このほか，人事訴訟に係る請求と併合することのできる民事事件に係る請求，例えば離婚請求と併合することのできる当該請求の原因である事実によって生じた損害賠償請求権を被保全権利とする保全事件については，仮差押えの目的物または係争物の所在地を管轄する家庭裁判所に申し立てることもできる（人訴30条2項）。これについては，当該損害賠償請求訴訟につき管轄のある地方裁判所や，仮差押えの目的物または係争物の所在地を管轄する地方裁判所に申し立てることも可能である（民保12条1項）。

旧人訴法16条に相当する規定が設けられていないことと，管轄に関する規定（人訴30条）の新設にとどまるから，それ以外の点については，旧人訴法下の学説・実務が前提となる。

(2) 人事訴訟における保全処分の法的性質

人事訴訟法は，既述のとおり，通常仮処分説と特殊仮処分説の対立の原因となった旧人訴法16条に相当する規定を設けず，また，特殊仮処分説を前提とすれば当然あってしかるべき，通常仮処分（民事保全）と異なった要件・効果の規定も置いていない。また，人訴30条2項は，人事訴訟を本案とする保全処分として，子の監護等の仮処分に限らず，人事訴訟事件一般につき仮差押え・係争物に関する仮処分を含む保全処分を前提としている。この規定に関しては，その規定ぶりが明らかに人事訴訟における（仮処分に限られない）保全処分を民事保全の一部とみているとして，人事訴訟における保全処分につき，通常の民事訴訟の場合と同様，民事保全が認められることが明文化されたとする見解も存在する（野田＝安倍287頁〔瀬木比呂志〕）。人事訴訟法30条からここまで読み取ることができるかはともかくとしても，従来の実務が，特殊仮処分説の存在にもかかわらず，人事訴訟における保全処分を民事保全として運用してきたことから（注解人訴249頁〔岩井俊〕），人事訴訟法の下でも，人事訴訟における保全処分は，これまでと変わらず，民事保全の一部として運用されることになる（東京家庭裁判所家事第6部編著・前掲注137）8頁参照）。

したがって，これまでの実務や通説的見解を前提とすると，人事訴訟における保全処分，すなわち人事訴訟法30条による「人事訴訟を本案とする保全命令事件」は，民事保全として位置付けられる。

民事保全として位置付けられるとすると，保全処分の本案が何かが問われる。この点は，旧人訴法下の通常仮処分説によれば，離婚訴訟等それ自体を仮処分の本案と解する立場（大阪高決昭50・8・18判時799・49以下）と，附帯してなされる子の監護に関する処分や財産分与に関する処分の申立てを本案とする立場（東京高決昭35・5・26下民11・5・1160，山木戸・人訴149頁）に分かれていた。[163] このうち，前者の立場については，離婚や婚姻取消請求などの身分法上の請求権を直接保全する保全命令は考えにくく，離婚請求等を本案と解することは難しいため，離婚請求等に附帯してなされる子の監護や財産分与に関する処分の申立て，さらに親権者指定を，保全すべき権利関係ないし本案として捉える立場が多数説を占めていた。[164)]

また，旧人訴法下の実務では，保全命令の種類として，子の監護に関しては仮の地位を定める仮処分のほかに，その他の仮処分や仮差押えが，財産分与に関しては仮の地位を定める仮処分のほかに，仮差押えや係争物に関する仮処分が認められてきたとされる。[165)] 人事訴訟法の下でも，このような従来の学説・実務に従い，「人事訴訟を本案とする保全命令事件」として，離婚訴訟等に附帯して申し立てられる附帯処分事項等を本案とする民事保全が念頭に置かれることになる（野田 = 安倍 287 頁以下〔瀬木〕参照）。

もっとも，人事訴訟に係る請求と当該請求の原因である事実によって生じた損害の賠償に関する請求を一つの訴えですることができる場合は（人訴 17 条），当該損害賠償請求に係る保全処分も認められる（人訴 30 条 3 項参照）。この場合，その本案は損害賠償請求権である。

(3) 保全命令の要件

(a) 保全すべき権利または権利関係（被保全権利）

保全命令の要件は，一般の民事保全と同様に，保全すべき権利または権利関係（民保 13 条）の存在と，保全の必要性である（これらの要件は疎明される必要が

163） 特殊仮処分説は，通常仮処分説のように附帯処分の申立てや人事訴訟そのものを仮処分の本案とみることはできないと批判し，通常の仮処分の要件を欠く場合でも当事者の申立てにより人事訴訟の係属中の暫定的規整として裁判所の自由裁量に従い必要と認められる仮処分を命じ得ると主張した。特殊仮処分説は，母法ドイツ法が通常仮処分とまったく趣を異にする独自の仮の処分（einstweilige Anordnungen）制度を人事関係訴訟に置いていることも参考にしながら，人事訴訟およびこれに附随して解決されるべき子の監護に必要な処分その他の事項に関して通常仮処分の場合と異なる取扱いをする必要があることを指摘する点で傾聴すべき内容を含んでいる（岡垣・人訴 327 頁参照）。

164） この見解に対しても，特殊仮処分説の側から，非訟事件は原則として仮処分の本案となり得ず，それが附帯申立てとしてなされても非訟事件の本質は変わらない以上，本案訴訟としての適格に欠けるとか，附帯処分に関する旧人訴法 15 条が新設される前から旧人訴法 16 条が存した以上，附帯申立てを本案とみるのはおかしいといった批判が加えられた。

165） 子の引渡しについては，将来なされるべき親権者の指定を前提とし，これに随伴する具体的な子の監護に関する処分の附帯申立てを本案として，子の引渡しの仮処分が認められるとする見解が有力であった（人訴実務 140 頁，札幌地判昭 45・10・26 判時 624・74）。

ある。同条２項）。

保全命令は，本案訴訟に対応するものであるから，人事訴訟法上の保全命令（人事訴訟を本案とする保全命令事件）も，本案訴訟が同法により許容される場合に限ってこれを求めることができる。したがって，保全処分が許容されるについて被保全権利の点で自ずと制限があり，それが本案である人事訴訟手続において審判の対象となることが予定される権利関係であることを要する（人訴実務135頁）。婚姻取消し・離婚の訴えに附帯して申し立て得る子の監護に関する処分や財産分与に関する処分などは，人事訴訟において直接の審判対象となるから（人訴32条１項〜３項），保全すべき権利関係と解される。旧人訴法下では，人事訴訟に併合して請求できないものであっても，判決までの仮定的暫定的法律状態を定めるものとして必要とされる内容の保全処分も許されるべきとする見解が存在した（山木戸・人訴148頁）。例えば，夫婦の同居および扶助料の支払，婚姻費用の分担，扶養請求について仮処分の許否が問題となり得る。しかし，人事訴訟で併合請求や附帯処分の申立てができないものについても人事訴訟法上の保全処分が認められると解することは，人事訴訟手続によりその存否が確定する権利関係を被保全権利としていない点から難しいと思われる（人訴実務139頁，松本・人訴285頁参照）。

離婚等訴訟に附帯して申し立てられる附帯処分事項等（親権者の指定を含む）は，その本質は家事審判事項であるから，通常の民事保全の場合の被保全権利である一定の給付請求権のようにそれが客観的に存するか否かが審判対象となるものではなく，一定の具体的な権利義務の形成がなされるものであるから，審判前の保全処分（家事105条〔家審15条の3〕）と同様に，本案となる附帯処分の申立てが認容される蓋然性が必要であると解される（注解人訴261頁，岡垣・人訴343頁）。附帯処分事項等は，その基となる離婚等の請求が認容される場合に定められるものであるから，前提となる離婚等の請求そのものについて請求認容される蓋然性が存在することが要求される一方，附帯処分自体については，申立人に一定の請求権があるわけではなく，裁判によってはじめて形成されるものであるから，少なくとも申立人にとってその求めに沿う有利な判断がなされ，執行の基礎となる権利の形成される蓋然性が必要であるといわれている（岡垣・人訴344頁，注解人訴262頁）。

(b) 保全の必要性

保全命令の要件として，上記の本案認容の蓋然性とならんで，附帯処分の申立てに関する裁判に先立って応急的措置をする必要性（保全の必要性）が存在することが要求される。この保全の必要性については，仮の地位を定める仮処分の場合は，「債権者に生ずる著しい損害又は急迫の危険を避けるためこれを必要とするとき」であることが要求され（民保 23 条 2 項），係争物に関する仮処分の場合は，「その現状の変更により，債権者が権利を実行することができなくなるおそれがあるとき，又は権利を実行するのに著しい困難を生ずるおそれがあるとき」に（民保 23 条 1 項），仮差押えの場合は，「強制執行をすることができなくなるおそれがあるとき，又は強制執行をするのに著しい困難を生ずるおそれがあるとき」に（民保 20 条 1 項）保全の必要が肯定される（注解人訴 262 頁）。

(4) 保全処分の手続と効力

(a) 管轄裁判所

人事訴訟を本案とする保全命令事件は，民事保全法 12 条 1 項の規定にかかわらず本案の管轄裁判所または仮に差し押さえるべき物もしくは係争物の所在地を管轄する家庭裁判所が管轄する（人訴 30 条 2 項）[166]。

また，人事訴訟に係る請求と当該請求の原因である事実によって生じた損害の賠償に関する請求とを一つの訴えですることができる場合（人訴 17 条）には[167]，当該損害賠償請求に係る保全命令の申立ては，本来その申立てをすることが可能な裁判所（本案の管轄裁判所としての地方裁判所または家庭裁判所，仮に差し押さえるべき物または係争物の所在地を管轄する地方裁判所）のほか，仮に差し押さえ

166) 平成 23（2011）年の民事訴訟法及び民事保全法の一部を改正する法律（平成 23 法 36）により，民事保全法 11 条が新設され，保全命令事件の国際裁判管轄権の規定が導入された。それによれば，日本の裁判所に本案の訴えを提起することができるとき，または仮に差し押さえるべき物もしくは係争物が日本国内にあるときに限り，保全命令の申立ては，日本の裁判所にすることができる。しかし，この民事保全法 11 条の規定は，同じく上記法律により民事訴訟事件について新設された民事訴訟法第 1 編第 2 章第 1 節の規定等と同様，財産権上の訴えを対象とすることから，それらの民事訴訟法の規定が人事訴訟には適用されない（人訴 29 条 1 項）のと同様，人事訴訟を本案とする保全命令事件についても適用されない（人訴 30 条 1 項）。これについて，一問一答・民訴法等改正 192 頁参照。

るべき物または係争物の所在地を管轄する家庭裁判所にもすることができる（人訴30条3項）。これは，人事訴訟を本案とする保全命令事件の管轄を家庭裁判所に専属させる以上，人事訴訟と併合審理が認められる損害の賠償に関する請求を本案とする保全命令事件についても，家庭裁判所で取り扱うことができるものとすることが，より充実した審理・裁判を可能にすると考えられるからである（一問一答・人訴128頁）。

(b)　申立て・審理・裁判等

保全命令の申立ては，本案訴訟の提起前（附帯処分の申立ての前でも，基本たる人事訴訟の提起前でもよい）にすることもできると解される（注解人訴263頁）。また，附帯処分事項を保全すべき権利関係と解するならば，保全命令の申立ては，附帯処分の申立てができる間に（事実審の口頭弁論終結時まで）限られることになろう。申立ての手続は，一般の保全処分のそれ（民保13条）と同一である。

その審理は，人事訴訟法上の保全処分を民事保全と解する以上は，一般の保全命令の場合と異ならない。ただ，保全処分の審理については人事訴訟法の特則の適用があるか，議論の余地がある。これまでは，保全処分にも人事訴訟手続の一環として弁論主義の制限や職権探知主義などの規定の適用があるとする見解が有力である（岡垣・人訴346頁，注解人訴264頁，松本・人訴287頁[168]）。

保全処分の裁判は，民事保全法のそれと同一である。保全命令は，民事保全法のそれと同一の効力がある。保全命令に対する不服申立ても，民事保全法が適用される。

---

167)　この保全命令の申立ては，人事訴訟に係る請求と関連損害賠償請求を一つの訴えですることを前提とする場合のほか，後から訴えの変更により損害賠償請求を追加することや別訴を提起することを前提とする場合も，家庭裁判所に対してすることができるが，損害賠償請求に係る訴えがすでに地方裁判所または簡易裁判所に提起されている場合には，その請求に係る訴訟が家庭裁判所に移送されたときを除いて，人事訴訟法30条3項は適用されない（一問一答・人訴128頁）。

168)　東京家庭裁判所家事第6部編著・前掲注137）9頁は，当事者に対し疎明の義務を課している民事保全手続構造の中で，事実の調査によって疎明を補うことは相当でなく，また疎明の即時性の観点からも，家庭裁判所調査官に調査を命じることはできないとする。

第9章　人事訴訟手続各論

1　婚姻関係訴訟

(1)　その概要

(a)　種類と意義

婚姻関係訴訟には婚姻の無効，婚姻の取消し，離婚，協議上の離婚の無効，協議上の離婚の取消し，婚姻関係存否確認の各訴えがある（人訴2条1号)。人事訴訟手続法（以下，旧人訴法という）では，婚姻の無効，婚姻の取消し，離婚，協議上の離婚の取消しの各訴えについて規定され（旧人訴1条)，協議上の離婚無効の訴え，婚姻関係存否確認の訴えについては明文がなかった。しかし，この二つの訴えについては，従来も判例・学説上は，旧人訴法を類推適用し，準人事訴訟として認めていた。人事訴訟法は，これらについて明文を設け，旧人訴法の不備を解消した。

婚姻の無効の訴えとは，民法742条および総則規定に該当する無効事由が認められる婚姻届出のある婚姻について，無効判決を求める訴えである。婚姻の取消しの訴えとは，婚姻障害に該当する婚姻のうち民法731条～736条に該当するもの，および同747条に該当する詐欺・強迫による婚姻に関し，各要件を充足する婚姻について，その効力を解消させることを求める訴え（民743条～749条）である。離婚の訴えとは，民法770条1項に該当する離婚請求権に基づいて，婚姻の解消を求める訴えである。協議上の離婚無効の訴えとは，民法上その規定はないが，身分関係についての公益的要請から，婚姻無効に準じて協議離婚に無効事由のあるとき，その無効であることを判決により確定することを求める訴えである。協議上の離婚取消しの訴えとは，民法764条・747条により，詐欺・強迫による協議離婚について，その取消しを判決により確定することを求める訴えである。婚姻関係存否確認の訴えとは，婚姻無効・協議離婚無効事由以外の事由により，婚姻法律関係の存否を確定することを目的とする訴えであり，確認の利益を必要とする[1)]。

(b)　各訴えの性質

離婚の訴え（あるいは離縁の訴え）は，「身分関係の形成を目的とする訴えに係る訴訟」であり，請求を認容する旨の確定判決により婚姻関係を消滅させ，婚姻関係終了の身分関係の効力を生じさせるものである。これに対し，婚姻関係（あるいは養子縁組関係）の存否確認の訴えは「身分関係の存否の確認の訴えに係る訴訟」であり，婚姻関係の存否確認，養親子関係の存否確認等訴訟における請求を認容する旨の確定判決により，現在または将来の身分関係の存在または不存在を確定する効力を生じさせるものをいう。

婚姻無効の訴えの性質について考える前提として訴えの類型について触れる。確認の訴え，形成の訴えおよび，給付の訴えの分類は，各類型の訴えに対する判決の効果ないし内容に基づいている。確認の訴えを認容する判決は，その効果として既判力のみを有するが，形成の訴えを認容する判決は権利関係・法律関係を変動させる効力である形成力を有する。形成の訴えは原則として法律上個々的に，権利関係の変動を訴えによって求め得ることを規定によって認めている特殊な訴えである。形成訴訟事項でない確認・給付訴訟事項は，他の訴訟の前提問題としてこれを争うことができるが，形成訴訟事項は，他の訴訟の前提問題として争うことはできない。このように，法律が規律するのは，立法者が法律関係の変動の明確さを求めたからである。特に，身分関係事件の領域では，多数人の利害に関係することから，法律関係に画一性が求められ，形成判決に形成力が付与されることが多く，原告適格が法定されることも多い（高橋・重点民訴(上) 69頁）。

---

1)　山木戸・人訴40頁，岡垣学＝田中恒朗「婚姻事件の種類」注解人訴16頁，山崎勉「夫婦関係存否確認の訴え」人訴実務403頁。

婚姻・養子縁組無効の訴えは形成の訴えであるか否か争いがある。確認訴訟説は，いずれも別訴の先決問題として主張することができると解すべきであり，形成の訴えと構成すべきではないとする見解である（新堂209頁）。

しかし，先に述べたように，その性質は，一般的に他の訴えで前提問題として主張することを許すことが合理的か，あるいは，常に判決を要求して明確性を追求すべきかについて実体法の趣旨から結論を導くものということができる。つまり，確認訴訟説では，無効な婚姻は判決がなくても当然に無効で，利害関係人は相続に関する訴訟などにおいて，その前提として婚姻の無効を主張し得ることになるが，そのように解すると，婚姻届の存在は，婚姻の存在することを事実上推定する効果を持つだけとなり，婚姻の成立要件としての意味を失う。さらに，婚姻の効力が相対的に決まることになり，当事者以外の者が他人の婚姻の無効を主張する余地を認めることになり妥当ではない。したがって，婚姻の無効・取消しは判決によって形成されると解するべきであろう（鈴木・親族24頁，山木戸・人訴14頁）。

なお，夫婦・親子という基本的な身分関係を直接確定しないで，これから派生する叔父，甥の身分関係について確認することを認めるかかどうか争いがあるが，これは認めるべきではないということができる。つまり，確認判決の効力は第三者まで拡張されるが，派生的身分関係存否確認訴訟を肯定すると，確定された身分関係の基礎となる身分関係について，手続保障を欠くことになるからである。なお，姻族関係については，夫婦の一方が死亡した後に生存配偶者による姻族関係終了の意思表示（民728条2項）の効力が問題となった場合には，姻族関係存否確認の訴えを認める必要がある（山崎勉「夫婦関係存否確認の訴え」人訴実務427頁）。

(c)　審理原則の特質

(ア)　紛争解決の画一性および一回性の要請

人事訴訟法1条が明らかに規定しているとおり，人事訴訟法は人事訴訟事項の性質に鑑み民事訴訟法の特例を定めるものであるが，特に婚姻関係事件については，紛争解決の画一性の要請に応え判決の対世的効力を認め，その一回的解決の要請に応え，訴えの併合・反訴の各要件を緩和し，附帯処分の申立てを認めている。以下，それらの基本的な制度趣旨について若干触れることとする。[2)]

(i)　紛争解決の一回性

請求の客観的併合の範囲について，旧人訴法7条1項は同種事件の範囲で認め，同2項はそれ以外の併合を禁止していたが，人事訴訟法はこのような規定を設けないで同種の訴訟手続である人事訴訟の併合を常に認めることとし，紛争の一回的解決の要請に応えた。主観的併合についても民事訴訟法38条の規定と同じ規律で認められ，特則を設けないこととし，その要件を緩和した。

さらに，訴えの変更・反訴の要件を緩和して，訴訟の集中を図っている（人訴18条）。民事訴訟法143条1項では，請求・請求の原因の変更については，請求の基礎に変更のないこと，および，これにより訴訟を遅延させないことを要件としているが，人事訴訟では請求の基礎の同一性を欠いても請求の変更をすることができ，裁判所がその不当性の判断をすることができない。人事訴訟については，事実審の口頭弁論終結まで，人事訴訟に係る請求の範囲内であれば請求の変更ができ，さらに，反訴についても民事訴訟法146条1項，あるいは同300条1項の要件の適用を除外し，事実審の口頭弁論終結時まで，人事訴訟に係る請求の範囲内であれば反訴を認める。

家庭裁判所は本来的には損害賠償請求事件について職分管轄がないところ，関連請求については，例外的に，離婚原因が不法行為にも該当する場合などは，離婚請求に慰謝料請求の併合請求を認めている（人訴17条1項，裁31条の3第2項）。別訴で損害賠償請求した場合には関連する離婚請求事件に併合しなければならない（人訴17条3項・8条2項）。これも民事訴訟法136条の適用を除外して，紛争の一回的解決あるいは訴訟経済の要請に応えるものである。

附帯処分（人訴32条）の申立ても，この趣旨によるものである。関連請求・附帯処分については後述する（⇨(5)）。

(ii)　人事訴訟判決の対世効と失権効

人事訴訟法は，人事訴訟判決の効力は画一性の要請に応えるため特則（人訴24条）を設けている。判決の対世的効力と失権効（人訴25条）の問題である。

夫婦・親子の法律関係は，社会秩序を形成する根幹となるものであり，公益性が強い。このため，人事訴訟判決が当事者間の相対的効果では本来的に機能

---

2)　三代川俊一郎「判決の効力及び判決に対する不服申立ての取扱い」野田＝安倍337頁。

しないことから，客観的事実に基づいた画一的処理が期待される領域である。そこで，人事訴訟法24条1項は，形成判決の既判力を当事者以外の第三者にも拡張して及ぼし，身分関係の画一的確定を図っている。

婚姻関係訴訟の確定判決は，請求認容・請求棄却とを問わず，第三者に対し対世的効力を生じる。つまり，訴訟物である形成権の存否や身分関係の存否の判断について既判力を生じ，既判力は第三者に対しても効力を及ぼすことになる。事実審口頭弁論終結時を基準時として，同一の法律関係を対象とする後訴の裁判所を拘束し，前訴に反する判断は許されない。ただし，人事訴訟法24条2項は，対世的効力の例外を規定する。

人事訴訟法25条は，確定判決の失権効を生じる訴訟類型について限定していない上，その効力を請求認容判決にも及ぼすこととした。訴えの変更，反訴の要件を民事訴訟よりも緩和し，同一の身分関係に関連する事件を集中させて審理・判決することを徹底し，他方では判決確定後は，同一身分関係について再訴の可能性を抑制したものと解することができる。

(イ) 手続的「子の利益」

人事訴訟法において，未成年子を伴う婚姻関係事件に関し，「子の利益」原則を具体化する規定が新設されたことは特筆すべきであろう。例えば，移送の判断基準として子の住所，居所を判断事由とすること（人訴31条），離婚等の裁判に伴う親権者の指定あるいは子の監護に関する処分などには子の意見聴取を必要的とすること（人訴32条4項），調査報告書の開示可否の判断基準について「子の利益を害するおそれ」のあるときが開示許可除外事由の一つとされたこと（人訴35条2項1号）などである。

当事者である父母自身は，対立当事者として相互に攻撃・防御の関係にあり，父母に対し「子の利益」の具体化を委ねることは，子がそこに至るまでに紛争の渦中で負った傷をさらに深刻なものにする危険性がある。そこで，可能な限り，手続過程において子に関する問題については，子自身を権利主体として位置付ける制度が望ましく，結果的に子の利益が保護されることと同時に，紛争解決の手続過程においても子の利益が保護されることが求められる。人事訴訟法32条4項は，児童の権利に関する条約12条の趣旨を具体化するものとして設けられた。子ども固有の手続上の地位がどのように保障されるべきかの問題は，「子の利益」を現実化するために最も直接的なしかも重要な課題である。[3)]

(ウ)　事実調査の導入

人事訴訟法は未成年子を伴う離婚訴訟における親権者指定および附帯処分事項について事実の調査を導入し，その非訟事項性を制度的に明確化した（人訴33条）。さらに，その一つの方法として家庭裁判所調査官調査を導入することにより，子どもの監護に関する事項について専門的知見の採用を明らかにした（人訴34条）。調査官調査の専門的性質を阻害しないためには，その専門性に一定の信頼を置くことが求められるが，あわせて，当事者の手続保障の要請にも応える必要がある。そこで，この二つの要請に応えるために，調査過程への当事者の直接的立会権は認めないこととし，事後的に調査報告書を原則開示することとした（人訴35条2項）。さらに，調査報告書の非開示決定に対する不服申立権を保障することとし，抗告権（人訴35条4項）を認めた。

調査官調査は，当然のことではあるが強制的な手続ではなく，当事者の協力を前提とする任意的な性質のものであるから，調査本来の機能を果たすには当事者の手続協力が必要である。調査官調査の専門性と中立性を前提とする制度が設けられたことによって，特に子の処遇について子の利益に配慮した対応，子の意思の評価，結論の妥当性が確保される[4]。

なお，立法論になるが，「子の利益」を現実的に保障するためには，比較法的な示唆について謙虚な取組みが期待される[5]。

(エ)　人事訴訟手続に内在する民事訴訟事項・附帯処分事項等

先に述べたように，人事訴訟法は親権者指定および附帯処分事項について非訟性を鮮明にしている。すなわち，離婚訴訟の審理構造は，人事訴訟構造を基本的手続としながら，民事訴訟事項，附帯処分事項等については，異なる審理原則であることを認め，これらを内在させた複合的な訴訟手続を採用したもの

---

3)　若林昌子「離婚紛争解決プロセスと『子の最善の利益』との相関性――司法制度及び当事者支援を中心に」家族30号（2014）1頁。

4)　石井葉子「家事事件及び人事訴訟事件における家庭裁判所調査官」ジュリ人訴135頁。「〔対談〕離婚訴訟，離婚に関する法的規整の現状と問題点」判タ1087号（2002）34頁〔水野紀子発言〕。

5)　ミヒャエル・ケスター（佐藤啓子訳）「子の諸権利」新井誠編『ドイツとヨーロッパの私法と手続法――ダグマール・ケスター＝ヴァルチェン，ミヒャエル・ケスター論文集』（日本評論社・2013）36頁。岩志和一郎「ドイツの家庭裁判所」家族21号（2005）23頁，南方暁「イギリスの家事事件処理手続と担い手の構成」家族21号（2005）38頁等参照。

ということができる。かつて，旧人訴法では3種類の審理対象について，民事訴訟事項については民事訴訟審理原則で審理され，親権者指定・附帯処分事項については，一般的には本案と同一の人事訴訟審理原則に包括されていた。この点については実質的には非訟事項について，なぜ訴訟事件として審理されるのか理論的に問題のあることが指摘されていた[6)]。しかし，非訟事項の審理についての条文上の手懸りもないことから，訴訟事項に準じる審理を認めていた。そこで，人事訴訟法は審理対象に対応する手続を設け，離婚請求は人事訴訟手続によって審理され，附帯処分などについては事実の調査による審理を認め，最終判断は包括的に「判決」によることとし，この問題を一応クリアーにした。しかし，このように異なる審理原則の支配を受ける手続が複合的であることにより生じる新たな問題への対応は，今後の課題であろう。

(オ) 新しい職権探知主義の制度趣旨

(i) 問題の所在

人事訴訟法は，弁論主義を制限し自白を認めない（人訴19条）などのほか，同法20条は「人事訴訟においては，裁判所は，当事者が主張しない事実をしん酌し，かつ，職権で証拠調べをすることができる。この場合においては，裁判所は，その事実及び証拠調べの結果について当事者の意見を聴かなければならない」と定めて，職権探知主義を採用した。

旧人訴法における婚姻関係（養子縁組関係）訴訟（以下，単に離婚訴訟等という）に関する片面的職権探知主義（旧人訴14条）について[7)]，従来からの「片面的」なる部分についての批判に応え，人訴法20条は「片面的」部分を削除し双面的趣旨とした。このように，旧人訴法では，離婚訴訟等は片面的職権探知主義を採用し，その他の事件類型とは区別していたが，人事訴訟法では離婚訴訟等とその他の人事訴訟との区別を明文上なくしたために，新しい職権探知主義の制度趣旨について，どのように解するかが問題となる。人事訴訟法成立過程の議論において，双面的職権探知主義を採用するといっても，それは謙抑的かつ補充的なるものであるべきという理解は，法制審議会のメンバー間では最終的には広く共有されるに至ったものということができる[8)]。しかしながら，問題の

6) 前掲注4)〔対談〕判タ1087号34頁〔瀬木比呂志発言〕。

7) 注解人訴172頁。

理論的解明の多くの部分が今後に委ねられ，困難な問題が残されたといわざるを得ない[9]。

(ii)　基本的制度趣旨

対概念である弁論主義は，当事者が審理の対象や，判決の基礎となる資料の範囲を限定する権能を有することを内容とするものであるが，職権探知主義において弁論主義を制限する趣旨は，当事者の限定権能を否定するにとどまり，裁判所の探知義務を当然に意味するものではないので，典型的な弁論主義と典型的な職権探知主義との間には様々な規律を想定することが可能である[10]。つまり，理論的に多様な職権探知主義を導くことが可能である。従来の民事訴訟法の理論が，あえていえば弁論主義か職権探知主義かのラフな二項対立の議論であったという指摘がある（ジュリ人訴61頁〔高田裕成発言〕）。

(iii)　相対的根拠

職権探知主義の根拠については，基本的な家族関係の対世的・画一的確定のために判決は対世効を有すること，あるいは，身分秩序の公益性から，真実発見の要請が強く，さらに子の保護など弱者保護の要請に応えるために裁判所の後見的機能が期待されることなどが挙げられる。しかし，判決の対世効については第三者の訴訟手続への参加の問題とも関連することであり，真実発見の要請は当事者主義・弁論主義の下で当事者が攻撃・防御を尽くすことが，かえって有効である側面を持つものであり，手続的子の利益保護については，人事訴訟法も附帯処分事項について，より職権主義・職権探知主義が親和性を持つことを前提とし，特に事実の調査方法として調査官調査などを導入した規定が設けられた。なお，附帯処分についての事実の調査についても人事訴訟規則20条は，訴訟手続における審理の経過や証拠調べの結果等の事情を踏まえてなお必要な事項に限定して科学的調査を行うことを明示し，訴訟手続の透明性の確保とともに，当事者の私的領域に裁判所が必要以上に介入すべきでなく，謙抑的であることを求めている（最高裁判所事務総局家庭局監修『新しい人事訴訟手続

---

8)　三木浩一「人事訴訟手続に関する最近の立法をめぐる諸問題」家月56巻8号（2004）18頁。

9)　畑瑞穂「人事訴訟における職権探知主義について」家月56巻3号（2004）1頁。

10)　山本和彦「狭義の一般条項と弁論主義の適用」広中俊雄古稀（創文社・1996）87頁，畑・前掲注9）3頁。

に関する執務資料』(法曹会・2004) 29頁)。このように，人事訴訟事項は，身分秩序の公益性と私生性を併せ持つ本来的にアンビバレントな性質であることから，人事訴訟法20条により職権探知主義が採用されたこと自体は合理性があるということができる(松原正明編著『人事訴訟の実務』(新日本法規出版・2013) 82頁〔中川正充〕)。

(iv) 離婚訴訟等の事件類型との整合性

離婚訴訟等における職権探知主義の権能あるいは義務についての解釈は，以上の問題に加えて，人事訴訟事項の実体法的権利の側面(協議離婚・協議離縁の認められること)，および人事訴訟法において和解ならびに請求の放棄および認諾(人訴37条・44条)が設けられた趣旨との整合性が求められる。

いうまでもなく，人事訴訟は本来的に訴訟であり，民事訴訟法の特則である(人訴1条)。旧人訴法における職権探知主義についても，中間的な規律として解されていた。[11] 人事訴訟法における職権探知主義についても，弁論主義と職権探知主義との中間的規律であり，特に，離婚訴訟等本案事項における職権探知主義は，審理対象に整合的制限・修正のされた規律として解釈されるべきであろう(人事訴訟法成立過程における法制審議会の議論では，離婚訴訟等については弁論主義にすべきであるという意見も有力であった)。したがって，離婚訴訟等の当事者双方が審理の対象から排除した事実，当事者双方が反対する事実・証拠の証拠調べは，その証拠調べをしないことが重大な公益違反になる場合や，第三者の利害に密接にかかわる場合を除き，裁判所は原則としてその事実についての審理を控えるべきであるという指摘もある。[12]

離婚訴訟において端的に職権探知主義が現れるのは，附帯処分事項について行われる調査官調査であろう。これに関連して，ドイツ法における「裁判所が当事者の最も私的な領域に職権探知で介入し，これを裁判に利用することは，当事者の了解なしに行うべきではないとの思想」が紹介されているが，職権探知主義のあり方について，将来の方向を示唆するものであろう(本間靖規「大阪弁護士会『家事事件審理改善に関する意見書――家事審判法・人事訴訟法改正へ向けての立法提言』について」判タ1045号(2001) 19頁)。

11) 畑・前掲注9) 3頁。

12) 三木・前掲注8) 19頁。

(v)　手続保障との関係

次に，職権探知主義の下における当事者の手続保障の問題に触れる。民事裁判における手続的正義は憲法上の要請であり，訴訟において当事者を主体的に参加させて衡平な配慮を払うことにより裁判の公正を担保するものである[13)]。手続保障の要請は弁論主義の審理においては，それ自体手続保障の要請に応えるものであるが，職権探知主義の下において手続保障の要請が否定されるものではない。手続保障は先に述べたとおり裁判の本質に由来するものであり，職権探知主義は審理の方法に関するものであり，両者は両立可能なものである。人訴法20条は，職権証拠調べの結果について当事者の意見を聴かなければならないものとしているが，これは当事者の手続保障に配慮したものであるということができる。したがって，当事者が反駁や弁明の機会を実質的に与えられていない事項について，裁判所が事実認定することは許されない。訴訟記録中の事実調査部分の閲覧等が不許可になるなど，当事者がアクセスすることができない事実調査の結果については，職権探知主義の名の下に人事訴訟事件の心証形成に利用することは許されないと解される。原則として，当事者自身が閲覧謄写などにより入手し，通常の訴訟手続におけると同様の主張・立証の過程を経て，はじめて心証形成に利用できるものと解する見解もある[14)]。

(2)　婚姻無効の訴え

(a)　意義・性質・信義則

婚姻無効の訴えとは，婚姻の届出が存在するが，当事者の双方または一方に民法総則の規定する無効原因のある場合のほかに，届出意思ないし婚姻意思を欠く場合に，法律上の婚姻として無効であることを判決で確定すべきことを求める訴えである。婚姻は届出によって成立する（民739条１項）が，婚姻届出がなされたにもかかわらず，民法総則の規定する無効原因のある場合以外に民法742条１号の事由に該当する婚姻は無効である。同742条２号に規定する当事者が婚姻の届出をしないときは，婚姻不成立の問題である。

先に述べたように，この訴えの性質については見解が分かれる。確認訴訟説

13)　遠藤賢治『民事訴訟にみる手続保障』（成文堂・2004）2頁。

14)　三木・前掲注8）25頁。

は，婚姻の無効は当然・絶対的であり，他の訴訟で前提問題として婚姻無効の主張ができ，無効であるかどうかについて争いがあれば婚姻無効確認訴訟により確定すべきであり，確認訴訟の性質を持つという（高橋・重点民訴(上) 72頁)。

形成訴訟説は，婚姻に無効原因のあるときも当然無効ではなく，無効判決によってはじめて遡及的に無効となるのであり，その性質は形成訴訟であるという。つまり，無効な婚姻は当然無効であり，利害関係人は，相続に関する訴訟等において，その前提問題として婚姻無効の主張が許されると解すると，婚姻届の存在は，婚姻の存在することについて事実上の推定の効果を持つだけで，届出が婚姻を成立させるという意味が失われ，婚姻の有効・無効が訴訟ごとに相対的に決まることになり，当事者以外の者が自己の経済的利益のために他人の婚姻の効力を主張し得ることになって妥当でない。これに反し，婚姻不成立とみられるべき場合は，婚姻関係不存在確認訴訟によるべきである（鈴木・親族 24 頁)。

婚姻無効確認請求における信義則適用の可否が問題となる。最高裁は人事訴訟に関する判決の対世効を考慮しなければならないことから，当該事件に信義則を適用するには利害関係人の身分上の地位に及ぼす影響を判断基準の一つとすべきことを判示し，婚姻の実体があることを重視して，婚姻無効の主張を信義則に反し許されないとした原審判決を破棄し，請求を認めた（最判平 8・3・8 判時 1571・71，裁判例集Ⅱ-25)[15)]。

(b) 婚 姻 意 思

(ア) 婚姻意思についての学説

婚姻の実質的要件である婚姻意思の意義に関しては見解が対立している[16)]。実質的意思説のいう婚姻意思とは，「社会通念上一般に夫婦であると認められる関係の設定を欲する効果意思」であるとする（中川善之助『新訂親族法』（青林書院・1965) 160 頁)。社会通念を内容とすることについては，その内容が明確で

15) 神谷遊「婚姻の無効確認請求と信義則」判評 457 号（判時 1588 号（1997)) 53 頁，泉久雄「身分権の濫用」現代大系Ⅰ 162 頁。

16) 前田陽一「民法 742 条・802 条（婚姻無効・縁組無効)」広中俊雄＝星野英一編『民法典の百年Ⅳ』（有斐閣・1998) 32 頁。

ないことから，反対説として形式的意思説がある。形式的意思説によると，「婚姻の届出をする意思」で足りるとする（末川博『物権・親族・相続』（岩波書店・1970）342頁）。前者は同居・協力扶助義務を核とする婚姻をする意思を，後者は民法の規定する婚姻効果の一部を内容とする意思をいうものであり，両者の対立は婚姻効果の基本的部分か一部かであると言い換えることもできるが，両者ともに婚姻意思の内容について明確性を欠くところが問題である。そこで，近時は法的意思説・法定効果説・法律的定型説といわれる諸見解が有力である。「民法の定める定型としての婚姻」意思という見解などである（中川高男『親族・相続法講義〔新版〕』（ミネルヴァ書房・1995）119頁）。婚姻効果の基本的部分について意思があれば足りるとする見解もある（高橋忠次郎『婚姻法における意思と事実の交錯』（信山社・1993）129頁）。法律的定型説が基本的効果として民法752条による人格的法効果を内容とすることについて，同条はそもそも任意規定性を持つことを指摘する批判的見解がある（平田厚『プラクティカル家族法――判例・理論・実務』（日本加除出版・2014）2頁）。

婚姻は，契約的性質と制度的性質を持つことから，婚姻効果についても財産的部分および人格的部分両者に契約的要素と制度的要素が並存・混在している。そこで，婚姻効果のうち，何を基本的効果というか困難な問題がある。

婚姻意思の内容について，婚姻効果規定を行為規範・評価規範として捉え，具体的事例に応じて婚姻効果法を評価規範として適用する見解がある（内田61頁）。しかし，この見解は，結果の具体的妥当性を考慮することに重点が置かれ，流動的な解釈であることに問題はないのだろうか。

(ｲ)　婚姻意思に関連する主な判例

最高裁は，「当事者が子に嫡出性を付与するために婚姻届出をした事案について，その婚姻は実質的婚姻意思を欠き無効である」とした（最判昭44・10・31民集23・10・1894，裁判例集Ⅰ-9，Ⅱ-26）。この判例は実質意思説を採用することを鮮明にしたものであるが，形式意思説では有効な婚姻ということになる。[17]

本人の意識不明の間に受理された婚姻届の効力について，最高裁は，「婚姻

17)　末川博・民商63巻2号（1970）224頁，杉田洋一・最判解民〔昭44(上)〕550頁，前田陽一・民法百選Ⅲ 4頁。

意思を有し，かつ，その意思に基づいて婚姻の届書を作成したときは，仮に届書の受理された当時意識を失っていたとしても，その受理前に翻意したなどと特段の事情のないかぎり，右届書の受理により婚姻は有効に成立する」と判示した（最判昭 45・4・21 判時 596・43，裁判例集Ⅱ-27）[18]。

さらに，一方当事者が死亡する4日前で同人が判断能力を喪失しているときに届出がされた婚姻について婚姻意思を肯定したものがある（東京地判平 11・2・25 判タ 1030・247）。相続権ないし遺族年金付与目的でなされた臨終婚など類似の事案についても，婚姻意思は実質意思説を採用し，その意思は婚姻届書作成時および届出受理時の双方に婚姻意思の存在することが求められる。婚姻の合意は要式行為であり，届書作成により確定的になされた場合，その意思は原則として持続するということができる。一方では，婚姻の自由の消極的保障のため翻意を認める必要がある。届出受理に至るまでに翻意があれば，戸籍先例により不受理制度が認められている。

判例は，事実的婚姻関係の存在を婚姻意思解釈の内容とする傾向があるが，臨終婚の事案に関しては事実的婚姻関係の存否はそれほど重要ではなく，法律上の夫婦になっておきたいとの真摯な願いは，死期が迫っているだけに一層真実であるとみるべきであり，残された人生の長短は相対的なものであるため，事実的婚姻関係の有無で区別することなく保護されるべきであろう[19]。

(c) 正当な当事者

(ア) 原告適格等

婚姻無効の訴えの原告適格は，婚姻当事者たる夫または妻が有する（民 742 条，人訴 12 条 1 項 2 項）が，従前，第三者が原告適格を有するかどうかについては見解が分かれていた。しかし，人事訴訟法 12 条は，第三者が原告適格を有する場合のあることを規定している。そこで，いかなる第三者が当事者適格を有するかが問題である。原告適格を認めた裁判例には，婚姻当事者たる亡夫の実父が婚姻届書を偽造した本人である場合（最判昭 34・7・3 民集 13・7・905，裁判例集Ⅱ-5），婚姻が有効か無効かによって相続権を喪失または取得する関

18）　小倉顕・最判解民〔昭 45(上)〕258 頁，太田武男・法時 41 巻 9 号（1969）137 頁。
19）　谷口知平・民商 63 巻 1 号（1960）166 頁，深谷松男・家族百選〔第 6 版〕6 頁。

係にある者についての事例（盛岡地判昭 41・4・19 下民 17・3＝4・314）がある。

さらに，控訴審において，亡Ａの先妻Ｂの子Ｘが後妻Ｙを相手に婚姻無効を審理中，ＹがＸに対してＸとＡ・Ｂ間に親子関係不存在であることの確認訴訟が係属している場合に，Ｘの原告適格を前提問題として審理できるか争われたが，控訴審はこれを認め原告適格を肯定したもの（東京高判昭 56・10・29 判時 1026・94）がある。

従来の一般的見解は，身分法上の請求権は一身に専属する権利であって相続の対象とならず，当事者適格についての承継も認められないから，訴訟係属中に当事者たる原告が死亡したときは，特別の規定がない限り，訴訟は終了宣言により当然終了すると解されていた。離婚について（最判昭 61・3・17 判例集未登載），および離縁について（最判昭 57・11・26 判時 1066・56）の判例により，この見解が確立していた。学説もこれを認めていたが，夫婦の一方が提起した婚姻無効確認請求訴訟における原告の死亡と訴訟の帰趨について，最高裁は，「本件婚姻無効確認請求権は，請求権者の一身に専属する権利であって相続の対象たり得ないものと解するのが相当であり，かつ，請求権者死亡の場合における訴訟承継に関する特別の規定も存しないことに鑑みると，本訴は被上告人の死亡と同時に終了」する旨を判示している（最判平元・10・13 判時 1334・203）。

㈠　被告適格等

人事訴訟法は，以上の判例・学説を踏まえ，夫婦の一方が提起するときは，夫婦の他方が被告となる（人訴 12 条 1 項）が，第三者が原告の場合は夫婦双方が被告となる（人訴 12 条 2 項）こととした。その場合，夫婦の一方が死亡した後は他の一方が被告となるが，人事訴訟法 12 条 1 項および 2 項の場合においては，被告とすべき者が死亡した後は，検察官を被告とする（人訴 12 条 3 項）こととした。

さらに，訴訟係属中に被告が死亡した場合には，原則として検察官が訴訟承継する（人訴 26 条 2 項）が，例外的に離婚・離縁訴訟係属中に被告が死亡したときは，訴訟は当然終了する（人訴 27 条 2 項）。訴訟係属中に原告が死亡した場合には，特別の定めのある場合を除き，当該人事訴訟は当然に終了することを規定した（人訴 27 条 1 項）。

人事訴訟においては，確定判決の効力が拡張され，身分関係を対世的に形成あるいは確認することが予定されていることから，訴訟追行の適正を充足するものに当事者適格を与え，実体的真実の要請を担保する。したがって，この趣旨が被告適格の解釈指針ともなり得る。

(ウ) 利害関係人に対する訴訟係属の通知

裁判所は，判決確定により相続権を害される第三者を利害関係人として訴訟が係属したことを通知すべきものとして定めた（人訴28条，人訴規16条）。その内容は，旧人訴法33条の規定による通知に関する規則と同趣旨の規定であるが，人事訴訟法2条で定義された人事訴訟事件を対象に整理し，拡大している。つまり，通知対象者は，夫婦の双方または一方が死亡した後に訴えの提起があった場合における婚姻の無効により嫡出でない子となる者またはその代襲者とする。ただし，当該夫または妻に嫡出子またはその代襲者がある場合に限られる。相続権が訴訟の帰趨によって害されかどうかが通知要否の基準となる。ただし，訴訟記録上その利害関係人の氏名および住所または居所が判明している場合に限られる（人訴28条ただし書，人訴規16条・別表1項～5項下欄参照）[20]。利害関係人に対し，その利害関係にふさわしい手続保障を与える趣旨である。このあり方については今後の理論的課題であろう[21]。

(3) 婚姻取消しの訴え

(a) 意義・性質

婚姻は，婚姻取消しの形成判決によってのみ取り消すことができる（訴訟に代替する制度として，当事者間に原因事実について争いのない場合は家事法277条の合意に相当する審判によることができる）。婚姻の公益的性質から当事者の意思表示のみによって取り消すことはできない。婚姻取消しの訴えは，婚姻関係訴訟の一類型として，人訴法32条以下の特例規定により，附帯処分申立てに関する規律の適用を受ける。婚姻取消しの効果は，婚姻に違法性あるいは瑕疵のある場合にその効力を失わせるものであるが，その効果は遡及しない（民748条1項）ので，離婚の効果に類似する。

したがって，夫婦間に生まれた子は嫡出子であり，離婚に関する子の監護

20） 岡健太郎＝上拂大作「人事訴訟規則の解説」家月56巻6号（2004）33頁。

21） 高橋宏志「人事訴訟における手続保障」竹下守夫編集代表，伊藤真＝徳田和幸編集責任『講座新民事訴訟法Ⅲ』（弘文堂・1998）349頁。

（民766条），復氏（民767条），祭祀供用物の承継者の決定（民769条）の規定が準用される（民749条）。夫婦の財産関係については，財産分与の規定である民法768条の準用を認めながら，婚姻の取消し固有の規定が設けられている（民748条2項3項）。つまり，婚姻取消しの効果は遡及しないのが原則であるが，財産関係については不当利得の返還あるいは損害賠償を認めている。

(b)　婚姻取消事由

婚姻取消事由には，婚姻障害事由と競合する事由および詐欺・強迫による婚姻の場合の2類型があり，そのほとんどの事由は一定の場合に取消事由が治癒される余地のある性質を有する[22]。

(ア)　婚姻障害事由と競合する婚姻取消事由

(i)　婚姻適齢未満者の婚姻（民731条）

男性18歳，女性16歳に達していないことは，婚姻障害事由であり，かつ，婚姻取消事由である。しかし，このような不適齢者の婚姻も婚姻届出が誤って受理され，当事者が婚姻適齢に達すると，取消事由は治癒する。不適齢者自身は，適齢に達した後，3か月間は婚姻の取消しを請求することができる（民745条2項）。

(ii)　重婚の禁止（民732条）

当事者の一方または双方に配偶者のあるときは，婚姻障害事由であり，かつ，婚姻取消事由である。この事由があるにもかかわらず誤って婚姻届出が受理されたときには，前婚が解消された場合この取消事由は治癒される。

(iii)　再婚禁止期間内の婚姻（民733条）

女性は，前婚解消（取消し）後6か月経過しなければ再婚することが禁止され，この期間内に誤って婚姻届出が受理された場合，婚姻取消事由となる。ただし，当該女性が前婚解消または取消しの前から懐胎していた場合には，その出産の日から，再婚禁止期間の適用を受けない。

(iv)　近親婚の禁止（民734条・735条・736条）

直系血族相互間，三親等内の傍系血族相互間（民734条1項本文），直系姻族相互間（民735条），養親子関係者間（民736条）では婚姻が禁止されているが，

22）　注民（21）190頁〔上野雅和〕。

これに該当する当事者間の婚姻届出が誤って受理された場合，取消事由に該当する。ただし，養子と養方の傍系血族との間では婚姻は禁止されない（民734条1項ただし書）。

(v) 父母の同意を欠く未成年者の婚姻（民737条）

なお，未成年者の婚姻については父母の同意が欠ける場合は，婚姻障害事由となるが，婚姻取消事由ではない（民743条・744条1項）。

(イ) 詐欺・強迫によりなされた婚姻

詐欺・強迫によってなされた婚姻届出であっても，戸籍管掌者は形式審査の権限を有するのみであるから，それが受理される場合が生じ，一応有効な婚姻が成立する。そこで，詐欺・強迫を受けた当事者は，その婚姻を取り消し得る（民747条）。

ただし，この当事者が「詐欺を発見し，若しくは強迫を免れた後3箇月を経過し，又は追認をしたとき」は，取消しはできない（民747条2項）。

民法747条・96条の関係について，通説は身分行為には民法総則の適用を認めないことを前提に，婚姻の取消しは民法747条によって特に認められた制度であると解する。しかし，婚姻も法律行為であり，詐欺・強迫によりなされた婚姻の意思表示は瑕疵ある意思表示の一種であり，民法96条の特殊な場合である。婚姻の特殊性から，その主張方法が形成判決の方法によること，その効果は原則として遡及しないことなどを民法747条により定めたものである（鈴木・親族22頁）。

(ウ) 婚姻取消しの訴えの当事者（民744条1項2項・747条1項）

婚姻の取消しは婚姻の無効と同様に通常の法律行為と異なり，確定判決によってはじめて形成される（ただし，当事者間に基礎となる事実につき争いがなく審判手続によることについて手続上の合意のある場合には，判決に代わる家事事件手続法277条による審判を求めることもできる）。

先に述べた婚姻障害事由の該当する婚姻取消事由は公益的性格を有するものであるから，婚姻取消しの訴えを提起できるものは，当該婚姻当事者以外に，その親族および検察官も含まれ，それらの者にも当事者適格を認められるが，検察官は夫婦の一方の死亡後は，この訴えを提起しえない（民744条1項）。

詐欺・強迫による婚姻取消事由による訴えの当事者適格は，当該当事者のみが認められる（民747条1項）。詐欺・強迫以外の取消事由による取消しの訴えを夫婦の一方が提起する場合は他方配偶者が，親族が提起する場合は，夫婦双方（夫婦の一方死亡後は生存配偶者のみ）が被告適格を有するが，被告とすべき者が死亡した後は検察官が被告適格を有する（人訴12条1項～3項）。

(4)　離婚の訴え

(a)　意義・性質

離婚の訴えとは，民法770条1項に定める離婚原因の存在を訴訟物とする訴えであるが，婚姻関係を解消する離婚の方法には協議離婚（民763条），裁判離婚（民770条），調停離婚（家事244条・268条），審判離婚（家事284条）に，人事訴訟法により訴訟上の和解離婚・認諾離婚（人訴37条）が追加された。離婚訴訟（婚姻の取消しの訴え）においては，附帯処分として未成年の子の監護をめぐる事項・財産分与の申立てをあわせて審理することができる（人訴32条～36条）。

離婚原因のあり方は，歴史的にも国際的にも有責主義から破綻主義へ移行しているということができる。有責主義は，夫婦の一方に不法行為・有責行為のあるとき，これに対する制裁として離婚を認めるべきであるとするが，有責主義の矛盾は，精神病離婚について端的に現れる。つまり，夫婦の一方が強度の精神病で回復の見込みのない場合，精神病自体は有責行為ではないので他方配偶者からの離婚請求は許されないことになる。有責主義離婚法では夫婦間に婚姻の本質である夫婦共同生活・精神的協力関係が失われ，それが回復し難いとき，つまり婚姻の破綻した場合においても，有責配偶者に対し離婚を許さないことになり，このことはその人格的利益を損なう。そこで，婚姻の実体が失われ婚姻が形骸化した場合には，婚姻の破綻を離婚原因として離婚を認める破綻主義に移行してきた。しかし，破綻主義への移行の推移も単純ではなく紆余曲折がある。キリスト教色の強い国々において，1960年代から70年代にかけて離婚法改革が波状的に行われ，有責主義から破綻主義に，離婚の自由化へと加速された。この欧米の潮流をどのように理解するか。この点について，「フランス，ベルギー，ドイツなどカトリック勢力の存在する国では，有責主義への執着はなお根強く残っている。……欧米の離婚法の変化を一元的・直線的に理解するというのは，必ずしも正確ではない。」（大村147頁）との指摘がある。

日本におけるかつての判例は消極的破綻主義に立ち，婚姻破綻が認められても，婚姻破綻につき，もっぱらあるいは主として有責な配偶者からの離婚請求は否定してきた（最判昭27・2・19民集6・2・110）。ところが，最高裁は，後に述べるとおり，一定の条件付ではあるが有責配偶者からの離婚請求を認め，積極的破綻主義に転換した[23]（最大判昭62・9・2民集41・6・1423，裁判例集Ⅱ-28）。

欧米では，1960年代から積極的破綻主義への法改正が進行してきた。すなわち，破綻の原因あるいはその責任の帰趨を問うのではなく，婚姻の客観破綻を指標化する一定の別居期間を離婚原因とする法制度である。さらに，相手方の同意の有無（フランス・イギリス），未成年子の有無（スウェーデン）の事実を要件とした別居期間，および苛酷条項に配慮するが，離婚原因と離婚効果とを切り離す制度が構築されている。

一般的に婚姻破綻の経過は夫婦の相関関係によるものであり，その責任の所在を究明することは困難な審理になりやすく，さらに，それを究明することは離婚家族の再生に害はあっても益はないといえよう。また，夫婦のプライバシーへの配慮も考えるべきであろう。離婚原因法と離婚手続法を総合的に構築すること，離婚実体法が現実化されるプロセスとして離婚手続法を捉えることが求められる。

(b)　訴訟上の請求（訴訟物）

訴訟物理論については，新・旧訴訟物理論の対立以来，極めて活発な学説上の議論展開の経過を経て，「体系的訴訟物概念の統一ドグマを維持しえないことは，今日ではほぼ共通の認識となってきている」。要するに，訴訟物概念の相対化と問題解決機能の低下であり，これらは既判力の客観的範囲，重複訴訟の禁止，訴えの変更，訴えの併合においてみられる[24]。

そこで，訴訟上の請求（訴訟物）の定義は，「本案判決の主文で判断すべき事項の最小基本単位である」ということができるが（新堂307頁），離婚訴訟の訴訟物について，訴訟物は訴えから判決までのプロセスの重要な枠組みであるとする従来の訴訟物理論を前提に構築された離婚訴訟物理論の再構築，あるいは

---

23)　浦本寛雄「離婚原因と破綻主義」石川稔＝中川淳＝米倉明編『家族法改正への課題』（日本加除出版・1993）189頁。

24)　三木浩一「訴訟物概念の機能」民訴争点〔第3版〕134頁，山本克己「訴訟物論争の回顧と現状」同130頁。

体系的訴訟物概念の積極的意義を改めて問うことが今後の課題となるであろう。

以下これまでの議論を前提に述べる。離婚原因を定めた民法770条は１項１号～４号について，２項の裁量棄却規定により相対的離婚原因とし，１項５号については絶対的離婚原因とする二重構造である。１号～５号の離婚原因は各独立の離婚原因とする構造であると解するか，１号～４号は５号の例示であると解するかという議論があるように多義的構造を持つ。このことは訴訟法上の問題として，離婚訴訟物についての対立を生じる。例えば，原告は１号事由の離婚を主張している場合に，裁判所は２号事由を理由に請求を認容することができるかという問題である。

旧訴訟物理論は，民法770条１項各号について，それぞれ離婚請求権が生じると解するので，各号の離婚原因それぞれに別個の訴訟物を認めることになる。判例は，各号ごとに訴訟物は異なると解して，４号を理由とする離婚請求について裁判所が５号を理由として離婚認容判決をすることはできないとの見解を採用する（最判昭36・4・25民集15・4・891）。いわゆる新訴訟物理論によると，「離婚の訴訟物は原告が離婚を求め得る法的地位にあるとの権利主張」であるという。民法770条１項の各離婚原因は，それを基礎付ける事由であるにとどまることになる。つまり，離婚請求権が訴訟物であり，各号の事由はそれを基礎付ける事実に過ぎないと解する。全実体法秩序により１回の給付を是認される地位を訴訟物と把握する。形成訴訟であれば，全実体法秩序が１回の形成を是認するのか否かによって訴訟物が画される。したがって，「新説では同一夫婦間では１個の訴訟物しか認められないこととなる。同一夫婦が同時に２回離婚できることはないからである」（高橋・重点民訴(上) 31頁）。

特に，人事訴訟法25条は身分関係の法的安定性という立法趣旨から，判決の確定により当事者に対して失権的効果を認めている。つまり，原告は判決確定後当該人事訴訟において請求または請求の原因を変更することにより主張することのできた事実に基づいて同一の身分関係についての人事に関する訴えを禁止され，被告は反訴を提起することのできた事実に基づいて同一の身分関係に関する別訴の提起を禁止されている（人訴25条１項・２項）。この趣旨からも，「一つの離婚原因にもとづく離婚訴訟においても，他の離婚原因の存在もあわせて審理され，いずれかの離婚原因が存在すれば，請求認容となるというのでなければ不当というべきであろう。」（鈴木・親族62頁）。

民法770条2項の裁量棄却事由については，1号～4号の事由が認められるときにも，一切の事情を考慮して請求を棄却できる趣旨であるが，裁判官に広い裁量権を認めていることからその濫用が懸念されている。しかし，実務では民法770条1項4号の認められる事案について，後に述べる具体的方途論として2項の適用がみられる程度であり，他の各号事由では適用されることはないに等しい。この濫用的適用は破綻主義に逆行する結果になり問題であろう。

(c) 当事者の主張・立証責任と要件事実

人事訴訟における職権探知主義について，判例は職権証拠調べについて，その限度は裁判所がすでに得た心証により自由に定め得るものとし（最判昭29・1・21民集8・1・87，裁判例集Ⅱ-66），実務家の見解によると，人事訴訟法20条は，裁判所が審理の状況に応じて適切に釈明権を行使することによって当事者に主張・立証を促し，あくまで当事者主義の原則の下，当事者が主体的に主張・立証を行うことを前提としているというべきとされる[25)]。おおむね，これが実務での一般的見解であろう。

人事訴訟は公益性の要請を担う訴訟であると同時に，権利義務の成否をめぐる利害の対立の激しい紛争性の強い訴訟類型であり，当事者は必然的に自己に有利な主張・立証を尽くすのが一般的であり，当事者でなければ事案に関する証拠の存否・所在など掌握できない事情がある。人事訴訟も訴訟構造を前提にする限り，原則として当事者が主張・立証責任を負うのは理論的帰結であるということができ，自己に有利な事実について立証できなければ不利益な結果が導かれる立証責任を負うことは訴訟の基本的性質であるともいうことができる。裁判所は，職権探知主義による機能として，当事者の主張・立証の範囲内で，あるいはそれに関連する限度で補充的に公益的・後見的機能を担う権能と義務があるということができる。

次に，当事者の主張・立証すべき要件事実が問題となる。要件事実とは，「法規の法律要件に該当する具体的事実」ないし「ある権利の発生，消滅等の法律効果を生ずるために必要な裁判規範としての民法の要件に該当する具体的事実」であり，要件事実論とは，「与えられた事実，主張群の中から，訴訟物

25) 井上哲男「人事訴訟と要件事実」民事要件事実講座(2)82頁。

を出発点として，請求原因事実，抗弁事実，再抗弁事実，以下法律効果の発生をもたらす攻撃防御方法の流れに事実を組み入れ，整理する作業」をいう[26]。

婚姻関係事件等についての要件事実についても，通常民事事件に準じて民法で定められた請求権に基づき，訴訟物を特定し，その法律要件に該当する具体的事実が要件事実となる。したがって，各当事者は自己の請求権（訴訟物）を理由付ける法律要件に該当する具体的事実について主張・立証を尽くすこととなる。例えば，離婚訴訟において，当事者は離婚請求権の根拠となる民法770条１項各号の離婚事由に該当する要件事実を主張・立証し，裁判所は当該具体的要件事実について審理・判断し結論を導くことになる[27]。

(d)　離 婚 原 因

離婚事由の民法770条１項１号２号は有責主義的離婚原因であり，同３号４号は破綻主義的離婚原因であるということができる。各離婚原因の意義を概観する。

(ア)　不貞行為（民770条１項１号）

不貞行為の意義については，判例は「配偶者ある者が，自由な意思にもとづいて，配偶者以外の者と性的関係を結ぶこと」であるという。学説には，性交渉に至らなくても性的な不倫行為すべてを含み，性的関係よりも広義であるとする説がある。判例は限定説に近いので，性的関係を持つに至らない貞操義務に忠実でない性的行為は５号の離婚原因に該当すると解する（最判昭48・11・15民集27・10・1323）。不貞行為が認められるためには，それが相手方の自由な意思に基づくものであるか否かを問わないが，不貞行為を行った配偶者自身の自由な意思に基づいたものであることを要する（最判昭38・6・4家月15・9・179）。夫が強姦罪を犯した場合は１号に該当するが，妻が強姦罪の被害者になった場合には不貞行為には当たらない。同性愛は不貞行為かどうか問題になり得るが，裁判例では５号により離婚請求を認めた事例がある（名古屋地判昭47・2・29判時670・77）。同性愛が不貞行為かどうかについて，「解釈論の決め手は，同性愛を，異性との不貞行為に匹敵する有責行為と考える社会意識があ

26）　高部眞規子「上告審と要件事実」民事要件事実講座⑵４頁。
27）　井上哲男「人事訴訟と要件事実」民事要件事実講座⑵82頁。

るかどうかである」(内田116頁), との指摘があるが, 不貞行為は異性間で起こり得るものであることが前提になっていることから1号には該当しないが, 明らかに他方配偶者に対する決定的な性的背信行為であり, 婚姻を継続し難い重大な事由であるということができる。夫の同意のない非配偶者間人工授精についても, 性的関係を伴わないが, ドナーの精子により子をもうけることは, 夫婦間の性的な, あるいは人格的な信頼関係を損なう行為であり, 5号に該当するものということができる[28]。このような場合, 実務的には多くの場合1号とあわせて5号の離婚事由も主張されるので, 結論の妥当性は維持されることになる。

(イ) 悪意の遺棄(民770条1項2号)

悪意の遺棄とは, 正当な理由がないのに同居, 協力, 扶助の義務(民752条)に違反し, 夫婦生活を維持する意思の認められない場合をいう。合意による別居や有責の相手方に対して同居を拒否することは, これに当たらない。もっぱら妻の方に責任のある事情から夫婦が別居し, 夫が妻に生活費を渡さなかったのは『悪意の遺棄』に当たるかどうか争われた事案で, 最高裁は, 婚姻破綻について主として有責であるものは扶助請求権を主張することはできないので悪意の遺棄には該当しないとした(最判昭39・9・17民集18・7・1461)。遺棄が問題となる別居事案は, 夫婦いずれかの有責行為によることが多く, 別居に関する有責性が同居許否の正当事由と相関関係があるのが一般的であり, 悪意の遺棄の判断基準として, 双方の事情を考慮することになるであろう。また, 実務上は悪意の遺棄に該当する事案で2項が適用されることは極めて考えにくい。なお, 2号が認められない場合であっても, 5号に該当するという事案は稀ではなかろう。

(ウ) 3年以上の生死不明(民770条1項3号)

生死不明とは, 生存も死亡も証明ができない状態をいう。生死不明の原因, 過失の有無は問わない。3年以上とは, 最後の消息があったときから起算するが, 現時点(離婚訴訟の口頭弁論終結時)までに3年以上消息不明であることをいう。3号を離婚原因とする趣旨は, 3年以上も生死不明であることは婚姻破

---

28) 岩志和一郎「不貞行為の意義(2)」梶村太市＝棚村政行編『夫婦の法律相談〔第2版〕』(有斐閣・2010)207頁。

綻と認めざるを得ないと考えられるからである。したがって，破綻主義の離婚原因であるということができ，生死不明の原因あるいは責任は問われないものということができる。失踪宣告（民30条1項・2項）による婚姻解消と本号の離婚事由による離婚判決との関係については問題がある[29]。

㈡　強度の精神病（民770条1項4号）

回復の見込みのない強度の精神病とは，配偶者の一方が不治の精神病になった結果，婚姻生活に必要な相互の精神的理解が不可能な状態である場合をいう。歴史的には，精神病者には，精神病になったことについて責任がなく，かつ，夫婦は協力扶助する義務があり，離婚を安易に認めるべきではないとの考え方，他方，婚姻継続の意思を持たない配偶者の離婚の自由を認めることを重視する立場があり，離婚制度論の対立があった。世界的にも，離婚法が有責主義から破綻主義へ劇的変化をもたらしたのが精神病離婚であるといわれる[30]。

離婚の自由と無責配偶者の保護を保障する理論構築を迫られたということができる。つまり，離婚法と離婚効果法の問題を理論的に分離することが可能であることを顕在化させ，問題の本質を明らかにさせる契機になったということもできる。

4号の「強度の……，回復の見込がない」精神病の要件について，判例は厳格な判断をしている。4号事由が認められないとして離婚請求を棄却したもの（名古屋地判昭54・9・26判タ401・147，東京地判昭59・2・24判時1135・61），4号事由の主張は否定し，5号に該当することを認めたもの（東京高判昭63・12・22判時1301・97）がある。アルツハイマー病，老人性認知症については医学的には精神病の範疇には含まれないとする見解も有力であり，アルツハイマー病の裁判例（長野地判平2・9・17家月43・6・34，裁判例集Ⅱ-30）は4号事由を否定して5号により離婚請求を認めた。仮に，アルツハイマー病は医学的に精神病に該当しないとしても，婚姻破綻をもたらすことは明らかであるから，4号にいう強度の精神病に準じたものと解することもできる。

判例は精神病離婚について，民法770条1項4号の要件のほかに，2項の適

29)　岩志和一郎「3年以上の生死不明」梶村＝棚村編・前掲注28）215頁。
30)　久貴忠彦『親族法』（日本評論社・1984）112頁，浦本寛雄『破綻主義離婚法の研究』（有斐閣・1993）101頁。

用により，その判断基準として「具体的な方途」の存在を要件とする。すなわち，「たとえかかる場合においても，諸般の事情を考慮し，病者の今後の療養，生活等についてできるかぎりの具体的方途を講じ，ある程度において，前途に，その方途の見込のついた上でなければ，ただちに婚姻関係を廃絶することは不相当」であると判示して，離婚請求を棄却した（最判昭33・7・25民集12・12・1823，裁判例集Ⅰ-7，Ⅱ-9）。その後も同趣旨の考え方を維持し，「〔夫は将来の療養費として〕自己の資力で可能な範囲の支払をなす意思があることを表明して」いるとして，離婚請求を認容した（最判昭45・11・24民集24・12・1943，裁判例集Ⅱ-31）。つまり，被告の離婚後の生活費あるいは病院などの引受先について具体的方策を確保することを原告に求めているものということができる。しかし，この判例理論は経済力のある者のみ離婚が認められることになるとの批判がある[31)]。

(オ) 婚姻を継続し難い重大な事由（民770条1項5号）

5号は抽象的離婚事由といわれ，婚姻を継続し難い重大な事由があることを離婚事由とする。婚姻を継続し難い重大な事由とは，婚姻関係が破綻し修復の見込みのない状態であることをいう。つまり，婚姻関係について1号～4号までのいずれかの離婚事由に該当しない場合，あるいはそれらが認められる場合にも2項に該当しない場合に，婚姻関係が破綻していると認められることである。実務上具体的にみられる内容は，性格の不一致，暴力，性生活上の問題，姻族関係との不和・過度の宗教活動などによる夫婦間の信頼関係の崩壊であるが，これらが離婚事由と認められるかどうかは，夫婦間の協力，扶助，同居義務，あるいは夫婦相互の信頼関係が保たれているかが問題である。裁判例には，人生観，生活観，性格の不一致により婚姻関係の破綻に至った認容事例（東京高判昭54・6・21判時937・39），性格の不一致を主張した事例で5号には該当しないと判断した棄却事例（札幌地判昭50・3・27判時798・77），性交渉の拒否事例（福岡高判平5・3・18判タ827・270），信仰活動による婚姻破綻事例（東京地判平9・10・23判タ995・234，大阪高判平2・12・14判時1384・55），婚姻破綻事例について地高裁で判断の分かれた事例（横浜地相模原支判平11・7・30判時1708・142，東京高判平13・1・18判タ1060・240，名古屋家岡崎支判平19・3・14家月61・

31) 浦本寛雄「精神病離婚」現代大系Ⅱ163頁。

2・251，名古屋高判平 20・4・8 家月 61・2・240，裁判例集Ⅱ-32）がある。

大阪高判平 21・5・26（家月 62・4・85）は，婚姻生活が 18 年にわたり平穏に推移した後，夫が 80 歳に達し病気がちとなり生活能力を失った頃，妻が日常生活で夫を軽んじ，別居１年あまりで夫が離婚請求した事案であるが，原審は修復可能と認定し離婚請求を棄却したが，本判決は，妻の行為はあまりにも夫に対する配慮を欠くものであり，夫の人生の中でも大きな屈辱的出来事として心情を深く傷つけるものであり，婚姻関係を維持するための基盤である信頼関係を回復することは困難であると判断し，原判決を取り消し，離婚請求を認めた。

(e)　有責配偶者の離婚請求

(ア)　問題の所在

婚姻が破綻し，回復の見込みのないことが客観的に認められ，民法 770 条１項５号に該当する場合に，その原因について専ら責任のある配偶者（有責配偶者という）からの離婚請求の許否について，判例・学説上多様な見解がある。法の基本原則としてクリーン・ハンズ原則と離婚の自由について，どのように考えるべきか。比較法的理論も視野に入れた考察が求められる[32]。

消極的破綻主義とは，有責配偶者の離婚請求を否定する見解をいう。つまり，５号の主張は婚姻破綻の原因について原告に責任のない場合のみ離婚請求を肯定する見解である。その論拠としては，制度としての婚姻の保護，信義則・権利濫用，裁判離婚制度に内在する制約などを挙げる。これに対し，実質的に婚姻が破綻している以上，その原因について責任の所在を問うのではなく，離婚請求を肯定する見解を積極的破綻主義という。その論拠は，民法 770 条は５号

32）　浦本寛雄『破綻主義離婚法の研究』（有斐閣・1993）361 頁，同「有責配偶者からの離婚請求――判例の変遷とその背景」245 題 23 頁，D・シュヴヴァーブ／鈴木禄弥訳『ドイツ家族法』（創文社・1986）153 頁，三木妙子「イギリス離婚法における苛酷条項」家族８号（1992）18 頁，大村敦志『消費者・家族と法』（東京大学出版会・1999）279 頁，二宮孝富「有責配偶者の離婚請求」島津一郎古稀（2）（日本評論社・1991）217 頁，水野紀子「離婚」『民法講座(7)』（有斐閣・1984）143 頁。森山浩江「婚姻の成立」大村敦志ほか編『比較家族法研究――離婚・親子・親権を中心に』（商事法務・2012）57 頁は，離婚制度，離婚原因，破綻的原因と有責的原因の関係などについて，比較家族法学の視点からの示唆に富む。

について2項の適用を除外していること，破綻した婚姻の事実を存続させることの弊害，プライバシーの保護，協議離婚を認めることとの均衡，重婚的内縁の抑止などである。そして，積極的破綻主義が離婚法の世界的潮流であるということができる[33)]。

この問題について，今後の理論展開の前提として，次の点を考慮する必要がある。第1は，婚姻破綻の客観的事情・人間関係のメカニズムの視点である。婚姻の破綻は一般的に双方の言動・その他の周辺事情が絡み合って，相互に影響しながら破綻状態が深刻化することが指摘されていることである。したがって，有責配偶者に対し，その程度・態様などの法的評価を中心とする審理では本質的に限界があるように思われる。第2は，離婚に至るプロセスを時系列的にみると，協議離婚あるいは調停離婚の交渉過程を経て裁判離婚の請求に至ることから，離婚訴訟の提起される事案は，すでに婚姻の破綻している現実があることである。したがって，反訴も比較的多くみられ，最近の事件の主たる争点は離婚条件と子どもをめぐる問題であるとの指摘があり，この実態を前提にした理論構成が求められる[34)]。

(イ) 判例理論と学説

この問題については極めて長い歴史がある。最高裁大法廷判例（最大判昭62・9・2民集41・6・1423，裁判例集Ⅱ-28。以下，62年判決という）以前の判例は，消極的破綻主義をとり，「かくの如く民法770条1項5号にかかげる事由が，配偶者の一方のみの行為によって惹起されたものと認めるのが相当である場合には，その者は相手方配偶者の意思に反して同号により離婚を求めることはできない」（最判昭29・11・5民集8・11・2023）としていた。

その後，次第に消極的破綻主義を緩和する傾向がみられた。当事者の有責性を比較し，原告側のそれが被告側のそれに比して大とはいえないとし（最判昭30・11・24民集9・12・1837），原告の不貞が婚姻関係の破綻後のことである事案について，「婚姻関係を破綻させる原因」になったとはいえないとした（最判昭46・5・21民集25・3・408）[35)]。

33) 野田愛子「離婚原因法と家事事件――離婚否認法理の検討に向けて」新・実務民訴Ⅷ467頁。

34) 西岡清一郎「最近の地方裁判所における離婚訴訟の実情と家庭裁判所への移管について」判タ1031号（2000）5頁。

消極的破綻主義を緩和する解釈では，不当な結論となることが明らかな事案が次第に現れ，調停規範あるいは下級審判決に積極的破綻主義への変化が現れていた。このような流れの中で現れたのが62年判決である。62年判決は，「有責配偶者からされた離婚請求であっても，①夫婦の別居が両当事者の年齢及び同居期間との対比において相当の長期間に及び，②その間に未成熟の子の存在しない場合には，③相手方配偶者が離婚により精神的・社会的・経済的に極めて苛酷な状態におかれる等離婚請求を認容することが著しく社会正義に反するといえるような特段の事情の認められない限り，当該請求は，有責配偶者からの請求であるとの一事をもって許されないとすることはできないものと解するのが相当である。〔丸数字筆者〕」と判示し，信義則の判断要素として，有責配偶者の責任の態様・程度，相手方配偶者の婚姻継続についての意思および請求者に対する感情，離婚を認めた場合における相手方の精神的・社会的・経済的状態，夫婦間の子，ことに未成熟子の監護・教育・福祉の状況，別居後に形成された生活関係（重婚的内縁の相手方や子），時の経過がこれら諸事情に与える影響を挙げ破棄差し戻した。差戻審では，離婚を認容し，原告は被告に対し財産分与1000万円および慰謝料1500万円の支払を命じた（東京高判平元・11・22判時1330・48，裁判例集Ⅱ-**29**）。

62年判決の構成は多義的であり，解釈については多くの議論があるが，「一般論として，決して純粋の積極的破綻主義を採っているわけではなく，有責配偶者の離婚請求は，状況によって認容される場合も，されない場合もある旨を宣言しているに過ぎない。」「本判決は，一般論としては，……両主義を折衷した立場を採り，有責配偶者の離婚請求の許容は，信義誠実の原則に照らして判断すべし」，と指摘されている（鈴木・親族66頁）。

さらに，別居等の三要件と信義則の判断要素との関係について，判決の趣旨は多義的であるため多くの見解がみられるが，おおむね三類型になる。(i)信義則は三要件に集約されているとする見解，(ii)三要件のほかに信義則要素を総合されて離婚請求の可否が決まるという見解，(iii)信義則の判断基準である諸要素の方が三要件よりも重要であると捉える見解である。

35）　門口正人・最判解民〔昭62〕540頁，右近健男「有責配偶者の離婚請求」家族百選〔第7版〕31頁。

ところが，62年判決後の最高裁判例の内容をみると，多くは(i)の類型をとるようである（最判昭62・11・24判時1256・28：別居期間30年，最判昭63・2・12判時1268・33：別居22年，最判昭63・12・8家月41・3・145：別居10年，最判平2・11・8家月43・3・72：別居8年）。最近では，(ii)ないし(iii)類型の見解を採用するものが見受けられる。つまり，三要件ではなく，直接，信義則を基準とする事件（最判平5・11・2家月46・9・40：別居10年），さらに，未成熟子の存在する事案であるが離婚請求を認容し，「有責配偶者からされた離婚請求で，その間に未成熟の子がいる場合でも，ただその一事をもって右請求を排斥すべきではなく」，諸事情を総合的に考慮して，請求が信義則に反するとはいえないときは，請求を認容することができるとした（最判平6・2・8判時1505・59，裁判例集Ⅱ-33）。また，この判決は，「精神的苦痛・経済的不利益の補償は別途解決されるべき」とする見解を示し，離婚の可否と離婚効果を分離する考え方をとっていることも注目に値する。最近の下級審の裁判例には，別居期間について6年を超えた事案について離婚請求を認容することは信義則に反しないとした事案（東京高判平14・6・26判時1801・80，裁判例集Ⅱ-34），有責配偶者の離婚請求であるとして棄却判決を受けて，当該判決が確定した後，同確定判決の口頭弁論終結後2年半にわたる日時の経過と事情の変化等について審理し，前件当時（6年の別居期間であった）以上に婚姻の形骸化が進んでおり，形骸化した婚姻を放置することによる夫婦間の葛藤・緊張がかえって未成熟子に対する弊害をもたらすおそれがあることを認定して離婚を認容した事例（那覇地沖縄支判平15・1・31判タ1124・244）がある。なお，本件控訴審判決も原判決を維持した（福岡高那覇支判平15・7・31判タ1162・245）。夫婦が長期間別居して婚姻関係が回復不可能と認められる状況が認められる場合に，親の離婚によって子に新たに不利益な影響が生じることは考えにくく，かえって夫婦の緊張関係が子に悪影響を与えること，長期の別居中にも誠実な養育責任を果たしている場合には，離婚を認められたら養育責任を履行しなくなるとは考えにくい。これらの裁判例が指摘するとおり，離婚と離婚給付あるいは子の養育・監護とは別問題である。

なお，62年判決が示した判断基準に準拠し，請求を棄却した判例として，①有責配偶者である夫が妻の過度の潔癖症を理由に婚姻の破綻を主張した離婚請求について，第1審は請求棄却の判決をしたが，原審は婚姻は破綻しており，妻にも責任の一端があるとして夫の請求を認めた。最高裁は，「夫婦の別居期間が，事実審の口頭弁論終結時に至るまで約２年４か月であり，双方の年齢や約６年７か月という同居期間との対比において相当の長期間に及んでいるとはいえないこと，夫婦間には７歳の未成熟の子が存在すること，妻が，子宮内膜症にり患しているため就職して収入を得ることが困難であり，離婚により精神的・経済的に苛酷な状況に置かれることが想定されることなど判示の事情の下では，上記の離婚請求は，信義誠実の原則に反するものといわざるを得ず，これを認容することができない」とした（最判平16・11・18家月57・5・40，裁判例集Ⅱ-35）。つまり，夫の主張する妻の有責性は，婚姻破綻の原因足り得ないと捉え，主としてあるいは専ら夫の有責行為により婚姻破綻をもたらしたものであるから，夫の離婚請求は有責配偶者の離婚請求であり，62年判決の判決基準をクリアーできないとして，請求を棄却し，改めて62年判決を確認したものということができる。

②有責配偶者である夫からの離婚請求事件の控訴審において，夫婦の別居期間が約９年であるのに対し，同居期間が約21年間に及び，夫婦の年齢等を考慮し，別居期間が相当の長期に及ぶと評価することは困難であること，夫とその交際相手との間に子のないこと，他方，妻は離婚によって経済的に困窮する事態が予想されることなどの事情の下では，夫の離婚請求は信義則に照らし容認することはできないとした（福岡高判平16・8・26家月58・1・91）。なお，重度の障害を負う子の妻の介護負担を理由に，夫である有責配偶者からの離婚請求が信義誠実の原則に反し許されないとされた事案（高松高平22・11・26判タ1370・199，原審・徳島家判平21・11・20判タ1370・202）がある。

③東京高判平20・5・14（家月61・5・44）は，有責配偶者（夫）からの離婚請求につき，別居期間が15年以上経過し，当事者間の３人の子はいずれも成年に達しており，夫婦間の婚姻関係は破綻している事案について，原判決を取り消し，離婚請求を棄却した。原審は，前記62年判例の三要件について，(a)同居期間16年に対し別居期間13年を超過し，(b)長男には身体的障害があるが３人の子は成人であること，(c)夫の経済的能力からすると離婚給付が行われれば，離婚による過酷な状況は避け得るとして，離婚請求を認容した。これに対し，本判決は62年判例の判断基準を適用しながら，(a)(b)要件には触れず，要件(c)について否定した。つまり，離婚請求を認容することは，妻を精神的，社会的，経済的に極めて苛酷な状態に置くことになり，著しく社会正義に反する

とした。

実務において，最高裁判例への疑問は，有責配偶者の離婚請求について，婚姻破綻のハードルを二重・三重に厳しくしていることである。つまり，信義則に関係する広範な過去の事実の認定を要すること，プライバシーの徹底追求を必要とする理論枠組みである。これらの判断には裁判官の婚姻観・人生観・倫理観が入りやすい。プライバシーを法廷でさらすことを極力避けるためには，破綻の指標としての客観的に明確な「一定期間の別居」によって破綻を認定することが合理的である。さらに，個人の意思や人格の尊重の立場に立つ婚姻観・離婚観からは，婚姻関係が破綻して回復の見込みがない以上，当事者をその拘束から解放して，新しい生き方を選択する可能性を認めるのが望ましい。これに対して離婚を望まない無責の配偶者が著しく不利な地位に置かれることになるとの批判もあるが，無責配偶者の利益は，破綻した婚姻の継続によって守られるとは考えられず，本来は離婚の効果である離婚給付によって解決されるべきものである。「それでもなお，離婚を認めると，無責配偶者が苛酷な状況に陥る状態は予想し難いが，過渡的段階として……，苛酷条項を認めることは止むを得ない。」との指摘がある[36)]。

立証責任については，原告は被告からの信義則違背の主張に対して長期の別居，未成熟子の不存在を立証し，被告は離婚により苛酷な状況に置かれる特段の事情を立証することとなる（門口・前掲注 35）584 頁）。

(ウ)　今後の動向

62 年判決以降の判例の流れは，先に述べたとおり，別居期間の要件について約 10 年に到達した（最判昭 63・12・8 家月 41・3・145）。なかでも，別居 8 年の事案について長期の別居ということはできないとして離婚請求を棄却した原判決を破棄差し戻した事件（最判平 2・11・8 家月 43・3・72），棄却事例として，原審口頭弁論終結時点で別居 8 年の事件（最判平元・3・28 家月 41・7・67）があることに注目する必要があろう。これらの判例の傾向から，62 年判決の三要件説から，信義則説に変質しつつあるとみることも可能であろう。

そこで，この問題は立法的解決が切望されるということができる。離婚法に

---

36)　犬伏由子「未成熟子がいる有責配偶者からの離婚請求が認容された事例」判評 436 号（判時 1524 号（1995））47 頁。

ついて，具体的により適切な改正案を検討することが求められる。現に，「民法の一部を改正する法律案要綱案」（平成8年2月26日法制審）は，裁判上の離婚原因について，民法770条1項5号をその他「婚姻関係が破綻して回復の見込みがないとき」に改め，「夫婦が5年以上継続して婚姻の本旨に反する別居をしているとき」を追加するとともに，同2項裁量棄却事由については，裁判所は，「離婚が配偶者又は子に著しい生活の困窮又は耐え難い苦痛をもたらすときは，離婚の請求を棄却することができる」として，いわゆる苛酷条項の性格を明らかにした（家庭局「『民法の一部を改正する法律案要綱案』及び『婚姻制度等の見直しに関する中間報告』について」家月48巻3号（1996）217頁）。この要綱案は調停あるいは下級審の裁判における判断基準として影響を与えているようである。先にあげた下級審裁判例等がそれを現わしているのではなかろうか。

結局，この問題は，いかなる離婚制度を持つかは，人間にとって，「婚姻も離婚も，自然である。」ことを受け入れ，離婚を制裁であるとする思想に決別することができるかどうかについての認識が問われているのではなかろうか[37]。

⑸　附 帯 処 分

⒜　附帯処分の制度趣旨

⒜　同時解決の保障

現行附帯処分の制度趣旨は，離婚請求と附帯処分事項の同時解決を保障したことが顕著な特質である。つまり，人事訴訟法32条1項は，「裁判所は，申立てにより，夫婦の一方が他の一方に対して提起した婚姻の取消し又は離婚の訴えに係る請求を認容する判決において，子の監護者の指定その他子の監護に関する処分，財産の分与に関する処分……（以下「附帯処分」と総称する。）についての裁判をしなければならない。」と定めた。

この規定は，旧人訴法15条1項に対応するものであり，同法でも当事者の便宜と訴訟経済を図る趣旨から，当事者の申立てがあれば，離婚裁判所が人事訴訟手続により，これらの事項を一回的に審理することになっていた。しかし，旧人訴法15条の基本的性格は，離婚訴訟等において例外的に附帯事項を併合

37）　若林昌子「有責配偶者の離婚請求」新実務大系① 455頁，松原正明編著『人事訴訟の実務』（新日本法規出版・2013）267頁〔田中寛明〕。

審理することを認めたに過ぎないものであった。そこで，当事者の一方の死亡，訴えの取下げなどにより，本位的請求である離婚訴訟の終了した場合には，当然に附帯請求に関する手続は終了すると解されていた。判例（最判昭58・2・3民集37・1・45）も，旧人訴法15条は審判事項について，特に例外的に附帯請求を許したに過ぎないのであるから，審判事項について審理判断するには本位的請求である離婚の訴えが現に係属していることが，その前提要件であり，これを欠くことになった場合には訴えは不適法却下になると判示していた。これに対し，人事訴訟法36条は，離婚請求と附帯処分申立てとの関係について法的性質を改めた趣旨を明確にし，本位的請求の終了した場合にも附帯請求について訴訟係属を認めた。

これまでの見解では，附帯処分事項は，婚姻の解消に付随する重大な身分または財産事項であり，婚姻解消の原因の審理と密接に関係することから，婚姻解消訴訟において，これらの事項を併合して包括的に解決することは，当事者にとって便宜であり，訴訟経済の要請に合致し，国家が後見的立場からの責務を適時適切に果たすことを制度趣旨とすると解されてきた（畑瑞穂「離婚訴訟における関連請求・附帯処分等と同時解決の要請」谷口安平先生古希祝賀（成文堂・2005）331頁，松原正明「附帯処分の審理」野田＝安倍205頁，松原編著・前掲注37）37頁〔中川正充〕）。

このような従来の見解は，基本的には維持されるべきであるが，附帯処分事項の対象については，後述するように，家事事件手続法施行後の実務の大勢が示す問題の所在について理論的検討が求められる。つまり，離婚訴訟では，①離婚請求権の存否，②親権者の指定，③慰謝料，④財産分与，⑤年金分割，⑥養育費，⑦面会交流等が争点となり得るが，親権者の指定については民法上の規律（民819条5項）からも必然的に同時解決を職権で行う手続法規律が整合性を有する。さらに，離婚の効果である財産分与，年金分割等は同時解決について理論的必然性が認められる。

ところが，家事事件手続法施行後の離婚訴訟の審理における面会交流附帯処分事項については，離婚訴訟では家事調停と異なり，家庭裁判所調査官による期日立会いや環境調整のための措置が認められていないこと（家事258条1項・59条に対応する規律は人事訴訟法には設けられていない）など，きめこまかい調整を要する試行面接などの審理を行うことが困難であり，実務上は，訴訟上の和解で解決できる場合を除き，面会交流については，訴訟指揮として離婚訴訟と並行して別途調停を申し立てるよう促し，調停や審判により解決されることが多く，判決で面会交流について判断されることはほとんどないと指摘されている（神野泰一「第 11 回　人事訴訟事件の審理」東京家事事件研究会編『家事事件・人事訴訟事件の実務――家事事件手続法の趣旨を踏まえて』（法曹会・2015）358 頁）。

この実務傾向は，子の監護に関する処分事項の固有性に適合した手続を志向する趣旨であり，手続的適合性は子の監護に関する処分事件の目的である「子の利益」の現実化に効果的である。さらに，副次的効果として，父母間の子の監護に関する処分事件の調停，審判のプロセスにより，早期に任意解決の可能性もあることから，離婚についての合意形成にも資する可能性があることを無視できない。

⑷　子の監護に関する処分事件の固有性――附帯処分性からの乖離

人事訴訟法 32 条 1 項は附帯処分の対象事項として，「子の監護者の指定その他の子の監護に関する処分」を挙げるが，子の監護者の指定，子の監護に関する処分事項は離婚・婚姻関係の解消の直接的効果ではなく，父母間の信頼関係の崩壊による子の監護環境の再生を求める，子の監護ルール形成の申立てであり，その論理的必然性に問題があるのではなかろうか。

つまり，子の監護者の指定，子の監護に関する処分事項は，婚姻関係の存否が前提要件ではなく，父母間の子の養育監護についての協働性の崩壊が前提となる。その目的は子の利益の現実化であり，父母間の監護ルールを早期に，合意形成により子の利益を現実化することである。当事者構造についても，離婚は夫妻の二者対立であるが，子の監護者指定等は，実質的には父，母，子の三者構造であり，少なくとも，子の意思について把握し配慮することは必要要件である。最も重要なのは，子の監護者指定，子の監護に関する処分事項は，父母の婚姻関係の破綻による父母の別居により発生し求められる問題であることである。父母が離婚紛争継続中も，子は日々成長過程にある保護を受ける権利主体である。したがって，いかに早期に，父母間の父母としての信頼関係を再生し，監護ルールについて合意形成を実現するかが問題である。離婚と子の監護に関する処分事項との本質的関係を前提にすると，子の監護に関する処分事項は，子の利益を実現するための固有の手続が求められる。ただし，例外的事案については，離婚手続に対する付随性について肯定できると解することができる。

このような子の監護に関する処分事項の実体法上の性質に対応する手続法の構築により，子の利益の現実化を保障することが可能となるのではなかろうか。

(b) 附帯処分に関する手続上の問題

(ア) 訴訟手続と非訟手続の関係

先に述べたように，人事訴訟手続と非訟手続との関係をどのように解するかが問題となる。両者の関係は単に二つのプロセスが併存する構造ではなく，人事訴訟手続が基本的プロセスであり，その中に審判手続を内在させていると解することができる[38]。人事訴訟法36条の「附帯処分についての審理及び裁判」のところで，離婚訴訟によらないで婚姻が終了した場合においても，附帯処分については訴訟手続内で非訟手続により審理することになっていることが，端的にその趣旨を示している（ジュリ人訴81頁〔阿部潤発言〕）。したがって，その場合の附帯処分についての判断も判決で行われ，同判決に不服のある場合の手続も控訴手続となるものということができる。

事実の調査は証拠調べによらない裁判の資料収集方法であるから，その方法は限定されないが，証拠方法としては手続的制約がある。つまり，訴訟手続における証拠（厳格な証明）は附帯処分事項の証拠になり得るが，非訟手続による証拠（自由な証明）は訴訟事項の証拠になり得ない。しかし，当事者権の保障については，附帯処分事項は非訟事項であるが訴訟手続に包摂されるプロセスであるから，審判手続における当事者権の保障より厳格な性質を有することを明文化した。具体的には，人事訴訟法33条4項は当事者の審問期日立会権を認め，さらに，審問期日の告知（人訴規22条），事実の調査の告知（人訴規24条），事実の調査の要旨の記録化（人訴規23条），事実の調査部分の閲覧の許可（人訴規25条）を認めている。

(イ) 事実の調査の導入

人事訴訟法は附帯処分事項について事実の調査手続を導入し，家庭裁判所調査官による調査を採用した。旧人訴法では，附帯処分事項についても特別の手

---

38) 三木・前掲注8) 25頁は「新法は，単線的な構造を採用して非訟事件の原理に基づく附帯処分を訴訟手続の一部として取り込んだ」とするが，職権主義との関係あるいは審級の利益について解釈上の問題が生じるという。

続規定を欠いていたことから訴訟手続で審理され，実質的に審判事項であるにもかかわらず訴訟手続により審理されることの問題性が指摘されていた。そこで，附帯処分事項について適切な審理判断を行うため，人事訴訟法33条は事実の調査規定を設け，その対象事項は附帯処分事項に限定した。訴訟手続と非訟手続である事実の調査との関係については後述する。

(ウ)　財産分与について義務者の申立ての可否

財産分与について義務者の申立てを認めるかどうかが問題となるが，これを認めた判例（最大判昭62・9・2民集41・6・1423，裁判例集Ⅱ-28）における補足意見がある。一般的には，有責配偶者の離婚請求事件では，被告はあくまで離婚そのものについて争い，反訴を提起しない場合が比較的多い。そこで，同補足意見は有責配偶者の離婚請求を認容するには，財産分与をする側（義務者）からの財産分与の申立てを認め，被告の経済的保護を図ることを重視する見解が示された。この補足意見を契機として，肯定説を採用する下級審裁判例（神戸地判平元・6・23判タ713・255）も見受けられる。この判例評釈の中には積極・消極両説の見解がみられるが，義務者からの財産分与の申立てを認めることに消極的な見解は，旧人訴法15条，民法768条の解釈問題の指摘とともに，義務者主導の財産分与の審理では，相手方配偶者の経済的不利益の救済として十分機能しないことが指摘されている（野田愛子・判評385号（判時1370号（1991））42頁）。

財産分与は非訟事件であるから，これを積極に解することも理論的に一応可能であろう。しかし，後記のとおり財産分与には慰謝料について包括説，あるいは選択的に包含させることを肯定する相対的包括説に従う見解によると，附帯処分も訴訟事項性を持つことになり，義務者の申立てはその性質と相反することになる。高裁裁判例（大阪高判平4・5・26判タ797・253，裁判例集Ⅱ-36）は，これについて民法768条2項などの趣旨は財産分与請求権の具体的内容の形成を求めるものであるから，財産分与を請求する者を申立権者として予定していること，離婚の許否と財産分与とは別個の問題であり両者を一括しなければならない理由はないとして同申立てを却下している。さらに，離婚訴訟事件の裁判例（東京高判平6・10・13家月48・6・61）には，義務者である夫から財産分与および養育費の支払を命じる裁判の申立てがなされた事案について，義務者の側からの申立ては法の予定していないところであるのみならず，実際上もこれを認める必要性は考えられないとして，これら各申立てを却下したものがある。義務者側の紛争の早期・一括解決の要請のある一方で，義務者が相手の権利実現のために十分な主張・立証をすることは期待できないのが一般的であり，さらに職権探知にも限界があることを考慮し，権利行使をするかどうかは，権利者の自己決定の領域であることを尊重することが理論的整合性もあり，実質的に権利保障に繋がると考えられる。

(エ) 附帯処分の申立時期

附帯処分の申立時期について審級の利益との関係などの問題がある。判例は，第1審裁判所で離婚について全部認容の判決を受けた当事者は控訴審において附帯控訴の方式により，新たに財産分与の申立てをすることができる旨判示した（最判昭58・3・10家月36・5・63）。従来の多くの学説も附帯申立ては控訴審において申し立てることを認めていた。[39)]

もともと，離婚訴訟に併合して審理される財産分与に関する処分は，離婚訴訟に附帯するものであるから，同訴訟が提起されていることが申立ての訴訟要件である。そこで，附帯処分の申立ては離婚訴訟提起と同時あるいはそれ以降でなければ不適法となる。同申立ての許される終期は第1審または控訴審の口頭弁論終結時である。控訴審においてはじめて申し立てられた財産分与請求を適法とした裁判例（札幌高判昭51・10・27家月29・10・136）がある。人事訴訟法においても，この点は同様に解することができる。この点については審級の利益の観点から問題が指摘されているが，人事訴訟法は附帯処分についての審級の利益よりも同時解決の保障を優先させていると解することができる。

(オ) 財産分与における不利益変更禁止原則

財産分与と不利益変更禁止の原則についての問題がある。財産分与について不服のある当事者が，自己に有利になるように第1審判決の変更を求めて控訴した場合に，審理の結果，控訴人に不利益に変更することができるかという問題である。これについて，不利益変更禁止原則の適用を肯定する説もあるが，事件の性質が公益性の強い場合ないし裁判所の後見性の要請が高度な場合には，この原則の適用を否定する見解が有力である（鈴木・非訟家事345頁）。

判例は，財産分与の申立てにおいて，裁判所は申立人の主張を超えて有利に

39) 兼子・体系416頁，岡垣・研究212頁。

分与額を認定しても民事訴訟法246条（判決時，改正前民訴186条）に違反しないから，第１審判決に対し分与申立人の相手方のみが控訴した場合においても，控訴審が第１審の定めた分与額を正当でないと認めたときは，第１審判決を変更して正当とする額等を定めるべきものであり，この場合には，いわゆる不利益変更禁止の原則の適用はない旨を判示した（最判平2・7・20民集44・5・975，裁判例集Ⅱ-37）。

(カ)　財産分与について判断先送りの適否

裁判例には，夫婦共有財産に設定された担保権の消長をみた上で財産分与について判断するため，財産分与申立てについて請求を棄却した事案がある（東京高判平7・3・13家月48・8・72，裁判例集Ⅱ-38，後藤勇・主判解〔平8〕172頁）。

財産分与請求の当否あるいは具体的形成については裁判所の裁量権に委ねられているが，裁判所は財産関係が流動的であるため判断の適時性に欠けることを理由に財産分与の判断を回避し，先送りできるか。一般的に財産分与対象財産は負債が付随することが稀ではなく本来的に流動的である。そこで，この見解については次の問題が指摘できる。すなわち，①財産分与の申立てが適法になされている場合に判断を先送りすることは財産分与申立権の保障の趣旨に反しないだろうか。②衡平な財産分与を形成する前提として，判断の基準時を離婚時（後記⇨(d)(ウ)「財産分与算定基準時」参照）と固定することが，財産分与の制度趣旨に沿うことである。判断の基準時を先送りすることの合理性は見出し難い。さらに基準時は離婚時と固定しながら判断時の先送りの理由は理解できない。③財産関係は本来的に流動的であり，財産分与の結果は第三者にも影響のあることであるから早期に解決すべき要請もある（注解家審350頁〔栗原平八郎〕）。

人事訴訟法32条1項が，附帯処分の裁判を離婚の請求を認容する判決においてしなければならない，と定めた趣旨は，附帯処分事項には裁判所の関与が期待されていること，附帯処分の同時解決を申し立てた当事者の意思に反して，裁判所が判断の先送りをすることはその利益を奪うことになり，それを避ける趣旨であるということができる。このように，附帯処分の同時解決の保障を明確にした立法趣旨からは，附帯処分申立てについて判断の回避は否定せざるを得ないのではなかろうか。

(キ) 控訴審における財産分与申立て等と相手方の同意の要否

離婚の訴えの原因である事実によって生じた損害賠償請求の反訴の提起および離婚の訴えに附帯してする財産分与の申立てについては，控訴審においても，相手方の同意を要しないとする（最判平16・6・3家月57・1・123，裁判例集Ⅱ-13，Ⅱ-49）。

(c) 財産分与と離婚慰謝料との関係

財産分与請求権は，戦後の民法改正において新たに設けられた制度であり（民768条1項・771条），旧民法時代には離婚給付としては慰謝料制度のみであったため，離婚に伴う財産給付はすべて慰謝料によってまかなわれる解釈運用がなされていたということができる。[40]

このことは，その後の実務に強い影響を残しているということができる。財産分与の法的性質は婚姻中に形成された財産の清算，離婚後の相手方の扶養を含むことについては争いはないが，財産分与と有責行為により離婚に至らせた配偶者に対する慰謝料との関係については多くの見解が対立している。[41]

周知のとおり，これらの見解は，財産分与に慰謝料を包含させる包括説（さらに，包括不可分説，包括可分説に分かれる），財産分与は清算および離婚後扶養に限定すべきとする限定説（さらに，限定相関説，限定独立説に分かれる），選択的に含ませる選択説（大村161頁）など多岐に分かれる。

この論点について，最高裁判例を概観する。離婚判決で財産分与について認容され，それに離婚慰謝料を含んでいる事件の場合に，改めて離婚慰謝料請求訴訟を提起できるかが争われた事件について，判例（最判昭46・7・23民集25・5・805，裁判例集Ⅱ-40）は，①財産分与と慰謝料とでは，その性質は同じではない。②慰謝料的要素を財産分与に含めて，財産分与の額および方法を定める

40） 犬伏由子「夫婦財産制」『民法講座(7)』（有斐閣・1984）97頁，鈴木眞次『離婚給付の決定基準』（弘文堂・1993）〔以下，鈴木・離婚給付〕15頁。

41） 我妻・親族156頁，川島武宜「離婚慰謝料と財産分与との関係」我妻栄還暦（上）（有斐閣・1957）257頁，島津一郎ほか編『新・判例コンメンタール親族(2)』（三省堂・1992）41頁，中川淳「離婚財産分与と慰謝料との関係」現代大系Ⅱ315頁，水野紀子「離婚給付の系譜的考察(1)(2・完)」法協100巻9号（1983）80頁・同12号（1983）1頁，水野紀子「財産分与と離婚慰謝料」『民法の基本判例〔第2版〕』（有斐閣・1999）201頁，鈴木・離婚給付53頁。

こともできる。③財産分与判決が損害賠償の要素を含めた趣旨とは解されないか，分与請求者の精神的苦痛を慰謝するには足りないと認められるときは，別に不法行為を理由として離婚による慰謝料を請求できるとした（野田宏・最判解民〔昭 46〕487 頁）。

この判例の解釈については極めて多くの論説があり，その評価も多様である。[42]

さらに，判例（最判昭 53・2・21 家月 30・9・74，裁判例集Ⅱ-41）は，離婚訴訟において，「離婚に基づく損害賠償及び財産分与の双方を併合して請求することを妨げず，その場合には裁判所は財産分与額を定めるにつき損害賠償の点をその要素として考慮することができな」いとした。これによって，判例の財産分与と離婚慰謝料理論は，より鮮明になり，両者の選択的行使を肯定すると同時に，両者の審理について相関的であることを認めたものということができる。

以上の判例理論を前提にすると，財産分与請求権は，先に述べたように清算的要素・扶養的要素を有し，さらに，慰謝料的要素を包含させる余地を認めるが，これらは各別に独立した権利ではない。民法 768 条 3 項は「当事者双方がその協力によって得た財産の額その他一切の事情を考慮して」，財産分与の額および方法を定めることとしている。したがって，一切の事情として慰謝料的要素を審理判断することが許容されることになるが，審判・判決で慰謝料的要素を含めて財産分与について判断するときは，清算的・扶養的・慰謝料的要素について斟酌した事情を個別的・具体的に認定することが必要である（野田宏・最判解民〔昭 46〕495 頁）。

しかし，これに対しては，財産分与請求権は一つの請求権であり，一切の事情を考慮して分与の額を定めるものとする現行規定の下では，上記三要素を個別に算定し合算する方式は賛同できないとする見解もある（注民 (21) 197 頁〔島津一郎〕）。また，財産分与審判あるいは離婚判決で三要素について個別認定をしても，後訴に対してその判断は拘束力を認められない（最大決昭 40・6・30 民集 19・4・1089，裁判例集Ⅲ-1）と指摘する（吉本・前掲注 42) 35 頁）。

---

42)　高野耕一「財産分与と離婚慰藉料」ジュリ 500 号 (1972) 210 頁，吉本俊雄「財産分与と離婚慰謝料との関係」家族百選〔第 6 版〕34 頁，佐藤義彦「財産分与と離婚慰謝料との関係」判タ 747 号 (1991) 126 頁，大津千明『離婚給付に関する実証的研究』(日本評論社・1990) 209 頁。

しかし，判例理論を前提にすると，三要素の個別・具体的認定は，慰謝料請求の後訴が提起される余地を認め得るので，先になされた離婚訴訟における財産分与の判断と後訴の判断とが競合することを考慮するとむしろ必要なことである。さらに，その必要性は，扶養的要素についても考えることができる。扶養的要素は，その性質上事情変更による将来の変更審判の可能性が理論的に認められることから，当然の帰結であるということができる。このような点から財産分与における三要素の個別認定の必要性を肯定することができる。

ここで，離婚慰謝料とは何かを確認する必要がある。これまでの議論を要約すると，離婚原因である個別の不法行為による慰謝料，離婚そのものによる精神的苦痛を償う慰謝料（最判昭31・2・21民集10・2・124），相手の責任を問わない破綻による離婚慰謝料がある（久貴忠彦『親族法』（日本評論社・1984）136頁）。

判例は，不法行為慰謝料および離婚そのものによる慰謝料を財産分与において判断することを肯定する。相手が有責でない場合に慰謝料的要素を肯定する破綻慰謝料は民法の不法行為理論を前提にする限り問題があるのではなかろうか（島津一郎ほか編『基本法コンメンタール・親族』（日本評論社・1989）81頁）。

以上のことから，判例理論によると，当事者の一回的解決の要請に沿うことができ，結果の具体的妥当性を得られやすいということができる。しかし，両者は，別個の権利であり，その性質も目的も異なる。特に問題となるのは以下の2点である。①財産分与と慰謝料との関係に関連して，財産分与請求権は離婚の時から2年の除斥期間が定められ（民768条2項・771条），損害賠償請求権は3年の消滅時効である（民724条）ことについて，どのように解するのだろうか。②財産分与事件と慰謝料事件はその審理手続が異なるが，財産分与事件の中で慰謝料的要素を審理するときの手続原則は通常民事手続原則による当事者主義・弁論主義に準拠するべきか。

慰謝料を財産分与の内容に含めることを認める立場では，裁判所は財産分与の審理・判断のためにプライバシーを侵して夫婦生活の細部を審理することを迫られ，法廷は当事者相互の非難攻撃の場に陥りやすく，有責配偶者への制裁の場になる危険性がある。これは，離婚の自由を侵し，未成熟子を伴う当事者については，離婚後の父子，母子関係再生への可能性を破壊する蓋然性が高い。他方，離婚紛争の解決は総合的に集中的に解決する必要性も強い。そこで，先に述べたとおり，紛争解決の一回性の要請に応えるために，人事訴訟法17条は離婚請求原因に関連する損害賠償請求について併合審理することを認めているので，当事者の選択により離婚請求と慰謝料請求を併合審理することができる。したがって，財産分与の内容として慰謝料請求を包含させる積極的意義は乏しいということができる。

(d)　清算的財産分与に関する論点

清算的財産分与は，夫婦が婚姻中に有していた実質上共有の財産を清算分配することを目的とする。民法 762 条は婚姻中自己の名で得た財産は，その特有財産とする別産制をとるが，家事労働などが評価されないため，夫婦の実質的衡平を図るため特有財産であっても共同形成の実質の認められる財産については，これを清算する必要がある。つまり，清算的財産分与は潜在持ち分の顕在化を図ることである。以下，清算的財産分与について実務的に問題となる論点について述べる。[43)]

(ア)　財産分与請求と過去の婚姻費用分担

財産分与を命じるに当たって，当事者の一方が婚姻中に過当に負担した婚姻費用の清算を求める給付をも含めて財産分与の額を定めることができるかについては，その前提として，婚姻費用とは何か，財産分与の清算的要素とは何か，一切の事情とは何かを明確にする必要がある。判例（最判昭 53・11・14 民集 32・8・1529，裁判例集Ⅱ-42）は，「財産分与の額及び方法を定めるについては，当事者双方の一切の事情を考慮すべきものであることは民法 771 条・768 条 3 項の規定上明らかであるところ，婚姻継続中における過去の婚姻費用の分担の態様は右事情のひとつにほかならない」とし，この事情を含めて財産分与の額を定めることができるとした。この判例に賛同する積極説は，婚姻中の夫婦財産関係を一括して清算する財産分与制度の趣旨・機能を考慮すると，婚姻継続中に夫婦の一方が過当に婚姻費用を分担した場合には，右費用の分担関係を民法 768 条 3 項の「一切の事情」として斟酌し，財産分与の額・方法を定める際に清算できるとする。これに対し消極説としては，①すでに形成された過去分は財産分与に包含され得るが，未形成分は財産分与の対象にならないとする説，

43)　岡部喜代子「財産分与」現代裁判法大系⑩ 110 頁。

②共同生活中の生活費は夫婦の協力扶助関係そのものであり独立性を有しないが，婚姻破綻後の生活費は独立性を持ち，これに該当する過去の婚姻費用はその考慮事情および基本的考え方を財産分与とは異にすることをその根拠とする（島田禮介・最判解民〔昭53〕507頁）見解がある。

この議論については，財産分与と離婚慰謝料はともに離婚効果法領域の問題であるが，財産分与と過去の婚姻費用分担問題は，離婚効果と婚姻効果という異なる次元の問題である。さらに，この判例は婚姻費用分担の態様を一切の事情として斟酌できるというに過ぎない。特に，婚姻費用そのものは附帯請求できないとして不適法とした判例もある（同旨判例，最判昭43・9・20民集22・9・1938，最判昭44・2・20民集23・2・399）。

過去の婚姻費用分担の態様を財産分与において斟酌できるとした場合，過去分として対象とすることができる範囲が問題となる。本来，婚姻費用分担請求権は夫婦間の協力扶助が破綻した場合に顕在化する。そこで，円満に夫婦関係の推移している間の婚姻費用についても財産分与において清算することができるかが争点となった事例について，裁判例（高松高判平9・3・27家月49・10・79）は，「清算を要する旨の夫婦間の明示又は黙示の合意等特段の事情のない限り，その過分な費用負担はいわば贈与の趣旨でなされ，その清算を要しない」とした。円満な夫婦の婚姻費用は過当であるか過小であるかは問わず，暗黙の了解の下に分担され，事情にあわせて協力扶助される関係と解することができる。当然のことながら，明示の協議があればそれに従うことになる。過当な婚姻費用の分担によって形成された財産が離婚時に財産分与の清算対象財産かどうかが問題となるが，この裁判例のように贈与とみなす見解では財産分与の清算対象とはなり得ないこととなるが，黙示の協議であると解する見解では清算対象となる余地がある（青野洋士・主判解〔平9〕126頁）。

大阪高決平21・9・4（家月62・10・54）は，当事者の一方が自発的にまたは合意に基づいて婚姻費用の分担として相手方当事者に送金している場合，その額が当事者双方の収入や生活状況に鑑み著しく相当性を欠くものでない限り，送金額のうちいわゆる標準的算定方式に基づいて算出した額を上回る部分を財産分与の前渡しとして評価することは相当でないと判示した。過去の婚姻費用の分担額についていわゆる「算定表」をからめた主張について，当事者の合理的意思解釈を根拠とした事例である。

なお，婚姻費用分担請求権の始期については請求時・別居時などの審判例があるが，基本的考え方は共通しており，要するに義務の顕在化した時点であるということができる。その終期はいうまでもなく，婚姻の解消された時点である。過去分については婚姻費用分担請求権が消滅していない限り離婚後も請求できることになる。過去分の婚姻費用分担義務がすでに具体的に形成されているにもかかわらず不履行の場合には，その執行の問題であり，理論的にはこれを再度，財産分与請求において判断する余地はないものということができる。実務的には，離婚訴訟係属中に，併行して婚姻費用分担を求める事件は比較的多く，迅速処理の要請も強い。したがって，このような婚姻費用分担事件は，一般的に家裁では調停もしくは審判により比較的早期に解決される。さらに実務的には，離婚訴訟における財産分与の審理において，裁判所が婚姻費用の履行状況を一切の事情として判断することを明確に示し，適正に負担したことを財産分与額に反映させるべきである。そうすることによって，財産分与の衡平が保持され当事者の適正な権利保障につながる。婚姻費用と財産分与が明確に切り分けられることが婚姻費用の本来的姿を形成するということができる。

⑴　対象財産性と分与の方法

不動産が財産分与の対象となる場合に，住宅ローンなどの債務が付着していることが多くみられる。一般的には，分与時点の財産の時価から残債務額を控除した額を清算対象財産とする方法が考えられる。裁判例（東京高判平10・2・26家月50・7・84）は，妻から夫に対する離婚訴訟に伴う財産分与請求について，財産分与の方法として，妻の不動産共有持分を夫に対し分与し，不動産の取得に関する当事者双方の寄与の割合，残債務の状況，購入資金として借り入れた夫婦の連帯債務の残債務を夫が履行引受けの意思を表明していること，その他の事情を考慮して，財産分与額を定め，妻から夫への不動産の持分全部移転登記手続と，夫から妻への金員の支払を同時履行とした。清算的財産分与は実質的共有財産の清算であるから，その方法として被告の債務負担と引換給付として原告に移転登記義務を認めることも，裁判所の裁量権の範囲であると解することができる[44]。しかし，履行引受け，あるいは連帯債務の内部負担割合の合意は，債権者が当事者として加わり免責的債務引受けが行われない限り，債権者

44）　注解家審369頁〔栗原平八郎〕，梶村太市＝大寄久・主判解〔平10〕144頁。

との関係は不動産を取得しなかった当事者も債務者であることに変わりがないので問題が残る。

財産分与の対象として，将来の退職金，債務についてどのように考えるべきか問題があるが，6年以上先の定年退職予定日に受領予定の退職金を，離婚時点で財産分与の対象にし，債務自体を財産分与の対象にして，主文で特定の債務の負担を借入れ名義人自身に命じ，清算すべき財産を列挙して個別財産毎に現実的に相当な分与方法を検討し，主文で名義人への分与を命じた事例（東京地判平11・9・3判時1700・79，山田徹・主判解〔平12〕154頁），東京家審平22・6・23（家月63・2・159）は，相手方（夫）が勤続30年超の勤務先を退職すれば退職金の支給を受ける蓋然性が高いから，当該退職金は財産分与の対象となる夫婦の共有財産に当たるとし，退職金の支給を条件に，将来の退職金が分与財産となることを認め，その具体的評価・取得分額算定方法を示した。

配偶者が取得した損害保険金の財産分与対象性について，財産分与審判に対する即時抗告審において，相手方が交通事故により取得した損害保険金のうち，傷害慰謝料，後遺障害慰謝料に対応する部分は相手方の特有財産というべきであるが，逸失利益に対応する部分は財産分与の対象となると解するのが相当であるとして，相手方に対し，症状固定時から調停離婚成立の前日までの逸失利益に対応する額のおおむね半額およびこれに対する遅延損害金の支払を命じた事例がある（大阪高決平17・6・9家月58・5・67）。

さらに，婚姻中に相手方が抗告人に対してなした不動産の贈与は，抗告人が相手方による不貞行為を疑い，現に相手方は不貞行為を疑われてもやむを得ない状況が存在した中で，抗告人の不満を抑える目的で行われたものであり，上記不動産中実質的に夫婦の共有財産である部分についても確定的に抗告人に帰属させるのが当事者の意思であったと認められる事情の下では，本件不動産は，抗告人の特有財産になったと認めるのが相当であり，これを清算対象財産としなければならない特段の事情は認められない以上，財産分与の対象とならないとした事例がある（大阪高決平23・2・14家月64・1・80）。

(ウ) 財産分与算定基準時

分与額算定基準時について見解の対立がある。つまり，財産分与請求権は離婚の効果として生じ，その具体的方法は協議・調停・審判・離婚訴訟付随処分の4種があり，財産分与は離婚と同時か離婚後具体的に形成されるため，その間の対象財産の経済的評価が変動する場合あるいは対象財産そのものの増減が問題となる。いずれの手続によっても分与額決定の基準時は，財産分与請求権を離婚の効果と位置付ける以上，論理的に離婚時が基準時となるが，これについて，実質的に婚姻の破綻した別居時とするか，法律上の離婚時とするか争いがあるが，結果の衡平を実現することを考慮すべきである。そこで，扶養的要素および慰謝料的要素についての基準時は判断時・離婚判決時（口頭弁論終結時）あるいは審判時とせざるを得ないであろう[45]。

清算的要素についての判断基準時は，実質的に夫婦の協力関係が終了したときである別居時説と離婚時説がある。清算的財産分与が離婚の効果であることから裁判時・離婚時を基準とし，別居後の評価の変動・対象財産の増減は一切の事情として考慮するのが相当であろう[46]。財産分与の基準時として，夫婦の婚姻関係が完全に破綻した時点とする立場に立ち，その時点における夫婦共同財産が財産分与の対象となると解し，分与の基準は各２分の１とした裁判例がある（広島高岡山支判平 16・6・18（一部変更，一部控訴棄却）判時 1902・61）。

㈣　将来給付の退職金・年金法改正前の年金

将来給付の退職金・年金について清算対象財産性の問題がある。これらを清算的財産分与の対象とするか，扶養的要素として対象になり得るか見解が分かれるが，離婚後扶養の対象とした裁判例（横浜地相模原支判平 11・7・30 判時 1708・142）がある。両説の具体的な違いは，扶養的財産分与と清算的財産分与の性質により生じる。扶養的財産分与は補充性を前提とすることがその特徴であり，清算的財産分与は清算の対象となる財産の範囲，その評価を前提とするため裁判所の裁量の余地が狭いということができる[47]。

将来給付の退職金は，清算対象財産になり得るかは問題であるが，離婚時に退職金の支給が確定している場合には，それが清算対象になることはほぼ異論がない。つまり，退職金の性質が賃金の後払いあるいは，報償であっても，夫

45)　大津千明「財産分与の対象財産の範囲と判断の基準時」判タ 747 号（1991）132 頁。

46)　渡辺雅道「財産分与の対象財産の範囲と判断の基準時」245 題 50 頁。

47)　大津千明『離婚給付に関する実証的研究』（日本評論社・1990）158 頁，右近健男「財産分与の再出発にあたって」名法 38 号（1989）118 頁，稲田龍樹「離婚給付の現状」自正 26 巻 10 号（1975）20 頁，二宮周平＝榊原富士子『離婚判例ガイド〔第３版〕』（有斐閣・2015）127 頁，鈴木・離婚給付 261 頁。

婦の協力の成果であることを認めた場合には当然の帰結であろう。ところが，将来の退職金については，不確実性を伴うことから問題がある。多数説は支給の蓋然性が認められる場合はこれを肯定するが，どの程度の蓋然性を要するのか問題が残る。これについて分与を肯定した裁判例は比較的多い（横浜地判平9・1・22判時1618・109，東京高決平10・3・13家月50・11・81，裁判例集Ⅱ-44，東京家八王子支審平11・5・18家月51・11・109，東京地判平11・9・3判時1700・79，横浜家審平13・12・26家月54・7・64，裁判例集Ⅱ-43）[48]。

次に，分与を否定した裁判例もある（東京高判昭61・1・29判時1185・112）[49]。

年金について清算的財産分与の対象とすべきとの学説（本澤巳代子『離婚給付の研究』（一粒社・1998）286頁）もあるが，多数の裁判例は扶養的財産分与の考慮事情あるいは要扶養状態・扶養余力の収入事情として捉える。現在受給している年金についての裁判例（東京高判昭63・6・7判時1281・96），将来年金を受ける期待権を考慮事情とした裁判例（横浜地判平9・1・22判時1618・109）がある。

(オ) 財産分与における清算割合

清算的財産分与における清算割合については，平等説と寄与度説の対立がある。裁判例はおおむね寄与度説が優勢であるが，共働型あるいは家業従事型夫婦の場合は平等説が一般的であるということができる。最近の裁判例では，原則は平等としながら，個別事情を考慮して，これを修正する余地を認める傾向がみられる（東京家審平6・5・31家月47・5・52）。財産分与事件では，具体的妥当性と夫婦の対等性を現実化することが求められることから，実務的には，清算対象財産の範囲認定において，別居期間は財産形成の共同性が失われていることを理由に対象財産に絞りをかけるとか，別居時点の金銭の管理状況，子ども名義の財産の帰属性などについての認定と清算割合とが相互に関連することが指摘されている[50]。つまり，清算割合と清算対象財産の範囲とは別個の問題で

---

48)　大津千明「離婚による財産分与について，夫の退職金等に対する妻の寄与は，同居期間のみであるとして，分与額を算定した事例」主判解〔平14〕104頁。

49)　右近健男「財産分与と退職金・年金」245題58頁。

50)　大津千明「離婚による財産分与について，夫の退職金等に対する妻の寄与は，同居期間のみであるとして，分与額を算定した事例」（横浜家審平13・12・26家月54・7・64，裁判例集Ⅱ-43）主判解〔平14〕104頁。離婚に伴う財産分与が，その趣旨に反して不相当に過大であるとして，その一部が詐害行為に該当するとした事例（札幌地判平23・5・16訟月59・4・1070，（控訴審札幌高判平24・1・19訟月59・4・1091）。

あるが，本審判は，清算割合を平等説に拠った場合，退職金全額を対象にすると不公平な結論になるとの判断から，退職金に対する共同形成の期間として別居期間を控除する認定をした事案である。

周知のとおり，「民法の一部を改正する法律案要綱」（平成８年２月26日法制審）では，財産分与の清算割合について，基本的に寄与度によることとし，寄与度の異なることが明らかでないときは平等とするという内容を提案している（ジュリ1084号（1996）126頁）。このことは，家事調停の実務では，調停規範の一部として影響しているということができる。

(e)　財産分与における扶養的要素

扶養的財産分与の理論的根拠について，どのように考えることができるかは問題である。判例は，夫婦財産制の趣旨と財産分与制度を相関的に解釈することから，財産分与は夫婦財産の清算を内容とすることが導かれる。次に，これに有責性の認められる場合は慰謝料による給付を認め，さらに，これらでは離婚後の配偶者の保護が十分でない場合に，当事者の能力・資力など一切の事情を考慮して補充的に離婚後扶養を肯定する[51]。

しかし，学説は，多岐に分かれ，従来の離婚予後効説（我妻・親族155頁）のいう「離婚後扶養」とは異質の性質を位置付ける見解がみられる。その１は，「離婚後の経済的不均衡を解消するための給付」であるというより積極的な補償的給付であるとする見解である[52]。

その２は，婚姻中の役割分担に起因し離婚により顕在化する妻の経済的不利益，妻の所得能力の低下を回復するための給付・損失補償であるという見解（鈴木・離婚給付279頁）などがある。

実務的には，先に述べた退職金・年金についての対応が最も問題となる。これについても，扶養的財産分与の基本的性質をどのように解するかによって，その対象範囲および評価，あるいは判断基準に影響する。民法768条の解釈として清算の衡平を現実化することの保障であることについて異論はないが，離

51）　浦和地判昭60・11・29判タ596・70。

52）　水野紀子「離婚給付の系譜的考察(1)(2・完)」法協100巻９号（1983）80頁，同12号（1983）１頁。

婚後の一方当事者の生活補償をどの範囲まで財産分与の領域で認めることができるか困難な問題がある。裁判例には高齢者の離婚請求の事案について，妻の平均余命に対して一時金で扶養的財産分与を求めた裁判例（東京高判昭63・6・7判時1281・96，東京高判平元・11・22判時1330・48，裁判例集Ⅱ-29），将来給付可能性のある年金の状況を考慮して，妻の死亡まで定期金給付を認めた裁判例（横浜地判平9・1・22判時1618・109），妻が高額の資産を有し，要扶養状態にないとして扶養的財産分与を否定した裁判例（東京高判平10・3・18判時1690・66）などがある。

(f)　離婚時年金分割制度における「標準報酬等の按分割合に関する処分」

国民年金法および厚生年金保険法等の一部を改正することを内容とする「国民年金法等の一部を改正する法律」（平成16法104。以下改正法という。平成16年6月成立）に関連する特例の一つとして，離婚時年金分割制度が導入された。[53)]

離婚時年金分割制度とは，離婚等をした場合において，厚生年金保険等の報酬比例部分の年金額の算定の基礎となる標準報酬につき，夫婦であった者の合意または裁判により分割割合（請求すべき按分割合）を定め，その定めに基づいて，夫婦であった者の一方の請求により，社会保険庁長官が標準報酬額の改定を行う制度（平成19年4月から施行）である。分割を受ける者は，2号および3号被保険者であり，対象期間は婚姻期間（施行日以前も対象となる）であり，請求は離婚後2年以内（厚年78条の2第1項）とされる。

財産分与は，夫婦が有する特定財産について，婚姻中の経済的衡平を現実化するために清算の趣旨で分与，あるいは離婚後の扶養・保障的給付を行う制度であり，離婚時年金分割制度は，年金受給権の計算の基礎となる標準報酬を分割することを内容とする。このように，財産分与と離婚時年金分割とは分与の目的・対象を異にする別個独立の制度である。

離婚訴訟を提起したとき「按分割合について当事者間の合意」がない場合は，改正法53条において，同法12条による改正後の厚生年金保険法等に規定する

53)　山下正通＝高原知明「国民年金法等の一部を改正する法律における厚生年金保険の標準報酬の改定の特例（離婚時年金分割制度）創設及びこれに伴う人事訴訟法の一部改正の概要」家月57巻3号（2005）45頁以下，松原編著・前掲37）356頁〔田中智子〕参照。

「標準報酬等の按分割合に関する処分」を，附帯処分（人訴32条1項）として申し立てることができることとなった。[54)]

附帯処分としての「請求すべき按分割合」の定めは，厚生年金保険法78条の2第2項において，「当該対象期間における保険料納付に対する当事者の寄与の程度その他一切の事情」を考慮するものとされ，「当事者それぞれの対象期間標準報酬総額……の合計額に対する第2号改定者〔分割を受ける方〕の対象期間標準報酬総額の割合を超え2分の1以下の範囲……内で定められなければならない（厚年78条の3第1項)。

以下，最近の裁判例を概観する。

婚姻期間中の保険料納付は，夫婦の協力により，それぞれの老後のための所得保障を同等に形成するものであると評価できるから，対象期間における保険料納付に対する夫婦の寄与の程度は，特別の事情がない限り，夫婦同等とみるのが一般的見解であり，ほとんどの審判例の判断傾向も同趣旨を示し，年金分割についての請求すべき按分割合を，0.5と定めている（松山家審平19・5・31家月59・9・35)。札幌高決平19・6・26（家月59・11・186）は，按分割合を0.5と定めた原審判断について，抗告人は別居7年，家庭内別居7年の夫婦関係を主張した事案について，婚姻期間35年間を有する夫婦について，抗告人の主張は特段の事情に該当しないと判示して原審を是認した。その他，名古屋高決平20・2・1（家月61・3・57)，広島高決平20・3・14（家月61・3・60)，東京家審平20・10・22（家月61・3・67）など同趣旨の事例がある。[55)]

(g)　附帯処分事項の審理

(ア)　事実の調査

附帯処分事項の審理については，その性質上柔軟な手続あるいは科学的知見が求められる。そこで，平成15年改正では，附帯処分事項の審理について，

---

54)　一問一答・人訴137頁参照。

55)　犬伏由子「年金合意分割の実情と按分割合の決定基準——裁判例の紹介を兼ねて」中川淳傘寿（日本加除出版・2011）203頁，本沢巳代子「財産分与の対象（退職金・年金)」新実務大系①518頁，堀勝洋＝本沢巳代子＝甘利公人＝福田弥夫『離婚時の年金分割と法——先進諸国の制度を踏まえて』（日本加除出版・2008）93頁，高畠淳子「年金分割——女性と年金をめぐる問題の一側面」ジュリ1282号（2005）75頁等参照。

判断資料収集方法として事実の調査手続を導入した（この制度については，前述⇨第8章8(3)(e)(イ)「事実の調査」)。事実の調査の方法は，裁判官の審問，調査官による調査，関係機関への調査嘱託，銀行・学校など，あるいは関係人に対する書面または口頭による照会などである（人訴33条，人訴規20条・21条)。事実の調査の対象事項は審判事項に限定されていることから，基本的に審判手続に類似する性格を有する。つまり，その手続は非公開であり，事実調査による資料は直ちに訴訟事項の訴訟資料・証拠資料となるものではない。

家事事件手続法上の審判手続における事実の調査と人事訴訟手続内の事実の調査とは，その手続構造の違いから，当事者の手続保障の具体的あり方については，異なったものとなっている。つまり，このことは当事者の審問期日への立会権（人訴33条4項)，記録・調査報告書の閲覧等（人訴35条2項3項)・不許可に対する不服申立権（人訴35条4項)，事実の調査についての通知（人訴規24条）などの規定に現れている。さらに，当事者のプライバシー保護，あるいは子の利益保障のために当事者の手続保障に対する制限規定（人訴33条4項ただし書・35条2項ただし書）を設けたことに注目するべきであろう。

(イ) 審理に関する特則（人事訴訟規則。最高裁判所事務総局家庭局監修『新しい人事訴訟手続に関する執務資料』（法曹会・2004）参照)

(i) 附帯処分の申立手続

申立ては書面によってしなければならないこととし，申立書には申立ての趣旨および理由を記載し，証拠となるべき文書の写しで重要なものを添付しなければならない（人訴規19条1項2項)。このことは，附帯処分の申立ては離婚訴訟と密接に関連し，当事者の主要な争点となる場合が多いこと，判決の主文で裁判する事項であることから，審理を的確・円滑に行うために求められる。さらに，当事者の手続保障の趣旨から，申立書は，相手方に送達しなければならない（人訴規19条3項)。

(ii) 事実の調査についての科学的調査の導入

人事訴訟規則20条1項は，事実の調査における科学的調査の根拠を明らかにするとともに，訴訟手続における事実の調査であることを配慮している。つまり，家事事件手続規則44条は，調査対象について，「事件の関係人の性格，経歴，生活状況，財産状態及び家庭その他の環境等」を挙げるが，人事訴訟規則20条1項は「審理の経過，証拠調べの結果その他の事情を考慮して必要があると認められるとき」に，科学調査を行うものとする。さらに，裁判所は家庭裁判所調査官に事実の調査をさせるときは，調査事項を特定して命じることを要する（人訴規 20 条 2 項)。つまり，家裁調査官の手続上の地位は，裁判所の職権探知主義の発動による具体的な調査事項について，裁判所の命令により事実の調査を担当する機関であると解することができる。そこで，裁判所の調査命令の趣旨は調査対象範囲を特定することが求められる。これによって，当事者の手続保障あるいは審理の迅速性にも貢献することになる。

(iii)　調査嘱託，審問期日の告知および事実の調査の記録化

調査嘱託は，家事事件手続法 62 条と同趣旨の規定を設けた（人訴規 21 条)。裁判所は，事実の調査の方法として，官庁，公署その他適当であると認める者に嘱託し，または銀行，信託会社，関係人の雇主その他の者に対し関係人の預金，信託財産，収入その他の事項について必要な報告を求めることができる（人訴規 21 条 1 項)。この嘱託手続は裁判所書記官が行う（人訴規 21 条 2 項)。

(iv)　当事者に対する審問期日の事前告知

人事訴訟法 33 条により事実の調査の方法として審問の行われる場合には，原則として，審問期日を当事者に事前告知することとしたが，事前告知により，事実の調査に支障の生じるおそれのあるときは事前告知は行わないこととしている（人訴規 22 条本文およびただし書)。

(v)　事実の調査についてその要旨の必要的記録化（人訴規 23 条）

事実の調査は裁判資料として必要な場合に行われるのであるから，裁判所書記官は，事実の調査の要旨を記録しなければならない。このことは，手続の公正を担保する方法として必然的なものであることを明記した。

(vi)　事実の調査部分（特に調査報告書）の閲覧等と即時抗告の手続に関する特則（人訴規 25 条・26 条）

訴訟記録中事実の調査部分の閲覧，謄写，その正本，謄本もしくは抄本の請求に関することである。裁判所は，当事者からの閲覧等の許可申立てがあった場合は，原則として許可しなければならないが，人事訴訟法 35 条 2 項各号に該当する事由の認められるときは，相当と認めるときに限り許可することができる。限定的開示となる事由は，未成年の子の利益を害するおそれ，当事者または第三者の私生活の平穏を害するおそれなどである。当事者の閲覧等の許可申立てを却下した裁判に対しては，即時抗告をすることができる（人訴 35 条 4

項)。ただし，同即時抗告が，手続を不当に遅延させる目的でされたものであると認められるときは，原裁判所は，その即時抗告を却下しなければならない(人訴35条5項)。同却下の裁判についても即時抗告ができる(人訴35条6項)。4項および6項の即時抗告に係る抗告状には，原裁判の取消しまたは変更を求める事由を具体的に記載しなければならない(人訴規26条)。

裁判所は，利害関係を疎明した第三者が事実調査部分について閲覧等の申立てをしたときは，相当と認めるときに限り許可することができる(人訴35条3項)。この場合には却下の裁判に対して不服を申し立てることはできない(人訴35条7項)。

(ウ)　調査官調査と手続保障

先に述べたとおり，調査官は裁判所の職権調査の一部を担う機関である(人訴34条)。つまり，調査官調査は，当事者の申出により調査するのではなく，裁判官の調査命令に基づき調査事項について，中立的立場で行うものであり，調査方法は専門性・独自性に基づくことが基本的性格である。しかし，調査官調査の現状と当事者の手続保障の要請から多くの課題が指摘されている[56)]。これらは，調査の運用に当たり考慮することが期待される。例えば，当事者が調査への立会いを求める場合の対応であるが，調査の面接構造は，専門的科学的面接の性質から反対当事者の立会いは原則的になじまない。他方では，子の面接交渉のあり方などの調査では積極的に当事者の立会いを求めることが必要な場合もあり得る。つまり，鑑定の場合と同様に，専門職による職務追行の場面に当事者は立ち入ることは原則として予定されていないということができるが，調査事項によっては被調査者の対席場面を設定することが相当である場合，調査者が共同で調査することが相当である場合など調査官の調査方法の問題として，当事者の調査立会いの場が設定される場合もあり得るであろう。したがって，調査の本質的性質から導かれる結論として，当事者に立会権が理論上認められることにはならない。しかし，訴訟プロセスの流れの中で，職権探知主義の機能として，調査官調査を位置付けるべきであるから，当事者は，間接的に

56)　青山善充「人事訴訟法の制定過程を振り返って」家月56巻4号(2004)65頁，野田愛子「人事訴訟の家庭裁判所移管と家庭裁判所の独自性」家月56巻4号(2004)33頁。

調査に対して当事者として関与できることが保障されなければならない。そこで，事後的に調査報告書などの閲覧により，反論の機会を与えられ，これによって手続保障がはかられている。本来，手続保障とは，当事者は裁判資料について知らされ，それについて意見を述べる機会を与えられることであるから，調査場面に直接立ち会うことが論理的帰結として導かれるものではないということができる。

なお，高裁における事実の調査については，裁判所法61条の2第1項「各家庭裁判所及び各高等裁判所に家庭裁判所調査官を置く」，2項「家庭裁判所調査官は，……各高等裁判所においては，同項第1号の審判に係る抗告審の審理及び附帯処分等の裁判に係る控訴審の審理に必要な調査その他他の法律において定める事務を掌る。」という規定が設けられた。高等裁判所は控訴審として続審構造を有しており，控訴審の審理において調査官調査が必要である場合には調査官調査を命じることができる。特に，口頭弁論終結時まで，附帯申立てが可能であり，高等裁判所が直接，家庭裁判所調査官に調査を命じ得ることを明らかにし，旧人訴法の不備を解消したものということができる。

さらに，調査報告書の開示に関して，特に留意する必要があると思われる[57]。当事者の手続保障に対して，「子どもの利益」・当事者のプライバシー保護をどのように位置付けるか。つまり，これらの価値は当事者権を犠牲にしても守られるべき価値であることが一般的に認められていることから，規定上も極めて限定的であるがこの価値の優先することを示している。他方，当事者に対しては開示を原則としながら，一定の制限を設け，開示不許可の審判に対して不服申立権を認めることにより，二重に当事者権に配慮する枠組みが構築された。このように，開示制限は，子どもの利益，関係者に対する高度のプライバシー保護の要請と当事者の手続保障との調整問題である。例えば，子どもの連れ去り，DV事案などにおいて，居所，通学先，在保育園など子どもの所在を知り得る情報，情報提供者の個人的利益を侵害されるおそれのある場合などが考えられる。不当・違法な連れ去り等には，事後的に損害賠償が認められることを考えることはできるが，損害賠償が認められることでは子どもの利益は保護さ

57）安倍嘉人「人事訴訟事件の家庭裁判所への移管の趣旨及び今後の課題――調査報告書の取り扱いの在り方」野田＝安倍30頁。

れないことは自明のことであり，財産紛争とはその基本的性質が異質であることを考慮した制度を目指したものということができる。

(h) 損害賠償請求の併合

離婚訴訟における請求原因である事実によって生じた損害賠償請求訴訟等の関連請求について，人事訴訟法は特則（17条・18条・8条）を規律する。この関連請求の規律が設けられた趣旨は，本来であれば，損害賠償請求は通常民事訴訟事項であり家庭裁判所には職分管轄を生じないところ，当事者の立証の便宜，訴訟経済等の要請に応えるものである（詳細は，岡田伸太「請求の併合・反訴等及び別訴禁止の範囲」野田＝安倍119頁，岡部喜代子「職分管轄」同書45頁参照）。

離婚訴訟において，配偶者の暴行・傷害等の不法行為が離婚原因に当たる場合のその不法行為に基づく慰謝料請求，あるいは，相手方の有責な行為によって離婚をやむなくされたことによって被った精神的苦痛，離婚それ自体に基づく慰謝料請求が一般的であるが，離婚訴訟に慰謝料請求の客観的併合が可能である（人訴17条1項）。

広島高判平19・4・17（家月59・11・162，裁判例集Ⅱ-24）は，妻が原告である離婚等請求事件の控訴審判決であるが，妻から夫および夫の不貞行為の相手方に対する慰謝料請求事件（前訴）の確定判決のある場合，前訴は，不貞行為およびその結果婚姻関係が破綻したことによる精神的苦痛に対する慰謝料請求であり，離婚によって妻が被る精神的苦痛（妻の地位喪失による精神的苦痛）については賠償の対象とされていないから，前訴の訴訟物と離婚訴訟に伴う夫と夫の不貞行為の相手方に対する離婚による慰謝料請求は，訴訟物が異なり，前訴判決の既判力は後訴に及ばないと判示し，離婚慰謝料を認容した。

(6) 協議上の離婚無効の訴え

(a) 意義・性質

協議上の離婚無効の訴えとは，協議離婚届が受理されているものの，当事者双方あるいは一方の離婚意思を欠くことを理由に，当該協議離婚の無効判決を求める訴えである。従前は，協議離婚無効については，家事審判法23条2項に規定があるのみで民法および人事訴訟手続法ともに明文がなかったために，婚姻無効の規定（民742条）を類推適用することを認め，準人事訴訟事項として認めていた。そこで，人事訴訟法２条は協議離婚無効の訴えを明文化し，この点について疑義を解消した。

この訴えの性質については，学説は協議離婚の無効であることの確認を求める訴えであるとする（新堂209頁）。

この見解は，婚姻無効と同様に，当然無効である協議離婚を判決により無効を確認する訴えであるとする立場であり，判例もこの立場を採用している（最判昭53・3・9判時887・72，裁判例集Ⅰ-11）。この判例は，離婚無効の審判・判決の確定前でも無効な協議離婚後にされた婚姻取消しを同時に請求できることを認めた。これに対し，判決により協議離婚を無効とする形成訴訟であるとする説（山木戸・人訴33頁）がある。形成訴訟説によれば，離婚は当然に無効ではなく，確定判決により遡及的に無効になる。

(b)　訴えの要件

(ア)　離 婚 意 思

協議離婚無効の訴えは，当事者双方あるいは一方に離婚意思が欠けることを請求原因とする訴えであるから，離婚意思とは何か，その内容が問題である。以前の学説は，この問題を婚姻意思と一括して身分行為として論じ，①社会習俗上の観点から当該身分関係に相応する定型的実体（婚姻であれば夫婦共同生活体）を形成または解消する意思が必要であり，このような実体を欠く身分行為は無効であるとする実体的意思説（中川善之助『身分法の総則的課題』（岩波書店・1941）195頁，209頁），②当該身分行為をなす届出をする意思があれば十分であるとする形式的意思説（末川博『物権・親族・相続』（岩波書店・1970）342頁）が対立していた。しかし，この学説の前提となる身分行為学説そのものへの問題性の指摘が続いた。つまり，身分行為学説は身分行為を支配的身分行為と付属的身分行為に分類するが，「それらは千差万別であって，財産法上の法律行為とこれを対立させて，民法総則規定を一律に排除することが妥当とはいい難い。むしろ，一つ一つの制度の趣旨に照らしての具体的吟味が必要であるから，身分行為一般なる概念を立てる実益はまったくない。」（鈴木・親族56頁）ということができる。さらに，協議離婚届出当事者のその後の生活実態は多様であり，これまでの婚姻無効・協議離婚無効判例の解釈は，いわゆる身分行為論からでは説明がつかない[58)]と指摘されていた。さらに，これらの学説の限界は，「身分行為を一括し，事実か届出かの二項対立を前提とするために，各身分行為の類型ごとに具体的にどのような意思があれば効果の発生が認められるのかの検討が深まらなかった[59]」という指摘がされていた。

そこで，近時は，当事者がいかなる法律効果の発生を欲したのかに着目し，民法上定型的に規定された意思があれば足りるとする見解[60]，この見解を基本としながら，公序良俗に反するものは民法 90 条の適用によるべきとする見解[61]などがある。

なお，戸籍管掌者には，原則として実質的審査権がないので，協議離婚の届出受理に際し離婚意思について審査することができない。実情としては婚姻届よりも協議離婚届の方が，当事者の意思について問題のある場合が多い。

このように，離婚意思についてこれまでの学説・判例をみると，離婚意思を明らかにするためには，婚姻と内縁の法的性質あるいはその効果を整理すること，婚姻成立過程における内縁と離婚成立過程における内縁の関係を検討することが問題をわかりやすくするように思われる。つまり，これによって婚姻意思或いは離婚意思を一元的に捉えることに問題のあることが明らかになる。

そこで，婚姻と内縁の法的効果について一般的見解により整理する。婚姻・内縁ともに，貞操義務および協力扶助義務が認められ，この点については両者に差異は認められない。ところが，制度としての婚姻には嫡出推定，配偶者相続権，婚姻解消事由・手続の制度的拘束性・氏の共通性・姻族関係の成立などの効果が認められる。しかし，内縁にはこれらの効力は認められない。貞操義務などの前者は，いわば基本的性質ともいうべきであり，おおむね第三者には影響を及ぼさない対内的効果である。嫡出推定などの後者は第三者にも影響を与える効果であり婚姻制度として付与される制度的効果あるいは対外的効果であるということができる。

58） 利谷信義「身分行為の意思」ジュリ 500 号（1972）191 頁。

59） 久保野恵美子「生活保護の受給を継続するための方便としてなされた離婚届の効力」民法百選Ⅲ 24 頁。

60） 中川高男「身分行為意思の一考察」家月 17 巻 2 号（1965）33 頁。

61） 青山道夫「身分行為と民法 90 条」『続近代家族法の研究〔増補版〕』（有斐閣・1971）35 頁，佐藤義彦「身分行為論管見」太田武男還暦（有斐閣・1982）27 頁，前田陽一「身分行為と公序良俗」椿寿夫＝伊藤進編『公序良俗違反の研究』（日本評論社・1995）356 頁。

次に，一般的に，婚姻の成立パターンには，内縁先行から婚姻届出へと推移する類型と婚姻合意の後，婚姻届出・同居がほぼ同時進行である類型とがあるが，離婚の成立パターンには，離婚成立後も内縁関係の残存する類型と婚姻関係が破綻先行した後に離婚の合意が成立し，離婚届出に至る類型に分類できる。しかし，内縁と婚姻あるいは離婚とは成立要件・効果の一部が競合するが，法律行為としては異なる独立性を持つのであり，各意思についても両者の共通性はあるものの，それぞれに独自の内容を持つ意思であるということができる。

以上のことから，婚姻の成立要件である婚姻意思は婚姻の対内的効果および制度的効果を内容とする意思であるということができる。内縁の成立要件としての内縁意思は，制度的婚姻意思を内容とするものではないということができる。実質的意思か形式的意思かではなく，内縁先行型の婚姻では婚姻の対内的意思が先行的に存在し，これに制度的婚姻意思が追加されることになる。子に嫡出性を付与するための婚姻の効力を否定した判例（最判昭44・10・31民集23・10・1894，裁判例集Ⅰ-9，Ⅱ-26）についても，実質的意思説のいう社会通念としての婚姻意思を欠くということよりも，婚姻の対内的効果意思を欠くというべきではなかろうか。つまり，婚姻の制度的効果の一部である嫡出推定性のみを意図する内容であり，婚姻の対内的効果意思を欠くのであるから婚姻意思として充足するものとはいえないことが明らかである。また，離婚意思についても，破綻先行類型であれば，破綻により婚姻の対内的効果を解消する意思が認められ，制度的な離婚効果を内容とする離婚意思により離婚の成立要件を充足する。さらに，離婚と離婚後の内縁についても，離婚意思の内容は，婚姻の制度的解消を内容とするが，婚姻の対内的効果を残存させる意思がある場合，これが内縁意思である。例えば，生活保護の受給を継続するための方便としてなされた離婚届（最判昭57・3・26判時1041・66，裁判例集Ⅱ-45）は，「法律上の婚姻関係を解消する意思の合致に基づいてされたものであって」離婚意思の存在を認めることができるので離婚を「無効ということはできない」というが，この判例においては離婚意思の内容として制度的要素としての離婚意思が認められるということができる。

(イ)　判例上の論点

(i)　仮装離婚の効力

前述のとおり，当事者双方が，法律上の婚姻を解消する意思の合致があり，新たに内縁関係という特定の身分関係を発生させる効果意思を伴うものである場合は，当該離婚を有効であるということができる（最判昭57・3・26，裁判例集Ⅱ-45参照）。

⒤ 離婚意思を欠く一方当事者の追認の可否

離婚届が受理されたものの，当事者の一方が離婚意思を欠く場合に，これを追認することができるかについて，判例はこれを肯定する（最判昭42・12・8家月20・3・55，裁判例集Ⅰ-8）。追認の方式は明示もしくは黙示の意思表示によることとなるが，離婚慰謝料を受領している場合，離婚届出後に財産分与の申立てがされた場合には黙示の追認が認められる（大阪地判昭41・7・14判時480・46）。

(iii) 離婚意思の撤回

協議離婚が有効に成立するためには，離婚意思の合意と届出を要するが，離婚意思の合意後に離婚意思を失う場合がある。離婚意思は合致した場合にも，財産分与の内容あるいは子どもの親権者などについて合意の得られないとき，離婚意思そのものも撤回する事案は稀ではない。このような場合には，離婚意思の撤回は明確な意思表示で行われることが必要である（戸籍実務では不受理届の手続が認められている。昭和51・1・23民2－900民事局長通達）。離婚合意があれば，子の親権者について合意がない場合でも離婚は有効であるとした裁判例（名古屋高判昭46・11・29判時656・64），協議離婚自体は争いがなく，親権者指定協議のみ争いがある場合，親権者指定協議無効確認の訴えが適法であるとされた裁判例（東京高判平15・6・26高民56・2・546，裁判例集Ⅱ-46）がある。

(iv) 離婚無効の訴えと離婚の訴えの併合の可否

離婚の訴えを提起する意思のある者が，離婚無効の訴えを提起する場合，訴えの利益が認められるかが問題となるが，判例は「戸籍の記載は事実に合致しないものとして抹消を求めえなければならず，しかもそれは……離婚無効の確定判決を得ることによってはじめてこれをなしうる」ことを理由に確認の利益を認めた（最判昭31・6・26民集10・6・748，裁判例集Ⅱ-47）。下級審では，これを前提に離婚無効の訴えと離婚の訴えの併合を認めている（東京高判昭51・10・29判タ350・309，裁判例集Ⅱ-48）。

(v) 協議離婚無効確認判決の対世的効力

前婚の協議離婚無効確認判決が確定すると，同離婚が無効であることは対世的に確定され，第三者はその効力を争うことができないので，前婚の一方配偶者から同離婚の有効を前提とする後婚の配偶者に対する同離婚無効確認訴訟は，訴えの利益がない（福岡高判平6・3・16判タ860・247）。

(vi)　前婚の協議離婚無効確認訴訟において，敗訴した共同被告（同離婚の有効を前提とする後婚の配偶者）からの控訴につき，共同訴訟的補助参加の申出の可否

前婚の協議離婚無効確認訴訟において，敗訴した前婚の一方配偶者が控訴していないため同離婚の無効が確定する場合，敗訴した共同被告は，後婚が重婚に該当し，婚姻取消訴訟の対象となるので，同離婚無効確認訴訟の結果に法律上の利害を有するから，共同訴訟的補助参加人として，補助参加の申出とともに控訴の申立てができる（都築民枝・主判解〔平7〕130頁）。

(7)　協議上の離婚取消しの訴え

(a)　意義・性質

離婚取消しの訴えとは，協議離婚の届出がなされたものの，離婚意思が詐欺・強迫による離婚であるときは，当該協議離婚について，その意思表示に瑕疵があることを理由に取消判決を求める訴えである（民764条・747条）。協議離婚には婚姻における障害事由に対応する事由はないので，取消事由は詐欺・強迫による主張に限られる。

協議離婚の取消しが，取消判決の確定による方法でなければならないことについても婚姻取消しと同じ趣旨によるものである。しかし，両者の効果については異なり，婚姻取消しの効果は遡及しないが，離婚取消しの効果は遡及する。したがって，協議離婚取消認容判決が確定すると，婚姻が継続することとなる（民764条は同748条を準用していない）。この訴えの性質は，離婚がはじめから存在しなかったことになる形成訴訟であると解されている。

(b)　訴えの要件

訴訟物は離婚取消権という形成権である。この取消権を有するのは詐欺または強迫によって協議離婚した者に限られる。第三者は介入する余地はない。この点は婚姻無効・取消しの訴えと異なる。

夫婦の一方が離婚取消しの訴えを提起するには，前配偶者を被告とする（人

訴12条1項)。相手方である前配偶者が死亡したときは検察官を被告とする(人訴12条3項)。訴訟係属中に原告が死亡したときは，当該訴訟は当然終了する(人訴27条1項)。

(8) 婚姻関係存否確認の訴え(人訴2条1号)

(a) 意義・性質

婚姻関係存否確認の訴えとは，婚姻無効あるいは離婚無効以外の事由に基づいて，婚姻関係の存在・不存在を認容する確定判決により，現在または過去における婚姻関係の存在または不存在が確定する効力を生じるものをいう。旧人訴法では，この類型の訴えについては明文がなかったが，婚姻関係・親子関係は身分関係の基盤をなすものであることから解釈上，準人事訴訟として認められていた。このような経緯から，これらの訴えについて人事訴訟法2条により明文化された。

婚姻関係存否確認の訴えは，婚姻関係の存否について争いがある場合に婚姻関係の存否を確定するものであるから，その性質は確認の訴えである。つまり，人事訴訟法2条は，先に述べた各訴えのほかに，「その他の身分関係の形成又は存否の確認を目的とする訴え……に係る訴訟」を人事訴訟の一類型としている。なお，婚姻・親子関係の存否以外の人事訴訟の一例として，配偶者死亡後，生存配偶者の姻族関係終了の意思表示(民728条2項)について，その効力が争いとなった場合には姻族関係存否確認の訴えが考えられる。

(b) 訴えの要件

婚姻関係存否確認の訴えの訴訟物は婚姻関係存否確認請求権である。例えば，婚姻届の受理時と当事者の一方の死亡，あるいは，離婚届時と当事者の一方の死亡について，先後関係に争いのある場合などである。婚姻関係存否確認の訴えは，自己の婚姻の法律的関係について争いのある場合には確認の利益が認められる。当事者適格については，人事訴訟法12条による。

判決の効力は，婚姻関係存在確認の訴えについて請求認容判決が確定すると，当該婚姻関係の存在が確定する。同様に請求棄却の判決が確定すると当該婚姻が存在しないことが確定する。婚姻関係不存在確認の訴えについて請求認容・棄却の各確定判決についても，同様に考えることができる。

(c) 訴訟係属の通知を要する利害関係人（人訴規16条別表4項5項）

婚姻関係の存在確認の訴えについて，訴訟係属の通知を要するものは，夫婦の双方または一方が死亡した後に訴えの提起があった場合におけるその相続人である。ただし，その相続人が，再婚をした当該夫または妻の配偶者とともに相続した者であるときは，この限りでない。

婚姻関係の不存在確認の訴えについて，訴訟係属の通知を要するものは，夫婦の双方または一方が死亡した後に訴えの提起があった場合における婚姻関係の不存在により嫡出でない子となる者またはその代襲者である。ただし，当該夫または妻に嫡出子またはその代襲者がある場合に限る。

(9) 請求の放棄・認諾および訴訟上の和解（人訴37条・44条）

人事訴訟法44条において，離縁の訴えにおける和解（これにより離縁されるものに限る）ならびに請求の放棄および認諾について同法37条（ただし，1項ただし書を除く）が準用され，離婚請求における和解等は離縁請求におけるそれと基本的に同様であるので，この項については一括して述べることとする。

(a) 請求の放棄

請求の放棄とは，原告が自己の請求に理由がないことを認める訴訟上の陳述であり，当事者の意思に基づく訴訟終了事由である。

従前から，一般的に人事訴訟の対象は，公益性があり，任意処分性がないので，請求の放棄は許されないが，離婚など協議離婚が認められ実質上は任意処分性が認められているものには請求の放棄が許されると解する学説（岡垣・人訴182頁），協議や調停による当事者の自由意思による離婚・離縁が認められ，裁判上の離婚・離縁においても離婚・離縁原因が相対化し，破綻主義の下で原因を確定することの意義が減少した今日では，離婚・離縁請求の訴訟で，請求の放棄も許されるとする学説（山木戸・人訴123頁）がみられた。判例は（最判平6・2・10民集48・2・388，裁判例集Ⅱ-50)，「離婚訴訟について請求の放棄を許さない旨の法令の規定がない上，婚姻を維持する方向での当事者による権利の処分を禁じるべき格別の必要性もないから，離婚請求訴訟において，請求を放棄することは許される」と判示していた。[62)]

そこで，請求の放棄の法的性質あるいは効果については理論的問題があり，離婚請求権は任意に処分することができるか，訴えの取下げとどのような違いがあるのかなど困難な問題があるが，請求の放棄により現状に影響をもたらすものでもないことから，人事訴訟法37条は離婚請求について例外規定を設け，離婚請求の放棄を認めることを明らかにした。なお，請求放棄後の再訴可能性については，基準時後の事情のみでは破綻の事実が認められないときにも基準時前の事情を積み重ねると認められるような場合には，新たな評価がされると考えることができる（ジュリ人訴108頁〔小野瀬厚発言〕）。

請求の放棄は，口頭弁論等期日（弁論準備手続期日，和解期日），進行協議期日において行うことができる（人訴規30条・14条，民訴規95条2項）。請求の放棄の陳述が調書に記載されることにより，請求棄却の確定判決と同一の効力を有する（人訴37条1項，民訴267条）。それによって訴訟は当然に終了する。同37条は，請求の認諾および訴訟上の和解については，後に述べるとおり一定の制限を設けているが，請求の放棄については，特別制限を設けた規定はない。

(b) 請求の認諾

請求の認諾とは，被告が原告の請求の理由あることを認める訴訟上の陳述であって，これを調書に記載すると，原告の請求を認容する確定判決と同一の効力を生じる（民訴267条）。請求の認諾については，これまで旧人訴法10条がこれを禁止していたが，訴訟物について当事者の任意処分性が認められるかという問題意識があった。むしろ，請求の認諾は離婚請求権自体の処分ではないという実体的法律効果を発生させる訴訟行為であると解することができる（ジュリ人訴106頁〔高田裕成発言〕）。そこで，人事訴訟法では，請求の認諾についても，和解とともに一定の限定の下に認められることになった（人訴37条1項ただし書）。つまり，附帯処分あるいは親権者の指定について裁判をする必要のない場合に限り，請求の認諾は許されるとしている。附帯処分の申立てがある離婚訴訟においては，離婚請求を認容する判決と同時に当該附帯処分について裁判をしなければならないこととされている。このような場合，認諾による離婚を認めると被告の一方的な意思表示により離婚請求が確定することになり，原告の同時解決の法的利益を害する。そこで，附帯処分について裁判をする必

62） 田邊誠・平成6年度重判〔1995〕124頁。

要のある場合には，請求の認諾を認めるのは相当でないとされた。また，親権者の指定を要する離婚請求については，民法上の規律に従うものである。親権者の指定（民 819 条 2 項）は裁判所が職権で行う事項であり，認諾の対象といえるか疑問があり，これについては，特に，裁判所の後見的機能が期待されるところである。

また，人事訴訟法 32 条 1 項により，民事訴訟法 266 条 2 項による陳述擬制については，請求認諾に関する部分を除外され，被告側も期日に出頭した上で認諾することが求められている。

(c)　訴訟上の和解

(ア)　人事訴訟法 37 条の立法趣旨

訴訟上の和解とは，両当事者による自主的紛争解決でありながら裁判所でなされ，訴訟を終了させ，その合意は確定判決と同一の効力を持つものである。訴訟上の和解の要件は，①係争利益を当事者が自由に処分できること，②和解条項に定められる権利関係が法律上許されるものであること，公序良俗に反しないこと，③訴訟要件について一般的には具備を要しないこと，④訴訟能力があることである[63)]。

これまで，離婚訴訟において和解を消極的に解した根拠は，旧人訴法 13 条が間接的に和解を否定していることがあげられていた。しかし，学説では人事訴訟事件の多くは係争利益を当事者が自由に処分できないので和解を消極に解していたが，離婚・離縁請求事件で訴訟上の和解を許さないのは，協議離婚・協議離縁を認めていることと矛盾すると指摘されていた。

結局，旧人訴法 13 条は，もはや時代錯誤の思想を示すものであり，人事訴訟法では廃止され，民法上，協議離婚または協議離縁が認められること，後述の必要性から訴訟上の和解の明文が設けられた。その法的性質については，訴訟手続においても，離婚請求権あるいは離縁請求権の任意処分性を肯定できると解する見解も考えられるが，民法 764 条において婚姻の届出を要件とする民法 739 条を準用していることから，調停離婚あるいは訴訟上の和解離婚はこの届の要件に代えて裁判所の面前で離婚意思が確認され，公証されることにより

---

63)　新堂 367 頁，高橋・重点民訴(上) 771 頁，776 頁。

離婚の要件を充足すると解する見解もある（ジュリ人訴105頁〔小野瀬厚発言〕）。本来的な協議離婚に代わる当事者の意思に基づく調停離婚の制度と訴訟上の和解による離婚とは同じ性質であると考える立場であり，和解の効力について訴訟終了の効果を重視するが既判力は消極的な結論を導くことになる。

なお，実務的な視点から調停のほかに和解制度の要請される理由は，訴訟上の和解と調停とでは，その機能する場面を異にすることを考慮すると，審理の成熟度，事案の性質などにより手続の選択肢の多様化を図る意義がある。つまり，離婚訴訟事件は，調停前置主義により調停を経過した上で訴訟事件に進行し，その結果，訴訟中に当事者間で和解の機運の生じたときの選択肢として，事件をわざわざ調停に付すよりも，審理の経過に関与し事件の内容に精通した裁判官による訴訟上の和解が適している場合も考えられ，そのような場合は和解により解決をみるのが事案の適正・迅速処理に沿うことであり，受訴裁判所において，訴訟上の和解が成立した旨を記載した期日調書により，直ちに裁判上の離婚または離縁の効力が生じることは，裁判所の紛争解決機能を強化することになる。このような趣旨から人事訴訟法37条は設けられた。

(イ) 訴訟上の和解の手続的概要

人事訴訟法は，先に述べたとおり，離婚または離縁訴訟について民法上認められる任意処分性を一貫させるため訴訟上の和解を認めるが，請求権の性質に配慮し手続的に特別規定を設けた。以下その要点について述べる。

特別規定の第一は，本人出頭主義である。つまり，人事訴訟法37条2項により，離婚訴訟では民事訴訟法264条（和解条項案の書面による受諾）および同265条（裁判所等が定める和解条項）の適用を除外した。離婚するかどうかは人格的な性質を持つ自己決定であり，心情的側面が大きいので本人の意思確認が重要な問題である。書面受諾による和解を認めない趣旨は，当事者の一方が遠隔地に所在するような場合，当事者の書面による受諾を前提に一方当事者が書面に現れた意思表示に合致する意思を表示した場合にも，受諾書面当事者の真意を確認すること，その後の変動の確認をとることが困難であるからである。さらに，人事訴訟法37条3項により電話会議システムを利用した弁論準備手続期日において，当該期日に出頭しないで手続に関与した当事者に和解および請求の放棄をすることを認めないこととされた（民訴170条3項4項参照）。これは，当事者本人の意思確認を慎重にすることと同時に，離婚などの身分行為は代理に親しまないことから当然の帰結であろう。

訴訟手続中，当事者の離婚の合意が調い，その旨を調書に記載することにより，離婚請求については請求認容の確定判決と同一の効力が認められる。つまり，裁判上の離婚成立ということができる。原告は離婚の届出をしなければならないが，これは報告的届出である（戸77条）。確定判決と同一の効力とは，対世的効力を生じるということになるが，既判力を有するかどうかは解釈論の領域の問題であろう。

附帯処分の申立てのある場合には，附帯処分事項についても和解の対象とすることも，附帯処分事項を分離除外して離婚のみについて和解することもできる。分離された附帯事項については，和解により離婚訴訟の一部終了であるから，残部の附帯事項については審理・判決されることになる（人訴36条）。

2　養子縁組事件

(1)　養子縁組事件の種類，その概要

養子縁組とは，自然血縁のない親子間に嫡出親子関係と同一の効果を生じさせる当事者間の合意によって成立する親子関係（普通養親子関係）である（なお，審判によって成立する特別養子縁組制度については，前述⇨第６章4(1)(f)「特別養子縁組に関する審判事件」）。養子縁組に関する訴訟事件は，縁組無効および取消し，離縁，離縁無効および取消し，縁組関係存否確認の訴えの６類型である（人訴２条３号）。旧人訴法24条には，離縁無効・縁組関係存否確認の各訴えは規定されていなかったが，解釈上，離婚無効などと同様に人事訴訟事件に準じるものと解されていた。そこで，人事訴訟法により明文化され疑義は解消された。

養子縁組制度の目的については，歴史的に「家のための養子」から，現代では「子のための養子」制度に進化したといわれる。子のための養子縁組を前提に考えると未成年養子が原則となるはずであるが，日本の養子制度は多様な目的に利用されている実態があり，未成年養子が少ないことが特徴である。さらに，未成年養子のうち家庭裁判所の許可を要する未成年養子縁組（民798条本文）は，未成年養子縁組全体の中で7.6％に過ぎない。そして，この傾向は進

行しつつある。つまり，家裁の許可を要しない未成年養子縁組（民798条ただし書）が圧倒的に多数である（内田249頁）。

このように，実態としては同条ただし書該当養子縁組が原則的であり，本文とただし書とが逆転した実態であるということができる。このような実態および傾向は，養子縁組制度そのものに内在する問題と制度の外在的問題の両面に問題があり，子のための養子縁組制度という視点から見直すことが求められている。

養子縁組は婚姻と同様に当事者の合意によって成立する性質を持つので，両者に関係する人事訴訟は類似する事項が多い。つまり，婚姻において婚姻意思とは何かが問題であったように，養子縁組についても縁組意思をめぐって問題が生じる。さらに，未成年養子縁組については，代諾縁組（民797条），夫婦共同縁組（民795条），未成年養子縁組についての家庭裁判所の許可（民798条）など，未成年養子特有の問題がある。

養子縁組関係訴訟の特別規定は，人事訴訟法44条のみであり，同条は離縁の訴えに係る訴訟における和解，請求の放棄および認諾について同法37条（1項ただし書を除く）の準用を認めている。

(2) 縁組無効の訴えおよび縁組取消しの訴え

(a) 縁組無効の訴え

民法802条は，縁組の無効事由として，①当事者に縁組意思のないとき，②当事者が縁組届をしないときを規定しているが，縁組届をしないときは養子縁組が成立してないというべきであり，無効ではなく不成立である。そもそも，養子縁組の成立には，養子縁組の合意が必要である（民802条1号）。そこで，養子縁組の無効は婚姻と同様に当事者の縁組意思の欠如を理由とするときに問題となる。つまり，縁組意思とは何かが婚姻と同様に問題となり，実体的意思説，形式的意思説，法定効果説などの対立がある。実体的意思説によれば，縁組意思とは社会習俗的標準に照らして親子と認められるような関係を形成する意思という。養子縁組届をしようとする意思（形式意思）のみでは足りないとする見解である。形式的意思説によれば，縁組意思とは，養子縁組届をする意思であるという。実体的親子関係を形成する意思は必要でないとする。また，形式的意思説は，実体的意思説では第三者が害されると批判している。しかし，実体的意思説による実体意思，形式的意思説による届出意思はともに，その内容が明確ではなく，最近では法定効果説が有力である。法定効果説は，養子縁組の法定効果を受ける意思を内容とすることから，比較的明確性を有する。しかし，前述のとおり，縁組の目的・態様が多様であるだけに，縁組意思の認定については問題が多い。判例は，成年養子の場合には，養子縁組の効果である相続と扶養を受ける意思が認められる場合は，一般的に縁組意思の存在を肯定する（最判昭46・10・22民集25・7・985，裁判例集Ⅱ-51）。ところが，未成年養子の場合には，相続・扶養問題のみではなく監護養育意思が問われ，子の利益についても厳格な吟味を求められる。判例上は，争点として，公序良俗違反と縁組意思の存否の争点が競合する事案が多くみられる。その存在の基準時については，婚姻の場合と同様であり，届出時に縁組意思が存在することを要するとされる（最判昭45・11・24民集24・12・1931，裁判例集Ⅱ-52）。

縁組無効の訴えの性質についても，婚姻と同様に学説上の対立がある。確認訴訟説は，縁組の届出があっても当事者間に縁組意思のないときは当然に絶対的に無効であるとする。したがって，他の訴訟においても縁組の無効を主張することができ，民法が縁組の無効については訴えによるべき旨を規定していないことを根拠とする（我妻・親族284頁）。

形成訴訟説は，縁組意思の欠如は，当然無効となるのではなく，判決によって遡及的に無効になるという。縁組無効の判決は対世的効力を有する重要な身分関係に関する事項であることを根拠とする[64]。

第三者の提起する養子縁組無効確認の訴えについては，訴えの利益についてどのように考えるか問題があるが，最高裁判例（最判昭63・3・1民集42・3・157，裁判例集Ⅱ-53）は，「養子縁組無効の訴えは縁組当事者以外の者もこれを提起できるが，当該養子縁組が無効であることにより自己の身分関係に関する地位に直接影響を受けることのない者は右訴えにつき法律上の利益を有しないと解する」とした（富越和厚・最判解民〔昭63〕97頁）。また，第三者である受遺者が養子に対して養子縁組無効の訴えを提起した裁判例（大阪高判平4・5・27判タ803・251，裁判例集Ⅱ-54）として，「第三者が養子縁組の養親の五親等の血族であり，養親が当該第三者に対し全財産を遺贈する旨の遺言が存在するとし

64）　兼子・体系146頁，鈴木・親族185頁。

ても，養親の生存中においては，当該第三者は養子縁組の無効確認の訴えの利益を有しない。」と判示した例がある。[65)]

縁組意思が争点となった比較的最近の裁判例として，養子縁組が親権者変更審判事件を本案の判断に至ることなく終了させるための便法に過ぎず縁組意思が認められないとして無効とされた裁判例（名古屋地判昭60・8・26判時1181・117，裁判例集Ⅰ-17），老齢の養母との養子縁組について，その手続の運びが甚だ異常で，養母に縁組意思ないしその届出意思がないものとして無効とすべきものとされた裁判例（東京高判平2・5・31判時1352・72），養親が中等度の知的障害者で，養子縁組につき合理的判断を期待できないような心身の状態であり，養親に縁組意思が欠けており縁組が無効であるとされた裁判例（高松高判平5・12・21判タ868・243）がある。

養子縁組無効の訴えは，前記最高裁判例（昭63・3・1，裁判例集Ⅱ-53）の判示するとおり，縁組当事者以外の者も，当該養子縁組が無効であることにより自己の身分関係に関する地位に直接影響を受ける場合は縁組無効の訴えを提起できる。つまり，数人の提起する養子縁組無効訴訟は，いわゆる類似必要的共同訴訟である。最決平23・2・17（家月63・9・57）は，数人の提起する養子縁組無効の訴えにおいて，共同訴訟人の1人が上告を提起し，上告受理の申立てをした後に，他の共同訴訟人がした上告の提起および上告受理の申立ては，二重上告および二重上告受理の申立てであるとして，いずれも不適法とした。

本決定の解説は，少なくとも，数人の提起する養子縁組無効の訴えについては，養子縁組の無効を主張する者の上訴審における手続関与を軽視することができないから，上訴をしなかった共同訴訟人も上訴人となると解すべきであるとする。

(b) 縁組取消しの訴え

縁組取消事由には，縁組について障害事由がある縁組届が誤って受理された場合，詐欺・強迫によって縁組がなされた場合の2類型ある。これらに該当する縁組は，縁組取消しの訴えの対象となる。

縁組障害による取消しの訴えの類型は次のとおりである。

---

65)　矢田廣高・主判解〔昭63〕140頁，本間靖規・民商100巻3号（1989）132頁。

(ア)　養親が未成年者であること（民 792 条）

この場合の取消権者は養親またはその法定代理人である。ただし，養親の成年到達後 6 か月を経過したときまたは追認により，この障害事由は治癒される（民 804 条ただし書）。

(イ)　養子が養親の尊属または年長者であること（民 793 条）

この場合の取消権者は，各当事者または親族である（民 805 条）。

(ウ)　家庭裁判所の許可なしに，後見人が被後見人を養子にすること（民 794 条）

この場合の取消権者は養子またはその実方の親族である（民 806 条 1 項本文）。ただし，管理計算終了後，養子の追認ないし 6 か月を経過したときは，この障害事由は治癒される（民 806 条 1 項ただし書）。

(エ)　家庭裁判所の許可なしに，未成年者を養子にすること（民 798 条）

この場合の取消権者は養子，その実方の親族，縁組代諾をした者である（民 807 条本文）。ただし，養子の成年到達後，6 か月を経過したとき，または追認のあるときは，この障害事由は治癒される（民 807 条ただし書）。

(オ)　夫婦の一方が成年と養子縁組をする場合の他方配偶者の同意を欠く場合（民 796 条本文・806 条の 2）

配偶者のある者が縁組をするには，その配偶者の同意を得なければならない。この規定に違反した縁組は，縁組の同意をしていない者から，その取消しを家庭裁判所に請求することができる。ただし，その者が，縁組を知った時から 6 か月を経過し，または追認をしたときは，この限りでない。

縁組取消しの訴えについて判決で認容された場合，その効力は遡及しない。この点も婚姻取消しの判決と同様である。

(c)　代諾縁組に関する無効および取消しの訴え

代諾縁組とは，民法 797 条 1 項により，「養子となる者が 15 歳未満であるときは，その法定代理人が，これに代わって，縁組の承諾をすることができる。」ことである。なお，法定代理人のほかに父母でその監護をすべき者がある場合は，その同意を要する（民 797 条 2 項）。

代諾の法的性質について，学説は次のとおり対立している。代諾者は養子となる子の代理人と解する見解（代理説）があり，判例もこの範疇に入るが，代諾を単なる代理と解することには批判がある。つまり，財産的行為の代理はその効果がすべて本人に帰属するが，代諾縁組の効果は子の監護養育責任が代諾者から養親に移行する。したがって，代諾者の意思表示は自己のためにする部分と子のためにする部分を有するので，代諾者は子の代理人であると同時に自己固有の法的地位を有すると解する複合説がある（川井健「代諾縁組」大系Ⅳ180頁）。

これに対して，「代諾は縁組の契約的構成に由来する形式の問題に過ぎないので，法文の字句どおり素直に一種の代理と解し，縁組の特殊性から適宜妥当な修正を施せば足りる」との批判がある（注民（24）213頁〔中川良延〕）。

表見代諾者による代諾は，縁組意思を欠くものであり無効であるが，絶対無効か追認が許される無効であるか，誰がどのような場合に無効の主張ができるか，民法116条ただし書の類推適用は認められるかなどの問題がある。判例（最判昭27・10・3民集6・9・753，裁判例集Ⅰ-16）は無効な代諾縁組も追認によって有効となり得るとし，絶対無効説を採用する従前の判例を変更した。つまり，表見代諾者の代諾による養子縁組について，「民法総則の無権代理の追認に関する規定」および，「養子縁組の追認に関する規定の趣旨を類推して」，養子は15歳に達した後に有効に追認することができ，養子縁組は追認によって遡及的に有効となるとした。さらに，民法総則規定は直接には親族法上の行為には適用をみないと解すべきであるが，15歳未満の子の養子縁組に関する，父母の代諾は，法定代理に基づくものであり，その代理権の欠如は一種の無権代理であると解するのを相当であるとした。

前記複合説は，結論は判例と同じであるが，代諾の法的性質を単純に代理であると解することを否定することから，無権代理の類推適用に批判的である。つまり，民法116条は追認を許す典型と捉え，民法119条は追認を許さない無効と解する見解である。追認を許す無効は無権代理のみではなく，116条の立法趣旨が予定した条件を充足する場合には追認を許す無効と解する。身分行為についても，その要式行為性を充足する戸籍が存在し，法律行為の一方当事者が効果意思を持ち，身分的生活関係が形成されている場合，他方当事者は法律行為に関与していないのであれば，追認を許す無効であるという（川井健「代諾縁組」大系Ⅳ180頁）。

したがって，表見代諾者による代諾縁組も，子が15歳未満の場合は真正な代諾権者の追認，あるいは子が15歳以上の子である場合には，その子による追認によって，遡及的に有効になると解する。

次に，無効の主張は，誰にどのような場合に認められるかが問題である。そもそも，未成年養子制度の強行法規性について脱法的行為を防止する要請が重要であることと同時に当事者間の平穏な生活事実の存在に対して第三者から相続利益の追求などのために縁組無効の主張を許すかについて，どのように考えるかの基本的問題がある。具体的には，前述のとおり，子が15歳以上になると，その追認を有効と解されるので，無効についても子の意思に委ねるべきであるということができる。真正な代諾権者は虚偽の出生届をする時点で縁組を承諾している場合には無効主張を認められないことになる。表見代諾者は事実上の養子縁組関係を形成している以上，縁組意思に欠けるところはないので，後日無効の主張をすることはできないというべきであろう。

第三者については，消極説が有力である。前述の追認を許す無効説は，代諾縁組が戸籍の形式を具え，しかも身分的生活事実を伴う場合は，第三者は外観を信頼して行為すべきであり，第三者に無効主張を認めないことによって不都合は生じない。第三者によって本人の追認を妨害することは許すべきでないという。民法116条ただし書の類推適用を否定する判例（最判昭39・9・8民集18・7・1423）は，「事実関係を重視する身分関係の本質にかんがみ，取引の安全のための同条但書の規定をこれに類推適用することは，右本質に反する」とする[66]。

(d)　夫婦共同縁組に関する無効および取消しの訴え

縁組無効の訴えにおける請求原因の一類型として，夫婦共同縁組の問題がある。民法795条は，「配偶者のある者が未成年者を養子とするには，配偶者とともにしなければならない。ただし，配偶者の嫡出である子を養子とする場合又は配偶者がその意思を表示することができない場合は，この限りでない。」と規定し，原則として，夫婦が未成年者を養子にするときは，共同縁組でなければならないとした。そこで，これに違反した縁組は夫婦の一方が意思を欠く

66)　青竹美佳「他人の子を嫡出子として届出した者の代諾による養子縁組の効力」民法百選Ⅲ 80頁。

ことになり，その縁組は無効である。また，この主張は縁組無効の請求原因とすることができる。

この問題に関連する判例（最判昭48・4・12民集27・3・500）は，A・B夫婦はすでに長期別居し，Aは重婚的内縁の妻Dおよび養子Cと同居している事案について，例外的に縁組の有効となり得る余地を認めた。つまり，A・B夫婦がCと養子縁組届をしている場合，Bには縁組意思のないことが認められ，Aには縁組意思のあることが認められたとしても，A・Cの養子縁組は原則として無効であるが，後者のみを有効とする特段の事情のあるときは，それのみを有効な縁組であると認めた。そもそも，未成年養子において夫婦共同縁組を原則とする立法趣旨は養子の福祉の視点から養親父母の共同性が一般的に養子となる者にとって自然であると考えられたことであるから，この判例の事例のような場合に，夫婦共同縁組要件を緩和して解釈することによって，養子の利益を図ることに意を払うことは肯定できる[67]。

民法は縁組について夫婦共同性の要請の程度に応じて，夫婦共同性を緩和しながら，他方配偶者の同意を要件とする（民796条）。この同意を欠く縁組は取消しの訴えの対象となる（民806条の2第1項）。この訴えの原告適格は同意権者である。詐欺または強迫によって，この同意をした結果，縁組届がなされた場合の取消権者も同意権者である。

(e) 訴訟係属の通知を要する利害関係人（人訴規16条別表12項13項）

養子縁組無効の訴えについて，訴訟係属の通知を要する利害関係人は，養子が死亡した後に訴えの提起があった場合におけるその代襲者で養親の相続人である者，または相続人となるべき者である。例えば，養親を被相続人とする相続を想定すると，縁組が有効であれば，養子の子は代襲相続人となり得るので，その子は通知対象者に該当する。子が縁組前に出生している場合は代襲の問題は生じる余地がないので，その子は通知対象者に該当しない。

養子縁組取消しの訴えについて，訴訟係属の通知を要する利害関係人は，養子が死亡した後に訴えの提起があった場合におけるその代襲者で養親の相続人となるべき者である。例えば，原告は養親・被告は検察官あるいは原告は第三

67）中川淳「夫婦共同縁組の共同性」太田武男還暦（有斐閣・1982）151頁。

者（民804条～808条までの規定により定まる取消権者）の場合に，通知を要する者は養子の代襲者であり，養親の相続人となるべき者である。この者は，縁組が取り消されると養親を被相続人とする相続人となり得るからである。

(3) 離縁の訴え

離縁の訴えとは，基本的には裁判離婚の制度に類似するものであるが，民法814条に定める離縁原因を請求権とする訴えである。もともと，養親子関係は，当事者の合意を基本とし人為的に成立したものであるから，当事者の合意によって解消する協議離縁が認められる。しかし，合意の得られないときには婚姻と同様に法定の離縁原因（民814条）を請求原因とする訴えを提起できる（調停離縁については，前述⇨第３章[2]，審判離縁については，前述⇨第６章[4](2)）。

離縁原因は，悪意の遺棄，養親ないし養子の生死不明３年以上，および縁組を継続し難い重大な事由の三類型である（民814条１項）。しかし，民法814条１項１号２号の離縁原因は同条２項（民770条２項の準用）の裁量棄却条項が競合適用されるため相対的な意味を有することになり，離婚原因について民法770条が有する問題と類似している。

有責者の離縁請求についても離婚と類似した問題が存在するが，離婚について判例は先に述べたとおり，有責配偶者の離婚請求を，一定の制限を付けているものの肯定している。離縁についても同様の見解が支持されるであろう。裁判例（東京高判平5・8・25家月48・6・51）にも，養親子関係の破綻について，有責の養親からの離縁請求を認めた事例がある。この事案は，離縁請求棄却判決後の再度の離縁請求が前訴判決の既判力に反しないとして，破綻の事実を認定していることも注目に値する。つまり，「前記確定した控訴審判決の既判力は，その口頭弁論終結時において，右時点までに生じた事実に基づき，被控訴人に控訴人に対する離縁請求権がないことを確定するものであるから，右判決の既判力に抵触するのは，右の基準時である右口頭弁論終結時までに生じた事実に基づいて右事由の存在を主張することであると解される。右基準時後に生じた事実を右基準時以前に生じた事実……と合わせて縁組解消事由等があるとして離縁を請求することは，養親子関係のような継続的法律関係の場合においては，新たな事実が加わることにより縁組解消事由等を構成する事実全体の法的意味が変容し」事実を全体としてみれば既判力に抵触しない旨を判示した。

離縁の訴えの当事者は，養親または養子が原告適格を有し，他方当事者が被告適格を有する。この点も離婚の訴えと同様である。なお，養子が15歳未満のときは，民法811条の規定により協議離縁の代諾者たり得る者（多くの場合は実父母）が，養子に代わって，原告ないし被告となる（民815条）。

15歳未満養子についての夫婦共同縁組の要請は，離縁についても求められている。養親が夫婦である場合に未成年者と離縁をするには，夫婦がともに離縁しなければならない（民811条の2）。そこで，15歳未満養子についての当事者適格は，協議離縁の代諾権者が有する（民815条・811条）が，代諾権者の定まらないときには，これに代わる者について規定されている。つまり，代諾権者たり得る父母が離婚しているときは，協議でその一方を離縁後の親権者と定めるが，協議が調わないとき，またはできないときは家庭裁判所が協議に代わる審判により定める。離縁後，法定代理人となるべき者がいないときは，家庭裁判所は，養子の親族，その他の利害関係人の請求により，離縁後に後見人となるべき者を選任する（民811条2項～5項）。これらの者が原告あるいは被告になる。

(4) 離縁無効および離縁取消しの訴え

(a) 離縁無効の訴え

離縁無効の訴えとは，協議離縁届がなされているが，当事者の一方または双方に離縁意思を欠くことを理由に，判決により離縁の無効を求める訴えである。離縁無効については，旧人訴法には明文を欠いたため解釈により類推適用を肯定していた。そこで，平成15年改正により，人事訴訟法2条3号は協議上の離縁の無効の訴えを明文化した。離縁無効の訴えの法的性質については，縁組無効の訴えと同様に確認訴訟説と形成訴訟説があるが，判例・通説は確認訴訟説である。

当事者は，縁組無効と同様に，養親または養子は，それぞれ原告または被告適格を有すると解される。第三者の原告適格についても縁組無効と同様である。養親子の一方の親族であり，離縁無効判決により，自己の相続・扶養に関する法律関係に直接影響のある者については原告適格を認められるということができる。夫婦共同縁組の場合，原則として夫婦がともに当事者適格を有する。

離縁無効においても，縁組無効における代諾縁組および夫婦共同縁組に関する無効事由と同様の問題が生じる。つまり，代諾離縁（民 811 条 2 項）について代諾権の欠ける場合とは，代諾権者である父母の一方の代諾が欠けること，真実の代諾権を欠く者による代諾などが考えられる。また，夫婦共同縁組において，夫婦の一方に離縁意思のなかった場合には，離縁意思のない者については離縁は無効であるが，夫婦共同縁組の原則から全体が無効であるかどうかについて，縁組無効と同様の問題がある。縁組無効に関する前記最高裁判例の趣旨は離縁無効についても同様に妥当するということができる。

(b) 離縁取消しの訴え

離縁取消しの訴えとは，特定の協議離縁が法定の取消原因に該当する事実の存在により判決により取り消されることを請求する訴えである。取消判決の確定によって，当該離縁は消滅する（民 812 条・808 条・748 条）。

請求原因は，特定の協議離縁の成立していること，養親または養子，あるいは双方が詐欺または強迫によって協議離縁したことである。

当事者は，詐欺・強迫を受けたため離縁した養親または養子，あるいは双方である。第三者の詐欺・強迫による離縁の場合は，養親・養子が原告となる。夫婦共同縁組の場合は，縁組取消しの訴えと同様であり，原則として夫婦双方が当事者になる必要があるが，民法 795 条の趣旨に反しない場合には例外が認められる。

抗弁としては，訴え提起が原告の詐欺発見あるいは，強迫から免れた時から 6 か月以上経過していること（民 812 条・808 条 1 項・747 条 2 項），原告が詐欺を発見し，あるいは強迫を免れた後，追認したこと（民 122 条）である。

夫婦共同縁組の離縁取消しについても，離縁の場合と同様に，夫婦の一方が詐欺・強迫により離縁した場合の効果について夫婦共同縁組の原則が及ぶ。その例外についても同様である。

請求認容の判決が確定した場合の効果は，離縁取消請求権の存在が確定し，離縁の届出時に遡及して離縁の効果が消滅し，縁組継続の効果が形成される。請求棄却の判決が確定したときは，離縁取消請求権の不存在が確定し，離縁の有効であることが確定する確認判決である。

(c) 訴訟係属の通知を要する利害関係人（人訴規16条別表14項15項）

協議離縁無効の訴え・協議離縁取消しの訴えについて通知を要する利害関係人は以下のとおりである。

養子が死亡した後に訴えの提起があった場合におけるその相続人（ただし，養子の直系卑属および養子の配偶者で直系卑属または直系尊属とともに相続した者を除く）。例えば，養子が被相続人の場合，死亡した養子の実親が通知対象者となる。養子の配偶者は通知を要しない。

養親が死亡した後に訴えの提起があった場合におけるその相続人（ただし，当該養親の配偶者で直系卑属とともに相続した者を除く）。養親を被相続人とする相続の場合，訴訟の帰趨により相続分について利害関係のある養親の実子が通知を要する者に該当する。

(5) 養親子関係の存否確認の訴え

(a) 訴えの要件

養親子関係の存否確認の訴えとは，養子縁組無効・協議離縁無効事由以外の事由に基づいて，養親子関係の存否の確認を求める訴えであり，確認訴訟の一類型である（人訴2条3号）。

この訴えの請求権は，養親子関係の存否が当事者間で争われ，その確認を求めることである。例えば，当事者が縁組の届出をしないとき，縁組届出当時当事者の生存が争われるとき，あるいは離縁の届出をしないとき，離縁届出当時の当事者の生存が争われるときなどである。裁判例として，戸籍上亡養父との縁組記載があるが，養母との縁組記載がない場合にも，養父母の婚姻届出の日と養父との縁組届出の日が同一である事実など養母との縁組届が受理され，過誤により戸籍記載が欠落したものと認めて養親子関係存在確認の請求を認めた事例がある（福岡高判平7・3・29判タ892・233）。

当事者は，縁組当事者が適格を有するが，夫婦共同縁組では，これまでに述べたように民法795条の夫婦共同縁組の原則が及ぶかどうかが問題であるが，従来の判例の立場では夫婦共同性が及ぶことになるであろう。しかし，夫婦共同縁組についても各別に効力を認める説も有力である。さらに，直接的利害関係のある第三者の原告適格を認める余地もある。つまり，自己の相続・扶養に関する身分関係が養親子関係の存否と直接関連する場合については，これを肯定することができる（東京高判昭 58・11・17 判時 1100・74）。

(b)　藁の上からの養子

いわゆる「藁の上からの養子」の慣行によって，他人の子どもを虚偽の嫡出子出生届により自分の実子として長年育てた事実のある場合に，実親子関係は生じないけれども，養子縁組として身分行為の転換を認めることができるかの問題がある。実務では，多くの場合，相続人の範囲に関連して養親子関係の存否が主要な争点となる。この類型の判例として，虚偽の嫡出子出生届をなした当事者間の親子関係不存在確認訴訟事件について，請求認容判決の確定した後，同一当事者間の相続回復請求訴訟において養親子関係の存否が争われたものがある。この事案では，嫡出子出生届がなされている場合，これに加えて 40 年以上にわたって実子同様の関係が継続した以上，養子縁組として有効であるとの主張がなされた。これについて，最高裁は「民法 847 条，775 条によれば，養子縁組届は法定の届出によつて効力を生じるものであり，嫡出子出生届をもつて養子縁組届とみなすことは許されないと解すべきである」と判示した（最判昭 50・4・8 民集 29・4・401）。このように，最高裁は，身分行為の要式性を強調し，一貫して虚偽の嫡出子出生届に養子縁組の効果を認めていない（最判昭 25・12・28 民集 4・13・701，最判昭 56・6・16 民集 35・4・791，裁判例集Ⅱ-19）。この趣旨に沿う最近の裁判例として，死亡した父のした認知が無効である場合，両者の間に長年養育の事実があったとしても，養子縁組が有効に成立したとはいえないとして養親子関係存在確認請求を棄却した事例がある（東京高判平 14・12・25 判時 1817・81，裁判例集Ⅰ-18）。

学説は，養子縁組への転換を肯定する見解が有力である。さらに，下級審においては，養子縁組への転換を認める例もみられる（大阪高判平 3・11・8 判時 1417・74）。身分行為の要式性の要請は重要であるが，長年継続した事実上の親子関係を否定することは，子にとって耐え難い苦痛を生じる場合もあり，子の救済を考慮することも要請される。そこで，養子縁組への転換が困難であることから権利濫用の法理により，子の保護を図ることが注目されている。

親子関係存否法理における権利濫用適用の可否については，学説はおおむね肯定する。その適用範囲については見解が分かれていたが，最近では法律上の親子関係は子の養育義務者の早期確定が子の利益であることを重視して，幅広く権利濫用の適用を肯定する見解が有力である（水野紀子・私法判例リマークス36号（2008）75頁，水野紀子「実親子関係と血縁主義に関する一考察――フランス法を中心に」星野英一古稀(下)（有斐閣・1996）1131頁）。

判例は長年にわたり，「藁の上からの養子」について身分関係の公益的要素に絶対的優越性を認めたかのように権利濫用適用に消極的であった。しかし，下級審では，京都地判昭54・10・30（家月32・4・67）が権利濫用の適用を認め，最判平9・3・11（家月49・10・55，裁判例集Ⅱ-79）は権利濫用の適用を否定したが，補足意見（可部恒雄裁判官）において，訴訟の実質が相続財産上の紛争である場合には「請求自体が権利濫用として排斥される場合があり得る」とし，適用可能性を示唆した（梶村太市・主判解〔平9〕122頁）。その後，下級審では，権利濫用を採用する裁判例（広島高判平13・1・15家月54・9・108，裁判例集Ⅱ-76，東京高判平14・1・16家月54・11・37，裁判例集Ⅱ-56，Ⅱ-77）が続いた後，ようやく，最判平18・7・7（民集60・6・2307，裁判例集Ⅱ-78）は，「藁の上からの養子」が55年経過した後，戸籍上の実子が親子関係不存在確認訴訟を提起した事案で，権利濫用法理の適用を認め，その適用基準を判示した。

従来の「藁の上からの養子」をめぐる理論が無効行為の転換理論により養子縁組の成否論から，権利濫用法理を適用し実親子関係を認める判例理論への進化を遂げたことに触れたが，本最判の意義は，これまでの血縁主義を見直し，民法上の親子関係は必ずしも血縁関係と一致するものではない制度であることを根拠とし，法律的親子の成否に関し，子の生活実態の保護について優越性を肯定した点にあると解することができる。親子関係制度論における権利濫用法理は基本的問題であり，今後の動向に注目する必要がある（羽生香織「『藁の上からの養子』に対する親子関係不存在確認請求と権利濫用法理」中川淳傘寿（日本加除出版・2011）237頁）。

(c) 訴訟係属の通知を要する利害関係人（人訴規16条別表16項）

養親子関係の存在確認の訴えについては，協議離縁の無効の訴えと同じである（同別表16項）。養親子関係の不存在確認の訴えについては，養子縁組無効の訴えと同じである（同別表17項）。

3　親子関係事件

(1)　はじめに

第一に，平成 15 年の人事訴訟法の改正では，婚姻関係事件への影響と比べると，親子関係事件へのそれは，格段に少ない。改正された人事訴訟法の概要ないし特色は，本書の別項目で扱われる。ゆえにここでは，各論面での改正の項目を拾うだけにとどめておく。新しい親子関係事件につき，総論面での結論のみいえば（各論の変更点は本文で記述する），①認知などの人事訴訟の第１審の管轄が地裁から家裁に移管されるから（人訴４条１項，裁 31 条の３第２項など），これらの争いも調停だけでなく訴訟も家庭裁判所で扱われることになる。②「人事に関する訴え」が家裁に移管される（人訴２条）。したがって，本節で扱う嫡出否認の訴えほか五つの訴えは，すべて家裁に移管されることとなった。③人事に関する訴えの管轄は，訴えに係わる身分関係の当事者が普通裁判籍を有する地等を管轄する家庭裁判所の管轄に専属することとなる（人訴４条）。④少し細かい点では，「実親子関係の存否の確認の訴え」が条文に明記された（人訴２条２号）。

補足すれば，旧人訴法では，実親子関係の訴訟においては，「子が」普通裁判籍等を有する地を管轄する裁判所に専属するとされていたが（旧人訴 27 条），当事者の一方である子の住所地に限るべき理由がないから，当事者のいずれか一方が普通裁判籍を有する地を管轄する家裁に専属することとなったわけである（旧人訴法の管轄につき，ジュリ人訴 33 頁参照）。

第二に，記述内容の面で，親子事件に共通する「父子鑑定手続」，「鑑定の強制」，「出自を知る権利」，などの項目を取り上げている。

(2)　嫡出否認の訴え

(a)　総　　説

(ア)　改　　正

調停手続の進行については別の項（前述⇨第３章5）に譲り，嫡出否認の訴え（ないし申立て）を提起する要件を中心に考察する。

ちなみに，人訴法の改正に伴い「実親子関係訴訟の特例」規定が設けられた（人訴41条～43条）。結論のみを記せば，①夫が子（否認すべき子）の出生前に死亡したとき，または1年の出訴期間内に死亡したときは，「子のために相続権を害される者その他夫の三親等内の血族」が嫡出否認の訴えを提起することができる。出訴期間は夫の死亡した日から1年である（人訴41条1項）。②夫が嫡出否認の訴えを提起した後に死亡した場合は，前記の否認権者が6か月以内に訴訟を受け継ぐことができる（人訴41条2項。民訴124条1項後段の適用なし）。なお，訴訟手続の受継に関する経過措置をも参照されたい（人訴26条）。

(イ)　否認制度の目的

家庭の平和を維持するため，および父子関係を早期に安定させるため，という二つの目的に求めるのが通例である（詳細は，注民(23)202頁〔松倉耕作〕）。否認の原因を一言でいえば，民法772条に基づく推定が事実に反することである。

(ウ)　否認判決の確定

否認を認める判決・審判が確定すると，子は非嫡出子となる。その効果は形成的であり，判決は対世的効力を持つ（人訴24条1項）。このような否認手続が確定するまでは，第三者は先決問題としても，夫の子ではないことを主張することはできないし，真実の父も子を認知することができない（異論なし）。「推定の及ばない子」には，このような制約はない。例えば，子から真の父を被告とする認知訴訟も適法とされ（最判昭44・5・29民集23・6・1064，裁判例集Ⅱ-59），子から真実の父に任意認知を求めたのを適法と扱った裁判例（福岡家審平元・5・15家月42・1・116，裁判例集Ⅱ-57）すらみられる。

(エ)　訴えの性質など

訴えの本質に係わるような規定を欠いていることもあり，戦前より訴えの法的性質の捉え方について，学説の争いがある。かつては確認訴訟説が多かったが，近年は形成訴訟説が有力のようである（詳細は，注民(23)215頁〔松倉〕参照）。

(b)　当事者と管轄

(ア)　原　　告

推定される子が懐胎された当時の母の夫のみが否認の訴えを提起することができる（民774条）。夫が成年被後見人であるときや，夫が死亡している場合については，特則が用意されている（ことに死亡の場合については本節頭書の記述を参照。人訴27条，旧人訴29条）。

原告の範囲につき，親子関係不存在確認の訴えが可能となる場面（「推定されない子」や「推定の及ばない子」である場合）では，利害関係人も訴権者となることが許されているが[68]，通例の場合である「推定の及ぶ子」である場面では，否認権者は母の夫に限られている。外国法では，そのような場面においても，所定の事情，例えば夫婦の離婚などの場合には，否認権者を拡大させている例が多くなりつつある（簡潔には，注民(23)206頁〔松倉〕参照）。

(イ)　被　　告

嫡出否認の相手方は，「子又は親権を行う母」である（民775条前段）。

(i)　母

「親権を行う母」がいないとき，離婚して母が親権者とならなかった場合，母が親権を剥奪・辞退している場合，母が死亡している場合などには，特別代理人が選任される（簡潔には，注民(23)223頁〔松倉〕参照）。ここで母の地位については学説上，争いがある。子を代理するとみる法定代理説，母は子のために独立して被告たり得るとする訴訟代理説，代理させることを許したとみる訴訟代理説など多様であるが，現実面での違いはあまりないといえる。

(ii)　否認の対象となる子

対象となる子は，妻の出産した子であり，かつ，民772条に基づき推定される子に限られる。妻以外の女性が生んだ子や，妻が生んだ子であっても嫡出推定を受けない子は，否認の訴えの対象とはならない。もっとも，そのような子も，親子関係不存在確認の訴えの対象にはなる。

(ウ)　管轄裁判所

平成15年改正につき本節(1)「はじめに」を参照（人訴4条，旧人訴27条）。他方，最後の住所もないとき，またはその住所が知れないときは，最高裁判所の指定した地である東京都千代田区に住所地があるものと扱われ，結局，東京地方裁判所の管轄に専属することになる（人訴規2条）。

---

68)　通説・判例，大判昭15・9・20民集19・1596（裁判例集Ⅱ-58）は，婚姻後200日以内の出生子に関する例。

(c) 嫡出性の承認

子が嫡出であることを夫が承認したときは，その否認権を失う（民776条）。もっとも，嫡出承認を正面から論じた公表裁判例はみられないようである。しかも，承認の内容や方式についても白地のままであるので，その解釈はすべて学説・判例に委ねられている。

(ア) 立法趣旨

立法者の見解も明らかではない。そのため，いろいろな理由が推測されているが，比較的最近は，身分的秩序の安定と子の利益保護という政策的要請から認められたもの，との説明が有力である（詳細は，注民(23)226頁〔松倉〕参照)。

(イ) 承認をする者

承認する資格者を母の夫にのみ認め，その他の者，例えば夫死亡の場合の相続人などの承認権を認める見解（注民（21）386頁〔西原道雄〕）もないではないが，否定するのが多数説といえる。一身専属性を重視するか否かの違いによる。

(ウ) 承認の方法

黙示・明示を問わないが，事柄の性質上，「自己の子である」と認めたことが明らか，という事実の存在が必要であろう。ゆえに，例えば子の出生を喜び夫の名の一部をとって命名した，知人に子の誕生を通知したなどの事実があっても，この事実のみでは承認と導くべきではないとされる。他方，人工生殖においては，人工授精という施術に同意することで，否認権を失うと構成する法制が多い（注民(23)229頁〔松倉〕参照)。わが国でもそのような構造の立法が予定されているようである。

(d) 出訴期間

各論面では，①期間の長さ，②起算点の2点を重視する。起算時期については，伝統的には，出生子について「嫡出推定が及ぶか否か」が決め手とされている。

(ア) 学説の結論

紙幅の都合上，主要な学説と，各説の下での出訴期間を内容を素描するにとどめる。[69)]

(i) 出生認識時起算説（外観説の帰結）

夫が子の出生を認識（通例は子の出生の日の認識）したときから，1年の出訴期間が開始する。例外的に，「外観的に明白な懐胎不可能」という事情が証明されれば，親子関係不存在確認の訴えというルートが開かれることになり，出訴期間の制約から解放されることになり，その場合の出訴期間は，期間の制約がないものと扱われる（確認の利益の存在は必要）。

(ii)　非嫡出性疑惑認識説（血縁説の帰結）

前記通説が挙げる，外観的に明白な「懐胎の不可能」という事情のほか，科学的にみて父子ではあり得ない子（例えば，夫の生殖不能の場合や，日本人夫婦から黒人の特徴を有する子が生まれた場合など）が生まれた場合にも，その事実を認識したときから，出訴期間が進行することになる。

(iii)　家庭崩壊時起算説（家庭平和説の帰結）

夫婦が円満に同居する場合には，家庭の平和が優先する。ゆえに，夫が子の出生を認識したときから起算して１年で終結する（結果において通説に同じ）。後日，家庭が崩壊した場合，例えば夫婦が離婚した場合には，子の利益（真実の父を知るべきそれ）が優先し，親子関係不存在確認訴訟が可能となる。

(iv)　現実の期間の長短

通説のとる出生時説では，たとえ例外と扱われる場面でも，その原因が「外観的に明白な懐胎不能」という場面に限られる。その結果，現実にそのような事例が生ずることは，かなり少ない。むしろ夫婦同居中に，妻が他男の子を懐胎・出産する例の方が多いものと思われる。つまり，「外観的に明白」という枠がある限り，出訴期間が１年となる夫婦が98％を超えるものと推測できる。他方，疑惑認識説は，期間の点では著しく長くなる余地がある。この立場をとる下級審裁判例（例えば，奈良家審昭53・5・19家月30・11・62）がなくもないが，解釈として，このような見解はかなり困難である。もっとも，後述するように，立法例としては，今後，主流となる構造かと思われる。また，家庭破綻説（破綻＋新家庭の形成を要求する説もある）は，家庭が破綻（離婚や場合により別居）しない限り，１年の出訴期間が適用される。家庭が破綻している場面では，親子関係不存在確認請求が許されることになるので，その場面では，事実上，出訴

69）　学説の詳細については，注民(23)234頁〔松倉〕，高木多喜男＝松倉耕作編『条解民法Ⅲ親族法・相続法』（三省堂・1988）145頁〔松倉〕を参照。その他，前田泰「日本における議論の整理」家族〈社会と法〉（2012）15頁以下は，学説の整理に有益である。

期間の制約はなくなることになる。[70)]

(イ) 判例の見解

子の懐胎時期に，夫の子を懐胎することが外観的に不可能であるときに限り，例外的に推定の排除を認める。そのような例外事情が存在しなければ，母の夫（子の戸籍上の父）が，子の出生を認識したときから出訴期間が起算される。例外的に，懐胎不能が明白であれば，親子関係不存在確認訴訟が許されるので，期間の制約はなくなる。例外事情を認めた最高裁判決としては，「長期別居中の懐胎」（最判昭44・5・29民集23・6・1064，裁判例集Ⅱ-59。結論同旨，最判平12・3・14家月52・9・85，裁判例集Ⅱ-60（以下，12年判決という）），「出征中の懐胎」（最判平10・8・31家月51・4・75）などがある。もっとも，妻の生んだ子であることを要する。

12年判決は，出訴期間の経過後に戸籍上の父Xが戸籍上の子Yを被告として「親子関係不存在確認の訴え」を提起した事案である。出訴の動機となったのは，①離婚後7か月ほど経過したころ，Xの子ではないとの噂を聞き，離婚した元妻に問いただしたところ，Xの子でないと認めた，②その後他男がXに電話で，子は自分の子であると述べたので出訴。これにつき第2審は，いわゆる家庭平和説に従い，否認制度の基盤である家族共同体の実態がすでに失われ，身分関係の安定も有名無実となっている場合には，いわゆる真実主義を優先させ，真実の血縁関係に合致した父子関係の確定のために，例外的に親子関係不存在確認の訴えを許すのが相当であるとの立場に立った（第1審判決を破棄差戻し）。

最高裁は，原判決を破棄し，結論においてX男の請求を棄却した。①「民法772条により嫡出推定を受ける子につき夫がその嫡出であることを否認するためには，専ら嫡出否認の訴えによるべき」である，②「1年の出訴期間を定めたことは，身分関係の法的安定を保持する上から十分な合理性を有する」と明言した，③この理は，「婚姻関係が終了してその家庭が崩壊しているとの事情があっても，子の身分関係の法的安定を保持する必要が当然になくなるものではないから，右の事情が存在することの一事をもって，……親子関係不存在確認の訴えをもって夫と子との間の父子関係の存否を争うことはできないもの

70) 内田179頁は，判例のとる外観説を支持か。

と解するのが相当である」と帰結した。

ちなみに，家庭破綻説によると，親子関係不存在確認の訴えが，判例の見解よりも，多く登場する。例えば，離婚した，または別居中の夫婦の事件では，ほぼ常に父子関係を争うことができる。それゆえ，判例の立場では，夫による嫡出否認の訴えの途がとざされた場面でも，否認を争い得る場面が広くなり，その限度で親子関係不存在確認の訴えが広く機能することになる。

最近，注目すべき最高裁判決が登場している。

最判平26・7・17は，同日付けで判断された３件（第１審が旭川家裁，大阪家裁，高松家裁）とも，「婚姻中・同居中の懐胎」事例である。したがって，先に示した外観説に従うと，１年の出訴期間経過後には，法律上の父子関係を切断することはできないと帰結されるパターンである。

最判平26・7・17民集68・6・547（親子関係不存在確認請求事件）を取り上げておこう。

〔事実関係〕　旭川ケースでは，上告人・Y男を被告として子Xから（子の母A女が代理）親子関係不存在確認の訴えが提起された。上告人Y男とA女とは平成11（1999）年に婚姻した。A女とZ男とは平成20年頃から交際を始めたが，夫婦は同居中であり，認定事実によれば「夫婦の実態が失われることはなかった」（「旭川ケース」では，懐胎時，父母子の三者が同居している）。

出産にさいして，A女は，「子がZ男との間の子であると思っていたことから，妊娠したことをY男に言わなかった……〔平成21年〕△月△日に〔A女は〕Y男に黙って病院に行き，同月△日にXを出産した」。（出産後病院で）Y男がA女に，子の父親について尋ねたところ，「2，3回しかあったことのない男の人」と説明するにとどまった。Y男は，子XをY男とA女との長女とする出生届を提出し，自分の子として監護養育していた。その後，平成22年△月△日に，子Xの親権者を母A女と定めて協議離婚をした。母Aと子Xは，その後，前記Z男とともに生活している。被上告人側（X側）が「私的に行ったDNA〔親子〕鑑定の結果によれば，Z男が子Xの生物学上の父である確率は99.999998％である」。

これについての原審（札幌高判平24・3・29民集68・6・572）の判断を，最高裁判決に示されるそれに基づいて要約すれば，①推定が排除される場面は，妻が夫の子を懐胎する可能性がないことが外観上明白な場合に限定されると解するのは，「相当でない」，②「民法が……父子関係を争うことを厳格に制限しようとした趣旨は，家庭内の秘密や平穏を保護するとともに，平穏な家庭で養育を受けるべき子の利益が不当に害されることを防止することにあると解されるから，このような趣旨が損なわれないような特段の事情が認められ，かつ，生物学上の親子関係の不存在が客観的に明らかな場合においては，嫡出推定が排除されるべきである」，③本件では，科学的に父子関係の不存在が証明されている。また，夫婦は離婚・別居し，子が親権者である母のもとで生育しているなどの事情が認められる。このような場合には，「嫡出推定が排除されると解するのが相当であり，本件訴えは適法」である。

しかしながら最高裁は原判決を破棄した。その理由を下記のごとく説明する。①親子関係不存在確認の訴えの可否について「……〔原審認定の事情がある場合であっても〕子の身分関係の法的安定を保持する必要が当然になくなるものではないから，上記の事情が存在するからといって……嫡出の推定が及ばなくなるものといえず，親子関係不存在確認の訴えをもって当該父子関係の存否を争うことはできない」。②親子関係の齟齬について，「法律上の父子関係が生物学上の父子関係と一致しない場合が生ずる……が，〔民法 772 条〕及び 774 条から 778 条までの規定はこのような不一致が生ずることをも容認している」。そして③親子関係不存在確認の訴えが認められる余地について，次のように説明している。

「妻がその子を懐胎すべき時期に，既に夫婦が事実上の離婚をして夫婦の実態が失われ，又は遠隔地に居住して，夫婦間に性的関係を持つ機会がなかったことが明らかであるなどの事情が存在する場合には，上記子は実質的には〔民法 772 条〕の推定を受けない嫡出子に当たるということができるから，同法 774 条以下の規定にかかわらず，親子関係不存在確認の訴えをもって夫と上記子との間の父子関係の存否を争うことができる」（とした最初の判決（前掲最判昭 44・5・29）のほか，最判平 10・8・31 家月 51・4・33，前掲 12・3・14 などを明示し，上記の結論が，すべての小法廷で認められた結論である旨を明示している）。

しかし，本件では，上記のような事情も認められず，他に本件の訴えが適法であるとすべき事情も認められない。ゆえに，原判決を破棄し，前記のごとく判断した（補足意見と反対意見とがある）。

さらに，施術について夫の承認のない人工授精子につき，大阪地判平 10・12・18（家月 51・9・71，裁判例集Ⅱ-81）は，嫡出否認を肯定した。結論において異論がないであろうと思われる。これと異なり，承認があれば否認ができないとする裁判例（東京高決平 10・9・16 家月 51・3・165，裁判例集Ⅱ-62。ただし，妻が父子関係の不存在を主張した例）は，生殖補助医療法でも採用されるようであるが，いま少し共通の認識に至る議論の余地があろう。

(ｳ)　起算時期と比較法の動向

期間の長さを比べることよりも，その起算時期をどう定めるかがより重要である。世界の潮流は，訴権行使の確実性を担保することを優先させ，否認原因を確実に認識したときから期間を起算させる方向に変化してきている。また，立法論として，少なくとも子には訴権を認めるべきであろう[71]。

上の認識の程度はかなり高度である。ひと言でいえば，否認原因覚知説に近いといえる。わが国での解釈から遠ざかる問題であるので，詳細は別書に譲る（詳細は，松倉・血統真実 74 頁以下参照）。加えて，特別事情を配慮する傾向がある。例えば，弁護士のミスで期間徒過のような場合には，出訴期間の延長が認められる（松倉・血統真実 337 頁以下を参照）。これら動向は，わが国での検討に有益であろう。

(3)　父を定める訴え

(a)　総　　説

(ｱ)　父 の 確 定

(i)　出生段階での戸籍の記載

「父を定める訴え」の対象となる子（推定が競合する子）は，出生の届出は母が行い（戸 54 条 1 項），届書には父が未定と記載され（戸 54 条 1 項），戸籍では父の欄は空白にして，戸籍の身分事項欄には，父が未定である旨の記載がなされるようである（清水節『判例先例親族法Ⅱ親子』（日本加除出版・1995）〔以下，清水・判例〕19 頁による）。

71)　松倉耕作『血統訴訟論』（一粒社・1995）〔以下，松倉・血統〕337 頁以下を参照。比較法につき，松倉耕作『血統訴訟と真実志向』（成文堂・1997）〔以下，松倉・血統真実〕78 頁以下を参照。

(ii) 父を確定する手続

家庭裁判所（当事者の住所地を管轄するそれ，人訴4条）が，「父を定める訴え」により，父を確定する。訴えを提起することができるのは，子，子の母，母の前婚の夫，母の後婚の夫などである（人訴43条1項，旧人訴30条。当事者の死亡と検察官の関与についても，人訴43条2項参照。訴訟の受継については，同3項参照）。もっとも，現行の人訴法の下でも，人事に関する訴訟事件として家事調停の対象となり（家事244条，家審17条），調停前置主義に従って家庭裁判所の調停から始められる（家事257条，家審18条）。調停の場で合意が成立すれば「家事277条・家審23条審判」がなされ，一件落着となることも少なくないであろう。

(iii) 判決の確定後

父を定める訴えにつき，確認の訴えと解する見解もみられるが，訴訟は一種の形成訴訟であり，その判決は対世的効力を有するものと解される。ゆえに，判決が確定すれば，父と特定されたA男の子と確定する。その結果，子の父はA男と扱われ，①第三者からこれに反する訴えは提起することができず，②A男自身も嫡出否認の訴えが許されない（清水・判例19頁）と解されている。

(イ) 戸籍の訂正

最後に戸籍の訂正がなされる。すなわち訴え（ないし調停の申立て）を提起した者は，判決（審判）が確定した日から1か月以内に，判決（審判）の謄本を添付して戸籍役場に届け出て，戸籍の訂正をしなければならない（戸116条1項）。この戸籍を訂正する申請に基づいて，A男が父と訂正される（戸116条）。

(b)「推定が重複する場合」

民法773条の規定は，法律上の父が複数存在することになるのを避ける趣旨である。「推定が重複する場合」の理解により，対象となる子の範囲が決まってくることになる。もっとも，後述のように，現実に推定が重複するという事態が生ずる場面は比較的少ない。主な生じる場面を例示しよう。

(ア) 転籍後の再婚

このパターンが最も多く生ずる。女性が離婚後に転籍し，本籍地を変更し，転籍後の戸籍抄本を新たな婚姻の届出に添付した場合には，一見したところ再婚禁止期間内の婚姻であることが判明せず，その婚姻届出が誤って受理され（清水・判例17頁），出生子の嫡出推定が競合する可能性がある。

(イ)　重婚の場合

女性が重婚となる届出をしたにもかかわらず，何らかの事情でこれが誤って受理された場合にも，前記(ア)の場合と状況が似ている。このような場合については，民法上規定を欠いているが，子の嫡出性が競合するという場合（非競合例につき，(ウ)を参照）には，再婚禁止の場合と実質的には同じ状況にある。そこで実務でも，民法733条を類推適用して，前記(ア)の場合と同様に，「父を定める訴え」という手続を通じて，裁判所が子の父を確定する手続が採られている[72)]。

(ウ)　推定が非競合の場合

例えば，後婚の成立後200日以内の出生子であれば，たとえ前婚の解消後300日以内の出生であっても（前婚の嫡出と推定される子である），最高裁の見解によれば，後婚の子とは推定されない子であるので，嫡出推定の競合はないことになるので，実務上は，「父を定める訴え」の対象にはならないものと扱われている[73)]。

(エ)　内縁関係が近接する場合

通説・判例のように，法律上の嫡出推定が競合する子のみが，「父を定める訴え」の対象となると構成すれば，対象から除かれることになる。もっとも，内縁中の懐胎子について，判例（最判昭46・3・19判時623・75，裁判例集Ⅱ-75）は消極説であるが，父性推定が及ぶとの見解も有力である（右近健男・民商63巻1号（1970）153頁）。後説をとった場合には，「父を定める訴え」を要するとの結論が導かれる余地がある。

(オ)　前婚解消後まもなく再婚・出産した場合

民法773条が想定するパターンである。このようなパターンでの出生子であっても，前婚が事実上の別居状態の下で，再婚・出産に至って子の嫡出推定が競合する場合であれば，前記(エ)で述べた理由から，「父を定める訴え」の対象から除かれる子も少なくないであろう（同旨，内田182頁）。

72)　昭和26・1・23民事甲51号民事局長回答。夫Ａの戦死報告を受けたので，遺妻がＡの弟Ｂと再婚。Ｂとの婚姻継続中にＡが生きて生還したが，その後にＢが死亡。Ｂの死亡後300日以内に子が出生した例。

73)　昭和31・6・28民事甲1421号民事局長回答。後婚成立から200日内の出生例。

(4) 認知の訴え

(a) 総　　説

(ア) 改　　正

現行の人事訴訟法では，認知の訴えの原告・被告，死亡した場合の原告・被告および出訴期間につき規定が用意されている（人訴42条。旧人訴法施行時から訴えが係属する場合には，特則がある。人訴附則10条を参照）。

(イ) 構　　造

嫡出でない子と，父母との間に法律上の親子関係を生じさせるには，認知（任意認知または認知判決）を必要とする（民779条・787条など）。認知の訴えは，任意認知がなされない場合に，嫡出でない子とその血縁上の父との間に，法律上の父子関係を形成することを目的とする形成の訴えである（後述⇨(ウ)「性質論」）。

他方，母子関係についても規定の上では認知が必要とするように読めなくもないが，実務では，「母とその非嫡出子との間の親子関係は，原則として，母の認知を俟たず，分娩の事実により当然発生する」と解されている（最判昭37・4・27民集16・7・1247，裁判例集Ⅱ-63。ただし傍論）。この立場を前提とすると，非嫡出子と母との親子関係が争われる場合には，認知の訴えではなく，母子関係存在確認の訴えによるべきものとされる（人工生殖の場合については，後述⇨(7)(b)「父を知る権利」）。

(ウ) 性 質 論

合憲性も問題とされるが，認知の訴えの性質論については，形成の訴えと解するのが今日の通説・判例といえる（最判昭29・4・30民集8・4・861，裁判例集Ⅱ-64）。両説の違いは，①別訴で父子関係の存在を前提問題として主張することができるか否か（併合訴訟という手続上の工夫により実質的な差は小さいともいわれる），②形成訴訟説の下では「認知（意思・判決によるそれ）という手続」によらないと父子関係が発生しないので，大雑把にいえば，相対的に意思を尊重する考え方につながる（内田198頁）。

(b) 出訴要件と証明

(ア) 訴 訟 物

訴訟物は，認知請求権である。すなわち，事実上の父との間に法律上の父子関係を成立させることを求める主張であり，訴訟物はこのような趣旨の認知請求権である。

(イ) 当 事 者

法定代理人と子の意思との関係も問題となり得るが，現実の事件としてはあまり生ずる問題ではないであろう（内田 200 頁参照）。

(i) 原　　告

子（その直系卑属は子の死亡後のみ，通説）が原告となる（民 787 条）。子が幼いことが少なくないので，通例は母が子を法定代理することが多いであろう。理論的には，子に意思能力があれば，法定代理人の同意がなくとも，子が単独で訴えを提起することができる。意思能力の基準となる年齢については議論があるが，個別に判断する以外にないであろう。

他方，認知請求権が認められる子は，原則として法律上の父の存在しない子である。ゆえに，例えばすでに他男により任意認知されている子は，任意認知の無効が確定された後でないと，血縁上の父に対する認知請求は許されない（例：東京地判昭 56・7・27 判時 1029・100，裁判例集Ⅱ-65）。また，婚姻後 200 日以内の出生子は，嫡出推定は受けないが嫡出子と扱われるので（判例の見解），かかる子からの認知請求は，許されないことになる[74]。「推定の及ばない子」にあっては，事実上の父に対する認知請求が，実務上，認められている（最判昭 44・5・29 民集 23・6・1064，裁判例集Ⅱ-59）。

(ii) 被　　告

通例の場合，被告は父である（旧人訴 29 条の 2 をも参照）。父がすでに死亡している場合には，検察官を被告とする（死後認知，人訴 42 条 1 項）。訴訟の受継や，子が訴訟の係属中に死亡した場合については，特則（人訴 42 条 2 項 3 項）が用意されている。

(ウ) 証明の程度

(i) 通常の場合

請求が認容されるかどうかは，父子関係の存在の証明および証明の評価いかんによる。まず，内縁中懐胎子の場合には，民法 772 条の推定が内縁中懐胎子

74) 場合により，戸籍上の父との間に親子関係不存在確認の訴えを行い，しかる後に血縁上の父との親子関係確認の訴えを提起することは可能である。

にも類推適用され，特段の事情のない限り，子は，内縁の夫の子と推定される（最判昭29・1・21民集8・1・87，裁判例集Ⅱ-66ほか多数）。ゆえに，内縁の夫の子でないと主張するには，特段の事情を，内縁の夫側が主張・立証すべきことになる。次に，内縁中の懐胎子ではない場合にあっては，一連の最高裁判所判決により，①性関係の証明，②血液型が背馳（矛盾）しないことの証明，③擬父に父らしい言動がみられる，などの事実の証明が必要とされる。この証明方法には議論があり得る（後述⇨(7)(a)「父子鑑定の方法と手続」）。

(ii)　複数交渉の場合

懐胎期間中に，女性（子の母）が，複数ないし多数の男性と交渉し・懐胎・出産した旨が証明された場合の扱いについては，最高裁判決が存在しない。ドイツやスイスでは，「相対的蓋然性決定方式」を採用し，より父の蓋然性の大きい男を父とする規定を設けている（松倉・血統125頁以下参照）。性意識の変化とともに，わが国でもこの種のパターンが登場することが予測される。規定の制定に向けた議論が必要であろう。

(エ)　訴えの利益

あまり長い期間が経過していれば，認知請求が権利濫用を構成するのではないか，という形で問題とされる。生存中の認知の場合であれば，適法に出訴された認知請求であれば，常に訴えの利益が存すると解されている。例えば，擬父が生存していれば，子の出生後，長期間経過していることのみを理由として，出訴が権利濫用であると主張することは認められない（裁判例多し）。

しかし，凍結精子を用いた体外受精による出生子からの（死後）認知請求について，最近に至り最高裁判決が登場している。死亡した男性の凍結精子を用いて体外受精を行い出産した事例である。子が死亡した男性の子であることを認めるように求めた訴訟において，最判平18・9・4（民集60・7・2563，裁判例集Ⅱ-67）は，父親の死後に妊娠した子との親子関係は民法に規定がなく，法律上の親子関係は認められない，と帰結した。原審（高松高判平16・7・16民集60・7・2604は，認知請求を適法という）を破棄したものである。その理由として，①現行の民法が父の死後に妊娠した子を想定していないことは明らかである。②生まれてきた子は養育や扶養は受けられず，相続人にもなれない。さらに，③本件のような子からの死後認知については，生命倫理や子の福祉，社会一般の考え方など多角的な観点から検討した上で，親子関係を認めるか否かは立法によって解決さるべき問題，と結んでいる。なお，法務省の「中間試案」(2003年7月15日公表）でも，このような子につき，認知禁止の方向での提案がなされている。

(c)　判決の確定

(ア)　認容判決の場合

認知を認容する判決が確定すれば，子と擬父（通例は被告男性）との間に，法律上の父子関係が形成される。判決後の手続として，訴えを提起した者（通例は子またはその法定代理人）は，判決の確定したあと10日以内に，判決の謄本を添付して，区役所などに届け出ることを要する（戸63条)。もし認知判決と矛盾する戸籍の記載があるときは，認知判決に基づいて戸籍の訂正（戸116条）を申請する。

第三者は，認知判決に対して，反対の事実を主張することができるか。認知判決が正当な当事者間で確定している以上，再審の訴えを提起する場合を別として，第三者は，認知無効の訴えを提起することはできないものとされる（最判昭28・6・26民集7・6・787，裁判例集Ⅱ-68)。

(イ)　請求棄却判決の場合

訴えられた認知請求が棄却された場合，当該事件については，請求された認知請求権が存在しないものと扱われることになる。

(d)　認知請求権の放棄

(ア)　考察の対象

論点を明確にするために，ここでは男性（擬父）から，子の（裁判）認知を訴求する権利につき，その放棄を迫る場合のみを扱う。諸外国ではほとんど論じられていないようであるが，わが国では古くかつ新しい問題である。

(イ)　出 訴 障 害

特別養子制度が登場した結果，認知請求をできない場面，すなわち本書でいう「出訴障害」が生じた[75]とする。その結果，認知訴訟の方法による実親子関係

75)　たとえ戸籍上実親子関係が明記される場合でも，特別養子の効果として，これが切断されるからである。

発生の道が断たれることになる。したがって，金員の授与後，子が特別養子とされたような場合には，「出訴障害」が生ずるという意味で，結果的にではあるが，認知請求権放棄を認めるのに等しい効果が生ずることになる。この場面では，特別養子に同意した父母が同意権者と扱ってよいか，という問題が生ずるが，本書ではこれには立ち入らない。

(ウ) 裁判所の考え方

裁判所の見解は，大審院・最高裁を通じて，一貫して認知請求（権）放棄に法的拘束力を認めていない。まず，この問題のリーディングケースとされる大判昭6・11・13（民集10・1022，裁判例集Ⅱ-69）では，2度にわたる金銭の付与，すなわち，はじめは子の母に2500円，さらに，およそ十年後に非嫡出子Xが成人してから子自身に対しても4万円をそれぞれ付与し，その際，認知請求権放棄の約束がなされているにもかかわらず，非嫡出子Xが父Y男を相手として認知訴訟を提起した。原審で敗訴したY男は上告し，上告理由として2点を主張した。いわく，①原判決は親族法上の身分権は放棄できないというが，「公益ニ反セサル場合〔であれば〕……一般ノ権利抛棄ト同一ニ其ノ効力ヲ認メサルヘカラス」（すなわち放棄も有効），②金銭を受け取った上認知請求をしない旨の約束をしておきながら，この約束に違背して認知を求めるのは，一種の詐欺的行為であり，もし認知請求を許容するならば，このような「詐欺的行為ヲ〔裁判所が〕是認スルコトニ帰着」することになる，ゆえに，Xの請求は権利濫用である，と。その後，最判昭37・4・10（民集16・4・693，裁判例集Ⅱ-70）でも，「認知請求権は，その身分法上の権利たる性質およびこれを認めた民法の法意に照らし，放棄することができないものと解するのが相当である」と断ずる。

裁判所の見解は，次のように要約することができる。これら判決をみれば，上級審での裁判所の考え方は，放棄無効説で確立していることが知れるであろう[76]。つまり，放棄は許されない，ゆえに放棄契約は無効，との結論を維持している。米倉教授の評価によれば（米倉明・家族百選〔第5版〕85頁），特殊事例（大判昭14・5・20民集18・547，裁判例集Ⅱ-11）を例外とすれば，下級審裁判例

76） 下級審裁判例も同旨。田村五郎「認知請求権の放棄」白門46巻12号（1994）49頁以下参照。

を含めて，すべて放棄無効説で統一している。

(e)　死後認知請求

(ア)　制度の仕組み

子の父が生存していれば，子はいつまででも父を相手として認知訴訟を提起することができる。判例も，「認知〔請求権〕はその性質上〔長年〕行使しないからといって行使できなくなるものではない」と明言し，60歳を超えてから認知請求した例を適法と扱っている（前掲最判昭37・4・10，裁判例集Ⅱ-70）。

(イ)　判　決

この制度は昭和17年に新設された。太平洋戦争の頃，挙式して出征したが，夫〔父〕が戦死という例が多く登場した。それ以前には，死後認知を規定していなかったのであるが，軍人・軍属の救済という目的から，死後認知という制度を新設したのである。しかし，生前認知の場合と異なり，父親と思われる男性が死亡している場合には，その死亡後3年内に認知の訴えを提起しなければならないという条文上の制約がある（民787条ただし書）。証拠の収拾が困難になる，死者の親族からの反論を考慮，死後の身分関係の早期安定などを考慮したものといわれる（前二つは，立法者の理由付け）。

これにつき，下記四つのパターンの最高裁が明らかにされている。まず，このような期間制限は，憲法（13条・14条）に違反するのか争われた例があるが，最高裁は合憲と判断した（最大判昭30・7・20民集9・9・1122）。次に，内縁中の懐胎子にあっては，内縁懐胎子は内縁の夫の子という推定を受ける（民772条の類推適用を受ける）ことを根拠に，期間制限を受けないとする学説も少なくない。しかし，判例は，内縁中懐胎子についても，3年の期間制限を要求する（最判昭44・11・27民集23・11・2290）。さらに，3年につき例外を認めた最高裁としては唯一の例がある。出訴の時点ですでに3年を経過していたケースにつき，出訴期間の起算点を，「父の死亡の日」からではなく，父の死亡が客観的に明らかになったとき（本件では死後3年1か月の時点で父の死を知った）から起算すべしと解したのである（最判昭57・3・19民集36・3・432）。しかし，その後の事例でも，3年の期間制限は，厳格に解されている（最判平18・12・19平成18年(オ)第799号認知請求事件，判例集未登載）。事案は，いわゆるハンセン病の父に認知を求めることについて，社会的な非難の目を恐れたため，事実上認知を求めることができない事情にあったと主張したが，判決は，例外扱いを認めない（松倉耕作「ハンセン病と認知請求」南山法学31巻1＝2号（2007）263頁以下）。

かくのように，最高裁は3年の出訴期間を極めて厳格に解釈している。しかし，下級審のなかには，死後認知請求につき，父の死後18年経過した場面で，子が父を特定し，その死亡を知った時点を3年の起算点とした例が登場している（京都地判平8・10・31判時1601・141）。

(ウ) 学　　説

判例のような厳格な解釈については，異論も少なくない。しかし，期間制限の根拠とされた①証拠が薄弱になる，②死人に口なしのため言いがかり出訴が増える，という理由付けは，今日では余り妥当しない。立法当時の証拠とされたのは，人証（カップルが交際していた旨の親や友人の証言）が念頭に置かれていたが，父子鑑定技術の著しい進展により物証（DNA親子鑑定はその最たるもの）に基づく父子関係の証明の可能性が高くなっている。また，言いがかりは，生前の認知請求でもあり得ることで，死後認知に特有のものではない。これらを考慮すれば，死後認知の出訴期間について，生前認知とほぼパラレルに扱うのが，世界の潮流である。立法論として，父死亡後の期間制限の規定は，削除が望ましいであろう（松倉・血統真実161頁，松倉・前掲南山法学31巻1＝2号263頁以下）。

(5) 認知無効・取消しの訴え

(a) 総　　説

(ア) 訴えの性質など

認知無効の訴えは，すでになされた任意認知の無効を主張するものであり，これにより任意認知によって生じた法律上の父子関係を，子の出生時に遡及して消滅させることを目的とする訴えである[77)]。通説によれば，民法786条の規定は，「真実に反する認知に対して無効の主張を許したもの」と解されている。もっとも，真実に反する認知の無効を認めるとしても，当然無効なのか，それとも形成無効であるのかについては，学説上争いがある。形成の訴えと解する

77) 裁判認知に対する無効の主張は，再審は別として，許されない。前述⇨(4)「認知の訴え」。

のが通説といえる。一点のみ付け加えれば，親子関係不存在確認訴訟においてではあるが，前提問題としての主張を許す最高裁判所判決がある。とすれば，認知無効の領域でも，その方向での判例変更の可能性がある。

(ｲ)　取消しの訴えの可否

任意認知をするのに，必ずしも行為能力は必要ではない。講学上，詐欺や強迫を理由とする取消請求の可否が論じられている。通説によると，たとえ強迫により認知した場合でも，真の父子関係が存在するのであれば，認知取消しを認めないと解されているが，取消しを認める有力説がみられる（例えば，内田194頁）。認知者である男性には，事実と異なる認知であれば錯誤を理由とする認知無効を主張する途が残されているとはいうものの，錯誤の立証に奏功しなければ父子関係が確定する。そのような負担を，強迫された男性に課すのは相当ではないことを理由とする。なお，認知取消しが可能と解すると，規定（民785条）の意味が問題となる。通説は，認知の撤回を禁ずる趣旨と解している（内田195頁。この結論は，立法者の意思でもある）。

(b)　訴えの要件

(ｱ)　認知訴訟と規定の趣旨

「子その他の利害関係人は，認知に対して反対の事実を主張することができる」（民786条）。規定につき，かつては反対事実の主張者に認知取消権を与えたものであるとする見解もみられたが，今日では無効主張を認める規定と解するのが多数説である[78]。

(ｲ)　無効を主張する場面

認知無効を主張することができるのは，民法786条の場合に限られるわけではない。例えば，認知者の意思に基づかない場合（意思能力があれば，未成年者でも，独立して認知無効の訴えの原告または被告として訴訟遂行をすることができる，大判昭3・12・26評論全集18・（諸法）321），認知者の意思に基づかない届出による場合（たとえ認知者と被認知者との間に親子関係があるときでも，認知は無効である。最判昭52・2・14家月29・9・78，裁判例集Ⅱ-71），などがその例である[79]。しかし，

---

78)　例えば，島津一郎ほか編『新・判例コンメンタール親族(2)』（三省堂・1992）103頁〔石田敏明〕。

本書で扱うのは，紙幅の都合もあり，認知無効の本流ともいうべき786条の場合に限定する。

(c) 生前の無効主張

おもに生前の無効主張を扱うが，死後のそれと共通する問題については，記述の内容が死後のそれに及ぶこともある[80)]。

(ア) 虚偽の嫡出子出生届と無効の主張

認知の効力が生ずるのは，任意認知（または裁判認知）の場合に限らない。そのほかに，真の父が行う虚偽の嫡出子出生届により，解釈を通じて認知の効力が付与される場合がある。この場合，認知の効力を否定するには，認知無効による必要はなく，例えば財産上の紛争に関する先決問題として，別訴で父子関係の不存在を審理確定することを妨げない，すなわち，いわゆる「前提問題」処理としての親子関係不存在確認で足りると解している[81)]。

(イ) 虚偽の認知を行ういきさつ

どのような事情から自分の子でないと知っていて認知をするのか，興味ある問題であるが，虚偽認知の背景に言及する文献はないに等しい。

①出生届出につき子の母は私生子として届け出るに忍びず母の養父が子を認知した（山口地判昭29・12・24下民5・12・2104），②婚外子のいる女性と婚姻（同棲を開始する結婚を含む）するに際して，婚外子を認知したケース（大阪地判昭63・7・18判タ683・178，最判昭53・4・14家月30・10・26，裁判例集Ⅱ-72など多数），③掲載誌からは懇請する理由はわからないが，子の「〔母〕ノ懇請ニ因リ……認知シタリ」と認定される例（大判昭17・1・17民集21・14），④子を養子とする意図で子を預けていた間に，事実上の養父が認知届を提出していた（秋田家花輪出審昭35・12・14家月13・4・115）。認知届出の理由はともかく，養子縁

---

79) 前掲注78）による。なお，佐藤義彦ほか『民法Ⅴ親族・相続〔第4版〕』（有斐閣・2012）70頁は，意思能力を欠くような場合の無効を，「認知行為の無効」と呼び認知無効と区別している。

80) 以下の詳細については，松倉耕作「認知無効と真実志向」民商118巻3号（1998）1頁を参照。

81) 通説・判例。最近では，最判平9・3・11家月49・10・55（裁判例集Ⅱ-79）も，親子関係不存在確認で処理する。後者について，松倉耕作「親子関係不存在確認請求と権利濫用」判タ965号（1998）76頁以下を参照。

組を嫌って，実子（非嫡出子）の形をとる例もある。

(ウ)　反対事実の主張（父子関係「不存在」の証明）

反対事実というのは，認知者が真の父ではない旨を主張・証明することを意味する。文献によれば，例えば，認知者と被認知者との間に自然血縁上の父子関係がないという事実を指す（注民(23)372頁〔前田泰〕ほか）。ところで，現実の裁判では，状況証拠に基づき父性不存在と帰結する裁判例が圧倒的に多く，無効と認める根拠はかなり非科学的な説明にとどまっている。

例示すれば，鑑定人Ａの鑑定結果によっても申立人と相手方との間には父子関係は存在しない（那覇家審昭48・11・20家月26・5・100），父の血液型がＢ型，子の母の血液型はＯ型，〔子〕の血液型はＡ型であって，被告は原告の子ではあり得ない。さらに，過去の裁判例では，いわゆる状況証拠からみて父子関係は存在しない，と導く例が圧倒的に多い。懐胎当時には，内縁の夫がいた（前掲・山口地判昭29・12・24）。この事実のみでは，認知者が父ではないという決定的な証拠ともいえないが，一応の証拠にはなるであろう。また同様に，懐胎当時には子の母と他男（後の夫）とが相愛の間柄であったことを根拠とする例もある（東京家審昭34・3・2家月11・5・104）。

これらにつき，若干コメントをすれば，以上のように過去の裁判例では，状況証拠からみて父子関係は存在しないと導く例が圧倒的に多い。DNA鑑定とまではゆかなくとも，今後の裁判では，判決文の中で，状況証拠＋若干の科学的決め手を明示するという程度の配慮が望まれるところである。上記の裁判例では「鑑定」が行われたことはわかるが，これだけの記述では説明が不十分である（後述⇨(7)(a)「父子鑑定の方法と手続」）。

(エ)　認知無効の訴えの当事者

当事者であるから，理論的には原告適格と被告適格の双方で問題となる。なかでも主に論じられているのは，認知者自身が民法786条にいう「利害関係人」に含まれるか，という問題であろう[82]。

(i)　利害関係人

利害関係人の例として裁判例に登場したものは，以下の者である。①子の母

82）　紙幅の制約上，ほとんどこの問題のみを扱うことにする。被告適格については，例えば，注民(23)380頁〔前田泰〕を参照されたい。

（最判昭53・4・14家月30・10・26，裁判例集Ⅱ-72ほか。認知者の妻でもある。大判大14・9・18民集4・635）。②認知者の妻（大判大11・3・27民集1・137，裁判例集Ⅱ-73，名古屋地判昭25・2・21下民1・2・255），認知者の妹（大判大15・12・20民集5・869。原告適格を肯定）。③認知者の嫡出子（前掲最判昭53・4・14，大判昭9・7・11民集13・1361）。被認知者からみれば，いわゆる腹ちがいの兄弟姉妹である。④被認知者である子自身が認知無効訴訟を提起することができることは，規定上も明らかである（民786条）。裁判例でも，子みずから訴える例が極めて多い（大判昭17・1・17民集21・14）。成年子が，自身の出自を明らかにしたいと欲する例が一番多いという事実は，留意すべきであろう。⑤その他，改めてその子を認知しようとする者，認知によって相続権を害される者などであり，学説はこのほかに，子の直系卑属，認知者の三親等内の血族（人訴41条1項の類推）などを挙げる（清水・判例149頁による）。

原告適格を肯定する理由に触れる裁判例はあまりない。これに言及するある判例の表現を借りれば，「此ノ如キ親族〔認知者の妹〕ハ私生子ノ認知ニ依リ其ノ子トノ間ニ親族関係ヲ生スルニ至ルモノナルヲ以テ認知ノ有効ナルト無効ナルトニヨリ身分上重大ナル利害ヲ感スルモノナレハナリ」（前掲大判大15・12・20）。「重大ナル利害」の中味は明らかではないが，財産的な利害に限定していないことは留意すべきであろう。

(ii)　特に認知者自身の原告適格

公表裁判例による限り，事件となる例は，非嫡出子の母と結婚する際に認知したが，その後に事情が変わり（例えば離婚），真実を明らかにする必要が生じたため，認知無効が提起する例が極めて多い。

学説においては，真実の父子関係がない場合にあっては，たとえ認知がなされてもそのような認知は無効であり，認知無効の提訴につき，認知者自身も原告適格があると解する立場が通説といえるであろう（消極説として，内田191頁）。認知の本質を事実の承認と解すべきこと，身分関係は真実性を重視する要請があること，などをその理由とする（例えば，佐藤ほか・前掲注79）69頁，清水・判例149頁などを参照されたい）。

他方，判例においては，原告適格を否定するのが大審院の立場である。いわく，「〔民現785条は〕認知ヲ為シタル父又ハ母ハ其ノ認知ヲ取消スコトヲ得スト規定シ認知ヲ為シタル父又ハ母ハ任意ニ其ノ認知ヲ取消スコトヲ得サルト同時ニ認知カ真実ニ反スルノ事由ヲ以テモ亦之ヲ取消スコトヲ得サルモノト為シタリ従テ同条ハ認知ヲ為シタル父又ハ母ニ其ノ認知カ真実ニ反スル事由ヲ以テ其ノ無効ナルコトヲ主張スルコトヲモ許ササル趣旨ナリ……」[83)]。

しかし，通説に従い，認知者の原告適格を肯定する下級審の裁判例もみられる（広島高判平23・4・7民集68・1・32，大阪地判昭63・7・18判タ683・178。同旨，仙台高判昭55・1・25家月33・2・169など）。

その扱いは今後の重要問題の一つといえる。また，認知者自身の訴権を無制限で認めるのか，認めるとしても何らかの制限・要件，例えば認知者と子の母とが離婚しているなどの要件をつけるのか，肯定説をとる場合には，今後論ずべき重要問題の一つである。

さらに，相手方とすべきものが死亡した後で，検察官を被告として訴えを提起することができるか。最高裁に至り肯定されるようになった（最判平元・4・6民集43・4・193，裁判例集Ⅱ-74）。先例（大判昭17・1・17民集21・14）を変更したものである。筆者からみれば，歓迎すべき真実志向の一例といえる。

(d)　判決の確定

認知無効の訴えを認容する判決が確定すれば，先行する認知は遡及的にその効力を失う。その結果，認知者である父と子との間には父子関係が存在しないことが確定する。その後の戸籍訂正の手続は，前述した認知認容または棄却の場合と同様であるので，内容はそれに譲ることにする。特に認知判決の確定後の扱いにつき，少し補足しよう。

認知判決が確定した後は，反対事実の主張は許されない。通説・判例であり，異論はないものと思われる。最判昭28・6・26（民集7・6・787，裁判例集Ⅱ-68）によれば，「認知の訴につき言渡した判決は第三者に対しても効力を有することは人訴32条1項，18条1項の明定するところであるから，すでに前記の如く被上告人を亡Aの子であるとした認知の判決が正当なる当事者の間に確定している以上，該判決は第三者たる上告人に対しても効力を有するの

83)　大判大11・3・27民集1・137（裁判例集Ⅱ-73）。大判昭12・4・12判決全集4・8・16など，大審院の確立した見解といえる。同じ見解をとる比較的最近の例としては，東京高判昭62・9・21民集43・4・205，東京高判昭63・8・31判タ694・161。

であって，上告人は右判決に対し再審の手続で争うのは格別，もはや反対の事実を主張して認知無効の訴を提起することを得ないのは当然である」。

(e) 認知無効の主張と権利濫用

認知無効も父子関係の不存在を争うものである。前掲最判昭53・4・14は，認知者の死亡後の相続争いの例であり，認知後50年を経ている。

認定事実によれば，X_1女は非嫡出子Yを出産した。その後，X_1女は本件認知者であるA男と婚姻。A男はYを不憫に思い自分の子として認知の届け出。その後，X_1女とA男との間に生まれた実子のX_2が婿養子をとったころから，A男やX_1・X_2らとYとの間が次第に円満を欠くようになった。A男死亡後，Yが，遺産分割の調停の申立てをなしたので，XらはYを相手方として認知無効確認の調停を申し立てたものである。不調終結ゆえ，X_1・X_2から，本件・認知無効確認の訴えが提起された。

判決は，原審と同様に，濫用の成立を否定する。「このような事実関係のもとにおいては，認知者の妻及び子の被認知者を相手方としてする認知無効確認請求が，たとえ被認知者の実母である右妻において認知後五十数年の間，認知者と被認知者との不真実の親子関係を放置しており，かつ，認知者の死亡後になされたものであるとしても，右請求権の行使は信義に反せず，したがつて権利の濫用に当たらない」。結論において，認知無効の場面では，真実志向が強い。

さらに，長期間の経過後の出訴はどうか。認知から57年，認知無効を知ってから37年，認知者死亡から26年経過したあとに認知無効を主張したケース（前掲最判昭53・4・14）においても，権利濫用を否定する。

最近に至り，任意認知した父からの認知無効の主張が適法とされる場面もある，と判断された例がみられる（最判平26・1・14民集68・1・1）。

本件のエッセンスは，男性（父）が血縁上の父子関係がないことを知りながら子を認知した事案につき，原審は先例に従い，無効を主張することは許されないとした点にある。母子が上告（なお，別訴で父母の離婚が認められている。多くの事案にみられるパターンである）。

結論において，男性（父）の認知無効請求が認められた。「血縁上の父子関係がないにもかかわらずされた認知は無効というべきである〔が〕，……認知をするに至る事情は様々であり，自らの意思で認知をしたことを重視して認知者自身による〔認知〕無効の主張を一切許さないと解することは相当ではない。……認知を受けた子の保護の観点からみても，あえて認知者自身による無効の主張を一律に制限すべき理由に乏しく，具体的な事案に応じてその必要がある場合には，権利濫用の法理などによりこの主張を制限することも可能である。……

そうすると，認知者は民法786条に規定する利害関係人に当たり，自らした認知の無効を主張することができるというべきである。この理は，認知者が血縁上の父子関係がないことを知りながら認知をした場合においても異なるところはない」。(大橋正春裁判官の反対意見，木内道祥裁判官の補足意見，寺田逸郎裁判官の意見がある)。

その後，同様の事案においても，同じ理由付けにより，認知者からの認知無効を許容した最高裁判決がみられることを付言しておこう（最判平26・3・28裁時1601・1)。

理由付けは様々であるが，それらの結論には賛成である。いったん認知した男性が，のちに認知無効の主張をするのは，子の母との離婚後であることが多い。認知無効の主流を占めているといえるほどである。比較法のレベルからみても，認知者の認知無効の主張を制限すべき理由はないであろう。

(6) 親子関係存否確認の訴え

(a) 総　　説

平成15（2003）年の人事訴訟法の改正前には，この訴えにつき明文の規定がなかったが，学説判例の上では，「準親子関係事件」として，大戦前より当然のごとく認められていた（内田176頁，注解人訴315頁〔岡垣学〕)。改正法において，この訴えにつき規定上の根拠が設けられた（人訴2条2号)。

広く親子訴訟という視点からみれば，認知訴訟も親子関係の存否の確認を求める訴訟である。このような父子関係の発生を求める訴訟にも，権利濫用を論ずる余地がある（最判昭46・3・19判時623・75，裁判例集Ⅱ-75は，認知請求が権利濫用に当たらずと導いた例）が，ここでは，この種の訴訟が裁判例で多出する親子関係の「不存在」との確認を中心に解説する。

(b) パターン別の裁判例

(ア) 父母からの不存在請求と権利濫用

虚偽の嫡出子出生届が用いられるのは，①未婚女性の産んだ子を非嫡出子としないため，②夫の愛人の産んだ子を，妻との間の子とするため，③一旦届け出られている虚偽の嫡出子出生届を前提に，さらに戸籍上の父母の代諾により，他人の養子とする，などが主な例である。

これらの場合に，①では後に母子関係不存在確認訴訟，③では無効縁組の追認などの問題が生じる。また，①②③のすべてに共通する問題として，虚偽の嫡出子出生届の届出前に関与した戸籍簿上の父母から，戸籍上の子との親子関係を切断する目的で，親子関係不存在確認の訴えを提起することが許されるか（広島高判平13・1・15家月54・9・108，裁判例集Ⅱ-76，東京高判平14・1・16家月54・11・37，裁判例集Ⅱ-56，Ⅱ-77），さらには，そのような訴えを提起した者に対して，子から損害賠償を請求することができるか，といった問題がある（例えば，京都地判昭54・10・30家月32・4・67）。

虚偽の嫡出子出生届の扱いにつき，注目すべき判例（最判平18・7・7家月59・1・98）が登場している。この例では，戸籍上の父の死亡後，戸籍上の母が，虚偽の嫡出子出生届を出した子を相手として，実親子関係不存在確認を請求。前記の子は，かかる請求は権利の濫用であると争う（同日付けの判決で，姉が原告の例，最判平18・7・7民集60・6・2307，裁判例集Ⅱ-78も存在する）。

原審は母の請求を認容した。根拠としたのは，次の2点である。①戸籍の公証機能を重視，②母の本訴請求は権利濫用に当たらず。なぜなら，真実の身分関係の確定を求めるものであり，この結論は，長年親子として暮らし，父の死亡後も親子関係の不存在を主張していない場合でも変わらない，と。

本件最高裁判決は，場合により，権利濫用となり得ることを認めた新判例である。実親子関係の不存在を判決で確定することの不合理と，調査すべき基準を詳述する。前者につき，①子に軽視し得ない精神的苦痛，経済的不利益を強いることになる，②関係者間に形成された社会的秩序が一挙に破壊されることにもなりかねない，③虚偽の出生届がなされたことにつき，子には帰責事由がない，④そのような届出を行い，またはこれを容認した親が，届出から極めて長期間が経過した後になり，戸籍が真実と異なる旨を主張することは，当事者間の公平に著しく反する行為である，と。

次に，濫用となり得る基準についていう。①親子としての生活実態の期間の長さ，②不存在を確定することにより，子（およびその関係者）の受ける精神的，経済的不利益，③不存在確認を求める動機，目的，④確定されないとした場合に，親以外に著しい不利益を受ける者の有無，など。後者の4点は，すべてを満たさなければならないのではなく，総合判断するものと思われる。

判決の立場だと，①経済的な利益を重視しすぎではないかと思われる。②濫用理論を用いる結果，今後は，出生後時日を経て争われるのが通例であるから，遺産をめぐる争いという場面では，子以外の者からの不存在確認訴訟は濫用と判断され，逆に，子からの訴訟であれば，不存在確認も認められる可能性が高いのであろうか（本判決に先立ち権利濫用を肯定する裁判例として，特に前掲・東京高判平14・1・16，裁判例集Ⅱ-56，Ⅱ-77参照）。

本書で扱っている認知無効の場面では，たとえ50年経過した無効の主張でも，最高裁は一貫して権利濫用を認めていない。本判決は，今後の嫡出否認や認知訴訟に影響するのか否か，興味ある問題である。

それに先立つ東京高判平10・8・26（判タ1025・266）でのポイントは，DNA鑑定の結果に基づいて母子関係の存在を否定し，かつ戸籍上も母子関係の切断を許容したことである。判決は，生活実態よりも，真実の血縁関係の解明を優先させる立場を明確にした。事実関係を簡単に要約すれば，訴外A男・X女（被控訴人）夫婦には実子がなかったので，仲人の仲介により亡B女をもらい受け実子として届出・登録された。B女の死亡後，X女が検察官Yを被告として，「X・亡B間に母子関係がないこと」の確認を求めたものである。第1審（東京地裁）はX女の請求を認容したため（理由等は不詳），Yの補助参加人C（B女の子）が控訴。

判決は，Cの控訴を棄却した（結論においてXの請求を全面的に認容）。結論を導くにつき最も重視した鑑定評価の部分を抽出すれば，「右の鑑定嘱託の結果と，……を総合すれば，Xと亡Bとの間には親子関係が存在しないものと認定判断すべきである。Cが主張するようなXと亡Bとの生活実態があったとしても，右の認定判断を左右することはできない」。また，「Xにおいて亡Bとの親子関係が存在しないことを主張することが権利の濫用として許されない，とすることはできない」。

要するに，親子としての生活実態が存在したとしても，①鑑定の結果すなわち血縁関係の真偽の解明が優先し，②身分行為の転換も，③権利濫用の主張も認められない，としたものである。比較する意味では，「大分事件」が望ましい（大分地判平9・11・12判タ970・225）。大分事件（「父」が父子関係の不存在を求めた事件）では，DNA鑑定の結果，父子関係が不存在との鑑定結果が出ているにもかかわらず，判決では，①DNA鑑定はいまだ科学的に絶対ではない，②「生活実態」があるから父子関係を否定すべきでない，との趣旨を述べて，父の請求を退けた。[84)]

二つの裁判例を比較すれば，「生活実態」の評価が異なる。大分地判では生活実態を重視し，明示はされていないが，いわば一種の身分占有法理を採用して，父からの不存在確認請求を棄却したのに対し東京高判は，「生活実態」があっても，真実の血縁関係の解明が「優先する」立場を明言する。東京高判は母子関係の存否，大分事件は父子関係の存否を争うという違いはあるが，その違いはさほど重大視する必要のない項目であろう。

(イ) 他の子からの不存在請求と権利濫用

最判平9・3・11（家月49・10・55，裁判例集Ⅱ-79）は，養子が虚偽の出生届に基づく嫡出子につき，非嫡出子であると主張した事件（親子関係不存在確認請求）において，かかる主張の権利濫用の成否などが争われた事件である（前掲最判平18・7・7では，実子（姉）からの請求）。嫡出子Y_2が，権利濫用の根拠としてあげるのは，次の点である。①父母Y_1とY_2とは50年近く親子として暮らしてきた。第三者である養子Xはこの事実を尊重すべきで，この親子関係を覆すことはできない，②Xは出訴の20年も前から父子関係の不存在を知っていて，これを容認し，父の死後にはじめて親子関係の不存在を主張している，③不存在を主張する目的は，金目当て（事業の経営権の取得）である，④XもY_2も同じ貰い子であり，Y_2には嫡出子という届出方法が選択されたに過ぎない。判決は濫用の成立を否定する。特に，前記①・②の状況を「考慮しても，Xの本訴請求が権利の濫用に〔は〕当た」らない。その論拠として，「身分関係存否確認訴訟は，……関係者間に紛争がある場合に対世的効力を有する判決をもって画一的確定を図り，ひいてはこれにより身分関係を公証する戸籍の記

84) 控訴審，福岡高判平10・5・14判タ977・228では，第1審判決とは異なり，父親の請求，すなわち「父子関係の不存在確認請求」が認められた。

載の正確性を確保する機能を有する」とする。判決のいう戸籍の公証機能という側面は，軽視すべきではない問題であろう。

その後，上記・最高裁判例の基準に従いつつ，権利濫用と認める例（最判平20・3・18判タ1269・127，東京高判平22・9・6判時2095・49）と，権利濫用の成立を否定する裁判例が登場している。権利濫用否定例を挙げると，当該事案では，実子である弟Ｘが藁の上からの養子である姉Ｙを相手として，Ｙと亡父母Ａ・Ｂとの親子関係の不存在を主張した事件において，権利濫用には当たらないとした高裁判決がみられる（名古屋高判平20・12・25判時2042・16）。判決では，姉Ｙが中学生のころからＡ・Ｂ夫婦の実子ではないことを知っていたので，実子であることを否定されても，Ｙの受けるであろう「精神的打撃は甚大であるとまではいえない」，Ｙは，「婚姻の際に事実上の財産分与」を受けていることなどが重要視されている。

(c)　権利濫用を根拠とする出訴制限

この問題については，すでに最高裁判所の判決がある（前掲最判平9・3・11）。事案は，養子Ｘが実子Ｙ（実はＹも，いわゆる養子）を相手として，実子の非嫡出性を，すなわち「親子関係不存在確認請求〔事件〕」をしたところ，Ｘの請求は権利濫用であるとＹが抗弁したケースである。判決は，実子とその（戸籍上の）父母との生活実態が50年近く存在するにもかかわらず，権利濫用を否定する。戸籍の記載の真実性を担保するためには，真実の親子関係の解明の方が優先すると位置付けたのである。

(7)　共通する新たな論点

親子関係の訴訟に共通する，新しい問題を取り上げておこう。

(a)　父子鑑定の方法と手続

(ア)　父子の鑑定の準則

外国では，鑑定手続の法定が進んでいる。例えばスイスでは，2004年10月8日付，スイス鑑定手続に関する「人の遺伝的検査についての連邦法(GUMG)」が提示されている。わが立法の参考となるので，後学のため，アウトラインのみを素描しておこう。

同法は，遺伝的な検査を行う要件を法定しようとするものである。医学，労働，保険，賠償責任などの領域のほかに，「出自の解明」や人の同一性を判定するためにも，DNA 情報の検査・鑑定を行うことができる旨が明記された（同法 1 条 2 項 1 文）。本書との関連では，「第 2 章　遺伝的検査のための一般原則（同法 4 条～ 9 条）」や，「第 3 章　医学の領域での遺伝的検査（同法 10 条～ 20 条）」などの項目が，参考資料となるであろう。

出自の解明に関する規定では，① DNA プロフィールを作成の際には，被検査者の健康状態や個性への配慮，DNA プロフィールを作成する施設やプローブを取り出す医師の特定，抽出したプローブを他の目的に利用不可，②公的手続で行う際の民事手続・行政手続，③官庁・公的手続外で行う出自の解明などが法定される（同法 31 条以下）。

上記②を補足しよう。関係者（第三者を含む）の DNA プロフィールの作成に当たって，これらの者の書面による同意が必要，抽出プローブの保管，検査を命じた裁判所のプローブを廃棄すべき義務などが法定される。もっとも，立法者の「解説」（2002 年 9 月 11 日付，同法案についての解説。同法案については，官報 2002 年度 7361 頁以下を参照）によると，出自解明のためには，被検査者の意思に反しても，裁判所が検査を命令することが許されていること（官報 7448 頁）は，注目に値する。民法の規定（民 254 条）と同趣旨である（民法の規定の詳細は，松倉・スイス親子 144 頁以下を参照）。

(イ)　従来型鑑定から DNA 鑑定へ

DNA 親子鑑定は，概説書等でも，いまだあまり触れられていないという状況にある[85]。法医学者の世界では，DNA 鑑定以前の鑑定方法は「従来型鑑定」と呼ばれる。80 年代は白血球を含めた，「従来型鑑定」に頼らざるを得なかったが，90 年代に入ってからは「DNA（親子）鑑定」が主流となっている（同鑑定は 1985 年に考案）。かといって，すべての事件で，DNA 鑑定を必要とするわけではない。以下では，魔法の杖ともいうべき「DNA 鑑定」を念頭において記述する[86]。

85)　内田 205 頁，206 頁でも，ごく簡単な描写がみられる程度。

86)　詳細については，次の諸文献を参照されたい。梶村太市「家裁実務における DNA 鑑定」ジュリ 1099 号（1996）89 頁，松倉・血統真実，松倉・血統など。

(ウ)　鑑 定 例

これまで，「法律」雑誌において認知無効事件につき，科学的鑑定例が掲載されたことはないのではないかと思われるので，「法医学」の専門雑誌に登載された例を挙げて説明しておこう[87)]。

(i)　事件の概要

事案は，亡夫Ｂ男が生前認知した子Ｙ女につき，亡Ｂ男の妻Ｘ女が認知無効確認を請求した事件。本件では鑑定の条件に恵まれた。というのは，①嫡出子が３人もいる，②亡Ｂ男の祖父母も生存している，③Ｂの妻Ｘ女が出訴しているので，亡Ｂの子の，DNA 鑑定につき協力が得やすい状況にあり，願ってもないほど鑑定の条件が揃っている例といえる。というのは，死後の父子鑑定には，実子の存否が鑑定の方法と難易に少なからざる影響を与えるのが実情だからである。

(ii)　鑑 定 方 法

「従来型の血液検査」では，亡Ｂ男以外の８人全員（Ｂ男の祖父母を含めたそれ）につき，赤血球型８種，血清型 11 種，血球酵素型３種，白血球型・HLA − A座，同Ｂ座，同Ｃ座の各抗原の検査が行われた。次に，「DNA 型検査」では，STR 型８種の検査が行われた。DNA 鑑定は１種類であると誤解している民法学者も少なくないようであるが，上記の検査例からも判るように，DNA 型検査は多様である。

(iii)　検査結果と評価

STR についての検査結果を踏まえた父権肯定確率の最小値と最大値は，0.9998 〜 0.9999 であった。つまり，亡Ｂ男がＹの父である確率は少なくとも 99.98％以上であることを意味する。この数値は，法医学のレベルでは「父と断定してよい」というレベルにあり，鑑定結果の評価の面では，特定の男性が子の父であると父性（法医学の世界では「父権」と呼ぶ）を肯定する積極的鑑定が可能であることが理解できる。

(エ)　父子関係の存否証明

擬父が死亡している死後認知訴訟においてはどうか。過去の裁判例では，き

---

87)　藤田一ほか「擬父が死亡している場合の親子鑑定における STR 分析」『DNA 多型(5)』（東洋書店・1997）265 頁以下に掲載された例を借用した。

わめて非科学的な証明方法がとられている[88]。

すなわち，①証明内容不詳型，②状況証拠偏重型，③状況証拠依存型，などがその内容である。家事事件手続法 277 条・旧家審法 23 条での審判の土俵において，当事者が父子関係の存在を争わない場合には，父子関係の存在に係わる証明に全く言及されない裁判例となりやすい。たとえ家事事件手続法 277 条・旧家審法 23 条での審判においても，若干なりとも真実を担保しようとする姿勢が欲しいものである。

認知訴訟の事件でも，DNA 鑑定を用いた公表裁判例が存在する[89]。第 1 審では父子関係の存在が認定されなかったが，高裁段階に至り実施された DNA 鑑定（記録からはその詳細は不詳）の検査結果から，父子関係の存在が肯定された。DNA 鑑定の内容が示されていないため，鑑定の合理性・科学性を論評できないという意味で，不満が残るが，DNA 鑑定を採用し，これを父子関係の存否についての証拠としたことは，高く評価することができる。

他方，擬父が生存する生前認知訴訟においてはどうか。証明の程度につき，一連の最高裁判所判決が存在するが，DNA 鑑定はおろか，HLA 鑑定も登場していないようである。

㈒ 法医鑑定の望まれる姿

鑑定の機関，鑑定結果の公表など，これまでほとんど論じられていない問題について，若干の私見と要望を記しておこう。

(i) 鑑定試料の存在

親子関係の存在を証明できなければ，敗訴するのは当然のことである。真実志向をいかに強化しようとも，この結論は止むを得ないであろう。

(ii) 鑑定機関と鑑定方法の明示

判決・審判の文書において，鑑定機関名が明示されていることは，学問の発展にとっても好ましい。鑑定機関につき，大学・法医学教室を除外すれば，郵送による鑑定をセールスポイントにする会社が主流を占めている中にあって，

---

88) 個々の裁判例の内容につき，簡略には，松倉耕作「死後認知と真実の父子関係の扱い」判タ 969 号（1998）52 頁を参照。

89) 例えば，広島高判平 7・6・29 判タ 893・251（裁判例集 II -80）。同判批として，松倉耕作「認知訴訟と DNA フィンガープリント」判タ 908 号（1996）64 頁。松倉・血統真実に所収。

鑑定の生命ともいうべき「被験者確認」に慎重な配慮をする業者もみられる。

補足しよう。鑑定機関の一つとして，多くの裁判例に登場する「(旧) 帝人バイオ・ラボラトリーズ」発行の「DNA FINGERPRINT」との題名のパンフレット（年代不詳）が存在する。その７頁に記された「被験者確認」の項では，「採血時には，当社の社員が立ち会い，間違いなく本人から採血されたことを証明できる文書（サンプル文書）を作成します。この書面には，当事者本人の顔写真を貼り，採血担当医師が写真と同一人物から採血したこと確認し」と記されている。採血された血液と人物の同一性を担保する重要な手続である。

(iii)　結論を導く鑑定「結果」の明示

鑑定方法は複数実施されることが望ましく，かつ数値を含んだ結果を明示することが望まれる。過去の裁判例の中には，鑑定の方法が判決文では全く示されない場合が多い（例えば，東京地判平 8・6・26 判タ 942・225)。

(カ)　鑑定実施に際するガイドライン

父子鑑定を行うためのガイドラインの設定が望まれる。少し古いデータではあるが，一般の顧客を対象とした民間業者による DNA 鑑定が，この３年間で約 5400 件にも達し，その半数近い約 2400 件が郵送によるものであり，少なくとも 14 社が一般顧客を募集しており，そのうち 12 社が郵送での受付を行っている（毎日新聞 2000 年 3 月 20 日朝刊の記事による)。

このような状況を背景として示された日本法医学会の指針が参考となる。「親子鑑定についての指針」と題して，人権保護に配慮した検査手順を定めている。本人不知の検査の防止，サンプルと本人との同一性の確認，遺伝情報が第三者に漏れることの防止などを主な柱とする（日本法医学雑誌 53 巻 2 号（1999) 247 頁)。また，これに先立ち「日本 DNA 多型学会」が提示した指針では，検査および親子鑑定の双方についての指針と声明とを公表している[90)]。紙幅の都合上，記述を省略する。筆者の別稿の記述を参照されたい[91)]。民間の鑑定機関が乱立しているという状況を考慮すれば，民間企業をも拘束する指針ないし法律の

---

90)　改訂版として，「DNA 鑑定についての指針」(2012) が公表されている。詳細については，『DNA 多型』学会誌，または，勝又義直『最新 DNA 鑑定』(名古屋大学出版会・2014) 273 頁でも，2012 年版の指針をみることができる。

91)　松倉耕作「父子関係の発生・切断と血縁の存否」石田喜久夫古稀（成文堂・2000) 897 頁。

制定が望まれる。

(キ) 検査の強制

DNA鑑定の許否という問題も極めて重要であるが，わが法の下では，検査の強制は困難である[92]。検査対象が特定していれば，親子鑑定を行うにつき，間接強制または直接強制により検査を強制する法制が増加している（松倉・血統29頁以下の「検査協力義務」の項を参照）。わが国でも，最終的にそのような制度を導入するか否かは別として，その具体化に向けた議論をすべきであろう。

(b) 父を知る権利

わが国でもようやく立法化の動きがみえてきた[93]。若干の外国法を参考として，父を知る権利の概要を素描しておこう。

(ア) 人工生殖法の領域での扱い

「父を知る権利」の主体は，子，子の法定代理人・養育権利者など，裁判所や行政官庁と，三つの機関について規定されるが（オーストリア法），ここでは，特に子に限定して，その内容を述べるにとどめる（簡潔には，松倉耕作「父を知る権利」戸時559号（2003）18頁以下を参照）。

(i) 子自身の場合

ドナーについての記録は秘匿されるが，「父を知る権利」は保証される。知る方法は，14歳以上の子にあっては，その要請により，ドナーにかかわる記録を閲覧するという形の権利が保証されている（オーストリア法）。

(ii) 人工授精子と嫡出否認

スイス「生殖補助医療法」(2000年）や，オーストリア「生殖補助医療法」(1992年，2004年一部改正）の制定により，身分登録上の父（母の夫＝人工授精に同意した男）と，真実の父（精子提供者）とが異なるという状況の出現を，明文規定で許容されたことになる[94]。わが国でも，同意した夫は否認権を喪失すると

92) 解釈論としては強制手段はない，と解される。内田204頁。

93) わが国での立法化の動きについては，厚生労働省「部会案」(2003年4月現在）のほか，法務省が2003年7月に公表した「中間試案」が参考となる。議事録のほか，さしあたり，棚村政行「生殖補助医療と親子関係」法教276号（2003）32頁以下，金亮完「民法の特例の中間試案に関する考察(上)(下)」戸時563号・564号（2003）などで簡潔に要約されている。

解するのが通説・裁判例の見解である（東京高決平10・9・16家月51・3・165，裁判例集Ⅱ-62，石井美智子・245題116頁)。他方，同意なき施術の場合につき，わが裁判例（大阪地判平10・12・18家月51・9・71，裁判例集Ⅱ-81）と同様に，懐胎・出産した母の夫は，否認権を喪失しない（裁判例あり）。もっとも，ドイツ法と異なり，オーストリア法は，子や母の嫡出否認権を認めていない（2004年改正法では，これらにも，否認申立権が認められた)。夫は，施術についての「同意を欠く」ときは，嫡出否認を争えるようである。

(iii)　人工授精子と認知

ドナーが人工授精子を認知することは，いずれの法制でも禁止されている。AIDによる人工授精にあっては，ドナーによる任意認知ないしドナーを被告とする裁判認知の可否は，議論があり得る。「母や子が認知を望まない場合には，認知不可」と導くと，当事者に意思により父子関係の発生を阻止することを許容することになり，真実主義の重大な例外となる。

裁判認知においては，ドナーを被告とする裁判認知を禁止する明文の規定なしには，否定する方法はない。この結論は，人工授精を行う時点でのドナーの意識からすれば，予定しない結末であろう。ただ，「92年生殖補助医療法」以降は，前述のように，①夫（母の夫）からの嫡出否認が禁止されており，②ドナーである第三者が父となることは，明文で否定されている。ゆえに，ドナーが父となる場面は原則として封じられているといえる。

(イ)　残る課題

開示を認めることにより生ずる問題点につき，特に「父を知る権利」という視点から，ドナー情報の開示とその手続に限定して，若干の意見を述べよう。

(i)　ドナーに係わるデータの扱い

ドナーに係わるデータが，何らかの方法で登録される。そのデータが，子の出自認識権ないし父を知る権利に基づく開示の対象となる。課題は，開示の対象となる項目の決定と，開示を認める要件と手続である。

補足しよう。わが厚生労働省の提示する，ドナー情報の開示とドナーの特定

94）スイス法については，松倉耕作「概説スイス生殖補助医療法」（南山大学）アカデミア人文・社会科学編78号（2004）543頁以下，オーストリア法については，松倉耕作「オーストリアの新しい生殖補助医療法」名城ローレヴュー創刊号（2005）を参照。

についての案は，次の変遷を辿っている。①提供者を特定できない（ような）情報に限り，開示を認める（専門委員会の報告書，2000年末），②提供者を特定できる情報を含めて開示する（生殖補助医療部会での合意，2003年2月27日）。上記「合意」では，ドナーを特定できる情報が開示の対象となることがわかった。ドナーの特定について，法律上，詳細な記録が作成され，そのデータの保存と上級官庁への送付が義務付けられている。記録する内容の一例を示せば，ドナーの氏名，出生日，出生地，住所地，本籍地などがその例である。これらのデータからも，子がその遺伝上の父を探索する際に，父を特定する有力な情報源となる（ドナー情報の保全については，「スイス生殖医療令」15条～20条も参考となる）。

(ii) 子の「父を知る権利」について

わが厚生労働省は，情報の開示の手続につき，前記「合意」によれば，開示請求するための要件として，①15歳に達した子は，②（公的な）管理運営機関に対して，③ドナーの氏名，住所「など」の情報の開示を文書で請求することができるものとされる。立法に際しては，開示請求する手続の詰めに加えて，何よりも「など」の中身の詰めが必要である。

スイスでは，「父を知る権利」が，一定の要件の下で，憲法上の権利と位置付けられた。憲法による保障という構造は，世界で最初のことと思われる[95]。わが国でも，生殖医療の領域だけでなく，これを機会に，親子発生法の全体を視野にいれて，「父を知る権利」を論ずる必要があるであろう。

わが国における「部会」でも，ドナーが激減するとの予測と並んで，「個人を特定しないならドナーとなってもよいという善意を無駄にしてしまう」という意見が，産婦人科医の委員から出され，これが出自開示の最大の弱点と説明されている。にもかかわらず，「部会」の最終結論では，①ドナーが減少しても，子の福祉のためにはやむを得ない，②特定を好まないなら，ドナーにならなければいい，③15年後の世の中は状況がかわり，DNA鑑定などで事実を隠し通すことは難しくなる，などの意見が多数を占め，全面開示に進んだようだ。このうち，③は，否認訴訟や認知訴訟を考える場合でも，考慮すべき重要要素

95) 詳細については，松倉耕作「スイス法における血統認識権の新たな展開」（南山大学）アカデミア人文・社会科学編74号（2002）479頁以下を参照。

であり，親子法体系の上で，一定の要件の下では，「真実志向」を強化せざるを得ないのではないだろうか。

(ウ)　父子関係の発生の可否

子からの否認訴訟の可否について，いわゆる「推定が及ばない」とされる場面を除けば，母の夫との父子関係の切断（わが国の嫡出否認）は認められない。この結論は解釈によるのではなく，明文で禁止される。政策的に，法律上の父との父子関係を否定できないと規定された。

他方，母の夫・父からの否認訴訟につき，生殖医療法と同時に改正された民法の規定では，人工授精に同意していることで，嫡出否認権を喪失するものと明記される。結論において，わが国での裁判例・学説の解釈上の結論（大阪地判平10・12・18家月51・9・71，裁判例集Ⅱ-81）および法務省の「中間試案」（2003年）とも一致する。次に，認知訴訟の可否が問題となる。遺伝上の父を相手とする認知訴訟も，明文で禁止される（人工生殖法の手続を踏んでいない人工生殖の場合には，認知訴訟が可能である。明文による例外）。この結論も，生殖医療法の制定前の学説と異なる。わが国でも，施行後の無用な議論を防ぐ意味でも，上記の２点(i)・(ii)について，明文による解決が望まれるところである。

事項索引

あ　行

か　行

さ　行

た　行

な　行

は　行

ま　行

判 例 索 引

大 審 院

大判明 39・5・15 民録 12・828 ……………… 546
大判明 39・11・27 刑録 12・26・1288 ……… 124
大判大 9・1・30 民録 26・30 ………………… 528
大判大 9・11・18 民録 26・1846 …………… 544
大判大 10・10・29 民録 27・1847 …………… 378
大判大 11・3・27 民集 1・137 (Ⅱ)-73 ……………………………… 126, 713, 714
大判大 11・9・2 民集 1・448 ………………… 124
大判大 14・9・18 民集 4・635 ……………… 713
大判大 15・12・20 民集 5・869 ……………… 713
大判昭 2・7・4 民集 6・436 ………………… 407
大判昭 3・12・26 評論全集 18・(諸法) 321 ……………………………… 710
大判昭 4・9・25 民集 8・763 ……………… 578
大判昭 6・11・13 民集 10・1022 (Ⅱ)-69 …… 707
大判昭 7・12・19 民集 11・2359 …………… 606
大判昭 9・7・11 民集 13・1361 …………… 713
大判昭 10・1・22 法学 4・6・116 ………… 531
大判昭 10・10・31 民集 14・1805 ………… 528
大判昭 11・6・30 民集 15・1281 …………… 496
大判昭 12・4・12 判決全集 4・8・16 ……… 714
大判昭 14・5・20 民集 18・547 (Ⅱ)-11 ……………………………… 533, 707
大判昭 15・9・20 民集 19・1596 (Ⅱ)-58 …… 694
大判昭 15・12・6 民集 19・2182 …………… 124
大判昭 16・2・3 民集 20・70 ……………… 119
大判昭 16・8・6 民集 20・1042 …………… 560
大判昭 17・1・17 民集 21・14 …… 711, 713, 714
大判昭 18・9・4 民集 22・911 ……………… 606

最高裁判所

最判昭 25・12・28 民集 4・13・701 ………… 690
最判昭 27・2・19 民集 6・2・110 ………… 631
最判昭 27・10・3 民集 6・9・753 (Ⅰ)-16 ……………………………… 123, 683
最判昭 28・6・26 民集 7・6・787 (Ⅱ)-68 ……………………………… 706, 714
最判昭 29・1・21 民集 8・1・87 (Ⅱ)-66 ……………………………… 633, 705
最判昭 29・4・30 民集 8・4・861 (Ⅱ)-64 ……………………………… 126, 703
最判昭 29・11・5 民集 8・11・2023 ……… 639
最判昭 29・12・24 民集 8・12・2310 ……… 438
最判昭 30・5・31 民集 9・6・793 ………… 403
最大判昭 30・7・20 民集 9・9・1122 ……… 708
最判昭 30・11・24 民集 9・12・1837 ……… 639
最判昭 31・2・21 民集 10・2・124 ………… 653
最判昭 31・6・26 民集 10・6・748 (Ⅱ)-47 ……………………………… 671
最判昭 32・4・11 民集 11・4・629 ………… 559
最大判昭 32・7・20 民集 11・7・1314 (序)-1 … 7
最判昭 33・1・23 家月 10・1・11 (Ⅱ)-15 ……………………………… 505, 571
最大判昭 33・3・5 民集 12・3・381 ………… 85
最判昭 33・6・14 民集 12・9・1492 (Ⅰ)-2 … 85
最判昭 33・7・25 民集 12・12・1823 (Ⅰ)-7 (Ⅱ)-9 ……………………… 67, 107, 529, 637
最判昭 34・7・3 民集 13・7・905 (Ⅱ)-5 ……………………………… 519, 625
最判昭 35・2・25 民集 14・2・279 (Ⅰ)-4 …… 94
最判昭 36・4・25 民集 15・4・891 …… 568, 632
最判昭 37・4・10 民集 16・4・693 (Ⅱ)-70 ……………………………… 707, 708
最判昭 37・4・27 民集 16・7・1247 (Ⅱ)-63 ……………………………… 703
最判昭 37・7・13 民集 16・8・1501 (Ⅰ)-3 … 92
最判昭 37・11・9 民集 16・11・2270 ……… 407
最判昭 38・6・4 家月 15・9・179 ………… 634
最判昭 38・9・17 民集 17・8・968 ………… 378
最判昭 38・11・15 民集 17・11・1364 (Ⅲ)-8 ……………………………… 168
最判昭 38・11・28 民集 17・11・1469 ……… 119
最判昭 39・3・6 民集 18・3・437 ………… 453
最大判昭 39・3・25 民集 18・3・486 (Ⅱ)-1 ……………………… 134, 506〜509, 512, 513

最判昭 39・4・9 家月 16・8・78 Ⅱ-2 …… 134, 506
最判昭 39・9・8 民集 18・7・1423 …… 684
最判昭 39・9・17 民集 18・7・1461 …… 635
最判昭 40・2・2 民集 19・1・1 …… 407
最判昭 40・5・27 家月 17・6・251 …… 438
最判昭 40・6・24 民集 19・4・1001 …… 523
最大決昭 40・6・30 民集 19・4・1089 Ⅲ-1 …… 113, 145, 146, 318, 652
最大決昭 40・6・30 民集 19・4・1114 Ⅲ-3 …… 116, 118, 145, 329, 393
最大決昭 41・3・2 民集 20・3・360 Ⅲ-5 …… 14, 146, 148, 239, 402, 428
最判昭 41・12・23 判例総覧民 31・713 …… 571
最判昭 42・2・17 民集 21・1・133 Ⅲ-89 …… 394
最判昭 42・4・18 民集 21・3・671 …… 369
最判昭 42・5・24 民集 21・5・1043 …… 407
最判昭 42・12・8 家月 20・3・55 Ⅰ-8 …… 119, 671
最判昭 43・5・24 判時 523・42 …… 120
最判昭 43・8・27 民集 22・8・1733 Ⅰ-19 …… 126
最判昭 43・9・20 民集 22・9・1938 …… 584, 655
最判昭 43・10・31 家月 21・3・45 …… 496
最判昭 43・12・20 判時 546・69 …… 533
最判昭 44・2・20 民集 23・2・399 …… 655
最判昭 44・5・29 民集 23・6・1064 …… 693, 697, 699, 704
最判昭 44・10・31 民集 23・10・1894 Ⅰ-9 Ⅱ-26 …… 120, 624, 670
最判昭 44・11・27 民集 23・11・2290 …… 708
最判昭 45・4・21 判時 596・43 Ⅱ-27 …… 625
最大判昭 45・7・15 民集 24・7・861 Ⅲ-6 …… 127, 520
最判昭 45・11・24 民集 24・12・1931 Ⅱ-52 …… 680
最判昭 45・11・24 民集 24・12・1943 Ⅲ-31 …… 637
最判昭 46・3・19 判時 623・75 Ⅱ-75 …… 702, 716
最判昭 46・5・21 民集 25・3・408 …… 639
最決昭 46・7・8 家月 24・2・105 …… 146
最判昭 46・7・23 民集 25・5・805 Ⅱ-40 …… 112, 245, 569, 651
最判昭 46・10・7 民集 25・7・885 …… 227
最判昭 46・10・22 民集 25・7・985 Ⅱ-51 …… 680
最判昭 47・7・6 民集 26・6・1133 …… 311
最判昭 47・7・25 民集 26・6・1263 Ⅰ-10 …… 121
最判昭 47・9・1 民集 26・7・1289 …… 311
最判昭 47・11・9 民集 26・9・1566 Ⅲ-124 …… 436
最判昭 48・4・12 民集 27・3・500 …… 685
最判昭 48・4・24 家月 25・9・80 …… 369
最判昭 48・11・15 民集 27・10・1323 …… 634
最判昭 50・4・8 民集 29・4・401 …… 690
最判昭 50・11・7 民集 29・10・1525 …… 405, 429
最判昭 51・3・18 民集 30・2・111 …… 418
最判昭 51・7・1 家月 29・2・91 …… 440
最判昭 51・7・19 民集 30・7・706 …… 452
最判昭 52・2・14 家月 29・9・78 Ⅱ-71 …… 710
最判昭 52・9・19 家月 30・2・110 …… 410
最判昭 53・2・21 家月 30・9・74 Ⅱ-41 …… 652
最判昭 53・3・9 判時 887・72 Ⅰ-11 …… 121, 668
最判昭 53・4・14 家月 30・10・26 Ⅱ-72 …… 711, 713, 715
最判昭 53・6・16 判タ 368・216 …… 407
最判昭 53・11・14 民集 32・8・1529 Ⅱ-42 …… 119, 654
最判昭 54・2・22 家月 32・1・149 …… 410
最決昭 55・7・10 家月 33・1・66 …… 166, 146
最判昭 55・11・27 民集 34・6・815 …… 407
最判昭 56・6・16 民集 35・4・791 Ⅲ-19 …… 127, 578, 690
最判昭 56・10・1 民集 35・7・1113 Ⅲ-7 …… 520
最判昭 56・10・16 民集 35・7・1224 …… 507
最判昭 57・3・19 民集 36・3・432 …… 708
最判昭 57・3・26 判時 1041・66 Ⅱ-45 …… 119, 670, 671
最判昭 57・9・28 民集 36・8・1642 …… 121
最判昭 57・11・26 判時 1066・56 …… 626
最判昭 58・2・3 民集 37・1・45 …… 597, 645
最判昭 58・3・10 家月 36・5・63 …… 649
最判昭 58・3・18 家月 36・3・143 …… 406
最判昭 59・3・22 家月 36・10・79 …… 146, 398
最判昭 59・4・27 民集 38・6・698 Ⅲ-125 …… 437

最決昭 59・7・6 家月 37・5・35 ……………381
最決昭 60・7・4 家月 38・3・65 ……………146
最判昭 61・1・21 家月 38・8・48 Ⅱ-21 … 601
最判昭 61・3・17 判例集未登載 ……………626
最判昭 61・9・4 家月 39・1・130 Ⅱ-18 … 578
最判昭 62・3・3 家月 39・10・61 ……………407
最判昭 62・4・23 民集 41・3・474 …………453
最判昭 62・7・17 民集 41・5・1381 序-2 …… 7
最大判昭 62・9・2 民集 41・6・1423 Ⅱ-28
……………108, 631, 639, 640, 642, 643, 648
最判昭 62・11・24 判時 1256・28 ……………641
最判昭 63・2・12 判時 1268・33 ……………641
最判昭 63・3・1 民集 42・3・157 Ⅱ-53
……………680, 681
最判昭 63・6・21 家月 41・9・101 Ⅲ-126
……………439
最判昭 63・12・8 家月 41・3・145 …… 641, 643
最判平元・2・9 民集 43・2・1 ……………402
最大判平元・3・8 民集 43・2・89 …………540
最判平元・3・28 家月 41・7・67 ……………643
最判平元・4・6 民集 43・4・193 Ⅱ-74 … 714
最判平元・7・18 家月 41・10・128 Ⅲ-93
……………397
最判平元・10・13 判時 1334・203 …………626
最判平元・11・10 民集 43・10・1085 Ⅱ-8
……………522, 552
最判平元・11・24 民集 43・10・1220 Ⅲ-131
……………448
最判平元・12・11 民集 43・12・1763 ………583
最判平 2・7・20 民集 44・5・975 Ⅱ-37
……………595, 604, 650
最判平 2・9・27 民集 44・6・995 ……………402
最判平 2・10・18 民集 44・7・1021 …………407
最判平 2・11・8 家月 43・3・72 ……… 641, 643
最判平 3・4・19 民集 45・4・477 ……………406
最判平 4・4・10 家月 44・8・16 Ⅲ-102 … 409
最判平 4・12・10 民集 46・9・2727 Ⅲ-35
……………286
最判平 5・10・19 民集 47・8・5099 Ⅲ-70
……………378
最判平 5・11・2 家月 46・9・40 ……………641
最判平 6・2・8 判時 1505・59 ………………641
最判平 6・2・10 民集 48・2・388 Ⅱ-50
……………597, 674
最判平 6・4・26 民集 48・3・992 Ⅲ-71 … 378
最判平 6・10・13 家月 47・9・52 ……………444
最判平 7・1・24 判時 1523・81 ……………453
最判平 7・3・7 民集 49・3・893 ……………421
最判平 7・7・14 民集 49・7・2674 Ⅲ-57
……………270
最判平 8・1・26 民集 50・1・132 ……………405
最判平 8・3・8 判時 1571・71 Ⅱ-25 …… 623
最判平 8・5・28 判時 1569・48 ……………205
最判平 8・6・24 民集 50・7・1451 Ⅱ-3
……………134, 507, 509, 511
最判平 9・3・11 家月 49・10・55 Ⅱ-79
……………691, 711, 719
最判平 9・3・25 民集 51・3・1609 …………407
最判平 9・4・2 民集 51・4・1673 ……………579
最判平 9・4・10 民集 51・4・1972 …………583
最判平 9・8・25 判時 1616・52 ……………69
最判平 9・9・12 民集 51・8・3887 …………443
最判平 10・2・13 民集 52・1・38 Ⅲ-123
……………435, 440
最判平 10・2・26 民集 52・1・274 …………406
最判平 10・3・24 民集 52・2・433 …………457
最判平 10・4・28 民集 52・3・853 …………513
最判平 10・7・14 集民 189・141 ……………270
最判平 10・8・31 家月 51・4・33 ……………699
最判平 10・8・31 家月 51・4・75 ……………697
最判平 11・12・16 民集 53・9・1989 ………453
最判平 12・2・24 民集 54・2・523 Ⅲ-98
……………404, 421
最判平 12・3・14 家月 52・9・85 Ⅱ-60
……………697, 699
最決平 12・5・1 民集 54・5・1607 Ⅲ-76
……………371, 381
最判平 12・7・7 民集 54・6・1767 …… 257, 579
最決平 12・9・7 家月 54・6・66 ……… 422, 425
最決平 13・10・30 家月 54・4・70 …………438
最判平 14・7・12 家月 55・2・162 …… 399, 401
最判平 14・11・5 民集 56・8・2069 …………413
最判平 15・11・13 民集 57・10・1531 Ⅲ-122
……………433, 435
最判平 16・4・20 家月 56・10・48 …………409
最判平 16・6・3 家月 57・1・123 Ⅱ-13
Ⅱ-49 ……………571, 575, 582, 585, 651
最決平 16・10・29 民集 58・7・1979 Ⅲ-109
……………413
最判平 16・11・18 家月 57・5・40 Ⅱ-35 … 642

最決平 16・12・16 集民 215・965……………247
最判平 17・9・8 民集 59・7・1931 Ⅲ-104
……………………………………404, 410, 411
最判平 17・10・11 民集 59・8・2243 Ⅲ-120
……………………………………404, 413, 429
最決平 18・4・26 家月 58・9・31 Ⅲ-47…326
最判平 18・7・7 民集 60・6・2307 Ⅱ-78
……………………………………691, 717, 719
最判平 18・7・7 家月 59・1・98……………717
最判平 18・9・4 民集 60・7・2563 Ⅱ-67
……………………………………………705
最判平 18・12・19 判例集未登載……………708
最判平 19・3・30 家月 59・7・120…………583
最判平 20・2・18 刑集 62・2・37……………285
最判平 20・3・18 判タ 1269・127……………720
最決平 20・5・8 家月 60・8・51 Ⅲ-4
………………………………146, 147, 253, 316
最判平 21・1・22 民集 63・1・228…………427
最判平 21・3・24 民集 63・3・427……406, 411
最判平 22・10・8 民集 64・7・1719…………408
最決平 23・2・17 家月 63・9・57……………681
最判平 23・2・22 民集 65・2・699 Ⅲ-108
……………………………………………406
最判平 24・1・26 家月 64・7・100…………406
最決平 24・2・7 判時 2163・3………………425
最決平 25・3・28 集民 243・261……………236
最決平 25・3・28 集民 243・271……………236
最決平 25・3・28 民集 67・3・864
……………………………………236, 382, 383
最決平 25・3・28 判時 2191・46 ②……382, 383
最大決平 25・9・4 民集 67・6・1320………418
最判平 25・11・29 民集 67・8・1736…410, 429
最判平 26・1・14 民集 68・1・1……………715
最判平 26・2・14 民集 68・2・113…………429
最判平 26・2・25 民集 68・2・173…………409
最判平 26・3・28 裁時 1601・1………………716
最判平 26・7・17 民集 68・6・547…………698
最判平 26・12・12 判時 2251・35……………409
最判平 28・2・26 判タ 1422・66……………524

高等裁判所

仙台高決昭 28・4・10 家月 5・7・48………451
東京高決昭 29・5・7 家月 6・7・28…………248
東京高判昭 29・5・26 東高時報 5・5・118
　Ⅲ-10……………………………………169
大阪高決昭 31・2・23 家月 8・4・41………450
東京高決昭 31・9・21 家月 8・11・37 Ⅰ-5
……………………………………………90
東京高決昭 33・6・21 家月 10・6・26………76
大阪高決昭 33・7・28 家月 10・9・71………190
大阪高判昭 34・7・31 下民 10・7・1624……585
仙台高決昭 34・10・15 家月 12・8・133……450
大阪高判昭 34・12・18 下民 10・12・2651
　Ⅲ-9……………………………………168
東京高決昭 35・5・26 下民 11・5・1160……608
名古屋高判昭 35・8・10 下民 11・8・1698
……………………………………………312
広島高岡山支決昭 36・7・14 家月 13・11・89
……………………………………………190
札幌高決昭 37・7・17 家月 14・11・127……76
大阪高決昭 37・10・3 家月 14・12・89……596
広島高決昭 38・6・19 家月 15・10・130 Ⅲ-6
……………………………………………153
名古屋高金沢支決昭 39・4・14 高民 17・3・
　187……………………………………454
東京高決昭 39・10・28 家月 16・11・154
　Ⅰ-6……………………………………89
大阪高決昭 40・7・6 家月 17・12・128 Ⅲ-7
……………………………………………153
東京高決昭 42・4・19 家月 19・10・123……450
大阪高判昭 42・6・26 下民 18・5＝6・695
　Ⅱ-12……………………………………571
福岡高判昭 44・12・24 判時 595・69………570
高松高決昭 45・9・21 家月 23・7・51………225
東京高決昭 46・3・15 家月 23・10・44 Ⅲ-44
……………………………………………325
福岡高決昭 46・8・30 家月 24・7・59………450
名古屋高判昭 46・11・29 判時 656・64……671
大阪高決昭 49・6・19 家月 27・4・61………393
大阪高決昭 49・11・6 家月 27・7・49 Ⅲ-22
……………………………………225, 227
広島高決昭 50・7・17 家月 28・4・92………325
大阪高決昭 50・8・18 判時 799・49…………608
東京高判昭 51・10・19 判タ 350・308 Ⅱ-16
……………………………………………571
札幌高判昭 51・10・27 家月 29・10・136
……………………………………595, 649

東京高判昭51・10・29判タ350・309 Ⅱ-48……671
東京高決昭52・2・17家月30・5・112……414
東京高決昭53・12・21家月31・7・58 Ⅰ-1……88
東京高決昭54・2・6判時931・68……414
東京高決昭54・2・9家月32・2・60……329
東京高判昭54・6・21判時937・39……637
大阪高決昭54・7・6家月32・3・96……227
仙台高判昭55・1・25家月33・2・169……714
大阪高決昭55・2・26家月32・9・32……326
札幌高決昭55・3・10家月32・7・48……451
東京高判昭55・5・8判時967・69……124
東京高判昭55・12・25東高時報31・12・275 Ⅱ-14……572
東京高決昭56・4・28東高時報32・4・103……447
東京高決昭56・9・2家月34・11・24 Ⅲ-85……384
東京高判昭56・10・29判時1026・94……626
東京高決昭56・12・3家月35・4・86……279
東京高判昭57・2・22家月35・5・98……124
東京高判昭57・10・25家月35・12・62……312
東京高決昭57・11・30家月36・4・69……279
東京高決昭58・4・28家月36・6・42……329
大阪高決昭58・5・26家月36・7・77……329
東京高判昭58・11・17判時1100・74……690
東京高決昭58・12・16家月37・3・69 Ⅲ-49……328
東京高決昭59・6・20家月37・4・45……442
東京高決昭59・6・20判時1122・117……442
大阪高判昭59・8・21高民37・3・159……521
大阪高決昭59・10・15判タ541・235……397
大阪高決昭60・5・20家月37・10・97 Ⅲ-31……280
名古屋高金沢支決昭60・7・22家月37・12・31 Ⅰ-15……123
東京高判昭61・1・29判時1185・112……659
福岡高宮崎支決昭62・1・12家月39・10・86……328
仙台高決昭62・2・17家月40・2・187……313
東京高判昭62・9・21民集43・4・205……714
東京高判昭62・10・8家月40・3・45 Ⅲ-91……396
大阪高決昭62・11・19家月40・4・115……113, 319
東京高判昭62・12・8判時1267・37 Ⅱ-10……530
東京高決昭63・1・14家月40・5・142……410
東京高判昭63・6・7判時1281・96……659, 661
東京高判昭63・8・31判タ694・161……714
東京高判昭63・12・22判時1301・97……636
名古屋高決平元・11・21家月42・4・45……454
東京高判平元・11・22判時1330・48 Ⅱ-29……640, 661
東京高決平元・12・22家月42・5・82 Ⅲ-27……139
東京高決平元・12・28家月42・8・45……415
広島高松江支判平2・3・26家月42・10・45……596
高松高判平2・3・29判時1359・73……438
東京高判平2・5・31判時1352・72……681
仙台高決平2・9・18家月44・3・70……313
大阪高決平2・9・19家月43・2・144……416
札幌高決平2・11・5家月43・7・93……432
大阪高判平2・12・14判時1384・55……637
札幌高決平3・2・25家月43・12・65……328
広島高松江支決平3・4・9家月44・9・51……455
東京高決平3・5・31家月44・9・69……278
東京高決平3・10・23家月44・9・79……425
大阪高判平3・11・8判時1417・74……690
東京高決平3・12・24判タ794・215 Ⅲ-113……415
大阪高決平4・3・19家月45・2・162……447, 448
名古屋高金沢支決平4・4・22家月45・3・45……406
大阪高判平4・5・26判タ797・253 Ⅱ-36……648
大阪高判平4・5・27判タ803・251 Ⅱ-54……680
大阪高決平4・6・5家月45・3・49……446
東京高決平4・10・14家月45・5・74……400
大阪高決平5・2・9家月46・7・47……446
大阪高決平5・3・2家月46・6・39……426
大阪高決平5・3・15家月46・7・53……447
福岡高判平5・3・18判タ827・270……637
広島高決平5・6・8家月46・6・43 Ⅲ-117……418

仙台高決平5・7・21家月46・12・33……425
東京高判平5・8・25家月48・6・51…123, 686
東京高決平5・9・4家月47・9・61……455
高松高判平5・12・21判タ868・243……681
広島高決平6・3・8家月47・2・151……416
福岡高判平6・3・16判タ860・247……672
大阪高決平6・4・19家月47・3・69……326
東京高決平6・4・20家月47・3・76 Ⅲ-87……392
東京高決平6・8・19判タ888・225……397
東京高判平6・10・13家月48・6・61……648
東京高判平7・3・13家月48・8・72 Ⅱ-38……595, 650
福岡高判平7・3・29判タ892・233……125, 689
広島高判平7・6・29判タ893・251 Ⅱ-80……723
名古屋高決平8・7・12家月48・11・64 Ⅲ-130……448, 449
福岡高決平8・7・19家月49・1・119……428
名古屋高決平8・7・29家月48・12・52……422
東京高決平8・9・2家月49・2・153……400
高松高決平8・10・4家月49・8・53 Ⅲ-115……417
東京高決平8・12・20家月49・7・72 Ⅲ-46……326
東京高決平9・3・17家月49・9・108……454
高松高判平9・3・27家月49・10・79……655
東京高決平9・6・26家月49・12・74……414
東京高決平9・7・30家月50・1・153……326
東京高決平9・8・6家月50・1・161 Ⅲ-133……454
福岡高決平9・9・9家月50・2・184……422
名古屋高金沢支審平9・9・17家月50・3・30……440
東京高決平9・9・29判時1633・90……113, 319
東京高決平9・11・14家月50・7・69……454
東京高決平9・11・27家月50・5・69……451
大阪高決平10・2・9家月50・6・89……438
東京高判平10・2・26家月50・7・84……656
東京高決平10・3・13家月50・11・81 Ⅱ-44……659
東京高判平10・3・18判時1690・66……661
福岡高判平10・5・14判タ977・228……719
広島高決平10・5・26家月50・11・92 Ⅲ-29……278
東京高判平10・8・26判タ1025・266……718
東京高決平10・9・16家月51・3・165 Ⅱ-62……700, 726
大阪高決平10・10・21家月51・3・186……292
福岡高宮崎支決平10・12・22家月51・5・49……407
高松高決平11・3・5家月51・8・48……413
福岡高決平11・9・3家月52・2・150 Ⅲ-54……342
東京高決平11・9・30家月52・9・97 Ⅲ-24 Ⅲ-86……386
名古屋高決平12・4・19家月52・10・90 Ⅲ-119……428
東京高決平12・5・22家月52・12・67 Ⅰ-12……114, 319
広島高決平12・8・25家月53・10・106 Ⅲ-92……397
東京高決平12・11・21家月53・4・34……425
広島高岡山支決平12・11・29家月53・4・47……428
東京高決平12・12・5家月53・5・187……325
札幌高決平12・12・25家月53・8・74 Ⅲ-36……301
広島高判平13・1・15家月54・9・108 Ⅱ-76……691, 717
東京高判平13・1・18判タ1060・240……637
東京高決平13・4・6家月54・3・66 Ⅲ-42……319
札幌高決平13・5・30家月53・11・112……301
札幌高決平13・8・10家月54・6・97 Ⅲ-84……384
大阪高決平13・10・11家月54・7・54……437
大阪高決平14・1・15家月56・2・142 Ⅲ-78……382
東京高判平14・1・16家月54・11・37 Ⅱ-56 Ⅱ-77……691, 717, 718
東京高決平14・1・16家月55・11・106……437
東京高決平14・2・15家月54・8・36……428
大阪高決平14・6・5家月54・11・54 Ⅲ-48……468
大阪高決平14・6・5家月54・11・60……425
東京高判平14・6・26判時1801・80 Ⅱ-34……641
大阪高決平14・7・3家月55・1・82……438
東京高判平14・12・25判時1817・81 Ⅰ-18

……125, 690
大阪高決平15・3・11家月55・8・66 Ⅲ-106 ……413
大阪高決平15・3・27家月55・11・116……400
広島高決平15・3・28家月55・9・60 ……447, 448
大阪高決平15・4・15家月55・12・61……425
東京高判平15・4・23金法1681・35……453
大阪高決平15・5・22家月56・1・112 ……394, 415
東京高判平15・6・26高民56・2・546 Ⅱ-46 ……498, 671
福岡高那覇支判平15・7・31判タ1162・245 ……558, 641
仙台高決平15・11・28家月56・11・34……449
大阪高決平15・12・11家月56・9・22……425
東京高決平15・12・26家月56・6・149……327
大阪高決平16・1・14家月56・6・155……327
仙台高決平16・2・25家月56・7・116……327
東京高決平16・3・1家月56・12・10……446
東京高決平16・3・30判時1861・43……279
東京高決平16・5・7家月57・1・127……454
広島高岡山支判平16・6・18判時1902・61 ……658
高松高判平16・7・16民集60・7・2604……705
福岡高判平16・8・26家月58・1・91……642
福岡高決平16・12・28家月57・11・49……446
大阪高決平17・2・28民集59・8・2252……430
東京高決平17・3・2家月57・11・55 Ⅲ-88 ……392
福岡高宮崎支決平17・3・15家月58・3・98 ……328
広島高岡山支決平17・4・11家月57・10・86 Ⅲ-105……412
大阪高決平17・6・9家月58・5・67……657
東京高決平17・10・27家月58・5・94 Ⅲ-110……413
大阪高決平17・11・9家月58・7・51 Ⅲ-134 ……455
東京高決平17・11・24家月58・11・40……513
東京高判平18・4・13判時1934・42 Ⅱ-17 ……575
東京高決平18・4・19判タ1239・289 Ⅲ-95 ……397
大阪高判平19・1・30判時1962・78……204
仙台高秋田支判平19・2・8判タ1236・104 ……285
広島高判平19・4・17家月59・11・162 Ⅱ-24……667
名古屋高決平19・6・25家月60・1・97……438
札幌高決平19・6・26家月59・11・186……662
東京高決平19・8・10家月60・1・102……438
東京高決平19・10・23家月60・10・61……455
仙台高決平19・12・18家月60・10・85……438
名古屋高決平20・2・1家月61・3・57……662
高松高決平20・3・5家月60・10・91 Ⅲ-127 ……438
広島高決平20・3・14家月61・3・60……662
名古屋高判平20・4・8家月61・2・240 Ⅱ-32……638
東京高判平20・5・14家月61・5・44……642
大阪高決平20・10・8家月61・4・98……327
大阪高決平20・10・24家月61・6・99……447
大阪高判平20・11・28判時2037・137……457
名古屋高判平20・12・25判時2042・16……720
東京高決平20・12・26家月61・6・106……451
大阪高判平21・5・26家月62・4・85……638
大阪高決平21・8・13家月62・1・97……319
大阪高決平21・9・4家月62・10・54……655
大阪高決平22・3・3家月62・11・96……330
東京高決平22・5・20判タ1351・207…416, 421
東京高決平22・7・30家月63・2・145……392
東京高判平22・9・6判時2095・49……720
福岡高那覇支決平22・9・29家月63・7・106 ……327, 389
高松高判平22・11・26判タ1370・199……642
広島高岡山支決平23・2・10家月63・10・54 ……327
大阪高決平23・2・14家月64・1・80……657
東京高決平23・2・24判タ1366・237……408
広島高判平23・4・7民集68・1・32……714
東京高決平23・5・9家月63・11・60……400
東京高決平23・8・30家月64・10・48……399
東京高決平23・9・8家月64・6・136……455
札幌高判平24・1・19訟月59・4・1091……659
広島高判平24・2・20判タ1385・141……292
札幌高判平24・3・29民集68・6・572……698
東京高決平24・8・8家月65・5・102……326
大阪高決平24・9・6家月65・5・84…461, 468
福岡高決平27・2・16判時2259・58……438

地方裁判所

名古屋地判昭 25・2・21 下民 1・2・255……713
長野地諏訪支判昭 27・8・20 下民 3・8・1158……570
東京地判昭 29・9・25 下民 5・9・1625……509
宮崎地判昭 29・12・7 下民 5・12・1988……585
山口地判昭 29・12・24 下民 5・12・2104……711, 712
東京地判昭 30・2・18 家月 7・10・40 Ⅱ-20……583
東京地決昭 34・2・27 判時 233・10……596
岡山地判昭 35・3・7 判時 223・24……124
大阪地判昭 39・10・9 下民 15・10・2419 Ⅱ-4……134, 512
広島地判昭 40・12・10 下民 16・12・1769……566
東京地判昭 41・1・13 家月 19・1・43……512
盛岡地判昭 41・4・19 下民 17・3＝4・314……626
大阪地判昭 41・7・14 判時 480・46……671
京都地判昭 44・1・29 判タ 233・117……436
名古屋地判昭 45・2・7 判タ 244・199……239
札幌地判昭 45・10・26 判時 624・74……609
名古屋地判昭 47・2・29 判時 670・77……634
札幌地判昭 50・3・27 判時 798・77……637
名古屋地判昭 50・12・24 下民 26・9＝12・1053……512
名古屋地判昭 54・9・26 判タ 401・147……636
京都地判昭 54・10・30 家月 32・4・67……691, 717
神戸地判昭 56・4・28 家月 34・9・93……394
東京地判昭 56・7・27 判時 1029・100 Ⅱ-65……704
浦和地判昭 57・5・14 家月 36・2・112……513
東京地判昭 59・2・24 判時 1135・61……636
名古屋地判昭 60・8・26 判時 1181・117 Ⅰ-17……124, 681
浦和地判昭 60・11・29 判タ 596・70……660
大阪地判昭 63・7・18 判タ 683・178…711, 714
神戸地判平元・6・23 判タ 713・255……648
長野地判平 2・9・17 家月 43・6・34 Ⅱ-30……636
福岡地判平 5・10・7 判時 1483・102……120
福岡地判平 8・3・12 判タ 940・250……511
東京地判平 8・6・26 判タ 942・225……724
京都地判平 8・10・31 判時 1601・141……709
横浜地判平 9・1・22 判時 1618・109…659, 661
東京地判平 9・10・23 判タ 995・234……637
大分地判平 9・11・12 判タ 970・225……719
大阪地判平 10・12・18 家月 51・9・71 Ⅱ-81……700, 726, 728
東京地判平 11・2・25 判タ 1030・247……625
横浜地相模原支判平 11・7・30 判時 1708・142……637, 658
東京地判平 11・9・3 判時 1700・79……657, 659
東京地判平 14・2・22 家月 55・7・80……453
那覇地沖縄支判平 15・1・31 判タ 1124・244……641
広島地決平 16・4・13 判例集未登載……247
札幌地判平 23・5・16 訟月 59・4・1070……659
東京地判平 25・3・14 判時 2178・3……274

家庭裁判所

京都家峯山支審昭 32・4・3 家月 9・4・57……189
仙台家審昭 32・4・17 家月 9・4・66……93
東京家審昭 34・3・2 家月 11・5・104……712
東京家審昭 35・1・18 家月 12・5・153……325
横浜家判昭 35・2・29 家月 12・7・129 Ⅰ-14……116
秋田家花輪出審昭 35・12・14 家月 13・4・115……711
神戸家審昭 36・5・1 家月 13・9・101……189
京都家審昭 38・12・7 家月 16・5・173……447
大阪家審昭 39・9・30 家月 17・3・69……447
盛岡家審昭 39・12・1 家月 17・2・47……94
大阪家審昭 40・3・11 家月 17・4・70……447
長崎家審昭 40・4・30 民商 56・2・56……448
大阪家審昭 41・12・13 家月 19・7・73……325
東京家審昭 43・6・4 家月 21・1・105……329
東京家審昭 44・1・27 家月 21・7・88……326
大阪家審昭 45・12・10 家月 23・7・70……94
大阪家審昭 45・12・24 家月 23・7・72……94
神戸家姫路支審昭 46・2・12 家月 23・11＝12・98……414

宮崎家日南支審昭 46・2・20 家月 23・11＝12・70……327
大津家審昭 46・8・4 家月 24・11・47……325
水戸家審昭 46・9・17 家月 24・10・96……400
東京家審昭 47・9・14 家月 25・11・98……327
東京家審昭 47・12・20 家月 25・8・79……450
大阪家審昭 48・6・30 家月 26・3・51……329
東京家審昭 48・8・23 家月 26・3・47 Ⅰ-13……115
那覇家審昭 48・11・20 家月 26・5・100……712
福島家郡山支審昭 49・1・12 家月 26・9・103……280
大阪家審昭 49・3・26 家月 27・3・70 Ⅲ-50……329
神戸家尼崎支審昭 49・7・18 家月 27・5・134 Ⅲ-32……282
大阪家審昭 51・3・31 家月 28・11・66……329
奈良家審昭 53・5・19 家月 30・11・62……696
大阪家審昭 54・1・10 家月 31・7・60……374
東京家八王子支審昭 54・4・19 家月 31・10・74……120
長崎家審昭 54・6・4 家月 32・3・108 Ⅲ-48……327
大阪家審昭 54・11・5 家月 32・6・38……327
岡山家備前出審昭 55・1・29 家月 32・8・103……447
福島家審昭 55・2・21 家月 32・5・57……447
那覇家審昭 55・8・14 家月 33・7・64……190
横浜家小田原支審昭 55・12・26 家月 33・6・43……447
宇都宮家大田原支審昭 57・5・21 家月 34・11・49……384
宮崎家日南支審昭 61・7・18 家月 39・10・90……328
横浜家審昭 63・9・26 家月 41・2・152……426
和歌山家妙寺支審昭 63・10・7 家月 41・2・155……458
奈良家審平元・4・21 家月 41・11・96……374
福岡家審平元・5・15 家月 42・1・116 Ⅱ-57……693
名古屋家審平元・12・22 家月 42・11・44……313
那覇家石垣支審平 2・5・30 家月 42・11・61……447
広島家審平 2・9・1 家月 43・2・162……393
宇都宮家栃木支審平 2・12・25 家月 43・8・64……413
札幌家審平 3・2・4 家月 44・2・137……77
熊本家玉名支審平 3・5・31 家月 44・2・138……415
高松家審平 4・7・15 家月 45・8・51……397
宮崎家審平 4・9・1 家月 45・8・53……329, 394
岡山家玉島支審平 4・9・21 家月 45・11・54……328
福岡家久留米支審平 4・9・28 家月 45・12・74……416
盛岡家一関支審平 4・10・6 家月 46・1・123……416
長野家審平 4・11・6 家月 46・1・128……413
前橋家審平 4・11・19 家月 45・12・84……327
神戸家豊岡支審平 4・12・28 家月 46・7・57……416
鳥取家審平 5・3・10 家月 46・10・70……414
仙台家気仙沼支審平 5・10・14 判タ 832・163……99
名古屋家審平 6・3・25 家月 47・3・79……447
山口家萩支審平 6・3・28 家月 47・4・50……415, 417
東京家審平 6・5・31 家月 47・5・52……659
横浜家審平 6・7・27 家月 47・8・72……416
大阪家審平 6・11・2 家月 48・5・75……417
名古屋家審平 7・10・3 家月 48・11・78……455
東京家審平 8・8・26 家月 49・4・52……414
札幌家審平 10・1・8 家月 50・10・142……425
熊本家審平 10・3・11 家月 50・9・134……428
札幌家審平 10・11・18 家月 51・5・57……114, 319
東京家八王子支審平 11・5・18 家月 51・11・109……659
東京家審平 12・1・24 家月 52・6・59……397
東京家審平 12・3・8 家月 52・8・35…414, 416
奈良家審平 13・6・14 家月 53・12・82 Ⅲ-94……397
神戸家龍野支決平 13・12・7 家月 56・2・144……382
横浜家審平 13・12・26 家月 54・7・64 Ⅱ-43……659
大阪家審平 14・5・8 家月 55・1・106……279
東京家審平 14・5・14 家月 55・1・108 Ⅲ-30……279

那覇家審平 16・9・21 家月 57・12・72……326
旭川家決平 17・9・27 家月 58・2・172 Ⅲ-43
……324
新潟家審平 18・11・15 家月 59・9・28 Ⅲ-90
……393
横浜家川崎支決平 19・1・10 家月 60・4・82
Ⅲ-51……324
名古屋家岡崎支判平 19・3・14 家月 61・2・
251……637
松山家審平 19・5・31 家月 59・9・35……662
広島家決平 19・11・22 家月 60・4・92 序-3
……20
高松家審平 20・1・24 家月 62・8・89……364
京都家審平 20・2・28 家月 61・4・105……400
東京家審平 20・7・31 家月 61・2・257……328
鳥取家審平 20・10・20 家月 61・6・112
……447, 448
東京家審平 20・10・22 家月 61・3・67……662
さいたま家川越支審平 21・3・24 家月 62・3・
53……447
東京家審平 21・3・30 家月 62・3・67……397
東京家審平 21・8・14 家月 62・3・78……397
徳島家判平 21・11・20 判タ 1370・202……642
東京家審平 22・6・23 家月 63・2・159……657
佐賀家唐津支審平 22・7・16 家月 63・6・103
……384
東京家審平 22・11・24 家月 63・10・59……327
名古屋家岡崎支判平 23・10・27 判タ 1372・
190……328
横浜家審平 24・5・28 家月 65・5・98……326

家事事件手続法〔第3版〕
The Law of Family Affairs Procedure, 3rd ed.

2005年 6月15日 初 版第1刷発行
2007年 5月10日 第2版第1刷発行
2016年12月25日 第3版第1刷発行

編著者 梶 村 太 市
徳 田 和 幸

発行者 江 草 貞 治

発行所 株式会社 有 斐 閣
〒101-0051
東京都千代田区神田神保町 2-17
電 話 (03) 3264-1314〔編集〕
(03) 3265-6811〔営業〕
http://www.yuhikaku.co.jp/

印 刷 萩原印刷株式会社
製 本 牧製本印刷株式会社

ISBN978-4-641-13637-3